Wörterbuch der europäischen Sprache

Erhard Steller

DICTIONÁR

DEN

EUROPÉ LINGUË

Wörterbuch der
europäischen Sprache

– deutsche Ausgabe –

Europäisch – Deutsch – Verbreitung

Deutsch – Europäisch

Bibliografische Information der Deutschen Nationalbibliothek: Die Deutsche Nationalbibliothek verzeichnet diese Publikation in der Deutschen Nationalbibliografie; detaillierte bibliografische Daten sind im Internet über dnb.dnb.de abrufbar.

19. September 2018

Landkarte auf der Titelseite:
© Basiskarte: Kober-Kümmerly+Frey, Köln

Herstellung und Verlag:
BoD – Books on Demand,
Norderstedt

ISBN 9-783752-858525

Dieses Buch ist auch erhältlich unter:
www.bod.de/buchshop,

dort auch als E-Book.

Inhalt

Weitere Informationen auf

www.EuroLSJ.eu

Vielen Dank für die linguistischen Informationen und die jahrelange Zusammenarbeit an Prof. Dr. Per Sture Ureland vom Eurolinguistischen Arbeitskreis Mannheim, für Mitwirkung und/oder Rückmeldungen an Galina, Polina, Oxana und Hajni, sowie an die Referentinnen und Referenten bei den eurolinguistischen Symposien und Round-Tables an den Universitäten bzw. Akademien in Lissabon 2009, Rom 2011, Heidelberg 2012, Zadar 2013, Moskau 2014, im Europäischen Haus Pappenheim 2015 und bei der Fédération Alsace bilingue in Straßburg 2016.

Einleitung

Vorwort

Was ein Europäer als Muttersprache spricht, ist nie nur isolierte Nationalsprache, sondern zu einem großen Teil Europäisch in einer nationalen Varietät. Das bedeutet, dass man mit europäischem Sprachgut über alle Einzelsprachen Europas auf einmal informieren kann.

Davon profitiert zum einen jeder, der sich gerne frei durch Europa bewegt: für den Zugang zu einem Land ist ein Zugang zu dessen Sprache genauso wichtig wie offene Grenzen. Durch die Kenntnis europäischen Sprachgutes werden alle Nationalsprachen Europas um ein bis zwei Drittel leichter.

Und davon profitieren zum anderen die Muttersprachen der Europäer: keine von ihnen muss sich mehr als Barriere diffamieren lassen, sondern kann von allen europäischen Mitbürgern sowie von Gästen und Freunden aus aller Welt als das geschätzt und genutzt werden, was sie ist: als Zugangsweg zu Land und Leuten.

Wo Menschen verschiedener Völker aktives Interesse an der Sprache des Anderen zeigen, und wo internationale Gemeinschaften die Sprachen ihrer Mitgliedsvölker sprechen, findet Nationalismus keinen Nährboden. Vielmehr entsteht dort ein krisenfester Zusammenhalt.

Dieses Wörterbuch vermittelt anhand von gut 2.700 Gebrauchswörtern aus verschiedensten Einsatzbereichen einen Eindruck davon, wie vielseitig die sprachlichen Gemeinsamkeiten in Europa (Europäismen) sind und wie weit sie reichen: Anhand internationaler Wörter lateinischen oder griechischen Ursprungs lässt sich für nahezu alle standardisierten Schriftsprachen Europas erkennen, wie diese ihre Schreib- und Sprechgepflogenheiten darauf anwenden; darüber hinaus gibt es eine Vielzahl von besonders interessanten Beispielen, die in ganz verschiedenen Kombinationen aus Sprachen und Sprachgruppen vorkommen und die durch ihre weite Verbreitung durchaus überraschen. Die durchschnittliche Verbreitung aller Gebrauchswörter dieses Wörterbuchs beträgt 390 Millionen gebürtige Sprecher in Europa, die sie in 18 nationalen Varietäten verwenden. Erfasst werden sie alle in einer gemeinsamen, repräsentativen Schreibweise, die ebenfalls auf europaweit verbreiteten Gepflogenheiten beruht und es außerdem allen Europäern ermöglicht, Bezeichnungen nationalen Eigentums (Ethnoeuropäismen) wie Orts-, Länder-, Völker- und Sprachennamen in der Originalform korrekt auszusprechen. Insgesamt sind bisher 31 Sprachen regelhaft in die Recherche einbezogen worden.

Außerdem werden in einer Übersicht am Ende des Buches die wichtigsten europäischen Grammatikregeln anschaulich beschrieben.

Keine Sprache Europas ist so schwer, dass man nicht schnell und einfach einen Zugang zu ihr finden kann. Es ist aber eine Frage der richtigen Vorinformation, ob dies auch zu sehen ist. Das Wörterbuch der europäischen Sprache ist dazu gedacht, um jeden Leser unabhängig von Art und Höhe seiner Bildung zu befähigen, es zu sehen.

Diese erste ordentliche Ausgabe löst den 2010 erschienenen, ca. 70 Seiten umfassenden Prototypen gleichen Titels ab.

Köln, im Mai 2018

Kann das, was ein Mensch spricht, mehrere Sprachen gleichzeitig sein?

Ein Wörterbuch kann nicht gleichzeitig andere Wörterbücher sein. Vielleicht ist das der Grund, warum wir geneigt sind, es bei der Sprache genauso zu sehen. Wörterbücher machen Sprache sichtbar, und wir können uns am besten das vorstellen, was wir sehen können. Aber eine Sprache ist kein Wörterbuch, sondern eine Konvention.

Während ein Wörterbuch nur es selbst sein kann, kann eine Sprache sehr wohl gleichzeitig in Teilen eine oder mehrere andere Sprachen sein. Sie kann insbesondere zusammen mit anderen Sprachen derselben Konventionsebene (z. B. der nationalen) an einer gemeinsamen, übergeordneten *Suprakonvention* beteiligt sein, genauso wie die Sprachen der nationalen Ebene sich häufig in regionale oder soziale *Subkonventionen* (Dialekte, Jargons) untergliedern. In Europa lassen sich folgende Ebenen unterscheiden: lokal, regional, national, Nationalsprachengruppe, und: Europäisch – oder genauer gesagt: von europäischer Kulturgeschichte hervorgebrachte, sprachgruppenübergreifende Gemeinsamkeiten.

Wenn also z. B. ein Kölner Kölsch spricht, dann ist das lokale Sprachkonvention, aber zugleich auch eine Varietät von Ripuarisch (regional), von Deutsch (national), von Germanisch (Nationalsprachengruppe), und von Europäisch. Je weiter eine Ebene vom tatsächlich Gesprochenen entfernt ist, desto indirekter wird freilich die Verbindung, aber nachdem eine geeignete Vorinformation den Sinn für die Gemeinsamkeiten in den Unterschieden geschult hat, ist zumindest innerhalb Europas soviel wiedererkennbar, dass man sich auch in der unbekanntesten Landessprache erste Informationen spontan erschließen kann. Dies unterscheidet das hier beschriebene Europäisch von *indoeuropäischen Wurzeln*, auf die sich bekanntlich die meisten Sprachen Europas zurückführen lassen. Diese prähistorische Gemeinsamkeit ist heute größtenteils sehr abstrakt und vom Alltag so weit entfernt, dass damit sehr wenig anzufangen ist. Ich denke, Europäisch als sprachliches Derivat gemeinsamer Kulturgeschichte der letzten Jahrhunderte ist die höchste Ebene, auf der so etwas wie eine gemeinsame Sprachkonvention konkret und mit realem Informationswert dokumentierbar ist. Ob eine an europäischem Sprachgut beteiligte Einzelsprache indoeuropäischen Ursprungs ist, spielt dabei nur noch eine untergeordnete Rolle.

Das EuroLSJ-Projekt

L, S und J sind die drei in Europa am häufigsten vorkommenden Anfangsbuchstaben des Wortes für *Sprache*, wobei L vor allen in den romanischen, S vor allem in den

germanischen, und J (bzw. Я) vor allem in den slawischen Sprachen vorkommt.
EuroLSJ (sprich „Euro L. S. J.") steht für das Ziel, die Europäer sprachlich miteinander bekannt zu machen. Dies kann auf vielfältige Weise geschehen, der Kreativität sind keine Grenzen gesetzt.

Die Basis ist eine gesamteuropäische Sprachbeschreibung, zu der dieses Wörterbuch das deutschsprachige Anschauungsbeispiel ist. Die Hauptaktivität des EuroLSJ-Projekts besteht darin, für das Wörterbuch immer mehr Inhalt zu recherchieren und es in immer mehr – letztlich allen – Einzelsprachen Europas erscheinen zu lassen.

Und das bewirkt EuroLSJ

Informationsaustausch ist eine Sache, Gemeinschaftsbildung eine andere. Während Informationsaustausch in jeder beliebigen Sprache stattfinden kann (z. B. Englisch), sind für Gemeinschaftsbildung gegenseitiges Kennenlernen und Besuchen nötig, und zwar Kennenlernen und Besuchen in der Sprache des Anderen. In einem Europa des ‚babylonischen Sprachengewirrs' schien dies ein Ding der Unmöglichkeit zu sein. Und so beschränkte man sich auf den reinen Informationsaustausch.

Wie es aussieht, reicht das nicht aus. Die Völker nehmen Europa immer weniger an, vermutlich weil sie sich von Europa nicht angenommen fühlen - sondern ausgeschlossen. Durch ihr unauthentisches, von der Bevölkerung entfremdetes Auftreten spielen die Repräsentanten Europas antieuropäischen Demagogen in die Hände, denen dieser Missstand zur Profilierung dient. Die Bereitschaft der Europäer, für die gefühlte Wiedererlangung von Freiheit und Selbstbestimmung die Synergievorteile einer Gemeinschaft wie der EU zu opfern, wird immer größer, am Ende gilt sie als Charakterstärke. Das deutlichste Zeichen für Freiheit und Selbstbestimmung ist die Anwesenheit der eigenen Sprache auf den Bühnen der Entscheidungsträger.

Für die Intensität, mit der die Gesellschaften Europas miteinander verbunden werden sollen, ist offenbar doch Gemeinschaftsbildung nötig und nicht nur Informationsaustausch.

Dass Europa nur eine Zukunft hat, wenn 30 Völker gegenseitig Zugang zu den Sprachen aller anderen bekommen, verwandelt sich durch das EuroLSJ-Projekt von einer Hiobsbotschaft zu einer lösbaren Aufgabe. EuroLSJ basiert auf der Überzeugung, dass Europa genau da lebt, wo seine Sprachen gesprochen werden, und sich Völker dort begegnen, wo sich ihre Sprachen begegnen.

Fazit: Die wichtigste Sprache Europas ist die Muttersprache des Kommunikationspartners. Dies ist vor allem die Landessprache, gegebenenfalls eine Regionalsprache; wo sich Fremde aufhalten, können es zusätzlich weitere Sprachen sein. EuroLSJ macht es möglich, dieser Tasache gerecht zu werden.

Europäismen – die natürliche Vertonung Europas

Entsprechend der gebräuchlichen Nomenklatur: ‚Anglizismen' für englische Wörter, ‚Germanismen' für deutsche, ‚Gallizismen' für französische Wörter usw., werden europäische Wörter hier ‚Europäismen' genannt. Außerdem wird der Begriff über Wörter hinaus auf Sprachelemente verschiedenster Art ausgedehnt.

Die heutigen Europäismen sind ganz unterschiedlich alt: von Jahrzehnten über Jahrhunderte bis zu Jahrtausenden reicht ihr Altersspektrum. Aber sie alle haben gemeinsam, dass sie heute lebende, gesprochene Sprache sind, mit hunderten Millionen gebürtiger Sprecher allein in Europa.

Europäismen können sich auf verschiedene Bereiche des Sprachgebrauchs beziehen. Hieraus ergeben sich verschiedene Kategorien von Europäismen. Außerdem können sie verschiedene Verbreitungsprofile aufweisen, die weiter unten als Qualitäten beschrieben sind.

Kategorien von Europäismen

In diesem Sinne ist

- ein europäisches Wort ein *lexikalischer Europäismus*,
- eine europaweite Tendenz bei der Handhabung von Rechtschreibung und Aussprache ein *phonologisch-orthographischer Europäismus*,
- eine europäische Grammatikregel ein *morphologischer Europäismus*,
- europaweite Tenzenden bezüglich Formenbildung und -differenzierung *formale Europäismen*.

Dies sind europäische Sprachelemente verschiedener Kategorien.

Zu den lexikalischen Europäismen

Die besonders weit verbreiteten europäischen Wörter sind internationale Wörter lateinischen oder griechischen Ursprungs. Diese gibt es heute in klassischer Schreibweise (circus, rhythm(us)) oder in moderner Schreibweise (Zirkus/cirkus, ritm(us)). In dieses Wörterbuch wurden sie in klassischer Schreibweise übernommen, mit Ausnahmne des griechischen φ (fi), das als f wiedergegeben wird und nicht als ph. Grundsätzlich orientiert sich die Schreibweise lexikalischer Europäismen immer an derjenigen des Originals, das heißt an der Sprache, die die repräsentativste aller nationalen Varianten bietet, und aus der deshalb die europäische Form entlehnt wird.

Beispiele für phonologisch-orthographische Europäismen

Europa spricht ein A wie [a] aus; Europa markiert in der regulären Rechtschreibung lange Vokale, aber nicht Betonungen; Europa spricht Doppelkonsonanten nach betonten Vokalen doppelt lang aus, nach unbetonten Vokalen kurz.

Beispiele für morphologische Europäismen

Die Personalendungen des Verbs folgen in Europa tendenziell dem Schema OS_MTN, das heißt: die Endung des Verbs enthält in der 1. Person (ich) einen Laut um *o* (in abgeschwächter Form auch *e*) und in der 2. Person (du) einen Laut um *s*. In der 3. Person (er, sie, es) hat das Verb gar keine Endung; in der 1. Person Plural (wir) enthält die Endung ein *m*, in der 2. Person Plural (ihr) ein *t*, und in der 3. Person Plural (sie) ein *n*.

Beispiele für formale Europäismen

Die Sprache hat in Europa Regeln und Ausnahmen; Die gesprochene Sprache weicht von der geschriebenen in regional verschiedenen Formen ab;

Europa konjugiert das Verb durch alle Personen; für das Nomen kennt Europa vier Fälle: Nominativ, Genitiv, Dativ und Akkusativ; Neben dem Nominativ Plural werden auch Genitiv Singular und Plural mit Endungen gebildet; Bei Pronomen können auch Dativ und Akkusativ eigene Formen haben; Es gibt drei grammatische Geschlechter: männlich (Maskulinum), weiblich (Femininum) und sächlich (Neutrum).

Qualitäten von Europäismen

Sowie Europäismen verschiedenen Kategorien angehören können, können sie auch verschiedene Verbreitungsmuster aufweisen. Um diese Einteilung von den oben genannten Kategorien zu unterscheiden, kann man sie Qualitäten nennen, wobei ‚Qualität' hier nicht Güte bedeutet, sondern eher *Charakter* (der Verbreitung). Qualitativ herausragend ist dabei nur eine Verbreitung: die echt, also *primär* europäische.

Primär-Europäismen <prim>

Als ‚europäisch' in dieses Wörterbuch aufgenommen wurden zunächst Wörter bzw. Regeln, die in mehreren Sprachen mehrerer verschiedener Sprachgruppen Europas vorkommen. Die Mindestanzahl, um diese Voraussetzung zu erfüllen, ist also formell: mindestens 4 Staatssprachen aus mindestens 2 Sprachgruppen. Alternativ können auch

4 ungruppierte Sprachen oder eine gemischte Zusammensetzung aus beidem die Bedingung erfüllen. Ab diesem Verbreitungsminimum aufwärts wird ein Europäismus im Rahmen von EuroLSJ als *Primär-Europäismus* bezeichnet.

Anglo-Europäismen <ang>

Wenn für ein gesuchtes Wort die Muttersprachen kein entsprechendes Angebot machen, bietet sich als ‚Plan B' die Nutzung gemeinsamer Fremdsprachenkenntnisse an, wobei hier zu berücksichtigen ist, welchen Teil Europas diese repräsentieren können und welchen nicht.

Die am weitesten verbreitete Fremdsprache Europas ist Englisch. Englisch besteht zu etwa gleichen Teilen aus romanischen und germanischen Anteilen. Ein englisches Wort kann also seine romanische bzw. germanische Herkunftsverwandtschaft repräsentieren, falls es dort genügend bedeutungsgleiche Verwandtschaft hat, alle anderen Sprachen jedoch nicht. Daher wird folgende, strenge Bedingung gestellt:

Wenn das englische Wort in seiner Bedeutung von den Staatssprachen seiner romanischen bzw. germanischen Herkunftsverwandtschaft unterstützt wird, dann ergibt sich daraus ein romanischer bzw. germanischer Auswahlpool, der diese Staatssprachen und weitere standardisierte Literatursprachen enthält. Dabei darf von den romanischen Sprachen Französisch, Spanisch, Italienisch, Portugiesisch und Rumänisch keine, und von den germanischen Sprachen Deutsch, Niederländisch, Schwedisch, Dänisch, Norwegisch und Isländisch nur eine abweichen. Der beste gemeinsame Repräsentant des Pools ist dann ein romanischer bzw. germanischer *Anglo-Europäismus*.

Sind auch diese Bedingungen nicht erfüllt, geht die Suche auf dem Kontinent weiter.

Kontinental-Europäismen <conti>

Die bis hierher noch nicht repräsentierten Sprachgruppen werden nach Einigkeit abgefragt, die ungruppierten Sprachen nach Einfachheit ihres Angebots. Die Abfrage endet bei er ersten Stufe, bei der die Antwort ‚ja' lautet. Bei Sprachgruppen wird wie oben der beste gemeinsame Repräsentant, bei den ungruppierten Sprachen die jeweilige nationale Version in einheitlicher Schreibweise übernommen.

Slawische Staatssprachen, eine darf abweichen;

Baltische Sprachen;

keltische Sprachen;

Aus der ersten der folgenden Sprachen, in der das Wort nicht um mehr als eine Silbe länger ist als auf Englisch, wir das Wort in einheitlicher Schreibweise übernommen:

Türkisch – Baskisch – Maltesisch – Albanisch – Griechisch.

Zu den letzten Abfrageschritten kommt es so gut wie nie. Tatsächlich sind all diese Sprachen über die Primär-Europäismen ausgiebig repräsentiert. Interessant ist, dass Primär-Europäismen keineswegs immer lateinische oder griechische Internationalismen sind, sondern überraschend bunt gemischt.

Außer Konkurrenz: Ethno-Europäismen <ethno>

Phonologisch-orthographische Europäismen können unter anderem dazu genutzt werden, allen Europäern die korrekte Originalaussprache von Orts-, Landes-, Völker- und Sprachennamen und den Adjektiven der jeweiligen Zugehörigkeit zu ermöglichen. Diese Wörter, die nationales Eigentum beschreiben, werden hier Ethno-Europäismen genannt. Bei ihrer Erfassung steht die Originalaussprache im Vordergrund und nicht die europäische Haupttendenz. Ebenfalls wiedererkennbar bleiben soll dabei allerdings auch die Originalschreibweise. Soweit die Originalsprachen an phonologisch-orthografischen Europäismen teilnehmen, entsteht hierdurch kein Konflikt. Tatsächlich lassen sich Originalaussprache und Originalschreibweise in den meisten Fällen gleichzeitig berücksichtigen: die Aussprache exakt und die Schreibweise mit guter Annäherung, wie z. B.: Köln – Koeln, Berlin – Berlín, Warszawa – Warshawa, Lisboa – Lizboa, Birmingham – Bërminghaem. Die Handhabung von schwierigeren Einzelfällen wird unter *Formales Analog und mundartliche Abweichung* auf Seite 24 beschrieben. Namen von Ländern, Sprachen, Landsleuten und die Adjektive der Zugehörigkeit zum Land finden sich in den normalen Wörterverzeichnissen Europäisch-Deutsch ab Seite 41, und Deutsch-Europäisch ab Seite 306. Ortsnamen sind gesondert erfasst ab Seite 419.

Die Datenbasis

Zu 44 europäischen National- und Regionalsprachen wurde bisher eine Datensammlung begonnen. Hierunter lassen sich zunächst 5 Sprachgruppen zusammenfassen:

Romanisch: Spanisch (=Kastilisch) (*es*), Französisch (*fr*), Italienisch (*it*), Rumänisch (*ro*), Portugiesisch (*pt*), Katalanisch (*ca*), Rätoromanisch (*rr*);

Germanisch: Deutsch (*de*), Englisch (*en*), Niederländisch (*nl*), Schwedisch (*sv*), Norwegisch (hier Bokmål) (*no*), Dänisch (*da*), Isländisch (*is*), Luxemburgisch (*lb*), Färöisch (*fo*), Friesisch (*fs*);

Slawisch: Polnisch (*pl*), Russisch (*ru*), Serbisch (*sr*) / Kroatisch (*hr*), Tschechisch (*ce*), Bulgarisch (*bg*), Ukrainisch (*uk*), Slowakisch (*sk*), Weißrussisch (*be*), Slowenisch (*sl*), Makedonisch (*mk*), Sorbisch (*so*);

Finno-Ugrisch: Ungarisch (*ma*), Finnisch (*su*), Estnisch (*et*), Saami (=Lappisch) (*sm*);

Baltisch: Litauisch (*lt*), Lettisch (*lv*);

Keltisch: Irisch-Gälisch (*ga*), Bretonisch (*br*), Schottisch-Gälisch (*gd*), Manx (*gv*);

Darüber hinaus gibt es Sprachen, die sich – zumindest innerhalb Europas – nicht mit anderen gruppieren lassen. Dies sind: Griechisch (*el*), Türkisch (*tr*), Albanisch (*sq*), Maltesisch (*mt*) und Baskisch (*ek*).

Die Sprachenkürzel folgen der Selbstbezeichnung der Sprachen und sind damit über verschiedensprachige Ausgaben des Wörterbuchs hinweg einheitlich.

Einzelsprachen, die hier noch nicht oder nicht vollständig erfasst sind

Natürlich erhebt dieses Wörterbuch mit rund 2.700 Gebrauchswörtern (Appellativa) keinen Anspruch auf Vollständigkeit, und das gilt auch für den Sprachenfundus. Es mag durchaus noch standardisierte Literatursprachen geben, die hier nicht erfasst sind, und zu denen, die erfasst sind, sind teilweise noch längst nicht alle Beiträge gesammelt, die sie zu europäischen Sprachelementen tatsächlich leisten.

Dies schwächt den Auftritt des EuroLSJ-Projekts, denn fehlende Daten führen zu ‚Tiefstapelei‘ – das heißt: die Verbreitungszahlen zu europäischen Sprachelementen werden niedriger angegeben als sie in Wirklichkeit sind. Dies und die Tatsache, dass nicht nur europäisches Sprachgut, sondern mit seinem Varietätenspektrum auch die Einzelsprachen vorgestellt werden sollen, sind eine natürliche Motivation, nicht nur den Wortschatz, sondern auch die Beiträge der Einzelsprachen zu ihm laufend zu vervollständigen.

Dabei kann die Technik wertvolle Dienste leisten, wenn man die Ergebnisse kritisch genug überprüft: verschiedene Quellen müssen verglichen werden, auch im Hinblick auf ihre Verlässlichkeit. Das letzte Wort hatten bisher immer klassische, professionelle Wörterbücher oder wenn möglich gleich Muttersprachler, denen die richtigen Fragen gestellt wurden.

Dass noch nicht alle Sprachen so gründlich ausrecherchiert werden konnten, weil das EuroLSJ-Projekt eine permanente Baustelle ist, mindert jedoch eines nicht: dass jedes Sprachelement, das in diesem Wörterbuch erwähnt ist, *alle* an ihm beteiligten Einzelsprachen repräsentiert. Hierfür ist die *Wiedererkennbarkeit* in der einzelnen Landessprache entscheidend. Wiedererkennung funktioniert durch Ähnlichkeit und wird möglich, sobald in einer Landessprache ein Ähnlichkeitsbeitrag zu einem Europäismus *existiert,* und nicht erst, wenn er in diesem Wörterbuch steht. Grundsätzlich muss bei den Verbreitungszahlen von positiven Dunkelziffern ausgegangen werden, die höher liegen als hier angegeben.

Gemeinsame Rechtschreibung

Die hier verwendete Schreibweise

Phonologisch-orthografische Europäismen sind europaweite Haupttendenzen des Schriftgebrauchs, der Aussprache und der Lautableitung. Diese Haupttendenzen sind in den vergleichenden Lauttabellen im Anhang (Seite 460 f.) am Beispiel von 38 europäischen Einzelsprachen dargestellt. Sie bilden die Grundlage für die hier verwendete Schreibweise für Europäismen aller Art.

Alle Entscheidungen für die Darstellung von Einzelheiten der Rechtschreibung erfolgten nach der Maßgabe von tatsächlichem Vorkommen in heutigen europäischen Schriftsprachen, logischer Ersichtlichkeit, widerspruchsfreier Systematik innerhalb des Regelwerks, sowie bestmöglicher Reproduzierbarkeit durch gebräuchliche Schreibgeräte.

Besonderheiten zu Konsonanten

Die Aspiration (lateinisch für „Anhauchung") ist eine Art der Abwandlung von Konsonanten, die in Europa im Wesentlichen als ‚Mischung mit *h*' symbolisiert und in vielen Sprachen auch so geschrieben wird. Folgende Kombinationen verschmelzen dabei jeweils zu einem neuen Konsonanten:

ch çh dh gh jh kh lh
ph sh th wh zh

Das Nasalierungs-n:

añ

Ein Sonderfall von Aspiration ist das Nasalierungs-*n* (vielen Dank an Bretonisch für die praktischste aller Schreibweisen), das durch die Aspiration seinen eigenen Lautwert verliert und stattdessen nur noch den vorherigen Vokal nasaliert.

Die andere Abwandlung von Konsonanten ist die Palatalisierung (lateinisch für sinngemäß „Lautbildung mit dem Gaumen"). Sie wird in Europa im Wesentlichen als ‚Mischung mit *j*' gesehen und teilweise (vor allem in Serbisch-Kroatisch und Slowenisch) auch so geschrieben. Folgende Kombinationen verschmelzen dabei jeweils zu einem neuen Konsonanten:

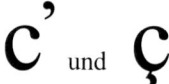

cj dj gj hj lj nj
rj sj tj zj

Außerdem ist zum Konsonanten *c* noch zu sagen, dass er vor den dunklen Vokalen *a*, *o* und *u* sowie vor Konsonanten und am Wortende wie ‚k', und vor den hellen Vokalen e, i und y wie ‚ts' gesprochen wird. Soll das *c* vor *a*, *o* oder *u* wie ‚ts' gesprochen werden, so dient dazu die Schreibweise *cea* [tsa], *ceo* [tso] bzw. *ceu* [tsu]; Soll es vor Konsonanten oder am Wortende wie ‚ts' gesprochen werden, so dient dazu das diakritische Apostroph (siehe unten). Soll es wie ‚s' gesprochen werden, so dient dazu die çédillja. Die beiden Sonderformen des *c* sind also:

c' und ç

Da mehrere europäische Einzelsprachen (z. B. Französisch) dies erfordern, kann das çédillja-*c* auch mit *h* kombiniert und dann wie ‚sh' gesprochen werden: ç*h*.

Das diakritische Apostroph:

x'y

Das diakritische Apostroph (im UTF-8-Zeichensatz die Nr. 031B) ist im Gegensatz zum normalen Apostroph kein vollwertiges Zeichen, sondern nur ein Zusatzzeichen, das einem Buchstaben angefügt wird. Es erzeugt keine Lücken im Wort und bringt keine alphabetischen Reihenfolgen durcheinander, aber erfüllt eine wichtige Funktion:

es dient als „Null-Buchstabe", der Zeichenkombinationen, für die bestimmte Regeln gelten, trennt und die jeweilige Regel somit außer Kraft setzt.

Beispiel 1: im englischen Landesnamen ‚Britain' wird das erste, betonte i kurz gesprochen (das zweite verschmilzt mit dem a zum unbetonten ë). Nach europäischen Gepflogenheiten wäre es an dieser Stelle von der Regel zur Länge des vorletzten Vokals betroffen und müsste lang gesprochen werden. Dies wird durch ein diakritisches Apostroph verhindert, daher *Briten*.

Beispiel 2: der bulgarische Ortsname Ruse (Pyce): ohne diakritisches Apostroph würde das s zwischen zwei Vokalen weich [z] und das betonte u wäre von der Regel zu Länge des vorletzten Vokals betroffen. Durch das diakritische Apostroph am s sind diese Bedingungen beide ausgeschaltet, denn dem betonten u folgt dadurch mehr als nur ein Konsonant und das s steht nicht mehr zwischen zwei Vokalen.

Beispiel 3: der Buchstabe c wird vor hellen Vokalen (e, i, y) wie z (ts) ausgesprochen, vor dunklen Vokalen (a, o, u) sowie vor Konsonanten und am Wortende jedoch wie k. Um diese Regel auszuschalten, kann das c mit dem diakritischen Apostroph versehen werden. So wird es z.b. in servíc' wie z ausgesprochen. Im Plural: services, ist das diakritische Apostroph dafür jedoch nicht mehr nötig: durch den nachstehenden hellen Vokal e wird das c automatisch wie z gesprochen.

Nicht verwendet werden soll das diakritische Apostroph, um zusammengesetzte Laute zu trennen. Vielmehr ist es in Europa üblich, sich die separierte Aussprache zu merken (z. B. dass Stockholm als ‚Stock-holm' und nicht als ‚Stoc-kholm' gesprochen wird).

Besonderheiten zu Vokalen

Bestimmte Vokale können zusammengesetzt werden und ergeben dann neue Vokale. Es sind dies:

ae ao oe ue

Getrennt werden diese Zusammensetzungen durch jegliches diakritische Zeichen auf der zweiten Komponente, also aé/aë, aó, oé/oë und ué/uë.

In Europa ist es üblich, lang ausgesprochene Vokale in der Rechtschreibung zu markieren. Dabei ist eine Methode der klare Favorit, sowohl hinsichtlich internationaler Verbreitung als auch der Praktikabilität: der in den Sprachen Ungarisch, Tschechisch, Slowakisch, Irisch und Isländisch vorkommende Längenstrich (in Ungarisch, der größten dieser Sprachen, *Ékezet* genannt):

á é í ó ú ý

Achtung: e und o werden durch das Ékezet nicht sofort lang, sondern zunächst nur geschlossen gesprochen ([e] und [o] statt [ɛ/ə] und [ɔ]); erst bei Betonung werden sie zusätzlich auch lang gesprochen. Zusammengesetzte Vokale werden auf der ersten Komponente mit dem Ékezet versehen: áe, áo, óe, úe.

Nicht üblich ist es in Europa, die Betonung in der Rechtschreibung anzugeben. Möglich sein sollte es aber dennoch. Nach der Festlegung des Ékezets als Längenzeichen eignet sich als Betonungszeichen der italienische Akzent: à, è, ì, ò, ù, ỳ – der sich auch mit dem Ékezet kombinieren lässt: â, ê, î, ô, û, ŷ. In diesem Wörterbuch werden Betonungen jedoch mit Unterpunkt (ạ) bzw. Unterstrich (a̱) angezeigt, um sie vom verbindlichen Ékezet deutlicher abzusetzen.

Sehr verschieden geregelt ist in Europa der Schwa-Laut ([ə], wie z. B. das e in ‚Asche'). Im Allgemeinen lässt sich sagen, dass ein unbetontes e als letzter Vokal des Wortes so ausgesprochen wird, es sei denn, ihm folgt noch mehr als nur ein d, l, m, n, s oder t – dann wird es wieder [ɛ] gesprochen. Darüber hinaus hat es sich als notwendig erwiesen, einen fixen Schwa-Buchstaben zu haben. Einen solchen, an dem auch die Nähe zum e zu erkennen ist, bietet die albanische Rechtschreibung:

Wie auch é und ó wird das ë ohne Betonung kurz und mit Betonung lang gesprochen. Auch alle anderen Vokale können unabhängig vom Ékezet lang gesprochen werden, und zwar in folgender Konstellation:

Die Regel zur Länge des vorletzten Vokals

Wenn der vorletzte Vokal eines Wortes 1.) betont und 2.) durch genau einen Konsonanten vom letzten Vokal getrennt ist, dann wird er *ohne Ékezet lang* gesprochen.

Vokale, auf die diese Regel zutrifft, werden in diesem Wörterbuch mit einem Unterstrich markiert, z. B *dra̱ma*. Diese Regel gilt informell in vielen Sprachen Europas. Sie kann ausgeschaltet werden, indem der Konsonant zwischen den Vokalen mit einem diakritischen Apostroph versehen wird und somit nicht mehr alleine steht.

Gesamtübersicht der europäischen Laute

a	[a]	kurzes *a* wie in ‚ab'.
ae	[ɛ]	ä
ao	[ɔ]	offenes *o* wie in ‚ob'.
b	[b]	b
bh	[v]	wie *w* in ‚wie'.
c	[k][ts]	vor dunklen Vokalen (*a, o, u*) und am Wortende wie *k*; vor hellen Vokalen wie das deutsche *z*.
c'	[ts]	immer wie das deutsche *z*
ç	[s]	wie das deutsche *ß*
ch	[tʃ]	wie deutsch *tsch*
cj	[tɕ]	unfefähr wie *tch* in ‚Brettchen'
d	[d]	d
dh	[ð]	stimmhafter Lispellaut wie in Englisch *the*
dj	[dʲ]	wie deutsch dj
e	[ɛ] [ə]	als letzter Buchstabe des Wortes [ə] (wie schwaches e in *Aue*), sonst [ɛ], wie ä
é	[e][ˈeː]	geschlossenes e wie in de ‚Protein'; wenn betont: lang, sonst kurz
ë	[ə][ˈəː]	schwaches *e* wie in ‚Asche'; wenn unbetont: kurz; wenn betont: lang
f	[f]	f
g	[g]	g
gh	[ɣ] [j]	vor hellen Vokalen (a*e, e, i, oe, ue, y*) wie j, sonst ungefähr wie das deutsche r in *rein*
gj	[dʒ]	wie *Gi* in ‚Giovanni'
h	[h]	h

hj	[ç]	wie ch in *Bücher*
i	[i]	kurzes i wie in *in*. *
j	[j]	wie j in *ja*
jh	[ʒ]	wie G in *Gelée* (identisch mit zh)
k	[k]	k
kh	[x]	wie *ch* in ‚Bach'
l	[l]	wie das deutsche *l*
lh	[w]	wie *u* in ‚Aue' (identisch mit wh)
lj	[lʲ]	helles *l* mit j-Komponente
m	[m]	m
n	[n]	n
nj	[nʲ]	helles n mit j-Komponente
o	[ɔ]	offen wie in ‚Dorf'
ó	[o] [ˈoː]	geschlossen wie in ‚Hof'; ohne Betonung kurz, mit Betonung lang
oe	[œ]	wie deutsch ö; wenn kurz: offen wie in *Dörfer*; wenn lang: geschlossen wie in *Höfe*
p	[p]	p
ph	[f]	wie ph in *Phrase*
q	[k]	wie Q in *Qualität*
r	[r]	je nach nationaler Art ausgesprochen. (häufigste Aussprache in Europa: gerollt.)
rj	[rʲ]	Mischung aus gerolltem r und j
s	[s] [z]	zwischen Vokalen weich wie in ‚Rasen'; sonst hart wie in ‚Ast'
sh	[ʃ]	wie deutsch sch
sj	[ɕ]	wie deutsch *sch*, aber heller
t	[t]	t

23

th	[θ]	stimmloser Lispellaut, wie englisch *th* in ‚thriller‘	wh	[w]	wie *u* in ‚Aue‘ (identisch mit lh)
tj	[tʲ]	etwa deutsch tj; helles t mit j-Komponente; ersetzt das slawische t‘	x	[ks]	x
			y	[i] [ɪ]	wie *i* in ‚in‘ bzw. wie in ‚Birke‘
u	[u]	kurzes u wie in *und.* *	z	[z]	wie deutsches weiches s in *sehen*
ue	[y]	kurzes ü wie in *dünn.* *			
v	[v]	wie deutsch w	zh	[ʒ]	wie G in *Gelée* (identisch mit jh)
w	[v]	wie deutsch w	zj	[ʒ]	wie zh, aber heller

Formales Analog und mundartliche Abweichung (freie Allophone)

Die vergleichende Parallelsetzung der europäischen Schreibweisen erfolgt im Euro-LSJ-Projekt auf der Grundlage formaler Analogien. Besonders deutlich wird dies bei den Ethno-Europäismen (S. 16). Beispiel: der polnische Ortsname *Rzeszów* wird genau genommen ‚Zheshuv‘ gesprochen. Diese ausschließlich an der Aussprache orientierte Schreibweise zerreißt jedoch wichtige Verbindungen der Wiedererkennbarkeit, nicht nur weil das Schriftbild von ‚Zheshuv‘ vollkommen anders aussieht als *Rzeszów*, der Name, den man in Polen auf den Wegweisern findet. Sondern auch deshalb, weil das polnische *rz* eigentlich zur slawischen *rj*-Gruppe gehört, also ein palatalisiertes (mit *j* gemischtes) *r* darstellt. Das formale Analog zu *rz* ist also *rj*, und nicht *zh*.

Diese Einbeziehung freier Allophone hat grundsätzlich den Vorteil, dass man Wörter in verwandten Sprachen wiedererkennen kann. Das gleiche gilt für das polnische *ó*, das dort heute wie *u* gesprochen wird, aber eigentlich zur slawischen Gruppe um das geschlossene o gehört – also *ó*.

Fazit: *Rzeszów* ist in repräsentativer europäischer Schreibweise *Rjeshów* zu schreiben (betont auf dem *e*) und die Aussprache des *rj* als ‚zh‘ und des *ó* als ‚u‘ als freie Allophone polnischen Sprechgepflogenheiten zuzuordnen.

Solche Phänomene mundartlicher Abweichung von formalen Analogien europäischer Lautschreibung gibt es in den Einzelsprachen in ganz unterschiedlicher Häufigkeit: im Kroatischen kaum, im Englischen extrem häufig. Die meisten Sprachen liegen dazwischen, aber näher an Kroatisch.

Formale Analogien sind die Grundlage bei der Erfassung der Ethno-Europäismen sowie beim Vergleich der nationalen Varianten der anderen Europäismenqualitäten.

Ethno-Europäismen finden sich

- im Gebrauchswortschatz ab Seite 36 in Form von Bezeichnungen für Länder, Sprachen, Landsleute und Adjektiven der Zugehörigkeit zum Land,

- im Verzeichnis der Ortsnamen ab Seite 419.

Im Folgenden sind formale Analogien dargestellt, die im Sprachraum des Originals abweichend ausgesprochen werden. In der Tabelle stehen unter *Spr.* die Sprachennamen, unter *Orig* Die Originalschreibweisen, unter *FA* die formalen Analogien, unter *Aussp.* die abweichende Originalaussprache (in IPA). Gegebenenfalls wird die Handhabung durch einen *Kommentar* erklärt.

Spr.	*Orig.*	*FA*	*Aussp.*	*Kommentar*
Katalanisch (*ca*)				
-a-a-a	-a-ë-e	[-ə-ə-ə]		das a wird tendenziell [ə] gesprochen; wenn drei Silben mit a aufeinanderfolgen, wird die erste davon noch mit a geschrieben, die zweite mit ë und die letzte mit e, das an letzter Position ja als [ë] ausgesprochen wird.
Tschechisch (*ce*)				
ř	rj	[ž]		Unterscheidbarkeit von z; Wiedererkennbarkeit als Ableitung von r und als Mitglied der slawischen rj-Gruppe.
Dänisch (*da*)				
a	a	[ɛ]		Unterscheidbarkeit von ae (=æ).
å	áo	[o:]		Unterscheidbarkeit von ó (=o); Wiedererkennbarkeit als Ableitung von a und als Mitglied der nordischen å-Gruppe.
Griechisch (*el*)				
η	é	[i]		Das η ist kein i, sondern ein wie ‚i' ausgesprochenes é; In griechischen Internationalismen schreibt ganz Europa ±,e' (z. B. ‚problém').
Englisch (*en*)				
e	é	[i]		
o-e	ó	[ou]		

Spr.	Orig.	FA	Aussp.	Kommentar
Spanisch (es)				
	ce, ci	çe, çi	[θ]	ç ist näher an der Originalschreibweise; Nicht in allen Teilen des spanischen Sprachraums wird das c vor hellem Vokal wie [θ] ausgesprochen.
	z	ç	[θ]	siehe ‚ce, ci‘; z geht nicht; Nicht in allen Teilen des spanischen Sprachraums wird das z wie [θ] ausgesprochen, häufig auch wie ‚s‘ = ç.
	d	d	[ð]	Nicht in allen Teilen des spanischen Sprachraums wird das d wie [ð] ausgesprochen, daher d.
	ll	llj, lj	[j]	
Französisch (fr)				
	e	ë/e	-	Das stumme [-] oder schwache [ə] französische e wird mit der Aussprache [ə] wiedergegeben, also entweder mit e oder ë, je nachdem, was die Position erfordert. Das Verschlucken (nicht-Ausprechen) dieses Lautes [-] wird als mundartliche Eigenheit betrachtet.
	ill	ilj	[ij]	
	ou	oú	[u:]	
Ungarisch (ma)				
	a	a	[ɔ]	
	ly	lj	[j]	
Niederländisch (nl)				
	g	gh	[x]	
Norwegisch (no)				
	o	ó	[u]	

Spr.	Orig.	FA	Aussp.	Kommentar
	å	áo	[o:]	Unterscheidbarkeit von ó (=o); Wiedererkennbarkeit als Ableitung von a und als Mitglied der nordischen å-Gruppe.

Polnisch (*pl*)

| | rz | rj | [ʒ] | Unterscheidbarkeit von ż; Wiedererkennbarkeit als Ableitung von r (und nicht von z); Wiedererkennbarkeit als Mitglied der slawischen rj-Gruppe. |

Portugiesisch (*pt*)

| | -o | ó | [u] | |

Russisch (*ru*)

| | e | é/je | [je] | Formales Analog zu *ru* e sind die hellen Formen é oder (am Wortanfang) je, im Gegensatz zu э, das dem normalen e mit Lautwert [ɛ] entspricht. |
| | o | o | [a] | |

Albanisch (*sq*)

| | -ë | -e | [ə] | Wenn das e aufgrund europäischer Sprechgewohnheiten schon aufgrund seiner Position als [ə] gesprochen wird, werden die Punkte weggelassen. |

Schwedisch (*sv*)

| | å | áo | [o:] | Unterscheidbarkeit von ó (=o); Wiedererkennbarkeit als Ableitung von a und als Mitglied der nordischen å-Gruppe. |

Türkisch (*tr*)

| | ı | ë | [ɯ] | Das ë kommt dem ı am nächsten, aber ausgesprochen wird das ı in Wirklichkeit zwischen ë und u, also [ɯ]. |

Gemeinsames Vokabular

Vorinformationen zu den Verzeichnissen

Sonderzeichen des lateinischen Alphabets

Abkürzungen ab Seite 34, Aussprache in eckigen Klammern nach der intarenationalen Lautschrift IPA.

à *it, fr, ca* ['a]; *pt, gd* [aː]
á *es, pt* ['a]; *ma, ce, sk, is, ga* [aː]
â *fr, pt* ['aː]; *ro* [ɨ]
ã *pt* [ã]
ä *de, sv, sk, su, et* [ɛ]
å *sv, no, da, is, fo* [oː]
æ *no, da, is, fo* [ɛ]
ā *lv* [aː]
ă *ro* [ə]
ą *pl* [ɔ̃]; *lt* [aː]

ć *pl, hr/sr, so* [tɕ]
ċ *mt* [ʧ]
č *ce, sk, hr/sr, sl, so, sm, et* [ʧ]
ç *fr, pt, ca* [s]; *sq, tr* [ʧ]

ď (Ď) *ce, sk* [dʲ]
đ *hr/sr* [dʒ]
ð *is, fo* [ð]

è *fr* ['ɛː], *it, ca* ['ɛ]
é *fr, ca, ga* [e]; *ma* [eː]; *it* ['e];
   ce, sk [ɛː]; *is* [jɛː]
ê *fr,* ['ɛː]; *pt* ['eː]
ë *fr, nl* [-e/ɛ/ə] (Trennung von Laut-
   kombinationen mit vorherigem
   Vokal); *sq* [ə]
ē *lv* [eː/ɛː]
ė *lt* [eː]

ę *pl* [ɛ̃]; *lt* [ɛː]
ě *ce* [jɛ]; *so* [je]

ġ (Ǧ) *lt* [dʲ]
ğ *tr* [ɣ]
ġ *mt* [dʒ]

ħ *mt* [x]

ì *it* ['i]; *gd* [iː]
í *ma, ce, sk, is, fo, ga* [iː];
   es, pt, ca ['i]
î *fr* ['iː]; *ro* [ɨ]
ï *fr, nl, ca* [-i] (Trennung von Laut-
   kombinationen mit vorherigem
   Vokal); *cy* [i] wenn i = [j]
ī *lv* [iː]
į *lt* [iː]
ɪ *tr* [ɯ] (zwischen ə und u)
ķ *lv* [tɕ]

ĺ *sk* [lː]
ļ *lv* [ʎ]
ľ *sk* [ʎ]
ŀl *ca* [ll] im Ggs. zu ll = [j]
ł *pl, so* [u̯]

29

ń   *pl, so* [ɲ]
ň   *ce, sk* [ɲ]
ṇ   *lv* [ɳ]
ñ   *es, ek* [ɲ]; *br* [˜] (Nasalierung des voranstehenden Vokals)

ò   *fr, ca* ['o]; *gd* [o:]
ó   *ma, ga* [o:]; *ce, sk* [ɔ:]; *pl, so* [u]; *es, pt* ['ɔ]; *ca* ['o]; *is* [ou]
ô   *fr, pt, cy* [o:], *sk* [u̯o]
ö   *de* [ø:/œ]; *ma* [ø]; *tr, is* [œ]; *sv* [œ/ø:/œ:]; *su, et* [ø:]
ő   *ma* [ø:]
ø   *da, no, fo* [œ/ø:/œ:]
õ   *pt* [õ]; *et* [ɤ] (zwischen ə und o)
ō   *lv* [ɔ:]
œ   *fr* [œ:]

ŕ   *sk* [r:]
ř   *ce* [z]; *so* [ʃ]

ś   *pl* [ɕ]
š   *hr/sr, sl, ce, sk, so, lt, lv, su, et, sm* [ʃ]

ß   *de* [s]

ţ   *ro* [c]
ťʼ (Ť)   *ce, sk* [c]
ŧ   *sm* [θ]
þ   *is* [θ]

ù   *it* ['u]; *gd* [u:]
ú   *es, ca, pt* ['u]; *ma, ga, is* [u:]; *fo* [ɪ/ʉu]
û   *fr* [y:]
ü   *de, ma, et, tr* [y]; *es, ca* [-u] (Aussprache als u zwischen g und e/i)
ű   *ma* [y:]
ū   *lt, lv* [u:]
ů   *ce* [u:]
ų   *lt,* [u:]

ý   *ce, sk* [i:/ɨ:]; *is* [i:]

ź   *pl, so* [ʑ]
ž   *ce, sk, so, sl, hr/sr, et, lv, lt, sm* [ʒ]
ż   *pl* [ʒ]; *mt* [z]

Das kyrillische Alphabet

Anordnung: Original, Aussprache nach IPA, deutsche Erklärung

а	[a]	a		р	[r]	r
б	[b]	b		с	[s]	s
в	[v]	w		т	[t]	t
г	[g], *uk* [h]	g / h		ħ	*sr* [tɕ]	≈tch
ѓ	*mk* [dʲ]	± dj		у	[u]	u
д	[d]	d		ў	[w]	wie u in ‚quer'
ђ	*sr* [dʒ]	± dj		ф	[f]	f
е	[ɛ]; *ru* [je]/[ji]	e / je		х	[x]	wie ch in ‚ach'
ё	*ru* [jo]	jo		ц	[ts]	z
ж	[ʒ]	sh		џ	[dz]	ds
з	[z]	weiches s		ч	[tʃ]	tsch
и	[i]; *ru* [ji], *uk* [ɪ]	i bzw ±y		ш	[ʃ]	
і	*be+ua* [i]	i		щ	*ru* [ɕɕ], *bg* [ʃt]	
ï	*uk* [ji]	ji		ъ	*ru*: lässt den vorstehenden Konsonanten hart klingen, wie am Wortende; *bg* [ɔ] wie ein sehr dunkles schwaches e	
й	*ru* [j]	j				
ј	*sr* [j]	j				
к	[k]	k		ы	[ɪ]	y
ќ	*mk* [tɕ]	≈ tj		ь	lässt den vorstehenden Konsonanten weich klingen, wie mit einer j-Komponente	
л	[l] [wh]	≈ l				
љ	*sr* [lʲ]	lj				
м	[m]	m		э	[ae]	e
н	[n]	n		є	*uk, be* [e]	e
њ	*sr* [nj]	nj		ю	[ju]	ju
о	[ɔ]; *ru* [a]/['oː]	o		я	[ja]	ja
п	[p]	p				

Das griechische Alphabet

Anordnung: Original, Name, Aussprache nach IPA, deutsche Erklärung

α	alfa	[a]	a	μ	my	[m]	m
αι		[ɛ]	e (ä)	μπ		[b][mb]	b/mb
αυ		[av]	aw/af (au)	ν	ny	[n]	n
β	véta	[v]	v/w	ντ		[d][nd]	d, nd
γ	ghama	[ɣ]o / [j]i	± r / j	ξ	xi	[ks]	x
γγ		[ŋ], [ŋg]	ng	ο	omikron	[ɔ]	kurzes,
γκ		[g], [ŋg]	g, ngg				offenes o
δ	dhelta	[ð]	wie *en* th in ‚the'	οι		[i]	i (ö)
				ου		[u]	u
ε	epsilon	[ɛ]	e	π	pi	[p]	p
ει		[i]	i	ρ	ro	[r]	r
ευ		[ɛv]	ew/ef (eu)	ς, σ	sighma	[s]	s
ζ	zéta	[z]	weiches s	τ	tav	[t]	t
η	éta	[i]	i (e)	υ	ypsilon	[i]	i (y)
θ	théta	[θ]	wie *en* th in ‚throw'	φ	fi	[f]	f (ph)
				χ	hji	[x]o [ç]i	ch
ι	jota	[i]	i	ψ	psi	[ps]	ps
κ	kappa	[k]	k	ω	omegha	[ɔ]	o
λ	lambdha	[l]	l				

Zeichenerklärung

a̦   Punkt unter dem Vokal: Betonung (nicht Bestandteil der Rechtschreibung)

a̲   Strich unter dem Vokal: auf diesen Vokal trifft die Regel zur Länge des vorletzten Vokals zu (siehe Seite 22).

↑   siehe

+↑   siehe auch

=↑   gleichbedeutend mit

~e   Tilde: Anknüpfung ans Ende des Stichworts

-ce   Bindestrich: Anknüpfung ab dem ersten gemeinsamen Buchstaben (‚djevca, gen: -ce' bedeutet: der Genitiv von ‚djevca' lautet ‚djevce')

[a]   in eckigen Klammern: Aussprache gemäß IPA

"..."   es geht um die Formulierung (nicht um die Schreibweise)

"...|..."   Es geht um die Zusammensetzung.

±   so oder ähnlich

...◊   variable Wortendung nach Geschlecht. Für welche Endungen die Raute bei den einzelnen Sprachen steht, ist zu Beginn des Verzeichnisses ‚Vorsilben und Endungen' unter ‚Europäisch – Deutsch – Verbreitung' auf Seite 37 aufgeführt. Von den dort durch Schrägstriche getrennten Buchstaben zeigt der erste die männliche Form (m), der zweite die weibliche (f) und der dritte die sächliche Form (n), also m/f/n. Sollte es mehrere Deklinationsmuster geben wie z. B. im Isländischen, so sind diese durch abgesetzte Schrägstriche getrennt: m/f/n / m/f/n.

{ }   in geschwungenen Klammern: Kommentare zu nationalen Varianten

Abkürzungen

A	Adjektiv	c+/c-	erweiterte/reduzierte konsonantische Konugation	el	Griechisch
A	Österreich			ELTR	Elektrik und Elektronik
a/c+	Mischkonjugation aus a und erweitert-konsonantisch	ca	Katalanisch	en	Englisch
		CARTO	Kartografie	es	Spanisch
		ce	Tschechisch	EST	Estland
ACAD	akademischer Kontext	CGO	Montenegro	et	Estnisch
adv	Adverb	CH	Schweiz	f	Femininum / weiblich
akk/akk	Akkusativ	CHEM	Chemie	F	Frankreich
AL	Albanien	CMRC	Handel	fä	Färöisch
al	Albanisch	comp	Komparativ (Steigerung)	fi	Finnisch
ANAT	Anatomie			FIN	Finnland
ARCH	Archäologie	cy	Walisisch	Form	Formulierung
art	Artikel	D	Deutschland	fr	Französisch
ASTRON	Astronomie	da	Dänisch	fs	Friesisch
bal	baltische Sprachen	dat/dat	Dativ	FYS	Physik
		de	Deutsch	f-u	finno-ugrische Sprachen
be	Weißrussisch	demArt	Demonstrativartikel		
BG	Bulgarien			ga	Gälisch (irisch)
bg	Bulgarisch	demPrn	Demonstrativpronomen	gal	keltische Sprachen
BIH	Bosnien-Herzegowina	DID	Didaktik	GB	Großbritannien
BIO	Biologie	dim	Diminutiv (Verniedlichung)	gd	Schottisch-Gälisch
BOT	Botanik / Pflanzenwelt				
br	Bretonisch	DK	Dänemark	gen/gen	Genitiv
BR	Weißrussland	dt. Bsp.	deutsches Kontextbeispiel	GEOL	Geologie
C	Konjunktion			ger	germanische Sprachen
		E	Spanien	GRAM	Grammatik
		ECO	Wirtschaft	gv	Manx (Man-Gälisch)
		ek	Baskisch		

34

H	Ungarn	*m*	Maskulinum / männlich	PL	Polen
HIST	Geschichte			*pl*	Polnisch
{hist}	veraltet / nur historisch	*ma*	Ungarisch	pl/*pl*	Plural
		MAT	Matrial	POLIT	Politik
HR	Kroatien	MATH	Mathematik	possArt	Possessivartikel
hr	Kroatisch	MD	Moldawien		
I	Italien	MECH	Mechanik	possPrn	Possessivpronomen
iPr	Interrogativpronomen (Fragewort)	MED	medizinischer Kontext		
				ppa	Partizip Präsens-Aktiv
IS	Island	MIL	militärischer Kontext		
is	Isländisch	MK	Mazedonien	ppp	Partizip Perfekt-Passiv
IT	Informationstechnik	*mk*	Mazedonisch	pPr	Personalpronomen
		mt	Maltesisch		
it	Italienisch	MTEO	Meteorologie	pr	Pronomen
itj	Interjektion (Ausruf)	MUS	Musik	*pt*	Portugiesisch
		n	Neutrum / sächlich	pt	Partikel
{jargon} nur Jargon				{reg}	nur regional
JUR	Rechtswesen	N	Nomen/ Substantiv	RELIG	Religion
k.(erw.)	erweiterte konsonantische Konjugation			*rm*	Rumänisch
		n.g.	nicht gruppierte Sprachen	RO	Rumänien
k.(red.)	reduzierte konsonantische Konjugation	NL	Niederlande	*rom*	romanische Sprachen
		nl	Niederländisch	*rr*	Rätoromanisch
KS	Kosovo	NO	Norwegen	RSM	San Marino
lb	Luxemburgisch	*no*	Norwegisch (Bokmål)	*ru*	Russisch
LING	Linguistik			RUS	Russland
LIT	Literatur	nom/*nom* Nominativ		S	Schweden
LT	Litauen	num	Numeral (Zahlwort)	SCI	Wissenschaft
lt	Litauisch			sfx	Suffix (Endung)
lv	Lettisch	P	Präposition	sg/*sg*	Singular
LV	Lettland	P	Portugal	SK	Slowakei
		pfx	Präfix		

sk	Slowakisch	SPT	Sport	*tr*	Türkisch
sl	Slowenisch	*sr*	Serbisch	UA	Ukraine
<u>*sla*</u>	slawische Sprachen	*sv*	Schwedisch	*uk*	Ukrainisch
SLO	Slowenien	SYMB	symbolische Bedeutung	V̄	Verb
sm	Samisch (Nord)	TECH	technischer Kontext	ZOOL	zooligischer Kontext / Tierwelt
so	Sorbisch		Kontext		welt

Aufbau der Einträge

Die Elemente des Beispieleintrags (im Kasten) stehen für folgendes:

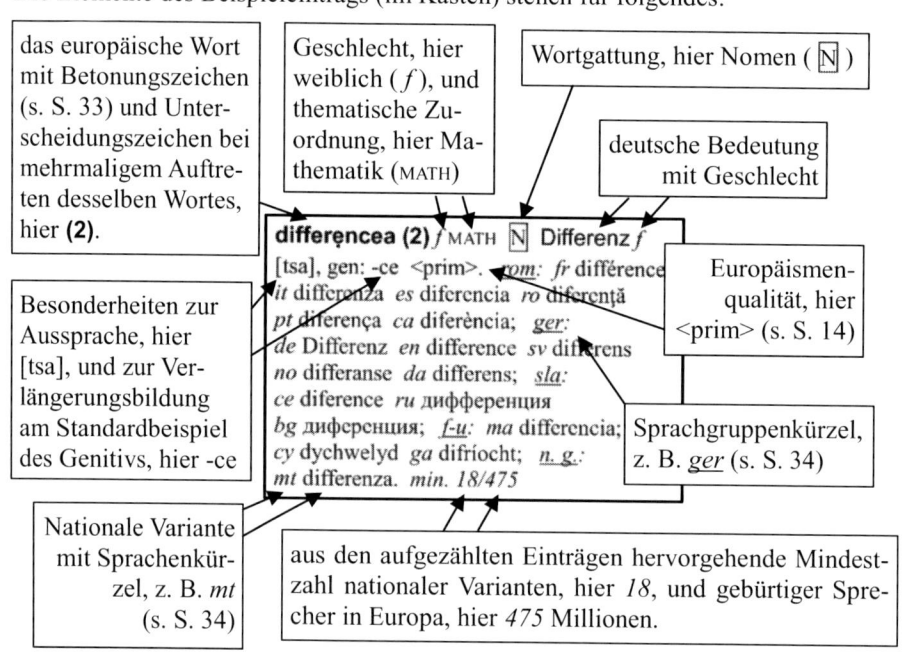

das europäische Wort mit Betonungszeichen (s. S. 33) und Unterscheidungszeichen bei mehrmaligem Auftreten desselben Wortes, hier **(2)**.

Besonderheiten zur Aussprache, hier [tsa], und zur Verlängerungsbildung am Standardbeispiel des Genitivs, hier -ce

Geschlecht, hier weiblich (*f*), und thematische Zuordnung, hier Mathematik (MATH)

Wortgattung, hier Nomen (N̄)

deutsche Bedeutung mit Geschlecht

Europäismenqualität, hier <prim> (s. S. 14)

Sprachgruppenkürzel, z. B. *ger* (s. S. 34)

differęncea (2) *f* MATH N̄ Differenz *f* [tsa], gen: -ce <prim>. *rom: fr* différence *it* differenza *es* diferencia *ro* diferenţă *pt* diferença *ca* diferència; <u>*ger:*</u> *de* Differenz *en* difference *sv* differens *no* differanse *da* differens; <u>*sla:*</u> *ce* diference *ru* дифференция *bg* дифференция; <u>*f-u:*</u> *ma* differencia; *cy* dychwelyd *ga* difríocht; <u>*n. g.:*</u> *mt* differenza. *min. 18/475*

Nationale Variante mit Sprachenkürzel, z. B. *mt* (s. S. 34)

aus den aufgezählten Einträgen hervorgehende Mindestzahl nationaler Varianten, hier *18*, und gebürtiger Sprecher in Europa, hier *475* Millionen.

Europäisch – Deutsch – Verbreitung

Vorsilben und Endungen

◊ *die nach Geschlecht variierende Adjektivendung, siehe auch Seite 33.*
rom: it o/a es o/a pt o/a ca o/a; *ger:*
is ur/-/t / i/a/a / nn/n/ð; *sla:* pl y/a/e
ce ý/á/é sk ý/á/é / í/ia/ie sb y/a/o / i/a/e
ru ый/ая/ое uk ий/а/е be ы/ая/ае
bg и/а/о hr i/a/o sr и/а/о sl i/a/o
mk и/a/o; *bal:* lt as/a / us/i / is/ė lv s/a;
n. g.: el -óς/-ή/-ό, sh -/-e.

-(a/i)bil sfx -(a/i)bel / -bar *die*
Adjektivendung, die die
Behandelbarkeit des Substantivs mit
dem Verb anzeigt, das mit dieser
Endung versehen wird
comp: -(ą)bler; adv: -(ą)bilno <prim>.
rom: fr -(a)ble it -(a)bile es -(a)ble
ro -(a)bil; *ger:* de -(a)bel en -(a)ble
nl -(a)bel sv -(a)bel no -(a)bel da -(a)bel;
sla: ru -(a)бельн◊ hr -(a)blni; *f-u:*
ma -(á)bilis; *n. g.:* tr -abil- (V).
min. 14/469

-án, -én, -ín, -en sfx -en *die Existenz*
der Konjugationsklassen a, e, i und
konsonantisch
<prim>. *rom:* fr -er, -ir, -re
it -are, -ere. -ire, -ere es -ar, -er pt -ar, -er
ca -ar, -er, -ir; *ger:* de -en nl -en sv -a
no -e da -e; *sla:* pl -ać, -eć, -ić
ce -at, -et, -it sb -ać, -eć, -ić
ru -ать, -еть, -ить, -ть hr -ati, -eti, -iti;
f-u: ma -(a)ni, -(e)ni, -nni; *gal:*
br -añ, -eñ, iñ; *n. g.:* tr -mak, -mek.
min. 18/453

-ce sfx -zig *regelmäßige Endung für*
Zehnerzahlen
<prim>. *ger:* de -zig en -ty nl -tig
sv -tio no -ti; *sla:* ce -cet ru -десят.
min. 7/280

-d/-t sfx -(e)t *regelmäßige Endung des*
Partizips Perfekt-Passiv von Verben
(nach Vokal und stimmhaftem
Konsonant -d, nach stimmlosem
Konsonant -t)
<prim>. *rom:* it -to es -do pt -do; *ger:*
de -t en -d nl -d sv -s no -s da -s; *f-u:*
ma -tt; *gal:* ga -dh. *min. 11/305*

-d-/-t- sfx -te- *regelmäßige Endung des*
Imperfekt/Präteritums (einfache
Vergangenheitsform) von Verben
<prim> *ger:* de -t- en -d nl -d- sv -de
no -de- da -de is -ði; *f-u:* ma -t-; *bal:*
lt -tė; *gal:* ga -dh; *n. g.:* tr -d-/-t-.
min. 11/213

-dé sfx -(d)e *regelmäßige*
Substantivendung zur Ableitung aus
einem Adjektiv
gen: -dée, pl: dés, gen-pl: -déen <ang>.
ger: de -de en -th nl -te no -de da -de;
gal: ga -d/-t. *min. 6/183*

-e sfx -e *Genitivendung des Nomens*
<prim>. *ger:* de -es nl -en {hist}; *sla:*
pl -i/y/a ce -y/a sk -y/a ru -и/ы/а hr -e/a
sl -e/a; *f-u:* ma (-e/-ja); *bal:*
lt -o/(-ios)/(-iès); *gal:* ga -a/(-i-).
min. 11/271

-é sfx -e *regelmäßige Endung*
weiblicher Substantive
<prim>. *rom: fr* -e *it* -e; *ger: de* -e
en -e; *n. g.: el* -η. *min. 5/282*

-éren *c-* sfx -ieren *regelmäßige Endung*
internationaler lateinischstämmiger
Verben
<prim>. *rom: fr* -er; *ger: de* -ieren
nl -eren *sv* -era *no* -ere *da* -ere; *sla:*
ru -ировать *bg* -ирам *hr* -irati *sr* -ирати
sl -irati *mk* -ирам; *f-u: et* -eerima; *bal:*
lv -ēt. *min. 14/307*

-es, -s sfx -e / -n / -er / -s *die Endung*
des Plurals mit einem hellen Vokal; die
Endung des Plurals mit -s (nur -s, falls
der Singular auf einen Vokal endet)
<prim>. *rom: fr* -s *it* -i, -e *es* -es *pt* -es
ca -es; *ger: de* -e *nl* -s *da* -er; *sla:*
pl -i, -y *ce* -i, -y *ru* -и, -ы *bg* -и *hr* -e, -i
sr -e, -и *mk* -и; *f-u: ma* -ek; *gal:*
ga -i, -a; *n. g.: el* -ες. *min. 18/465*

-héd sfx -heit *regelmäßige*
Substantivendung zur Ableitung aus
einem germanischen Adjektiv
gen: -héde, pl: -hédes, gen.pl: -héden
↑kórthéd, ↑kórt. <ang>. *ger: de* -heit
en -hood *nl* -heid *sv* -het *no* -hed
da -hed. *min. 6/193*

-ia *f* sfx -ie *f, regelmäßige*
Substantivendung
+↑apathia. <prim>. *rom: fr* -ie *it* -ia
es -ía *ro* -ie *pt* -ia *ca* -ia; *ger: de* -ie
en -y *nl* -ie *sv* -i *no* -i *da* -i *is* -i; *sla:*
pl -ia *ce* -ie *sk* -ia *sb* -ija *ru* -ия *uk* -ія
be -ыя *bg* -ия *hr* -ija *sr* -ija *mk* -ија;
bal: lv -ija; *gal: cy* -i; *n. g.: el* -(ε)ια,
mt -ija, *sh* -i. *min. 29/586*

-ic sfx -isch *regelmäßige*
Adjektivendung
comp: -cer [ts], adv: ~no +↑apathic.
<prim>. *rom: fr* -ique *it* -ic◊ *es* -ic◊
ro -ic *pt* -ic◊ *ca* -ic; *ger: de* -isch
en -ic *nl* -isch *sv* -isk *no* -isk *da* -isk
is -isk; *sla: pl* -iczn◊ *ce* -ick◊ *sk* -ick◊
sb -ičn◊ *ru* -ическ◊ *uk* -ичн◊
be -ычным *bg* -ичен *hr* -ičan *sr* -ичн◊
mk -ични; *f-u: ma* -ikus; *bal: lt* -išk◊;
gal: cy -ig *br* -eg; *n. g.: el* -ικ◊,
ek -iko, *sh* -ik◊, *tr* -ik. *min. 32/605*

-íc *m/n* sfx -iz/-ize *n/m, regelmäßige*
Substantivendung
gen: -ice, pl: -ices, gen.pl: -icen <prim>.
rom: fr -ice *it* -izio *es* -icio *pt* -icio;
ger: de -iz *en* -ice; *gal: br* -is.
min. 7/320

-ig sfx -ig *regelmäßige germanische*
Adjektivendung
comp: ~er, adv: ~no <ang>. *ger: de* -ig
en -y *nl* -ig *sv* -ig *no* -ig *da* -ig *is* -igur.
min. 7/193

-isme *m* sfx -ismus *m, regelmäßige*
Endung internationaler Substantive
lateinischen oder griechischen
Ursprungs
<prim>. *rom: fr* -isme *it* -ismo *es* -ismo
ro -ism *pt* -ismo *ca* -isme; *ger:*
de -ismus *en* -ism *nl* -isme *no* -isme
da -isme; *sla: ce* -ismus *sk* -izmus
ru -изм *uk* -ізм *be* -ізм *bg* -изъм
hr -izam *sr* -изам *sl* -izem *mk* -изам;
f-u: ma -izmus *su* -ismi; *bal: lt* -izmas
lv -isms; *n. g.: el* -ισμός, *tr* -izm.
min. 27/561

-lig sfx -lich *regelmäßige germanische*
Adjektivendung
comp: ~er, adv: ~no <ang>. *ger:*
de -lich *en* -ly *nl* -lijk *lb* -lich *sv* -lig
no -lig *da* -lig *is* -ligur. *min. 8/194*

-m (1) sfx -n *regelmäßige Endung des Verbs in der 1. Person Plural (deutsch: ‚wir')* <prim>. *rom:* fr (-mes) it -mo es -mos ro -m pt -mos; *sla:* pl -my ru -ем hr -mo mk -м-; *gal:* br -omp; *n. g.:* el -ούμε. *min. 11/323*

-m (2) sfx -m *kennzeichnender Bestandteil der Dativ-Endung beim Pronomina* <prim>. *ger:* de -m en -m lb -m; *sla:* pl -m- ce -m- sk -m- sb -m- ru -м- uk -м- be -м- bg -м- sr -м- sl -m-. *min. 13/340*

-n sfx -n *regelmäßige Endung des Verbs in der 3. Person Plural (deutsch: ‚sie')* <prim>. *rom:* fr -ent it -no es -n pt -n; *ger:* de -n nl -n; *f-u:* ma -nek/-nak; *gal:* br -nt; *n. g.:* el -ουν. *min. 9/304*

-nd sfx -nd *regelmäßige Endung des Partizips Präsens-Aktiv von Verben* <prim> *rom:* fr -nt it -ndo es -ndo ro -nt pt -ndo; *ger:* de -nd nl -nd lb -nd sv -nde no -nde da -nde. *min. 11/304*

-(n)ęssa f sfx -nis / -heit, -keit *regelmäßige Endung zur Substantivierung eines lateinischen Adjektivs* gen: -(n)ęsse, pl: -(n)ęssas, gen.pl -(n)ęssen <prim>. *rom:* fr -esse it -ezza es -eza pt -eza; *ger:* de -nis en -(n)ess; *sla:* pl -(n)ość ce -(n)ost sk -(n)osť ru -(н)ость uk -(н)ість be -(н)асць bg -(н)ост hr -(n)ost sr -(н)ост sl -(n)ost mk -(н)ост. *min. 17/511*

-no / -o sfx - *einheitliche Endung des Adverbs* <cont>. *sla:* pl -(n)o ce -(n)o sk -(n)o sb -(n)o ru -(н)о uk -(н)о be -(н)a bg -(н)о hr -(n)o sr -(н)о sl -(n)o

mk -(н)о; *f-u:* ma -(a)n, -(e)n. *min. 13/203*

-(n)ost f sfx -nis / -heit, -keit *regelmäßige Endung zur Substantivierung eines slawischen Adjektivs* gen: -(n)oste, pl: -(n)ostes, gen.pl: -(n)osten <cont>. *rom:* fr -esse it -ezza es -eza pt -eza; *ger:* de -nis en -(n)ess; *sla:* pl -(n)ość ce -(n)ost sk -(n)osť ru -(н)ость uk -(н)ість be -(н)асць bg -(н)ост hr -(n)ost sr -(н)ост sl -(n)ost mk -(н)ост. *min. 17/511*

-o / -e sfx -e *regelmäßige Endung des Verbs in der 1. Person Singular (deutsch: ‚ich')* <prim>. *rom:* fr -e it -o es -o pt -o; *ger:* de -e sv (jag) -er no (jeg) -er; *sla:* ce -u ru -ю bg -y; *n. g.:* el -ω. *min. 11/387*

-ován→-uje- a/c+ sfx - *Konjugationsklassenwechsel von -a- zu konsonantisch im Präsens von Verben, die im Infinitiv auf -ován enden* <cont>. *sla:* pl -ować→-uje- ce -ovat→-uje- sk -ovať→-uje sb -owac→-uje- ru -овать→-ye- hr -ovati→-uje- sr -овати→-yje sl -ovati→-uje-. *min. 8/149*

pré- pfx vor- / prä- <prim>. *rom:* fr pré- it pre- es pre- ro pre- pt pre- ca pre-; *ger:* de prä- en pre- da pre-. *min. 9/347*

qu- pfx w- *systematischer Anlaut von Fragewörtern* <prim>. *rom:* fr qu- it ch- es cu-/qu- ro c- pt cu-/qu-; *ger:* de w- en wh- nl w- sv v- no hv- da hv-; *sla:* pl k-/c- ru к-/ч- hr k-/tk-/š-/g-;

bal: *lt* k- *lv* k-; *gal:* *ga* c- *gd* c- *gv* c-. *min. 19/507*

-s sfx -st *regelmäßige Endung des Verbs in der 2. Person Singular (deutsch: ,du')*
<prim>. *rom:* *fr* -s *es* -s *pt* -s; *ger:* *de* -st; *sla:* *pl* -ś *ce* -š *sk* -š *sb* -ś *ru* -шь *uk* -ш *bg* -ш *hr* -š *sr* -ш *sl* -š *mk* -ш; *f-u:* *ma* -sz; *gal:* *br* -z; *n. g.:* *el* -ς, *tr* -sın, -sin. *min. 19/420*

-stvo *n* sfx -nis / -heit, -keit / -schaft *regelmäßige Endung zur Substantivierung slawischer Adjektive* pl: -stves, gen: -stve <cont>. *sla:* *pl* -stwo *ce* -stvo *sk* -stvo *sb* -stwo *ru* -ство *uk* -ство *be* -ства *bg* -ство *hr* -stvo *sr* -ство *sl* -štvo *mk* -ство. *min. 12/191*

-t sfx -t *regelmäßige Endung des Verbs in der 2. Person Plural (deutsch: ,ihr')*
<prim>. *rom:* *it* -te; *ger:* *de* -t; *sla:* *pl* -cie *ce* -tě *sk* -tě *ru* -те *uk* -те *be* -те *bg* -те *hr* -te *sr* -те *sl* -te *mk* -те; *f-u:* *ma* -tek/-tok; *gal:* *br* -(i)t/-(i)ot; *n. g.:* *el* -τε. *min. 16/360*

-(i)té sfx -(i)tät *regelmäßige Endung zur Substantivierung eines lateinischen Adjektivs* gen: -(i)téte, pl: -(i)tétes, gen.pl: -(i)téten <prim>. *rom:* *fr* -té *it* -tà *es* -dad *ro* -tate *pt* -dad; *ger:* *de* -tät *en* -ty *nl* -teit *sv* -tet *no* -tet *da* -tet; *sla:* *sb* -ta; *f-u:* *ma* -tás. *min. 13/390*

-tél sfx -er *regelmäßige Substantivendung nach einem slawischen Verbstamm, um die Person zu bezeichnen, die die Handlung des Verbs ausführt* gen: -téle, pl: -téles, gen.pl: -télen <cont>. *sla:* *pl* -ciel *ce* -tel *ru* -тель *hr* -telj. *min. 4/134*

-(t)ión *f* sfx -(t)ion *regelmäßige Substantivendung zur Ableitung aus einem lateinischen Verb* gen: -(t)ione, pl: -(t)iones, gen.pl: -(t)ionen <prim>. *rom:* *fr* -(t)ion *it* -zione *es* -(c)ión *pt* -(ç)ão; *ger:* *de* -(t)ion *en* -(t)ion *sv* -(s)jon *da* -(t)ion; *f-u:* *ma* -(c)ió *su* -(t)io; *n. g.:* *ek* -(z)io, *mt* -(zz)joni, *tr* -(s)yon. *min. 14/361*

-tív sfx -tiv *regelmäßige Adjektivendung zu Ableitung aus einem lateinischen Verb* comp: -tiver, adv: -tívno <prim>. *rom:* *fr* -tif/-tive *it* -tivo *es* -tiv◊ *ro* -tiv *pt* -tiv◊; *ger:* *de* -tiv *en* -tive *nl* -tief *sv* -tiv *no* -tiv *da* -tiv; *sla:* *pl* -tiwn◊ *ce* -tívny *sk* -tivn◊ *sb* -tiwn◊ *ru* -тивн◊ *uk* -тивн◊ *bg* -тивни *hr* -tivni *sr* -тивн◊ *sl* -tivn◊ *mk* -тивни; *f-u:* *ma* -tív; *bal:* *lv* -tīv◊; *n. g.:* *sh* -tiv◊. *min. 25/573*

-(t)or *m* sfx -(t)or *regelmäßige Substantivendung nach einem lateinischen Verbstamm, um die Person zu bezeichnen, die die Handlung des Verbs ausführt* gen: -(t)ore, pl: -(t)ores, gen.pl: -(t)oren <prim>. *rom:* *fr* -(t)eur *it* -(t)ore *es* -dor *ro* -(t)or *pt* -dor *ca* -dor; *ger:* *de* -(t)or *en* -(t)or *nl* -(t)or *sv* -(t)or *no* -(t)or *da* -(t)or; *sla:* *ce* -(т)ор *sk* -(т)ор *ru* -(т)ор *uk* -(т)ор *be* -(т)ар *bg* -(т)ор *hr* -(t)or *sr* -(т)ор *sl* -(t)or; *f-u:* *ma* -(t)or *et* -ator; *bal:* *lt* -(t)orius *lv* -(t)ors; *gal:* *cy* -dur *ga* -(t)heora; *n. g.:* *mt* -(t)ur, *sh* -(t)or, *tr* -(t)ör. *min. 30/555*

-túd *f* sfx **-tüde** *regelmäßige Endung*
zur Substantivierung eines lateinischen
Adjektivs
gen: -tude, pl: -tudes, gen.pl: -tuden
<ang>. *rom: fr* -tude *it* -tudine *es* -tud;
ger: de -tüde *en* -tude. *min. 5/310*

-x *f* sfx **-x** *regelmäßige*
Substantivendung
gen: -ce, pl: -ces, gen.pl: -cen <ang>.
rom: fr -ix (paix) *it* -ce (pace) *es* -z (paz)
ro -ce (pace) *pt* -z (paz); *ger: en* -ce
(peace). *min. 6/245*

Gebrauchswörter

a, ad (1) P **an (1)**
<prim>. *rom: fr* à *it* a *es* a *pt* a *ca* a;
ger: de an *en* at *nl* aan; *sla: be* да; *f-u:*
su että; *n. g.: tr* -da. *min. 11/364*

a, ad (2) C zu (2); (Dativ-Präposition)
+inf <prim>. *rom: fr* à *it* a *es* a *ro* a *pt* a
ca a; *ger: sv* att *no* å *da* at *is* á/að; *sla:*
be да; *gal: ga* a; *n. g.: el* (να).
min. 13/230

ab P **ab**
<prim>. *rom: fr* ab- *it* ab- *es* ab- *ro* de la
pt ab-; *ger: de* ab *en* off *nl* af *sv* av
no av *da* (af) *is* af; *sla: ce* od *be* ад
hr od; *n. g.: el* από. *min. 16/414*

abbrévián V **abkürzen**
<ang>. *rom: fr* abbrévier *it* abbreviare
es abreviar *ro* abrevia *ca* abreujar; *ger:*
en abbreviate. *min. 6/239*

abbréviatión *f* N **Abkürzung** *f*
[ts] gen: -one <ang>. *rom: fr* abbréviation
it abbreviazione *es* abreviación
ro abreviere *pt* abreviação *ca* abreviació;
ger: en abbreviation; *sla: bg* абревиация;
n. g.: mt abbrevjazzjoni. *min. 9/259*

abel *m* N **Apfel** *m*
gen: áble <prim>. *ger: de* Apfel *en* apple
nl appel *fs* appel *sv* äpple *no* eple *da* æble
is epli *fo* epli; *sla: pl* jabłko *ce* jablko
sk jablko *sb* jabłuko *ru* яблоко *uk* яблуко
be яблык *bg* ябълка *hr* jabuka *sr* jабука
sl jabolko *mk* jаболка; *bal: lt* obuolys

lv ābols; *gal: cy* afal *br* aval *ga* úll
gd ubhal *gv* ooyl. *min. 28/389*

"abnou" adv **erneut; neuem: von ~**
↑ab, ↑nou. <prim>. *rom: fr* de nouveau
it di nuovo *es* de nuevo *ro* din nou *pt* de
novo *ca* de nou; *ger: de* von neuem
nl (op)nieuw *is* að nýju; *sla: pl* znowu
ce znovu *sk* znovu *ru* снова *uk* знов
be зноў *bg* отново *sl* znova; *f-u:*
ma új(ra) *su* uudeellen *et* uuesti; *gal:*
br a-nevez; *n. g.: el* (εκ) νέου,
tr yeniden.23/

absencea *f* N **Abwesenheit** *f*
[tsa], gen: -ce <ang>. *rom: it* assenza
ro absenţă *pt* ausência; *n. g.: mt* assenza.
min. 4/80

absent A **abwesend**
<ang>. *rom: fr* absent *it* assente *ro* absent
ca absente; *ger: en* absent; *n. g.:*
mt assenti. *min. 6/199*

absolút A **absolut**
adv: ~no <prim>. *rom: fr* absolu
it assolut◊ *es* absoluto *ro* absolut
ca absolut; *ger: en* absolute *da* absolut;
sla: ce absolutn◊ *ru* абсолютн◊
be абсалютн◊ *bg* абсолютн◊ *hr* apsolutn◊;
n. g.: mt assolutament. *min. 13/356*

absorbéren V **absorbieren**
<prim>. *rom: fr* absorber *it* assorbire
es absorber *pt* absorver *ca* absorbir; *ger:*
de absorbieren *en* absorb *nl* absorberen

sv absorbera *no* absorbere *da* absorbere;
sla: *ce* absorbovat *sk* absorbovať
bg абсорбирам *sr* апсорбовати
sl absorbirajo *mk* апсорбира; *bal:*
lv absorbēt; *n. g.:* *mt* -assorb. *min. 19/401*

abstinęncea *f* Ⓝ Abstinenz *f*
[tsa], gen: -ce <prim>. *rom:* *fr* abstinence
it astinenza *es* abstinencia *pt* abstinência
ca abstinència; *ger:* *de* Abstinenz
en abstinence; *sla:* *pl* abstynencja
sk abstinencie *bg* абстиненция
hr apstinencija *sr* апстиненција
sl abstinenca *mk* апстиненција; *bal:*
lt abstinencija; *n. g.:* *ek* abstinentzia,
mt astinenza. *min. 17/399*

abstractión *f* Ⓝ Abstraktion *f*
[ts] gen: -one <prim>. *rom:* *fr* abstraction
it astrazione *es* abstracción *pt* abstração
ca abstracció; *ger:* *de* Abstraktion
en abstraction *nl* abstractie *sv* abstraktion;
sla: *pl* abstrakcja *ce* abstrakce
sk abstrakcie *ru* абстракция *uk* абстракція
be абстракцыя *bg* абстракция
hr apstrakcija *sr* апстракција *sl* abstrakcija
mk апстракција; *f-u:* *ma* absztrakció
su abstraktio; *bal:* *lt* abstrakcija
lv abstrakcija; *n. g.:* *ek* abstrakzioa,
sh abstragim. *min. 26/568*

accęnt *m* Ⓝ Akzent *m*
<prim>. *rom:* *fr* accent *it* accento
es acento *ro* accent *pt* acento *ca* accente;
ger: *de* Akzent *en* accent *nl* accent
sv accent; *sla:* *pl* akcent *ru* акцент
be акцэнт *bg* акцент *hr* akcent *sl* akcent;
f-u: *ma* ákcens *su* aksentti; *bal:*
lt akcentas *lv* akcents; *n. g.:* *ek* azentu,
mt ačcent, *tr* aksan. *min. 23/548*

accentuęren *c-* Ⓥ betonen
<prim>. *rom:* *fr* accentuer *it* accentuare
es accentuar *pt* acentuar *ca* accentuar;
ger: *en* accentuate *nl* accentuëren; *sla:*

---

pl zaakcentować *sb* akcentować
ru акцентировать *bg* акцентирам
hr akcentovati. *min. 12/383*

accęss *m* Ⓝ Zugang *m*
<ang>. *rom:* *fr* accès *it* accesso *es* acceso
ro acces *ca* accés; *ger:* *en* access; *sla:*
ru акцессия *be* акцэнт; *n. g.:* *mt* access.
min. 9/329

accessoár *m* Ⓝ Accessoire *n*
<prim>. *rom:* *fr* accessoire *it* accessorio
es accesorio *ro* accesoriu *pt* acessório
ca accessori; *ger:* *de* Accessoire
en accessory; *sla:* *pl* akcesorium
ru аксессуар *uk* аксессуар *be* аксэсуар
bg аксесоар; *f-u:* *et* aksessuaar; *bal:*
lt aksesuarai; *n. g.:* *el* αξεσουάρ,
mt ačcessorju, *tr* aksesuar. *min. 18/526*

accreditęren *c-* Ⓥ akkreditieren
<prim>. *rom:* *fr* accréditer *it* accreditare
es acreditar *ro* acredita *pt* acreditar
ca acreditar; *ger:* *de* akkreditieren
en accredit *nl* accrediteren *sv* ackreditera
no akkreditere *da* akkreditere; *sla:*
pl akredytować *ru* аккредитовать
uk акредитувати *be* акрэдытаваць
bg акредитирам *sr* акредитовати
sl akreditirati *mk* акредитира; *f-u:*
ma akkreditálni *su* akkreditoida; *bal:*
lt akredituoti *lv* akreditēt; *gal:* *cy* achredu
ga creidiúnú; *n. g.:* *mt* -akkredita,
sh akreditoj. *min. 28/576*

accumulatión *f* Ⓝ Kumulation *f*
[ts] gen: -one <prim>. *rom:*
fr accumulation *it* accumulazione
es acumulación *ro* acumulare
pt acumulação *ca* acumulació; *ger:*
de Kumulation *en* accumulation
sv ackumulering *no* akkumulering
da akkumulation; *sla:* *pl* akumulacja
ce akumulace *sk* akumulácia *ru* кумуляция
bg акумулация *hr* akumulacija

sr акумулација *mk* акумулација; *n. g.:*
mt akkumulazzjoni, *sh* akumulim.
min. 21/521

accumulator *m* N Akku(mulator) *m*
<prim>. *rom: fr* accumulateur
it accumulatore *es* acumulador
ro acumulator *pt* acumulador; *ger:*
de Akkumulator *en* accumulator
nl accumulator *lb* akkumulator
sv ackumulator *no* akkumulator
da akkumulator; *sla: pl* akumulator
ce akumulátor *sk* akumulátor
sb akumulator *ru* аккумулятор
uk акумулятор *be* акумулятар
bg акумулатор *hr* akumulator
sr акумулятор *sl* akumulator
mk акумулатор; *f-u: ma* akkumulátor
su akku *et* akumulaator; *bal:*
lt akumulatorius *lv* akumulatorus; *n. g.:*
mt akkumulaturi, *sh* akumulator,
tr akümülatör. *min. 32/597*

accusatív *m* N Akkusativ *m*
<prim>. *rom: fr* accusatif *it* accusativo
es acusativo *ro* acuzativ *ca* acusatiu; *ger:*
en accusative *da* akkusativ; *sla:*
ce akuzativ *ru* аккузатив *hr* akuzativ; *f-u:*
su akkusatiivi; *n. g.: tr* akuzatif.
min. 12/346

acetát *m* N Azetat *m*
<prim>. *rom: fr* acétate *it* acetato
es acetato *ro* acetat *pt* acetato *ca* acetat;
ger: de Azetat *en* acetate *nl* acetaat
sv acetat *da* acetat *is* asetat; *sla: ce* acetát
sk acetát *ru* ацетат *uk* ацетат *be* ацэтат
bg ацетат *hr* acetat *sr* ацетат *mk* ацетат;
f-u: ma acetát *su* asetaatti; *bal: lt* acetatas
lv acetāts; *gal: cy* asetad *ga* aicéatáit;
n. g.: ek azetatoa, *tr* asetat. *min. 29/555*

acquisitión *f* N Akquisition *f*
[ts] gen: -one <prim>. *rom: fr* acquisition
it acquisizione *es* adquisición *ro* achiziție

pt aquisição *ca* adquisició; *ger:*
de Akquisition *en* acquisition *nl* acquisitie;
sla: hr akvizicija *sr* аквизиција; *n. g.:*
mt akkwist. *min. 12/376*

acrimonia *f* N Bitterkeit *f*
<prim>. *rom: fr* acrimonie *it* acrimonia
es acritud *pt* acrimônia *ca* acritud; *ger:*
en acrimony; *sla: ru* акримония; *n. g.:*
el ακριμονία. *min. 8/321*

acrobát *m* N Akrobat *m*
<prim>. *rom: fr* acrobate *it* acrobata
es acróbata *ro* acrobat *pt* acrobata
ca acròbata; *ger: de* Akrobat *en* acrobat;
sla: pl akrobata *ce* akrobat *ru* акробат
be акрабат *bg* акробат *hr* akrobata; *f-u:*
su akrobaatti; *n. g.: tr* akrobat.
min. 16/508

actión *f* N Aktion *f*
[ts] gen: -one <prim>. *rom: fr* action
it azione *es* acción *ro* acțiune *pt* ação
ca acció; *ger: de* Aktion *en* action
nl actie *da* aktion; *sla: pl* akcja *ce* akce
sk akcia *ru* акция *hr* akcija *sr* акција
sl akcija *mk* акција; *f-u: ma* akció; *n. g.:*
ek ekintza, *mt* azzjoni. *min. 21/531*

activéren *c-* V aktivieren
<prim>. *rom: fr* activer *it* attivare
es activar *ro* activa *ca* activar; *ger:*
en activate *da* aktivere; *sla: pl* uaktywnić
ce aktivovat *ru* активировать
be актывіваць *bg* активизирам
hr aktivirati; *f-u: su* aktivoida; *n. g.:*
mt -jattiva. *min. 15/401*

actor *m* N Schauspieler *m*
gen: -ore <prim>. *rom: fr* acteur *it* attore
es actor *ro* actor *pt* actor *ca* actor; *ger:*
de (Akteur) *en* actor; *sla: pl* aktor
ru актор *be* акцёр *bg* актьор; *n. g.:*
mt attur, *tr* aktör. *min. 14/489*

actuạl $\boxed{A}$ aktuell (1)

adv: ↑~no <prim>. _rom:_ *fr* actuel
it (attuale) *es* actual *ro* actual *pt* actual
ca actual; _ger:_ *de* aktuell *en* actual
nl actueel; _sla:_ *pl* aktualn◊ *ce* aktuáln◊
sb aktualn◊ *ru* актуальн◊ *bg* актуалн◊
sl aktualn◊; _f-u:_ *ma* aktuális. *min. 16/518*

actuạlno adv aktuell (2)

<prim>. _rom:_ *fr* actuellement
it (attualmente) *es* actualmente *ro* actual;
ger: *en* actually; _sla:_ *pl* aktualnie
ce aktuálně *ru* актуально *bg* актуалн◊.
min. 9/375

acụ́t $\boxed{A}$ akut

<prim>. _rom:_ *fr* aigu *it* acut◊ *es* agud◊
ro acut *pt* agud◊ *ca* agut◊; _ger:_ *de* akut
en acute *nl* acuut *sv* akut *no* akutt *da* akut;
sla: *ce* akutn◊ *sk* akútn◊ *ru* акут
bg акутн◊ *hr* akutn◊ *sr* акутн◊ *sl* akutn◊
mk акутн◊; _f-u:_ *ma* akut *su* akuutti
et äge; _bal:_ *lv* akūt◊; _gal:_ *cy* aciwt;
_n. g.:_ *ek* akutua, *mt* akuta, *tr* akut.
min. 28/530

ad =↑*a, ad (1)+(2)*

adaptéren *c-* $\boxed{V}$ anpassen; adaptieren

<prim>. _rom:_ *fr* adapter *es* adaptar
ro adapta *pt* adaptar *ca* adaptar; _ger:_
de (adaptieren) *en* adapt; _sla:_
ru адаптивн◊ *be* адаптаваць
bg адаптирам; _n. g.:_ *mt* -adatta.
min. 11/394

additionạl $\boxed{A}$ zusätzlich

adv: ~no <ang>. _rom:_ *fr* additionnel
it addizionale *es* adicional *ro* adiţional
pt adicional *ca* addicional; _ger:_
en additional; _n. g.:_ *mt* addizzjonali.
min. 8/249

adequạ̈t $\boxed{A}$ adäquat

<prim>. _rom:_ *fr* adéquat *it* adeguat◊
es adecuad◊ *ro* adecvat *pt* adequad◊

ca adequat◊; _ger:_ *de* adäquat *sv* adekvat;
sla: *ru* адекватн◊ *uk* адекватн◊
be адэкватн◊ *bg* адекватн◊ *hr* adekvatn◊
sr адекватн◊; _bal:_ *lv* adekvāt◊; _n. g.:_
mt adegwat. *min. 16/428*

adjectív *m* $\boxed{N}$ Adjektiv *n*

<prim>. _rom:_ *fr* adjectif *it* aggettivo
es adjetivo *ro* adjectiv *pt* adje(c)tivo
ca adjectiu; _ger:_ *de* Adjektiv *en* adjective
nl adjektief *sv* adjektiv *no* adjektiv
da adjektiv; _sla:_ *pl* adjektiv *ce* adjektivum
sk adjektívum; _f-u:_ *su* adjektiivi
et adjektiiv; _bal:_ *lv* adjektīvs; _n. g.:_
ek adjektiboa, *mt* aġġettiv. *min. 20/447*

adjustamẹnt *n* $\boxed{N}$ Justierung

<prim>. _rom:_ *fr* ajustement *es* ajuste
ro ajustare *pt* ajuste *ca* ajust; _ger:_
de Justierung *en* adjustment *sv* justering
no justering. *min. 9/309*

adjutạnt *m* $\boxed{N}$ Adjutant

<prim>. _rom:_ *fr* adjudant *it* aiutante
es ayudante *ro* adjutant *pt* ajudante
ca ajudant; _ger:_ *de* Adjutant *en* adjutant
nl adjudant *sv* adjutant *no* adjutant
da adjudant; _sla:_ *pl* adiutant *ru* адъютант
uk ад'ютант *be* ад'ютант *bg* адютант
hr ađutant *sr* aђутант; _f-u:_ *su* adjutantti
et adjutandi; _bal:_ *lt* adjutantas
lv adjutants; _gal:_ *ga* aidiúnach; _n. g.:_
mt ajjutant, *sh* adjutant. *min. 26/566*

adoptiọ́n *f* $\boxed{N}$ Adoption *f*; Übernahme *f*

[ts] gen: -ọne <prim>. _rom:_ *fr* adoption
it adozione *es* adopción *ro* adoptare
pt adoção *ca* adopció; _ger:_ *de* Adoption
en adoption *nl* adoptie *no* adopsjon; _sla:_
pl adopcja *ru* адоптация; _n. g.:_
ek adopzioa, *mt* adozzjoni, *sh* adoptim.
min. 15/491

adrẹssa *f* $\boxed{N}$ Adresse *f*

<prim>. _rom:_ *fr* adresse *ro* adresă; _ger:_
en address *da* adress; _sla:_ *pl* adres

ce adresa *ru* адрес *be* адраса *bg* адрес
hr adresa; *n. g.:* *tr* adres. *min. 11/307*

advęnt *m* N Advent

<prim>. *rom:* *fr* avent *it* avvento
es adviento *pt* advento *ca* adveniment;
ger: *de* Advent *en* advent *nl* advent
sv advent *no* advent *da* advent; *sla:*
ce advent *sk* advent *sl* advent; *f-u:*
ma advent *su* adventti; *bal:* *lt* adventas;
gal: *cy* adfent; *n. g.:* *mt* avvent, *tr* advent.
min. 20/404

advęrb *m* N Adverb *n*

<prim>. *rom:* *fr* adverbe *it* avverbio
es adverbio *ro* adverb *ca* adverbi; *ger:*
en adverb; *sla:* *ru* адвербиальн◊; *f-u:*
su adverbi; *n. g.:* *mt* avverbju. *min. 9/324*

advocát *m* N Anwalt *m*; Advokat

<prim>. *rom:* *fr* avocat *it* avvocato
es abogado *ro* avocat *pt* advogado
ca advocat; *ger:* *de* Advokat *nl* advocaat
sv advokat *no* advokat *da* advokat; *sla:*
ru адвокат *uk* адвокат *be* адвакат
bg адвокат *mk* адвокат; *bal:* *lt* advokatas
lv advokāts; *n. g.:* *ek* abokatua, *sh* avokat,
tr avukat. *min. 21/456*

aęr *m* N Luft

<prim>. *rom:* *fr* air *it* aria *es* aire *ro* aer
pt ar *ca* aire; *ger:* *en* air; *bal:* *lt* oras;
gal: *cy* awyr *ga* adhar; *n. g.:* *el* αέρας,
ek aire, *mt* arja, *sh* ajër. *min. 14/266*

ąérish A irisch (3)

=↑éirënnakh (2). <ethno>. *ger:* *en* irish.

ąérishmen *m* N Ire (en)

=↑érënnakh (1m). <ethno>. *ger:*
en Irishman.

ąérishwhómen *f* N Irin (en)

=↑érënnakh (1f). <ethno>. *ger:*
en Irishwoman.

Ąérlaend *m* N Irland (en)

=↑Éire. <ethno>. *ger:* *en* Ireland.

af P von

<ang>. *ger:* *de* (ab) *en* of *nl* (af) *sv* av
no av *da* af *is* af; *n. g.:* *el* από.
min. 8/205

agęncea *f* N Agentur *f*

[tsa], gen: -ce <prim>. *rom:* *fr* agence
it agenzia *es* agencia *ro* agenţie *pt* agência
ca agència; *ger:* *de* Agentur *en* agency
nl agentschap; *sla:* *pl* agencja *ce* agentura
sk agentúra *ru* агентство *uk* агентство
be агенцтва *bg* агенция *hr* agencija
sr агенција *sl* agencija *mk* агенција; *bal:*
lt agentūra *lv* aġentūra; *gal:* *cy* asiantaeth;
n. g.: *ek* agentzia, *mt* aġenzija, *sh* agjenci,
tr ajans. *min. 27/567*

agęnt *m* N Agent *m*

<prim>. *rom:* *fr* agent *it* agente *es* agente
ro agent *pt* agente *ca* agent; *ger:*
de Agent *en* agent *nl* agent *sv* agent
no agent *da* agent; *sla:* *pl* agent *ru* агент
uk агент *be* агент *bg* агент *hr* agent
sr агент *sl* agent *mk* агент; *f-u:* *su* agentti
et agent; *bal:* *lt* agentas *lv* aġents; *gal:*
cy asiant; *n. g.:* *ek* agent, *mt* aġent,
sh agjent, *tr* ajan. *min. 30/576*

agglomeratiǫn *f* N Agglomeration

[ts] gen: -ǫne <prim>. *rom:*
fr agglomération *it* agglomerazione
es aglomeración *ro* aglomerare
pt aglomeração *ca* aglomeració; *ger:*
de Agglomeration *en* agglomeration; *sla:*
pl aglomeracja *ce* aglomerace
sk aglomerácie *ru* агломерация
uk агломерація *be* агламерацыя
bg агломерация *hr* aglomeracija
sr агломерација *sl* aglomeracija
mk агломерација; *f-u:* *ma* agglomeráció
et aglomeratsioon; *bal:* *lt* aglomeracija

lv aglomerācija; _n. g.:_ *ek* aglomerazio, *mt* agglomerazzjoni. _min. 25/555_

agricultṵra *f* 𝖭 Landwirtschaft *f*
<prim>. _rom:_ *fr* agriculture *it* agricoltura *es* agricultura *ro* agricultură *pt* agricultura *ca* agricultura; _ger:_ *de* Agrikultur *en* agriculture; _sla:_ *ru* агрикультура *bg* агрикултура; _n. g.:_ *mt* agrikoltura. _min. 11/434_

akṵstica *f* 𝖭 Akustik
gen: -ce [ts] <prim>. _rom:_ *fr* acoustique *it* acustica *es* acústica *ro* acustică *pt* acústica *ca* acústica; _ger:_ *de* Akustik *en* acoustics *nl* akoestiek *sv* akustik *no* akustikk *da* akustik; _sla:_ *pl* akustyka *ce* akustika *sk* akustika *ru* акустика *uk* акустика *be* акустыка *bg* акустика *hr* akustika *sr* акустика *sl* akustika *mk* акустика; _f-u:_ *ma* akusztika *su* akustiikka *et* akustika; _bal:_ *lt* akustika *lv* akustika; _n. g.:_ *el* ακουστική, *ek* akustika, *mt* akustika, *sh* akustikë. _min. 32/609_

ạlbatros *m* ZOOL 𝖭 Albatros
<prim>. _rom:_ *fr* albatros *it* albatro *es* albatros *ro* albatros *pt* albatroz *ca* albatros; _ger:_ *de* Albatros *en* albatross *nl* albatros *sv* albatross *no* albatross *da* albatros; _sla:_ *pl* albatros *ce* albatros *sk* albatros *ru* альбатрос *uk* альбатрос *be* альбатрос *bg* албатрос *hr* albatros *sr* албатрос *sl* albatros *mk* албатрос; _f-u:_ *ma* albatrosz *su* albatrossi; _bal:_ *lt* albatrosas; _gal:_ *cy* albatros *ga* albatras; _n. g.:_ *el* αλμπατρός, *ek* albatros, *sh* albatrosi, *tr* albatros. _min. 32/611_

albinịsme *m* 𝖭 Albinismus *m*
<prim>. _rom:_ *fr* albinisme *it* albinismo *es* albinismo *ro* albinism *pt* albinismo *ca* albinisme; _ger:_ *de* Albinismus *en* albinism *nl* albinisme *no* albinisme

da albinisme; _sla:_ *ce* albinismus *sk* albinizmus *ru* альбинизм *uk* альбінізм *be* альбінізмам *bg* албинизъм *hr* albinizam *sr* албинизам *sl* albinizem *mk* албинизам; _f-u:_ *ma* albinizmus *su* albinismi; _bal:_ *lt* alpinizmas *lv* albīnisms; _gal:_ *cy* albinedd *ga* ailbíneachas; _n. g.:_ *el* αλβινισμός, *tr* albinizm. _min. 29/562_

ạlbum *n* 𝖭 Album *n*
<prim>. _rom:_ *fr* album *it* album *es* álbum *ro* album *pt* álbum *ca* àlbum; _ger:_ *de* Album *en* album *nl* album *sv* album *no* album *da* album; _sla:_ *pl* album *ce* album *sk* album *ru* альбом *uk* альбом *be* альбом *bg* албум *hr* album *sr* албум *sl* album *mk* албум; _f-u:_ *ma* album *su* albumi *et* album; _bal:_ *lt* albumas *lv* albums; _gal:_ *cy* albwm *ga* albam; _n. g.:_ *el* άλμπουμ, *ek* album, *mt* album, *sh* album, *tr* albüm. _min. 35/615_

alc *m* ZOOL 𝖭 Elch
gen: alce [ts] <prim>. _rom:_ *fr* élan *it* alce *es* alce *ro* elan *pt* alce *ca* alci; _ger:_ *de* Elch *nl* eland *sv* älg *no* elg *da* elg *is* elgur; _gal:_ *cy* elc *ga* eilc; _n. g.:_ *el* άλκη. _min. 15/335_

ạlga *f* 𝖭 Alge *f*
<prim>. _rom:_ *fr* algue *it* alga *es* alga *ro* algă *pt* alga *ca* alga; _ger:_ *de* Alge *en* alga *nl* alge *sv* alg *no* alga *da* alga; _sla:_ *pl* alga *hr* alga *sr* алга *sl* alga *mk* алга; _f-u:_ *ma* alga; _bal:_ *lv* aļġe; _gal:_ *cy* alga *ga* alga; _n. g.:_ *el* alga, *ek* alga, *mt* alga, *sh* algë, *tr* alg. _min. 26/471_

ạlibi *m* 𝖭 Alibi *n*
<prim>. _rom:_ *fr* alibi *it* alibi *ro* alibi *pt* álibi; _ger:_ *de* Alibi *en* alibi *nl* alibi *sv* alibi *no* alibi *da* alibi *is* alibi; _sla:_ *pl* alibi *ce* alibi *sk* alibi *ru* алиби *uk* алібі *be* алібі *bg* алиби *hr* alibi *sr* алиби

sl alibi *mk* алиби; *f-u:* *ma* alibi *su* alibi
et alibi; *bal:* *lt* alibi *lv* alibi; *gal:* *cy* alibi
ga ailibí; *n. g.:* *el* ἀλλοθι, *ek* alibi,
mt alibi, *sh* alibi. *min. 33/566*

alimentár Ⓐ alimentär; Ernährungs-;
Nahrungs-
<prim>. *rom:* *fr* alimentaire
es alimentari◊ *ro* alimentară
ca alimentàri◊; *ger:* *de* alimentär
en alimentary; *sla:* *ru* алиментарн◊.
min. 7/364

alimentatión *f* Ⓝ Alimentation *f*
[ts] gen: -one <prim>. *rom:*
es alimentación; *ger:* *de* Alimentation
en alimentation *nl* alimentatie; *sla:*
ru алиментация *hr* alimentacija
sr алиментација *mk* алиментација; *f-u:*
su aliment. *min. 9/314*

alimẹntes *n pl* Ⓝ Alimente *n pl*
<prim>. *rom:* *it* alimenti *pt* alimentos;
ger: *de* Alimente *en* alimony *is* meðlag;
sla: *pl* alimenty *ce* alimenty *sk* alimenty
ru алименты *uk* аліменти *be* аліменты;
f-u: *et* alimendid; *bal:* *lt* alimentai
lv alimenti; *gal:* *cy* alimoni *ga* ailiúnais;
n. g.: *mt* alimenti. *min. 17/388*

all Ⓐrt alle
<ang>. *ger:* *de* alle *en* all *nl* alle *sv* all
no al *da* alle *is* all-; *gal:* *br* holl; *n. g.:*
el ολά. *min. 9/205*

ạll(ed) Ⓟr alles
↑ed(2). <ang>. *ger:* *de* alles *en* all (it)
nl alles *sv* allt *no* alt *da* alle *is* allt; *n. g.:*
el ολό (το). *min. 8/205*

allén(no) Ⓐdv allein
<ang>. *ger:* *de* allein *en* alone *nl* alleen
sv allena *no* alene *da* alene *is* alein◊.
min. 7/193

alliạncea *f* Ⓝ Bündnis *n*; Allianz *f*
[tsa], gen: -ce <prim>. *rom:* *fr* alliance
it alleanza *es* alianza *ro* alianţă *ca* aliança;
ger: *de* Allianz *en* alliance; *sla:* *pl* alians
ce aliance *ru* альянс; *n. g.:* *mt* alleanza.
min. 11/464

alliát *m* Ⓝ Alliierte, die ~n *m pl*
gen: -ate <prim>. *rom:* *fr* allié *it* alleato
es aliado *pt* aliado *ca* aliat; *ger:*
de Alliierter *en* allied *sv* allierade
no allierte *da* allierede; *n. g.:* *ek* aliatu,
mt alleat, *sh* aleat. *min. 13/344*

alligạtor *m* ZOOL Ⓝ Alligator *m*
gen: -tore <prim>. *rom:* *fr* alligator
it alligatore *ro* aligator; *ger:* *de* Alligator
en alligator *nl* alligator *sv* alligator
no alligator *da* alligator *is* alligator; *sla:*
pl aligator *ce* aligátor *sk* aligátor
ru аллигатор *uk* алігатор *be* алігатар
bg алигатор *hr* aligator *sr* алигатор
sl aligator *mk* алигатор; *f-u:* *ma* aligátor
su alligaattori *et* alligaator; *bal:*
lt aligatorius *lv* aligators; *gal:*
ga ailigéadar; *n. g.:* *el* αλλιγάτορας,
mt alligatur, *sh* aligator. *min. 30/554*

alliteratión *f* Ⓝ Alliteration *f*
[ts] gen: -one <prim>. *rom:* *fr* allitération
it allitterazione *es* aliteración *ro* aliteraţie
pt aliteração *ca* literació; *ger:*
de Alliteration *en* alliteration *nl* alliteratie
sv allitteration *no* allitterasjon; *sla:*
pl aliteracja *ce* aliterace *sk* aliterácia
ru аллитерация *uk* алітерація
be алітэрацыя *bg* алитерация
hr aliteracija *sr* алитерација *sl* aliteracija
mk алитерација; *f-u:* *ma* alliteráció
et alliteratsioon; *bal:* *lt* aliteracija
lv aliterācija; *n. g.:* *sh* aliteracion,
tr aliterasyon. *min. 28/593*

alpạka *m* ZOOL N Alpaka *n*

<prim>. *comun* ± alpaka / alpaca / ал(ь)пака; <u>*rom:*</u> *fr, it, es, ro, pt, ca;* <u>*ger:*</u> *de, en, nl, sv, no, da;* <u>*sla:*</u> *pl, ce, sk, ru, uk, be, bg, hr, sr, sl, mk;* <u>*f-u:*</u> *ma, su, et;* <u>*bal:*</u> *lt, lv. min. 28/596*

altạr *m* N Altar *m*

gen: -ạre <prim>. <u>*rom:*</u> *fr* autel *it* altare *es* altar *ro* altar *pt* altar *ca* altar; <u>*ger:*</u> *de* Altar *en* altar *nl* altaar *sv* altare *no* altar *da* altar *is* altarið; <u>*sla:*</u> *pl* ołtarz *ce* oltář *sk* oltár *ru* алтарь *bg* олтар *hr* oltar *sr* олтар *sl* oltar *mk* олтар; <u>*f-u:*</u> *ma* oltár *su* alttari *et* altar; <u>*bal:*</u> *lt* altorius *lv* altarīs; <u>*gal:*</u> *cy* allor *ga* altóir; <u>*n. g.:*</u> *mt* altar, *sh* altar, *tr* altar. *min. 32/572*

alternatív A alternativ

adv: ~no <prim>. <u>*rom:*</u> *fr* alternatif *it* alternativ◊ *es* alternativ◊ *ro* alternativ *ca* alternatiu; <u>*ger:*</u> *en* alternative *da* alternativ; <u>*sla:*</u> *pl* alternatywn◊ *ce* alternativn◊ *ru* альтернативн◊ *be* альтэрнатыўн◊ *bg* алтернативн◊ *hr* alternativn◊; <u>*n. g.:*</u> *mt* alternattivi, *tr* alternativ. *min. 15/401*

alternatịva *f* N Alternative *f*

<prim>. <u>*rom:*</u> *fr* alternative *it* alternativa *es* alternativa *ro* alternativă *pt* alternativa *ca* alternativa; <u>*ger:*</u> *de* Alternative *en* alternative *nl* alternatief *sv* alternativ *no* alternativ *da* alternativ; <u>*sla:*</u> *pl* alternatywa *ce* alternativa *sk* alternatíva *ru* альтернатива *uk* альтернатива *be* альтэрнатыва *bg* алтернатива *hr* alternativa *sr* алтернатива *sl* alternativa *mk* алтернатива; <u>*f-u:*</u> *ma* alternatíva *et* alternatiiv; <u>*bal:*</u> *lt* alternatyva *lv* alternatīva; <u>*n. g.:*</u> *mt* alternattiva, *sh* alternativë, *tr* alternatif. *min. 30/596*

alumínium *n* N Aluminium *n*

gen: alumínie <prim>. <u>*rom:*</u> *fr* aluminium *it* alluminio *es* aluminio *ro* aluminiu *pt* alumínio *ca* alumini; <u>*ger:*</u> *de* Aluminium *en* aluminum *nl* aluminium *sv* aluminium *no* aluminum *da* aluminium *is* alúmíníum; <u>*sla:*</u> *pl* aluminium *ru* алюминий *uk* алюмiнiй *be* алюмiнiй *bg* алуминий *hr* aluminijum *sr* алуминијум *sl* aluminij *mk* алуминиум; <u>*f-u:*</u> *ma* alumínium *su* alumiini *et* alumiinium; <u>*bal:*</u> *lt* aliuminis *lv* alumīnijs; <u>*gal:*</u> *cy* alwminiwm *ga* alúmanam; <u>*n. g.:*</u> *el* αλουμίνιο, *sh* alumin, *tr* alüminyum. *min. 32/598*

alvéọl (1) *m* MED N Alveole (1) *f;* Zahnfach

<prim>. <u>*rom:*</u> *fr* alvéole *it* alveolo *es* alveolo *ro* alveolă *pt* alvéolo *ca* alvèol; <u>*ger:*</u> *de* Alveole *en* alveolus *sv* alveol *no* alveolus; <u>*sla:*</u> *ce* alveolus *sk* alveolus *ru* альвеола *uk* альвеола *be* альвеолы *bg* алвеола *hr* alveola *sr* алвеола *sl* alveole *mk* алвеола; <u>*f-u:*</u> *su* alveolus *et* alveool; <u>*bal:*</u> *lv* alveola; <u>*gal:*</u> *cy* alveolus *ga* alveolus; <u>*n. g.:*</u> *tr* alveol. *min. 26/523*

alvéọl (2) *m* MED N Alveole (2) *f;* Lungenbläschen

<prim>. <u>*rom:*</u> *fr* alvéole *it* alveolo *es* alveolo *ro* alveolă *pt* alvéolo *ca* alvèol; <u>*ger:*</u> *de* Alveole *en* alveolus *sv* alveol *no* alveolus *da* bicelle; <u>*sla:*</u> *ce* alveolus *sk* alveolus *ru* альвеола *uk* альвеола *be* альвеолы *bg* алвеола *hr* alveola *sr* алвеола *sl* alveole *mk* алвеола; <u>*f-u:*</u> *su* alveolus *et* alveool; <u>*bal:*</u> *lv* alveola; <u>*gal:*</u> *cy* alveolus *ga* alveolus; <u>*n. g.:*</u> *tr* alveol. *min. 27/526*

amatĕr *m* N Amateur *m*

<prim>. <u>*rom:*</u> *fr* amateur *ro* amator *pt* amador; <u>*ger:*</u> *de* Amateur *en* amateur

nl amateur   *sv* amatör   *no* amatør   *da* amatør;
sla: *pl* amator   *ce* amatér   *sk* amatér
ru аматёр   *be* аматар   *bg* аматьор
hr amater   *sr* аматер   *mk* аматер;   *f-u:*
ma amatőr   *su* amatööri   *et* amatöör;   *bal:*
lv amatieris;   *gal:* *cy* amatur
ga amaitéarach;   *n. g.:* *sh* amator,
tr amatör.   *min. 26/483*

ambiţión *f* N̄ Ambition *f*
[ts] gen: -ónе <prim>.   *rom:* *fr* ambition
it ambizione   *es* ambición   *ro* ambiţie
pt ambição   *ca* ambició;   *ger:* *de* Ambition
en ambition   *nl* ambitie   *sv* ambition
da ambition;   *sla:* *pl* ambicja   *bg* амбиция
hr ambicija   *sr* амбиција   *mk* амбиција;
bal: *lt* ambicijos;   *n. g.:* *sh* ambicie.
min. 18/444

ambuláncea *f* N̄ Krankenwagen *m*;
Ambulanz
[tsa], gen: -ce <prim>.   *rom:* *fr* ambulance
it ambulanza   *es* ambulancia   *ro* ambulanţă
ca ambulància;   *ger:* *de* Ambulanz
en ambulance;   *sla:* *pl* ambulans
ce ambulance   *ru* амбулатория
bg (амбулантен)   *sl* ambulanca;   *f-u:*
su ambulanssi;   *gal:* *br* ambulañs;   *n. g.:*
tr ambulans.   *min. 15/485*

amfíb(ium) *n* ZOOL   N̄ Amphib *n*
<prim>.   *rom:* *fr* amphibie   *it* anfibio
es anfibio   *ro* amfibiu   *pt* anfíbio   *ca* amfibi;
ger: *de* Amphibie   *en* amphibian   *nl* amfibie
sv amfibie   *no* amfibier;   *sla:* *pl* amfibia
ru амфибия   *uk* амфібія   *be* амфібія
bg амфибия;   *f-u:* *su* amfibi;   *bal:*
lt amfibija   *lv* abinieks;   *gal:* *cy* amffibiad
ga amfaibiaigh;   *n. g.:* *el* αμφίβιο,
ek anfibio,   *mt* anfibji,   *sh* amfib,   *tr* amfibi.
min. 26/568

amfitheáter *m* N̄ Amphitheater *n*
<prim>.   *rom:* *fr* amphithéâtre   *it* anfiteatro
es anfiteatro   *ro* amfiteatru   *pt* anfiteatro;

ger: *de* Amphitheater   *en* amphitheater
nl amfitheater   *sv* amfiteater
no amphitheater   *da* amfiteater;   *sla:*
pl amfiteatr   *ce* amfiteátr   *sk* amfiteáter
ru амфитеатр   *uk* амфітеатр   *be* амфітэатр
bg амфитеатър   *hr* amfiteatar
sr амфитеатар   *sl* amfiteater
mk амфитеатар;   *f-u:* *ma* amfiteátrum
su amfiteatteri   *et* amfiteater;   *bal:*
lt amfiteatras   *lv* amfiteātris;   *gal:*
cy amffitheatr   *ga* amphitheatre;   *n. g.:*
el αμφιθέατρο,   *ek* anfiteatroan,
mt anfiteatru,   *sh* amfiteatër,   *tr* amfitiyatro.
min. 34/611

amortiséren *c-* V̄ amortisieren
<prim>.   *rom:* *fr* amortir   *it* ammortizzare
es amortizar   *ro* amortiza   *pt* amortizar
ca amortitzar;   *ger:* *de* Amortisieren
en amortize   *sv* amortera;   *sla:*
pl amortyzować   *ce* amortizovat
sk amortizovat'   *ru* амортизировать
uk амортизувати   *be* амартызаваць
sr амортизовати   *sl* amortizirati
mk амортизираат;   *f-u:* *et* amortiseerima;
bal: *lt* amortizuoti   *lv* amortizēt;   *n. g.:*
mt -amortizza.   *min. 22/537*

amplitúd *f* N̄ Amplitude *f*
<prim>.   *rom:* *fr* amplitude   *es* amplitud
ro amplitudine   *pt* amplitude   *ca* amplitud;
ger: *de* Amplitude   *en* amplitude
nl amplitude   *sv* amplitud   *no* amplitude
da amplitude;   *sla:* *pl* amplituda
ce amplituda   *sk* amplitúda   *ru* амплитуда
uk амплітуда   *be* амплітуда   *bg* амплитуда
hr amplituda   *sr* амплитуда   *sl* amplituda
mk амплитуда;   *f-u:* *ma* amplitúdó
su amplitudi   *et* amplituud;   *bal:*
lt amplitudė   *lv* amplitūda;   *gal:*
ga aimplitiúid;   *n. g.:* *ek* anplitudea,
mt amplitudni,   *sh* amplitudë.   *min. 31/548*

ampu̧lla *f* N Ampulle *f*

<prim>. *rom:* *fr* ampoule *es* ampolla
pt ampola *ca* ampolla; *ger:* *de* Ampulle
en ampoule *nl* ampul *sv* ampull
no ampulle *da* ampul; *sla:* *pl* ampułka
ce ampule *sk* ampulky *ru* ампула
uk ампула *be* ампула *bg* ампула
hr ampula *sr* ампула *sl* ampula
mk ампула; *f-u:* *ma* ampulla *su* ampulli
et ampull; *bal:* *lt* ampulė *lv* ampula; *gal:*
cy ampwl *ga* ampoule; *n. g.:* *el* αμπούλα,
ek ampoule, *mt* ampulla, *sh* ampulë,
tr ampul. *min. 33/545*

amt *m* N Amt *n*; Dienststelle (2) *f,*
  (öffentlich)

<prim>. *rom:* *fr* (ambassade)
es (embajada); *ger:* *de* Amt *en* (embassy)
nl ambt *sv* ämbete *no* embete *is* embætti;
sla: *ru* амт *sl* hamt; *f-u:* *et* amet; *bal:*
lt amats; *n. g.:* *tr* ambar. *min. 13/386*

ana̧log A analog

adv: ~no <prim>. *rom:* *fr* analogue
it analog◊ *es* análog◊ *ro* analog *pt* análog◊
ca anàleg◊; *ger:* *de* analog *en* analogous
nl analoog *sv* analogt *no* analog *da* analog;
sla: *pl* analogiczn◊ *ce* analogick◊
sk analogick◊ *ru* аналогичн◊
uk аналогічн◊ *be* аналагічн◊
bg аналогичн◊ *hr* analogn◊ *sr* аналогн◊
sl analogn◊ *mk* аналогн◊; *f-u:*
et analoogne; *bal:* *lt* analogišk◊
lv analog◊; *n. g.:* *el* ανάλογ◊,
ek analogoak, *mt* analoga. *min. 29/593*

analogi̧a *f* N Analogie *f*

<prim>. *rom:* *fr* analogie *it* analogia
es analogía *ro* analogie *pt* analogia
ca analogia; *ger:* *de* Analogie *en* analogy
nl analogie *sv* analogi *no* analogi
da analogi; *sla:* *pl* analogia *ce* analogie
sk analógia *ru* аналогия *uk* аналогія
be аналогія *bg* аналогия *hr* analogija
sr аналогија *sl* analogija *mk* аналогија;

f-u: *ma* analógia *su* analogia *et* analoogia;
bal: *lt* analogija *lv* analoġija; *gal:*
ga analaí; *n. g.:* *el* αναλογία, *ek* analogia,
mt analoġija, *sh* analogji, *tr* analoji.
min. 34/615

ana̧lysé *f* N Analyse *f*

<prim>. *rom:* *fr* analyse *it* analisi
es análisis *ro* analiză *pt* análise *ca* anàlisi;
ger: *de* Analyse *en* analysis *nl* analyse
sv analys *no* analyse *da* analyse; *sla:*
pl analiza *ru* анализ *uk* аналіз *be* аналіз
bg анализ *hr* analiza *sr* анализа *sl* analiza
mk анализа; *f-u:* *su* analyysi *et* analüüs;
bal: *lt* analizė *lv* analīze; *gal:* *ga* anailís;
n. g.: *el* ανάλυση, *ek* analisia, *mt* analiżi,
sh analiza. *min. 30/583*

anatomi̧a *f* N Anatomie *f*

<prim>. *rom:* *fr* anatomie *it* anatomia
es anatomía *ro* anatomie *pt* anatomia
ca anatomia; *ger:* *de* Anatomie
en anatomy *nl* anatomie *sv* anatomi
no anatomi *da* anatomi; *sla:* *pl* anatomia
ce anatomie *sk* anatómia *ru* анатомия
uk анатомія *be* анатомія *bg* анатомия
hr anatomija *sr* анатомија *sl* anatomija
mk анатомија; *f-u:* *ma* anatómia
su anatomia *et* anatoomia; *bal:*
lt anatomija *lv* anatomija; *gal:*
cy anatomeg *ga* anatamaíocht; *n. g.:*
el ανατομία, *ek* anatomia, *mt* anatomija,
sh anatomi, *tr* anatomi. *min. 35/615*

a̧nde num zweite 2.

de ~ =↑duót. <prim>. *ger:* *de* (andere)
nl (andere) *no* annen *da* ande(t)
is anna(r/ð); *sla:* *pl* inny; *bal:* *lt* antras
lv otrais; *gal:* *ga* atharnach. *min. 9/169*

anȩkdóta *f* N Anekdote *f*

<prim>. *rom:* *fr* anecdote *it* aneddoto
es anécdota *ro* anecdotă *pt* anedota
ca anècdota; *ger:* *de* Anekdote
en anecdote *nl* anekdote *sv* anekdot

no anekdote *da* anekdote; <u>*sla:*</u> *pl* anegdota
ce anekdota *sk* anekdota *ru* анекдот
uk анекдот *be* анекдот *bg* анекдот
hr anegdota *sr* анегдота *sl* anekdota
mk анегдота; <u>*f-u:*</u> *ma* anekdota
su anekdootti *et* anekdoot; <u>*bal:*</u>
lt anekdotas *lv* anekdote; <u>*gal:*</u>
ga anecdote; <u>*n. g.:*</u> *el* ανέκδοτο,
sh anekdotë, *tr* anekdot. *min. 32/613*

ạnet *m* ZOOL N Ente (1) *f*
gen: ánte =↑pát. <prim>. <u>*rom:*</u> *it* anatra
ca ànec; <u>*ger:*</u> *de* Ente *nl* eend *sv* and
no and *da* and *is* önd; <u>*sla:*</u> *ru* утка; <u>*f-u:*</u>
su ankka; <u>*bal:*</u> *lt* antis; <u>*n. g.:*</u> *ek* ahate.
min. 12/276

angịna *f* N Angina *f*
<prim>. <u>*rom:*</u> *fr* angine *it* angina
es angina *ro* anghină *pt* angina *ca* angina;
<u>*ger:*</u> *de* Angina *en* angina *nl* angina
sv angina *no* angina *da* angina; <u>*sla:*</u>
pl angina *ce* angína *sk* angína *ru* ангина
bg ангина *hr* angina *sr* ангина *sl* angina
mk ангина; <u>*f-u:*</u> *ma* angina *su* angina
et angiin; <u>*bal:*</u> *lt* angina *lv* angīna; <u>*gal:*</u>
cy angina *ga* aingíne; <u>*n. g.:*</u> *ek* angina,
mt angina, *sh* angjinë, *tr* anjin. *min. 32/573*

angst *m* N Angst *f*
<prim>. <u>*rom:*</u> *it* ansia *es* ansia *pt* ânsia
ca ànsia; <u>*ger:*</u> *de* Angst *nl* angst
lb Angscht *sv* ångest *no* angst *da* angst
is angist; <u>*f-u:*</u> *et* ängistus; <u>*gal:*</u> *cy* ofn
br aon *ga* eagla; <u>*n. g.:*</u> *el* άγχος,
ek angustia, *sh* (ankth), *tr* endişe.
min. 19/258

animatiọn (1) *f* N Animation *f*
[ts] gen: -ọne <prim>. <u>*rom:*</u> *fr* animation
it animazione *es* animación *ro* animație
pt animação *ca* animació; <u>*ger:*</u>
de Animation *en* animation *nl* animatie
sv animation *no* animasjon *da* animation;
<u>*sla:*</u> *ce* animace *sk* animácie *ru* анимация

uk анімація *be* анімацыя *bg* анимация
hr animacija *sr* анимација *sl* animacija
mk анимација; <u>*f-u:*</u> *su* animaatio; <u>*bal:*</u>
lv animācija; <u>*gal:*</u> *cy* animeiddio; <u>*n. g.:*</u>
ek animazioa, *tr* animasyon. *min. 27/546*

annạles *f pl* N Annalen *f pl*
<prim>. <u>*rom:*</u> *fr* annales *it* annali
es anales *ro* anale *pt* anais *ca* anals; <u>*ger:*</u>
de Annalen *en* annals *nl* annalen *sv* annals
no annals *da* annals *is* annálar; <u>*sla:*</u>
pl annały *ce* anály *sk* anály *ru* анналы
uk аннали *be* аналы *bg* аналии *sr* анали
sl anali *mk* анали; <u>*f-u:*</u> *et* ajaraamat; <u>*bal:*</u>
lv annāles; <u>*gal:*</u> *ga* annála. *min. 26/573*

annexiọn *f* N Annexion *f*
gen: -xiọne <prim>. <u>*rom:*</u> *fr* annexion
it annessione *es* anexión *ro* anexare
pt anexação *ca* annexió; <u>*ger:*</u> *de* Annexion
en annexation *nl* annexatie *sv* annektering
no annektering *da* annektering; <u>*sla:*</u>
pl aneksja *ce* anexe *sk* anexia *ru* аннексия
uk анексія *be* анэксія *bg* анексия
sr анексија *mk* анексија; <u>*f-u:*</u>
et anneksioon; <u>*bal:*</u> *lt* aneksija *lv* aneksija;
<u>*n. g.:*</u> *sh* aneksim. *min. 25/574*

annuitẹ *f* N Annuität *f*
gen: -tẹte <prim>. <u>*rom:*</u> *it* annualità
es anualidad *ro* anuitate *pt* anuidade
ca anualitat; <u>*ger:*</u> *de* Annuität *en* annuity
da annuitet; <u>*sla:*</u> *ce* anuita *sk* anuita
ru аннуитет *uk* ануїтет *be* ануїтэт
hr anuitet *sr* ануитет *mk* ануитет; <u>*f-u:*</u>
et annuiteet; <u>*n. g.:*</u> *mt* annwalità.
min. 18/423

annullẹring *f* N Annullierung *f*
<prim>. <u>*rom:*</u> *fr* annulation
it annullamento *es* anulación *ro* anulare
pt anulação *ca* anuŀlació; <u>*ger:*</u>
de Annullierung *en* annulment
no annullering *da* annullation; <u>*sla:*</u>
ru аннулирование *uk* анулювання

be ануляванне *bg* анулиране; *bal:*
lv anulēšana; *n. g.: mt* annullament,
sh anulim. *min. 17/474*

ąnormąl A abnorm

adv: ~no <prim>. *rom: fr* anormal
it anormale *es* anormal *ro* anormal
pt anormal *ca* anormal; *ger: de* abnorm
en abnormal *nl* abnormaal *sv* onormal
no unormal *da* unormal; *sla:*
pl nienormaln◊ *ce* abnormáln◊
sk abnormáln◊ *ru* ненормальн◊
uk ненормальн◊ *be* ненармальн◊
bg анормалн◊ *sr* ненормалн◊
sl nenormaln◊ *mk* абнормалн◊; *f-u:*
et ebanormaalne; *bal: lt* nenormal◊
lv nenormāl◊; *gal: cy* annormal; *n. g.:*
ek anormal, *mt* anormali, *sh* jonormal◊,
tr anormal. *min. 30/582*

antęnna *f* N Antenne *f*

<prim>. *rom: fr* antenne *it* antenna
es antena *ro* antenă *pt* antena *ca* antena;
ger: de Antenne *en* antenna *nl* antenne
sv antenn *no* antenne *da* antenne; *sla:*
pl antena *ce* anténa *sk* anténa *ru* антенна
uk антена *be* антэна *bg* антена *hr* antena
sr антена *sl* antena *mk* антена; *f-u:*
ma antenna *su* antenni *et* antenn; *bal:*
lt antena *lv* antena; *n. g.: ek* antena,
mt antenna, *sh* antenë, *tr* anten.
min. 32/602

antibiọticum *n* N Antibiotikum *n*

[k] gen: -ce [ts] <prim>. *rom:*
fr antibiotique *it* antibiotico *es* antibiótico
ro antibiotic *pt* antibiótico *ca* antibiòtic;
ger: de Antibiotikum *en* antibiotic
nl antibioticum *sv* antibiotikum
no antibiotika *da* antibiotikum; *sla:*
pl antybiotyk *ce* antibiotikum
sk antibiotikum *ru* антибиотик
uk антибіотик *be* антыбіётык
bg антибиотик *hr* antibiotik
sr антибиотик *sl* antibiotik

mk антибиотик; *f-u: ma* antibiotikum
su antibiootti *et* antibiootikum; *bal:*
lt antibiotikų *lv* antibiotika; *gal:*
cy wrthfiotigau *ga* antaibheathach; *n. g.:*
el αντιβιοτικό, *ek* antibiotiko,
mt antibijotiku, *sh* antibiotik, *tr* antibiyotik.
min. 35/615

antįc A antik

adv: ~no <prim>. *rom: fr* antique
it antic◊ *es* antigu◊ *ro* antic *pt* antig◊
ca antic◊; *ger: de* antik *en* antique
nl antiek *sv* antik *no* antikk *da* antique;
sla: pl antyczn◊ *ce* antick◊ *sk* antick◊
ru античн◊ *uk* античн◊ *be* антычн◊
bg античн◊ *sr* античк◊ *sl* antičn◊
mk античк◊; *f-u: ma* antik *su* antiikki
et antiikne; *bal: lv* antīk◊; *n. g.:*
el αντίκ◊, *sh* antik◊, *tr* antika. *min. 29/606*

antilọpé *f* N Antilope *f*

gen: -ọpe <prim>. *rom: fr* antilope
it antilope *es* antílope *ro* antilopă
pt antílope *ca* antílop; *ger: de* Antilope
en antelope *nl* antilope *sv* antilop
no antilope *da* antilope; *sla: pl* antylopa
ce antilopa *sk* antilopa *ru* антилопа
uk антилопа *be* антылопа *bg* антилопа
hr antilopa *sr* антилопа *sl* antilopa
mk антилопа; *f-u: ma* antilop
su antilooppi *et* antiloop; *bal: lt* antilopė
lv antilope; *gal: cy* antelop *ga* antalóp;
n. g.: el αντιλόπη, *ek* antilopea,
sh antilopë, *tr* antilop. *min. 34/615*

anxietę *f* N Ängstlichkeit *f*

gen: -tęte <ang>. *rom: fr* anxiété
it ansietà *es* ansiedad *ro* anxietate
pt ansiedade; *ger: en* anxiety; *sla:*
hr anksioznost *sr* анксиозност
sl anksioznost; *f-u: et* ängistus; *n. g.:*
el ανησυχία, *ek* antsietate. *min. 12/274*

áp (ạpek) m ZOOL N Affe (1) m
gen: ạpe (ápke) =↑majmun. <prim>. _ger:_
_de_ Affe _en_ ape _nl_ aap _sv_ apa _no_ ape
_da_ abe _is_ api; _sla:_ _ce_ opice _sk_ opice
_sl_ opica; _f-u:_ _su_ apina _et_ ahv. _min. 12/216_

apartamẹnt / apartmạñ n N Appartement (1) n
gen (apartmañ): ~te <prim>. _rom:_
_fr_ appartement _it_ appartamento
_es_ apartamento _ro_ apartament
_pt_ apartamento _ca_ apartament; _ger:_
_de_ Appartement _en_ apartment
_nl_ appartement; _sla:_ _pl_ apartament
_ce_ apartmán _sk_ apartmán _ru_ апартамент
_uk_ апартамент _be_ апартамент
_bg_ апартамент _hr_ apartman _sr_ апартман
_sl_ apartma _mk_ апартман; _f-u:_
_ma_ apartman; _bal:_ _lt_ apartamentas
_lv_ apartanments; _n. g.:_ _ek_ apartamendu,
_mt_ appartament, _sh_ apartament,
_tr_ apartman. _min. 27/578_

apathịa f N Apathie f
<prim>. _rom:_ _fr_ apathie _it_ apatia
_es_ apatíta _ro_ apatie _pt_ apatia; _ger:_
_de_ Apathie _en_ apathy _nl_ apathie _sv_ apati
_no_ apati _da_ apati; _sla:_ _pl_ apatia _ce_ apatie
_sk_ apatia _ru_ апатия _uk_ апатія _be_ апатыя
_bg_ апатия _hr_ apatija _sl_ apatija _mk_ апатија;
_f-u:_ _su_ apatia; _bal:_ _lv_ apātija; _gal:_
_cy_ apathi; _n. g.:_ _el_ απάθεια, _mt_ apatija,
_sh_ apati. _min. 27/580_

apạthic A apathisch
comp: -cer [ts], adv: ~no <prim>. _rom:_
_fr_ apathique _it_ apatic◊ _es_ apátic◊ _ro_ apatic
_pt_ apátic◊ _ca_ apàtic◊; _ger:_ _de_ apathisch
_en_ apathetic _nl_ apathisch _sv_ apatisk
_no_ apatiske _da_ apatisk; _sla:_ _pl_ apatyczn◊
_ce_ apatick◊ _sk_ apatick◊ _ru_ апатичн◊
_uk_ апатичн◊ _be_ апатычн◊ _bg_ апатичн◊
_hr_ apatičn◊ _sr_ апатичн◊ _sl_ apatičn◊
_mk_ апатичн◊; _f-u:_ _su_ apaattinen; _bal:_

_lt_ apatišk◊; _n. g.:_ _el_ απαθη◊, _ek_ apatiko,
_sh_ apatik◊. _min. 28/594_

aperitịf m N Aperitif m
gen: -ịve <prim>. _rom:_ _fr_ apéritif
_it_ aperitivo _es_ aperitivo _ro_ aperitiv
_pt_ aperitivo _ca_ aperitiu; _ger:_ _de_ Aperitif
_en_ aperitif _nl_ aperitief _sv_ aperitif
_no_ aperitiff _da_ aperitif; _sla:_ _pl_ aperitif
_ce_ aperitiv _sk_ aperitív _ru_ аперитив
_uk_ аперитив _be_ аперытыў _bg_ аперитив
_hr_ aperitiv _sr_ аперитив _sl_ aperitiv
_mk_ аперитив; _f-u:_ _ma_ aperitif _su_ aperitiivi
_et_ aperitiiv; _bal:_ _lt_ aperityvas _lv_ aperitīvs;
_n. g.:_ _el_ απεριτίφ, _ek_ aperitiboa,
_mt_ aperitif, _sh_ aperitiv, _tr_ aperatif.
min. 33/614

apoplexịa f MED N Apoplex m
<prim>. _rom:_ _fr_ apoplexie _it_ apoplessia
_es_ apoplejía _ro_ apoplexie _pt_ apoplexia
_ca_ apoplexia; _ger:_ _de_ Apoplex
_en_ apoplexy _no_ apopleksi _da_ apopleksi;
sla: _pl_ apopleksja _bg_ апоплексия
_hr_ apopleksija _sr_ апоплексија
_mk_ апоплексија; _f-u:_ _et_ apopleksia; _bal:_
_lt_ apopleksija _lv_ apopleksija; _gal:_
_cy_ apoplexy; _n. g.:_ _el_ αποπληξία,
_sh_ apopleksi. _min. 21/435_

apostrọf m N Apostroph n
<prim>. _rom:_ _fr_ apostrophe _it_ apostrofo
_es_ apóstrofe _ro_ apostrof _pt_ apóstrofo; _ger:_
_de_ Apostroph _en_ apostrophe _nl_ apostrof
_sv_ apostrof _da_ apostrof; _sla:_ _pl_ apostrof
_ce_ apostrof _sk_ apostrof _ru_ апостроф
_uk_ апостроф _be_ апостраф _bg_ апостроф
_hr_ apostrof _sr_ апостроф _mk_ апостроф;
bal: _lt_ apostrofa _lv_ apostrofs; _n. g.:_
_el_ απόστροφος, _sh_ apostrof, _tr_ apostrof.
min. 25/584

apothẹ́ke f N Apotheke f
gen: -ẹ́ke <prim>. _ger:_ _de_ Apotheke
_nl_ apotheek _sv_ apotek _da_ apotek; _sla:_

pl apteka *ru* аптека *uk* аптека *be* аптэка *bg* аптека *sr* апотека *mk* аптека; _f-u:_ *su* apteekki *et* apteek; _bal:_ *lv* aptieka; _n. g.:_ *el* (αποθήκη). *min. 15/318*

appạren *c+* $\boxed{V}$ erscheinen ~ *als, so* <ang>. _rom:_ *fr* apparaître *it* apparire *es* aparecer *ro* apărea *pt* aparecer *ca* aparèixer; _ger:_ *en* appear. *min. 7/249*

appẹll *m* $\boxed{N}$ Appell *m* <prim>. _rom:_ *fr* appel *it* appello *es* apelación *ca* apellació; _ger:_ *de* Appell *en* appeal *da* appel; _sla:_ *pl* apel *ru* апелляция *bg* апел. *min. 10/447*

applaudéren *c-* $\boxed{V}$ applaudieren <prim>. _rom:_ *fr* applaudir *it* applaudire *es* aplaudir *ro* aplauda *pt* aplaudir *ca* aplaudir; _ger:_ *de* applaudieren *en* applaud *nl* applaudisseren *sv* applådera *no* applaudere; _sla:_ *ru* аплодировать *uk* аплодувати *be* апладзіраваць *bg* аплодирам *sr* аплаудирати *mk* аплаудира; _f-u:_ *et* aplodeerima; _bal:_ *lt* ploti. *min. 19/514*

applicatiọn *f* $\boxed{N}$ Anwendung *f* [ts] gen: -ọne <prim>. _rom:_ *fr* application *it* applicazione *es* aplicación *ro* aplicaţie *ca* aplicació; _ger:_ *en* application; _sla:_ *ce* aplikace *ru* аппликация *bg* апликация; _n. g.:_ *mt* applikazzjoni. *min. 10/339*

applicéren *c-* $\boxed{V}$ anwenden <prim>. _rom:_ *fr* appliquer *it* applicare *es* aplicar *ro* aplica *pt* aplicar *ca* aplicar; _ger:_ *de* applizieren *en* applicate *sv* applicera *no* applisere; _sla:_ *pl* zaaplikować *ru* апплицировать; _n. g.:_ *mt* -applika. *min. 13/479*

appositiọn *f* GRAM $\boxed{N}$ Apposition *f* [ts] gen: -ọne <prim>. _rom:_ *fr* apposition *it* apposizione *es* aposición *ro* apoziţie *pt* aposição *ca* aposició; _ger:_

de Apposition *en* apposition *sv* apposition *no* apposition; _sla:_ *ce* apozice *bg* апозиция *hr* apozicija *sr* апозиција *mk* apposition; _f-u:_ *su* appositio *et* apositsiooni; _bal:_ *lt* apozicija; _gal:_ *cy* apposition; _n. g.:_ *ek* aposizioa, *mt* appożizzjoni, *sh* apozicion, *tr* appozisyon. *min. 23/409*

aprịl *m* $\boxed{N}$ April *m* <prim>. _rom:_ *fr* avril *it* aprile *es* abril *ro* aprilie *ca* abril; _ger:_ *de* April *en* april *da* april *is* apríl; _sla:_ *ru* апрель *bg* април; _f-u:_ *ma* április. *min. 12/439*

aquaedụct *m* $\boxed{N}$ Aquädukt *n* <prim>. _rom:_ *fr* aqueduc *it* acquedotto *es* acueducto *ro* apeduct *pt* acqueduto *ca* aqüeducte; _ger:_ *de* Aquädukt *en* aqueduct *sv* akvedukt *da* akvædukt; _sla:_ *pl* akwedukt *ce* akvadukt *sk* akvadukt *ru* аведук *uk* аведук *be* аведук *bg* аведукт *hr* akvadukt *sr* аквадукт *mk* аквадукт; _f-u:_ *su* akvedukti; _bal:_ *lt* akvedukts; _n. g.:_ *ek* akueduktua, *mt* akwedott. *min. 24/555*

aquarẹl *m* $\boxed{N}$ Aquarell *n* gen: ~le <prim>. _rom:_ *fr* aquarelle *it* acquerello *es* acuarela *ro* acuarelă *pt* aquarela *ca* aquarel; _ger:_ *de* Aquarell *nl* aquarel *sv* akvarell *da* akvarel; _sla:_ *pl* akwarela *ce* akvarel *sk* akvarel *ru* акварель *uk* акварель *be* акварэль *bg* акварел *hr* akvarel *sr* аквapeл *sl* akvarel *mk* акварел; _f-u:_ *ma* akvarell *su* akvarelli *et* akvarell; _bal:_ *lt* akvarelė *lv* akvarelis; _n. g.:_ *el* ακουαρέλα, *ek* akuarelak, *sh* akuarel. *min. 29/544*

aquạrium *n* $\boxed{N}$ Aquarium *n* gen: -árie <prim>. _rom:_ *fr* aquarium *it* acquario *es* acuario *ro* acvariu *pt* aquário *ca* aquari; _ger:_ *de* Aquarium *en* aquarium *nl* aquarium *sv* akvarium *no* akvarium

da akvarium; <u>*sla:*</u> *pl* akwarium
ce akvárium *sk* akvárium *ru* аквариум
uk акваріум *be* акварыум *bg* аквариум
hr akvarijum *sr* акваријум *sl* akvarij
mk аквариум; <u>*f-u:*</u> *ma* akvárium
su akvaario *et* akvaarium; <u>*bal:*</u>
lt akvariumas *lv* akvārijs; <u>*n. g.:*</u>
sh akuarium, *tr* akvaryum. *min. 30/601*

arcạda *f* N Arkade *f*

<prim>. <u>*rom:*</u> *fr* arcade *es* arcada
ro arcadă *pt* arcada *ca* arcada; <u>*ger:*</u>
de Arkade *en* arcade *sv* arkad *da* arkade;
<u>*sla:*</u> *pl* arkada *ce* arkáda *sk* arkáda
ru аркада *uk* аркада *be* аркада *bg* аркада
hr arkada *sr* аркада *mk* аркадни; <u>*f-u:*</u>
ma árkád *su* arkadi *et* arkaad; <u>*bal:*</u>
lt arkada. *min. 23/517*

archeologịa *f* N Archäologie *f*
[k] <prim>. <u>*rom:*</u> *fr* archéologie
it archeologia *es* arqueología *ro* arheologie
pt arqueologia *ca* arqueologia; <u>*ger:*</u>
de Archäologie *en* archeology *sv* arkeologi
no arkeologi *da* arkæologi; <u>*sla:*</u>
pl archeologia *ce* archeologie
sk archeológie *ru* археология
uk археологія *be* археалогія
bg археология *hr* arheologija
sr археологија *sl* arheologija
mk археологија; <u>*f-u:*</u> *su* arkeologia
et arheoloogia; <u>*bal:*</u> *lt* archeologija
lv arheoloġija; <u>*gal:*</u> *cy* archeoleg; <u>*n. g.:*</u>
el αρχαιολογία, *ek* arkeologia,
mt arkeoloġija, *sh* arkeologji, *tr* arkeoloji.
min. 32/583

ạréa *f* N Areal *n*; Bereich

<prim>. <u>*rom:*</u> *it* area *es* área *pt* área
ca àrea; <u>*ger:*</u> *de* Areal *en* area; <u>*sla:*</u>
ru ареал *bg* ареал. *min. 8/349*

arẹna *f* N Arena *f*

<prim>. <u>*rom:*</u> *fr* arène *it* arena *es* arena
ro arenă *pt* arena *ca* arena; <u>*ger:*</u> *de* Arena

en arena *nl* arena *sv* arena *no* arena
da arena; <u>*sla:*</u> *pl* arena *ce* aréna *sk* aréna
ru арена *uk* арена *be* арэна *bg* арена
hr arena *sr* арена *sl* arena *mk* арена; <u>*f-u:*</u>
ma aréna *su* areena *et* areen; <u>*bal:*</u> *lt* arena
lv arēna; <u>*gal:*</u> *cy* arena *ga* arena; <u>*n. g.:*</u>
sh arenë, *tr* arena. *min. 32/601*

argumẹnt *n* N Argument *n*

<prim>. <u>*rom:*</u> *fr* argument *it* argomento
es argumento *ro* argument *pt* argumento
ca argument; <u>*ger:*</u> *de* Argument
en argument *nl* argument *sv* argument
no argument *da* argument; <u>*sla:*</u>
pl argument *ce* argument *sk* argument
ru аргумент *uk* аргумент *be* аргумент
bg аргумент *hr* argument *sr* аргумент
sl argument *mk* аргумент; <u>*f-u:*</u>
et argument; <u>*bal:*</u> *lt* argumentas
lv arguments; <u>*gal:*</u> *ga* argóint; <u>*n. g.:*</u>
ek argumentua, *sh* argument. *min. 29/581*

arm *m* N Arm *m*

<ang>. <u>*ger:*</u> *de* Arm *en* arm *nl* arm
sv arm *no* arm *da* arm *is* armur.
min. 7/193

armạda *f* N Armada *f*

<prim>. <u>*rom:*</u> *fr* armada *it* armata
es armada *ro* armada *pt* armada *ca* armada;
<u>*ger:*</u> *de* Armada *en* armada *sv* armada
no armada *da* armada; <u>*sla:*</u> *pl* armada
ru армада *uk* армада *be* армада
bg армада *hr* armada *sr* армада *sl* armada
mk армада; <u>*f-u:*</u> *ma* armada *et* armada;
<u>*bal:*</u> *lv* armāda; <u>*gal:*</u> *cy* armada
ga armada; <u>*n. g.:*</u> *el* αρμάδα, *ek* armada,
sh armada. *min. 28/567*

armár *m* N Schrank *m*

gen: -are <prim>. <u>*rom:*</u> *fr* armoire
it armadio *es* armario *pt* armário
ca armari; <u>*sla:*</u> *hr* ormar *sr* орман
sl omari *mk* орман; <u>*n. g.:*</u> *ek* armairu.
min. 10/186

ạrmia *f* N̄ Armee *f*

<prim>. *rom:* *fr* armée *ro* armată; *ger:*
de Armee *en* army *sv* armé; *sla:*
ce armáda *sk* armáda *ru* армия *uk* армія
be армія *bg* армия *mk* армија; *f-u:*
su armeija *et* armee; *bal:* *lv* armija; *gal:*
ga arm. *min. 16/395*

arrogạnt Ā arrogant

adv: ~o <prim>. *rom:* *fr* arrogant
it arrogante *es* arrogante(◊) *ro* arogant
pt arrogante *ca* arrogant◊; *ger:*
de arrogant *en* arrogant *nl* arrogant
sv arrogant *no* arrogant *da* arrogant; *sla:*
pl aroganck◊ *ce* arogantn◊ *sk* arogantn◊
bg арогантн◊ *hr* arogantn◊ *sr* арогантн◊
sl aroganten *mk* арогантн◊; *f-u:*
ma arrogáns; *bal:* *lt* arogantišk◊; *n. g.:*
mt arroganti, *sh* arrogant◊. *min. 24/478*

ạrté *f* N̄ Kunst *f*

<ang>. *rom:* *fr* art *it* arte *es* arte *ro* artă
pt arte *ca* art; *ger:* *en* art. *min. 8/249*

artịcul *m* GRAM N̄ Artikel *m*; Begleiter *m*

gen: -icle <prim>. *rom:* *fr* article
it articolo *es* artículo *ro* articol *ca* article;
ger: *de* Artikel *en* article *nl* artikel
sv artikel *no* artikel *da* artikel; *sla:*
pl (artykul) *ru* артикль *be* артыкул
bg артикул *hr* artikl; *f-u:* *su* artikkeli;
n. g.: *mt* -artikol. *min. 18/521*

ạsél *m* ZOOL N̄ Esel *m*

<prim>. *rom:* *fr* âne *it* asino *pt* asno;
ger: *de* Esel *nl* ezel *sv* åsna *no* esel
da æsel *is* asni; *sla:* *pl* osioł *ce* osel
ru осел *uk* осів *be* асёл *sl* osel; *f-u:*
su aasi *et* eesel; *bal:* *lt* asilas *lv* ēzelis;
gal: *cy* asyn *ga* asal; *n. g.:* *ek* asto,
tr eşek. *min. 23/438*

asfaltẹren *c-* V̄ asphaltieren

<prim>. *rom:* *fr* asphalter *it* asfaltare
es asfaltar *ro* asfaltar *pt* asfaltar *ca* asfaltar;
ger: *de* asphaltieren *en* asphalt

nl asfalteren *sv* asfaltera *no* asfaltere
da asfaltere; *sla:* *pl* asfaltować
ce asfaltovát *sk* asfaltovať
ru асфальтировать *uk* асфальтувати
be асфальтаваць *bg* асфалтирам
hr asfaltirati *sr* асфалтирати *sl* asfaltirati
mk асфалтирам; *f-u:* *ma* aszfaltozni
su asfaltointi *et* asfalteerime; *bal:*
lv asfaltēt; *n. g.:* *el* ασφαλτόστρωνω,
ek asfaltoetan, *mt* -asfalta, *sh* asfaltimi,
tr asfaltlamak. *min. 32/611*

aspẹct *m* N̄ Aspekt *m*; Gesichtspunkt
m

<prim>. *rom:* *fr* aspect *it* aspetto
es aspecto *pt* aspecto *ca* aspect; *ger:*
de Aspekt *en* aspect *nl* aspect *sv* aspekt
no aspect *da* aspekt; *sla:* *pl* aspekt
ce aspekt *sk* aspekt *ru* аспект *uk* аспект
be аспект *bg* аспект *hr* aspekt *sr* аспект
mk аспект; *f-u:* *su* näkökohta *et* aspekt;
bal: *lt* aspektas *lv* aspekts; *n. g.:*
mt aspett, *sh* aspekt. *min. 27/562*

aspịda *f* ZOOL N̄ Natter *f*

<prim>. *rom:* *fr* aspic *it* aspide *es* áspid
ro aspidă *pt* áspide *ca* àspid; *ger:* *en* asp;
f-u: *ma* áspiskígyó; *el* ασπίδα. *min. 9/273*

assimilatiọn *f* N̄ Assimilation *f*

[ts] gen: -one <prim>. *rom:*
fr assimilation *it* assimilazione
es asimilación *pt* assimilação
ca assimiliació; *ger:* *de* Assimilation
en assimilation *nl* assimilatie
sv assimilering *no* assimilering
da assimilation; *sla:* *pl* asymilacja
ce asimilace *sk* asimilácia *ru* ассимиляция
uk асиміляція *be* асіміляцыя
bg асимилация *hr* asimilacija
sr асимилација *sl* asimilacija
mk асимилација; *f-u:* *ma* asszimiláció
su assimilaatio *et* assimileerimine; *bal:*
lt asimiliacija *lv* asimilācija; *n. g.:*

ek asimilazio, *mt* assimilazzjoni,
sh asimilim, *tr* asimilasyon. *min. 32/583*

assistęncea *f* N Assistenz *f*
[tsa], gen: -ce <prim>. *rom:* *it* assistenza
es asistencia *pt* assistência *ca* assistència;
ger: *de* Assistenz *en* assistance
no assistanse *da* assistance; *sla:*
bg асистенция; *n. g.:* *mt* assistenza.
min. 11/278

associatiǫn *f* N Assoziation *f*
[ts] gen: -one <prim>. *rom:* *fr* association
it associazione *es* asociación *ro* asociație
pt associação *ca* associació; *ger:*
de Assoziation *en* association; *sla:*
bg асоциация *mk* асоцијација; *bal:*
lt asociacija *lv* asociācija; *n. g.:*
mt assoċjazzjoni. *min. 13/361*

associęren *c-* V assoziieren;
verbinden
<prim>. *rom:* *fr* associer *es* associar;
ger: *de* assoziieren *en* associate
nl associëren; *sla:* *sb* asocięrować
ru ассоциировать *bg* асоцийрам.
min. 8/370

astronąut *m* N Astronaut *m*
<prim>. *rom:* *fr* astronaute *it* astronauta
es astronauta *ro* astronaut *pt* astronauta
ca astronauta; *ger:* *de* Astronaut
en astronaut *nl* astronaut *sv* astronaut
no astronaut *da* astronaut; *sla:*
pl astronauta *ru* астронавт *uk* астронавт
be астранаўт *bg* астронавт *sl* astronavt
mk астронаутот; *f-u:* *su* astronautti
et astronaut; *bal:* *lt* astronautas; *n. g.:*
el αστροναύτης, *ek* astronauta,
mt astronawtra, *tr* astronot. *min. 26/573*

astronomįa *f* N Astronomie *f*
<prim>. *rom:* *fr* astronomie *it* astronomia
es astronomía *ro* astronomie *pt* astronomia
ca astronomia; *ger:* *de* Astronomie
en astronomy *nl* astronomie *sv* astronomi

no astronomi *da* astronomi; *sla:*
pl astronomia *ce* astronomie *sk* astronómia
ru астрономия *uk* астрономія
be астраномія *bg* астрономия
hr astronomija *sr* астрономија
sl astronomija *mk* астрономија; *f-u:*
et astronoomia; *bal:* *lt* astronomija
lv astronomija; *n. g.:* *el* αστρονομία,
ek astronomia, *mt* astronomija,
sh astronomi, *tr* astronomi. *min. 31/598*

athlęt *m* N Athlet *m*
gen: -éte <prim>. *rom:* *fr* athlète *it* atleta
es atleta *ro* atlet *pt* atleta *ca* atleta; *ger:*
de Athlet *en* athlete *nl* atleet *no* athlete
da atlet; *sla:* *pl* atleta *bg* атлет
hr atletičar *sr* атлета; *f-u:* *ma* atléta; *bal:*
lt atletas *lv* atlēts; *gal:* *cy* athletwyr;
n. g.: *el* αθλητής, *mt* atleta, *sh* atlet,
tr atlet. *min. 23/469*

atmǫsfera *f* N Atmosphäre *f*
<prim>. *rom:* *fr* atmosphère *it* atmosfera
es atmósfera *ro* atmosferă *pt* atmosfera
ca atmosfera; *ger:* *de* Atmosphäre
en atmosphere *nl* atmosfeer *sv* atmosfär
no atmosphere *da* atmosfære; *sla:*
pl atmosfera *ru* атмосфера *uk* атмосфера
be атмасфера *bg* атмосфера *hr* atmosfera
sr атмосфера *sl* atmosphere
mk атмосферата; *f-u:* *et* atmosfäär; *bal:*
lv atmosfēra; *gal:* *cy* atmosffer
ga atmaisféar; *n. g.:* *el* ατμόσφαιρα,
mt atmosfera, *sh* atmosferë, *tr* atmosfer.
min. 29/579

ątom *m* N Atom *n*
<prim>. *rom:* *fr* atome *it* atomo *es* átomo
ro atom *pt* átomo *ca* atom; *ger:* *de* Atom
en atom *nl* atoom *sv* atom *no* atom
da atom; *sla:* *pl* atom *ce* atom *sk* atóm
ru атом *uk* атом *be* атам *bg* атом *hr* atom
sr атом *sl* atom *mk* атом; *f-u:* *ma* atom
su atomi *et* aatom; *bal:* *lt* atom *lv* atoms;
gal: *cy* atom *ga* atom; *n. g.:* *el* άτομο,

ek atom, *mt* atom, *sh* atom, *tr* atom.
min. 35/615

attentión *f* N Achtung *f*; Aufmerksamkeit *f*
[ts] gen: -ọne <ang>. *rom:* *fr* attention
it attenzione *es* atención *ro* atenție
pt atenção *ca* atenció; *ger:* *en* attention
nl attentie; *sla:* *ru* аттентивность; *n. g.:*
mt attenzjoni. *min. 10/349*

attitúd *f* N Einstellung *f*
gen: -tụde <prim>. *rom:* *fr* attitude
it attitudine *es* atitud *ca* atitud; *ger:*
de (Attitüde) *en* attitude; *sla:* *ru* аттитюд.
min. 7/394

attractión *f* N Attraktion *f*
[ts] gen: -ọne <prim>. *rom:* *fr* attraction
it attrazione *es* atracción *pt* atração
ca atracció; *ger:* *de* Attraktion
en attraction; *sla:* *pl* atrakcja *ce* atrakce
sk atrakcie *bg* атракция *hr* atrakcija
sr атракција *sl* atrakcija *mk* атракција;
f-u: *et* atraktsioon; *bal:* *lv* atrakcija;
n. g.: *mt* attraction. *min. 18/408*

auctión *f* N Auktion *f*
[ts] gen: -ọne <prim>. *ger:* *de* Auktion
en auction *sv* auktion *no* auksjon
da auktion; *sla:* *pl* aukcja *ce* aukce
sk aukcie *ru* аукцион *uk* аукціон
be аўкцыён *hr* aukcija *sr* аукција
mk аукција; *f-u:* *et* oksjon; *bal:*
lt aukcionas; *gal:* *cy* ocsiwn. *min. 17/357*

audiẹncea *f* N Audienz *f*
[tsa], gen: -ce <prim>. *rom:* *es* audiencia
ro audiență *ca* audiència; *ger:* *de* Audienz
en audience; *sla:* *bg* аудиенция; *n. g.:*
mt udjenza, *sh* audiencë. *min. 8/229*

auditórium *n* N Auditorium *n*; Hörsaal
m
gen: -ọrie <prim>. *rom:* *it* auditorium
ro auditoriu *pt* auditório; *ger:*

de Auditorium *en* auditorium *sv* auditorium
no auditorium *da* auditorium; *sla:*
pl audytorium *ru* аудитория *uk* аудиторія
be аўдыторыя *bg* аудитория
sr аудиторијум *sl* auditorium
mk аудиториум; *f-u:* *su* auditorio; *bal:*
lt auditorija *lv* auditorija; *gal:*
cy awditoriwm; *n. g.:* *ek* auditorioa,
sh auditor, *tr* odityorum. *min. 23/441*

augụst *m* N August *m*
<prim>. *rom:* *fr* auguste *it* agosto
es agosto *ro* august *ca* agost; *ger:*
de August *en* august *da* august *is* ágúst;
sla: *ru* август *bg* август; *f-u:*
ma augusztus; *n. g.:* *mt* awissu, *tr* ağustos.
min. 14/445

auréọla *f* ASTRON N Aureole *f*
<prim>. *rom:* *fr* auréole *it* aureola
es aureola *ro* aureolă *pt* auréola *ca* aurèola;
ger: *de* Aureole *en* aureole *no* aureole
da aureole; *sla:* *pl* aureola *ce* aureola
sk aureola *ru* ореол *bg* ореол *hr* oreol
sr ореол *sl* oreol *mk* ореол; *bal:*
lt aureolė *lv* oreols; *gal:* *cy* aureole
ga aureole; *n. g.:* *sh* aureolë. *min. 24/518*

ạuter A andere der/die/das ~
<prim>. *rom:* *fr* autre *it* altr◊ *es* otr◊
ro alte *pt* otr◊ *ca* altre; *ger:* *de* andere
en other *nl* andere *da* andre *is* annar/öðru;
bal: *lt* (antr◊) *lv* (otra◊); *gal:* *br* all
ga (atharnach); *n. g.:* *mt* oħra.
min. 16/373

ạuterno adv andernfalls
<prim>. *rom:* *fr* autre(ment) *it* altramente
es otr(amente) *pt* otr(amente) *ca* d'altra
manera; *ger:* *de* ander(nfalls)
en other(wise). *min. 7/324*

authẹntic A echt; authentisch
comp: -cer [ts], adv: ~no <prim>. *rom:*
fr authentique *it* autentic◊ *es* auténtic◊
pt auténtic◊ *ca* autèntic◊; *ger:*

de authentisch *en* authentic; <u>*sla:*</u>
sb awtentisk◊ *ru* аутентичн◊
bg автентичн◊. *min. 10/414*

autisme *m* Ⓝ Autismus *m*
<prim>. <u>*rom:*</u> *fr* autisme *it* autismo
es autismo *ro* autism *pt* autismo
ca autisme; <u>*ger:*</u> *de* Autismus *en* autism
nl autisme *sv* autism *no* autisme
da autisme; <u>*sla:*</u> *pl* autyzm *ce* autismus
sk autizmus *ru* аутизм *uk* аутизм
be аўтызм *bg* аутизъм *hr* autizam
sr аутизам *sl* avtizem *mk* аутизам; <u>*f-u:*</u>
ma autizmus *su* autismi *et* autism; <u>*bal:*</u>
lt autizmas *lv* autisms; <u>*gal:*</u> *cy* awtistiaeth;
<u>*n. g.:*</u> *el* αυτισμός, *ek* autismoa,
mt awtiżmu, *sh* autizm, *tr* otizm.
min. 34/615

autistic Ⓐ autistisch
adv: ~no <prim>. <u>*rom:*</u> *fr* autistique
it autistic◊ *es* autista *ro* autist *pt* autista
ca autista; <u>*ger:*</u> *de* autistisch *en* autistic
nl autistisch *sv* autistisk *no* autistisk
da autistisk; <u>*sla:*</u> *pl* autystyczn◊
ce autistick◊ *sk* autistick◊ *uk* аутистическ◊
be аутистическ◊ *bg* аутистичн◊
hr autističn◊ *sr* аутистичн◊ *sl* avtističn◊;
<u>*f-u:*</u> *ma* autista *su* autistinen *et* autistlik;
<u>*gal:*</u> *cy* awtistig; <u>*n. g.:*</u> *el* αυτιστικ◊,
ek autismoaren, *mt* awtistiċi, *tr* otistik.
min. 29/528

auto(mobíl) *m* Ⓝ Auto(mobil) *n*
<prim>. <u>*rom:*</u> *fr* automobile
it auto(mobile) *es* automóvil *ro* auto(mobil)
pt automóvel *ca* auto(mòbil); <u>*ger:*</u>
de auto(mobil) *en* automobile
nl auto(mobiel) *da* auto(mobil); <u>*sla:*</u>
pl auto(mobil) *ce* auto(mobil)
sb awto(mobil) *ru* авто *be* аўто(моб.)
bg авто(мобил) *hr* Auto(mobitel); <u>*f-u:*</u>
ma autó *su* auto(mobiili); <u>*n. g.:*</u>
el αυτοκινητής, *tr* oto(mobil). *min. 21/555*

autobus, bus *m* Ⓝ Omnibus *m*; Bus (1)
m
<prim>. <u>*rom:*</u> *fr* (auto)bus *it* (auto)bus
es (auto)bús *ro* autobuz *ca* autobús; <u>*ger:*</u>
de bus *en* bus *nl* bus *sv* bus *no* buss
da bus; <u>*sla:*</u> *pl* autobus *ce* autobus
sk autobus *sb* (awto)bus *ru* автобус
uk автобус *be* аўтобус *bg* автобус
sr аутобус *sl* bus *mk* автобус; <u>*f-u:*</u>
ma (auto)busz *su* bussi *et* buss; <u>*bal:*</u>
lt autobusas *lv* autobuss; <u>*gal:*</u> *cy* bws;
<u>*n. g.:*</u> *ek* autobusa, *mt* bus, *sh* autobus,
tr otobüs. *min. 32/589*

autográf *m* Ⓝ Autogramm *n*
<prim>. <u>*rom:*</u> *fr* autographe *it* autografo
es autógrafo *ro* autograf *pt* autógrafo
ca autògraf; <u>*ger:*</u> *de* Autogramm
en autograph *nl* autograaf *sv* autograf; <u>*sla:*</u>
pl autograf *ce* autogram *sk* autogram
ru автограф *uk* автограф *be* аўтограф
bg автограф *hr* autogram *sr* аутограм
mk автограм; <u>*f-u:*</u> *ma* autogram
et autogramm; <u>*bal:*</u> *lt* autografas; <u>*n. g.:*</u>
el αυτόγραφο, *ek* autógrafa, *sh* autograf.
min. 26/593

automàtic Ⓐ automatisch
comp: -máticer [ts], adv: -máticno <prim>.
<u>*rom:*</u> *fr* automatique *it* automatic◊
es automatic◊ *ro* automatic *pt* automátic◊
ca automàtic◊; <u>*ger:*</u> *de* automatisch
en automatic *nl* automatisch *da* automatisk;
<u>*sla:*</u> *pl* automatyczn◊ *ce* automatick◊
sb awtomatisk◊ *ru* автоматическ◊
be аўтаматычн◊ *bg* автоматичн◊
hr automatsk◊; <u>*f-u:*</u> *ma* automatikus
su automaattisesti; <u>*n. g.:*</u> *el* αυτοματικ◊,
mt awtomatik, *tr* otomatik. *min. 22/555*

auxiliár verb *m* Ⓝ Hilfsverb *n*
<ang>. <u>*rom:*</u> *fr* auxiliaire *it* verbo ausiliare
es verbo auxiliar *ro* verb auxiliar
ca auxiliar del verb; <u>*ger:*</u> *en* auxiliary
verb; <u>*n. g.:*</u> *mt* verb awżiljarju. *min. 7/239*

avañçéren *c-* V avancieren

<prim>. *rom:* *fr* avancer *es* avanzar
ro avans *pt* avançar *ca* avançar; *ger:*
de avancieren *en* advance *sv* avancera
no avansere; *sla:* *pl* awansować; *bal:*
lt avansas; *n. g.:* *sh* avancoj. *min. 12/352*

avantájh *m* N Vorteil *m*

gen: -ajhe <ang>. *rom:* *fr* avantage
it vantaggio *es* ventaje *ro* avantaj
pt vantagem *ca* avantatge; *ger:*
en advantage; *sla:* *ru* авантаж; *n. g.:*
mt vantaġġ, *tr* avantaj. *min. 10/334*

aventųra *f* N Abenteuer *n*

<prim>. *rom:* *fr* aventure *it* avventura
es aventura *ro* aventură *pt* aventura
ca aventura; *ger:* *de* Abenteuer
en adventure *nl* avontuur *sv* äventyr
no eventyr *da* eventyr *is* ævintýri; *sla:*
pl (awantura) *ru* авантюра *hr* avantura
sr авантура *mk* авантура; *gal:* *cy* antur;
n. g.: *ek* abentura, *mt* avventura,
sh aventurë. *min. 22/518*

baccalaur *m* N Bachelor *m; es existiert
kein deutsches Wort für diesen Begriff*

<prim>. *rom:* *ro* burlac; *ger:*
de Baccalaureus *en* bachelor; *sla:*
pl bakałarz *ce* bakalář *ru* бакалавр
be (бакалаўр) *bg* бакалавър; *n. g.:*
tr bekâr. *min. 9/330*

baccalauréát *m* N Bachelor (-Ab-
schluss) *m*

gen: -ate <prim>. *rom:* *fr* (baccalauréat)
it laurea; *ger:* *en* baccalaureate; *sla:*
ce bakalářský titul *ru* бакалавриат
be (бакалаўр) *bg* бакалавърска степен;
n. g.: *mt* grad ta ,bachelor. *min. 8/285*

bacįll *m* N Bazillus *m*

<prim>. *rom:* *fr* bacille *it* bacillo
es bacilo *ro* bacil *pt* bacilo *ca* bacil;
de Bazillus *en* bacillus *nl* bacil *sv* bacill
no bacillus *da* bacil; *sla:* *pl* bakcyl

---

ce bacil *sk* bacil *ru* бацилла *uk* бацила
be бацылы *bg* бацил *hr* bacil *sr* бацил;
f-u: *ma* bacilus *su* basilli *et* batsill; *bal:*
lt bacila *lv* bacilis; *gal:* *ga* bacillus; *n. g.:*
sh bacil, *tr* basil. *min. 29/597*

bacįllus *m* N Bacillus *m*

gen: bacille <prim>. *rom:* *fr* bacille
it bacillo *es* bacilo *ro* bacil *ca* bacil; *ger:*
de Bacillus *en* bacillus *da* bacillus; *sla:*
pl bakcyl *ce* bacil *ru* бацилла *bg* бацил
hr bacil; *f-u:* *su* basilli; *n. g.:* *tr* basil.
min. 15/491

backen *c-* V backen

<ang>. *ger:* *de* backen *en* bake *sv* baka
da bage *is* baka; *sla:* *pl* piec/wypiekać
ce upéct *ru* печь *be* спякчы *bg* пека
hr ispeći; *gal:* *ga* bácáil. *min. 12/323*

baden *c-* V baden

<ang>. *ger:* *de* baden *en* bathe *nl* baden
sv bada *no* bade *da* bade *is* baða *fo* baða.
min. 8/193

baecker *m* N Bäcker *m*

<prim>. *ger:* *de* Bäcker *en* baker
nl bakker *sv* bagare *no* bager *is* bakari;
sla: *pl* piekarz *ce* pekař *sb* pjekar
ru пекарь *be* пекар *bg* пекар *hr* pekar;
f-u: *ma* pék; *gal:* *br* baraer *ga* bacastair.
min. 16/357

baggájh *m* N Gepäck *n*

gen: -ajhe <prim>. *rom:* *fr* baggage
it bagagli *ro* bagaje; *ger:* *de* Bagage
en baggage; *sla:* *pl* bagaż *ru* багаж
be багаж *bg* багаж; *n. g.:* *mt* bagalji,
tr bagaj. *min. 11/435*

balcón *m* N Balkon *m*

<prim>. *rom:* *fr* balcon *it* balcone
es balcón *ro* balcon *ca* balcó; *ger:*
de Balkon *en* balcony *da* balkon; *sla:*
pl balkon *ce* balkón *ru* балкон *be* балкон

bg балкон *hr* balkon; *n. g.:* *tr* balkon. *min. 15/496*

ball *m* Ⓝ Ball *m (Spiel~)*

<prim>. *rom:* *fr* boule *it* palla *es* pelota
ca bola; *ger:* *de* Ball *en* ball *sv* boll
da bold *is* bolti; *f-u:* *su* pallo; *gal:*
br pellenn. *min. 11/332*

ballet *m* Ⓝ Ballett *n*

gen: ~te <prim>. *rom:* *fr* ballet *it* balletto
es ballet *ro* balet *pt* balé *ca* ballet; *ger:*
de Ballett *en* ballet *nl* ballet *sv* balett
no ballet *da* ballet *is* ballett; *sla:* *pl* balet
ce balet *sk* balet *ru* балет *uk* балет
be балет *bg* балет *hr* balet *sr* балетски
sl balet *mk* балет; *f-u:* *ma* balett *su* baletti
et ballet; *bal:* *lt* baletas *lv* balets; *gal:*
cy ballet *ga* bailé; *n. g.:* *el* μπαλέτο,
ek ballet, *sh* balet, *tr* bale. *min. 35/615*

ballón *m* Ⓝ Ballon *m*

<prim>. *rom:* *fr* ballon *it* palloncino
ro balon; *ger:* *de* Ballon *en* balloon
da ballon; *sla:* *pl* balon *ce* balón
ru баллон *bg* балон *hr* balon; *f-u:*
su (ilma)pallo; *n. g.:* *tr* balon. *min. 13/447*

bálna *f* Ⓝ Wal *m*

<prim>. *rom:* *fr* baleine *it* balena
ro balenă *ca* balena; *ger:* *de* Wal *en* wale
is hvalur; *sla:* *bg* бална; *f-u:* *ma* bálna
su valas; *n. g.:* *tr* balina. *min. 12/326*

balti Ⓐ baltisch

<cont>. *rom:* *fr* baltique *it* baltic◊
es bálitc◊ *ro* baltic *ca* bàltic◊; *ger:*
de baltisch *en* baltic; *sla:* *pl* bałtyck◊
ce baltsk◊ *ru* балтийск◊ *be* балтыйск◊
bg балтийск◊ *hr* baltičk◊; *f-u:* *et* balti;
bal: *lt* baltij◊ *lv* balt◊; *n. g.:* *tr* baltık.
min. 17/500

banca *f* Ⓝ Bank (2) *f (Sitz'~)*

<prim>. *rom:* *fr* banc *it* panchina
es banca *ro* banchetă *pt* bancada

ca banqueta; *ger:* *de* Bank *en* bench
nl bank *sv* bänken *no* benk *da* bænken
is bekkur; *f-u:* *su* penkki *et* pink; *gal:*
cy fainc. *min. 16/389*

band *m* Ⓝ Band *n*

<prim>. *rom:* *fr* bande *it* banda *es* banda
ro bandă *ca* banda; *ger:* *de* Band *en* band
sv band *da* band *is* band; *sla:* *ru* бант;
f-u: *ma* pánt; *n. g.:* *mt* banda, *tr* bant.
min. 14/445

banda *f* Ⓝ Bande *f*

<prim>. *rom:* *fr* bande *it* banda *ro* bandă;
ger: *de* Bande *en* band *sv* band; *sla:*
pl banda *ru* банда *be* банда *bg* банда
hr banda. *min. 11/444*

banja *f* Ⓝ Bad *n*

<prim>. *rom:* *fr* baigne *it* bagno
es bañera *ro* baie *ca* bany; *ger:* *de* Bad
en bath *da* bad *is* bað; *sla:* *sk* vaňa
ru баня *uk* баня *be* баня *bg* баня *hr* banja
sr бања *mk* бања; *n. g.:* *tr* banyo.
min. 18/481

bank *m* Ⓝ Bank (1) *f (Geld)*

<prim>. *rom:* *fr* banque *it* banca *es* banco
ro bancă *pt* banco *ca* banc; *ger:* *de* Bank
en bank *nl* bank *lb* bank *sv* bank *no* bank
da bank *is* bank *fo* bank; *sla:* *pl* bank
ce bank *sk* bank *sb* banka *ru* банк *uk* банк
be банк *bg* банка *hr* banka *sr* банк
sl bank *mk* банк; *f-u:* *ma* bank *su* pankki
et pank; *gal:* *br* bank; *n. g.:* *mt* bank,
tr banka. *min. 33/597*

bankrott *m* Ⓝ Bankrott *m*

<prim>. *rom:* *fr* banqueroute *it* banca
rotta; *ger:* *de* Bankrott *en* bankrupt; *sla:*
pl bankrot *ce* bankrot *ru* банкротство
be банкруцтва *bg* банкрут *hr* bankrot.
min. 10/424

barbér *m* Ⓝ Barbier *m*
<prim>. *rom: fr* barbier *it* barbiere
es barbero *pt* barbeiro *ca* barbero; *ger:*
de Barbier *en* barber *no* barber *da* barber;
sla: ru брадобрей *hr* berberin
sr берберин *sl* barber *mk* бербер; *f-u:*
ma borbély; *n. g.: sh* berber, *tr* berber.
min. 17/445

barométer *m* Ⓝ Barometer *n*
<prim>. *rom: fr* baromètre *it* barometro
es barómetro *ro* barometru *pt* barômetro
ca baròmetre; *ger: de* Barometer
en barometer *nl* barometer *no* barometer
da barometer; *sla: pl* barometr
ru барометр *uk* барометр *be* барометр
bg барометър *hr* barometar *sr* барометар
sl barometer *mk* барометар; *f-u:*
su barometri *et* baromeeter; *bal:*
lt barometras *lv* barometrs; *gal:*
cy baromedr *ga* baraiméadar; *n. g.:*
el βαρόμετρο, *ek* barometroa,
mt barometru, *sh* barometër, *tr* barometre.
min. 31/578

barrácka *f* Ⓝ Barracke *f*
<prim>. *rom: fr* barraque *es* barraca;
ger: de Barracke *en* Barrack *is* braggi;
sla: pl barak *ru* барак *bg* барака.
min. 8/390

barricáda *f* Ⓝ Barrikade *f*
<prim>. *rom: fr* barricade *it* barricata
es barricada *ro* baricadă *pt* barricada
ca barricada; *ger: de* Barrikade
en barricade *nl* barricade *sv* barrikad
no barrikaden *da* barrikade *is* barricade;
sla: pl barykada *ce* barikáda *sk* barikáda
ru баррикада *uk* барикада *be* барыкады
bg барикада *hr* barikada *sr* барикада
sl barikada *mk* барикада; *f-u: ma* barikád
su barrikadi *et* barrikaad; *bal: lt* barikada
lv barikāde; *gal: cy* barricade
ga baracáide; *n. g.: ek* barrikada,

mt barrikata, *sh* barrikadë, *tr* barikat.
min. 35/603

barriéra *f* Ⓝ Barriere *f*
<prim>. *rom: fr* barrière *it* barriera
es barrera *ro* barieră *pt* barreira *ca* barrera;
ger: de Barriere *en* barrier *nl* barrière
sv barriär *no* barrier *da* barrier; *sla:*
pl bariera *ce* bariéra *sk* bariéra *ru* барьер
uk бар'єр *be* бар'ер *bg* бариера
hr barijera *sr* барийера *mk* бариера; *bal:*
lt barjeras *lv* barjera; *n. g.: tr* bariyer.
min. 25/581

basál Ⓐ Grund-; Basis-
adv: ~no <ang>. *rom: fr* basal *it* basale
ro de bază *ca* bàsic◊; *ger: de* Basal-; *sla:*
ru базальн◊ *bg* базов; *n. g.: mt* bażiku.
min. 8/324

basár *m* Ⓝ Basar *m*; Jahrmarkt (2) *m*
<prim>. *rom: fr* bazar *it* bazar *ro* bazar
ca basar; *ger: de* Basar; *sla: pl* bazar
ce bazar *ru* базар *be* базар *bg* базар
hr bazar; *f-u: ma* vásár *su* basaari; *n. g.:*
mt bazaar, *tr* pazar. *min. 15/410*

basé *f* Ⓝ Basis *f*
<prim>. *rom: fr* base *it* base *es* base
ro de bază *ca* base; *ger: de* Basis
en basis; *sla: pl* baza *ru* базис *be* база
bg база *hr* baza; *n. g.: mt* bażi, *tr* baz.
min. 14/483

basílica *f* Ⓝ Basilika *f*
<prim>. *rom: fr* basilique *it* basilica
es basílica *ro* bazilică *pt* basilica
ca basílica; *ger: de* Basilika *en* basilica
nl basiliek *sv* basilika; *sla: pl* bazylika
ce bazilika *sk* bazilika *ru* базилика
uk базиліка *be* базіліка *bg* базилика
hr bazilika *sr* базилика *sl* bazilika
mk базилика; *f-u: ma* bazilika *su* basilika;
bal: lt bazilika; *n. g.: el* βασιλική,
ek basilika, *mt* bażilika, *sh* bazilika,
tr bazilika. *min. 29/603*

basịlka *f* Ⓝ Basilikum *n*
(bot). <prim>. *rom:* *fr* basilic *it* basilico
es basilio *ro* busuioc *ca* basilio; *ger:*
de Basilikum *en* basil *nl* basilicum
sv basilika *no* basilikum *da* basilikum;
sla: *pl* bazylia *ce* bazalka *sk* bazalka
uk безіл *bg* босилек *hr* bosiljak
sr босиљак *mk* босилек; *f-u:*
ma bazsalikom *su* basilika; *bal:*
lt bazilikas *lv* baziliks; *n. g.:* *el* βασίλης,
ek basilio, *mt* basile, *sh* borzilok.
min. 27/506

bass *m* Ⓝ Bass *m*
<prim>. *rom:* *fr* bas *it* basso *es* bajo
ro bas *ca* baix; *ger:* *de* Bass *en* bass
da bass; *sla:* *pl* bas *ce* bas *ru* бас *be* бас
bg бас *hr* bas; *f-u:* *su* basso; *n. g.:*
tr bas. *min. 16/501*

bassẹñ *m* Ⓝ Bassin *n*; Becken (2) *n*
<prim>. *ger:* *de* Bassin; *sla:* *pl* basen
ru бассейн *uk* басейн *be* басейн
bg басейн *hr* bazen *sr* базен *sl* bazen
mk базен; *bal:* *lt* baseinas *lv* baseins.
min. 12/276

bataljón *m* Ⓝ Bataillon *n*
<prim>. *rom:* *fr* bataillon *it* battaglione
es batallón *ro* batalion *pt* batalhão
ca batalló; *ger:* *de* Bataillon *en* battalion
nl bataljon *sv* battalion *no* bataljon
da battalion; *sla:* *pl* batalion *ce* batalión
sk batalion *ru* батальон *uk* батальйон
be батальён *bg* батальон *hr* bataljon
sr батаљон *sl* bataljon *mk* баталјон; *f-u:*
su pataljoona *et* pataljon; *bal:*
lt batalionas *lv* bataljons; *gal:* *cy* bataliwn;
n. g.: *mt* battaljun, *sh* batalion.
min. 30/584

bavịan *m* ZOOL Ⓝ Pavian *m*
<prim>. *rom:* *fr* babouin *it* babbuino
es babuino *ro* babuin *pt* babuíno *ca* babuí;
ger: *de* Pavian *en* baboon *nl* baviaan
sv babian *no* bavian *da* bavian *is* bavíani;
sla: *pl* pawian *ce* pavián *sk* pavián
ru бабуин *uk* бабуїн *be* бабуіны
bg павиан *hr* babun *sr* бабун *sl* pavijan;
f-u: *ma* pávián *su* paviaani *et* paavian;
bal: *lt* babuinas *lv* paviāns; *gal:*
cy babwn; *n. g.:* *el* μπαμπουίνος,
ek babuino, *mt* babwini. *min. 32/608*

bạza *f* Ⓝ Holunder *m*
<cont>. *sla:* *pl* (czarny) bez *ce* beza
sk baza *ru* бузина *bg* бъз *hr* bazga; *f-u:*
ma bodza. *min. 7/161*

bébẹ *n!* Ⓝ Baby *n*
<prim>. *rom:* *fr* bébé *it* bebe *es* bebé
ro bebeluş *ca* bebè; *ger:* *de* Baby
en baby; *sla:* *pl* bobo *ru* бэби *bg* бебе
hr beba; *f-u:* *ma* baba *su* vauva; *n. g.:*
tr bebek. *min. 14/490*

béber *m* ZOOL Ⓝ Biber *m*
<prim>. *ger:* *de* Biber *en* beaver *nl* bever
sv bäver *no* bever *da* bæver; *sla:* *pl* bóbr
ce bobr *sk* bobor *ru* бобр *uk* бобер
be бабёр *bg* бобър *sl* bober; *bal:*
lt bebras *lv* bebrs; *gal:* *ga* bébhar.
min. 17/375

begịn *m* Ⓝ Anfang *m*; Beginn *m*
gen ~ne <ang>. *ger:* *de* Beginn
en beginning *nl* begin *sv* början
no begynnelse *da* begyndelse *is* byrjun.
min. 7/193

begịnnen *c-* Ⓥ beginnen; anfangen
pret: begạnn-, ppp: begọnnen <prim>. *ger:*
de beginnen *en* begin *nl* beginnen
sv begynna *no* begynne *da* begynde; *sla:*
pl (poczynać) *sk* začínať *ru* начинать.
min. 9/318

bél Ⓐ weiß
<prim>. *rom:* *fr* (pâle) *es* (pálido); *ger:*
de (bleich) *en* (pale); *sla:* *pl* biał◊ *ce* bíl◊
sk biel◊ *ru* бел◊ *be* бéл◊ *bg* бял◊ *sl* bel◊

mk бел◊; *bal:* *lt* balt◊ *lv* balt◊.
min. 14/424

belaŗus *m* N Weißrusse *m*
<ethno>. *sla:* *be* беларус.

Belaŗus' *f* N Weißrussland *n*
<ethno>. *sla:* *be* Беларусь.

belaŗusk A weißrussisch
<ethno>. *sla:* *be* беларуск◊.

belaŗuska *f* N Weißrussin *f*
<ethno>. *sla:* *be* беларуска.

Belaŗuski N Weißrussisch *(,~e*
  Sprache)
<ethno>. *sla:* *be* беларускі.

belgh *m* N Belgier (nl) *m*
=↑beljh (1m). <ethno>. *ger:* *nl* Belg.

Bęlghie *m* N Belgien (nl) *n*
=↑Beljhiqe: La ~. <ethno>. *ger:*
nl België.

bęlghis A belgisch (nl)
=↑beljh (2). <ethno>. *ger:* *nl* Belgisch.

bęlghisse *f* N Belgierin (nl) *f*
=↑beljh (1f). <ethno>. *ger:* *nl* Belgische.

beljh (1f) *f* N Belgierin (fr) *f*
=↑belghisse. <ethno>. *n. g.∴*

beljh (1m) *m* N Belgier (fr) *m*
=↑belgh. <ethno>. *n. g.∴*

beljh (2) A belgisch (fr)
=↑belghis. <ethno>. *n. g.∴*

Beljhiqe: La ~ *f* N Belgien (fr) *n*
=↑Belghie. <ethno>. *n. g.∴*

bes- ↑*bez*

besplátno adv gratis
<cont>. *sla:* *ru* бесплатно *be* бясплатна
bg безплатн◊ *hr* besplatno *sr* бесплатно.
min. 5/112

bęstia *f* N Bestie *f*
<prim>. *rom:* *fr* bête *it* bestia *es* bestia
pt besta *ca* bèstia; *ger:* *de* Bestie *en* beast
nl beest; *sla:* *pl* bestia *ru* бестия.
min. 10/464

bętter A besser
<ang>. *ger:* *de* besser *en* better *nl* beter
sv bättre *da* bedre *is* betri; *gal:* *ga* fearr.
min. 7/189

bez pr ohne
+gen. <cont>. *sla:* *pl* bez *ce* bez *sk* bez
sb bjez *ru* без *uk* без *be* без *bg* без
hr bez *sr* без *sl* bez *mk* без; *bal:* *lt* bez
lv be. *min. 14/196*

bịathlon *n* N Biathlon *n*
<prim>. *rom:* *fr* biathlon *it* biathlon
es biatlón *ro* biatlon *pt* biathlon *ca* biatló;
ger: *de* Biathlon *en* biathlon *nl* biathlon;
sla: *pl* biathlon *ce* biatlon *sk* biatlon
ru биатлон *uk* біатлон *be* біятлон
bg биатлон *hr* biatlon *sr* биатлон
sl biatlon *mk* биатлон; *bal:* *lt* biatlonas;
n. g.: *el* δίαθλο, *ek* biatloia, *mt* biathlon,
sh biatlon, *tr* biatlon. *min. 26/576*

bịblia *f* N Bibel *f*
<prim>. *rom:* *fr* bible *it* bibbia *es* biblia
ro biblie *pt* bíblia *ca* bíblia; *ger:* *de* Bibel
en bible *nl* bijbel *sv* bibel *no* bibel
da bibel *is* biblía; *sla:* *pl* biblia *sk* biblie
ru библия *uk* біблія *be* біблія *bg* библия
hr biblija *sr* библија *mk* библијата; *f-u:*
ma biblia *et* piibel; *bal:* *lt* biblija
lv bībele; *gal:* *cy* beibl *ga* bíobla; *n. g.:*
ek biblia, *mt* bibbja, *sh* bibël. *min. 31/582*

bibliothéké *f* N Bibliothek *f*
<prim>. *rom:* *fr* bibliothèque *it* biblioteca
es biblioteca *ro* bibliotecă *pt* biblioteca
ca biblioteca; *ger:* *de* Bibliothek
nl bibliotheek *sv* bibliotek *no* bibliotek
da bibliotek; *sla:* *pl* biblioteka
ru библиотека *uk* бібліотека
be бібліятэка *bg* библиотека
sr библиотека *mk* библиотека; *bal:*
lt biblioteka *lv* bibliotēka; *n. g.:*
el βιβλιοθήκη, *sh* bibliotekë. *min. 22/509*

biden *c-* CMRC V bieten
<ang>. *ger:* *de* bieten *en* bid *nl* bieden
lb bidden *sv* bjuda *no* by *da* byde *is* bjóða.
min. 8/194

bier *m* N Bier *n*
<prim>. *rom:* *fr* bière *it* birra *ro* bere;
ger: *de* Bier *en* beer *nl* bier *is* bjór; *sla:*
ce pivo *be* піва *bg* бира; *gal:* *br* bier
ga bloir; *n. g.:* *el* μπίρα, *mt* birra, *tr* bira.
min. 16/358

bilateral A bilateral
adv: ~no <prim>. *rom:* *fr* bilatéral
it bilaterale *es* bilateral *ro* bilateral
pt bilateral *ca* bilateral; *ger:* *de* bilateral
en bilateral *nl* bilaterale *sv* bilaterala
no bilateral *da* bilateral; *sla:*
ce bilateráln◊ *sk* bilateráln◊
bg билатерален *hr* bilateraln◊
sr билатералн◊ *mk* билателарн◊; *n. g.:*
mt bilaterali. *min. 19/421*

bilinguisme *m* N Bilingualismus *m*
<prim>. *rom:* *fr* bilinguisme
it bilinguismo *es* bilingüismo *ro* bilingvism
pt bilinguismo *ca* bilingüisme; *ger:*
de Bilingualismus *en* bilingualism; *sla:*
ce bilingvismus *sk* bilingvizmus
ru билингвизм *uk* білінгвізм
be білінгвізм *bg* билингвизъм; *n. g.:*
mt bilingwiżmu. *min. 15/479*

biljet *m* N Fahrschein *m*; Fahrkarte *f*;
Ticket *n*
gen: ~te <prim>. *rom:* *fr* billet *it* biglietto
es billete *ro* bilet *pt* bilhete *ca* bitllet; *ger:*
nl biljet *lb* Billjee *sv* biljett *no* billett
da billet; *sla:* *pl* bilet *ru* билет *uk* білет
be білет *bg* билет *mk* билет; *f-u:* *et* pilet;
bal: *lt* bilietas *lv* biļete; *gal:* *br* bilhed;
n. g.: *sh* biletë, *tr* bilet. *min. 24/401*

bín V sein
conj: sam, sis, es, som, sít, son <ang>.
rom: *ro* fi; *ger:* *de* (bin, bist) *en* be; *sla:*
pl być *ce* být *sk* byť *sb* być *ru* быть
uk бути *be* быць *hr* biti *sr* бити *sl* biti;
bal: *lv* būt; *gal:* *br* bazañ *ga* bí.
min. 16/356

binár A binär
adv: ~no <prim>. *rom:* *fr* binaire
it binari◊ *es* binari◊ *ro* binar *pt* binári◊
ca binari◊; *ger:* *de* binär *en* binary
nl binair *sv* binär *no* binære *da* binær;
sla: *ru* бинарн◊ *bg* бинарн◊ *hr* binarn◊
sr бинарн◊ *sl* binarn◊ *mk* бинарн◊; *f-u:*
su binaarinen *et* binaarne; *bal:* *lv* binär◊;
n. g.: *ek* bitarra, *mt* binarja. *min. 23/497*

biografia *f* N Biografie *f*
<prim>. *rom:* *fr* biographie *it* biografia
es biografia *ro* biografie *pt* biografia
ca biografia; *ger:* *de* Biografie
en biography *nl* biografie *sv* biografi
no biografi *da* biografi; *sla:* *pl* biografia
ru биография *uk* біографія *be* біяграфія
bg биография *sr* биографија
mk биографија; *bal:* *lt* biografija
lv biogrāfija; *gal:* *cy* bywgraffiad; *n. g.:*
el βιογραφία, *ek* biografia, *mt* bijografija,
sh biografi, *tr* biyografi. *min. 27/576*

biografic A biografisch
adv: ~no <prim>. *rom:* *fr* biographique
it biografic◊ *es* biográfic◊ *ro* biografic
pt biográfic◊ *ca* biogràfic◊); *ger:*

65

de biografisch *en* biographic *nl* biografisch
sv biografisk *no* biografisk *da* biografisk;
sla: *pl* biograficzn◊ *ru* биографическ◊
uk біографічн◊ *be* біяграфічн◊
bg биографичн◊ *hr* biografsk◊
sr биографск◊ *sl* biografsk◊
mk биографск◊; *f-u:* *et* biograafilist; *bal:*
lt biografin◊ *lv* biogrāfisk◊; *gal:*
cy bywgraffyddol; *n. g.:* *el* βιογραφικ◊,
ek biografiko, *mt* bijografika,
sh biografik◊, *tr* biyografik. *min. 30/583*

biologia *f* Ⓝ Biologie *f*
<prim>. *rom:* *fr* biologie *it* biologia
es biología *ro* biologie *pt* biologia
ca biologia; *ger:* *de* Biologie *en* biology
nl biologie *sv* biologi *no* biologi
da biologi; *sla:* *pl* biologia *ce* biologie
sk biológia *ru* биология *uk* біологія
be біялогія *bg* биология *hr* biologija
sr биологија *sl* biologija *mk* биологија;
f-u: *ma* biológia *su* biologia *et* bioloogia;
bal: *lt* biologija *lv* bioloģija; *gal:*
cy bioleg *ga* bitheolaíocht; *n. g.:*
el βιολογία, *ek* biologia, *mt* bijoloģija,
sh biologji, *tr* biyoloji. *min. 35/615*

biologic Ⓐ biologisch
comp: -cer [ts], adv: ~no <prim>. *rom:*
fr biologique *it* biologic◊ *es* biológic◊
ro biologic *pt* biológic◊ *ca* biològic◊; *ger:*
de biologisch *en* biological *nl* biologisch
sv biologisk *no* biologisk *da* biologiske;
sla: *pl* biologiczn◊ *ce* biologick◊
sk biologick◊ *ru* биологическ◊
uk біологічн◊ *be* біялагічн◊
bg биологичн◊ *hr* biološki *sr* биолошк◊
sl biološk◊ *mk* биолошк◊; *f-u:*
ma biológiai *su* biologinen *et* bioloogiline;
bal: *lt* biologin◊ *lv* bioloģisk◊; *gal:*
cy biolegol *ga* bitheolaíochta; *n. g.:*
el βιολογικ◊, *ek* biologikoa, *mt* bijoloģiċi,
sh biologjik◊, *tr* biyolojik. *min. 35/615*

biometria *f* Ⓝ Biometrie *f*
<prim>. *rom:* *fr* biométrie *it* biometria
es biometría *ro* biometria *pt* biometria
ca biometria; *ger:* *de* Biometrie
en biometrics *nl* biometrie *sv* biometri
no biometri *da* biometri; *sla:* *pl* biometria
ce biometrie *sk* biometria *ru* биометрия
uk біометрія *be* біяметрыя
bg биометричн◊ *hr* biometrika
sr биометрија *sl* biometrija
mk биометрика; *f-u:* *ma* biometria
su biometriikka *et* biomeetria; *bal:*
lt biometrija *lv* biometrija; *gal:*
cy biometreg *ga* bithmhéadracht; *n. g.:*
el βιομετρικά, *ek* biometrics,
mt bijometriċi, *sh* biometrike, *tr* biyometri.
min. 35/615

biorythme *m* Ⓝ Biorhythmus *m*
<prim>. *rom:* *fr* biorythme *it* bioritmo
es biorritmo *ro* bioritm *pt* biorritmos
ca bioritme; *ger:* *de* Biorhythmus
en biorhythm *nl* bioritmus *sv* biorytmus
da biorytmus; *sla:* *pl* biorytmy *ce* biorytm
sk biorytm *ru* биоритм *be* біярытм
bg биоритъм; *f-u:* *ma* bioritmus
su biorytmi *et* biorütmi; *n. g.:*
el βιορυθμός. *min. 21/562*

biotop *m* Ⓝ Biotop *n*
<prim>. *rom:* *fr* biotope *it* biotopo
es biotopo *ro* biotop *pt* biótopo *ca* biòtop;
ger: *de* Biotop *en* biotope *nl* biotoop
sv biotop *no* biotop *da* biotop; *sla:*
pl biotop *ce* biotop *sk* biotop *ru* биотоп
uk біотоп *be* біятоп *bg* биотоп *hr* biotop
sr биотоп *sl* biotop *mk* биотоп; *f-u:*
su biotooppi *et* biotoopi; *bal:* *lt* biotopai
lv biotops; *gal:* *cy* biotop; *n. g.:*
el βιότοπος, *ek* biotopo, *mt* bijotopi,
tr biyotop. *min. 32/603*

biskop *m* Ⓝ Bischof *m*
<prim>. *rom:* *fr* évêque *it* vescovo
es obispo *ro* episcop *pt* bispo *ca* bisbe;

ger: de Bischof *en* bishop *nl* bisschop
sv biskop *no* biskop *da* biskop *is* biskup;
sla: *pl* biskup *ce* biskup *sk* biskup
ru епископ *uk* єпископ *be* біскуп
hr biskup *sr* епископ; *f-u:* *ma* püspök
su piispa *et* piiskop; *bal:* *lt* vyskupas
lv bīskaps; *gal:* *cy* esgob *ga* easpag;
n. g.: *el* επίσκοπος, *ek* apezpiku, *mt* isqof,
sh peshkop, *tr* piskopos. *min. 33/602*

bison *n* ZOOL Ⓝ Bison *m*
<prim>. *rom:* *fr* bison *it* bisonte
es bisonte *ro* bizon *pt* bisão *ca* bisó; *ger:*
de Bison *en* bison *nl* bizon *sv* bison
no bison *da* bison *is* bison; *sla:* *pl* bizon
ce bizon *sk* bizón *ru* бизон *uk* бізон
be бізон *bg* бизон *hr* bizon *sr* бизон
sl bizon *mk* бизон; *f-u:* *su* biisoni
et piison; *bal:* *lv* bizons; *gal:* *ga* bíosún;
n. g.: *el* βίσονες. *min. 29/593*

bit *m* Ⓝ Biss *m*
gen: ~te <ang>. *ger:* de Biss *en* bit
nl beet *lb* Bëss *sv* bett *no* bitt *da* bid
is biti. *min. 8/194*

bité *f* ZOOL Ⓝ Biene *f*
<prim>. *ger:* de Biene *en* bee *nl* bij *sv* bi
no bie *da* bi *is* bí; *bal:* *lt* bitė *lv* bite;
gal: *ga* beach; *n. g.:* *sh* bletë. *min. 11/199*

biten *c-* Ⓥ beißen
<ang>. *ger:* de beißen *en* bite *nl* bijten
lb bäissen *sv* bita *no* bite *da* bide *is* bíta
fo bíta. *min. 9/194*

bitter Ⓐ bitter
<ang>. *ger:* de bitter *en* bitter *da* bitter
is beiskur. *min. 4/158*

bitumen *n* Ⓝ Bitumen *n*
<prim>. *rom:* *fr* bitume *it* bitume
es betún *ro* bitum *pt* betume *ca* betum;
ger: de Bitumen *en* bitumen *nl* asfalt
sv bitumen *no* bitumen *da* bitumen; *sla:*
pl bitum *ce* živice *ru* битум *uk* бітум

be бітум *bg* битум *hr* bitumen *sr* битумен
sl bitumen *mk* битумен; *f-u:* *ma* bitumen
su bitumi *et* bituumen; *bal:* *lt* bitumas
lv bitumens; *gal:* *cy* bitwmen
ga biotúman; *n. g.:* *el* πίσσα, *ek* betun,
mt bitum, *sh* bitum, *tr* bitüm. *min. 34/610*

biznessmaen *m* Ⓝ Geschäftsmann *m*
<prim>. *ger:* *en* businessman; *sla:*
pl biznesmen *ru* бизнесмен *uk* бізнесмен
be бізнесмен *bg* бизнесмен *hr* biznismen
sr бизнисмен *mk* бизнисмен; *bal:*
lv biznesmenis; *gal:* *cy* busnes; *n. g.:*
sh biznesmen. *min. 12/236*

blád Ⓐ blass
<prim>. *rom:* *fr* pâle *it* pallid◊ *es* pálid◊
ro palid *pt* pálid◊; *ger:* de blass *en* pale
nl bleek *sv* blek *da* blegt; *sla:* *pl* blad◊
ce bled◊ *sk* blad◊ *ru* бледн◊ *bg* блед◊
hr bled◊ *sr* блед◊ *mk* блед◊; *bal:* *lv* bāl◊.
min. 19/534

blanchéren *c-* Ⓥ blanchieren
<prim>. *rom:* *fr* blanchir *es* blanquear
pt branquear; *ger:* de blanchieren
en blanch *nl* blancheren *sv* blanchera
no blanchere *da* blanchere; *sla:*
ru бланшировать *uk* бланшувати
be бланшыраваць *bg* бланширам
hr blanširati. *min. 14/432*

blasé *f* ANAT Ⓝ Blase *f*
<ang>. *ger:* de Blase *en* bladder *nl* blaas
sv blåsa *no* blære *da* blære *is* blaðra.
min. 7/193

blau Ⓐ blau
<prim>. *rom:* *fr* bleu *it* blu *ca* blau; *ger:*
de blau *en* blue *nl* blauw *sv* blå *no* blå
da blå *is* blár; *sla:* *pl* płow◊ *hr* plav◊;
n. g.: *mt* blu. *min. 13/357*

blind Ⓐ blind
adv: ~o <ang>. *ger:* de blind *en* blind
da blind *is* blindur. *min. 4/158*

bloc *m* N Block *m*

gen: ~ke <prim>. *rom:* *fr* bloc *it* blocco
ro bloc *ca* bloc; *ger:* *de* Block *en* block
da block; *sla:* *pl* blok *ce* blok *ru* блок
be блок *bg* блок *hr* blok; *f-u:* *su* lohko;
gal: *br* bloc'h; *n. g.:* *mt* blokk, *tr* blok.
min. 17/461

blockéren *c-* V blockieren

<prim>. *rom:* *fr* bloquer *it* bloccare
es bloquear *ro* bloca *ca* blocar; *ger:*
de blockieren *da* blok; *sla:* *pl* blokować
ce blokovat *ru* блокировать *be* блокаваць
bg блокирам *hr* blokirati; *f-u:*
ma blokkálni *su* lukkiutua; *n. g.:*
mt -blokka, *tr* (blok). *min. 17/453*

blód *m* N Blut *n*

<ang>. *ger:* *de* Blut *en* blood *nl* bloed
sv blod *no* blod *da* blod *is* blóð.
min. 7/193

blókha *f* ZOOL N Floh *m*

<prim>. *rom:* *fr* puce *it* pulce *es* pulga
ro purice *pt* pulga *ca* puça; *ger:* *de* Floh
en flea *nl* vlo *is* fló; *sla:* *pl* pchła
ce blecha *sk* blcha *ru* блоха *uk* блоха
be блыха *bg* бълха *hr* buha *sr* бува
sl bolha *mk* болвата; *f-u:* *ma* bolha; *bal:*
lt blusa *lv* blusa; *n. g.:* *el* ψύλλος,
sh plesht. *min. 26/584*

boa *f* ZOOL N Boa

<prim>. *comun* ±boa/боа: *rom:* *fr; it, es,*
ro, pt, ca; *ger:* *de, en, nl, sv, no, da, is;*
sla: *pl, ce, sk, bg, hr, sr, sl, mk;* *f-u:* *ma,*
su, et; *bal:* *lv;* *gal:* *cy, ga;* *n. g.:* *el, ek,*
mt, sh, tr. min. 32/502

bóg *m* N Bogen *m*

<ang>. *ger:* *de* Bogen *en* bow *nl* boog
lb Bou *sv* båge *no* boge *da* bue *is* bogi.
min. 8/194

Bolgárija *f* N Bulgarien *n*

<ethno>. *sla:* *bg* България.

bolgarín *m* N Bulgare *m*

<ethno>. *sla:* *bg* българин.

bolgarka *f* N Bulgarin *f*

<ethno>. *sla:* *bg* българка.

bolgarsk A bulgarisch

<ethno>. *sla:* *bg* българск◊.

Bolgarski *m* N Bulgarisch *(,~e Sprache)*

<ethno>. *sla:* *bg* български.

bombardëment *m* N Bombardement *n*

<prim>. *rom:* *fr* bombardement
it bombardamento *es* bombardeo
ro bombardament *pt* bombardeamento
ca bombardeig; *ger:* *de* Bombardement
en bombardment *nl* bombardement
sv bombardemang *no* bombardement
da bombardement; *sla:* *pl* bombardowanie
ce bombardování *sk* bombardovanie
ru бомбардировка *uk* бомбардування
be бамбаванне *bg* бомбардиране
hr bombardovanje *sr* бомбардовање
mk бомбардирање; *f-u:* *ma* bombázás
su pommitus *et* pommitus; *bal:*
lt bombardavimas *lv* bombardēšana; *gal:*
ga bombardú; *n. g.:* *el* βομβαρδισμός,
ek bonbardaketa, *mt* bumbardament,
sh bombardim, *tr* bombardıman.
min. 33/613

bonbon *n* N Bonbon *n*

<prim>. *rom:* *fr* bonbon *ro* bomboane;
ger: *de* Bonbon; *sla:* *ce* bonbón
ru бонбоньерка *bg* бонбон *hr* bombon
sr бомбона *mk* бонбони. *min. 9/294*

bonus *m* N Bonus *m*

<prim>. *rom:* *pt* bônus; *ger:* *de* Bonus
en bonus *nl* bonus *sv* bonus *no* bonus
da bonus *is* bónus; *sla:* *ru* бонус
uk бонус *be* бонус *bg* бонус *hr* bonus
sr бонус *sl* bonus *mk* бонус; *f-u:*
su bonus *et* boonus; *gal:* *cy* bonws
ga bónas. *min. 20/345*

bọrsuk *m* ZOOL $\boxed{N}$ Dachs *m*
<prim>. *rom:* ro bursuc; *sla:* pl borsuk
ru барсук *uk* борсук *be* барсук
bg борсук; *f-u:* ma borz; *bal:*
lt barsukas; *gal:* ga broc; *n. g.:*
tr porsuk. *min. 10/200*

bosạnac' *m* $\boxed{N}$ Bosnier *m*
<ethno>. *sla:* hr bosanac.

bọsanka *f* $\boxed{N}$ Bosnierin *f*
<ethno>. *sla:* hr bosanka.

bọsansk $\boxed{A}$ bosnisch
<ethno>. *sla:* hr bosansk◊.

Bọsna *f* $\boxed{N}$ Bosnien *n*
<ethno>. *sla:* hr Bosna.

brạn $\boxed{V}$ nehmen
<cont>. *sla:* pl brać *ru* брать *hr* (brati).
min. 3/124

breviạr *m* RELIG $\boxed{N}$ Brevier *n*
<prim>. *rom:* fr bréviaire *it* breviario
es breviario *ro* breviar *pt* breviário
ca breviari; *ger:* de Brevier *en* breviary
nl brevier *sv* breviarium *no* breviaret
da breviar; *sla:* pl brewiarz *ce* breviář
sk breviár; *f-u:* et breviaari; *bal:*
lt brewiarz. *min. 17/442*

Brezọneg *m* $\boxed{N}$ Bretonisch *(,~e*
  Sprache)
<ethno>. *gal:* br Brezhoneg.

briljạnt *m* $\boxed{A}$ brillant
adv: ~o <prim>. *rom:* fr brillant
it brillante *es* brillante *pt* brilhante
ca brillant◊; *ger:* de brillant *en* brilliant
nl briljant; *sla:* ce brilantn◊ *sk* brilantn◊
bg брилянтн◊ *hr* briljantn◊ *sr* бриљантн◊
sl briljantn◊ *mk* брилијантн◊; *n. g.:*
mt brillanti. *min. 16/385*

brịngen *c-* $\boxed{V}$ bringen
pret: braght-, ppp: braght <ang>. *ger:*
de bringen *en* bring *da* bringe; *sla:*
pl przynieść. *min. 4/198*

brit (f) *f* $\boxed{N}$ Britin *f*
<ethno>. *ger:* en Brit.

brit (m) *m* $\boxed{N}$ Brite *m*
<ethno>. *ger:* en Brit.

Brịten: Grẹit ~ $\boxed{N}$ Groß Britannien *N*
<ethno>. *ger:* en Great Britain.

brịtish $\boxed{A}$ britisch
<ethno>. *ger:* en british.

brịtva *f* $\boxed{N}$ Rasierapparat *n*
<prim>. *rom:* ro brici; *sla:* pl brzytwa
ce břitva *sk* britva *sb* (britej) *ru* брытва
uk бритва *be* брытва *bg* бръснач *hr* britva
sr бријач *sl* britva *mk* брич; *f-u:*
ma borotva; *n. g.:* sh brisk. *min. 15/223*

brjeg *m* $\boxed{N}$ Ufer *n*
<prim>. *sla:* pl brzeg *sk* breh *sb* brjóh
ru берег *bg* бряг *hr* (brijeg); *gal:*
ga bruach; *n. g.:* sh breg. *min. 8/139*

bród *m* $\boxed{N}$ Brot (2) *n*
<ang>. *ger:* de Brot *en* bread *nl* brood
sv bröd *no* brød *is* brauð; *sla:* bg брод.
min. 7/200

brọder *m* $\boxed{N}$ Bruder *m*
<ang>. *rom:* fr frère *it* fratello *ro* frate;
ger: de Bruder *en* brother *is* bróðir; *sla:*
pl brat *ce* bratr *ru* брат *be* брат *bg* брат
hr brat; *f-u:* su veli. *min. 13/449*

broest *m* $\boxed{N}$ Brust *f*
<ang>. *ger:* de Brust *en* breast *nl* borst
lb Broscht *fs* boarst *sv* bröst *no* bryst
da bryst *is* brjóst *fo* bróst. *min. 10/194*

brów, ọcbrów *m* $\boxed{N}$ Augenbraue *f*;
  Braue *f*

<prim>. _ger:_ _de_ Augenbraue _en_ eyebrow
_nl_ wenkbrauw _sv_ ögonbryn _no_ øyebrun
_da_ øjenbryn _is_ augabrún; _sla:_ _pl_ brew
_ru_ бровь _be_ брыво _hr_ obrva _sl_ obrv; _bal:_
_lt_ bruvis; _gal:_ _ga_ braoi; _n. g.:_ _el_ φρύδι.
min. 15/344

brún A braun

<prim>. _rom:_ _fr_ brun _it_ brun◊ _ro_ brun;
ger: _de_ braun _en_ brown _nl_ bruin _lb_ brong
_fs_ brún _sv_ brun _no_ brun _da_ brun _is_ brúnn
_fo_ brúnur; _f-u:_ _ma_ barna _et_ pruun; _bal:_
_lv_ brūn◊. _min. 16/344_

brutạl A brutal

comp: -aler, adv: -ạlno <prim>. _rom:_
_fr_ brutal _it_ brutale _es_ brutal _ro_ brutal
_pt_ brutal _ca_ brutal; _ger:_ _de_ brutal
_en_ brutal _nl_ brutaal _sv_ brutala _no_ brutal
_da_ brutal; _sla:_ _pl_ brutaln◊ _ce_ brutáln◊
_sk_ brutáln◊ _ru_ брутальн◊ _bg_ бруталн◊
_hr_ brutaln◊ _sr_ бруталн◊ _sl_ brutaln◊
_mk_ бруталн◊; _f-u:_ _ma_ brutális
_et_ brutaalne; _bal:_ _lv_ brutāl◊; _n. g.:_
_mt_ brutali. _min. 25/558_

brụtto n N Brutto n

<prim>. _rom:_ _fr_ brut _it_ (brutto) _es_ bruto
_ro_ brut _pt_ bruto _ca_ brut; _ger:_ _de_ Brutto
_nl_ bruto _no_ brutto; _sla:_ _pl_ brutto
_ru_ брутто _bg_ брутн◊ _hr_ bruto _sr_ бруто
_sl_ bruto _mk_ бруто; _f-u:_ _ma_ bruttó
_su_ brutto _et_ bruto-; _bal:_ _lt_ bruto _lv_ bruto;
_n. g.:_ _sh_ bruto, _tr_ brüt. _min. 23/483_

bụden c+ V werden (2) _(Futur-_
Hilfsberb)

<cont>. _sla:_
_pl_ będ- _ce_ bed- _sk_ bud- _sb_ budźe(-)
_ru_ буд- _uk_ буд- _be_ буд- _bg_ бъд- _hr_ bude(-)
_sr_ буде(-) _sl_ bod- _mk_ буд-. _min. 12/191_

buerọ n N Büro (1) n _(Zimmer)_

<prim>. _rom:_ _fr_ bureau _ro_ birou; _ger:_
_de_ Büro _en_ bureau _nl_ bureau _sv_ byrå
_no_ byrå; _sla:_ _pl_ biuro _ce_ byro _sb_ běrow

_ru_ бюро _bg_ бюро _sr_ biro; _f-u:_ _et_ büroo;
bal: _lt_ bjuras _lv_ birojs; _gal:_ _br_ burev.
min. 17/430

buerokratịa f N Bürokratie f

<prim>. _rom:_ _fr_ bureaucratie _it_ burocrazia
_es_ burocracia _ro_ birocraţie _pt_ burocracia
_ca_ burocràcia; _ger:_ _de_ Bürokratie
_en_ bureaucracy _nl_ bureaucratie _sv_ byråkrati
_no_ byråkrati _da_ bureaukrati; _sla:_
_pl_ biurokracja _ce_ byrokracie _sk_ byrokracia
_ru_ бюрократия _uk_ бюрократія
_be_ бюракратыя _bg_ бюрокрация
_hr_ birokratija _sr_ бирократија _sl_ birokracija
_mk_ бирократија; _f-u:_ _ma_ bürokrácia
_su_ byrokratia _et_ bürokraatia; _bal:_
_lt_ biurokratija _lv_ birokrātija; _n. g.:_
_el_ "γραφειοκρατία", _ek_ burokrazia,
_mt_ burokrazija, _sh_ burokraci, _tr_ bürokrasi.
min. 33/614

buk m вот N Buche f

<prim>. _ger:_ _de_ Buche _en_ beech _nl_ beuk
_lb_ Bich _fs_ boeke _sv_ bok _no_ bok _da_ bøg
_is_ beyki _fo_ bók; _sla:_ _pl_ buk _ce_ buk _sk_ buk
_ru_ бук _bg_ бук _mk_ бук; _f-u:_ _ma_ bükk
_et_ pöök. _min. 18/354_

búk m N Buch n

<ang>. _ger:_ _de_ Buch _en_ book _nl_ boek
_lb_ Buch _fs_ boek _sv_ bok _no_ bok _da_ bog
_is_ bók _fo_ bók. _min. 10/194_

bụrsté f N Bürste f

<prim>. _rom:_ _fr_ brosse _es_ brocha
_ro_ periuţă _ca_ brossa; _ger:_ _de_ Bürste
_en_ brush _nl_ borstel _lb_ Biischt _sv_ borste
_no_ børste _da_ børst _is_ bursti _fo_ bust; _gal:_
_cy_ brws _br_ broust; _n. g.:_ _el_ βούρτσα,
_sh_ furçë, _tr_ firça. _min. 18/340_

butẹljé f N Flasche f

gen: -lje <prim>. _rom:_ _fr_ buteille
_it_ bottiglia _es_ botella _ro_ butelie _ca_ botella;
ger: _de_ buddel {reg} _en_ bottle _nl_ (bottelen)
_sv_ butelj; _sla:_ _pl_ butelka _ru_ бутылка

be бутэлька *bg* бутилка; *f-u:* *su* pullo
et pudel; *bal:* *lt* butelis *lv* pudele; *gal:*
cy potel *br* boutailh *ga* botul *gd* botul
gv boteil(aghey); *n. g.:* *el* μποτιλιά,
ek botila. *min.* 24/529

butter *m* N Butter *f*
<prim>. *rom:* *fr* beurre *it* burro; *ger:*
de Butter *en* butter *nl* boter; *sla:* *sr* путер
mk путер; *n. g.:* *el* βούτυρο, *mt* butir.
min. 9/312

byster A schnell
adv: -stro <cont>. *rom:* *fr* (bistro); *sla:*
pl bystr◊ *ce* bystr◊ *sk* bystr◊ *ru* быстр◊
hr brz◊. *min.* 6/204

cabina *f* N Kabine *f*
<prim>. *rom:* *fr* cabine *it* cabina
es cabina *ro* cabină *pt* cabine *ca* cabina;
ger: *de* Kabine *en* cabin *nl* cabine; *sla:*
pl kabina *ce* kabina *sk* kabína *ru* кабина
uk кабіна *be* кабіна *bg* кабина *hr* kabina
sr кабина *sl* kabina *mk* кабина; *f-u:*
ma kabin *et* kabiin; *bal:* *lv* kabīne; *gal:*
ga cábáin; *n. g.:* *el* καμπίνα, *mt* kabina,
sh kabinë, *tr* kabin. *min.* 28/588

cád A jede(-r/-s)
<prim>. *rom:* *fr* chaque *it* ciasc(un◊)
es cada *ca* cada; *sla:* *pl* każd◊ *ce* każd◊
sb kóżd◊ *ru* кажд◊; *f-u:* *su* kukin; *bal:*
lv kas; *gal:* *ga* gach; *n. g.:* *el* κάθε.
min. 12/308

café (1) *m* N Kaffee *m*
<prim>. *rom:* *fr* café *it* caffè *es* café
ro cafea *pt* café *ca* cafè; *ger:* *de* Kaffee
en coffie *nl* koffie *lb* kaffi *da* kaffe
is kaffi; *sla:* *pl* kawa *ce* káva *ru* кафе
be кава *bg* кафе *hr* kava *sl* kofej; *f-u:*
ma kávé *su* kahvi; *gal:* *br* kafe *ga* caife;
n. g.: *el* καφές, *mt* kafè, *tr* kahve.
min. 27/557

café (2) *m!* N Café *n*
<prim>. *rom:* *fr* café *it* caffè *es* café
ro cafe *pt* café *ca* cafè; *ger:* *de* Café
en café *nl* café *sv* café *no* café *da* café;
sla: *pl* kawiarnia *ce* kavárna *ru* кафе
be кафэ *bg* kávézó *hr* kafić *sl* kofejownja;
f-u: *ma* kávézó *su* kahvila; *gal:* *br* kafedi;
n. g.: *el* καφενείον, *mt* café, *tr* kahvehane.
min. 26/572

caféteria *f* N cafeteria *f*
<prim>. *rom:* *fr* cafétéria *it* caffetteria
es cafetería *pt* cafeteria *ca* cafeteria; *ger:*
de cafeteria *en* cafeteria *nl* cafetaria
sv cafeteria *no* kafeteria *da* cafeteria; *sla:*
pl kafeteria *ru* кафетерий *uk* кафетерій
be кафэтэрый *bg* кафетария *hr* kafeterija
sr кафетерија *mk* кафетерија; *f-u:*
su kahvio; *bal:* *lv* kafetērija; *gal:*
cy caffeteria *ga* caifitéire; *n. g.:*
el καφετέρια, *ek* kafetegi, *mt* kafetterija,
tr kafeterya. *min.* 27/562

calculation *f* N Kalkulation *f*
[ts] gen: -one <prim>. *rom:* *fr* calculation
it calcolo *es* calculación *ro* calculație
pt calculação *ca* calculació; *ger:*
de Kalkulation *en* calculation *nl* calculatie
sv kalkulation *no* kalkulasjon; *sla:*
pl kalkulacja *ce* kalkulace *sk* kalkulace
ru калькуляция *bg* калкулация
hr kalkulacija *sr* калкулација *sl* kalkulacija
mk калкулација; *f-u:* *ma* kalkuláció; *bal:*
lt kalkulacija; *n. g.:* *mt* kalkolu,
tr kalkülasyon. *min.* 24/560

calculéren *c-* V kalkulieren; berechnen
<prim>. *rom:* *fr* calculer *it* calcolare
es calcular *ro* calcula *ca* calcular; *ger:*
de kalkulieren *en* calculate; *sla:*
pl kalkulować *ru* калькулировать
bg калкулирам; *n. g.:* *mt* -kalkula.
min. 11/464

calendár *m* Ⓝ Kalender *m*

<prim>. *rom:* *fr* calendaire *it* calendario
es calendario *ro* calendar *ca* calendari;
ger: *de* Kalender *en* calendar *da* kalender;
sla: *pl* kalendarz *ce* kalendář *ru* календарь
be каляндар *bg* календар *hr* kalendar;
f-u: *su* kalenteri; *gal:* *br* kalender
ga cailendar; *n. g.:* *mt* kalendarju.
min. 18/496

caloria *f* Ⓝ Kalorie *f*

<prim>. *rom:* *fr* caloric *it* caloria
es caloría *pt* caloria *ca* caloria; *ger:*
de Kalorie *en* calorie *sv* kalori *no* kalori
is kaloría; *sla:* *pl* kaloria *ce* kalorie
sk kalórie *ru* калория *uk* калорія
be калорыя *bg* калория *hr* kalorija
sr калорија *mk* калории; *f-u:* *ma* kalória
su kalori *et* kalor; *bal:* *lt* kalorija
lv kalorija; *gal:* *cy* calorïau; *n. g.:*
mt kaloriċi, *sh* kalori, *tr* kalori.
min. 29/557

cambje *m* Ⓝ Wechsel *m*

<prim>. *rom:* *fr* change *it* cambio
es cambio *ro* schimb *ca* canvi; *ger:*
en change; *n. g.:* *mt* skambju,
sh shkëmbim. *min. 8/239*

camél *m* ZOOL Ⓝ Kamel *n*

<prim>. *rom:* *fr* chameau *it* cammello
es camello *ro* cămilă *pt* camelo *ca* camell;
ger: *de* Kamel *en* camel *nl* kameel
sv kamel *no* kamel *da* kamel; *sla:*
bg камила *sr* камила *sl* kamele
mk камила; *f-u:* *su* kameli *et* kaamel;
bal: *lv* kamielis; *n. g.:* *el* καμήλα,
mt ġemel. *min. 21/424*

camera (1) *f* Ⓝ Kammer *f*

<prim>. *rom:* *fr* chambre *it* camera
es cámara *ro* cameră *pt* câmara *ca* càmera;
ger: *de* Kammer *en* chamber *nl* kamer
sv kammare *no* kammer *da* kammer; *sla:*
pl komora *ce* komora *ru* камера

be камера *hr* komora *sl* komora
mk комора; *f-u:* *ma* kamra *su* kammio;
n. g.: *ek* ganbera, *mt* kamra. *min. 23/548*

camera (2) *f* Ⓝ Kamera *f*

<prim>. *rom:* *fr* caméra *es* cámara
pt câmera *ca* càmera; *ger:* *de* Kamera
en camera *nl* camera *sv* kamera *no* kamera
da kamera; *sla:* *pl* kamera *ce* kamera
ru камера *be* камера *bg* камера
hr kamera *sl* kamera *mk* камера; *f-u:*
ma kamera *su* kamera. *min. 20/486*

camouflájh *m* Ⓝ Camouflage *f*

<prim>. *rom:* *fr* camouflage
it camuffamento *es* camuflaje *ro* camuflaj
pt camuflagem *ca* camuflatge; *ger:*
de Camouflage *en* camouflage
nl camouflage *sv* kamouflage
no kamuflasje; *sla:* *pl* kamuflaż
ru камуфляж *uk* камуфляж *be* камуфляж
bg камуфлаж *hr* kamuflaž *sr* камуфлажа
sl kamuflaž; *f-u:* *et* kamuflaaž; *bal:*
lt kamufliažas; *n. g.:* *el* καμουφλάζ,
tr kamuflaj. *min. 23/574*

campanja *f* Ⓝ Kampagne *f*

[n-j] <prim>. *rom:* *fr* campagne
it campagna *es* campaña *ro* campanie
pt campanha *ca* campanya; *ger:*
de Kampagne *en* campaign *nl* campagne
sv kampanj *no* kampanje *da* kampagne;
sla: *pl* kampania *ce* kampaň *sk* kampaň
ru кампания *uk* кампанія *be* кампанія
bg кампания *hr* kampanja *sr* кампања
mk кампања; *f-u:* *ma* kampány
su kampanja *et* kampaania; *bal:*
lt kampanija *lv* kampaņa; *n. g.:*
el καμπάνια, *ek* kanpaina, *mt* kampanja,
tr kampanya. *min. 31/613*

camping *f* Ⓝ Camping *n*

<prim>. *rom:* *fr* camping *it* campeggio
es cámping *ro* camping *pt* camping
ca campament; *ger:* *de* Camping

en camping *nl* camping *sv* camping
no camping *da* camping; *sla:* *pl* kemping
ce kempování *sk* kempovanie *ru* кемпинг
uk кемпінг *be* кемпінг *bg* къмпинг
hr kampiranje *sr* камповање *sl* kampiranje
mk кампување; *f-u:* *ma* kemping; *bal:*
lv kempings; *n. g.:* *ek* camping,
mt camping, *sh* kamping, *tr* kamp.
min. 29/593

cancellária *f* N̄ Kanzlei *f*; Kanzlerin *f*
<prim>. *rom:* *it* cancellaria *es* cancillería;
ger: *de* Kanzlei *en* chancellery; *sla:*
ce kancelář *sk* kancelária *ru* канцелярия
bg канцелария *sr* канцеларија
mk канцеларија. *min.* 10/360

cancer *m* N̄ Krebs (2) *m*
<prim>. *rom:* *fr* cancer *it* cancro
es cáncer *ro* cancer *pt* câncer *ca* càncer;
ger: *en* cancer *nl* kanker; *sla:* *hr* kancer;
gal: *cy* canser; *n. g.:* *el* καρκίνος,
mt kancer, *sh* kancer, *tr* kanser.
min. 14/291

candidát *m* N̄ Kandidat *m*
<prim>. *rom:* *fr* candidat *it* candidato
es candidato *ro* candidat *pt* candidato
ca candidat; *ger:* *de* Kandidat
en candidate *nl* kandidaat *sv* kandidat
no kandidat *da* kandidat; *sla:* *pl* kandydat
ce kandidát *sk* kandidát *ru* кандидат
uk кандидат *be* кандыдат *bg* кандидат
hr kandidat *sr* кандидат *mk* кандидат;
f-u: *et* kandidaat; *bal:* *lt* kandidatas
lv kandidāts; *n. g.:* *mt* kandidati,
sh kandidat. *min.* 27/578

cap *m* N̄ Kopf *m*; Haupt(-)
<prim>. *rom:* *fr* (chef) *es* cabeza *ro* cap
ca cap; *ger:* *de* Kopf *en* head *nl* kop
sv huvud *no* hoved *is* höfuð; *gal:*
ga ceann; *n. g.:* *el* κεφάλι, *mt* kap,
tr kafa. *min.* 14/337

capen *c+* V̄ kriegen; bekommen (2);
erhalten (3)
<prim>. *rom:* *fr* (re)cevoir *es* (re)cibir;
ger: *de* (kapern) / kapieren; *f-u:* *ma* kapni;
n. g.: *tr* kapmak. *min.* 5/217

capital *m* N̄ Kapital *n*
<prim>. *rom:* *fr* capital *it* capitale
es capital *ro* capital *pt* capital *ca* capital;
ger: *de* Kapital *en* capital *sv* kapital
no kapital; *sla:* *pl* kapitał *ce* kapitál
sk kapitál *ru* капитал *uk* капітал
be капітал *bg* капитал *hr* kapital
sr капитал *sl* kapital *mk* капитал; *f-u:*
et kapital; *bal:* *lt* kapitalas *lv* kapitāls;
gal: *cy* cyfalaf *ga* caipitil; *n. g.:*
mt kapital, *sh* kapital. *min.* 28/557

capitalisme *m* N̄ Kapitalismus *m*
<prim>. *rom:* *fr* capitalisme *it* capitalismo
es capitalismo *ro* capitalism *ca* capitalisme;
ger: *de* Kapitalismus *en* capitalism
da kapitalismus; *sla:* *pl* kapitalizm
ce kapitalismus *ru* капитализм
be капіталізм *bg* капитализъм
hr kapitalizam; *f-u:* *su* kapitalismi; *gal:*
ga caipitealachas; *n. g.:* *mt* kapitaliżmu,
tr kapitalizm. *min.* 18/501

capitalist *m* N̄ Kapitalist *m*
<prim>. *rom:* *fr* capitaliste *it* capitalista
es capitalista *ro* capitalist *ca* capitalista;
ger: *de* Kapitalist *en* capitalist
da kapitalist; *sla:* *pl* kapitalista
ce kapitalist *ru* капиталист *be* капіталісты
bg капиталист *hr* kapitalist; *f-u:*
su kapitalisti; *gal:* *ga* caipitlí; *n. g.:*
mt kapitalist, *tr* kapitalist. *min.* 18/501

capitán *m* N̄ Kapitän *m*
<prim>. *rom:* *fr* capitaine *it* capitano
es capitán *ro* căpitan *pt* capitão *ca* capità;
ger: *de* Kapitän *en* captain *nl* kapitein
sv kapten *no* kaptein *da* kaptajn; *sla:*
pl kapitan *ce* kapitán *sk* kapitán

73

ru капитан *be* есаул *bg* капитан
hr kapetan *sr* капетан *mk* капетан; *f-u:*
ma kapitány *su* kapteeni *et* kapten; *bal:*
lt kapitonas *lv* kapteinis; *gal:* *cy* capten
ga captaen; *n. g.:* *el* καπετάνιος,
mt kaptan, *sh* kapiten, *tr* kaptan.
min. 32/592

capitul *m* ☒ Kapitel *n*
gen: -tle <prim>. *rom:* *fr* chapitre
it capitolo *es* capítulo *ro* capitol *ca* capítol;
ger: *de* Kapitel *en* chapter *sv* kapitel
no kapitel *da* kapitel; *sla:* *ce* kapitola
ru капитул; *gal:* *ga* caibidil; *n. g.:*
mt kapitolu. *min. 14/443*

capsula *f* ☒ Kapsel *f*
<prim>. *rom:* *fr* capsule *it* capsula
es cápsula *ro* capsulă *pt* cápsula
ca càpsula; *ger:* *de* Kapsel *en* capsule
sv kapsel *no* kapsel *da* kapsel; *sla:*
pl kapsułka *ce* kapsle *sk* kapsule
ru капсула *uk* капсула *be* капсула
bg капсула *hr* kapsula *sr* капсула
sl kapsula *mk* капсула; *f-u:* *ma* kapszula
su kapseli *et* kapsel; *bal:* *lt* kapsulė
lv kapsula; *gal:* *cy* capsiwl; *n. g.:*
el κάψουλα, *mt* kapsula, *sh* kapsulë,
tr kapsül. *min. 32/593*

capuccea *f* ☒ Kapuze *f*
[ttsa], gen: -ce <prim>. *rom:* *fr* capuchon
it cappuccio *es* capucha *ro* capotă
ca caputxa; *ger:* *de* Kapuze; *sla:*
ce kapuce *sk* kapucňa *ru* капот *uk* (капот)
be (капот) *hr* kapuljača; *f-u:* *ma* kapucni
et kapuuts; *bal:* *lt* gaubtas; *n. g.:*
sh kapuç. *min. 16/420*

cardinal *m* ☒ Kardinal *m*
<prim>. *rom:* *fr* cardinal *it* cardinale
es cardenal *ro* cardinal *pt* cardeal
ca cardenal; *ger:* *de* Kardinal *en* cardinal
nl kardinaal *sv* kardinal *no* kardinal; *sla:*
pl kardynał *ce* kardinál *sk* kardinál

ru кардинал *uk* кардинал *be* кардынал
bg кардинал *hr* kardinal *sr* кардинал
sl kardinal *mk* кардинал; *f-u:*
su kardinaali *et* kardinal; *bal:*
lt kardinolas *lv* kardināls; *gal:*
ga cairdinéal; *n. g.:* *el* καρδινάλιος,
mt kardinal, *sh* kardinal, *tr* kardinal.
min. 31/598

carga *f* ☒ Ladung *f*
<ang>. *rom:* *fr* charge *it* carica *es* carga
pt carga; *ger:* *en* charge. *min. 5/225*

cargán Ⅴ beladen; aufladen
<ang>. *rom:* *fr* charger *it* caricare
es cargar *ro* încărca *pt* carregar; *ger:*
en charge. *min. 6/245*

cáriés *m* ☒ Karies *f*
gen: ~è <prim>. *rom:* *fr* carie *it* carie
es caries *ro* carie *pt* cárie *ca* caries; *ger:*
de Karies *en* caries *nl* cariës *sv* karies
no karies; *sla:* *ru* кариес *uk* карієс
be карыес *bg* кариес *hr* karijes *sr* каријес
sl karies *mk* кариес; *f-u:* *su* karies
et kaaries; *bal:* *lv* karioze; *n. g.:*
sh karies. *min. 23/523*

carnéól *m* ☒ Karneol *m*
<prim>. *rom:* *it* corniola *ro* carneol; *ger:*
de Karneol *nl* carneool *sv* karneol; *sla:*
pl karneol *ru* карнеол *hr* karneol
sr карнеол; *f-u:* *su* karneoli; *bal:*
lt karneolis. *min. 11/335*

carneval *m* ☒ Karneval *m*
<prim>. *rom:* *fr* carnaval *it* carnevale
es carnaval *ro* carnaval *pt* carnaval; *ger:*
de Karneval *en* carnival *nl* carnaval; *sla:*
pl karnawał *ce* karneval *sk* karneval
ru карнавал *uk* карнавал *be* карнавал
bg карнавал *hr* karneval *sr* карневал
mk карневал; *f-u:* *ma* karnevál
su karnevaali *et* karneval; *bal:*
lt karnavalas *lv* karnevāls; *gal:*
cy carnifal; *n. g.:* *el* καρναβάλι,

mt karnival, *sh* karnaval, *tr* karnaval.
min. 28/590

carta *f* N Karte *f*

<prim>. *rom: fr* carte *it* carta *es* carta
ro carte *ca* carta; *ger: de* Karte *en* card
da kort; *sla: pl* karta *ru* карта *be* карта
bg карта *hr* karta; *f-u: su* kartta; *bal:*
lv karte; *gal: br* kartenn *ga* cairt; *n. g.:*
tr harita. *min. 18/493*

cartel *m* N Kartell *n*

gen: ~le <prim>. *rom: fr* cartel *it* cartello
es cartel *ro* cartel *ca* cartell; *ger:*
de Kartell *en* cartel *da* cartel; *sla:*
pl kartel *ce* kartel *ru* картель *be* картэль
bg картел *hr* kartel; *f-u: ma* kartell
su kartelli; *gal: ga* cairtéal; *n. g.:*
mt kartell, *tr* kartel. *min. 19/513*

cás *m* N Fall (1) *m*

gen: case <prim>. *rom: fr* cas *it* caso
es caso *ro* caz *ca* cas; *ger: en* case;
n. g.: mt każ. *min. 7/239*

caséin *m* N Kasein *n*

<prim>. *rom: fr* caséine *it* caseina
es caseína *ro* cazeină *pt* caseína
ca caseïna; *ger: de* Kasein *en* casein
nl caseïne *sv* kasein *no* kasein *da* kasein
is kasín; *sla: pl* kazeina *ce* kasein
sk kazeín *ru* казеин *uk* казеїн *be* казеін
bg казеин *hr* kazein *sr* казеин *sl* kazein
mk казеин; *f-u: ma* kazein *su* kaseiini
et kaseiin; *bal: lt* kazeinas *lv* kazeīns;
gal: ga cáiséin; *n. g.: el* καζεΐνη,
mt kaseina, *sh* kazeinë, *tr* kazein.
min. 34/613

casino *n* N Kasino *n*

<prim>. *rom: fr* casino *it* casinò *es* casino
ro cazinou *pt* cassino *ca* casino; *ger:*
de Kasino *en* casino; *sla: pl* kasyno
ce kasino *sk* kasíno *ru* казино *uk* казино
be казіно *bg* казино *hr* kazino *sr* казино
mk казино; *f-u: ma* kaszinó *su* kasino

et kasiino; *bal: lt* kazino *lv* kazino; *n. g.:*
el καζίνο, *sh* kazino. *min. 25/568*

cassetta *f* N Kassette *f*

<prim>. *rom: fr* cassette *it* cassetta
es caseta *ro* casetă *ca* caseta; *ger:*
de Kassette *en* cassette *da* kassette
is kassett; *sla: pl* kaseta *ce* kazeta
ru кассета *be* касета *bg* касета *hr* kaseta;
f-u: su kasetti; *gal: br* kasedig
ga caiséad; *n. g.: tr* kaset. *min. 19/501*

casta *f* N Kaste *f*

<prim>. *rom: fr* caste *it* casta *es* casta
ro castă *pt* casta *ca* casta; *ger: de* Kaste
en caste *nl* kaste *sv* kast *no* kaste; *sla:*
pl kasta *ce* kasta *sk* kasta *ru* каста
uk каста *be* каста *bg* каста *hr* kasta
sr каста *mk* каста; *f-u: ma* kaszt *su* kasti
et kast; *bal: lt* kasta *lv* kasta; *gal:*
cy cast; *n. g.: ek* kasta, *mt* kasti, *sh* kastë,
tr kast. *min. 31/598*

castanjettas *f pl* N Kastagnetten *f pl*

<prim>. *rom: fr* castagnettes
es castañuelas *ro* castaniete *pt* castanhola
ca castanyoles; *ger: de* Kastagnetten
en castanets *nl* castagnetten *sv* kastanjetter
no kastanjetter *da* kastagnetter; *sla:*
pl kastaniety *ce* kastaněty *sk* kastanety
ru кастаньеты *uk* кастаньєти
be кастаньет *bg* кастанети *hr* kastanjete
sr кастањете *sl* kastanjete *mk* кастањети;
f-u: ma kasztanyetta *su* kastanjetit
et kastanjetid; *bal: lt* kastaniety
lv kastaņetes; *gal: cy* castanetau; *n. g.:*
el καστανιέτες, *mt* kastanjoli, *sh* kastanjeta,
tr kastanyet. *min. 32/563*

Casteljano *m* N Kastilisch *(,~e*
Sprache); Spanisch (2) *(,~e Sprache)*
<ethno>. *rom: es* castellano.

casuistica *f* N Kasuistik *f*

gen: -ce [ts] <prim>. *rom: fr* casuistique
it casistica *es* casuística *ro* cazuistică

pt casuística *ca* casuística; *ger:*
de Kasuistik *en* casuistry *nl* casuïstiek
da kasuistik; *sla:* *pl* kazuistyka
ce kasuistika *ru* казуистика *uk* казуїстика
be казуістыка *hr* kazuistika *sr* казуистика
sl kazuistike; *bal:* *lv* kazuistika; *n. g.:*
ek kasuistika, *mt* każistika. *min. 21/544*

catalá (1) *m* N Katalane *m*
<ethno>. *rom:* *ca* català.

Catalá (2) N Katalanisch *(,~e Sprache)*
<ethno>. *rom:* *ca* català.

catalán A katalonisch
<ethno>. *rom:* *ca* català◊.

catalana *f* N Katalanin *f*
<ethno>. *rom:* *ca* catalana.

Catalunja *f* N Katalonien *n*
<ethno>. *rom:* *ca* Catalunya.

causal A kausal
adv: ~no <prim>. *rom:* *fr* causal
it causale *es* causal *ro* cauzal *pt* causal
ca causal; *ger:* *de* kausal *en* causal
nl causaal *sv* kausala *da* kausal; *sla:*
ce kauzáln◊ *sk* kauzáln◊ *ru* каузальн◊
bg каузалн◊ *hr* kauzaln◊; *f-u:*
su kausaalinen; *gal:* *ga* chúiseach; *n. g.:*
ek kausala, *mt* kawżali. *min. 20/493*

caución *f* N Kaution *f*
[ts] gen: -one <prim>. *rom:* *fr* caution
it cauzione *ro* cauțiune; *ger:* *de* Kaution
no kausjon; *sla:* *pl* kaucja *ce* kauce
sk kaucia *hr* kaucija *sr* кауција.
min. 10/302

caval *m* ZOOL N Pferd *n*
<prim>. *rom:* *fr* cheval *it* cavallo
es caballo *ro* cal *pt* cavalo *ca* cavall; *gal:*
cy ceffyl *ga* capall; *n. g.:* *ek* zaldi,
sh kalë. *min. 10/191*

cavaleria *f* N Kavallerie *f*
<prim>. *rom:* *fr* cavalerie *it* cavalleria
es caballería *ro* cavalerie *pt* cavalaria
ca cavalleria; *ger:* *de* Kavallerie
en cavalry *nl* cavalerie *sv* kavalleri
no kaveleri; *sla:* *pl* kawaleria *ce* kavalerie
sk kavalerie *ru* кавалерия *uk* кавалерія
be кавалерыя *bg* кавалерия; *bal:*
lt kavalerija *lv* kavalērija. *min. 20/559*

cavaljér *m* N Kavalier *m*
<prim>. *rom:* *fr* cavalier *it* cavaliere
es caballero *ro* cavaler *pt* cavaleiro
ca cavaller; *ger:* *de* Kavalier *en* cavalier;
sla: *pl* kawaler *ce* kavalír *sk* gavalier
ru кавалер *uk* кавалер *be* кавалер
bg кавалер *hr* kavalir *sr* каваљер
mk кавалер; *n. g.:* *tr* kavalye. *min. 19/538*

cébula *f* N Zwiebel *f*
<prim>. *rom:* *it* cipolla *es* cebolla
ro ceapă *pt* cebola *ca* ceba; *ger:*
de Zwiebel; *sla:* *pl* cebula *ce* cibule
sk cibuľa *uk* цибуля; *f-u:* *su* sipuli
et sibul; *bal:* *lv* sīpols; *n. g.:* *ek* tipula,
sh qepë, *tr* kafa. *min. 16/309*

cédula *f* N Zettel *m*
<prim>. *rom:* *fr* cédule *es* cédula; *ger:*
de Zettel *en* (schedule) *is* seðill; *sla:*
hr cedulja; *f-u:* *ma* cédula. *min. 7/276*

cel A ganz
<cont>. *rom:* *ro* complet; *ger:* *da* helt
is heill; *sla:* *pl* cał◊ *ce* cel◊ *sb* cył◊
ru цел◊ *bg* цял *hr* cijel◊; *f-u:* *su* kaikki;
n. g.: *mt* kollha. *min. 11/172*

cél *m* N Ziel *n*
<prim>. *ger:* *de* Ziel *nl* doel; *sla:* *pl* cel
ce cíl *sk* cieľ *sb* cil *ru* цель *be* ! *bg* цел
hr cilj *sl* cilj; *f-u:* *ma* cél; *n. g.:*
el (τέλος). *min. 13/300*

cẹnter *m* $\boxed{\text{N}}$ Zentrum *n*

gen: -tre <prim>. *rom:* *fr* centre *it* centro *es* centro *ro* centru *pt* centro *ca* centro; *ger:* *de* Zentrum *en* centre *nl* centrum *sv* centrum *no* centrum; *sla:* *pl* centrum *ce* centrum *ru* центр *be* цэнтр *bg* център *hr* centar; *n. g.:* *el* κέντρον, *sh* qendër. *min. 19/545*

centimẹter *m* $\boxed{\text{N}}$ Zentimeter *m*

<prim>. *rom:* *fr* centimètre *it* centimetro *es* centímetro *ro* centimetru *pt* centímetro *ca* centímetre; *ger:* *de* Zentimeter *en* centimeter *nl* centimeter *sv* centimeter *no* centimeter *da* centimeter *is* sentimetra; *sla:* *pl* centymetr *ce* centimetr *sk* centimeter *ru* сантиметр *uk* сантиметр *be* сантыметр *bg* сантиметър *hr* centimetar *sr* сантиметар *sl* centimeter *mk* сантиметар; *f-u:* *ma* centiméter *su* senttimetri *et* sentimeeter; *bal:* *lt* centimetras *lv* centimetrs; *gal:* *cy* centimetr *ga* ceintiméadar; *n. g.:* *el* εκατοστόμετρο, *ek* zentimetro, *mt* ċentimetru, *sh* centimetër, *tr* santimetre. *min. 36/615*

cẹntner *m* $\boxed{\text{N}}$ Zentner *m*

<prim>. *ger:* *de* Zentner *nl* centenaar *da* centner; *sla:* *pl* cetnar *ru* центнер *uk* центнер *be* цэнтнер *bg* център *hr* centa *sr* цента; *f-u:* *su* sentneri; *bal:* *lt* centneris *lv* centners. *min. 13/300*

cerc *m* $\boxed{\text{N}}$ Kreis *m*

<prim>. *rom:* *fr* ciercle *it* cerchio *es* circulo *ro* cerc *ca* cercle; *ger:* *de* (Zirkus) *en* circle *da* (cirkel); *f-u:* *ma* kör (kerék); *gal:* *cy* cylch *br* kelcʻh *ga* ciorcal; *n. g.:* *mt* ċirku. *min. 13/350*

ceremọnia *f* $\boxed{\text{N}}$ Zeremonie *f*

<prim>. *rom:* *fr* cérémonie *it* cerimonia *es* ceremonia *ro* ceremonie *pt* cerimônia *ca* cerimònia; *ger:* *de* Zeremonie *en* ceremony *nl* ceremonie *sv* ceremoni *no* seremoni; *sla:* *pl* ceremonia *ru* церемония *uk* церемонія *be* цырымонія *bg* церемония *hr* ceremonija *sr* церемонија *mk* церемонијата; *f-u:* *ma* ceremónia *su* seremonia *et* tseremoonia; *bal:* *lt* ceremonija *lv* ceremonija; *gal:* *cy* seremoni *ga* searmanas; *n. g.:* *mt* ċerimonja, *sh* ceremoni. *min. 28/577*

cert $\boxed{\text{A}}$ bestimmt

<ang>. *rom:* *fr* certain *it* cert◊ *es* ciert◊ *ro* cert *pt* cert◊ *ca* cert◊; *ger:* *en* certain; *n. g.:* *tr* kararlı. *min. 9/254*

cerv *m* ZOOL $\boxed{\text{N}}$ Hirsch *f*

<prim>. *rom:* *fr* cerf *it* cervo *es* ciervo *ro* cerb *pt* cervo *ca* cérvol; *f-u:* *ma* szarvas *su* hirvi *et* hirv; *gal:* *cy* ceirw *br* karv; *n. g.:* *mt* ċerf. *min. 12/208*

chamạeleon *n* ZOOL $\boxed{\text{N}}$ Chamäleon *n*

[k] <prim>. *rom:* *fr* caméléon *it* camaleonte *es* camaleón *ro* cameleon *pt* camaleão *ca* camaleó; *ger:* *de* Chamäleon *en* chameleon *nl* kameleon *sv* kameleont *no* kameleon *da* kamæleon; *sla:* *pl* kameleon *ce* chameleón *sk* chameleón *ru* хамелеон *uk* хамелеон *be* хамелеон *bg* хамелеон *hr* kameleon *sr* камелеон *sl* kameleon *mk* камелеон; *f-u:* *ma* kaméleon *su* kameleontti *et* kameeleon; *bal:* *lt* chameleonas *lv* hameleons; *n. g.:* *el* χαμαιλέοντας, *sh* kameleon, *tr* bukalemun. *min. 31/613*

champiọn *m* $\boxed{\text{N}}$ Meister *m*

<prim>. *rom:* *fr* champion *it* campione *es* campeón *ro* campion *pt* campeão *ca* campió; *ger:* *en* champion *nl* kampioen *da* champion; *sla:* *ru* чемпион *uk* чемпіон *be* чэмпіён *bg* шампион *sr* шампион *mk* шампион; *bal:*

77

lt čempionas *lv* čempions; *n. g.:*
sh kampion. *min. 18/407*

çhąñçé *f* N Chance *f*
<prim>. *rom:* *fr* chance *es* chance
ro şansă; *ger:* *de* Chance *en* chance
nl kans *no* sjanse; *sla:* *pl* szansa *ce* šance
ru шанс *be* шанец *bg* шанс *hr* šansa
sl šansa; *gal:* *br* chañs; *n. g.:* *tr* şans.
min. 16/466

çhantájh *m* N Erpressung *f*
gen: -ajhe <prim>. *rom:* *fr* chantage
es chantaje *pt* chantagem *ca* xantatge;
ger: *nl* chantage; *sla:* *ru* шантаж
uk шантаж *be* шантаж *bg* шантаж; *bal:*
lt šantāža *lv* šantāža; *n. g.:* *ek* xantaia,
sh shantazh. *min. 13/266*

chąos *m* N Chaos *n*
[k] <prim>. *rom:* *fr* chaos *it* caos *es* caos
ro haos *ca* caos; *ger:* *en* chaos *da* kaos;
sla: *pl* chaos *ce* chaos *ru* хаос *be* хаос
bg хаос *hr* haos; *f-u:* *su* kaaos; *n. g.:*
mt kaos, *tr* kaos. *min. 16/406*

chaǫtic A chaotisch
[k-k] comp: -cer [k-ts], adv: ~no <prim>.
rom: *fr* chaotique *it* caotic◊ *es* caótic◊
ro haotic *ca* caòtic◊; *ger:* *en* chaotic
da kaotisk; *sla:* *pl* chaotyczn◊
ce chaotick◊ *ru* хаотичн◊ *be* хаатычн◊
bg хаотичн◊ *hr* haotičn◊; *f-u:*
su kaoottinen; *n. g.:* *mt* kaotika, *tr* kaotik.
min. 16/406

charactérisçéren *c-* V kennzeichnen;
  charakterisieren
<prim>. *rom:* *fr* charactériser
it caratterizzare *es* caracterizar
ro caracteriza *ca* caracteritzar; *ger:*
de charakterisieren *en* characterize; *sla:*
ce charakterizovat *ru* характеризовать
be характарызаваць *bg* характеризирам
hr karakterizirati; *n. g.:* *mt* -karatterizza.
min. 13/448

charactéríştic A kennzeichnend; charakteristisch
[k-k] comp: -er [k-ts] <prim>. *rom:*
fr charactéristique *it* caratteristic◊
es caracteristic◊ *ro* caracteristic◊
ca caracteristic; *ger:* *de* charakteristisch
en characteristic *da* karakteristisk; *sla:*
pl charakterystyczn◊ *ce* charakteristick◊
ru характерн◊ *be* характэрн◊
bg характеристичн◊ *hr* karakterističn◊;
n. g.: *mt* karatteristika, *tr* karakteristik.
min. 16/496

çharm *m* N Charme *m*
m <prim>. *rom:* *fr* charme *pt* charme;
ger: *de* Charme *no* sjarm; *sla:* *ru* шарм
bg чар *hr* šarm *sr* шарм *mk* шарм; *n. g.:*
ek xarma. *min. 10/281*

chekh *m* N Tscheche *m*
<ethno>. *sla:* *ce* čech.

chémịa *f* N Chemie *f*
[k] <prim>. *rom:* *fr* chimie *it* chimica
es química *ro* chimie *pt* química
ca química; *ger:* *de* Chemie *en* chemistry
nl chemie *sv* kemi *no* kjemi *da* kemi; *sla:*
pl chemia *ce* chemie *sk* chémia *ru* химия
uk хімія *be* хімія *bg* химия *hr* kemija
sr хемија *sl* kemija *mk* хемија; *f-u:*
ma kémia *su* kemia *et* keemia; *bal:*
lt chemija *lv* ķīmija; *gal:* *cy* cemeg
ga ceimic; *n. g.:* *el* χημεία, *ek* kimika,
mt kimika, *sh* kimi, *tr* kimya. *min. 35/615*

chern A schwarz
<cont>. *sla:* *pl* czarn◊ *ce* čern◊ *sk* čiern◊
ru чёрн◊ *be* чорн◊ *bg* черн◊ *hr* crn◊
sl črn◊ *mk* црн◊. *min. 9/163*

chęshka *f* N Tschechin *f*
<ethno>. *sla:* *ce* Češka.

Chęshtina N Tschechisch *(,~e*
  Sprache)
<ethno>. *sla:* *ce* čeština.

chesk Ⓐ tschechisch
<ethno>. _sla:_ _ce_ česk◊.

Chęsko _n_ Ⓝ Tschechien _n_
<ethno>. _sla:_ _ce_ Česko.

chęsnek _m_ Ⓝ Knoblauch _m_
<cont>. _sla:_ _pl_ czosnek _ce_ česnek
_sk_ cesnak _ru_ чеснок _uk_ часник _be_ часнок
_bg_ чесън _hr_ češnjak _sl_ česen; _bal:_
_lt_ česnakas. _min._ 10/184

çhiffréren _c-_ Ⓥ chiffrieren
<prim>. _rom:_ _fr_ chiffrer _it_ cifrare
_pt_ cifrar; _ger:_ _de_ chiffrieren _en_ encipher
_sv_ chiffrera; _sla:_ _pl_ zaszyfrować
_ce_ zašifrovat _sk_ zašifrovať
_ru_ зашифровывать _uk_ зашифровувати
_be_ зашыфроўваць _bg_ шифрирам
_hr_ šifrovati _sr_ шифровати; _f-u:_
_ma_ sifríroz _et_ šifreerime; _bal:_ _lt_ šifruoti
_lv_ šifrēt; _n. g.:_ _sh_ shifroj, _tr_ şifrelemek.
min. 21/501

chinchilla _f_ Ⓝ Chinchilla _m/n_
<prim>. _rom:_ _fr_ chinchilla _it_ cincilla
_es_ chinchilla _ro_ chinchilla _pt_ chinchila
_ca_ xinxilla; _ger:_ _de_ Chinchilla
_en_ chinchilla _da_ chinchilla; _sla:_
_pl_ szynszyla _ce_ činčila _sk_ činčila
_ru_ шиншилла _uk_ шиншила _be_ шыншыла
_bg_ чинчила _hr_ cincila _sr_ цинцила
_sl_ činčila; _f-u:_ _ma_ csincsilla _su_ tsintsilla
_et_ tšintšilja; _bal:_ _lt_ šinšilos _lv_ šinšilla;
gal: _cy_ chinchilla _ga_ chinchilla; _n. g.:_
_el_ τσιντσιλά, _ek_ chinchilla, _mt_ ċinċilla,
_sh_ chinchilla, _tr_ çinçilla. _min._ 31/578

chinín Ⓥ machen (2); anstellen (1)
<cont>. _sla:_ _pl_ czynić _ce_ činit _sk_ činiť
_sb_ činić _ru_ чинить _uk_ чинити _be_ чыніць
_bg_ чиня _hr_ činiti _sr_ чинити _sl_ činiti; _f-u:_
_ma_ csinálni. _min._ 12/201

chirụrg _m_ Ⓝ Chirurg _m_
[k] <prim>. _rom:_ _fr_ chirurgien _it_ chirurgo
_es_ quirurgo _ro_ chirurg _pt_ cirurgião; _ger:_
_de_ Chirurg _nl_ chirurg _sv_ kirurg _no_ kirurg
_da_ kirurg; _sla:_ _pl_ chirurg _ru_ хирург
_uk_ хірург _be_ хірург _bg_ хирург _hr_ hirurg
_sr_ хирург _sl_ kirurg _mk_ хирург; _f-u:_
_su_ kirurgi _et_ kirurg; _bal:_ _lt_ chirurgas
_lv_ ķirurgs; _n. g.:_ _el_ χειρουργός, _ek_ zirujau,
_mt_ kirurgu, _sh_ kirurg. _min._ 27/518

chirurgia _f_ Ⓝ Chirurgie _f_
[k] <prim>. _rom:_ _it_ chirurgia _es_ cirugía
_ro_ chirurgie _pt_ cirurgia _ca_ cirurgía; _ger:_
_de_ Chirurgie _nl_ chirurgie _sv_ kirurgi
_no_ kirurgi _da_ kirurgi; _sla:_ _pl_ chirurgia
_ce_ chirurgie _sk_ chirurgia _ru_ хирургия
_uk_ хірургія _be_ хірургія _bg_ хирургия
_hr_ kirurgija _sr_ хирургија _mk_ хирургија;
bal: _lt_ chirurgija _lv_ ķirurģija; _n. g.:_
_el_ χειρουργική, _ek_ kirurgia, _mt_ kirurġija,
_sh_ kirurgji. _min._ 26/465

chist Ⓐ sauber; rein (2)
adv: ~o <cont>. _sla:_ _pl_ czyst◊ _ce_ čist◊
_sk_ čist◊ _sb_ čist◊ _ru_ чист◊ _uk_ чист◊
_be_ чыст◊ _bg_ чист _hr_ čist _sr_ чтст _sl_ čist◊
_mk_ чист◊; _f-u:_ _ma_ tiszta. _min._ 13/203

chistín Ⓥ reinigen; säubern
<cont>. _sla:_ _pl_ czyścić _ce_ čistit _sk_ čistiť
_sb_ čiśćić _ru_ чтстить _uk_ чистити
_be_ чысціць _bg_ чиствам _hr_ čistiti
_sr_ чистити _sl_ čistiti _mk_ чисти; _f-u:_
_ma_ tisztítani. _min._ 13/203

chistjénie _n_ Ⓝ Reinigung _f_; Säuberung
_f_
<cont>. _sla:_ _pl_ czyszczenie _ce_ čištění
_sk_ čistenie _sb_ čišćenje _ru_ чищение
_uk_ чищення _be_ чышчэнне _bg_ чистване
_hr_ čišćenje _sr_ чисћење _sl_ čiščenje
_mk_ чистенье; _f-u:_ _ma_ tisztítás.
min. 13/203

chlór *m* N Chlor *n*

[k] <prim>. *rom:* *fr* chlore *it* cloro
es cloro *ro* clor *pt* cloro *ca* clor; *ger:*
de Chlor *en* chlorine *nl* chloor *sv* klor
no klor *da* klor *is* klór; *sla:* *pl* chlor
ce chlór *sk* chlór *ru* хлор *uk* хлор *be* хлор
bg хлор *hr* klor *sr* хлорни *sl* klor
mk хлор; *f-u:* *ma* klór *su* kloori *et* kloor;
bal: *lt* chloras *lv* hlors; *gal:* *cy* clorin
ga clóirín; *n. g.:* *el* χλώριο, *ek* kloroak,
mt klorin, *sh* klor, *tr* klor. *min. 36/615*

chór *m* N Chor *m*

[k] <prim>. *rom:* *fr* chœur *it* coro *es* coro
ro cor *pt* coro *ca* cor; *ger:* *de* Chor
en choir *nl* koor *sv* kören *is* kórinn; *sla:*
pl chór *ru* хор *uk* хор *be* хор *bg* хор
sr хор *mk* хор; *f-u:* *ma* kórus *su* kuoro
et koor; *bal:* *lt* choras *lv* koris; *gal:*
cy côr *ga* cór; *n. g.:* *el* χορωδία, *mt* kor,
sh kor, *tr* koro. *min. 29/585*

choréografia *f* N Choreographie *f*

[k] <prim>. *rom:* *fr* chorégraphie
it coreografia *es* coreografía *ro* coregrafie
pt coreografia *ca* coreografia; *ger:*
de Choreographie *en* choreography
sv koreografi *no* koreografi *da* koreografi;
sla: *pl* choreografia *ce* choreografie
sk choreografia *ru* хореография
uk хореографія *be* харэаграфія
bg хореография *hr* koreografija
sr кореографија *sl* koreografija
mk кореографија; *f-u:* *ma* koreográfia
su koreografia *et* koreograafia; *bal:*
lt choreografija *lv* horeogrāfija; *gal:*
cy coreograffi; *n. g.:* *el* χορογραφία,
ek koreografia, *mt* koreografija,
sh koreografi, *tr* koreografi. *min. 33/595*

choréografic A choreografisch

[k] adv: ~no <prim>. *rom:*
fr chorégraphie *it* coreografic◊
es coreográfic◊ *ro* coregrafic
pt coreográfic◊ *ca* coreogràfic◊; *ger:*

de choreografisch *en* choreographic
nl choreografische *no* koreografisk
da koreografiske; *sla:* *pl* choreograficzn◊
ce choreografick◊ *sk* choreografick◊
ru хореографическ◊ *uk* хореографічн◊
be харэаграфічн◊ *bg* хореографн◊
hr koreografsk◊ *sr* кореографск◊
sl koreografsko *mk* кореографск◊; *f-u:*
ma koreográfiai *su* koreografinen
et koreograafiline; *bal:* *lt* choreografin◊
lv horeogrāfisk◊; *gal:* *cy* coreograffig
ga córagrafaíochta; *n. g.:* *el* χορογραφικ◊,
ek koreografikoa, *sh* koreografik◊,
tr koreografik. *min. 33/605*

chróm *m* N Chrom *m/n*

[k] <prim>. *rom:* *fr* chrome *it* cromo
es cromo *pt* cromo *ca* crom; *ger:*
de Chrom *en* chrome *nl* chroom *sv* krom;
sla: *pl* chrom *ce* chróm *sk* chróm *ru* хром
uk хром *be* хром *bg* хром *sr* хром
mk хром; *f-u:* *su* kromi; *bal:* *lt* chromas
lv hroms; *n. g.:* *el* χρώμιο, *sh* krom,
tr krom. *min. 24/566*

chronic MED A chronisch

[k] adv: ~no <prim>. *rom:* *fr* chronique
it cronic◊ *es* crónic◊ *ro* cronic *pt* crônic◊
ca crònic◊; *ger:* *de* chronisch *en* chronic
nl chronisch *sv* kronisk *no* kronisk
da kronisk; *sla:* *ce* chronick◊
sk chronick◊ *ru* хроническ◊ *uk* хронічн◊
be хранічн◊ *bg* хроничн◊ *hr* kroničn◊
sr хроничн◊ *sl* kroničn◊ *mk* хроничн◊;
f-u: *ma* krónikus *su* krooninen
et krooniline; *bal:* *lv* hronisk◊; *gal:*
cy cronig; *n. g.:* *el* χρόνικ◊, *ek* kronikoa,
mt kronika, *sh* kronik◊, *tr* kronik.
min. 32/572

chronologia *f* N Chronologie *f*

[k] <prim>. *rom:* *fr* chronologie
it cronologia *es* cronología *ro* cronologie
pt cronologia *ca* cronologia; *ger:*
de Chronologie *en* chronology

nl chronologie *sv* kronologi *no* kronologi
da kronologi; *sla:* *pl* chronologia
ce chronologie *sk* chronológia
ru хронология *uk* хронологія
be храналогія *bg* хронология
sr хронологија *sl* kronologija
mk хронологија; *f-u:* *ma* kronológia
su kronologia; *bal:* *lv* hronoloġija; *gal:*
cy cronoleg *ga* croineolaíocht; *n. g.:*
el χρονολογία, *ek* kronologia,
mt kronoloġija, *sh* kronologji, *tr* kronoloji.
min. 32/606

chrysanthémé *f* N Chrysantheme *f*

[k] <prim>. *rom:* *fr* chrysanthemum
it crisantemo *es* crisantemo *ro* crizantemă
pt crisântemo *ca* crisantem; *ger:*
de Chrysantheme *en* chrysanthemum
nl chrysant; *sla:* *pl* chryzantema
ce chryzantéma *sk* chryzantéma
ru хризантема *uk* хризантема
be хрызантэма *bg* хризантема
hr hrizantema *sr* хризантема *sl* krizantema
mk хризантеми; *f-u:* *ma* krizantém
su krysanteemi *et* krüsanteem; *bal:*
lt chrizantema *lv* krizantēma; *n. g.:*
el χρυσάνθεμο, *sh* krizantemë,
tr kasımpatı. *min. 28/595*

cifra *f* N Ziffer *f*

<prim>. *rom:* *fr* chiffre *it* cifra *es* cifra
ro cifră *pt* cifra; *ger:* *de* Ziffer *nl* cijfer
sv siffra *no* siffer; *sla:* *pl* cyfra *ru* цифра
bg цифра *hr* cifra *sr* цифра; *gal:* *br* sifr;
n. g.: *tr* (şifre). *min. 16/462*

cinema *f* N Kino (1) *n*

<prim>. *rom:* *fr* cinéma *it* cinema
es cinema *ro* cinema *pt* cinema *ca* cinema;
ger: *en* cinema; *sla:* *bg* кино; *gal:*
cy sinema; *n. g.:* *el* κινηματογράφος,
ek zinema, *mt* ċinema, *sh* kinema,
tr sinema. *min. 14/278*

circul *m* N Zirkel *m*

pl: circles <prim>. *rom:* *fr* cercle
it cerchio *es* círculo *ro* cerc *pt* círculo
ca cercle; *ger:* *de* Zirkel *en* circle
nl cirkel *sv* cirkel *no* sirkel; *sla:*
ru циркуль; *f-u:* *su* kaari; *gal:*
ga ciorcal; *n. g.:* *mt* ċirku. *min. 15/464*

circulatión *f* N Zirkulation *f*

[ts] gen: -one <prim>. *rom:* *fr* circulation
it circolazione *es* circulación *ro* circulație
pt circulação *ca* circulació; *ger:*
de Zirkulation *en* circulation *nl* circulatie
sv cirkulation *no* sirkulasjon; *sla:*
ru циркуляция *bg* циркулация
hr cirkulacija *sr* циркулација
mk циркулација; *f-u:* *ma* cirkuláció; *bal:*
lt cirkuliacija; *gal:* *cy* cylchrediad; *n. g.:*
el κυκλοφορία, *ek* zirkulazio,
mt ċirkolazzjoni, *sh* qarkullim. *min. 23/512*

circus *m* N Zirkus *m*

[ts-k] gen: -ce [ts-ts] <prim>. *rom:*
fr cirque *it* circo *es* circo *ro* circ *pt* circo
ca circ; *ger:* *de* Zirkus *en* circus *nl* circus
sv cirkus *no* circus *da* cirkus; *sla:* *pl* cyrk
ce cirkus *sk* cirkus *ru* цирк *uk* цирк
be цырк *bg* цирк *hr* cirkus *sr* циркус
sl circus *mk* циркус; *f-u:* *ma* cirkusz
su sirkus *et* tsirkus; *bal:* *lt* cirkas *lv* cirks;
gal: *cy* syrcas *ga* circus; *n. g.:* *el* τσίρκο,
mt circus, *sh* cirk, *tr* sirk. *min. 34/613*

cité *f* N Stadt *f*

<ang>. *rom:* *fr* cité *it* città *es* ciudad
ro cetate *ca* ciutat; *ger:* *en* city; *gal:*
br keoded / kêr. *min. 7/239*

citédán *m* N Bürger *m*

<prim>. *rom:* *fr* citoyen *it* cittadino
es ciudadano *ro* cetățean *pt* cidadão
ca ciutadà; *ger:* *en* citizen; *n. g.:*
mt ċittadin, *sh* qytetar. *min. 9/249*

citéren *c-* ⋁ zitieren

<prim>. *rom:* *fr* citer *it* citare *es* citar
ro cita *pt* citar *ca* citar; *ger:* *de* zitieren
en cite *nl* citeren *sv* citera *no* sitere
da citere; *sla:* *pl* zacytować *ce* citovat
sk citovať *ru* цитировать *uk* цитувати
bg цитирам *hr* (citat) *sr* (цитат) *sl* citiram
mk цитирам; *f-u:* *et* tsiteerima; *bal:*
lt citata *lv* citēt; *n. g.:* *sh* citoj.
min. 26/569

citrón *m* Ⓝ Zitrone *f*

<prim>. *rom:* *fr* citron; *ger:* *de* Zitrone
is sitrónu; *f-u:* *ma* citrom *su* sitruuna.
min. 5/177

civil Ⓐ zivil

adv: ~no <prim>. *rom:* *fr* civil *it* civile
es civil *ro* civil *pt* civil *ca* civil; *ger:*
de zivil *en* civil *sv* civila *nv* sivile; *sla:*
pl cywiln◊ *ru* цивильн◊ *uk* цивільн◊
bg цивилн◊ *sl* civiln◊; *f-u:*
su siviili- *et* tsiviil-; *bal:* *lt* civilin◊; *gal:*
cy sifil *ga* sibhialta; *n. g.:* *ek* zibilak,
mt ċivili, *sh* civil◊, *tr* sivil. *min.* 24/527

civilisatión *f* Ⓝ Zivilisation *f*

[ts] gen: -one <prim>. *rom:* *fr* civilisation
it civiltà *es* civilización *ro* civilizaţie
pt civilização *ca* civilizació; *ger:*
de Zivilisation *en* civilization; *sla:*
pl cywilizacja *ce* civilizace *sk* civilizácia
ru цивилизация *uk* цивілізація
be цывілізацыя *bg* цивилизация
hr civilizacija *sr* цивилизација
sl civilizacija *mk* цивилизација; *f-u:*
ma civilizáció *su* sivistys *et* tsivilisatsioon;
bal: *lt* civilizacija *lv* civilizācija; *n. g.:*
ek zibilizazio. *min.* 25/559

cíz (cízek) *m (dim)* Ⓝ Zeisig *m*

gen: cíze (cízke) <prim>. *ger:* *de* Zeisig
en siskin *nl* sijs *sv* siska *da* sisken; *sla:*
pl czyżyk *ce* číž(ek) *ru* чиж *uk* чижик

be чыж *hr* čížak *sr* чижак *sl* čižik; *f-u:*
ma csiz *su* tikli. *min.* 15/378

clakér *m* Ⓝ Claqueur *m*

<prim>. *ger:* *de* Claqueur *en* claqueur
nl claqueur; *sla:* *pl* klakier *ru* клакер
uk клакер *be* клакер *bg* клакьор.
min. 8/335

classé *f* Ⓝ Klasse *f*

<prim>. *rom:* *fr* classe *it* classe *es* clase
ro clasă *pt* classe *ca* classe; *ger:*
de Klasse *en* class *nl* klasse *sv* klass
no klasse *da* klasse; *sla:* *pl* klasa *ru* класс
uk клас *be* клас *bg* клас *hr* klasa *sr* класа
mk класа; *f-u:* *et* klass; *bal:* *lt* klasė
lv klase; *n. g.:* *mt* klassi, *sh* klasë.
min. 25/563

classificatión *f* Ⓝ Klassifizierung *f*;
　Einteilung *f*

[ts] gen: -one <prim>. *rom:*
fr cassification *it* classificazione
es clasificación *ro* clasificare
pt classificação *ca* classificació; *ger:*
de Klassifizierung *en* classification
nl classificatie *sv* klassificering
no klassifisering *da* klassificering; *sla:*
pl klasyfikacja *ce* klasifikace
sk klasifikácia *ru* классификация
uk класифікація *be* класіфікацыя
bg класификация *hr* klasifikacija
sr класификација *mk* класификација;
f-u: *et* klassifikatsioon; *bal:*
lt klasifikacija *lv* klasifikācija; *n. g.:*
mt klassifikazzjoni, *sh* klasifikim.
min. 27/578

clausula *f* Ⓝ Klausel *f*

<prim>. *rom:* *fr* clause *it* clausola
es cláusula *ro* clauză *pt* cláusula
ca clàusula; *ger:* *de* Klausel *en* clause
nl clausule *sv* klausul *no* klausul
da klausul; *sla:* *pl* klauzula *ru* клаузула
bg клауза *hr* klauzula *sr* клаузула
bg клауза *hr* klauzula *sr* клаузула

mk клаузула; *f-u: su* lauseke *et* klausel; *bal: lv* klauzula; *gal: ga* clásal; *n. g.: ek* klausula, *mt* klawsola. *min. 24/536*

clé adv links

\<prim\>. *rom: fr* gauche; *bal: lt* kairę *lv* kreis; *gal: cy* chwith *br* kleiz *ga* clé; *n. g.: mt* xellug. *min. 7/71*

clémentiné *f* N Klementine *f*

\<prim\>. *rom: fr* clémentine *it* clementina *es* clementina *pt* clementine; *ger: de* Klementine *en* clementine *no* klementin; *sla: ru* клементина *uk* клементина *be* клементіна *sr* клементина *mk* клементина; *bal: lv* klementīni. *min. 13/447*

click *m* N Klick *m*

\<prim\>. *rom: fr* clic *it* clic *es* clic *ro* clic *ca* clic; *ger: en* click *da* klik; *sla: pl* klik *bg* клик *hr* klik; *n. g.: mt* ikklikkja. *min. 11/296*

clicken *c-* V klicken

\<prim\>. *rom: fr* cliquer *it* cliccare *ro* clica *ca* clicar; *ger: en* click *da* klik; *sla: pl* klikać *bg* кликвам *hr* klikati; *n. g.: mt* -klikkja. *min. 10/256*

cloaca *f* N Kloake *f*

gen: -ce [ts] \<prim\>. *rom: it* cloaca *es* cloaca *ro* cloacă *pt* cloaca; *ger: de* Kloake *en* cloaca *sv* kloak; *sla: ce* kloaka *sk* kloaka *ru* клоака *uk* клоака *be* клоака *bg* клоака *hr* kloaka *sr* клоака *sl* kloaka *mk* клоака; *f-u: ma* kloáka *et* kloaagist; *bal: lt* kloaka *lv* kloākas; *n. g.: sh* kloakë. *min. 22/454*

cloun *m* N Clown *m*

\<prim\>. *rom: it* clown *ro* clovn; *ger: de* Clown *en* clown *nl* clown *sv* clown *no* klovn *da* klovn; *sla: ce* klaun *sk* klaun *ru* клоун *uk* клоун *be* клоун *bg* клоун *hr* klaun *sl* klovn; *f-u: et* kloun; *bal:*

lt klounas *lv* klauns; *n. g.: el* κλόουν. *min. 20/422*

coalition *f* N Koalition *f*

[ts] gen: -one \<prim\>. *rom: fr* coalition *it* coalizione *es* coalición *ro* coaliție *ca* coalició; *ger: de* Koalition *en* coalition *nl* coalitie *sv* koalition *no* koalisjon *da* koalition; *sla: pl* koalicja *ce* koalice *sk* koalície *ru* коалиция *uk* коаліція *be* кааліцыя *bg* коалиция *hr* koalicija *sr* коалиција *sl* koalicija *mk* коалиција; *f-u: ma* koalíció *su* koalitio *et* koalitsioon; *bal: lt* koalicija *lv* koalīcija; *n. g.: ek* koalizioak, *mt* koalizzjoni, *sh* koalicion, *tr* koalisyon. *min. 31/592*

cód *m* N Code *m*

\<prim\>. *rom: fr* code *it* codice *es* código *ro* cod *pt* código *ca* codi; *ger: de* Kodex *en* code *nl* code *sv* kod *no* kode *da* kode; *sla: pl* kod *ce* kód *sk* kód *ru* код *uk* код *be* код *bg* код *hr* kod *sr* код; *f-u: ma* kód *su* koodi *et* kood; *bal: lt* kodas *lv* kods; *gal: cy* cod *ga* cód; *n. g.: el* κώδικας, *mt* kodiċi, *sh* kod, *tr* kod. *min. 32/610*

codification *f* N Kodifikation *f*; Kodifizierung *f*

[ts] gen: -one \<prim\>. *rom: fr* codification *it* codificazione *es* codificación *ro* codificare *ca* codificació; *ger: en* codification *da* kodificering; *sla: pl* kodyfikacja *ce* kodifikace *ru* кодификация *be* кадыфікацыя *bg* кодификация *hr* kodifikacija; *f-u: su* kodifiointi; *n. g.: mt* kodifikazzjoni, *tr* kodlama. *min. 16/406*

coéxistencea *f* N Koexistenz *f*; Zusammenleben *n*

[tsa], gen: -ce \<prim\>. *rom: it* coesistenza *es* coexistencia *ro* coexistență *ca* coexistència; *ger: de* Koexistenz *en* coexistence *da* sameksistens; *sla:*

83

pl koegzystencja *ce* koexistence
bg коекзистенция *hr* koegzistencija; *n. g.:*
mt koeżistenza. *min. 12/336*

coheręncea *f* Ⓝ Kohärenz *f*

[tsa], gen: -ce <prim>. *rom: fr* cohésion
it coerenza *es* coherencia *ro* coerență
pt coerência *ca* coherència; *ger:*
de Kohärenz *en* coherence; *sla:*
bg кохеренция *mk* кохерентност; *n. g.:*
ek koherentzia, *mt* koerenza. *min. 12/358*

cohǫrta *f* Ⓝ Kohorte *f*

<prim>. *rom: fr* cohorte *it* coorte
es cohorte *ro* cohortă *ca* cohort; *ger:*
en cohort *nl* cohorte *sv* kohort *no* kohort
da kohorte; *sla: pl* kohorta *ce* kohorta
sk kohorta *ru* когорта *uk* когорта
be кагорта *hr* kohorta *sr* кохорта
sl kohorta; *f-u: ma* kohorsz *su* kohortti
et kohordi; *bal: lt* kohorta *lv* kohorta;
gal: ga chohórt; *n. g.: ek* kohortea,
mt koorti, *tr* kohort. *min. 28/486*

cold Ⓐ kalt

<prim>. *ger: de* kalt *en* cold *nl* koud
sv kall *da* kold *is* kald◊; *sla: pl* (chłodn◊)
ce (chladn◊) *ru* холодн◊ *be* халодн◊
bg хладн◊ *hr* hladn◊; *f-u: su* kylmä.
min. 13/347

collaboratiǫn *f* HIST Ⓝ Kollaboration *f*

[ts] gen: -one <prim>. *rom:*
fr collaboration *it* collaborazione
es colaboración *ro* colaborare
pt colaboração *ca* coŀlaboració; *ger:*
de Kollaboration *en* collaboration; *sla:*
bg колаборация *hr* kolaboracija; *n. g.:*
mt kollaborazzjoni. *min. 11/358*

collaborḗren *c-* HIST Ⓥ kollaborieren

<prim>. *rom: fr* collaborer *it* collaborare
es colaborar *ro* colabora *pt* colaborar
ca coŀlaborar; *ger: de* kollaborieren
en collaborate; *n. g.: mt* -kollabora.
min. 9/344

collájh *m* Ⓝ Collage *f*

gen: -ajhe <prim>. *rom: fr* collage
es colaje *ro* colaj *pt* colagem; *ger:*
de Collage *en* collage *nl* collage; *sla:*
pl kolaż *ce* koláž *sk* koláž *ru* коллаж
uk колаж *be* калаж *bg* колаж *hr* kolaž
sr колаж *mk* колаж; *f-u: ma* kollázs
su kollaasi *et* kollaaž; *bal: lt* koliažas
lv kolāža; *gal: ga* colláis; *n. g.: el* κολάζ,
sh kolazh, *tr* kolaj. *min. 26/539*

colląps *m* Ⓝ Kollaps *m*

<prim>. *rom: es* colapso *ro* colaps
pt colapso *ca* coŀlapse; *ger: de* Kollaps
en collapse *sv* kollaps *no* kollaps; *sla:*
ce kolaps *sk* kolaps *ru* коллапс *uk* колапс
be калапс *bg* колапс *hr* kolaps *sr* колапс
sl kolaps *mk* колапс; *f-u: et* kollaps;
n. g.: ek kolapsoa, *mt* kollass. *min. 21/398*

collectiǫn *f* Ⓝ Kollekte *f*

[ts] gen: -one <prim>. *rom: fr* collection
es colección *ro* colectare *pt* coleção
ca collecció; *ger: de* Kollekte
en collection *nl* collectie; *sla: pl* kolekcja
ru коллекция *uk* колекція *be* калекцыя
bg колекция *sr* колекција *mk* колекција;
bal: lt kolekcija; *n. g.: el* συλλογή,
sh koleksion. *min. 18/499*

collisiǫn *f* Ⓝ Kollision *f*

gen: -one <prim>. *rom: fr* collision
it collisione *es* colisión *ro* coliziune
pt colisão *ca* coŀlisió; *ger: de* Kollision
en collision *sv* kollision *no* kollisjon
da kollision; *sla: pl* kolizja *bg* колизия;
n. g.: mt kolliżjoni. *min. 14/412*

collǫquium *n* ACAD Ⓝ Kolloquium *n*

gen: -quie <prim>. *rom: fr* colloque
it colloquio *es* coloquio *ro* colocviu
pt colóquio *ca* coŀloqui; *ger:*
de Kolloquium *en* colloquium
nl colloquium *no* kollokvium
da kollokvium; *sla: pl* kolokwium

ce kolokvium *sk* kolokvium
ru коллоквиум *uk* колоквіум
be калёквіум *bg* колоквиум *hr* kolokvij
sr колоквијум *sl* kolokvij *mk* колоквиум;
f-u: *ma* kollokvium *su* kollokvio
et kollokviumi; *bal:* *lt* kolokviumas
lv kolokvijs; *gal:* *cy* colocwiwm
ga collóiciam; *n. g.:* *mt* kollokju,
sh colloquium, *tr* kolokyum. *min. 32/591*

colǫnna (1) *f* 🔲 Säule *f*, Spalte *f*
(Tabellen'~); Kolonne *f (Fahrzeug'~)*
<prim>. *rom:* *fr* colonne *it* colonna
es columna *ro* coloană *ca* columna; *ger:*
en column *da* kolonne; *sla:* *pl* kolumna
ru колонна *bg* колона *hr* kolona; *n. g.:*
mt kolonna. *min. 12/376*

colǫnna (2) *f* 🔲 Kolumne *f*
<prim>. *rom:* *fr* colonne *it* colonna
es columna *ro* coloană *pt* coluna
ca columna; *ger:* *de* Kolumne *en* column
nl kolom *sv* kolumn *no* kolonne
da kolonne; *sla:* *pl* kolumna *ru* колонна
uk колонка *be* калонка *bg* колона
hr kolona *sr* колона *mk* колона; *gal:*
cy colofn *ga* colún; *n. g.:* *mt* kolonna,
sh kolonë. *min. 24/557*

colonnǎda *f* 🔲 Säulengalerie *f*
<prim>. *rom:* *fr* colonnade *it* colonnato
es columnata *ro* colonadă *ca* columnata;
ger: *de* Kolonnade *en* colonnade; *sla:*
pl kolumnada *ce* kolonáda *sk* kolonáda
ru колоннада *uk* колонада *be* каланада
bg колонада *hr* kolonada *sr* колонада
mk колонада; *bal:* *lv* kolonāde; *n. g.:*
sh kolonadë. *min. 19/525*

cǫlor *m* 🔲 Farbe (1) *f*
<ang>. *rom:* *fr* couleur *it* colore *es* color
ro culoare *ca* color; *ger:* *en* colour
nl kleur; *sla:* *pl* kolor *ru* колор *be* колер;
n. g.: *ek* kolore, *mt* kulur. *min. 12/391*

combinatiǫn *f* 🔲 Kombination *f*
[ts] gen: -ǫne <prim>. *rom:*
fr combination *it* combinazione
es combinación *ro* combinaţie
ca combinació; *ger:* *en* combination
da kombination; *sla:* *pl* kombinacja
ce kombinace *ru* комбинация
bg комбинация *hr* kombinacija; *n. g.:*
mt kombinazzjoni, *tr* kombinasyon.
min. 14/391

comfǫrt *m* 🔲 Komfort *m*
<prim>. *rom:* *fr* confort *it* comfort
es confort *ro* confort *pt* conforto; *ger:*
de Komfort *en* comfort *nl* comfort
sv komfort *no* komfort *da* comfort; *sla:*
pl komfort *ru* комфорт *uk* комфорт
be камфорт *bg* комфорт; *bal:*
lt komfortas *lv* komforts; *gal:*
ga chompord; *n. g.:* *tr* konfor.
min. 20/548

commǎnda *f* 🔲 Befehl *m*
<prim>. *rom:* *fr* commande *it* comando
ro comandă *ca* comando; *ger:*
en command; *sla:* *be* каманда
bg команда; *f-u:* *su* komento; *n. g.:*
mt kmand. *min. 9/224*

commandǎnt / commandĕr *m* 🔲
Kommandeur *m*
<prim>. *rom:* *fr* commandant
it comandante *es* comandante
ro comandant *pt* comandante
ca comandant; *ger:* *de* Kommandeur
en commander *da* kommandør; *sla:*
ru командир *uk* командир *be* камандзір
bg командир *sr* командир *mk* командант;
f-u: *su* komentaja *et* komandör; *bal:*
lv komandieris; *n. g.:* *ek* komandante,
mt kmandant, *sh* komandant, *tr* komutan.
min. 22/492

commentár *m* N Kommentar *m*
gen: -are <prim>. *rom:* *fr* commenter
it commento *es* comentario *ro* comentariu
pt comentário *ca* comentari; *ger:*
de Kommentar *en* comment *nl* commentaar
sv comment *da* kommentar; *sla:*
pl komentarz *ce* komentář *sk* komentár
uk коментар *bg* коментар *hr* komentar
sr коментар *sl* komentar *mk* коментар;
f-u: *su* kommentti *et* kommentaar; *bal:*
lt komentaras *lv* komentārs; *n. g.:*
sh koment. *min. 25/489*

commissión *f* N Kommission *f*
gen: -one <prim>. *rom:* *fr* commission
it commissione *es* comisión *ro* comision
pt comissão *ca* comissió; *ger:*
de Kommission *en* commission
nl commissie *sv* kommission
no kommisjon *da* kommission; *sla:*
pl komisja *ru* комиссия *uk* комісія
be камісія *bg* комисионна *sr* комисија
sl komisija *mk* комисија; *f-u:*
et komisjoni; *bal:* *lt* komisija *lv* komisija;
gal: *cy* comisiwn; *n. g.:* *mt* kummissjoni,
sh komision, *tr* komisyon. *min. 27/566*

commún A gemeinsam
<ang>. *rom:* *fr* commun *it* comun◊
es común(◊) *ca* comú◊; *ger:* *en* common;
sla: *bg* комуналн◊; *gal:* *br* kumun.
min. 7/229

communicatión *f* N Kommunikation *f*
[ts] gen: -one <prim>. *rom:*
fr communication *it* comunicazione
es comunicación *ro* comunicare
pt comunicação *ca* comunicació; *ger:*
de Kommunikation *en* communication
nl communicatie *sv* kommunikation
no kommunikasjon *da* kommunikation;
sla: *pl* komunikacja *ce* komunikace
sk komunikácie *ru* коммуникация
uk комунікація *be* камунікацыя
bg комуникация *hr* komunikacija

sr комуникација *sl* komunikacija
mk комуникација; *f-u:* *ma* kommunikáció
et kommunikatsioon; *n. g.:*
ek komunikazioa, *mt* komunikazzjoni,
sh komunikim. *min. 28/588*

communicéren *c-* V mitteilen;
kommunizieren
<prim>. *rom:* *fr* communiquer
it comunicare *es* comunicar *ro* comunica
ca comunicar; *ger:* *de* (kommunizieren)
en communicate *da* kommunikere; *sla:*
ce komunikovat *ru* коммуницировать
bg комуницирам *hr* komunicirati; *n. g.:*
mt -komunika. *min. 13/441*

communité *f* N Gemeinschaft *f*
gen: -téte <ang>. *rom:* *fr* communauté
it comunità *es* comunidad *ro* comunitate
ca comunitat; *ger:* *en* community; *n. g.:*
mt komunità. *min. 7/239*

commutatív A kommutativ
<prim>. *rom:* *fr* commutatif
it commutativ◊ *es* conmutativ◊
pt comutativ◊ *ca* commutativ◊); *ger:*
de kommutativ *en* commutative
nl commutatief *sv* kommutativ
da kommutativ; *sla:* *ce* komutativn◊
sk komutatívn◊ *ru* коммутативн◊
uk комутативн◊ *be* коммутативн◊
bg коммутативн◊ *sr* комутативна
sl komutativn◊ *mk* комутативн◊; *f-u:*
ma kommutatív *su* kommutatiivinen
et kommutatiivne; *n. g.:* *mt* kommuttativa.
min. 23/522

companía *f* N Kompanie *f*
<prim>. *rom:* *fr* compagnie *it* compagnia
ro companie *pt* companhia; *ger:*
de Kompanie *en* company; *sla:*
ru компания *uk* компанія *be* кампанія
bg компания *sr* компанија *mk* компанија;
bal: *lv* kompānija; *n. g.:* *ek* konpainiak,
mt kumpanija, *sh* kompani. *min. 16/434*

comparatív (1) *m* $\boxed{N}$ Komparativ *m*; Steigerungsform *f*

<prim>. *rom*: *fr* comparatif *it* comparativo *es* comparativo *ro* comparativ *ca* comparatiu; *ger*: *en* comparative; *sla*: *ru* компаратив; *n. g.*: *mt* komparattiv. *min. 8/319*

comparatív (2) $\boxed{A}$ vergleichend

<ang>. *rom*: *fr* comparant *it* comparativ◊ *es* comparativ◊ *ro* comparativ *ca* comparativ◊; *ger*: *en* comparative; *n. g.*: *mt* komparattiv. *min. 7/239*

compass *m* $\boxed{N}$ Kompass *m*

<prim>. *ger*: *de* Kompass *en* compass *nl* kompas *sv* kompass *no* kompass *da* kompas; *sla*: *pl* kompas *ce* kompas *sk* kompas *ru* компас *uk* компас *be* компас *bg* компас *sr* компас *sl* kompas *mk* компас; *f-u*: *su* kompassi *et* kompass; *bal*: *lt* kompasas *lv* kompass. *min. 20/391*

complémentár $\boxed{A}$ komplementär

<prim>. *rom*: *fr* complémentaire *it* complementare *es* complementari◊ *ro* complementar *pt* complementar *ca* complementari◊; *ger*: *de* komplementär *en* complementary *nl* complementair *sv* komplementär *da* komplementære; *sla*: *ce* komplementárn◊ *sk* komplementárn◊ *mk* комплементарн◊; *n. g.*: *mt* komplementari. *min. 15/394*

complét $\boxed{A}$ komplett

<prim>. *rom*: *fr* complet *it* complet◊ *es* complet◊ *ro* complet *pt* complet◊ *ca* complet◊; *ger*: *de* komplett *en* complete *nl* compleet *no* komplett *da* komplett; *sla*: *pl* kompletn◊ *ce* kompletn◊ *sk* kompletn◊ *ru* комплектн◊ *be* поўн◊ *bg* (пълн◊) *sr* комплетн◊ *sl* kompletn◊; *f-u*: *ma* komplett; *n. g.*: *mt* kompluta. *min. 21/549*

complétéren *c-* $\boxed{V}$ vervollständigen

<prim>. *rom*: *fr* compléter *it* completare *es* completar *ro* completa *ca* complet; *ger*: *de* komplettieren *en* complete *sv* komplettera *da* komplettere; *sla*: *ce* kompletovat *ru* укомплектовывать; *n. g.*: *mt* -kompluta. *min. 12/437*

complexité *f* $\boxed{N}$ Komplexität *f*

gen: -téte <prim>. *rom*: *fr* complexité *it* complessità *es* complejidad *ro* complexitate *pt* complexidade *ca* complexitat; *ger*: *de* Komplexität *en* complexity *sv* komplexitet *no* kompleksitet *da* kompleksitet; *sla*: *bg* комплексност *sl* kompleksnost *mk* комплексност; *n. g.*: *ek* konplexutasun, *mt* kumplessità, *sh* kompleksitet. *min. 17/377*

complíc' *m* $\boxed{N}$ Komplize *m*

gen: -ice <prim>. *rom*: *fr* complice *it* complice *es* cómplice *ro* complice *pt* cúmplice *ca* còmplice; *ger*: *de* Komplize *en* accomplice; *n. g.*: *ek* konplize, *mt* kompliċi. *min. 10/346*

complicatión *f* $\boxed{N}$ Komplikation *f*

[ts] gen: -one <prim>. *rom*: *fr* complication *it* complicazione *es* complicación *ro* complicație *pt* complicação *ca* complicació; *ger*: *de* Komplikation *en* complication *nl* complicatie *sv* komplikation *no* komplikasjon *da* komplikation; *sla*: *ce* komplikace *sk* komplikácie *bg* компликация *hr* komplikacija *sr* компликација *mk* компликација; *f-u*: *ma* komplikáció *su* komplikaatio; *bal*: *lt* komplikacija *lv* komplikācija; *n. g.*: *mt* kumplikazzjoni, *tr* komplikasyon. *min. 24/448*

componęnta *f* ⃞N Komponente *f*; Bestandteil *m*
<prim>. *rom:* *fr* componente
it componente *es* componente
ro component *ca* component; *ger:*
en component *da* komponent; *sla:*
pl komponenty *be* кампанент
bg компонент; *f-u:* *su* komponentti;
n. g.: *mt* komponent. *min. 12/307*

componéren *c-* MUS ⃞V komponieren
<prim>. *rom:* *fr* composer *it* comporre
es componer *ro* compune *pt* compor
ca compondre; *ger:* *de* komponieren
en compose *nl* componeren *sv* komponera
no komponere *da* komponere; *sla:*
pl komponować *bg* композирам
mk компонира; *bal:* *lt* sukomponuoti;
n. g.: *ek* konposatzen, *sh* kompozoj.
min. 18/439

compositión *f* ⃞N Zusammensetzung *f*
[ts] gen: -one <prim>. *rom:*
fr composition *it* composizione
es composición *ro* compoziţie
ca composició; *ger:* *en* composition; *sla:*
pl kompozycja *bg* композиция; *n. g.:*
mt kompożizzjoni, *tr* kompozisyon.
min. 10/294

compromįs *m* ⃞N Kompromiss *m*
gen: -įsse <prim>. *rom:* *fr* compromis
it compromesso *es* compromiso
ro compromis *ca* compromiso; *ger:*
de Kompromiss *en* compromise
da kompromis; *sla:* *pl* kompromis
ce kompromis *ru* компромисс
be кампраміс *bg* компромис
hr kompromis; *f-u:* *su* kompromissi;
n. g.: *mt* kompromess. *min. 16/496*

comtát *m* ⃞N Komitat *n*
gen: -ate <prim>. *rom:* *fr* comté *it* contea
es condado *pt* condado *ca* comtat; *ger:*
de Komitat *en* county; *sla:* *ru* Комитат;

gal: *ga* contae; *n. g.:* *el* κομητεία,
ek konderria, *mt* kontea. *min. 12/418*

comųna *f* ⃞N Kommune *f*
<prim>. *rom:* *fr* (commun) *it* comune
es comuna *ro* comună *pt* comuna
ca comuna; *ger:* *de* Kommune
en commune *da* kommune; *sla:*
ce komuna *sk* komúna *ru* коммуна
uk комуна *be* камуна *bg* комуна
sr комуна *mk* комуна; *f-u:* *su* kunta
et kommuun; *bal:* *lv* komūna; *n. g.:*
sh komunë, *tr* komün. *min. 22/505*

concentratión *f* ⃞N Konzentration *f*
[ts] gen: -one <prim>. *rom:*
fr concentration *it* concentrazione
es concentración *ro* concentrare
ca concentració; *ger:* *de* Konzentration
en concentration *da* konsntration; *sla:*
pl koncentracja *ce* koncentrace
ru концентрация *be* канцэнтрацыя
bg концентрация *hr* koncentracija; *n. g.:*
mt konċentrazzjoni, *tr* konsantrasyon.
min. 16/496

concentréren *c-* ⃞V konzentrieren
<prim>. *rom:* *fr* concentrer *it* concentrare
es concentrar *ro* concentra; *ger:*
de konzentrieren *en* concentrate
sv koncentrera; *sla:* *pl* koncentrować(się)
ru сконцентрировать *bg* концентрирам
hr koncentrirati; *gal:* *br* kengreizañ.
min. 12/474

concępt *m* ⃞N Konzept *n*
<prim>. *rom:* *fr* concept *it* concetto
es concepto *ro* concept *ca* concepte; *ger:*
de Konzept *en* concept *da* konspt; *sla:*
pl koncept *ru* концепт *be* канцэпцыя
bg концепт *hr* koncept *sl* koncept; *n. g.:*
mt kunċett. *min. 15/483*

concernán $\boxed{V}$ betreffen

<ang>. _rom:_ _fr_ concerner _it_ concernere
_es_ concernir _pt_ concernir _ca_ concernir;
ger: _en_ concern. _min._ 6/229

conclǎv _m_ $\boxed{N}$ Konklave _n_

gen: -ave <prim>. _rom:_ _fr_ conclave
_it_ conclave _es_ cónclave _ro_ conclav
_pt_ conclave _ca_ conclave; _ger:_
_de_ Konklave _en_ conclave _da_ konklave;
sla: _pl_ konklawe _ce_ konkláve _sk_ konkláve
_ru_ конклав _uk_ конклав _be_ канклаў
_bg_ конклав _sr_ конклав _sl_ konklave
_mk_ конклава; _f-u:_ _ma_ konklávé
_su_ konklaavi _et_ konklaav; _bal:_ _lt_ konklava
_lv_ konklāvs. _min._ 24/557

conclusión _f_ $\boxed{N}$ Schlussfolgerung _f_

gen: -one <ang>. _rom:_ _fr_ conclusion
_it_ conclusione _es_ conclusión _ro_ concluzie
_ca_ conclusió; _ger:_ _en_ conclusion
_da_ konklusion; _sla:_ _pl_ konkluzja
_be_ заключэнне _bg_ сключване
_hr_ zaključak; _n. g.:_ _mt_ konklużjoni.
min. 12/306

condensát _m_ $\boxed{N}$ Kondensat _n_

gen: -ate <prim>. _rom:_ _fr_ condensé
_it_ condensato _es_ condensado _ro_ condens
_pt_ condensado _ca_ condensat; _ger:_
_de_ Kondensat _en_ condensate _nl_ condensaat
_sv_ kondensat _no_ kondensat _da_ kondensat;
sla: _pl_ kondensat _ce_ kondenzát
_sk_ kondenzát _ru_ конденсат _uk_ конденсат
_be_ кандэнсат _bg_ кондензат _hr_ kondenzat
_sr_ кондензат _sl_ kondenzat _mk_ кондензат;
_f-u:_ _ma_ kondenzátum _et_ kondensaadi; _bal:_
_lt_ kondensato _lv_ kondensāta; _gal:_
_cy_ cyddwysiad _ga_ comhdhlúthán; _n. g.:_
_ek_ kondentsatu, _mt_ kondensat, _tr_ kondens.
min. 32/598

condenséren _c-_ $\boxed{V}$ kondensieren

<prim>. _rom:_ _fr_ condenser _it_ condensare
_es_ condensar _ro_ condensa _pt_ condensar

_ca_ condensar; _ger:_ _de_ kondensieren
_en_ condense _nl_ condenseren _sv_ kondensera
_no_ kondenserer _da_ kondensere; _sla:_
_ce_ kondenzovat _sk_ kondenzovať
_ru_ конденсировать _uk_ конденсувати
_be_ кандэнсаваных _bg_ кондензирам
_sl_ kondenzirajo _mk_ кондензира; _f-u:_
_et_ kondenseeruma; _bal:_ _lt_ kondensuoti;
gal: _cy_ cyddwyso; _n. g.:_
_ek_ kondentsatzen, _mt_ jikkondensa.
min. 25/527

conditión _f_ $\boxed{N}$ Kondition _f_; Gegebenheit
_f_

[ts] gen: -one <prim>. _rom:_ _fr_ condition
_it_ condizione _es_ condición _ro_ condiție
_pt_ condição _ca_ condició; _ger:_
_de_ Kondition _en_ condition; _sla:_
_ru_ кондиция; _f-u:_ _su_ kunto; _n. g.:_
_mt_ kundizzjoni. _min._ 11/429

condoléncea _f_ $\boxed{N}$ Kondolenz _f_

[tsa], gen: -ce <prim>. _rom:_
_fr_ condoléances _es_ condolencia
_ro_ condoleanțe _pt_ condolência; _ger:_
_de_ Kondolenz _en_ condolence
_sv_ kondoleans; _sla:_ _pl_ kondolencje; _n. g.:_
_mt_ kondoljanzi. _min._ 9/340

condor _m_ $\boxed{N}$ Kondor _m_

<prim>. _comun_ ± condor / кондор; _rom:_
_fr_, _it_, _es_, _ro_, _pt_, _ca_; _ger:_ _de_, _en_, _nl_, _sv_, _no_,
_da_; _sla:_ _pl_, _ce_, _sk_, _ru_, _uk_, _be_, _bg_, _hr_, _sr_, _sl_,
_mk_; _f-u:_ _ma_, _et_; _bal:_ _lt_, _lv_; _gal:_ _cy_, _br_,
_ga_, _gd_, _gv_; _n. g.:_ _el_, _ek_, _mt_, _sh_, _tr_.
min. 37/610

conferéncea _f_ $\boxed{N}$ Konferenz _f_

[tsa], gen: -ce <prim>. _rom:_ _fr_ conférence
_it_ conferenza _es_ conferencia _ro_ conferință
_ca_ conferència; _ger:_ _de_ Konferenz
_en_ conference _da_ konferens; _sla:_
_pl_ konferencja _ce_ konference _sk_ konferenca
_ru_ конференция _be_ канферэнцыя
_bg_ конференция _hr_ konferencija

mk konferencia; *f-u:* *su* konferenssi; *n. g.: mt* konferenza, *tr* konferans. *min. 19/508*

confidentiạl Ⓐ vertraulich

<prim>. *rom: fr* confidentiel *it* confidenziale *es* confidencial *ro* confidenţial *ca* confidencial; *ger: en* confidential; *sla: pl* konfidencjaln◊ *ru* конфиденциальн◊ *be* канфідэнцыйн◊; *n. g.: mt* kunfidenzjali. *min. 10/369*

confirmạn Ⓥ bestätigen

<ang>. *rom: fr* confirmer *it* confermare *es* confirmar *ro* confirma *pt* confirmar *ca* confirmar; *ger: en* confirm; *sla: pl* konfirmować; *n. g.: mt* jikkonfermaw. *min. 9/289*

confirmatiọn *f* Ⓝ Bestätigung *f*

[ts] gen: -ọne <prim>. *rom: fr* confirmation *it* conferma *es* confirmación *ro* confirmare *pt* confirmação *ca* confirmació; *ger: en* confirmation; *n. g.: mt* konferma. *min. 8/249*

confiscẹren *c-* Ⓥ konfiszieren

<prim>. *rom: fr* confisquer *it* confiscare *es* confiscar *ro* confisca *pt* confiscar *ca* confiscar; *ger: de* konfiszieren *en* confiscate *nl* confisqueren *sv* konfiskera *no* konfiskere *da* konfiskere; *sla: pl* konfiskować *ru* конфисковать *uk* конфіскувати *be* канфіскаваць *bg* конфискувам *sr* конфисковати *mk* конфискуваат; *f-u:* *et* konfiskeerima; *bal: lt* konfiskuoti *lv* konfiscēt; *n. g.: sh* konfiskoj. *min. 23/559*

conflịct *m* Ⓝ Konflikt *m*

<prim>. *rom: fr* conflit *it* conflitto *es* conflicto *ro* conflict *pt* conflito *ca* conflicte; *ger: de* Konflikt *en* conflict *sv* konflikt *no* konflikt *da* konflikt; *sla: pl* konflikt *ce* konflikt *sk* konflikt

ru конфликт *uk* конфлікт *be* канфлікт *bg* конфликт *sr* конфликт *sl* konflikt *mk* конфликт; *f-u:* *su* konflikti *et* konflikt; *bal: lt* konfliktas *lv* konflikts; *gal: ga* coimhlint; *n. g.: mt* kunflitt, *sh* konflikt. *min. 28/560*

conglomerạt *m* Ⓝ Konglomerat *n*

gen: -ạte <prim>. *rom: fr* conglomérat *it* conglomerato *es* conglomerado *ro* conglomerat *pt* conglomerado *ca* conglomerat; *ger: de* Konglomerat *en* conglomerate *nl* conglomeraat *sv* konglomerat *no* konglomerat *da* konglomerat; *sla: pl* konglomerat *ce* konglomerát *sk* konglomerát *ru* конгломерат *uk* конгломерат *be* кангламерат *bg* конгломерат *hr* konglomerat *sr* конгломерат *sl* konglomerat *mk* конгломерат; *f-u:* *ma* konglomerátum *et* konglomeraat; *bal: lt* konglomeratas *lv* konglomerāts; *n. g.: ek* konglomeratua, *mt* konglomerat, *sh* konglomerat. *min. 30/593*

congruẹncea *f* Ⓝ Kongruenz *f*

[tsa], gen: -ce <prim>. *rom: fr* congruence *it* congruenza *es* congruencia *ro* congruenţă *pt* congruência *ca* congruència; *ger: de* Kongruenz *en* congruence *nl* congruentie *sv* kongruens *no* kongruens *da* kongruens; *sla: ru* конгруэнция *uk* конгруентність *be* конгруэнтность *bg* конгруенция *hr* kongruencija; *f-u:* *su* kongruenssi *et* kongruentsus; *n. g.: ek* kongruentzia. *min. 20/514*

conjugatiọn *f* Ⓝ Konjugation *f*

[ts] gen: -ọne <prim>. *rom: fr* conjugaison *it* coniugazione *es* conjugación *ro* conjugare *ca* conjugació; *ger: de* Konjugation *en* conjugation *da* konjugation; *sla: hr* konjugacija; *f-u:* *su* konjugaatio; *n. g.: mt* konjugazzjoni. *min. 11/346*

conjugéren *c-* $\boxed{V}$ konjugieren
<prim>. *rom:* *fr* conjuguer *it* coniugare
es conjugar *ro* conjuga *ca* conjugar; *ger:*
de konjugieren *en* conjugate *nl* conjugeren
sv konjugera *no* konjugere *da* konjugere;
sla: *pl* konjugować *ce* konjugovat
hr konjugirati *sr* коњугирати; *f-u:*
su konjugaatti; *n. g.:* *mt* konjugat.
min. 17/439

conséquénto $\boxed{\text{adv}}$ konsequent *(Adverb)*
<prim>. *rom:* *fr* conséquamment
es consiguientemente *ro* consecvent
ca conseqüentamente; *ger:* *de* konsequent
en consequently; *sla:* *pl* konsekwentnie
bg консеквентно; *n. g.:* *mt* konsistenti.
min. 9/334

conservàn $\boxed{V}$ bewahren; erhalten (2)
<ang>. *rom:* *fr* conserver *it* conservare
es conservar *ro* conserva *pt* conservar
ca conservar; *ger:* *en* conserve; *n. g.:*
mt ikkonserva. *min. 8/249*

conservéren *c-* $\boxed{V}$ konservieren
<prim>. *rom:* *fr* conserver *it* conservare
es conservar *ro* conserva *pt* conservar
ca conservar; *ger:* *de* konservieren
en conserve *nl* conserveren *sv* konservera
no konservere *da* konservere; *sla:*
ce konservovat *ru* консервировать
bg консервирам *hr* konzervirati
mk консервирам; *f-u:* *ma* konzerválni
et konserveerima; *bal:* *lt* konservuoti
lv konservēt; *n. g.:* *el* κονσερβοποιώ,
ek konserbatu, *mt* ikkonserva, *tr* konserve
yapmak. *min. 25/525*

consíl *m* $\boxed{N}$ Konzil *n*
gen: -ile <prim>. *rom:* *fr* conseil
it consiglio *es* consejo *ro* consiliu
pt conselho *ca* consell; *ger:* *de* Konzil
en council; *sla:* *ru* консилиум; *n. g.:*
mt kunsill, *sh* këshill, *tr* konsey.
min. 12/429

consísten *c+* $\boxed{V}$ bestehen (aus)
<ang>. *rom:* *fr* consister *it* consistere
es consistir *ca* consisteix; *ger:* *en* consist;
sla: *ce* sestávat (z) *bg* "състои се (от)";
f-u: *su* koostua; *n. g.:* *mt* jikkonsistu.
min. 9/244

consisténcea *f* $\boxed{N}$ Konsistenz *f*
[tsa], gen: -ce <prim>. *rom:*
es consistencia *ro* consistenţă
pt consistência *ca* consistència; *ger:*
de Konsistenz *en* consistency
nl consistentie *no* konsistens; *sla:*
pl konsystencja *ce* konzistence
sk konzistencia *ru* консистенция
uk консистенція *be* кансістэнцыя
bg консистенция *mk* конзистентност;
n. g.: *mt* konsistenza, *sh* konsistencë.
min. 18/431

consolidéren *c-* $\boxed{V}$ konsolidieren
<prim>. *rom:* *fr* consolider *it* consolidare
es consolidar *ro* consolida *pt* consolidar
ca consolidar; *ger:* *de* konsolidieren
en consolidate *nl* consolideren
sv konsolidera *no* konsolidere
da konsolidere; *sla:* *pl* konsolidować
ce konsolidovat *sk* konsolidovat'
ru консолидировать *uk* консолідувати
be кансалідаваць *bg* консолидирам
sr консолидовати *mk* консолидирање на;
bal: *lt* konsoliduoti *lv* konsolidēt; *n. g.:*
mt tikkonsolida, *sh* konsolidoj. *min. 25/572*

consonànt *m* $\boxed{N}$ Konsonant *m*
<prim>. *rom:* *fr* consonne *it* consonante
es conónico *ro* consoană *ca* consonant;
ger: *en* cononant *da* konsonant; *sla:*
pl consonant; *f-u:* *su* konsonantti; *n. g.:*
mt konsonanti. *min. 10/287*

conspiratión *f* $\boxed{N}$ Konspiration *f*
[ts] gen: -one <prim>. *rom:*
fr conspiration *it* cospirazione
es conspiración *pt* conspiração

ca conspiració; *ger: de* Konspiration
en conspiracy; *sla: bg* конспирация;
n. g.: ek konspirazio. *min. 9/336*

constant A̲ Konstante *f*
adv: ~o <prim>. *rom: fr* constante
it costante *es* constante *pt* constante
ca constant; *ger: de* Konstante
en constant *nl* constante *sv* konstant
no konstant *da* konstant; *sla:*
ce konstantní *sk* konštantná *bg* константн◊
hr konstanta *sr* константа; *bal:*
lv konstante; *n. g.: ek* konstante,
sh konstante. *min. 19/403*

constellatiọn *f* N̲ Konstellation *f*
[ts] gen: -ọne <prim>. *rom:*
fr constellation *it* costellazione
es constelación *pt* constelação
ca consteŀlació; *ger: de* Konstellation
en constellation *sv* konstellation; *sla:*
pl konstelacja *bg* констелация
hr konstelacija *sr* констелација
mk констелација; *n. g.: ek* konstelazio,
mt kostellazzjoni. *min. 15/400*

constructiọn *f* N̲ Konstruktion (1) *f*
[ts] gen: -ọne <prim>. *rom:*
fr construction *it* costruzione
es construcción *pt* construção
ca construcció; *ger: de* Konstruktion
en construction *sv* konstruktion;
no konstruksjon; *sla: bg* конструкция
sr конструкција; *f-u: ma* konstrukció;
n. g.: mt kostruzzjoni. *min. 13/369*

cọnsul *m* N̲ Konsul *m*
<prim>. *rom: fr* consul *it* console
es cónsul *ro* consul *pt* cônsul *ca* cònsol;
ger: de Konsul *en* consul *nl* consul
sv konsul *no* konsul *da* consul; *sla:*
pl konsul *ce* konzul *sk* konzul *ru* консул
uk консул *be* консул *bg* консул *hr* konzul
sr конзул *sl* konzul *mk* конзул; *f-u:*
ma konzul *su* konsuli *et* konsul; *bal:*

lt konsulas *lv* konsuls; *gal: cy* conswl
ga chonsal; *n. g.: ek* kontsul, *mt* konslu,
sh konsull, *tr* konsolos. *min. 34/603*

consultạnt *m* N̲ Berater *m*
<prim>. *rom: it* consulente *es* consultor
ro consultant *ca* consultor; *ger:*
en consultant *da* konsulent; *sla:*
pl konsultant *ce* konzultant *be* кансультант
bg консултант; *f-u: su* konsultti; *n. g.:*
mt konsulent. *min. 12/252*

consultatiọn *f* N̲ Konsultation *f*; Beratschlagung *f*
[ts] gen: -ọne <prim>. *rom:*
fr consultation *it* consultazione
es consultación *ro* consultare
pt consultação *ca* consultació; *ger:*
de Konsultation *en* consultation; *sla:*
pl konsultacja *ce* konzultace *sk* konzultácie
ru консультация *uk* консультація
be кансультацыя *bg* консултация
sr консултације *mk* консултации; *f-u:*
ma konzultáció *et* konsultatsioon; *bal:*
lt konsultacija *lv* konsultācija; *n. g.:*
ek kontsultak, *mt* konsultazzjoni,
sh këshillim. *min. 24/549*

consumẹren *c-* V̲ konsumieren
<prim>. *rom: fr* consommer *it* consumare
es consumir *pt* consumir *ca* consumir;
ger: de konsumieren *en* consume
sv konsumera *no* konsumere; *sla:*
pl konsumować *ce* konzumovat
sk konzumovať *bg* конзумирам
mk консумираат; *n. g.: ek* kontsumitzen,
sh konsumoj. *min. 16/408*

contạct *m* N̲ Kontakt *m*
<prim>. *rom: fr* contact *it* contatto
es contacto *ro* contact *ca* contacte; *ger:*
en contact *da* kontakt; *sla: pl* kontakt
ce kontakt *ru* контакт *be* кантакт
bg контакт *hr* kontaktirati; *f-u:*
su kosketus; *n. g.: mt* kuntatt. *min. 15/401*

contactéren c- $\boxed{V}$ kontaktieren
<prim>. _rom:_ fr contacter es contactar
ca contactar; _ger:_ en contact
da kontaktere; _sla:_ ce kontaktovat
be кантактаваць bg контактвам
hr kontaktirati; _f-u:_ su kosketus; _n. g.:_
mt -kuntatta. _min. 11/211_

contán $\boxed{V}$ zählen
<ang>. _rom:_ fr compter it contare
es contar ro conta pt contar ca comptar;
ger: en count. _min. 7/249_

conténén $\boxed{V}$ enthalten; beinhalten
<ang>. _rom:_ fr contenir it contenere
es contener ro conține pt conter
ca contenir; _ger:_ en contain; _sla:_
ru контейнер. _min. 8/329_

context m $\boxed{N}$ Zusammenhang m
<prim>. _rom:_ fr context it contesto
es contexto ro context ca context; _ger:_
en context; _sla:_ pl kontekst ce kontext
ru контекст be кантэкст bg контекст
hr kontekst; _f-u:_ su konteksti; _n. g.:_
mt kuntest. _min. 14/398_

continent m $\boxed{N}$ Kontinent m; Festland n
<prim>. _rom:_ fr continent it continente
es continente ro continent pt continente
ca continent; _ger:_ de Kontinent
en continent nl continent no kontinentet
da kontinent; _sla:_ pl kontynent
ce kontinent sk kontinent ru континент
uk континент be кантынент bg континент
hr kontinent sr континент mk континент;
_f-u:_ ma kontinens; _bal:_ lv kontinents;
_n. g.:_ ek kontinenteko, mt kontinent,
sh kontinent. _min. 26/577_

continental $\boxed{A}$ kontinental; Festlands-
<prim>. _rom:_ fr continental
it continentale es continental ro continental
pt continental ca continental; _ger:_
de kontinental en continental
da kontinentale; _sla:_ pl kontynentaln◊

ce kontinentáln◊ ru континентальн◊
be кантынентальн◊ bg континенталн◊
hr kontinentaln◊; _n. g.:_ mt kontinentali.
min. 16/501

continuán $\boxed{V}$ fortfahren; fortsetzen
<ang>. _rom:_ fr continuer it continuare
es continuar ro continua ca continuar;
ger: en continue; _sla:_ pl kontynuować.
min. 7/279

continuité f $\boxed{N}$ Kontinuität f; Beständigkeit f
gen: -téte <prim>. _rom:_ fr continuité
it continuità es continuidade
pt continuidad; _ger:_ de Kontinuität
en continuity nl continuïteit sv kontinuitet
no kontinuitet da kontinuitet. _min. 10/358_

contra- $\boxed{pfx}$ Kontra-
<prim>. _rom:_
fr contre- it contro- es contra- ro contra- p
t contra- ca contra-; _ger:_
de Kontra- en contra- nl contra- sv kontra-
no kontra- da kontra-; _sla:_
ce kontra- sk kontra- ru контра◊
hr kontra- sr контра- sl kontra- mk контра
-; _f-u:_ ma kontra-; _bal:_
lt kontra- lv kontr-; _n. g.:_ sh kundër-,
tr kontr-. _min. 24/515_

contractión f $\boxed{N}$ Kontraktion f
[ts] gen: -one <prim>. _rom:_ fr contraction
it contrazione es contracción pt contração
ca contracció; _ger:_ de Kontraktion
en contraction; _sla:_ ce kontrakce
sk kontrakcie bg контракция
mk контракција; _n. g.:_ mt kontrazzjoni.
min. 12/351

contrást m $\boxed{N}$ Kontrast m
<prim>. _rom:_ fr contraste it contrasto
es contraste ro contrast pt contraste
ca contrast; _ger:_ de Kontrast en contrast
nl contrast sv kontrast no kontrast
da kontrast; _sla:_ pl kontrast ce kontrast

sk kontrast *ru* контрастность
uk контрастність *be* кантраснасць
bg контраст *hr* kontrast *sr* контраст
sl kontrast; *f-u: ma* kontraszt *su* kontrasti
et kontrast; *bal: lt* kontrastas *lv* kontrasts;
gal: ga codarsnacht; *n. g.: mt* kuntrast,
sh kontrast, *tr* kontrast. *min. 31/599*

contribu̯ën *c+* $\boxed{V}$ beitragen
<ang>. *rom: fr* contribuer *it* contribuire
es contribuir *ro* contribui *ca* contribuir;
ger: en contribute; *sla: ru* контрибуция;
n. g.: mt -kontribwixxu. *min. 8/319*

contributi̯ón *f* $\boxed{N}$ Beitrag *m*
[ts] gen: -o̯ne <ang>. *rom: fr* contribution
it contribuzione *es* contribución
ro contribuţie *ca* contribució; *ger:*
en contribution; *n. g.: mt* kontribuzzjoni.
min. 7/239

conventi̯ón *f* $\boxed{N}$ Konvention *f*
[ts] gen: -o̯ne <prim>. *rom: fr* convention
it convenzione *es* convención *ro* convenţie
pt convenção *ca* convenció; *ger:*
de konvention *en* convention *nl* conventie
sv konvention *no* konvensjon
da konvention; *sla: pl* konwencja
ce konvence *sk* konvencie *ru* конвенция
uk конвенція *be* канвенцыя *bg* конвенция
hr konvencija *sr* конвенција *sl* konvencija
mk конвенцијата; *f-u: ma* konvenció
et konventsioon; *bal: lt* konvencija
lv konvencija; *gal: cy* confensiwn; *n. g.:*
ek konbentzio, *mt* konvenzjoni.
min. 30/593

convergen̯cea *f* $\boxed{N}$ Konvergenz *f*
[tsa], gen: -ce <prim>. *rom:*
fr convergence *it* convergenza
es convergencia *ro* convergenţă
pt convergência *ca* convergència; *ger:*
de Konvergenz *en* convergence
nl convergentie *sv* konvergens
no konvergens *da* konvergens; *sla:*

pl konwergencja *ce* konvergence
sk konvergencie *ru* конвергенция
uk конвергенція *be* канвергенцыя
bg конвергенция *hr* konvergencija
sr конвергенција *sl* konvergenca
mk конвергенција; *f-u: ma* konvergencia;
bal: lt konvergencija *lv* konverģence;
n. g.: ek konbergentzia, *mt* konverġenza,
sh konvergjencë. *min. 29/591*

conversati̯ón *f* $\boxed{N}$ Konversation *f*
[ts] gen: -o̯ne <prim>. *rom:*
fr conversation *it* conversazione
es conversación *ro* conversaţie
ca conversació; *ger: de* Konversation
en conversation *sv* konversation; *sla:*
ce konverzace *sk* konverzácia; *n. g.:*
mt konversazzjoni. *min. 11/359*

conver̯ter *m* $\boxed{N}$ Konverter *m*
<prim>. *rom: fr* convertisseur *it* converter
es convertidor *ro* convertizor *pt* conversor
ca convertidor; *ger: de* Konverter
en converter *no* converter; *sla:*
ce konvertor *sk* konvertor *ru* конвертер
uk конвертер *be* канвэртар *mk* конвертор;
bal: lt konverteris; *n. g.: mt* konvertitur.
min. 17/479

conver̯téren *c-* $\boxed{V}$ konvertieren
<prim>. *rom: fr* convertir *it* convertire
es convertir *ro* converti *pt* converter
ca convertir; *ger: de* konvertieren
en convert *sv* konvertera *no* konvertere
da konvertere; *sla: pl* konwertować
ce konvertovat *sk* konvertovať
ru конвертировать *uk* конвертувати
be канвертаваць *bg* конвертирам
mk конвертирате; *bal: lt* konvertuoti;
n. g.: mt -konvert. *min. 21/542*

conve̯x $\boxed{A}$ konvex
<prim>. *rom: fr* convexe *it* convess◊
es convex◊ *ro* convex *pt* convex◊
ca convex; *ger: de* konvex *en* convex

sv konvex *no* konveks *da* konveks; <u>*sla:*</u>
ce konvexn◊ *sk* konvexn◊ *hr* konveksn◊
sr конвексн◊ *sl* konveksn◊ *mk* конвексн◊;
<u>*f-u:*</u> *ma* konvex; <u>*n. g.:*</u> *mt* konvessi,
sh konveks◊. *min. 20/405*

conviction *f* N̄ Überzeugung *f*
[ts] gen: -<u>o</u>ne <ang>. <u>*rom:*</u> *fr* conviction
it convinzione *es* convicción *ro* convingere
pt convicção *ca* convicció; <u>*ger:*</u>
en conviction. *min. 7/249*

conv<u>i</u>ncen *c+* V̄ überzeugen
<ang>. <u>*rom:*</u> *fr* convaincre *it* convincere
es convencer *ro* convinge *pt* convencer
ca convèncer; <u>*ger:*</u> *en* convince; <u>*n. g.:*</u>
mt -konvinci. *min. 8/249*

copi<u>é</u>ren *c-* V̄ kopieren
<prim>. <u>*rom:*</u> *fr* copier *it* copiare
es copiar *ro* copiaţi *pt* copiar *ca* copiar;
<u>*ger:*</u> *de* kopieren *en* copy *nl* kopiëren
sv kopiera *no* kopiere *da* kopiere; <u>*sla:*</u>
pl skopiować *ce* kopírovat *sk* kopírovať
ru скопировать *uk* скопіювати
be скапіяваць *bg* копирам *hr* kopirati
sr копирање *sl* kopirti *mk* копирам; <u>*f-u:*</u>
su kopioida *et* kopeerima; <u>*bal:*</u> *lt* kopijuoti
lv kopēt; <u>*gal:*</u> *cy* copïo *ga* cóipeáil; <u>*n. g.:*</u>
ek kopiatu, *mt* -kopja, *sh* kopjoj, *tr* kopya
etmek. *min. 33/591*

c<u>o</u>rda *f* N̄ Kordel *f*
<prim>. <u>*rom:*</u> *fr* corde *it* corda *es* cuerda
ro coardă *pt* corda *ca* corda; <u>*ger:*</u>
de Kordel *en* cord *nl* coord *sv* kord; <u>*sla:*</u>
pl kort *ce* kord *ru* хорда *bg* корда
mk корда; <u>*bal:*</u> *lv* korda; <u>*n. g.:*</u> *el* χορδή,
sh kordë, *tr* kordon. *min. 19/535*

c<u>o</u>rpor *m* N̄ Körper *m*
<prim>. <u>*rom:*</u> *fr* corps *it* corpo *es* cuerpo
ro corp *ca* cos; <u>*ger:*</u> *de* Körper *sv* kropp
no kropp *da* krop *is* kroppur; <u>*n. g.:*</u>
mt korp. *min. 11/293*

corporati<u>o</u>n *f* N̄ Körperschaft *f*
[ts] gen: -<u>o</u>ne <prim>. <u>*rom:*</u> *fr* corporation
es corporación *ro* corporaţie *pt* corporação
ca corporació; <u>*ger:*</u> *de* Korporation
en corporation *nl* corporatie; <u>*sla:*</u>
pl korporacja *ru* корпорация
uk корпорація *be* карпарацыя
bg корпорация *hr* korporacija
sr корпорација *mk* корпорација; <u>*f-u:*</u>
et korporatsioon; <u>*bal:*</u> *lt* korporacija
lv korporācija; <u>*gal:*</u> *cy* gorfforaeth; <u>*n. g.:*</u>
mt korporazzjoni, *sh* korporatë.
min. 22/495

corr<u>e</u>ct +↑*rect* +↑*direct* +↑*djas* Ā
korrekt
<prim>. <u>*rom:*</u> *fr* correct *it* corrett◊
es correct◊ *ro* corect *pt* corret◊
ca correct◊; <u>*ger:*</u> *de* korrekt *en* correct
sv korrekt *da* korrekt *is* rétt◊; <u>*sla:*</u>
ce korektn◊ *sk* korektn◊ *ru* корректн◊
bg коректн◊ *sr* коректн◊; <u>*f-u:*</u> *ma* korrekt
et korrektne; <u>*n. g.:*</u> *mt* korrett, *sh* korrekt◊.
min. 20/484

correcti<u>o</u>n *f* N̄ Korrektur *f*
[ts] gen: -<u>o</u>ne <prim>. <u>*rom:*</u> *fr* correction
it correzione *es* corrección *ro* corecţie
ca correcció; <u>*ger:*</u> *en* correction
da korrektur; <u>*sla:*</u> *ru* корректировка
be карэкцыя *bg* корекция *hr* korekcija;
<u>*n. g.:*</u> *mt* korrezzjoni. *min. 12/346*

corresp<u>o</u>nden *c+* V̄ entsprechen
<ang>. <u>*rom:*</u> *fr* correspondre
it corrispondere *es* corresponder
ro corespund *pt* corresponder
ca correspondre; <u>*ger:*</u> *en* correspond; <u>*sla:*</u>
pl korespondować; <u>*n. g.:*</u> *mt* -korisponda.
min. 9/289

correspond<u>e</u>ncea *f* N̄ Korrespondenz *f*; Schriftkontakt *m*
[tsa], gen: -ce <ang>. <u>*rom:*</u>
fr correspondance *es* correspondencia

ca correspondència;   *ger:*
en correspondence   *da* korrcspndens;   *sla:*
pl korespondencja   *bg* кореспонденция.
min. 7/222

correspondéren *c-* $\boxed{V}$
korrespondieren
<prim>.   *rom: fr* correspondre
it corrispondere   *es* corresponder
ro corespund   *pt* corresponder
ca correspondre;   *ger: de* korrespondieren
en correspond   *nl* corresponderen
sv korrespondera   *no* korrespondere
da korrespondere;   *sla: pl* korespondować
ce korespondovat   *ru* корреспондировать
uk кореспондувати   *bg* кореспондирам
hr korespondirati;   *n. g.:   mt* -korisponda.
min. 19/546

corrigéren *c-* $\boxed{V}$ korrigieren
<prim>.   *rom: fr* corriger   *it* corretto
es corregir   *ca* corregir;   *ger: de* korrigieren
en correct   *nl* corrigéren   *sv* korrigera
no korrigere   *da* korrigere;   *sla:*
pl korygować   *ce* korigovat
ru корректировать   *uk* коригувати
be карэкціраваць   *bg* коригирам
hr korigirati   *mk* корегира;   *f-u:*
ma korrigálni;   *bal: lt* koreguoti;   *n. g.:*
mt -korretta.   *min. 21/543*

corsájh *m* $\boxed{N}$ Korsage *f*
<prim>.   *rom: fr* corsage   *it* corpetto
ro corsaj   *pt* corpete;   *ger: de* Korsage
en corsage   *nl* corsage;   *sla: ru* корсаж
uk корсаж   *be* корсаж   *bg* корсаж
mk корсаж;   *bal: lt* korsažas;   *n. g.:*
el κορσάζ.   *min. 14/457*

córté *f* $\boxed{N}$ Hof (2) *m (Königs'~, ~staat)*
gen: ~e <ang>.   *rom: fr* cour   *it* corte
es corte   *ro* curte   *pt* corte   *ca* cort;   *ger:*
en court.   *min. 7/249*

córtésia *f* $\boxed{N}$ Höflichkeit *f*
<ang>.   *rom: fr* courtoisie   *it* cortesia
es cortesía   *ro* cutoazie   *pt* cortesie
ca cortesia;   *ger: en* courtesy;   *sla:*
pl kurtuazja.   *min. 8/289*

corv *m* $\boxed{N}$ Krähe (1) *f*
=↑vrana. <prim>.   *rom: fr* corneille
it corvo   *es* cuervo   *ro* cioară   *pt* corvo
ca corb;   *ger: de* Krähe   *en* crow   *nl* kraai
sv kråka   *no* kråke   *da* krage;   *sla: pl* (kruk)
sl (krokar);   *f-u: su* (korppi);   *bal:*
lv (krauklis);   *n. g.:   el* κοράκι,   *sh* (korb),
tr karga.   *min. 19/447*

corva *f* $\boxed{N}$ Kurve *f*
<prim>.   *rom: fr* courbe   *it* curva   *es* curva
ro curba   *pt* curva   *ca* corba;   *ger: de* Kurve
en curve   *sv* kurva   *no* kurven   *da* kurve;
sla: pl krzywa   *ce* křivka   *sk* krivka
uk крива   *be* крывая   *hr* kriva   *sr* крива
sl krivulja   *mk* крива;   *f-u: ma* görbe
su käyrä   *et* kõverjoon;   *bal: lt* kreivė;
gal: cy cromlin   *ga* cuar;   *n. g.:   mt* kurva,
sh kurbë.   *min. 28/484*

costa *f* $\boxed{N}$ Küste *f*
<prim>.   *rom: fr* côte   *it* costa   *es* costa
ro coastă   *pt* costa   *ca* costa;   *ger: de* Küste
en coast   *nl* kust   *sv* kust;   *gal: ga* cósta;
n. g.:   ek kosta,   *mt* kosta.   *min. 13/376*

costán $\boxed{V}$ kosten *(Preis)*
<prim>.   *rom: fr* coûter   *it* costare   *es* costar
ro costa   *ca* costar;   *ger: de* kosten   *en* cost
sv kosta   *no* koste   *da* koste   *is* kosta;   *sla:*
pl kosztować   *sb* koštować   *hr* koštati;   *f-u:*
su kustannus;   *gal: br* kostañ   *ga* cost;
n. g.:   el κοστίζω.   *min. 18/413*

crass $\boxed{A}$ krass
<prim>.   *rom: it* crass◊   *es* cras◊   *ro* cras
pt crass◊   *ca* cras◊);   *ger: de* krass   *en* crass
sv krass   *da* kras.   *min. 9/292*

créán $\boxed{V}$ erschaffen (1)

<prim>. *rom:* *fr* créer *it* creare *es* crear *ro* crea *pt* criar *ca* crear; *ger:* *en* create; *gal:* *cy* creu *br* krouiñ *ga* cruthaigh; *n. g.:* *ek* kreatu, *sh* krijoj. *min. 12/251*

créatión *f* $\boxed{N}$ Erschaffung *f*

[ts] gen: -one <prim>. *rom:* *fr* création *it* creazione *es* creación *ro* creare *ca* creació; *ger:* *en* creation; *sla:* *ru* креативн◊. *min. 7/319*

créativité *f* $\boxed{N}$ Kreativität *f*

gen: -téte <prim>. *rom:* *fr* créativité *it* creatività *es* creatividad *ro* creativitate *pt* criatividade *ca* creativitat; *ger:* *de* Kreativität *en* creativity *nl* creativiteit *sv* kreativitet *no* kreativitet *da* kreativitet; *sla:* *pl* kreatywność *ru* креативность *uk* креативність *be* крэатыўнасць *bg* креативност *hr* kreativnost *sr* креативност *sl* kreativnost *mk* креативност; *f-u:* *ma* kreativitás; *gal:* *cy* creadigrwydd *ga* cruthaitheacht; *n. g.:* *mt* kreattività, *sh* kreativiteti. *min. 26/570*

créatura *f* $\boxed{N}$ Kreatur *f*

<prim>. *rom:* *fr* créature *it* creatura *es* criatura *ro* creatură *pt* criatura *ca* criatura; *ger:* *de* Kreatur *en* creature; *sla:* *ru* креатура; *gal:* *ga* créatúr; *n. g.:* *mt* kreatura, *sh* krijesë. *min. 12/425*

créden *c+* $\boxed{V}$ glauben

<prim>. *rom:* *fr* croire *it* credere *es* creer *ro* crede *pt* crer *ca* creure; *sla:* *ru* кредо; *gal:* *cy* credu *br* krediñ *ga* creidim *gd* creid *gv* credjal. *min. 12/270*

crééren *c-* $\boxed{V}$ kreieren

+↑-éren. <prim>. *rom:* *fr* créer *it* creare *es* crear *ro* crea *pt* criar *ca* crear; *ger:* *de* kreieren *en* create *nl* creëren *sv* kreera *da* kreere; *sla:* *hr* kreirati *sr* креирати; *gal:* *cy* creu *br* krouiñ *ga* cruthaigh; *n. g.:* *ek* kreatu, *sh* krijoj. *min. 18/391*

crema *f* $\boxed{N}$ Creme *f*

<prim>. *rom:* *fr* crème *it* crema *es* crema *pt* creme *ca* crema; *ger:* *de* Creme *en* cream *nl* crème *sv* krämen *no* krem *da* cremen *is* krem; *sla:* *pl* krem *ru* крем *uk* крем *be* крэм *bg* крем *hr* krema *sr* крема *mk* крем; *f-u:* *ma* krém *su* kerma; *bal:* *lv* krējumu; *n. g.:* *el* κρέμα, *ek* krema, *mt* krema, *sh* krem, *tr* krem. *min. 28/574*

crematórium *n* $\boxed{N}$ Krematorium *f*

pl: -tóries <prim>. *rom:* *fr* crématorium *it* forno crematorio *es* crematorio *ro* crematoriu *pt* crematório *ca* crematori; *ger:* *de* Krematorium *en* crematorium *sv* krematorium *no* krematoriet *da* krematorium; *sla:* *pl* krematorium *ce* krematorium *sk* krematórium *ru* крематорий *uk* крематорій *be* крэматорый *bg* крематориум *hr* krematorijum *sr* крематоријум *sl* krematorij *mk* крематориум; *f-u:* *ma* krematórium *su* krematorio *et* krematoorium; *bal:* *lt* krematoriumas *lv* krematorija; *n. g.:* *el* κρεματόριο, *mt* krematorju, *sh* krematorium, *tr* krematoryum. *min. 31/593*

croassañ *m* $\boxed{N}$ Croissant *m*

<prim>. *rom:* *fr* croissant; *ger:* *de* Croissant *nl* croissant; *sla:* *ru* круассан *uk* круасан *be* круасан *bg* кроасан *hr* kroasan *sr* кроасан *mk* кроасан; *n. g.:* *el* κρουασάν, *tr* kruvasan. *min. 12/331*

crucifix *m* $\boxed{N}$ Kruzifix *n*

gen: -fíce <prim>. *rom:* *fr* crucifix *it* crocifisso *es* crucifijo *ro* crucifix *pt* crucifixo *ca* crucifix; *ger:* *de* Kruzifix *en* crucifix *sv* krucifix *no* krusifiks; *sla:* *pl* krucyfiks *ru* круцификс; *f-u:* *su* krusifiksi *et* krutsifiks; *bal:*

lv krucifikss; *n. g.: mt* kurċifiss. *min. 16/487*

crụsta *f* N̄ Kruste *f*

<prim>. *rom:* *fr* croûte *it* crosta *ro* crustă *pt* crosta; *ger:* *de* Kruste *en* crust *nl* korst; *f-u:* *su* kuori; *bal:* *lv* garoza; *n. g.:* *el* κρούστα. *min. 10/339*

cúb *m* N̄ Würfel *m*

<prim>. *rom:* *fr* cube *it* cubo *es* cubo *ro* cub *pt* cubo; *ger:* *de* (Kubikcub) *en* cube *nl* (kubiek) *no* (kubikcub); *sla:* *ru* куб *bg* куб; *f-u:* *ma* köb; *n. g.:* *el* κύβος. *min. 13/479*

culminatiọn *f* N̄ Kulmination *f*

[ts] gen: -ọne <prim>. *rom:* *fr* culmination *it* culmine *es* culminación *pt* culminação *ca* culminació; *ger:* *de* Kulmination *en* culmination *no* kulminasjonen *da* kulmination; *sla:* *pl* kulminacja *ru* кульминация *uk* кульмінація *be* кульмінацыя *bg* кульминация *hr* kulminacija *sr* кулминација *mk* кулминација; *f-u:* *et* kulminatsioon; *bal:* *lt* kulminacija *lv* kulminācija. *min. 20/513*

cult *m* N̄ Kult *m*

<prim>. *rom:* *fr* culte *it* culto *es* culto *ro* cult *pt* culto *ca* culte; *ger:* *de* Kult *en* cult *nl* cultus *da* kult; *sla:* *pl* kult *ce* kult *sk* kult *ru* культ *uk* культ *be* культ *bg* култ *hr* kult *sr* култ; *f-u:* *ma* kultusz *su* kultti *et* kultus; *bal:* *lt* kultas *lv* kults; *n. g.:* *sh* kult. *min. 25/577*

cultụra *f* N̄ Kultur *f*

<prim>. *rom:* *fr* culture *it* cultura *es* cultura *ro* cultură *pt* cultura *ca* cultura; *ger:* *de* Kultur *en* culture *nl* cultuur *sv* kultur *no* kultur *da* kultur; *sla:* *pl* kultura *ce* kultura *sk* kultúra *ru* культура *uk* культура *be* культура *bg* култура *hr* kultura *sr* култура

sl kultura *mk* култура; *f-u:* *ma* kultúra *su* kulttuuri *et* kultuur; *bal:* *lt* kultūra *lv* kultūra; *gal:* *ga* cultúr; *n. g.:* *ek* kultura, *mt* kultura, *sh* kulturë, *tr* kültür. *min. 33/603*

cụpa *m* N̄ Pokal *m*; Becher *m*

<prim>. *rom:* *fr* coupe *it* coppa *es* copa *ro* cupă *pt* copo *ca* copa; *ger:* *en* cup; *sla:* *pl* (kubek) *ru* кубок *be* кубак *bg* купа *hr* kup *sr* куп *mk* куп; *f-u:* *ma* kupa *su* (kuppi); *gal:* *cy* cwpan *ga* (cupán); *n. g.:* *el* (κούπα), *ek* kopa, *sh* (kupë), *tr* kupa. *min. 22/439*

curájh *m* N̄ Mut *m*

gen: -ajhe <prim>. *rom:* *fr* courage *it* coraggio *es* coraje *ro* curaj *pt* coragen; *ger:* *de* Courage *en* courage *sv* kurage; *sla:* *ce* kuraž *bg* кураж; *n. g.:* *sh* kurajë. *min. 11/370*

curạn V̄ kurieren

<prim>. *rom:* *it* curare *es* curar *pt* curar *ca* curar; *ger:* *de* kurieren *en* cure *no* kurere; *sla:* *ru* (курорт); *f-u:* *ma* (kúrázik); *n. g.:* *mt* -kura, *sh* kurë. *min. 11/356*

currịer *m* N̄ Kurier *m*

<prim>. *rom:* *fr* courrier *it* corriere *ro* curier *pt* correio; *ger:* *de* Kurier *en* courier *nl* koerier; *sla:* *pl* kurier *ce* kurýr *sk* kuriér *ru* курьер *uk* кур'єр *be* курьер *bg* куриер *hr* kurir *sr* курир *mk* куриерски; *f-u:* *su* kuriiri *et* kuller; *bal:* *lt* kurjeris *lv* kurjers; *n. g.:* *tr* kurye. *min. 22/525*

curs *m* N̄ Kurs *m*

<prim>. *rom:* *fr* cours *it* corso *es* curso *ro* curs *pt* curso *ca* curs; *ger:* *de* Kurs *en* course *nl* cursus *sv* kurs *no* kurs *da* kursus; *sla:* *pl* kurs *ce* kurs *sk* kurz *ru* курс *uk* курс *be* курс *bg* курс *sr* курс *sl* kurs; *f-u:* *ma* kurzus *su* kurssi

et kursus; *bal:* *lt* kursas *lv* kurss; *gal:*
cy cwrs *ga* cúrsa; *n. g.:* *mt* kors, *sh* kurs.
min. 30/590

cutịcula *f* MED N Kutikula *f*
<prim>. *rom:* *fr* cuticule *it* cuticola
es cutícula *ro* cuticulă *pt* cutícula
ca cutícula; *ger:* *de* Kutikula *en* cuticle;
sla: *ru* кутикула *uk* кутикула *be* кутікула
bg кутикула; *gal:* *cy* cwtigl; *n. g.:*
tr kütikül. *min. 14/469*

daimạ adv immer
<cont>. *f-u:* *su* aina; *n. g.:* *mt* dejjem,
tr daima. *min. 3/10*

dál *m* N Tal (1) *n*
<prim>. *ger:* *de* Tal *en* -dale *sv* dal
no dalen *da* dal *is* dal; *sla:* *pl* dolina
sk doline *ru* долина *bg* долина *hr* dolina
sr долина *sl* dolina *mk* долина.
min. 14/324

dạlek A weit
adv: ~o,comp: dalsher <cont>. *sla:*
pl dalek◊ *ce* dalek◊ *sk* ďalek◊ *ru* далек◊
uk далек◊ *be* далёк◊ *bg* далеч *hr* dalek◊
sr далек *mk* далечн◊. *min. 10/189*

dan *m* N Tag *m*
<prim>. *rom:* *fr* jour *it* giorno *es* día
ro zi *pt* dia *ca* dia; *ger:* *de* Tag *en* day
nl dag *lb* Dag *fs* dei *sv* dag *no* dag *da* dag
is dagur *fo* dagur; *sla:* *pl* dzień *ce* den
sk deň *sb* dźeń *ru* день *be* дзень *bg* ден
hr dan *sr* дан *sl* dan *mk* ден; *f-u:*
ma nap; *bal:* *lt* diena *lv* diena; *gal:*
cy dydd *br* deiz; *n. g.:* *sh* ditë.
min. 33/571

dạn V geben
<prim>. *rom:* *fr* donner *it* dare *es* dar
ro da *pt* dar *ca* donar; *sla:* *pl* dać
ce da(vá)ti *sb* dać *ru* да(ва)ть *be* даваць
bg давам *hr* dati. *min. 13/343*

dạncea *f* N Tanz *m*
[tsa], gen: -ce <prim>. *rom:* *fr* danse
it danza *es* danza *ro* dans *ca* dansa; *ger:*
de Tanz *en* dance *nl* dans *da* dans *is* dans;
sla: *pl* taniec *ce* tanec *ru* танец *be* танец
bg танц; *f-u:* *ma* tánc *su* tanssi; *gal:*
br dañs; *n. g.:* *tr* dans. *min. 19/529*

danceạn V tanzen
[tsa] <prim>. *rom:* *fr* danser *it* danzare
es danzar *ro* dansa *ca* dansar; *ger:*
de tanzen *en* to dance *nl* dansen *no* danse
da danse *is* dansa; *sla:* *pl* tańczyć
ce tancovat *ru* танцевать *be* танцаваць
bg танцувам; *f-u:* *ma* táncolni *su* tanssi;
gal: *br* dañsal; *n. g.:* *tr* dans. *min. 20/534*

dank *m* N Dank *m*
x <ang>. *ger:* *de* Dank *en* to thank
nl dank *no* takk *da* tak *is* þökk; *sla:*
pl podziękowanie *ce* poděkovaní *sb* dźak
be падзяк. *min. 10/243*

dạnken *c-* V danken
<prim>. *ger:* *de* danken *en* thank(s)
nl danken *no* takke *da* takke *is* þakka;
sla: *pl* dziękować *ce* poděkovat
sb dźakować *be* падзякаваць. *min. 10/243*

Dạnmark *m* N Dänemark *n*
<ethno>. *ger:* *da* Danmark.

Dạnsk (1) *m* N Dänisch *(,~e Sprache)*
<ethno>. *ger:* *da* dansk.

dạnsk (2) A dänisch
<ethno>. *ger:* *da* dansk.

dạnsker (f) *f* N Dänin *f*
<ethno>. *ger:* *da* dansker.

dạnsker (m) *m* N Däne *m*
<ethno>. *ger:* *da* dansker.

dar *m* ⃞N Geschenk *n*; Gabe *f*
<cont>. *sla: pl* dar *ce* dar *sk* dar *sb* dar
ru дар *uk* дар *be* дар *bg* дар *hr* dar
sr дар *sl* dar *mk* dar. *min. 12/191*

data *f* ⃞N Datum *n*
<prim>. *rom: fr* date *it* data *ro* data
pt data *ca* data; *ger: de* Datum *en* date
nl datum *sv* datum *no* dato *da* dato; *sla:*
pl data *ce* datum *sk* dátum *ru* дата *uk* дата
be дата *bg* дата *hr* datum *sr* датум
sl datum *mk* датум; *f-u: ma* dátum
su data; *bal: lt* data *lv* datums; *gal:*
cy dyddiad *ga* dáta; *n. g.: ek* data,
mt data, *sh* data. *min. 31/556*

dates *n pl* ⃞N Daten *pl*
<prim>. *rom: fr* dates *it* dati *es* datos
ro date *ca* dades; *ger: en* data *da* data;
sla: pl daty *ce* data *be* дадзеныя
bg данни *hr* podatke; *f-u: su* data/tieto.
min. 13/321

datív *m* ⃞N Dativ *m*
<prim>. *rom: fr* datif *it* dativo *es* dativo
ro dativ *ca* datiu; *ger: en* dative *da* dativ;
sla: ce dativ *bg* дателен *hr* dativ; *f-u:*
su datiivi; *n. g.: tr* datif. *min. 12/276*

de ⃞art der (1) *m*; die (1) *f*; das (1) *n*
<prim>. *ger: de* der, die, das *en* the *nl* de
sv dennes *da* den *is* de(t-, -n-); *sla: pl* (to)
ru (то) *bg* -от, -та, -то *hr* (to); *n. g.:*
el το, τον, την, τη. *min. 11/334*

débatté *f* ⃞N Debatte *f*
<prim>. *rom: fr* débat *it* dibattito
es debate *ro* dezbatere *pt* debate *ca* debat;
ger: de Debatte *en* debate *nl* debat
sv debatt *no* debatt *da* debat; *sla:*
pl debata *ce* debata *sk* debata *ru* дебата
uk дебати *be* дэбата *bg* дебата *hr* debata
sr дебата *mk* дебата; *bal: lv* debates;
n. g.: mt dibattitu, *sh* debat. *min. 25/573*

décadencea *f* ⃞N Dekadenz *f*
[tsa], gen: -ce <prim>. *rom: fr* décadence
it decadenza *es* decadencia *ro* decadenţă
pt decadência *ca* decadència; *ger:*
de Dekadenz *en* decadence; *sla:*
pl dekadencja *ce* dekadence *sk* dekadencie
ru декаданс *uk* декаданс *be* дэкаданс
bg декаденц *hr* dekadencija
sr декаденција *mk* декаденција; *f-u:*
ma dekadencia *et* dekadents; *bal:*
lv dekadence; *n. g.: sh* dekadentizëm.
min. 22/549

décember *m* ⃞N Dezember *m*
<prim>. *rom: fr* décembre *it* dicembre
es diciembre *ro* decembrie *ca* desembre;
ger: de Dezember *en* december
da december *is* desember; *sla: ru* декабрь
bg декември; *f-u: ma* december; *n. g.:*
mt diċembru. *min. 13/440*

déchiffréren *c-* ⃞V dechiffrieren
<prim>. *rom: fr* déchiffrer *it* decifrare
es descifrar *ro* descifra *pt* decifrar
ca desxifrar; *ger: de* dechiffrieren
en decipher *sv* dechiffrera *no* dechiffrere
da dechifrere; *sla: pl* odszyfrować
ru расшифровывать *uk* розшифровувати
be расшыфроўваць *bg* дешифрирам
hr dešifrirati *sr* дешифровати
mk дешифрира; *bal: lt* iššifruoti
lv atšifrēt; *n. g.: ek* deszifratzen,
mt -deċifra, *sh* deshifroj. *min. 24/543*

décimal ⃞A dezimal-
<prim>. *rom: fr* décimal *it* decimale
es decimal *ro* zecimal *pt* decimal
ca decimal; *ger: de* dezimal- *en* decimal
nl decimale *sv* decimal *no* desimal
da decimal; *sla: sr* децималн◊
sl decimaln◊ *mk* децималн◊; *f-u:*
ma decimális *su* desimaalin; *bal:*
lt dešimtain◊ *lv* decimāl◊; *n. g.:*
mt deċimali, *sh* decimal◊. *min. 21/415*

déciméren *c-* $\boxed{\text{V}}$ dezimieren
<prim>. *rom:* *fr* décimer *it* decimare
es diezmar *ro* decima *pt* dizimar; *ger:*
de dezimieren *en* decimate *nl* decimeren
sv decimera *no* desimere *da* decimere;
sla: *ce* decimovat *sk* decimovať; *f-u:*
et detsimeerima; *bal:* *lt* dešimtinę
lv decimēt; *gal:* *ga* dheachú. *min. 17/400*

déciméter *m* $\boxed{\text{N}}$ Dezimeter *m*
<prim>. *rom:* *fr* décimètre *it* decimetro
es decímetro *ro* decimetru *pt* decímetro
ca decímetre; *ger:* *de* Dezimeter
en decimeter *nl* decimeter *sv* decimeter
no decimeter *da* decimeter; *sla:*
pl decymetr *ce* decimetr *sk* decimeter
ru дециметр *uk* дециметр *be* дэцыметр
bg дециметър *hr* decimetar *sr* дециметар
sl decimeter *mk* дециметар; *f-u:*
ma deciméter *su* desimetri *et* detsimeeter;
bal: *lt* decimetras *lv* decimetrs; *n. g.:*
el δέκατο μέτρου, *ek* decimeter,
mt decimeter, *sh* decimetër, *tr* desimetre.
min. 33/614

décisión *f* $\boxed{\text{N}}$ Entscheidung *f*
gen: -one <prim>. *rom:* *fr* décision
it decisione *es* decisión *ro* decizie
ca decisió; *ger:* *en* decision; *sla:*
pl decyzja; *n. g.:* *mt* dećiżjoni. *min. 8/279*

déclinatión *f* $\boxed{\text{N}}$ Deklination *f*
[ts] gen: -one <prim>. *rom:* *fr* déclinaison
it declinazione *es* declinación *ro* declinație
pt declinação *ca* declinació; *ger:*
de Deklination *en* declination *nl* declinatie
sv deklination *no* deklinasjon
da deklination; *sla:* *pl* deklinacja
ce deklinace *sk* deklinácie *ru* деклинация
bg деклинация *hr* deklinacija
sr деклинација *sl* deklinacija
mk деклинација; *f-u:* *ma* deklináció
et deklinatsioon; *bal:* *lt* deklinacija
lv deklinācija; *n. g.:* *ek* deklinazioa.
min. 26/563

déclinéren *c-* $\boxed{\text{V}}$ deklinieren
<prim>. *rom:* *fr* décliner *it* declinare
es declinar *ro* declina; *ger:* *de* deklinieren
en declinate; *sla:* *pl* deklinować.
min. 7/370

décor *f* $\boxed{\text{N}}$ Dekoration (2) *f*
<prim>. *rom:* *fr* décor *es* decoración
ro decor *pt* decoração *ca* decoració; *ger:*
de Dekor *en* decor *nl* decor *sv* dekor; *sla:*
pl dekoracja *bg* декор *hr* dekor *sr* декор
sl dekor *mk* декор; *f-u:* *et* dekoratsioon;
bal: *lt* dekoro *lv* dekorācijas; *n. g.:*
el ντεκόρ, *ek* dekorazioa, *mt* dekorazzjoni,
sh dekor, *tr* dekor. *min. 23/415*

décoratión *f* $\boxed{\text{N}}$ Dekoration (1) *f*
[ts] gen: -one <prim>. *rom:* *fr* décoration
it decorazione *es* decoración *ro* decorare
pt decoração *ca* decoració; *ger:*
de Dekoration *en* decoration *nl* decoratie
sv dekoration *no* dekorasjon *da* dekoration;
sla: *pl* dekoracja *ce* dekorace *sk* dekorácie
bg декорация *sr* декорација
mk декорација; *f-u:* *ma* dekoráció
et dekoratsioon; *bal:* *lv* dekorācijas; *n. g.:*
ek dekorazioa, *mt* dekorazzjoni,
sh dekoratë, *tr* dekorasyon. *min. 25/479*

décoréren *c-* $\boxed{\text{V}}$ dekorieren
<prim>. *rom:* *fr* décorer *it* decorare
es decorar *ro* decora *pt* decorar *ca* decorar;
ger: *de* dekorieren *en* decorate *sv* dekorera
no dekorere *da* dekorere; *sla:*
pl udekorować *bg* декорирам; *n. g.:*
sh dekoroj. *min. 14/412*

děd *n* $\boxed{\text{demPrn}}$ dieses (2); das (2) *siehe*
auch Pronomen und Artikel
↑de, ↑e, ↑ed. <ang>. *ger:* *de* dies *en* this
nl dit *sv* det *no* dette *da* dette *is* þetta;
f-u: *su* tämä. *min. 8/198*

dédu̧cen *c+* $\boxed{V}$ herleiten; ableiten
<ang>. *rom:* *fr* déduire *es* deducir; *ger:*
en deduce; *sla:* *pl* dedukować
ru дедуцировать. *min. 5/285*

dédu̧ction *f* $\boxed{N}$ Herleitung *f*; Ableitung *f*
[ts] gen: -o̧ne <ang>. *rom:* *fr* déduction
es deducción; *ger:* *en* deduction; *sla:*
pl dedukcja *ru* дедукция; *n. g.:*
mt derivazzjoni. *min. 6/285*

dȩ̧en *c-* $\boxed{V}$ tun (1)
<prim>. *ger:* *de* tun *en* do *nl* doen; *sla:*
ru деять; *f-u:* *ma* tenni *su* tehdä
et tegema; *gal:* *ga* déan. *min. 8/273*

défensi̧va *f* $\boxed{N}$ Defensive *f*
<prim>. *rom:* *fr* défensive *it* difensiva
es defensiva *ro* defensivă *pt* defensiva
ca defensiva; *ger:* *de* Defensive
en defensive *nl* defensief *sv* defensiv
no defensiv *da* defensiv; *sla:*
bg дефанзивност *sl* defenzivna
mk дефанзивен; *f-u:* *ma* (defenzív);
n. g.: *ek* defentsa, *mt* difensiva.
min. 18/409

définȩren *c-* $\boxed{V}$ definieren
<prim>. *rom:* *fr* définir *it* definire
es definir *ro* defini *pt* definir *ca* definir;
ger: *de* definieren *en* define *nl* definiëren
sv definiera *no* definere *da* definere; *sla:*
pl definiować *ce* definovat *sk* definovať
bg дефинирам *hr* definirati
sr дефинирати *mk* дефинира; *bal:*
lv definēt; *gal:* *cy* diffinio; *n. g.:*
mt -definix. *min. 22/464*

définiti̧on *f* $\boxed{N}$ Definition *f*
[ts] gen: -o̧ne <prim>. *rom:* *fr* définition
it definizione *es* definición *ro* definiţie
pt definição *ca* definició; *ger:*
de Definition *en* definition *nl* definitie
sv definition *no* definisjon *da* definition;
sla: *pl* definicja *ce* definice *sk* definície
ru дефиниция *bg* дефиниция *hr* definicija

sr дефиниција *mk* дефиниција; *bal:*
lv definīcija; *gal:* *cy* diffiniad; *n. g.:*
ek definizioa, *mt* definizzjoni. *min. 24/545*

déflati̧on *f* $\boxed{N}$ Deflation *f*
[ts] gen: -o̧ne <prim>. *rom:* *fr* déflation
it deflazione *es* deflación *ro* deflaţie
pt deflação *ca* deflació; *ger:* *de* Deflation
en deflation *nl* deflatie *sv* deflation
no deflasjon *da* deflation; *sla:* *pl* deflacja
ce deflace *sk* deflácie *ru* дефляция
uk дефляція *be* дэфляцыя *bg* дефлация
hr deflacija *sr* дефлација *sl* deflacija
mk дефлација; *f-u:* *ma* defláció
su deflaatio *et* deflatsioon; *bal:*
lt defliacija *lv* deflācija; *n. g.:*
ek deflazioa, *mt* deflazzjoni, *sh* deflacion,
tr deflasyon. *min. 32/602*

dél (1) *m* $\boxed{N}$ Teil (1) *n*; Anteil *n*
<prim>. *ger:* *de* Teil *en* (deal) *nl* deel
sv del *no* del *da* del *is* (deild); *sla:*
pl dziel *ce* podíl *ru* удел *be* доля *bg* дял
hr dio; *f-u:* *ma* dolog. *min. 14/359*

dél (2) *m* $\boxed{N}$ Gegenstand *m (einer*
Verhandlung)
<prim>. *ger:* *de* (Teil) *en* deal *nl* deel
sv dela *no* del *da* del *is* deild; *sla:*
pl udział *ce* podíl *sk* podiel *be* доля
bg дял *hr* dio *sr* удео *sl* delež; *f-u:*
ma dolog; *bal:* *lt* dalis *lv* daļa.
min. 18/299

déļan $\boxed{V}$ machen (1); tun (2)
<cont>. *sla:* *pl* dzieląć *ce* delat *sb* dźěłać
ru делать *uk* діяти *sl* delati; *f-u:*
su tehdä; *bal:* *lt* daryti *lv* darīt. *min. 9/161*

délégati̧on *f* $\boxed{N}$ Delegation *f*
[ts] gen: -o̧ne <prim>. *rom:* *fr* délégation
it delegazione *es* delegación *ro* delegaţie
pt delegação *ca* delegació; *ger:*
de Delegation *en* delegation *nl* delegatie
sv delegation *no* delegasjon; *sla:*
pl delegacja *ce* delegace *sk* delegácia

ru делегация *uk* делегація *be* дэлегацыя *bg* делегация *hr* delegacija *sr* делегација *sl* delegacija *mk* делегација; *f-u:* *et* delegatsioon; *bal:* *lt* delegacija *lv* delegācija; *n. g.:* *mt* delegazzjoni, *sh* delegacion, *tr* delegasyon. *min. 28/581*

délen *c+* $\boxed{V}$ teilen

<prim>. *ger:* *de* teilen *nl* delen *sv* dela *no* dele *da* dele; *sla:* *pl* dzielić *ce* rozdělit *sk* rozdeliť *ru* делить *uk* ділити *be* дзяліць *bg* деля *hr* podijeliti *sr* поделити *sl* razdeli *mk* подели; *bal:* *lt* padalyti *lv* dalīt; *n. g.:* *sh* ndaj. *min. 19/329*

delfín *m* $\boxed{N}$ Delphin *f*

gen: -ine <prim>. *rom:* *fr* dauphin *it* delfino *es* delfín *ro* delfin *pt* golfinho *ca* dofí; *ger:* *de* Delphin *en* dolphin *nl* dolfijn *sv* delfin *no* delfin *da* delfin; *sla:* *pl* delfin *ce* delfín *sk* delfín *ru* дельфин *uk* дельфін *be* дэльфін *bg* делфин *hr* dupin *sr* делфин *sl* delfin *mk* делфин; *f-u:* *ma* delfin *su* delfiini *et* delfiin; *bal:* *lt* delfinas *lv* delfīns; *gal:* *cy* dolffin *ga* deilf; *n. g.:* *el* δελφίνι, *mt* delfini, *sh* delfin. *min. 33/608*

délirium *n* $\boxed{N}$ Delirium *n*

gen: -ie <prim>. *rom:* *fr* délire *it* delirio *es* delirio *ro* delir *pt* delírio *ca* deliri; *ger:* *de* Delirium *en* delirium *nl* delirium *sv* delirium *no* delirium *da* delirium; *sla:* *pl* delirium *ce* delirium *sk* delírium *bg* делириум *sr* делиријум *sl* delirij *mk* делириум; *f-u:* *ma* delírium; *gal:* *cy* deliriwm; *n. g.:* *mt* delirju. *min. 22/471*

démęncea *f* $\boxed{N}$ Demenz *f*

[tsa], gen: -ce <prim>. *rom:* *fr* démence *it* demenza *es* demencia *ro* demență *pt* demência *ca* demència; *ger:* *de* Demenz *en* dementia *sv* demens *no* demens *da* demens; *sla:* *pl* demencja

ce demence *sk* demencie *bg* деменция *hr* demencija *sr* деменција *sl* demenca *mk* деменција; *f-u:* *su* dementia *et* dementsus; *bal:* *lt* demencija; *n. g.:* *ek* dementzia, *mt* dimenzja, *tr* demans. *min. 25/458*

demm *m/n* $\boxed{\text{demPrn}}$ diesem, dem *m/n*
  siehe Pronomen und Artikel
  +↑jem, ↑-m (2). <prim>. *n. g.:.*

démogrąfic $\boxed{A}$ demografisch

adv: ~no <prim>. *rom:* *fr* démographique *it* demografic◊ *es* demográfic◊ *ro* demografic *pt* demográfic◊ *ca* demogràfic◊; *ger:* *de* demografisch *en* demographic *nl* demografisch *sv* demografisk *no* demografisk *da* demografiske; *sla:* *pl* demograficzn◊ *ce* demografick◊ *sk* demografick◊ *ru* демографическ◊ *uk* демографічн◊ *be* дэмаграфічн◊ *bg* демографск◊ *hr* demografsk◊ *sr* демографск◊ *sl* demografsk◊ *mk* демографск◊; *f-u:* *ma* demográfiai *su* demografinen *et* demograafilised; *bal:* *lt* demografin◊ *lv* demogrāfisk◊; *gal:* *cy* demograffig *ga* déimeagrafacha; *n. g.:* *el* δημογραφικ◊, *ek* demografikoa, *mt* demografika, *sh* demografik◊, *tr* demografik. *min. 35/615*

démokratia *f* $\boxed{N}$ Demokratie *f*

<prim>. *rom:* *fr* démocratie *it* democrazia *es* democracia *ro* democrație *pt* democracia *ca* democràcia; *ger:* *de* Demokratie *en* democracy *nl* democratie *sv* demokrati *no* demokrati *da* demokrati; *sla:* *pl* demokracja *ce* demokracie *sk* demokracie *ru* демократия *uk* демократія *be* дэмакратыя *bg* демокрация *hr* demokracija *sr* демократија *sl* demokracija *mk* демократија; *f-u:* *ma* demokrácia *su* demokratia *et* demokraatia; *bal:*

lv demokrātija;   *gal:* *cy* democratiaeth
ga daonlathas;   *n. g.:* *el* δημοκρατία,
ek demokrazia,   *mt* demokrazija,
sh demokraci,   *tr* demokrasi.   *min. 34/612*

démolęren *c-* 〔V〕 demolieren
<prim>.   *rom:* *fr* démolir   *it* demolire
es demoler   *ro* demola   *pt* demolir;   *ger:*
de demolieren   *en* demolish   *nl* demoleren
sv demolera   *no* demolere   *da* demolere;
sla: *pl* zdemolować   *sk* demolovať
hr demolirati   *sr* демолирати   *sl* demolirati;
bal: *lv* izdemolēt.   *min. 17/439*

démonstratiǫn *f* 〔N〕 Demonstration *f*
[ts] gen: -ǫne <prim>.   *rom:*
fr démonstration   *it* dimostrazione
es demostración   *ro* demonstrație
pt manifestação   *ca* demostració;   *ger:*
de Demonstration   *en* demonstration
nl demonstratie   *sv* demonstration
no demonstrasjon   *da* demonstration;   *sla:*
pl demonstracja   *ce* demonstrace
sk demonštrácie   *ru* демонстрация
uk демонстрація   *be* дэманстрацыя
bg демонстрация   *hr* demonstracija
sr демонстрација   *mk* демонстрација;   *f-u:*
ma demonstráció   *et* demonstratsioon;   *bal:*
lt demonstracija   *lv* demonstrācija;   *n. g.:*
mt dimostrazzjoni,   *sh* demonstrim.
min. 28/590

démonstratív 〔A〕 demonstrativ
<prim>.   *rom:* *fr* démonstratif
it dimostrativ◊   *es* demonstrativ◊
ro demonstrativ   *ca* demostrativ◊;   *ger:*
de demonstrativ   *en* demonstrative
da demonstrativ;   *sla:* *pl* demonstracyjn◊
ce demonstrativn◊   *ru* демонстративн◊
be дэманстратыўн◊   *bg* демонстративн◊
hr demonstrativn◊;   *n. g.:* *mt* demostrattivi.
min. 15/491

"démonstratįv pronǫm" *m* 〔N〕
  Demonstrativpronomen *n*
<prim>.   *rom:* *it* pronome dimostrativo
ro demonstrativ pronume   *ca* pronom
demostratiu;   *ger:* *da* demonstrativ
pronomen;   *sla:* *ce* demonstrativní
zájmeno;   *f-u:* *su* demonstratiivipronomini;
n. g.: *mt* demostrattivi pronom.*7/*

démonstréren *c-* 〔V〕 demonstrieren
<prim>.   *rom:* *fr* démontrer   *it* dimostrare
es demostrar   *ro* demonstra   *pt* demonstrar
ca demostrar;   *ger:* *de* demonstrieren
en demonstrate   *no* demonstrere
da demonstrere;   *sla:* *ru* демонстрировать
uk демонструвати   *be* дэманстраваць
bg демонстрирам   *sr* демонстрирати
mk демонстрира;   *f-u:* *su* demonstroida;
bal: *lv* demonstrēt;   *n. g.:* *sh* demonstroj.
min. 19/489

démontájh *m* 〔N〕 Demontage *f*
gen: -ajhe <prim>.   *rom:* *fr* démontage
it smontaggio   *es* desmontaje
pt desmontagem;   *ger:* *de* Demontage;
sla: *pl* demontaż   *ce* demontáž   *sk* demontáž
ru демонтаж   *uk* демонтаж   *be* дэмантаж
bg демонтаж   *hr* demontaža   *sl* demontaža;
bal: *lv* demontāža.   *min. 15/443*

den (pl.) 〔art〕 der (3) *gen pl*
<prim>.   *rom:* *fr* des   *it* dei, delle, degli
es de los/las   *ro* dei   *pt* dos, das   *ca* dels;
ger: *de* der   *nl* der   *da* den;   *sla:* *pl* (tych);
gal: *ga* de na   *gv* jeh'n;   *n. g.:* *el* των.
min. 13/359

den (sg.) 〔art〕 des *m/n gen*; der (2) *f*
<prim>.   *rom:* *fr* de l'   *it* del, della, dello
es del   *ro* de   *pt* do, da   *ca* del;   *ger:* *de* des,
der   *nl* (,s);   *sla:* *pl* (tego);   *gal:* *ga* den
gv jeh'n;   *n. g.:* *el* του, της,   *mt* ta ,,   *tr* in.
min. 14/362

dẹnn *m* ⌐demPrn⌐ dieser (5), der (5); die-sen, den *m nom/akk; siehe Pronomen und Artikel*
↑de, ↑e, ↑on. <prim>. *n. g.:*.

dẹnne *m/n gen.* ⌐demPrn⌐ dessen *m/n gen; siehe Pronomen und Artikel* <prim>. *n. g.:*.

dent *m* Ⓝ Zahn *m*
<prim>. *rom: fr* dent *it* dente *es* diente *ro* dinte *ca* dent; *ger: de* Zahn *en* tooth *nl* tand *sv* tand *no* tann *da* tand *is* tönn; *f-u: su* hammas; *bal: lt* dantis; *gal: br* dant *ga* déad; *n. g.: el* δόντι, *sh* dhëmb, *tr* diş. *min. 19/397*

dentạl Ⓐ dental-
<prim>. *rom: fr* dentaire *it* dentale *es* dental *ro* dentar *pt* dental *ca* dental; *ger: de* dental- *en* dental *nl* tand- *sv* tand(vård) *no* dental *is* tann-; *sla: bg* дентaлн◊; *bal: lt* dantų; *gal: cy* deintyddol; *n. g.: el* οδοντι(ατρικ◊), *mt* dentali, *sh* dentar◊. *min. 18/405*

dentịst *m* Ⓝ Dentist *m*
<prim>. *rom: fr* dentiste *it* dentista *es* dentista *ro* dentist *pt* dentista *ca* dentista; *ger: de* Dentist *en* dentist; *sla: pl* dentysta *ru* дантист *uk* дантист *be* дантыст; *bal: lt* dantistas; *gal: cy* deintydd; *n. g.: el* οδοντί(ατρος), *ek* dentista. *min. 16/511*

dénunciatiọn *f* Ⓝ Denunziation *f*
[ts] gen: -ọne <prim>. *rom: fr* dénonciation *it* denuncia *es* denuncia *ro* denunţare *pt* denúncia *ca* denúncia; *ger: de* Denunziation *en* denunciation; *sla: ce* denunciace *sk* denunciace *ru* денонсация *uk* денонсація *be* дэнансацыя *bg* денонсиране; *f-u: et* denonsseerimine; *bal: lt* denonsavimas *lv* denonsēšana; *n. g.: mt* denunzja. *min. 18/486*

déodorạnt *m* Ⓝ Deodorant *n*
<prim>. *rom: fr* déodorant *it* deodorante *es* desodorante *ro* deodorant *pt* desodorante *ca* desodorant; *ger: de* Deodorant *en* deodorant *nl* deodorant *sv* deodorant *no* deodorant *da* deodorant; *sla: pl* dezodorant *ce* deodorant *sk* deodorant *ru* дезодорант *uk* дезодорант *be* дэзадарант *bg* дезодорант *sr* дезодоранс *sl* deodorant *mk* дезодоранс; *f-u: ma* dezodor *su* deodorantti *et* deodorant; *bal: lt* dezodorantas *lv* dezodorants; *n. g.: mt* deodorant, *sh* deodorant, *tr* deodorant. *min. 30/597*

dépẹnden *(ab ...) c+* Ⓥ abhängen ~ *von*
<ang>. *rom: fr* dépendre *it* dipendere *es* depender *ro* depinde; *ger: en* depend; *n. g.: mt* -depend. *min. 6/235*

dépọ *n* Ⓝ Depot *n*
gen: ~ë <prim>. *rom: fr* dépôt *it* deposito *es* depósito *ro* depozit *pt* depósito *ca* dipòsit; *ger: de* Depot *en* depot *sv* depå; *sla: ru* депо *uk* депо *be* дэпо *bg* депо *hr* depo *sr* депо *mk* депо; *f-u: et* depoo; *bal: lt* depas *lv* depo; *gal: cy* depo; *n. g.: sh* depo, *tr* depo. *min. 22/500*

dépọrtatiọn *f* Ⓝ Deportation *f*
[ts] gen: -ọne <prim>. *rom: it* deportation *es* deportación *ro* deportare *pt* deportação *ca* deportació; *ger: de* Deportation *en* deportation *nl* deportatie *no* deportasjon; *sla: pl* deportacja *ce* deportace *sk* deportácie *ru* депортация *uk* депортація *be* дэпартацыя *bg* депортиране *hr* deportacija *sr* депортација *sl* deportacija *mk* депортација; *n. g.: ek* deportazioa, *mt* deportazzjoni. *min. 22/496*

déportęren *c-* $\boxed{\text{V}}$ deportieren

<prim>. *rom:* *it* deportare *es* deportar *ro* deporta *pt* deportar *ca* deportar; *ger:* *de* deportieren *en* deport *nl* deporteren *sv* deportera *no* deportere *da* deportere; *sla:* *pl* deportować *ce* deportovat *sk* deportovať *ru* депортировать *uk* депортувати *be* дэпартаваць *bg* депортирам *sr* депортовати *mk* депортира; *f-u:* *ma* deportál; *bal:* *lv* deportēt; *n. g.:* *ek* deportatzea, *mt* -deporta-, *sh* deportimin. *min. 25/518*

dérivạn $\boxed{\text{V}}$ abstammen (2)

<ang>. *rom:* *fr* dériver *it* derivare *es* derivar *ro* deriva *ca* (derivar); *ger:* *en* derive; *sla:* *ru* дериват *bg* деривация *hr* (derivacija). *min. 9/333*

déscobęrta *f* $\boxed{\text{N}}$ Entdeckung *f*

<ang>. *rom:* *fr* découverte *it* scoperta *es* descubrimento *ro* descoperire *pt* descoberta *ca* descoberta; *ger:* *en* descovery; *n. g.:* *mt* skoperta. *min. 8/249*

déscrịben *c+* $\boxed{\text{V}}$ beschreiben

<ang>. *rom:* *fr* décrire *it* descrivere *es* describir *ro* descrie *ca* descriure; *ger:* *en* describe *da* beskrive; *sla:* *ru* дескриптивн◊; *n. g.:* *mt* -deskriv. *min. 9/322*

déscriptiọn *f* $\boxed{\text{N}}$ Beschreibung *f*

[ts] gen: -ọne <ang>. *rom:* *fr* description *it* descrizione *es* descripción *ro* descriere *ca* descripció; *ger:* *en* description *da* beskrivelse; *sla:* *ru* дескрипция; *n. g.:* *mt* deskrizzioni. *min. 9/322*

désertęr *m* $\boxed{\text{N}}$ Deserteur *m*

<prim>. *rom:* *fr* déserteur *it* disertore *es* desertor *ro* dezertor *pt* desertor *ca* desertor; *ger:* *de* Deserteur *en* deserter *nl* deserteur *no* desertør *da* desertør; *sla:* *pl* dezerter *ru* дезертир *uk* дезертир *be* дэзерцір *bg* дезертьор *hr* dezerter *sr* дезертер *mk* дезертер; *f-u:* *et* desertöör; *bal:* *lt* dezertyras *lv* dezertieris; *n. g.:* *ek* desertore, *sh* dezertor. *min. 24/554*

désertiọn / désertęrstvo *f/n* $\boxed{\text{N}}$ Desertion *f*

[ts] gen: -ọne <prim>. *rom:* *fr* désertion *it* diserzione *es* deserción *ro* dezertare *pt* deserção *ca* deserció; *ger:* *de* Desertion *en* desertion *nl* desertie *sv* desertion *no* deserte *da* desertering; *sla:* *pl* dezercja *ce* dezerce *sk* dezercia *ru* дезертирство *uk* дезертирство *be* дэзерцірства *bg* дезертьорство *hr* dezerterstvo *mk* дезертерство; *f-u:* *ma* dezertálás *et* deserteerimine; *bal:* *lt* dezertyravimas *lv* dezertēšana; *n. g.:* *ek* desertzioa, *mt* deżerzjoni, *sh* dezertim. *min. 28/583*

désịr *m* $\boxed{\text{N}}$ Verlangen *n (das ~)*; Bedürfnis (1) *n*

gen: -ịre <ang>. *rom:* *fr* désir *it* desiderio *es* deseo *ro* deziderat *pt* desejo *ca* desig; *ger:* *en* desire; *n. g.:* *sh* dëshirë. *min. 8/249*

déstillatiọn *f* $\boxed{\text{N}}$ Destillation *f*

[ts] gen: -ọne <prim>. *rom:* *fr* distillation *it* distillazione *es* destilación *pt* destilação *ca* destiłlació; *ger:* *de* Destillation *en* distillation *nl* distillatie *sv* destillering *no* destillasjon *da* destillation; *sla:* *pl* destylacja *ce* destilace *sk* destilácia *bg* дестилация *hr* destilacija *sr* дестилација *sl* destilacija *mk* дестилација; *f-u:* *et* destillatsioon; *bal:* *lt* distiliavimas *lv* destilācija; *gal:* *cy* distyllu; *n. g.:* *ek* destilazio, *mt* distillazzjoni, *sh* distilim. *min. 26/451*

détạil *m* $\boxed{\text{N}}$ Detail *n*

<prim>. *rom:* *fr* détail *it* dettaglio *es* detalle *ca* detall; *ger:* *de* Detail

en detail *nl* detail *sv* detalj *no* detalj; *sla:*
pl detal *ru* детали *uk* деталь *be* дэталь
bg детайл *sr* деталь *mk* детали; *bal:*
lt detalė *lv* detaļa; *n. g.:* *mt* dettall,
tr detay. *min. 20/529*

détęctor *m* N Detektor *m*
gen: -ọre <prim>. *rom:* *fr* détecteur
es detector *ro* detector *pt* detetor
ca detector; *ger:* *de* Detektor *en* detector
nl detector *sv* detektor *no* detector
da detektor; *sla:* *pl* detektor *ce* detektor
sk detektor *ru* детектор *uk* детектор
be дэтэктар *bg* детектор *hr* detektor
sr детектор *sl* detektor *mk* детектор; *f-u:*
ma detektor *et* detektor; *bal:* *lt* detektors
lv detektorius; *n. g.:* *ek* detektagailu,
mt ditekter, *sh* detektor, *tr* detektör.
min. 30/548

détergęnt *m* N Waschmittel *n*; Spülmittel *n*
<prim>. *rom:* *fr* détergent *it* detergente
es detergente *ro* detergent *ca* detergent;
ger: *en* detergent; *sla:* *pl* detergent
ru детергент *hr* deterdžent *sl* detergent;
n. g.: *mt* deterġenti, *tr* deterjan.
min. 12/370

déterminęren *c-* V determinieren
<prim>. *rom:* *fr* déterminer *it* determinare
es determinar *ro* determina *pt* determinar
ca determinar; *ger:* *de* determinieren
en determine *nl* determineren
sv determinera *no* determinere; *sla:*
ru детерминировать *bg* детермінирам;
n. g.: *mt* -determina. *min. 14/469*

dévastąn V verwüsten
<ang>. *rom:* *fr* dévaster *it* devastare
es devastar *ro* devasta *pt* devastar
ca devastar; *ger:* *en* devastate; *sla:*
pl dewastować; *n. g.:* *ek* erraustu.
min. 9/291

déviąn V abweichen
<ang>. *rom:* *fr* dévier *it* deviare *es* deviar
ro devia *pt* deviar *ca* deviar; *ger:*
en deviate. *min. 7/249*

déviatiọn *f* N Abweichung *f*
[ts] gen: -ọne <ang>. *rom:* *fr* déviation
it deviazione *es* desviación *ro* deviare
pt deviação *ca* desviació; *ger:*
en deviation; *sla:* *ru* девиантность
bg девиация; *n. g.:* *mt* devjazzjoni.
min. 10/339

dextrín *m* N Dextrin *n*
gen: -ine <prim>. *rom:* *fr* dextrine
it destrina *es* dextrina *ro* dextrină
pt dextrina *ca* dextrina; *ger:* *de* Dextrin
en dextrin *nl* dextrine *sv* dextrin
no dekstrin *da* dextrin *is* dextrín; *sla:*
pl dekstryna *ce* dextrin *sk* dextrín
ru декстрин *uk* декстрин *be* декстрин
bg декстрин *hr* dekstrin *sr* декстрин
sl dekstrin *mk* декстрин; *f-u:* *ma* dextrin
su dekstriini *et* dekstriin; *bal:* *lt* dekstrinas
lv dekstrīnu; *n. g.:* *el* δεξτρίνη,
mt destrina, *sh* dekstrin, *tr* dekstrin.
min. 33/613

dextrọsa *f* N Dextrose *f*
<prim>. *rom:* *fr* dextrose *it* destrosio
es dextrosa *ro* dextroză *pt* dextrose
ca dextrosa; *ger:* *de* Dextrose *en* dextrose
nl dextrose *sv* dextros *da* dextrose
is dextrósa; *sla:* *ce* dextróza *sk* dextróza
ru декстроза *uk* декстроза *be* декстроза
bg декстроза *hr* dekstroza *sr* декстроза
sl dekstroza *mk* декстроза; *f-u:*
ma dextróz *su* dekstroosi *et* dekstroosi;
bal: *lt* dekstrozė; *gal:* *cy* decstros; *n. g.:*
el δεξτρόζη, *mt* destrosju, *sh* dekstrozë.
min. 30/561

déz num zehn
<prim>. *rom:* *fr* dix *it* dieci *es* diez
ro zece *ca* deu; *ger:* *de* zehn *en* ten

nl tien *fs* tíggju *sv* tio *no* ti *da* ti *is* tíu *fo* tíggju; <u>*sla:*</u> *pl* dziesieć *ce* deset *ru* десять *be* дзесят *bg* десет *hr* deset; <u>*f-u:*</u> *ma* tíz *su* -toista; <u>*bal:*</u> *lv* desimt; <u>*gal:*</u> *br* dek *ga* dég *gv* jeigh; <u>*n. g.:*</u> *el* δέκα. *min. 27/557*

dézt *(de ~)* Ⓐ zehnte(r/s) <prim>. <u>*rom:*</u> *fr* (dix) *it* (decimo) *es* (diez) *ro* (zecea) *ca* desena; <u>*ger:*</u> *de* zehnte *en* tenth *nl* tiende *sv* tionde *no* tiende *da* tiende *is* tíund◊; <u>*sla:*</u> *pl* dziesiąty *ce* desátý *ru* десятый *be* дзесятая *bg* десета *hr* deseti; <u>*f-u:*</u> *ma* tízedik; <u>*bal:*</u> *lv* (desimt); <u>*gal:*</u> *br* dekvet *ga* (dég); <u>*n. g.:*</u> *el* δέκατ◊. *min. 23/553*

dí *pl. nom/akk* demPrn diese (3), die (3) *pl. nom/akk; siehe Pronomen und Artikel* <prim>. <u>*n. g.:*</u>.

diabét(és) *m* Ⓝ Diabetes *m* gen: -te (-tesse) <prim>. <u>*rom:*</u> *fr* diabète *it* diabete *es* diabetes *ro* diabet *pt* diabetes *ca* diabetis; <u>*ger:*</u> *de* Diabetes *en* diabetes *sv* diabetes *no* diabetes; <u>*sla:*</u> *ce* diabetes *ru* диабет *uk* діабет *be* дыябет *bg* диабет *hr* dijabetes *mk* дијабетес; <u>*f-u:*</u> *su* diabetes; <u>*bal:*</u> *lt* diabetas *lv* diabēts; <u>*gal:*</u> *ga* diaibéiteas; <u>*n. g.:*</u> *el* διαβήτης, *ek* diabetes, *mt* dijabete, *sh* diabet, *tr* diyabet. *min. 26/524*

diabétic /~a *m /f* Ⓝ Diabetiker /~in *m /f* <prim>. <u>*rom:*</u> *fr* diabétique *it* diabetico *es* diabético *ro* diabetic *pt* diabético *ca* diabètic; <u>*ger:*</u> *de* Diabetiker *en* diabetic *nl* diabeticus *sv* diabetisk *no* diabetiker *da* diabetisk; <u>*sla:*</u> *pl* diabetyk *ce* diabetik *sk* diabetik *ru* диабетик *uk* діабетик *be* дыябетык *bg* диабетик *hr* dijabetičar *sr* дијабетичар *sl* diabetik *mk* дијабетик; <u>*f-u:*</u> *ma* diabetikus *su* diabeetikko

et diabeetik; <u>*bal:*</u> *lt* diabetikas *lv* diabēta; <u>*gal:*</u> *cy* diabetig *ga* diaibéiteach; <u>*n. g.:*</u> *el* διαβητικός, *ek* diabetikoa, *mt* dijabetika, *sh* diabetik, *tr* diyabetik. *min. 35/615*

diąbol *m* Ⓝ Teufel *m* gen: -áble <prim>. <u>*rom:*</u> *fr* diable *it* diavolo *es* diablo *ro* diavol *pt* diablo *ca* diable; <u>*ger:*</u> *de* Teufel *en* devil *nl* duvel *is* djöfull; <u>*sla:*</u> *pl* diabeł *ce* ďábel *ru* дьявол *be* д'ябал *bg* дявол; <u>*f-u:*</u> *su* paholainen. *min. 16/519*

diagnósé *f* Ⓝ Diagnose *f* <prim>. <u>*rom:*</u> *fr* diagnostic *it* diagnosi *es* diagnóstico *ro* diagnostic *pt* diagnóstico *ca* diagnòstic; <u>*ger:*</u> *de* Diagnose *en* diagnosis *nl* diagnose *sv* diagnos *no* diagnose *da* diagnose; <u>*sla:*</u> *pl* diagnoza *ce* diagnóza *sk* diagnóza *ru* диагноз *uk* діагноз *be* дыягназ *bg* диагноза *hr* dijagnoza *sr* дијагноза *sl* diagnoza *mk* дијагноза; <u>*f-u:*</u> *ma* diagnózis *su* diagnoosi *et* diagnoos; <u>*bal:*</u> *lt* diagnozė *lv* diagnoze; <u>*gal:*</u> *cy* diagnosis *ga* diagnóis; <u>*n. g.:*</u> *el* διάγνωση, *ek* diagnostikoa, *mt* dijanjoži, *sh* diagnozë. *min. 34/610*

diagnòstic Ⓐ diagnostisch adv: ~no <prim>. <u>*rom:*</u> *fr* diagnostique *it* diagnostic◊ *es* diagnóstic◊ *ro* diagnostic *pt* diagnóstic◊ *ca* diagnòstic◊; <u>*ger:*</u> *de* diagnostisch *en* diagnostic *nl* diagnostisch *sv* diagnostisk *no* diagnostisk *da* diagnostisk; <u>*sla:*</u> *pl* diagnostyczn◊ *ce* diagnostick◊ *sk* diagnostick◊ *ru* диагностическ◊ *uk* діагностичн◊ *be* дыягнастычн◊ *bg* диагностичн◊ *hr* dijagnostičk◊ *sr* дијагностичк◊ *sl* diagnostičn◊ *mk* дијагностичк◊; <u>*f-u:*</u> *ma* diagnosztikai *su* diagnostinen *et* diagnostika; <u>*bal:*</u> *lt* diagnostin◊ *lv* diagnostisk◊; <u>*gal:*</u> *cy* diagnostig *ga* diagnóiseacha; <u>*n. g.:*</u>

el διαγνωστικ◊, *ek* diagnostiko,
mt dijanjostiku, *sh* diagnostik◊.
min. 34/610

dialękt *m* N Dialekt *m*

<prim>. *rom:* *fr* dialecte *it* dialetto
es dialecto *ro* dialect *pt* dialeto *ca* dialecte;
ger: *de* Dialekt *en* dialect *nl* dialekt
sv dialekt *no* dialekt *da* dialekt; *sla:*
pl dialekt *ce* dialekt *sk* dialekt *ru* диалект
uk діалект *be* дыялект *bg* диалект
hr dijalekt *sr* дијалект *mk* дијалект; *f-u:*
ma dialektus; *bal:* *lt* dialektas *lv* dialekts;
n. g.: *el* διάλεκτος, *mt* djalett, *sh* dialekt,
tr diyalekt. *min. 29/605*

dialysé *f* N Dialyse *f*

<prim>. *rom:* *fr* dialyse *it* dialisi
es diálisis *ro* dializă *pt* diálise *ca* diàlisi;
ger: *de* Dialyse *en* dialysis *nl* dialyse
sv dialys *no* dialyse *da* dialyse; *sla:*
pl dializa *ce* dialýza *sk* dialýza *ru* диализ
uk діаліз *be* дыяліз *bg* диализа *hr* dijaliza
sr дијализа *sl* dializa *mk* дијализа; *f-u:*
ma dialízis *su* dialyysi *et* dialüüs; *bal:*
lt dializès *lv* dialīze; *gal:* *cy* dialysis;
n. g.: *el* (διαλύση), *ek* dialisi, *mt* dijalisi,
sh dializë, *tr* diyaliz. *min. 34/615*

diąr *m* N Tagebuch *n*

gen: -ąre <prim>. *rom:* *fr* diaire *it* diario
es diario *pt* diario *ca* diari; *ger:* *en* diary;
sla: *sk* diár; *gal:* *cy* dyddiadur; *n. g.:*
mt djarju, *sh* ditar. *min. 10/235*

dictąt *m* N Diktat *n*

gen: -ąte <prim>. *rom:* *fr* dictation
it dettatura *es* dictado *ro* dictare *pt* ditado
ca dictat; *ger:* *de* Diktat *en* dictation
nl dictee *sv* diktamen *no* diktering
da diktat; *sla:* *pl* dyktando *ce* diktát
sk diktát *ru* диктант *uk* диктант
be дыктоўку *bg* диктовка *hr* diktat
sr диктирање *mk* диктат; *f-u:* *ma* diktálás
et diktaat; *bal:* *lt* diktantas *lv* diktāts;

gal: *ga* dheachtú; *n. g.:* *ek* diktaketa,
mt dettatura, *sh* diktim, *tr* dikte.
min. 31/597

dictéren *c-* V diktieren

<prim>. *rom:* *fr* dicter *it* dettare *es* dictar
ro dicta *pt* ditar *ca* dictar; *ger:*
de diktieren *en* dictate *nl* dicteren
sv diktera *no* diktere *da* diktere; *sla:*
pl dyktować *ce* diktovat *sk* diktovať
ru продиктовать *uk* продиктувати
be прадыктаваць *bg* диктувам *hr* diktirati
sr диктирати *mk* диктираат; *f-u:*
ma diktál *et* dikteerima; *bal:* *lt* diktuoti
lv diktēt; *gal:* *ga* dheachtú; *n. g.:*
mt -detta, *sh* diktat, *tr* (dikte). *min. 30/595*

dictionąr *m* N Wörterbuch *n*

gen: -nąre <ang>. *rom:* *fr* dictionnaire
it dizionario *es* diccionario *ro* dicţionar
ca diccionari; *ger:* *en* dictionary; *n. g.:*
mt dizzjunarju. *min. 8/229*

dįé *f. nom/akk* demPrn diese (2), die
(2) *f. nom/akk; siehe Pronomen und
Artikel*
+↑de, ↑-é.

dįer *f. dat* demPrn dieser (4), der (4) *f.*
dat; siehe Pronomen und Artikel
+↑jer.

dięta *f* N Diät *f*

<prim>. *rom:* *fr* diète *it* dieta *es* dieta
ro dietă *pt* dieta *ca* dieta; *ger:* *de* Diät
en diet *nl* dieet *da* diæt; *sla:* *pl* dieta
ce dieta *sk* diéta *ru* диета *uk* дієта
be дыета *bg* диета *hr* dijeta *sr* дијета;
f-u: *ma* diéta *su* dieetti *et* dieet; *bal:*
lt dieta; *n. g.:* *el* δίαιτα, *ek* dieta, *mt* dieta,
sh dietë, *tr* diyet. *min. 28/594*

dietętic A diätetisch

adv: ~no <prim>. *rom:* *fr* diététique
it dietetic◊ *es* dietétic◊ *ro* dietetic
pt dietétic◊ *ca* dietètic◊; *ger:* *de* diätetisch

en dietetic *nl* diëtetisch *sv* dietisk
no dietetisk *da* diætetiske; *sla:*
pl dietetyczn◊ *ce* dietetick◊ *sk* dietetick◊
ru диетическ◊ *uk* дієтичн◊ *be* дыетычн◊
bg диетичн◊ *hr* dijetaln◊ *sr* дијеталн◊
sl dietetičn◊ *mk* диететск◊; *f-u:*
su dieetti- *et* dieetilised; *bal:* *lt* dietin◊
lv diētisk◊; *gal:* *cy* deietegol
ga diaitéiteach; *n. g.:* *el* διαιτητικ◊,
ek dietetiko, *mt* djetetiku. *min. 32/598*

differ̦encea (1) *f* Ⓝ Unterschied *m*
[tsa], gen: -ce <ang>. *rom:* *fr* différence
it differenza *es* diferencia *ro* diferenţă
pt diferença *ca* diferència; *ger:*
de (Differenz) *en* difference *sv* (differens)
no (differanse) *da* (differens); *sla:*
ce (diference) *ru* (дифференция)
bg (диференция); *f-u:* *ma* (differencia);
gal: *cy* dychwelyd *ga* (difríocht); *n. g.:*
mt differenza. *min. 18/475*

differ̦encea (2) *f* MATH Ⓝ Differenz *f*
[tsa], gen: -ce <prim>. *rom:* *fr* différence
it differenza *es* diferencia *ro* diferenţă
pt diferença *ca* diferència; *ger:*
de Differenz *en* difference *sv* differens
no differanse *da* differens; *sla:*
ce diference *ru* дифференция
bg диференция; *f-u:* *ma* differencia; *gal:*
cy dychwelyd *ga* difríocht; *n. g.:*
mt differenza. *min. 18/475*

differ̦ent Ⓐ unterschiedlich
<ang>. *rom:* *fr* différent *it* differente
es diferente *ro* diferit *ca* diferent◊; *ger:*
en different; *sla:* *ru* дифференцированн◊;
n. g.: *mt* differenti. *min. 8/319*

di̦ghen *c-* Ⓥ sagen
<prim>. *rom:* *fr* dire *it* dicere *es* decir
pt dizer *ca* dir; *sla:* *ru* диктовать; *bal:*
lv teikt; *gal:* *cy* dweud *ga* deir; *n. g.:*
tr demek. *min. 10/257*

digi̦tal Ⓐ digital
<prim>. *rom:* *it* digitale *es* digital
ro digital *pt* digital *ca* digital; *ger:*
de digital *en* digital *nl* digitaal *sv* digital
no digitalt *da* digital; *sla:* *ce* digitáln◊
sk digitáln◊ *bg* дигиталн◊ *hr* digitaln◊
sr дигиталн◊ *sl* digitaln◊ *mk* дигиталн◊;
f-u: *ma* digitális *su* digitaalinen
et digitaalne; *bal:* *lv* digitāl◊; *gal:*
cy digidol *ga* digiteach; *n. g.:* *ek* digitala,
mt diġitali, *sh* dixhital◊, *tr* dijital.
min. 28/385

dík *m* Ⓝ Deich *m*
<prim>. *rom:* *fr* digue *it* diga *es* dique
ro dig *pt* dique *ca* dic; *ger:* *de* Deich
en dike *nl* dijk *no* dike *da* dige; *sla:*
pl dajk *bg* дига; *n. g.:* *sh* digë.
min. 14/422

dilatati̦ón *f* Ⓝ Dilatation *f*
[ts] gen: -o̦ne <prim>. *rom:* *fr* dilatation
it dilatazione *es* dilatación *ro* dilatare
pt dilatação *ca* dilatació; *ger:*
de Dilatation *en* dilatation *sv* dilatation
no dilatasjon *da* dilatation; *sla:*
pl dylatacja *hr* dilatacija *sr* дилатација
sl dilatacija *mk* дилатација; *bal:*
lv dilatācija; *n. g.:* *el* διαστολή,
mt dilatazzjoni. *min. 19/432*

diletta̦nt *m* Ⓝ Dilettant *m*
<prim>. *rom:* *fr* dilettante *it* dilettante
es diletante *ro* diletant *pt* diletante
ca diletant; *ger:* *de* Dilettant *en* dilettante
nl dilettant *sv* dilettant *no* dilettante
da dilettant *is* dilettante; *sla:* *pl* dyletant
ce diletant *sk* diletant *ru* дилетант
uk дилетант *be* дылетант *bg* дилетант
hr diletant *sr* дилетант *sl* dilettante
mk дилетант; *f-u:* *ma* dilettáns
su diletantti *et* diletantlik; *bal:*
lv diletants; *n. g.:* *ek* dilettante,
mt dilettante, *sh* diletant. *min. 31/595*

dím demPrn diesen, denen *pl. nom/akk;*
siehe *Pronomen und Artikel*
+↑dí, ↑jim. <>. *n. g.:*.

dimensión *f* N Dimension *f*
<prim>. *rom:* *fr* dimension *it* dimensione
es dimensión *ro* dimensiune *pt* dimensão
ca dimensió; *ger:* de Dimension
en dimension *nl* dimensie *sv* dimensionen
no dimensjon *da* dimension; *sla:*
hr dimenzija *sr* димензија *sl* dimenzija
mk димензија; *f-u:* *ma* dimenzió; *bal:*
lt dimensija *lv* dimensija; *gal:*
cy dimensiwn; *n. g.:* *ek* dimentsio,
mt dimensjoni, *sh* dimension. *min. 23/417*

díne demPrn dieser (2) *f. gen; siehe*
Pronomen und Artikel
+↑(gram: gen.). <>. *n. g.:*.

dínen demPrn dieser (3) *pl. gen; siehe*
Pronomen und Artikel
+↑(gram: gen.). <>. *n. g.:*.

dinosaur *m* N Dinosaurier *m*
<prim>. *rom:* *fr* dinosaure *it* dinosauro
es dinosaurio *ro* dinozaur *pt* dinossauro
ca dinosaure; *ger:* de Dinosaurier
en dinosaur *nl* dinosaurus *sv* dinosaur
no dinosaur *da* dinosaur; *sla:* *pl* dinozaur
ce dinosaurus *sk* dinosaurus *ru* динозавр
uk динозавр *be* дыназаўр *bg* динозавър
hr dinosaurus *sr* диносаурус *sl* dinozaver
mk диносаурус; *f-u:* *ma* dinoszaurusz
su dinosaurus *et* dinosaurus; *bal:*
lt dinozauras *lv* dinozaurs; *gal:*
cy dinosaur *ga* dineasáir; *n. g.:*
el δεινόσαυρος, *ek* dinosauro,
mt dinosawru, *sh* dinozaur, *tr* dinozor.
min. 35/615

diocésán A Diözesan- *N*
<prim>. *rom:* *fr* diocésain *it* diocesan◊
es diocesan◊ *ro* diecezan *pt* diocesan◊
ca diocesà◊; *ger:* de Diözesanen
en diocesan *nl* diocesane; *sla:*

pl diecezjaln◊ *ce* diecézn◊ *sk* diecézn◊
ru диоцезн◊; *gal:* *ga* deoiseach; *n. g.:*
mt djoċesi. *min. 15/500*

diocése *f* N Diözese *f*
<prim>. *rom:* *fr* diocèse *it* diocesi
es diócesis *ca* diòcesi; *ger:* de Diözese
en diocese; *sla:* *pl* diecezja *ce* diecéze
sk diecézy *ru* диоцез *bg* диоцез; *gal:*
ga deoise; *n. g.:* *el* διοικήση, *mt* djoċesi,
sh dioqezë. *min. 15/472*

diplomatía *f* N Diplomatie *f*
<prim>. *rom:* *fr* diplomacie *it* diplomazia
es diplomacia *ro* diplomaţie *ca* diplomàcia;
ger: de Diplomatie *en* diplomacy
da diplomati; *sla:* *pl* dyplomacja
ce diplomacie *ru* дипломатия
be дыпламатыя *bg* дипломация
hr diplomatija; *f-u:* *ma* diplomácia
su diplomatia; *n. g.:* *mt* diplomazija,
tr diplomasi. *min. 18/513*

diréct A direkt
<prim>. *rom:* *fr* direct *es* direct◊ *ro* direct
pt direit◊ *ca* direct◊; *ger:* de direkt
en direct *nl* direkt *sv* direkt *no* direkt
da direkte; *sla:* *bg* директн◊ *hr* direktn◊;
f-u: *ma* direkt; *gal:* *br* dihanterouriek;
n. g.: *mt* direttament, *sh* (drejt).
min. 17/358

diréctor *m* N Regisseur *m*
gen: -ore <prim>. *rom:* *fr* directeur
it direttore *es* director *ro* director *pt* diretor
ca director; *ger:* de Direktor *en* director
nl directeur *no* direktør *da* direktør; *sla:*
pl dyrektor *ru* директор *uk* директор
be дырэктар *bg* директор *hr* direktor
sr директор *mk* директор; *f-u:*
et direktor; *bal:* *lt* direktorius *lv* direktors;
n. g.: *mt* direttur, *sh* drejtor. *min. 24/553*

dirigéren *c-* V dirigieren
<prim>. *rom:* *fr* diriger *it* dirigere
es dirigir *ro* (dirija) *pt* dirigir; *ger:*

111

de dirigieren *en* direct; *sla: pl* dyrygować
ru дирижировать *bg* дирижирам.
min. 10/470

disainer *m* N Konstrukteur *m*
<prim>. *rom: fr* designer *es* diseñador
pt desenhista *ca* dissenyador; *ger:*
de Designer *en* designer *sv* designern
no designer *da* designer; *sla: ru* дизайнер
uk дизайнер *be* дызайнер *bg* дизайнер
hr dizajner *sr* дизајнер *mk* дизајнер; *bal:*
lt dizaineris *lv* dizainers; *n. g.:*
ek diseinatzaile, *mt* disinjatur. *min. 20/433*

discrepancea *f* N Diskrepanz *f*
[tsa], gen: -ce <prim>. *rom: it* discrepanza
es discrepancia *ro* discrepanţă
pt discrepância *ca* discrepància; *ger:*
de Diskrepanz *en* discrepancy
sv diskrepans; *n. g.: mt* diskrepanza.
min. 9/289

discriminatión *f* N Diskriminierung *f*
[ts] gen: -one <prim>. *rom:*
fr discrimination *it* discriminazione
es discriminación *ro* discriminaţie
pt discriminação *ca* discriminació; *ger:*
de Diskriminierung *en* discrimination
nl discriminatie *sv* diskrimination
no diskriminasjon *da* diskrimination; *sla:*
pl dyskryminacja *ce* diskriminace
sk diskriminace *ru* дискриминация
be дыскрымінацыя *bg* дискриминация
hr diskriminacija *sr* дискриминација
sl diskriminacija *mk* дискриминација;
f-u: ma diszkrimináció; *bal:*
lt diskriminacija; *n. g.:*
mt diskriminazzjoni, *tr* diskriminasyon.
min. 26/573

discrimineren *c-* V diskriminieren
<prim>. *rom: fr* discriminer
it discriminare *es* discriminar
ro discriminea *pt* discriminar
ca discriminar; *ger: de* (diskriminieren)

en discriminate *da* diskriminere; *sla:*
pl dyskryminować *ce* diskriminovat
sb diskriminować *ru* дискриминировать
be дыскрымінаваць *bg* дискриминирам
hr diskriminirati; *f-u: ma* diszkrimináľni;
n. g.: mt -diskrimina. *min. 18/513*

disk *m* N Scheibe (rund) *f*
<ang>. *rom: fr* disque *it* disco *es* disco
ro disc *pt* disco *ca* disc; *ger: de* (Diskus)
en disk; *sla: bg* диск; *gal: cy* disg
ga diosca; *n. g.: el* δίσκος, *ek* diskoan,
tr dışkı. *min. 14/373*

disparen *c+* V verschwinden
<ang>. *rom: fr* disparaître *it* sparire
es desaparecer *ro* dispărea *pt* desaparecer
ca desaparèixer; *ger: en* disappear; *n. g.:*
mt -sparixx. *min. 8/249*

distancea *f* N Distanz *f*
[tsa], gen: -ce <prim>. *rom: fr* distance
it distanza *es* distancia *pt* distância
ca distància; *ger: de* Distanz *en* distance;
sla: pl dystans *bg* дистанция; *n. g.:*
ek distantzia, *mt* distanza, *sh* distancë.
min. 12/376

district *m* N Bezirk *m*
<prim>. *rom: fr* districte *it* distretto
es distrito *ro* district *pt* distrito *ca* districte;
ger: de Distrikt *en* district; *n. g.:*
mt distrett. *min. 9/344*

diup A tief
<ang>. *ger: de* tief *en* deep *nl* deep
sv djup *no* dyp *da* dyb *is* djúp◊; *sla:*
bg дълбок◊ *hr* dubok◊; *n. g.: tr* derin.
min. 10/212

diva *f* N Diva *f*
<prim>. *rom: fr* diva *it* diva *es* diva
ro divă *pt* diva *ca* diva; *ger: de* Diva
en diva *nl* diva *sv* diva *no* diva *da* diva;
sla: pl diwa *ru* дива *uk* діва *be* дзіва
bg дива *hr* diva *sr* дива *sl* diva *mk* дива;

_f-u:_ ma díva _su_ diiva _et_ diiva; _bal:_
_lt_ diva; _n. g.:_ _el_ ντίβα, _ek_ diva, _mt_ diva.
min. 28/592

divergęncea _f_ N Divergenz _f_
[tsa], gen: -ce <prim>. _rom:_ _fr_ divergence
_it_ divergenza _es_ divergencia _ro_ divergență
_pt_ divergência _ca_ divergència; _ger:_
_de_ Divergenz _en_ divergence _no_ divergens;
sla: _ce_ divergence _sk_ divergencia
_bg_ дивергенция _hr_ divergencija
_sr_ дивергенција _sl_ divergenca
_mk_ дивергенција; _f-u:_ ma divergencia;
_n. g.:_ _ek_ dibergentzia, _mt_ diverġenza,
_sh_ divergjencë. _min._ 20/403

divęrs A divers
<prim>. _rom:_ _fr_ divers _it_ divers◊
_es_ divers◊ _ro_ divers _ca_ divers◊; _ger:_
_de_ divers _en_ diverse _da_ divers; _n. g.:_
_mt_ diversa. _min._ 9/337

diversité _f_ N Vielfalt _f;_ Diverstität _f_
gen: -tête <ang>. _rom:_ _fr_ diversité
_it_ diversità _es_ diversidad _ro_ diversitate
_ca_ diversitat; _ger:_ _de_ Diversität
_en_ diversity; _sla:_ _ru_ диверсификация
_bg_ диверситет; _n. g.:_ _mt_ diversità.
min. 10/424

dividęren _c-_ V dividieren
<prim>. _rom:_ _fr_ diviser _it_ dividere
_es_ dividir _pt_ dividir _ca_ dividir; _ger:_
_de_ dividieren _en_ divide. _min._ 7/324

djas adv rechts
<prim>. _rom:_ _es_ domo; _sla:_ _bg_ дясно
_hr_ desno _sr_ десно _sl_ desno _mk_ десно;
bal: _lt_ dešinę; _gal:_ _cy_ dess _br_ dehou
_ga_ deas; _n. g.:_ _el_ δεξιά, _mt_ dritt,
_sh_ djethtë. _min._ 13/81

djęti _m_ N Kind _n_
gen: djętje <cont>. _sla:_ _pl_ dziecko _ce_ dítě
_ru_ дети _be_ дзіця _bg_ дете _hr_ dijete.
min. 6/154

djęvca _f_ N Mädchen _n_
[k] gen: -vce [ts], dim: -vchina, -vochka
<cont>. _sla:_ _pl_ dziewczyna _ce_ dívka
_sk_ dievča _ru_ девочка _uk_ дівчина
_be_ дзяўчына _bg_ девойка _hr_ devojka
_sr_ девојка _mk_ девојка; _f-u:_ _su_ tyttö.
min. 11/194

do C bis
<prim>. _ger:_ _de_ (zu) _en_ (to) _nl_ tot _da_ til;
sla: _pl_ do _ce_ do _sk_ do _sb_ do _ru_ до _uk_ до
_be_ да _bg_ до _hr_ do _sr_ до _sl_ do _mk_ до;
_n. g.:_ _sh_ deri. _min._ 17/369

dǫbro adv gut (2)
<cont>. _sla:_ _pl_ dobrze _ce_ dobro _sk_ dobro
_sb_ dobro _ru_ добро _uk_ добро _be_ добра
_bg_ добре _hr_ dobro _sr_ добро _sl_ dobro
_mk_ dobro. _min._ 12/191

doctrįna _f_ N Doktrin _f_
<prim>. _rom:_ _fr_ doctrine _it_ dottrina
_es_ doctrina _ro_ doctrină _pt_ doutrina
_ca_ doctrina; _ger:_ _de_ Doktrin _en_ doctrine
_sv_ doktrin _no_ doktrine _da_ doktrin; _sla:_
_pl_ doktryna _ce_ doktrína _sk_ doktrína
_bg_ доктрина _hr_ doktrina _sr_ доктрина
_sl_ doktrina _mk_ доктрина; _bal:_ _lt_ doktrina
_lv_ doktrīna; _n. g.:_ _ek_ doktrina, _mt_ duttrina,
_sh_ doktrinë, _tr_ doktrin. _min._ 25/454

doef A taub
<ang>. _ger:_ _de_ taub _en_ deaf _nl_ doof
_lb_ daf _sv_ döv _no_ døv _da_ døv _is_ dauf◊
_fo_ deyvur. _min._ 9/194

dǫeré _f_ N Tür _f_
<prim>. _ger:_ _de_ Tür _en_ door _nl_ doer
_sv_ dörr _da_ dørr _is_ dyr; _sla:_ _pl_ drzwi
_ce_ dveře _ru_ дверь _be_ дзверы _sl_ durje;
gal: _br_ dor _gv_ dorrys; _n. g.:_ _el_ τύρα.
min. 14/342

dǫétsh A deutsch
<ethno>. _ger:_ _de_ deutsch.

Dǫétsh $\boxed{\text{N}}$ Deutsch *(,~e Sprache)*
<ethno>. *ger:* de Deutsch.

dǫétshe *f* $\boxed{\text{N}}$ Deutsche *f*
<ethno>. *ger:* de Deutsche.

dǫétsher *m* $\boxed{\text{N}}$ Deutscher *m*
pl -tshes <ethno>. *ger:* de Deutscher.

Dǫétshland *n!* $\boxed{\text{N}}$ Deutschland *n*
<ethno>. *ger:* de Deutschland.

dǫghter *f* $\boxed{\text{N}}$ Tochter *f*
<prim>. *ger:* de Tochter *en* daughter
nl dochter *sv* dotter *no* datter *da* datter
is dóttir; *sla:* *pl* córa *ce* dcera *sk* dcéra
ru дочка *uk* дочка *bg* дъщеря *hr* kćer
mk ќерка; *f-u:* *su* tytär *et* tütar; *bal:*
lt duktė. *min. 18/373*

dǫgma *n* $\boxed{\text{N}}$ Dogma *n*
<prim>. *rom:* *fr* dogme *it* dogma
es dogma *ro* dogmă *pt* dogma *ca* dogma;
ger: de Dogma *en* dogma *nl* dogma
sv dogma *no* dogma *da* dogma *is* dógma;
sla: *pl* dogmat *ce* dogma *sk* dogma
ru догма *uk* догма *be* догма *bg* догма
hr dogma *sr* догма *sl* dogma *mk* догма;
f-u: *ma* dogma *su* dogmi *et* dogma; *bal:*
lt dogma *lv* dogma; *gal:* *cy* dogma
ga dogma; *n. g.:* *el* δόγμα, *ek* dogma,
mt dogma, *sh* dogmë, *tr* dogma.
min. 36/615

dogmạtic $\boxed{\text{A}}$ dogmatisch
comp: -cer [ts], adv: ~no <prim>. *rom:*
fr dogmatique *it* dogmatic◊ *es* dogmátic◊
ro dogmatic *pt* dogmátic◊ *ca* dogmàtic◊;
ger: de dogmatisch *en* dogmatic
nl dogmatisch *sv* dogmatisk *no* dogmatisk
da dogmatiske; *sla:* *pl* dogmatyczn◊
ce dogmatick◊ *sk* dogmatick◊
ru догматическ◊ *uk* догматичн◊
be дагматычн◊ *bg* догматичн◊
hr dogmatsk◊ *sr* догматск◊ *sl* dogmatsk◊
mk догматск◊; *f-u:* *ma* dogmatikus

su dogmaattinen *et* dogmaatiline; *bal:*
lt dogmatišk◊ *lv* dogmatisk◊; *gal:*
cy dogmatig; *n. g.:* *el* δογματικ◊,
ek dogmatikoa, *mt* dommatika,
sh dogmatik◊, *tr* dogmatik. *min. 34/615*

dól *m* $\boxed{\text{N}}$ Trauer *f*
<prim>. *rom:* *fr* deuil *it* dolore *es* duelo
ro doliu *pt* dó *ca* dol; *ger:*
en (con)dolence; *n. g.:* *ek* dolu.
min. 8/251

dóm *m* $\boxed{\text{N}}$ Dom *m*
<prim>. *rom:* *fr* (dome) *it* duomo; *ger:*
de Dom *en* dome *is* dóm(kirkjú); *f-u:*
ma dóm *su* tuomi(okirkko). *min. 7/287*

domicíl *m* $\boxed{\text{N}}$ Domizil *n*
gen: -ile <prim>. *rom:* *fr* domicile
it domicilio *es* domicilio *ro* domicilia
pt domícílio *ca* domicili; *ger:* de Domizil
en domicile *nl* domicile *no* domisil; *sla:*
sr домицил; *n. g.:* *mt* domicilju.
min. 12/377

dominạncea *f* $\boxed{\text{N}}$ Dominanz *f*
[tsa], gen: -ce <prim>. *rom:* *fr* dominance
it dominanza *es* (dominio) *ro* dominanţa
pt (domínio) *ca* (domini); *ger:*
de Dominanz *en* dominance *sv* dominans
no dominans *da* dominans; *sla:*
bg доминантност *hr* dominacija
sr доминација *mk* доминација; *f-u:*
ma dominálás; *bal:* *lt* dominavimas
lv dominante; *n. g.:* *mt* dominanza.
min. 19/403

dominẹren *c-* $\boxed{\text{V}}$ dominieren
<prim>. *rom:* *fr* dominer *it* dominare
es dominar *ro* domina *pt* dominar
ca dominar; *ger:* de dominieren
en dominate *sv* dominerar *no* dominerer
da dominere; *sla:* *pl* dominować
bg доминирам *hr* dominirati
sr доминирати *mk* доминираат; *f-u:*
ma dominálni *et* domineerima; *bal:*

lt dominuoti *lv* dominēt; *gal:*
cy dominyddu; *n. g.:* *mt* -domina,
sh dominoj. *min. 23/445*

donạtor *m* N Donator *m*
gen: -ǫre <prim>. *rom:* *fr* donateur
it donatore *es* donatario *ro* donator
pt doador *ca* donatari; *ger:* *de* Donator
en donator *nl* donateur *sv* donator; *sla:*
pl donator *ce* donátor *sk* donátor
hr donator *sr* донатор *sl* donator
mk донатор. *min. 17/445*

dorsạl MED A dorsal
<prim>. *rom:* *fr* dorsal *it* dorsale
es dorsal *ro* dorsal *pt* dorsal *ca* dorsal;
ger: *de* dorsal *en* dorsal *nl* dorsaal
no dorsal; *sla:* *hr* dorzaln◊; *n. g.:*
mt dorsali. *min. 12/373*

dọsé *f* N Dosis *f*
<prim>. *rom:* *fr* dose *it* dose *es* dosis
ro doza *pt* dose *ca* dosi; *ger:* *de* Dosis
en dose *nl* dosis *sv* dos *no* dose *da* dosis;
sla: *ru* доза *uk* доза *be* доза *bg* доза
hr doza *sr* доза *mk* доза; *f-u:* *ma* dózis;
bal: *lt* dozė; *gal:* *cy* dose; *n. g.:* el δόση,
ek dosi, *mt* doża, *sh* doza, *tr* doz.
min. 27/550

draenạjh *m* N Drainage *f*
gen: -ạjhe <prim>. *rom:* *fr* drainage
it drenaggio *es* drenaje *ro* drenaj
pt drenagem *ca* drenatge; *ger:*
de Drainage *en* drainage *sv* dränering
no drenering *da* dræning; *sla:* *pl* drenaż
ru дренаж *uk* дренаж *be* дрэнаж
bg дренаж *hr* drenaža *sr* дренажа
sl drenaža; *f-u:* *et* drenaaž; *bal:*
lt drenažas *lv* drenāža; *gal:* *cy* draenio
ga draenáil; *n. g.:* *ek* drainatze,
mt drenaġġ, *tr* drenaj. *min. 27/549*

drạg A teuer (1); wertvoll; wert
<prim>. *rom:* *ro* drag; *ger:* *de* (teuer)
en dear *da* dyr; *sla:* *pl* drog◊ *ce* drah◊

sk drah◊ *ru* дорог◊ *uk* дорог◊ *be* дараг◊
bg драг◊ *hr* drag◊ *sr* драг◊ *sl* drag◊; *f-u:*
ma drága; *bal:* *lv* dārg◊; *gal:* *ga* deas.
min. 17/381

drạma *n* N Drama *n*
<prim>. *rom:* *fr* drame *it* dramma
es drama *ro* dramă *pt* drama *ca* drama;
ger: *de* Drama *en* drama *nl* drama
sv drama *no* drama *da* drama *is* dráma;
sla: *pl* dramat *ce* drama *sk* dráma
ru драма *uk* драма *be* драма *bg* драма
hr drama *sr* драма *sl* drama *mk* драма;
f-u: *ma* dráma *su* draama *et* draama; *bal:*
lt dramos *lv* drāma; *gal:* *cy* drama
ga drámaíocht; *n. g.:* *el* δράμα, *ek* drama,
mt drama, *sh* dramë, *tr* dram. *min. 36/615*

dramạtic A dramatisch
comp: -cer [ts], adv: ~no <prim>. *rom:*
fr dramatique *it* drammatic◊ *es* dramátic◊
ro dramatic *pt* dramátic◊ *ca* dramàtic◊;
ger: *de* dramatisch *en* dramatic
nl dramatisch *sv* dramatisk *no* dramatisk
da dramatisk *is* dramatísk◊; *sla:*
pl dramatyczn◊ *ce* dramatick◊
sk dramatick◊ *ru* драматическ◊
uk драматичн◊ *be* драматычн◊
bg драматичн◊ *hr* dramatičn◊
sr драматичн◊ *sl* dramatičn◊
mk драматичн◊; *f-u:* *ma* dramatikus
su dramaattinen *et* dramaatiline; *bal:*
lt dramatišk◊ *lv* dramatisk◊; *gal:*
cy dramatig *ga* drámatúil; *n. g.:*
el δραματικ◊, *ek* dramatikoa,
mt drammatika, *sh* dramatik◊, *tr* dramatik.
min. 36/615

drạstic A drastisch
comp: -cer [ts], adv: ~no <prim>. *rom:*
it drastic◊ *es* drástic◊ *ro* drastic *pt* drástic◊
ca dràstic◊; *ger:* *de* drastisch *en* drastic
nl drastisch *sv* drastisk *no* drastisk
da drastiske; *sla:* *pl* drastyczn◊
ce drastick◊ *sk* drastick◊ *uk* рішуч◊

bg драстичн◊ *hr* drastičn◊ *sr* драстичн◊
sl drastičn◊ *mk* драстичн◊; *f-u:*
ma drasztikus *et* drastiline; *bal:*
lt drastišk◊; *n. g.:* *el* δραστικ◊,
mt drastiku. *min. 25/446*

dreght Ⓐ gerade

<prim>. *rom:* *fr* droit *es* recto/derech◊
ro doar *pt* direit◊; *ger:* *de* (aufrecht)
en straight *nl* (rechtop) *sv* rak; *gal:*
ga díreach. *min. 9/320*

dreghtán Ⓥ richten; ausrichten; begradigen

[-εj-] <prim>. *rom:* *fr* (diriger) *es* dirigir
pt enderezar; *ger:* *de* richten *en* direct
nl richten *sv* rätta *no* rette; *sla:*
ru директива. *min. 10/385*

dréu (drév-) *m* Ⓝ Holz *n*

gen: dréve <prim>. *ger:* *en* (tree) *sv* trä
no tre *da* træ *is* tré; *sla:* *pl* drzewo
ce dřevo *sk* drevo *ru* дерево *be* дрэва
bg дърво *hr* drvo; *n. g.:* *sh* dru.
min. 13/237

drév- ↑dréu

drogé / droga *f* Ⓝ Medikament *n*

<prim>. *rom:* *fr* drogue *it* droga *es* droga
pt droga *ca* droga; *ger:* *de* Droge *en* drug
nl drug *sv* drog *no* drog *da* grog; *sla:*
ce droga *sk* droga *hr* droga *sl* droga
mk дрога; *f-u:* *ma* drog *et* droog; *gal:*
ga drugaí; *n. g.:* *ek* droga, *mt* droga,
sh drogë. *min. 22/400*

dromedár *m* Ⓝ Dromedar *n*

<prim>. *rom:* *fr* dromadaire *it* dromedario
es dromedario *ro* dromader *pt* dromedário
ca dromedari; *ger:* *de* Dromedar
en dromedary *nl* dromedaris *sv* dromedar
no dromedaren *da* dromedar; *sla:*
pl dromader *ce* dromedár *sk* dromedár
ru дромадер *uk* дромадер *be* драмадэр
hr dromedar *sr* дромедар *sl* dromedarja;

f-u: *su* dromedaari *et* dromus; *bal:*
lv dromedārs; *n. g.:* *el* (καμήλα) δρομέας,
ek dromedario, *mt* dromedarju. *min. 27/582*

dubel Ⓐ doppelt

<prim>. *rom:* *fr* double *it* doppi◊ *es* doble
pt dupl◊; *ger:* *de* doppel- *en* double
nl dubbel *sv* dubel *no* dubel *is* tvöfald◊;
f-u: *ma* dupla *et* topelt *sm* tupla; *n. g.:*
mt darbtejn. *min. 14/369*

dué ↑duó

duett *m* Ⓝ Duett *n*

<prim>. *rom:* *fr* duette; *ger:* *en* duett;
sla: *pl* duet *ru* дуэт *uk* дует *be* дуэт
bg дует; *f-u:* *su* duetto; *bal:* *lt* duetas
lv duets; *gal:* *cy* deuawd; *n. g.:* *tr* düet.
min. 12/300

duo *n* Ⓝ Duo *n*

<prim>. *rom:* *fr* duo *it* duo *es* dúo *ro* duo
pt duo *ca* duo; *ger:* *de* Duo *en* duo
nl duo *sv* duo *no* duo *da* duo; *sla:* *ce* duo
sk duo *bg* дуо *sr* дуо *sl* duo *mk* дуо; *f-u:*
ma duó *su* duo *et* duo; *n. g.:* *ek* duo,
mt duo, *sh* duo. *min. 24/438*

duó, dué num zwei

<prim>. *rom:* *fr* deux *it* due *es* dos
ro două *pt* dois, duas *ca* dos/dues; *ger:*
de zwei, zwo *en* two, twain *nl* twee *lb* zoo,
zwou, zwéin *fs* twa *sv* två, tu *no* to *da* to
is tveir, tvær, tvö *fo* tveir, tvey, tvær, tvá;
sla: *pl* dwa,dwie,dwoje *ce* dvě *sb* dwaj
ru два *bg* две *hr* dva *sl* dve, dva; *bal:*
lv du; *gal:* *br* daou *ga* dó *gv* daa, jees;
n. g.: *el* δυό, *mt* żewġ. *min. 29/543*

duót, duét Ⓐ zweite(r/s)

de ~ <prim>. *rom:* *fr* deuxième *ro* al
doilea; *ger:* *de* zwote/zweite *nl* tweede;
sla: *bg* дует; *f-u:* *su* toinen; *n. g.:*
el δεύτερ◊, *mt* it-tieni, *sh* dhyt◊.
min. 9/227

"duótno" adv zweitens

↑duó, ↑-no. <prim>. *rom:*
fr deuxième|ment *it* secondariamente *ro* (în
al) doilea (rând); *ger:* de zweitens
en secondly *da* for det andet; *sla:*
bg второ; *f-u:* *su* toiseksi.*8/*

dush *m* N Dusche *f*

<prim>. *rom:* *fr* douche *it* doccia
es ducha; *ger:* *de* Dusche *nl* douche
sv dusch *no* dusj; *sla:* *ru* душ *uk* душ
bg душ *hr* tuš *sr* туш *sl* tuš; *f-u:* *ma* tus
et dušš; *n. g.:* *el* ντους, *ek* dutxa, *tr* duş.
min. 18/441

dushen *c+* V duschen

<prim>. *rom:* *fr* doucher *it* docciare
es duchar; *ger:* *de* duschen *nl* douchen
sv duscha *no* dusje; *sla:* *ru* (душ)
uk (душ) *bg* взeмам душ *hr* tusirati
sr туширати *sl* tuširati; *f-u:* *ma* tusolni
et dušitama; *n. g.:* *el* (ντους), *ek* dutxatu,
tr duş yapmak. *min. 18/441*

dushen sé *c+* V duschen: sich ~

<prim>. *rom:* *fr* se doucher *it* docciarsi
es ducharse; *ger:* *de* Sich duschen *nl* zich
douchen *sv* duscha *no* dusje sig; *sla:*
ru (душ) *uk* (душ) *hr* tusirati *sr* туширати
sl tuširati se; *f-u:* *ma* tusolni *et* dušitama;
n. g.: *el* (ντους), *ek* dutxatu, *tr* duş
yapmak. *min. 17/431*

dváce num zwanzig

↑-ce. <prim>. *rom:* *ro* douăzeci; *ger:*
de zwanzig *en* twenty *nl* twintig *da* tyve;
sla: *pl* dwadzieścia *ce* dvácet *sb* dwaceći
ru двадцать *bg* двадесет *hr* dvadeset
sl dvajset. *min. 12/344*

dvor *m* N Hof (1) *m (Innen'~, Hinter'~)*

<cont>. *sla:* *pl* dwór *ce* dvůr *sk* dvor
ru двор *uk* двір *be* двор *bg* двор *hr* dvor
sr дворище *sl* dvorišče *mk* двор; *f-u:*
ma udvar. *min. 12/203*

dykh *m* N Atem *m*

<cont>. *sla:* *pl* dech *ce* dech *sk* dych
sb dych *ru* дух *be* подых *bg* дъх *hr* dah
sr дах. *min. 9/167*

dykhán V atmen

<cont>. *sla:* *pl* dychać *ce* dýchat
sk dýchať *sb* dychać *ru* дышать *uk* дихати
be дыхаць *bg* дишам *hr* disati *sr* дисати
sl dihati *mk* дишам. *min. 12/191*

dykhánie *n* N Atmung *f*

<cont>. *sla:* *pl* oddechanje *ce* dýchání
sk dýchanie *sb* dychanje *ru* дыхание
be дыханьне *bg* дихание *hr* disanje
sr дисање *mk* дишење. *min. 10/169*

dynamic A dynamisch

comp: -cer [ts], adv: ~no <prim>. *rom:*
fr dynamique *it* dinamic◊ *es* dinámica
ro dinamic *pt* dinâmic◊ *ca* dinàmic◊); *ger:*
de dynamisch *en* dynamic *nl* dynamisch
sv dynamisk *no* dynamisk *da* dynamisk;
sla: *pl* dynamiczn◊ *ce* dynamick◊
sk dynamick◊ *sb* dynamisk◊
ru динамическ◊ *uk* динамічн◊
be дынамічн◊ *bg* динамичн◊
hr dinamičn◊ *sr* динамичн◊ *sl* dinamičn◊
mk динамичн◊; *f-u:* *ma* dinamikus
su dynaaminen *et* dünaamiline; *bal:*
lt dinamin◊ *lv* dinamisk◊; *gal:*
cy deinamig *ga* dinimiciúil; *n. g.:*
el δυναμικ◊, *ek* dinamikoa, *mt* dinamika,
sh dinamik◊, *tr* dinamik. *min. 36/615*

dyslexia *f* N Legasthenie *f*

<prim>. *rom:* *fr* dyslexie *it* dislessia
es dislexia *ro* dislexia *pt* dislexia
ca dislèxia; *ger:* *de* Dyslexie *en* dyslexia
nl dyslexie *sv* dyslexi *no* dysleksi; *sla:*
pl dysleksja *ce* dyslexie *sk* dyslexia
ru дислексия *uk* дислексія *be* дыслексія
bg дислексия *hr* disleksija *sr* дислексија
sl disleksija *mk* дислексија; *f-u:*
ma diszlexia *et* düsleksia; *bal:* *lt* disleksija

117

lv disleksija; _gal:_ *cy* dyslecsia
ga disléicse; _n. g.:_ *el* δυσλεξία,
ek dislexia, *mt* dyslexia, *sh* dyslexia,
tr disleksi. *min. 33/607*

é C und

<prim>. _rom:_ *fr* et *it* e *es* y *pt* e *ca* i;
ger: *nl* en *da* og; _sla:_ *pl* i *ce* a *sb* a *ru* и
be i *bg* и *hr* i *sl* in; _f-u:_ *ma* és *su* ja;
_n. g.:_ *sh* e, *tr* ve. *min. 19/369*

e, ęde, ed' demArt dieser (1) *m*; diese (1) *f*; dieses (1) *n*

<prim>. _rom:_ *es* este, esta *pt* este *ca* aixo;
ger: *nl* dit *da* dette; _sla:_ *ru* этот *be* гэта;
_f-u:_ *ma* e. *min. 8/179*

ęd (1) demPr dies

<prim>. _rom:_ *es* eso *pt* esse *ca* això;
ger: *de* (es) *nl* (het) *sv* det *no* det; _sla:_
ru это *be* гэта; _f-u:_ *ma* ez; _gal:_ *ga* é
gv ee. *min. 12/286*

ed (2) pPr es

<prim>. _rom:_ *ro* ea *ca* el; _ger:_ *de* es
en it *nl* het *da* det; _sla:_ *be* гэта; _f-u:_
ma (ez); _gal:_ *ga* é *gv* ee. *min. 10/224*

"ędan" adv heute

↑e + ↑dan. <primf>. _ger:_ *nl* vandag *no* i
dag; _sla:_ *ru* сегодня *be* сёння; _n. g.:_
tr bugün.5/

ęde ↑e, ede, ed

édition *f* N Edition *f*; Ausgabe (2) *f*
(Buch'~)

[ts] gen: -one <prim>. _rom:_ *fr* édition
it edizione *es* edición *ro* ediție *pt* edição
ca edició; _ger:_ *de* Edition *en* edition
nl editie; _sla:_ *pl* edycja; _n. g.:_ *ek* edizioa,
mt edizzjoni. *min. 12/406*

effęct *m* N Effekt *m*; Wirkung *f*

<prim>. _rom:_ *fr* effet *it* effetto *es* efecto
ro efectul *ca* efecte; _ger:_ *de* Effekt
en effect; _sla:_ *pl* efekt *ce* efekt *ru* эффект

be эфект *bg* ефект *hr* efekt; _n. g.:_
mt effett. *min. 14/488*

effectív A effektiv

<prim>. _rom:_ *fr* éfficace *it* effettiv◊
ca efectiv◊; _ger:_ *de* effektiv; _sla:_
ru эффективн◊ *be* эфектыўн◊
bg ефективн◊ *hr* efektivn◊. *min. 8/318*

efficięncea *f* N Effektivität *f*

[tsa], gen: -ce <prim>. _rom:_ *fr* éfficacité
es eficiencia *ro* eficacitate *ca* eficàcia;
ger: *de* Effizienz *en* efficiency
da effektivitet; _sla:_ *pl* efizienzja
ru эффективность *be* эфектыўнасць
bg ефективност; _n. g.:_ *mt* effettività.
min. 12/427

égen A eigen

<ang>. _ger:_ *de* eigen *en* own *nl* egen
sv egen *no* egen *da* egne. *min. 6/193*

égocentrísme *m* N Egozentrik *f*

<prim>. _rom:_ *fr* égocentrisme
it egocentrismo *es* egocentrismo
pt egocentrismo *ca* egocentrisme; _ger:_
de Egozentrik *en* egocentricity
nl egocentrisme *sv* egocentricitet
no egosentrisitet; _sla:_ *pl* egocentryzm
ru эгоцентризм *uk* егоцентризм
be эгацэнтрызм *bg* егоцентрик
sr егоцентричност *mk* егоцентричност;
_f-u:_ *su* itsekeskeisyys; _bal:_
lt egocentrizmas; _n. g.:_ *el* εγωκεντρισμός.
min. 20/549

égoísme *m* N Egoismus *m*

<prim>. _rom:_ *fr* égoísme *it* egoismo
es egoísmo *ro* egoism *pt* egoísmo
ca egoisme; _ger:_ *de* Egoismus *en* egoism
nl egoïsme *no* egoisme *da* egoisme; _sla:_
pl egoizm *ru* эгоизм *uk* егоїзм *be* эгаізм
bg егоизъм *hr* egoizam *sr* егоизам
sl egoizem *mk* егоизам; _f-u:_ *ma* egoizmus
su egoismi; _bal:_ *lt* egoizmas; _n. g.:_

el εγωισμός, *mt* egoiżmu, *sh* egoizëm,
tr egoizm. *min. 27/584*

Éire *n* Ⓝ Irland (ga) *n*
=↑Aérlaend. <ethno>. *gal:* *ga* Éire.

ẹirënnakh (1f) *f* Ⓝ Irin (ga) *f*
=↑aérishwhómen. <ethno>. *gal:*
ga Éireannach.

ẹirënnakh (1m) *m* Ⓝ Ire (ga) *m*
=↑aérishmen. <ethno>. *gal:*
ga Éireannach.

ẹirënnakh (2) Ⓐ irisch (2)
=↑aérish. <ethno>. *gal:* *ga* éireannach.

ékologịa *f* Ⓝ Ökologie *f*
<prim>. *rom:* *fr* écologie *it* ecologia
es ecología *ro* ecologie *pt* ecologia
ca ecologia; *ger:* *de* Ökologie *en* ecology
nl ecologie *sv* ekologi *no* økologi
da økologi; *sla:* *pl* ekologia *ce* ekologie
sk ekológia *ru* экология *uk* екологія
be экалогія *bg* екология *hr* ekologija
sr екологија *sl* ekologija *mk* екологија;
f-u: *ma* ökológia *su* ekologia *et* ökoloogia;
bal: *lv* ekoloġija; *gal:* *cy* ecoleg
ga éiceolaíocht; *n. g.:* *el* οικολογία,
ek ekologia, *mt* ekoloġija, *sh* ekologji.
min. 33/607

ékonomịa *f* Ⓝ Ökonomie *f*
<prim>. *rom:* *fr* économie *it* economia
es economía *ro* economie *pt* economia
ca economia; *ger:* *de* Ökonomie
en economics *nl* economie *sv* ekonomi
da økonomi; *sla:* *pl* ekonomika
ce ekonomika *sk* ekonomika *ru* экономика
uk економіка *be* эканоміка *bg* икономия
hr ekonomija *sr* економија *sl* ekonomija
mk економија; *bal:* *lt* ekonomika
lv ekonomika; *gal:* *cy* economeg
ga eacnamaíocht; *n. g.:* *el* οικονομία,
ek ekonomian, *mt* ekonomija, *sh* ekonomi,
tr ekonomi. *min. 31/592*

ẹkosystéma *n* Ⓝ Ökosystem *n*
<prim>. *rom:* *fr* écosystème *it* ecosistema
es ecosistema *ro* ecosistem *pt* ecossistemas
ca ecosistema; *ger:* *de* Ökosystem
en ecosystem *nl* ecosysteem *sv* ekosystem
no økosystem; *sla:* *pl* ekosystem
ce ekosystém *sk* ekosystém *ru* экосистема
uk екосистема *be* экасістэма
bg екосистема *sr* екосистем *sl* ekosistem
mk екосистем; *f-u:* *su* ekosysteemi
et ökosüsteemi; *bal:* *lt* ekosistema
lv ekosistēma; *n. g.:* *el* οικοσύστημα,
ek ekosistema, *mt* ekosistema,
sh ekosistemit, *tr* ekosistem. *min. 30/595*

ékrán *m* Ⓝ Bildschirm *m*
<prim>. *rom:* *fr* écran *ro* ecran; *ger:*
en screen; *sla:* *pl* ekran *ru* экран
uk екран *be* экран *bg* екран *hr* ekran
sr екран *mk* екран; *f-u:* *et* ekraan; *bal:*
lt ekranas *lv* ekrāna; *n. g.:* *sh* ekran,
tr ekran. *min. 16/331*

elefạnt *m* Ⓝ Elefant *m*
<prim>. *rom:* *fr* éléphant *it* elefante
es elefante *ro* elefant *pt* elefante *ca* elefant;
ger: *de* Elefant *en* elephant *nl* olifant
sv elefant *no* elefant *da* elefant; *f-u:*
ma elefánt *et* elevant; *gal:* *cy* eliffant
ga eilifint; *n. g.:* *el* ελέφαντας,
ek elefante, *mt* iljunfant, *sh* elefant.
min. 20/410

elẹktric Ⓐ elektrisch
adv: ~no <prim>. *rom:* *fr* électrique
it elettric◊ *es* eléctric◊ *ro* electric
pt elétric◊ *ca* elèctric◊; *ger:* *de* elektrisch
en electric *nl* elektrisch *sv* elektrisk
no elektrisk *da* elektrisk; *sla:*
pl elektryczn◊ *ce* elektrick◊ *sk* elektrick◊
ru электрическ◊ *uk* електричн◊
be электрычн◊ *bg* електрическ◊
hr električn◊ *sr* електричн◊ *sl* električn◊
mk електричн◊; *f-u:* *ma* elektromos
et elektriline; *bal:* *lt* elektr◊ *lv* elektrisk◊;

gal: ga leictreacha; *n. g.:* el ηλεκτρικ◊,
ek elektrikoa, *mt* elettriku, *sh* elektrik◊,
tr elektrik. *min. 33/610*

elęktricár /~ia *m /f* N Elektriker /~in *m*
/f

<prim>. *rom:* fr électricien *it* elettricista
es electricista *ro* electrician *pt* eletricista
ca electricista; *ger:* de Elektriker
en electrician *nl* elektricien *sv* elektriker
no elektriker *da* elektriker; *sla:*
pl elektryk *ce* elektrikář *sk* elektrikár
ru электрик *uk* електрик *be* электрык
bg електротехник *hr* električar
sr електричар *sl* elektrikar
mk електричар; *f-u:* et elektrimontöör;
bal: lt elektrikas *lv* elektriķis; *gal:*
ga leictreoir; *n. g.:* el ηλεκτρολόγος,
sh inxhinier elektrik, *tr* elektrikçi.
min. 30/596

elektricitę f N Elektrizität f
gen: -tęte <prim>. *rom:* fr électricité
it elettricità *es* electricidad *ro* electricitate
pt eletricidade *ca* electricitat; *ger:*
de Elektrizität *en* electricity *nl* elektriciteit
sv elektricitet *no* elektrisitet *da* elektricitet;
sla: pl elektryczność *ce* elektřina
sk elektrina *ru* электричество
uk електрика *be* электрычнасць
bg електричество; *f-u:* et elekter; *bal:*
lt elektra *lv* elektrība; *gal:* ga leictreachas;
n. g.: el ηλεκτρισμός, ek elektrizitatea,
mt elettriku, *tr* elektrik. *min. 27/583*

elektrọnic A elektronisch
adv: ~no <prim>. *rom:* fr électronique
it elettronic◊ *es* electrónic◊ *ro* electronic
pt eletrônic◊ *ca* electrònic◊; *ger:*
de elektronisch *en* electronic
nl elektronisch *sv* elektronisk
no elektronisk *da* elektronisk; *sla:*
pl elektroniczn◊ *ce* elektronick◊
sk elektronick◊ *ru* электронн◊
uk електронн◊ *be* электронн◊

bg електронн◊ *hr* elektroničk◊
sr електронск◊ *sl* elektronsk◊
mk електронск◊; *f-u:* ma elektronikus
su elektroninen *et* elektrooniline; *bal:*
lt elektronin◊ *lv* elektronisk◊; *gal:*
cy electronig *ga* leictreonach; *n. g.:*
el ηλεκτρονικ◊, ek elektronikoak,
mt elettronika, *sh* elektronik◊, *tr* elektronik.
min. 35/615

elektrọnica f N Elektronik f
gen: -ce [ts] <prim>. *rom:* fr electronique
it elettronica *es* electrónica *ro* electronică
pt eletrônica *ca* electrònica; *ger:*
de Elektronik *en* electronics *nl* elektronica
sv elektronik *no* elektronikk *da* elektronik;
sla: pl elektronika *ce* elektronika
sk elektronika *ru* электроника
uk електроніка *be* электроніка
bg електроника *hr* elektronika
sr електроника *sl* elektronika
mk електроника; *f-u:* ma elektronika
su elektroniikka *et* elektroonika; *bal:*
lt elektronika *lv* elektronika; *gal:*
cy electroneg *ga* leictreonaic; *n. g.:*
el ηλεκτρονικά, ek elektronika,
sh elektronikë, *tr* elektronik. *min. 34/615*

elemęnt n N Element n
<prim>. *rom:* fr élément *it* elemento
es elemento *ro* element *pt* elemento
ca element; *ger:* de Element *en* element
nl element *no* element *da* element; *sla:*
pl element *ce* element *sk* element
ru элемент *uk* елемент *be* элемент
bg елемент *hr* element *sr* елемент
sl element *mk* елемент; *f-u:* su elementti
et element; *bal:* lt elementas *lv* elements;
gal: cy elfen *ga* eilimint; *n. g.:*
ek elementu, *sh* element, *tr* eleman.
min. 31/581

éliminatiọn f N Elimination f
[ts] gen: -ọne <prim>. *rom:* fr élimination
it eliminazione *es* eliminación *ro* eliminare

pt eliminação *ca* eliminació; *ger:*
de Elimination *en* elimination *nl* eliminatie
sv eliminering *no* eliminering
da elimination; *sla:* *pl* eliminacja
ce eliminace *sk* eliminácia *bg* елиминация
hr eliminacija *sr* елиминација
mk елиминација; *f-u:* *ma* eliminációs
su eliminointi; *n. g.:* *mt* eliminazzjoni,
sh eliminimin, *tr* eliminasyon. *min. 24/483*

éliminéren *c-* |V| eliminieren
<prim>. *rom:* *fr* éliminer *it* eliminare
es eliminar *ro* elimina *pt* eliminar
ca eliminar; *ger:* *de* eliminieren
en eliminate *nl* elimineren *sv* eliminera
no eliminere *da* eliminere; *sla:*
bg елиминирам *hr* eliminirati
sr елиминирати *mk* елиминираат; *n. g.:*
mt -elimina, *sh* eliminoj. *min. 18/406*

Ellάda *f* |N| Griechenland *n*
<ethno>. *n. g.:* *el* Ελλάς.

ellénas *m* |N| Grieche *f*
<ethno>. *n. g.:* *el* Ελλήνας.

ellénida *f* |N| Griechin *f*
<ethno>. *n. g.:* *el* Ελληνίδα.

ellénik |A| griechisch
<ethno>. *n. g.:* *el* ελληνικ◊.

Ellénika |N| Griechisch *(,~e Sprache)*
<ethno>. *n. g.:* *el* (τα) ελληνικά.

éloquencea *f* |N| Eloquenz *f*
[tsa], gen: -ce <prim>. *rom:* *fr* éloquence
it eloquenza *es* elocuencia *ro* elocvenţă
pt eloquência *ca* eloqüència; *ger:*
de Eloquenz *en* eloquence; *sla:*
pl elokwencja *mk* елоквентност; *f-u:*
et ilukōne. *min. 11/388*

éloquent |A| eloquent
adv: -ento <prim>. *rom:* *fr* éloquent
it eloquente *es* elocuente(◊) *ro* elocvent
pt eloquente *ca* eloqüent◊; *ger:*

de eloquent *en* eloquent; *sla:*
mk елоквентн◊; *n. g.:* *ek* elokuenteak,
mt elokwenti. *min. 11/348*

émigrạnt *m* |N| Emigrant *m*
<prim>. *rom:* *fr* émigrant *it* emigrante
es emigrante *ro* emigrant *pt* emigrante
ca emigrant; *ger:* *de* Emigrant
en emigrant *nl* emigrant *sv* emigrant
da emigrant; *sla:* *pl* emigrant *ce* emigrant
sk emigrant *ru* эмигрант *uk* емігрант
be эмігрант *bg* емигрант *sr* емигрант
mk емигрант; *f-u:* *ma* emigráns
su emigrantti *et* emigrant; *bal:*
lt emigrantas *lv* emigrants; *n. g.:*
mt emigrant, *sh* emigrant. *min. 27/585*

émigratiọn *f* |N| Emigration *f*
<prim>. *rom:* *fr* émigration *it* emigrazione
es emigración *ro* emigrare *pt* emigração
ca emigració; *ger:* *de* Emigration
en emigration *nl* emigratie *da* emigration;
sla: *pl* emigracja *ce* emigrace *sk* emigrácie
ru эмиграция *uk* еміграція *be* эмиграцыя
bg емиграция *hr* emigracija *sr* емиграција
mk емиграцnja; *f-u:* *et* emigratsioon;
bal: *lt* emigracija *lv* emigrācija; *n. g.:*
ek emigrazioa, *mt* emigrazzjoni,
sh emigrim. *min. 26/564*

émigréren |V| emigrieren
<prim>. *rom:* *fr* émigrer *it* emigrare
es emigrar *ro* emigra *pt* emigrar
ca emigrar; *ger:* *de* emigrieren
en emigrate *nl* emigreren *sv* emigrera
no emigrere *da* emigrere; *sla:*
pl emigrować *ce* emigrovat *sk* emigrovať
ru эмигрировать *uk* емігрувати
be эміграваць *bg* емигрирам *hr* emigrirati
sr емигрирати *mk* емигрираат; *f-u:*
et emigreeruma; *bal:* *lt* emigruoti
lv emigrēt; *n. g.:* *ek* emigratu, *mt* -emigra,
sh emigroj. *min. 28/579*

eminęncea *f* N̄ Eminenz *f*

[tsa], gen: -ce <prim>. *rom:* *fr* éminence
it eminenza *es* eminencia *ro* eminență
pt eminência *ca* eminència; *ger:*
de Eminenz *en* eminence *nl* eminentie;
sla: *pl* eminencja *hr* eminencija
sr еминенција *mk* еминенција; *f-u:*
su eminenssi *et* eminents. *min. 15/424*

émissión *f* ECO N̄ Ausstoß *m*; Emission
f

gen: -one <prim>. *rom:* *fr* émission
it emissione *es* emisión *ro* emisie
pt emissão *ca* emissió; *ger:* *de* Emission
en emission *nl* emissie *sv* emission
da emission; *sla:* *pl* emisja *ce* emise
sk emisie *ru* эмиссия *uk* емісія *be* эмісія
bg емисия *sr* емисија *sl* emisijski
mk емисија; *f-u:* *ma* emisszió
et emissioon; *bal:* *lt* emisija *lv* emisija;
n. g.: *mt* emissjoni, *sh* emision,
tr emisyon. *min. 28/587*

empįric Ā empirisch

adv: ~no <prim>. *rom:* *fr* empirique
es empíric◊ *ro* empiric *ca* empíric◊; *ger:*
de empirisch *en* empiric *da* empirisk; *sla:*
ce empirick◊ *ru* эмпирическ◊
be эмпірычн◊ *bg* емпиричн◊
hr empirijsk◊; *f-u:* *su* empiirisesti; *n. g.:*
mt empiriku, *tr* ampirik. *min. 15/411*

emplégán V̄ einstellen *(Mitarbeiter)*;
anstellen (2) *(Mitarbeiter)*

<ang>. *rom:* *fr* employer *it* impiegare
es emplear *pt* empregar *ca* empleyar; *ger:*
de (implizieren) *en* employ. *min. 7/324*

emplégąt *m* N̄ Angestellte(r)

f: -gata <ang>. *rom:* *fr* employé
it impiegato *es* empleado *pt* empregado
ca empleyado; *ger:* *de* (impliziert)
en employed; *n. g.:* *mt* impjegat.
min. 8/324

émulgęren *c-* V̄ emulgieren

<prim>. *rom:* *fr* émulsifier *it* emulsionare
es emulsiona *ro* emulsiona *pt* emulsionar
ca emulsionar; *ger:* *de* Emulgieren
en emulsify *nl* emulgeren *sv* emulgera
no emulgerer *da* emulgere; *sla:*
pl zemulgować *ce* emulgovat *sk* emulgovať
ru эмульгировать *uk* емульгувати
be эмульгировать *bg* емулгирам
sr емулговати *sl* emulgovati
mk емулгирам; *f-u:* *ma* emulgeál
su emulgoida *et* emulgoida; *bal:*
lv emulġēt; *gal:* *cy* emylsioʻr; *n. g.:*
tr (emilsiyon). *min. 28/594*

en art ein, eine

<prim>. *rom:* *fr* un *it* un *es* un *pt* um
ca un; *ger:* *de* ein *en* an *nl* een *sv* en
no en *da* en; *f-u:* *ma* egy; *gal:* *br* un;
n. g.: *el* ένα. *min. 14/386*

én num eins

<prim>. *rom:* *fr* un *it* un *es* uno *pt* uno
ca un; *ger:* *de* eins *en* one *nl* een *fs* ein
da en *is* einn *fo* ein; *sla:* *pl* jeden
ce jeden *sb* jedyn *ru* один *be* адзін
bg един *hr* jedan; *f-u:* *ma* egy; *gal:*
br unan *ga* haon *gv* un; *n. g.:* *el* ένα.
min. 24/526

"én-ąuter" pPr einander

<prim>. *rom:* *fr* l'un l'autre *it* l'uno
l'altro; *ger:* *de* ein|ander *en* (each)-other
da hinanden; *sla:* *be* адзін аднаго
hr jedni druge; *n. g.:* *tr* bir|birini.8/

encląvé *f* N̄ Enklave *f*

<prim>. *rom:* *fr* enclave *it* enclave
es enclave *pt* enclave; *ger:* *de* Enklave
en enclave *no* enklaven *da* enclave; *sla:*
pl enklawa *ru* анклав *uk* анклав
be анклаў *bg* енклав *hr* enklava
sr енклава *mk* енклава; *bal:* *lt* anklavas
lv anklāvs; *n. g.:* *sh* enklavë. *min. 19/507*

ęnde *m* N Ende *n*

gen: -dée <ang>. *ger:* de Ende *en* end
nl einde *lb* Enn *sv* ände *no* ende *da* ende
is endi *fo* endi. *min. 9/194*

ęnden *c-* V enden

<ang>. *ger:* de enden *en* end *nl* eindigen
sv ända *no* ende *da* ende *is* enda *fo* enda.
min. 8/193

energia *f* N Energie *f*

<prim>. *rom:* fr énergie *it* energia
es energía *ro* energie *pt* energia *ca* energia;
ger: de Energie *en* energy *nl* energie
sv energi *no* energi *da* energi; *sla:*
pl energia *ce* energy *ru* энергия
uk енергія *be* энергія *bg* енергия
hr energija *sr* енергија *mk* енергија; *f-u:*
ma energia *su* energia *et* energia; *bal:*
lv enerģija; *n. g.:* el ενέργεια, *ek* energia,
mt enerġija, *sh* energji, *tr* enerji.
min. 30/605

ëñgajhéren *c-* V engagieren

<prim>. *rom:* fr engager *ro* angaja
pt engajar; *ger:* de engagieren *en* engage
nl engageren *no* engasjere *da* engagere;
sla: pl angażować *bg* ангажирам
hr angažirati *sr* ангажовати; *n. g.:*
sh angazhoj. *min. 13/340*

Ęnglish N Englisch *(,~e Sprache)*

<ethno>. *ger:* en English.

enthusiạsme *m*   Begeisterung *f*, Enthusiasmus *m*

rom: fr enthousiasme *it* entusiasmo
es entusiasmo *pt* entusiasmo; *ger:*
de Enthusiasmus *en* enthousiasm
nl enthousiasme *sv* entusiasm
no entusiasme; *sla:* pl entuzjazm
hr entuziazam *sr* ентузиазам; *n. g.:*
el ενθουσιασμός, *mt* entuzjazm,
sh entuziazm. *min. 15/419*

énumerạn V aufzählen

<ang>. *rom:* fr énumérer *it* enumerare
es enumerar *ro* enumera *ca* enumerar;
ger: en enumerate; *n. g.:* mt -enumera.
min. 7/239

enzým *m* N Enzym *n*

gen: -yme <prim>. *rom:* fr enzyme
it enzima *es* enzima *ro* enzimă *pt* enzima
ca enzim; *ger:* de Enzym *en* enzyme
nl enzym *sv* enzym *da* enzym; *sla:*
pl enzym *ce* enzym *sk* enzým *bg* ензим
hr enzim *sr* ензим *sl* encim *mk* ензим;
f-u: ma enzim *su* entsyymi *et* ensüüm;
gal: cy ensym *ga* einsím; *n. g.:* el ένζυμο,
ek entzima, *sh* enzimë, *tr* enzim.
min. 28/495

epọcha *f* N Epoche *f*, Zeitalter *n*

[k-h] <prim>. *rom:* fr époque *it* epoca
es epoque *ro* epocă *ca* època; *ger:*
de Epoche *en* epoque *da* epoch; *sla:*
pl epoka *ce* epocha *ru* эпоха *uk* епоха-
be эпоха *bg* епоха; *n. g.:* el εποχή,
mt epoch, *sh* epokë. *min. 17/519*

equạtor *m* N Äquator *m*

<prim>. *rom:* fr equateur *it* equatore
es ecuador *ro* ecuator *pt* equador
ca equador; *ger:* de Äquator *en* equator
sv ekvatorn *no* ekvator; *sla:* ru экватор
uk екватор *be* экватар *bg* екватор
hr ekvator *sr* екватор *sl* ekvator
mk екваторот; *f-u:* su ekvaattori
et ekvaator; *bal:* lv ekvators; *n. g.:*
ek ekuatoretik, *mt* ekwatur, *sh* ekuator,
tr ekvator. *min. 25/509*

equinọctes *!pl* N Äquinoktien *pl*

<prim>. *rom:* fr equinoxes *it* equinozi
es equinoccios *ro* echinocţii *pt* equinócios
ca equinoccis; *ger:* de Äquinoktien
en equinoxes *nl* equinoxen; *n. g.:*
ek ekinozioak, *sh* ekuinokseve,
tr ekinokslar. *min. 12/371*

equivalęncea *f* N̄ Äquivalenz *f*

[tsa], gen: -ce <prim>. *rom:*
fr équivalence *it* equivalenza
es equivalencia *pt* equivalência
ca equivalència; *ger:* *de* Äquivalenz
en equivalence *da* ækvivalens; *sla:*
ru эквивалентность *uk* еквівалентність
be эквівалентнасць *bg* еквивалентност
hr ekvivalencija *sr* еквиваленција
mk еквивалентност; *f-u:* *ma* ekvivalencia;
bal: *lv* ekvivalence; *n. g.:*
mt ekwivalenza, *sh* ekuivalencë.
min. 19/475

equivalęnt A̅ äquivalent; gleichwertig

<prim>. *rom:* *fr* équivalent *it* equivalente
es equivalente *ro* echivalent *ca* equivalent;
ger: *de* äquivalent *en* equivalent; *sla:*
pl ekwiwalentn◊ *ce* ekvivalentn◊
ru эквивалентн◊ *be* эквівалентн◊
bg еквивалентн◊ *hr* ekvivalentn◊; *n. g.:*
mt ekwivalenti. *min. 14/488*

ęra *f* N̄ Ära *f*

<prim>. *rom:* *fr* ère *es* era *ro* erä *pt* era
ca era; *ger:* *de* Ära *en* era *sv* era *no* era
da era; *sla:* *pl* era *ce* éra *sk* éra *ru* эра
bg epa *hr* era *sr* epa *sl* era *mk* epa; *bal:*
lt era; *n. g.:* *ek* era, *mt* era. *min. 22/477*

ęrgil *m* N̄ Adler *m*

gen: -gle <prim>. *rom:* *fr* aigle *it* aquila
es águila *pt* águia *ca* àguila; *ger:*
en eagle; *sla:* *pl* orzeł *ce* orel *sk* orol
ru орел *uk* орел *be* арол *bg* орел *hr* orao
sr орао *mk* орел; *bal:* *lt* erelis *lv* ērglis;
gal: *cy* eryr; *n. g.:* *mt* ajkla. *min. 20/424*

erogęn A̅ erogen

<prim>. *rom:* *fr* érogène *it* erogen◊
es erógen◊ *ro* erogen *pt* erógen◊
ca erògen; *ger:* *de* erogen *en* erogenous
sv erogen *no* erogen *da* erogen; *sla:*
ce erogenn◊ *sk* erogenn◊ *ru* эрогенн◊
uk ерогенн◊ *be* эрагенн◊ *bg* ерогенн◊

hr erogenn◊ *sr* ерогн◊ *sl* erogen◊
mk ерогенн◊; *f-u:* *ma* erogén
su erogeeninen *et* erogeen; *bal:*
lt erogen◊; *gal:* *cy* erogenaidd; *n. g.:*
sh erogen◊, *tr* erojen. *min. 28/539*

erótica *f* N̄ Erotik *f*

<prim>. *rom:* *fr* érotisme *it* erotismo
es erotismo *ro* erotism *pt* erotismo
ca erotisme; *ger:* *de* Erotik *en* eroticism
nl erotiek *sv* erotik *no* erotikk *da* erotik;
sla: *pl* erotyka *ce* erotika *sk* erotika
ru эротика *uk* еротика *be* эротыка
bg еротика *hr* erotika *sr* еротика
sl erotika *mk* еротика; *f-u:* *ma* erotika
su erotiikka *et* erootika; *bal:* *lt* erotika
lv erotika; *gal:* *cy* erotica *ga* earótachas;
n. g.: *ek* erotismoa, *sh* erotizëm,
tr erotizm. *min. 33/603*

errątic A̅ erratisch

comp: -cer [ts], adv: ~no <prim>. *rom:*
fr erratique *es* errátic◊ *pt* errátic◊
ca erràtic◊; *ger:* *de* erratisch *en* erratic;
n. g.: *mt* erratiku. *min. 7/274*

es *3sg* < ↑*bín* V̄ ist

<prim>. *rom:* *fr* est *it* è *es* es *ro* este: el /
ea ~ / l *pt* es *ca* és: ell / ella ~ / s; *ger:*
de ist *en* is *nl* is *sv* är *no* ær *da* er: han /
hun ~ / det; *sla:* *pl* jest *ce* je: on / ona /
ono ~ *bg* e *hr* je: on/ona; *gal:*
br zo/eo/eus *ga* is. *min. 18/446*

"es; tár es" *sg* V̄ gibt: es ~ (2)

<prim>. *rom:* *it* c'è; *ger:* *en* there is
nl er is *da* der er *is* er; *sla:* *pl* jest *ce* je
sk je *ru* есть *uk* є *be* ёсць *sl* je; *f-u:*
ma van *su* olla; *gal:* *ga* is/tá; *n. g.:*
ek egon, *sh* është, *tr* var.*18/*

Espąnja *f* N̄ Spanien *n*

[n-j] <ethno>. *rom:* *es* España.

Espanjǫl N̄ Spanisch (1) *(,~e Sprache)*
<ethno>. *rom:* *es* español.

espanjǫl (1) *m, f:* ~*a* $\boxed{N}$ Spanier *m*
<ethno>. *rom:* es español(a).

espanjǫl (2) $\boxed{A}$ spanisch
<ethno>. *rom:* es español.

espanjǫla *f* $\boxed{N}$ Spanierin *f*
<ethno>. *rom:* es española.

espręsso *m!* $\boxed{N}$ Espresso *m*
gen: -ajhe <prim>. *rom: fr* espresso
it espresso *es* Café exprés *ro* espresso
ca (cafè) exprés; *ger: de* Espresso
en espresso *da* espresso; *sla: pl* espresso
ce espresso *ru* эспрессо *be* эспрэса
bg еспресо *hr* espresso; *f-u: su* espresso;
n. g.: mt espresso, *tr* espresso. *min. 17/501*

ęssen $\boxed{V}$ essen
<ang>. *ger: de* essen *en* eat *nl* eten *sv* äta
no ete; *sla: pl* jeść *ce* jist' *sk* jest' *sb* jěsć
be ёсць *hr* jesti; *f-u: ma* enni (eszik).
min. 12/271

est *m* $\boxed{N}$ Osten *m*
<prim>. *rom: fr* est *it* este *es* este *ro* est;
ger: de Ost(en) *en* east *nl* oost *da* øst;
sla: bg изток *hr* istok; *f-u: su* itään.
min. 11/372

esthétic $\boxed{A}$ ästhetisch
comp: -cer [ts], adv: ~no <prim>. *rom:*
fr esthétique *it* estetic◊ *es* estétic◊
ro estetic *pt* estétic◊ *ca* estètic◊; *ger:*
de ästhetisch *en* esthetic *nl* aesthetisch
sv estetisk *no* estetisk *da* æstetisk; *sla:*
pl estetyczn◊ *ce* estetick◊ *sk* estetick◊
ru эстетическ◊ *uk* естетичн◊
be эстэтычн◊ *bg* естетичн◊ *hr* estetsk◊
sr естетск◊ *sl* estetsk◊ *mk* естетск◊; *f-u:*
ma esztétikus *su* esteettinen *et* esteetiline;
bal: lt estetin◊ *lv* estētisk◊; *n. g.:*
el αισθητικ◊, *ek* estetika, *sh* estetik◊,
tr estetik. *min. 32/614*

esthética *f* $\boxed{N}$ Ästhetik *f*
gen: -ce [ts] <prim>. *rom: fr* esthétique
it estetica *es* estética *ro* estetică *pt* estética
ca estètica; *ger: de* Ästhetik *en* aesthetics
sv estetik *no* estetikk *da* æstetik; *sla:*
pl estetyka *ce* estetika *sk* estetika
ru эстетика *uk* естетика *be* эстэтыка
bg естетика *hr* estetika *sr* естетика
sl estetika *mk* естетика; *f-u: ma* esztétika
su estetiikka *et* esteetika; *bal: lt* estetika
lv estētika; *gal: cy* estheteg *ga* aeistéitic;
n. g.: el αισθητική, *ek* estetika, *mt* estetika,
sh estetikë, *tr* estetik. *min. 34/595*

Ęsti (1) *m* $\boxed{N}$ Estland *n*
<ethno>. *f-u: et* Eesti.

Ęsti (2) $\boxed{N}$ Estnisch *(,~e Sprache)*
<ethno>. *f-u: et* Eesti.

ęsti (3) $\boxed{A}$ estnisch; estisch
<ethno>. *f-u: et* eesti.

ęstlane *m* $\boxed{N}$ Este *m*
<ethno>. *f-u: et* eestlane.

ęstlanna *f* $\boxed{N}$ Estin *f*
<ethno>. *f-u: et* eestlanna.

etájh *m* $\boxed{N}$ Etage *f*
<prim>. *rom: fr* étage; *ger: de* Etage
no etasje *da* etage; *sla: ru* этаж *bg* етаж.
min. 6/258

eurolinguística *f* $\boxed{N}$ Eurolinguistik *f*
gen: -ce [ts] <prim>. *rom:*
fr eurolinguistique *it* eurolinguistica
es eurolinguistica *ro* eurolingvistică
pt eurolinguistica *ca* eurolingüística; *ger:*
de eurolinguistik *en* eurolinguistics
nl eurolinguistiek *lb* eurolinguistik
fs eurolinguistik *sv* eurolinguistik
no eurolinguistik *da* eurolingusitik
fo eurolinguistik; *sla: pl* eurolinguistika
ce evrolinguisitika *sk* eurolinguistika
sb eurolinguistika *ru* евролингвистика

uk евролингуистика   *bg* евролингвистика
sr евролингуистика   *sl* eurolinguistika
mk евролингуистика;   *f-u:*
ma eurólinguisztika;   *bal:*   *lt* eurolinguistika
lv eurolinguistika;   *n. g.:*
sh eurolinguistika.   *min.* 29/576

Europa *f* N Europa *n*
<prim>. *rom:* *fr* Europe   *it* Europa
es Europa   *ro* Europa   *pt* Europa   *ca* Europa;
ger: *de* Europa   *en* Europe   *nl* Europa
no Europa;   *sla:*   *pl* Europa   *ce* Evropa
ru Европа   *be* Еўропа   *bg* европа
hr Europa   *sl* Europa;   *f-u:*   *ma* Európa
su Eurooppa   *et* Euroopa;   *bal:*   *lv* Euroopa;
gal: *cy* Ewrop   *br* Euroopa   *ga* Eorpa
gv Europey;   *n. g.:*   *el* (η) Εὐρώπη,
mt Ewropa, *tr* Avrupa. *min.* 28/562

europé (1) *m* N Europäer *m; f:* ~*in*
pl: ~es, f: ~a <prim>. *rom:* *fr* européen
it europeo   *es* europeo   *ca* europeu;   *ger:*
de europäer   *en* european   *nl* europeaan
no europeer;   *sla:*   *pl* Europejczyk
ce evropský   *ru* европеец   *be* еўрапейскі
bg европейски   *hr* europec   *sl* Europjan;
f-u: *ma* európai   *su* eurooppalainen;   *gal:*
br europat   *ga* Eorpach   *gv* Europagh;   *n. g.:*
mt ewropea,   *tr* avrupalı.   *min.* 22/517

europé (2) A europäisch
<prim>.   *rom:* *fr* européen   *it* europe◊
es europe◊   *ca* europeu;   *ger:*   *de* europäisch
en european   *nl* europees   *no* europeisk;
sla: *pl* europejsk◊   *ce* evropsk◊
ru европейск◊   *be* еўрапейск◊
bg европейск◊   *hr* europsk◊   *sl* europsk◊;
f-u: *ma* európai   *su* eurooppalainen;   *gal:*
br Europad;   *n. g.:*   *el* ευρωπαϊκ◊,
mt ewropea, *tr* avrupalı.   *min.* 21/528

Europé (3) *m* N Europäisch *(,~e*
   Sprache)
<prim>.   *rom:* *fr* européen   *it* europeo
es europeo   *ca* europeu;   *ger:*   *de* europäisch

en european   *nl* europees   *no* europeisk;
sla: *pl* Europejski   *ce* evropský
ru европейский   *be* еўрапейскі
bg европейски   *hr* europska;   *f-u:*
ma európai   *su* eurooppalainen;   *n. g.:*
el (τα) ευρωπαϊκά,   *mt* ewropea,   *tr* avrupalı.
min. 19/527

européisme *m* LING N Europäismus *m*
<prim>.   *rom:* *fr* européisme   *it* europeismo
es europeismo   *ro* europenism
ca europeisme;   *ger:*   *de* Europäismus
en europeanism   *da* europæisme;   *sla:*
pl europeizmus   *ce* evropeizmus
ru европеизм   *be* европеизм
bg европейзъм   *hr* europeizam.
min. 14/491

Euskadi *m* N Baskenland *n*
<ethno>.   *n. g.:*   *ek* Euskadi.

euskal A baskisch (2)
<ethno>.   *n. g.:*   *ek* euskal.

euskaldun (f) *f* N Baskin *f*
<ethno>.   *n. g.:*   *ek* euskaldun.

euskaldun (m) *m* N Baske *m*
<ethno>.   *n. g.:*   *ek* euskaldun.

Euskara N Baskisch (1) *(,~e Sprache)*
<ethno>.   *n. g.:*   *ek* euskara.

évacuatión *f* N Evakuierung *f*
[ts] gen: -one <prim>.   *rom:* *fr* évacuation
it evacuazione   *es* evacuación   *pt* evacuação
ca evacuació;   *ger:*   *de* Evakuierung
en evacuation   *nl* evacuatie   *no* evakuering
da evakuering;   *sla:*   *pl* ewakuacja
ce evakuace   *sk* evakuácia   *ru* эвакуация
uk евакуація   *be* эвакуацыя   *bg* евакуация
hr evakuacija   *sr* евакуација   *sl* evakuacija
mk евакуација;   *f-u:*   *su* evakuointi
et evakueerimine;   *bal:*   *lt* evakuacija
lv evakuācija;   *n. g.:*   *ek* ebakuazio,
mt evakwazzjoni. *min.* 27/555

évaluatión *f* N Auswertung *f*;
Evaluation *f*
[ts] gen: -one <prim>. *rom:* *fr* évaluation
es evaluación *ro* evaluare *ca* avaluació;
ger: *de* Evaluation *en* evaluation
da evaluering; *sla:* *bg* еволуирам
hr evaluacija; *n. g.:* *mt* evalwazzjoni.
min. 10/301

éventualité *f* N Fall (2) *m*
gen: -téte <prim>. *rom:* *fr* éventualité
it eventualità *es* eventualidad
ro eventualitate *pt* eventualidade
ca eventualitat; *ger:* *de* Eventualität
en eventuality *nl* eventualiteit
sv eventualitet *no* eventualitet
da eventualitet; *sla:* *pl* ewentualność
ce eventualita *sk* eventualita
ru эвентуальность *sl* eventualnost.
min. 17/519

évidént A evident *(nur Fachsprache)*
<prim>. *rom:* *fr* évident *it* evidente
es evidente(◊) *ro* evident *pt* evidente
ca evidente; *ger:* *de* evident *en* evident
nl evident *sv* evident *no* evident
da evident; *sla:* *pl* ewidentn◊
ce evidentn◊ *sk* evidentn◊ *hr* evidentn◊.
min. 16/441

évitán V vermeiden
<ang>. *rom:* *fr* éviter *it* evitare *es* evitar
ro evita *pt* evitar *ca* evitar; *n. g.:*
mt -evita. *min. 7/189*

exáct A exakt; genau
<prim>. *rom:* *fr* exact *it* esatt◊ *es* exact◊
ro exact *pt* exat◊ *ca* exact; *ger:* *de* exakt
en exact; *sla:* *bg* екзактн◊; *n. g.:*
mt eżattament. *min. 10/354*

exámen *n* N Examen *n*
gen: -ámine <prim>. *rom:* *fr* exam
it essame *es* examen *ro* examen *pt* exame
ca examen; *ger:* *de* Examen *en* exam
sv examen *no* eksamen *da* eksamen

is exam; *sla:* *ru* экзамен *be* экзамен;
bal: *lt* egzaminas *lv* eksāmens; *n. g.:*
mt exam. *min. 17/458*

excelléncea *f* N Exzellenz *f*
[tsa], gen: -ce <prim>. *rom:* *fr* excellence
it eccellenza *es* excelencia *ro* excelență
pt excelência *ca* excellència; *ger:*
de Exzellenz *en* excellency *sv* excellens
no eksellense; *sla:* *pl* ekscelencja
ce excelence *sk* excelencia *hr* ekselencija
sr екселенција *mk* екселенцијо; *f-u:*
et ekstsellents; *bal:* *lt* ekscelencija
lv ekselence; *n. g.:* *mt* eċċellenza,
tr ekselans. *min. 21/440*

excellént A exzellent
<prim>. *rom:* *fr* excellent *it* eccellente
es excelente(◊) *ro* excelent *pt* excelente
ca excellent; *ger:* *de* exzellent
en excellent; *n. g.:* *mt* eċċellenti.
min. 9/344

exceptión *f* N Ausnahme *f*
[ts] gen: -one <ang>. *rom:* *fr* exception
it eccezione *es* excepción *ro* excepție
pt eseção *ca* excepció; *ger:* *en* exception;
n. g.: *mt* eċċezzjoni. *min. 8/249*

exceptionálno adv ausnahmsweise
<ang>. *rom:* *fr* exceptionellement
it eccezionalmente *es* excepto
ro excepțional *pt* excepcionalmente
ca excepcionalment; *ger:* *en* except;
n. g.: *mt* eċċezzjonalment. *min. 8/249*

exclusív A exklusiv
<prim>. *rom:* *fr* exclusif *it* esclusiv◊
es exclusiv◊ *ro* exclusiv *pt* exclusiv◊
ca exclusiv◊; *ger:* *de* exklusiv
en exclusive *nl* exclusief *sv* exklusiv
no eksklusive *da* eksklusiv; *sla:*
pl ekskluzywn◊ *ce* exkluzivn◊
sk exkluzívn◊ *ru* эксклюзивн◊
uk ексклюзивн◊ *be* эксклюзіўн◊
bg изключителн◊ *hr* ekskluzivn◊

sr ексклузивн◊ *mk* ексклузивн◊; *f-u:* *ma* exklузív *et* eksklusiivne; *bal:* *lv* ekskluzīv◊; *n. g.:* *ek* esklusiboa, *mt* eslussiv. *min. 27/588*

excusán V entschuldigen; verzeihen
<ang>. *rom:* *fr* excuser *it* scusare *es* excusar *ro* scuza *pt* escusar *ca* excusar; *ger:* *en* excuse; *n. g.:* *mt* skuza. *min. 8/249*

executión *f* N Ausführung *f*
[ts] gen: -one <ang>. *rom:* *fr* exécution *it* esecuzione *es* ejecución *ro* execuție *ca* execució; *ger:* *de* (Exekution) *en* execution; *sla:* *pl* egzekucja *ru* экзекуция; *n. g.:* *mt* eżekuzzjoni. *min. 10/454*

exempel *m* N Exempel *n*; Beispiel *n*
gen: -ple <prim>. *rom:* *fr* exemple *it* esempio *es* ejemplo *ro* exemplu *pt* exemplo *ca* exemple; *ger:* *de* Exempel *en* example *sv* exempel *no* eksempel *da* eksempel; *sla:* *ru* экземпляр; *n. g.:* *mt* eżempju, *sh* shembull. *min. 14/442*

exhalatión *f* N Exhalation *f*
[ts] gen: -one <prim>. *rom:* *fr* exhalation *it* esalazione *es* exhalación *ro* exalație *pt* exalação *ca* exhalació; *ger:* *de* Exhalation *en* exhalation; *sla:* *bg* эксалация. *min. 9/354*

exíl *m* N Exil *n*
gen: -ile <prim>. *rom:* *fr* exil *it* esilio *es* exilio *ro* exil *pt* exílio *ca* exili; *ger:* *de* Exil *en* exile *sv* exil *no* eksil *da* eksil; *sla:* *mk* егзил; *n. g.:* *mt* eżilju. *min. 13/364*

existencea *f* N Existenz *f*
[tsa], gen: -ce <prim>. *rom:* *fr* existence *it* esistenza *es* existencia *pt* existência *ca* existència; *ger:* *de* Existenz *en* existence *sv* existens *no* eksistens

da eksistens; *sla:* *ce* existence *sk* existencia *bg* екзистенция; *n. g.:* *ek* existentzia, *mt* eżistenza, *sh* ekzistencë. *min. 17/369*

existéren *c-* V existieren
<prim>. *rom:* *fr* exister *it* esistere *es* existir *ro* exista *ca* existir; *ger:* *de* existieren *en* to exist; *sla:* *pl* egzystować *ce* existovat; *n. g.:* *mt* -eżist. *min. 10/384*

exotic A exotisch
<prim>. *rom:* *fr* exotique *it* esotic◊ *es* exótic◊ *ro* exotic *pt* exótic◊ *ca* exòtic◊; *ger:* *de* exotisch *en* exotic *nl* exotisch *sv* exotisk *no* eksotisk *da* eksotisk; *sla:* *pl* egzotyczn◊ *ce* exotick◊ *sk* exotick◊ *ru* экзотическ◊ *uk* екзотичн◊ *be* экзатычн◊ *bg* екзотичн◊ *hr* egzotičn◊ *sr* егзотичн◊ *mk* егзотичн◊; *f-u:* *ma* egzotikus *su* eksoottinen *et* eksootiline; *bal:* *lt* egzotišk◊ *lv* eksotisk◊; *gal:* *cy* egsotig; *n. g.:* *el* εξωτικ◊, *ek* exotikoak, *mt* eżotiku, *sh* ekzotik◊, *tr* egzotik. *min. 33/613*

experiencea *f* N Erfahrung *f*
[tsa], gen: -ce <ang>. *rom:* *fr* expérience *it* esperienza *es* experiencia *ro* experiență *ca* experiència; *ger:* *en* experiance; *n. g.:* *mt* esperjenza. *min. 7/239*

experiment *n* N Experiment *n*
<prim>. *rom:* *fr* expérience *it* esperimento *es* experimento *ro* experiment *pt* experiência *ca* experiment; *ger:* *de* Experiment *en* experiment *nl* experiment *sv* experiment *no* eksperiment *da* eksperiment; *sla:* *pl* eksperyment *ce* experiment *sk* experiment *ru* эксперимент *uk* експеримент *be* эксперымент *bg* експеримент *hr* eksperiment *sr* експеримент *mk* експеримент; *f-u:*

128

et eksperiment;   *bal:* *lt* eksperimentas
lv eksperiments;   *n. g.:* *ek* esperimentu,
mt esperiment,   *sh* eksperiment.   *min. 28/579*

explicatión (1) *f* $\boxed{\text{N}}$ Explikation *f*
[ts] gen: -one <prim>.   *rom:* *fr* explication
it spiegazione   *es* explicación   *pt* explicação
ca explicació;   *ger:* *de* Explikation
en explication   *da* eksplicitering;   *sla:*
ru экспликация   *uk* експлікація
be экспликацыя   *sl* eksplikacija
mk експликација;   *bal:* *lt* eksplikacija
lv eksplikācija.   *min. 16/446*

explicatión (2) *f* $\boxed{\text{N}}$ Erklärung *f*
[ts] gen: -one <ang>.   *rom:* *fr* explication
it spiegazione   *es* explicación   *pt* explicação
ca explicació;   *ger:* *en* explication.
min. 7/229

explosión *f* $\boxed{\text{N}}$ Explosion *f*
gen: -sione <prim>.   *rom:* *fr* explosion
it esplosione   *es* explosión   *pt* explosão
ca explosió;   *ger:* *de* Explosion
en explosion   *nl* explosie   *sv* explosion
no eksplosjon   *da* eksplosion;   *sla:*
ce exploze   *sk* explózia   *bg* эксплозия
hr eksplozija   *sr* експлозија   *sl* eksplozija
mk експлозија;   *gal:* *cy* explosion;   *n. g.:*
mt splużoni.   *min. 21/403*

expórt *m* $\boxed{\text{N}}$ Export *m*
<prim>.   *rom:* *fr* export   *it* export
es exportación   *pt* exportação   *ca* exportació;
ger: *de* Export   *en* export   *nl* export
sv export   *no* eksport   *da* eksport;   *sla:*
pl eksport   *ce* export   *sk* export   *ru* экспорт
uk експорт   *be* экспарт   *bg* експорт;   *f-u:*
ma export   *et* eksport;   *bal:* *lt* eksportas
lv eksports;   *n. g.:* *ek* esportazio,
mt esportazzjoni,   *sh* eksport.   *min. 26/558*

expressión *f* $\boxed{\text{N}}$ Ausdruck *m*
gen: -one <ang>.   *rom:* *fr* expression
it espressione   *es* expresión   *ro* expresie
ca expressió;   *ger:* *en* expression

da expression;   *sla:* *pl* expresja
ru экспрессия;   *n. g.:* *mt* espressjoni.
min. 10/362

extensív $\boxed{\text{A}}$ ausgiebig
<prim>.   *rom:* *fr* extensif   *it* estensiv◊
es extens◊   *ro* extensiv   *ca* extens;   *ger:*
de extensiv   *en* extensive;   *sla:*
ce extenzivn◊   *ru* экстенсивн◊;   *n. g.:*
mt estensiva.   *min. 10/424*

extérn $\boxed{\text{A}}$ extern
<prim>.   *rom:* *fr* externe   *it* estern◊
es extern◊   *ro* extern   *pt* extern◊   *ca* extern;
ger: *de* Extern   *en* external   *nl* extern
sv extern   *no* ekstern   *da* ekstern;   *sla:*
ce extern◊   *sk* extern◊;   *n. g.:* *mt* esterna.
min. 15/397

éxtra *m* $\boxed{\text{N}}$ Extra *n*
<prim>.   *rom:* *it* extra   *es* extra   *pt* extra
ca extra;   *ger:* *de* Extra   *en* extra   *nl* extra
sv extra   *no* ekstra   *da* ekstra;   *sla:*
bg екстра   *hr* ekstra   *sr* екстра   *sl* ekstra.
min. 14/321

extra- $\boxed{\text{A}}$ außer-
<prim>.   *rom:* *fr* extra-   *it* stra-   *es* extra-;
ger: *de* extra-   *en* extra-;   *sla:* *ru* экстра-.
min. 6/390

extraórdinár $\boxed{\text{A}}$ außerordentlich
<prim>.   *rom:* *fr* extraordinaire
es extraordinari◊   *ro* extraordinar
ca extraordinàri◊;   *ger:* *en* extraordinary
da ekstraordinært;   *sla:*
ru экстраординарн◊;   *n. g.:*
mt straordinarjament.   *min. 8/272*

extravagáncea *f* $\boxed{\text{N}}$ Extravaganz *f*
[tsa], gen: -ce <prim>.   *rom:*
fr extravagance   *es* extravagancia
pt extravagância   *ca* extravagància;   *ger:*
de Extravaganz   *en* extravagance
no ekstravaganse;   *sla:* *pl* ekstrawagancja
ce extravagance   *sk* extravagancie

ru экстравагантность
uk екстравагантність
be экстравагантнасць
bg екстравагантност *hr* ekstravagancija
mk екстравагантност. *min. 16/460*

extrém Ⓐ extrem
<prim>. *rom:* *fr* extrême *it* estrem◊
es extrem◊ *ro* extremă *pt* extrem◊
ca extrem; *ger:* *de* extrem *en* extreme
nl extreem *sv* extrema *no* ekstrem
da ekstrem; *sla:* *ce* extrémn◊ *sk* extrémn◊
bg екстремн◊ *hr* ekstremn◊ *sr* екстремн◊
mk екстремн◊; *bal:* *lv* ekstrēm◊; *n. g.:*
mt estremi, *sh* ekstrem◊. *min. 21/423*

extrémité *f* Ⓝ Extremität *f*
gen: -téte <prim>. *rom:* *fr* extrémité
it estremità *es* extremidad *ro* extremitate
pt extremidade *ca* extremitat; *ger:*
de Extremität *en* extremity *sv* extremitet
no ekstremitet *da* ekstremitet; *sla:*
sr екстремитет *mk* екстремитет; *n. g.:*
mt estremità. *min. 14/372*

ez Ⓟ aus
<prim>. *rom:* *fr* é-
/ex- *es* ex- *pt* ex- *ca* ex-; *ger:* *de* aus;
sla: *pl* z, ze *ce* z *sk* z *ru* из *uk* з *bg* из
hr iz *sr* из *sl* iz *mk* из; *bal:* *lt* iš *lv* uz;
gal: *cy* oddi *ga* as; *n. g.:* *el* εκ.
min. 20/412

"ezdánie" *n* Ⓝ Ausgabe (1) *f*
↑ez, ↑dán. <prim>. *rom:* *fr* édition
it edizione *es* edición *ro* ediţie *pt* edição
ca edició; *ger:* *de* Ausgabe *en* edition
nl editie *sv* utgåva *no* utgave *da* udgave
is útgáfa; *sla:* *pl* wydanie *ce* vydání
sk vydanie *ru* издание *uk* видання
be выданне *bg* издание *hr* izdanje
sr издање *sl* izdaja *mk* издание; *f-u:*
ma kiadás *et* väljaanne; *bal:* *lv* izdevums;
n. g.: *el* έκδοση.*28/*

ezména *f* Ⓝ Abänderung *f*
<prim>. *rom:* *fr* amendement
it emendamento *es* enmienda *pt* emenda
ca esmena; *ger:* *en* amend; *sla:*
pl zmiana *ce* změna *sk* zmena *ru* измена
bg измяна; *n. g.:* *mt* emenda. *min. 12/374*

ezménín Ⓥ abändern
<prim>. *rom:* *it* emendare *es* enmendar
pt emendar *ca* esmenar; *ger:* *en* amend;
sla: *pl* zmienić *ce* pozměnit *sk* (po)zmeniť
ru изменить *bg* изменям *sr* измени
sl (spre)meniti *mk* измени; *n. g.:*
mt -emenda. *min. 14/321*

fábrica *f* Ⓝ Fabrik *f*
<prim>. *rom:* *fr* fabrique *it* fabbrica
es fábrica *ro* fabrică *pt* fábrica *ca* fàbrica;
ger: *de* Fabrik *en* factory *nl* fabriek
sv fabrik *no* fabrikk *da* fabrik; *sla:*
pl fabryka *bg* фабрика *sr* фабрика
mk фабрика; *bal:* *lt* fabrikas *lv* fabrika;
n. g.: *ek* fabrika, *mt* fabbrika, *sh* fabrikë,
tr fabrika. *min. 22/454*

fabricéren *c-* Ⓥ fabrizieren
<prim>. *rom:* *fr* fabriquer *it* fabbricare
es fabricar *ro* fabrica *pt* fabricar
ca fabricar; *ger:* *de* fabrizieren
en fabricate *nl* fabriceren *da* fabrikere;
sla: *pl* fabrykować *ru* фабриковать
uk фабрикувати *be* фабрыкаваць
bg фабрикувам *mk* фабрикувам.
min. 16/529

fábula *f* Ⓝ Fabel *f*
<prim>. *rom:* *fr* fable *it* favola *es* fábula
ro fabulă *pt* fábula *ca* faula; *ger:* *de* Fabel
en fable *nl* fabel *sv* fabel *no* fabel
da fabel; *sla:* *bg* фабула *sl* fabula; *f-u:*
su faabeli *et* faabula; *bal:* *lv* fabula;
n. g.: *ek* fabula. *min. 18/403*

façada *f* Ⓝ Fassade *f*
<prim>. *rom:* *fr* façade *it* facciata
es fachada *ro* faţadă *pt* fachada *ca* façana;

ger: *de* Fassade *en* facade *sv* fasad
no fasade *da* facade; *sla:* *pl* fasada
ce fasáda *sk* fasáda *ru* фасад *uk* фасад
be фасад *bg* фасада *hr* fasada *sr* фасада
sl fasada *mk* фасада; *f-u:* *et* fassaad; *bal:*
lt fasadas *lv* fasāde; *gal:* *cy* ffasâd; *n. g.:*
ek fatxada, *mt* faċċata, *sh* fasadë.
min. 30/566

façętta *f* N Facette *f*
<prim>. *rom:* *fr* facette *es* faceta *ro* fațetă
pt faceta *ca* faceta; *ger:* *de* Facette
en facet *no* fasett *da* facett; *sla:*
bg фасета; *n. g.:* *tr* faseta. *min. 11/317*

fact *m* N Fakt *n*
<prim>. *rom:* *fr* fait *it* fatto *ro* fapt
pt fato *ca* fet; *ger:* *de* Fakt *en* fact *nl* feit
sv faktum; *sla:* *pl* fakt *ru* факт *uk* факт
be факт *bg* факт; *bal:* *lt* faktas *lv* fakts;
gal: *cy* ffaith; *n. g.:* *mt* fatt, *sh* fakt.
min. 19/500

fąctic A faktisch
adv: ~no <prim>. *ger:* *de* faktisch
sv faktisk *no* faktiske *da* faktiske; *sla:*
ru фактическ◊ *uk* фактичн◊ *be* фактычн◊
bg фактическ◊; *bal:* *lt* faktin◊ *lv* faktisk◊.
min. 10/238

fąctor *m* N Faktor *m*
<prim>. *rom:* *fr* facteur *it* fattore *es* factor
ro factor *pt* fator *ca* factor; *ger:* *de* Faktor
en factor *nl* factor *sv* faktor *no* faktor
da faktor; *sla:* *pl* faktor *ce* faktor
sk faktor *ru* фактор *uk* фактор *be* фактар
bg фактор *hr* faktor *sr* фактор *sl* faktor
mk фактор; *bal:* *lv* faktors; *gal:*
cy ffactor *ga* fachtóir; *n. g.:* *ek* faktorea,
mt fattur, *sh* faktor, *tr* faktör. *min. 30/582*

faculté *f* N Fakultät *f*
gen: -tę́te <prim>. *rom:* *fr* faculté
it facoltà *es* facultad *ro* facultate
pt faculdade *ca* facultat; *ger:* *de* Fakultät
en faculty *nl* faculteit *sv* fakultet

no fakultetet *da* fakultet; *sla:* *ce* fakulta
sk fakulta *ru* факультет *uk* факультет
be факультэт *bg* факултет *hr* fakultet
sr факултет *sl* fakulteta *mk* факултет;
bal: *lt* fakultetas *lv* fakultāte; *n. g.:*
ek fakultateko, *mt* fakultà, *sh* fakultet,
tr fakülte. *min. 28/544*

fąder *m* N Vater *m*
gen: fą́dre <prim>. *rom:* *fr* père *it* padre
es padre *ca* pare; *ger:* *de* Vater *en* father
nl vader *sv* fader *no* far *da* fader; *sla:*
be бацька. *min. 11/362*

fąil *m* N Datei *f*
<prim>. *rom:* *it* file; *ger:* *en* file *sv* filen
no fil *da* filen; *sla:* *ru* файл *uk* файл
be файл *bg* файл; *f-u:* *ma* fájl *et* Faili;
bal: *lv* failu; *gal:* *cy* ffeil; *n. g.:* *mt* fajl.
min. 14/264

falcón *m* N Falke *m*
<prim>. *rom:* *fr* faucon *it* falco *es* halcón
pt falcão *ca* falcó; *ger:* *de* Falke
en falcon *nl* valk *sv* falk *no* falk *da* falk
is fálki; *n. g.:* *mt* falkun. *min. 13/363*

fals A falsch
<prim>. *rom:* *fr* faux *it* fals◊ *es* fals◊
ro fals *pt* fals◊ *ca* fals; *ger:* *en* false
nl fout *sv* fel *no* falsk *da* false *is* falsk◊;
sla: *pl* fałszyw◊ *ce* falešn◊ *ru* фальшив◊
be фальшыв◊ *bg* фалшив; *gal:* *br* fals
ga falsa; *n. g.:* *mt* foloz. *min. 20/438*

família *f* N Familie *f*
<prim>. *rom:* *fr* famille *it* famiglia
es familia *ro* familie *pt* família *ca* família;
ger: *de* Familie *en* family *nl* familie
sv familj *no* familie *da* familie; *sla:*
pl familja *ru* (фамилия) *bg* фамилия;
n. g.: *ek* familia, *mt* familja, *sh* familje.
min. 18/514

fanạtic (1) A fanatisch

<prim>. *rom: fr* fanatique *it* fanatic◊
es fanátic◊ *ro* fanatic *pt* fanátic◊
ca fanàtic◊; *ger: de* fanatisch *en* fanatic
nl fanatisch *sv* fanatisk *no* fanatisk
da fanatisk; *sla: pl* fanatyczn◊
ce fanatick◊ *ru* фанатическ◊
be фанатычн◊ *bg* фантастичн◊; *f-u:*
ma fanatikus *su* fanaatikko; *n. g.:*
el φανατικ◊. *min. 20/561*

fanạtic (2) *m* N Fanatiker *m*

adv: ~no, comp: -cer [ts] <prim>. *rom:*
fr fanatique *it* fanatico *es* fanático
ro fanatic *pt* fanático *ca* fanàtic; *ger:*
de Fanatiker *en* fanatic *nl* fanatiek
sv fanatiker *no* fanatiker *da* fanatiker; *sla:*
pl fanatyk *ce* fanatik *sk* fanatik *ru* фанатик
uk фанатик *be* фанатык *bg* фанатик
hr fanatik *sr* фанатик *sl* fanatik
mk фанатик; *f-u: ma* fanatikus
su fanaatikko *et* fanaatik; *bal:* *lt* fanatikas
lv fanātiķis; *gal: cy* ffanatig; *n. g.:*
el φανατικός, *sh* fanatik, *tr* fanatik.
min. 32/613

fanatịsme *m* N Fanatismus *m*

<prim>. *rom: fr* fanatisme *it* fanatismo
es fanatismo *ro* fanatism *pt* fanatismo
ca fanatisme; *ger: de* Fanatismus
en fanaticism *nl* fanatisme *no* fanatisme
da fanatisme; *sla: pl* fanatyzm
ce fanatismus *sk* fanatizmus *ru* фанатизм
uk фанатизм *be* фанатызм *bg* фанатизъм
hr fanatizam *sr* фанатизам *sl* fanatizem
mk фанатизам; *f-u: ma* fanatizmus
su fanaattisuus *et* fanatism; *bal:*
lt fanatizmas *lv* fanātisms; *gal:*
cy ffanatigiaeth; *n. g.: el* φανατισμός,
ek fanatismoaren, *mt* fanatiżmu,
sh fanatizëm, *tr* fanatizm. *min. 33/605*

fantasịa *f* N Fantasie *f*

<prim>. *rom: fr* fantaisie *it* fantasia
es fantasía *ro* fantezie *pt* fantasia
ca fantasia; *ger: de* Fantasie *en* fantasy
nl fantasie *sv* fantasi *no* fantasi; *sla:*
ru фантазия *uk* фантазія *be* фантазія
bg фантазия *hr* fantazija *sr* фантазија
mk фантазија; *f-u: su* fantasia
et fantaasia; *bal: lt* fantastika *lv* fantāzija;
n. g.: el φαντασία, *sh* fantazi, *tr* fantezi.
min. 25/541

fạrbé *f* N Farbe (2) *f*

<prim>. *ger: de* Farbe *nl* verf *sv* färg
no farge *da* færg; *sla: pl* farba *ce* barva
sl barba; *f-u: su* väri. *min. 9/189*

fasạn *m* N Fasan *m*

gen: -ạne <prim>. *rom: fr* faisan
it fagiano *es* faisán *ro* fazan *pt* faisão
ca faisà; *ger: de* Fasan *en* pheasant
nl fazant *sv* fasan *no* fasan *da* fasan; *sla:*
pl bażant *ce* bažant *sk* bažant *ru* фазан
uk фазан *be* фазан *bg* фазан *hr* fazan
sr фазан *sl* fazan *mk* фазан; *f-u:*
ma fácán *su* fasaani *et* faasan; *bal:*
lt fazanas *lv* fazāns; *gal: cy* ffesantod;
n. g.: el φασιανός, *ek* faisai, *mt* faġan,
sh fazan. *min. 33/610*

fạsé *f* N Phase *f*

<prim>. *rom: fr* phase *it* fase *es* fase
ro fază *pt* fase *ca* fase; *ger: de* Phase
en phase *nl* fase *sv* fas *no* fase *da* fase;
sla: pl faza *ce* fáze *sk* fáza *ru* фаза
uk фаза *be* фаза *bg* фаза *hr* faza *sr* фаза
sl faza *mk* фаза; *f-u: ma* fázis; *bal:*
lt fazių *lv* fāze; *n. g.: el* φάση, *ek* fase,
mt fażi, *sh* fazë, *tr* faz. *min. 31/608*

fashịsme *m* N Faschismus *m*

<prim>. *rom: fr* fascisme *it* fascismo
es fascismo *ro* fascism *pt* fascismo
ca feixisme; *ger: de* Faschismus
en fascism *sv* fascismen *no* fascisme
da fascisme *is* fasismi; *sla: pl* faszyzm
ce fašismus *sk* fašizmus *ru* фашизм
uk фашизм *be* фашызм *bg* фашизъм

hr fašizam *sr* фашизам *sl* fašizem
mk фашизам; <u>*f-u:*</u> *ma* fasizmus *su* fasismi
et fašism; <u>*bal:*</u> *lt* fašizmas *lv* fašisms;
<u>*gal:*</u> *cy* ffasgiaeth *ga* fhaisisteachais; *n. g.:*
el φασισμός, *ek* faxismo, *mt* faxxiżmu,
sh fashizëm, *tr* faşizm. *min. 35/595*

faṭạl boxed(A) fatal

<prim>. <u>*rom:*</u> *fr* fatal *it* fatale *es* fatal
ro fatal *pt* fatal *ca* fatal; <u>*ger:*</u> *de* fatal
en fatal *nl* fataal *no* fatal *da* fatal; <u>*sla:*</u>
ru фатальн◊ *uk* фатальн◊ *be* фатальн◊
bg фаталн◊ *hr* fataln◊ *sr* фаталн◊
mk фаталн◊; <u>*bal:*</u> *lv* fatāl◊; *n. g.:*
mt fatali. *min. 20/508*

fatalịsme *m* boxed(N) Fatalismus *m*

<prim>. <u>*rom:*</u> *fr* fatalisme *it* fatalismo
es fatalismo *ro* fatalism *pt* fatalismo
ca fatalisme; <u>*ger:*</u> *de* Fatalismus
en fatalism *nl* fatalisme *no* fatalisme
da fatalisme; <u>*sla:*</u> *pl* fatalizm
ce fatalismus *sk* fatalismus *ru* фатализм
uk фаталізм *be* фаталізм *bg* фаталност
hr fatalizam *sr* фатализам *sl* fatalizem
mk фатализам; <u>*f-u:*</u> *ma* fatalizmus
su fatalismi; <u>*bal:*</u> *lt* fatalizmas
lv fatālisms; *n. g.:* *mt* fataliżmu,
sh fatalizëm. *min. 28/584*

favorisẹren *c-* boxed(V) favorisieren

<prim>. <u>*rom:*</u> *fr* favoriser *it* favorire
es favorecer *ro* favoriza *pt* favorecer
ca afavorir; <u>*ger:*</u> *de* favorisieren *en* favour
no favorisere *da* favorisere; <u>*sla:*</u>
pl faworyzować *bg* фаворизирам
hr favorizirati *sr* фаворизовати; <u>*f-u:*</u>
ma favorizálni; <u>*gal:*</u> *cy* ffafrio
ga (bhfabhar); *n. g.:* *mt* -favorixx.
min. 18/427

favorịt *m* boxed(N) Favorit *m*

<prim>. <u>*rom:*</u> *fr* favori *it* favorito
es favorito *ro* favorit *pt* favorito *ca* favorit;
<u>*ger:*</u> *de* Favorit *en* favorite *nl* favoriet

sv favorit *no* favoritt *da* favorit; <u>*sla:*</u>
bg фаворит *hr* favorit *sr* фаворит; <u>*bal:*</u>
lv favorīts; <u>*gal:*</u> *ga* (bhfabhar); *n. g.:*
mt favoriti, *tr* favori. *min. 19/412*

fax *m* boxed(N) Telefax *n*

<prim>. <u>*rom:*</u> *fr* fax *it* fax *es* fax *ro* fax
pt fax *ca* fax; <u>*ger:*</u> *de* Fax *en* fax *nl* fax
sv fax *no* fax *da* fax; <u>*sla:*</u> *pl* faks *ce* fax
sk fax *ru* факс *uk* факс *be* факс *bg* факс
hr faks *sr* факс *sl* fax *mk* факс; <u>*f-u:*</u>
ma fax *su* faksi *et* fax; <u>*bal:*</u> *lt* faksas
lv fakss; <u>*gal:*</u> *cy* ffacs *ga* facs; *n. g.:*
el φαξ, *ek* fax, *mt* fax, *sh* faks, *tr* faks.
min. 35/615

fẹber *m* boxed(N) Fieber *n*

<prim>. <u>*rom:*</u> *fr* fièvre *it* febbre *es* fiebre
ro febră *pt* febre *ca* febre; <u>*ger:*</u> *de* Fieber
en fever *sv* feber *no* feber *da* feber; <u>*gal:*</u>
ga fiabhras. *min. 12/362*

februạr *m* boxed(N) Februar *m*

<prim>. <u>*rom:*</u> *fr* février *it* febbraio
es febrero *ro* februarie *ca* febrer; <u>*ger:*</u>
de Februar *en* february *da* februar
is februar; <u>*sla:*</u> *ru* февраль *be* лютага
bg февруари; <u>*f-u:*</u> *ma* február; *n. g.:*
mt frar. *min. 14/450*

féderalịsme *m* boxed(N) Föderalismus *m*

<prim>. <u>*rom:*</u> *fr* fédéralisme
it federalismo *es* federalismo *ro* federalism
pt federalismo *ca* federalisme; <u>*ger:*</u>
de Föderalismus *en* federalism
nl federalisme *sv* federalism
no føderalisme *da* føderalisme; <u>*sla:*</u>
pl federalizm *ce* federalismus
sk federalizmus *ru* федерализм
uk федералізм *be* федэралізм
bg федерализъм *hr* federalizam
sr федерализам *sl* federalizem
mk федерализам; <u>*f-u:*</u> *ma* föderalizmus
su federalismi *et* föderalism; <u>*bal:*</u>
lt federalizmas *lv* federālisms; <u>*gal:*</u>

cy ffederaliaeth; *n. g.: ek* federalismo,
mt federaliżmu, *sh* federalizmi,
tr federalizm. *min. 33/603*

felt *m* N Filz *m*

<prim>. *rom: fr* feutre *it* feltro *es* fieltro
ro fetru *ca* fieltro; *ger: de* Filz *en* felt
nl vilt *sv* filt *no* filt *da* filt; *sla: pl* filc
ce plst *ru* фетр *bg* филц *hr* filc *sl* filc;
gal: cy ffelt *br* feltr *gv* felt; *n. g.:*
ek feltro, *mt* feltru. *min. 22/520*

feminín A weiblich; feminin

<prim>. *rom: fr* féminin *it* femminile
es feminin◊ *ro* feminin *pt* feminin◊
ca femení; *ger: de* feminin *en* feminine
sv feminin; *n. g.: mt* femminili,
sh femëror◊. *min. 11/354*

femininum *n* N Femininum *n*

gen: -ine <prim>. *rom: fr* féminin
it femminile *es* feminino *ro* feminin
ca femení; *ger: de* Femininum
en feminine *sv* femininum *da* feminin;
n. g.: mt femminili. *min. 10/347*

fenęstra *f* N Fenster *n*

<prim>. *rom: fr* fenêtre *it* finestra
ro fereastră *ca* finestra; *ger: de* Fenster;
sla: ru мед.фенестрация; *n. g.:*
tr pencere. *min. 7/319*

fenǫmen *n* N Phänomen *n*

<prim>. *rom: fr* phénomène *it* fenomeno
es fenómeno *ro* fenomen *pt* fenómeno
ca fenomen; *ger: de* Phänomen
en phenomenon *nl* fenomeen *sv* fenomen
no fenomen *da* fænomen; *sla:*
bg феномен *sl* fenomen *mk* феномен;
bal: lt fenomenas; *gal: cy* ffenomen
ga feiniméan; *n. g.: el* φαινόμενο,
ek fenomeno, *sh* fenomen, *tr* fenomen.
min. 22/418

fenoménal A phänomenal

<prim>. *rom: fr* phénoménal
it fenomenale *es* fenomenal *ro* fenomenal
pt fenomenal *ca* fenomenal; *ger:*
de phänomenal *en* phenomenal
nl fenomenaal *sv* fenomenal *no* fenomenale
da fænomenal; *sla: pl* fenomenaln◊
ce fenomenáln◊ *sk* fenomenáln◊
ru феноменальн◊ *uk* феноменальн◊
be фенаменальн◊ *bg* феноменалн◊
hr fenomenaln◊ *sr* феноменалн◊
sl fenomenaln◊ *mk* феноменалн◊; *f-u:*
et fenomenaalne; *bal: lt* fenomenal◊
lv fenomenāl◊; *n. g.: el* φαινομενικ◊,
mt fenomenali, *sh* fenomenal◊. *min. 29/591*

fermentéren *c-* V fermentieren

<prim>. *rom: fr* fermenter *it* fermentare
es fermentar *ro* fermenta *pt* fermentar
ca fermentar; *ger: de* fermentieren
en ferment *nl* fermenteren; *sla:*
pl fermentować *bg* ферментирам
mk ферментираат; *bal: lt* fermentuoti;
n. g.: mt jiffermenta. *min. 14/419*

fertilisatiǫn *f* N Fertilisation *f*

[ts] gen: -ǫne <prim>. *rom: fr* fertilisation
it fecondazione *es* fertilización
ro fertilizare *pt* fertilização *ca* fertilització;
ger: de Fertilisation *en* fertilization; *n. g.:*
mt fertilizzazzjoni. *min. 9/344*

fertilité *f* N Fertilität *f*

gen: -téte <prim>. *rom: fr* fertilité
it fertilità *es* fertilidad *ro* fertilitate
pt fertilidade *ca* fertilitat; *ger: de* Fertilität
en fertility *sv* fertilitet; *sla:*
ru фертильность *uk* фертильність
be фертыльнасць *bg* фертилитет; *n. g.:*
mt fertilità. *min. 14/474*

fíberglás *m* N Fiberglas *n*

<prim>. *rom: fr* fibre (de verre) *es* fibra
(de vidrio) *ro* fibră (de sticlă) *pt* fibra (de
vidro) *ca* fibra (de vidre); *ger:*

de Fiberglas *en* fiberglass *nl* glas(vezel)
sv glasfiber *no* glassfiber *da* glasfiber;
sla: *hr* fiberglasa *sr* фиберглас
mk фиберглас; *f-u:* *et* klaas(kiud); *gal:*
cy (gwydr) ffibr; *n. g.:* *tr* fiberglas.
min. 17/353

fictión *f* |N̄| Fiktion *f*
[ts] gen: -one <prim>. *rom:* *fr* fiction
it finzione *es* ficción *ro* ficţiune *pt* ficção
ca ficció; *ger:* *de* Fiktion *en* fiction
nl fictie *sv* fiktion *da* fiktion; *sla:*
pl fikcja *bg* фикция *hr* fikcija *sr* фикција
sl fikcija; *f-u:* *ma* fikció; *bal:* *lt* fikcija;
gal: *ga* ficsean; *n. g.:* *ek* fikziozko,
mt finzjoni. *min. 21/458*

fictív |Ā| fiktiv
<prim>. *rom:* *fr* fictif *it* fittizi◊ *es* fictici◊
ro fictiv *pt* fictíci◊ *ca* fictici; *ger:*
de fiktiv *en* fictitious *nl* fictief *sv* fiktiva
no fiktiv *da* fiktive; *sla:* *pl* fikcyjn◊
ce fiktivn◊ *sk* fiktívn◊ *ru* фиктивн◊
uk фіктивн◊ *be* фіктыўн◊ *bg* фиктивн◊
hr fiktivn◊ *sr* фиктивн◊ *sl* fiktivn◊
mk фиктивн◊; *f-u:* *ma* fiktív *et* fiktiivne;
bal: *lt* fiktyv◊ *lv* fiktīv◊; *gal:* *cy* ffug;
n. g.: *ek* fikziozkoak, *mt* fittizja, *sh* fiktiv◊.
min. 31/593

filiąl *m* |N̄| Filiale *f*
<prim>. *ger:* *de* Filiale; *sla:* *ru* филиал
uk філія *be* філіял *bg* филиал
sr филијала; *f-u:* *et* filiaal; *bal:* *lt* filialas
lv filiāle. *min. 9/230*

film *m* |N̄| Film *m*
<prim>. *rom:* *fr* film *it* film *ro* film
pt filme; *ger:* *de* Film *en* film *nl* film
sv film *no* film *da* film; *sla:* *pl* film
ce film *sk* film *sb* film *ru* фильм
uk фільм *be* фільм *bg* филм *hr* film
sr филм *sl* film *mk* филм; *f-u:* *ma* film
et film; *bal:* *lt* filmas *lv* filma; *gal:*

cy ffilm; *n. g.:* *ek* film, *mt* film, *sh* film,
tr film. *min. 32/554*

filosofia *f* |N̄| Philosophie *f*
<prim>. *rom:* *fr* philosophie *it* filosofia
es filosofía *ro* filozofie *pt* filosofia
ca filosofia; *ger:* *de* Philosophie
en philosophy *nl* filosofie *sv* filosofi
no filosofi *da* filosofi; *sla:* *pl* filozofia
ce filozofie *sk* filozofia *ru* философия
uk філософія *be* філасофія *bg* философия
hr filozofija *sr* филозофија *sl* filozofija
mk филозофија; *f-u:* *ma* filozófia
su filosofia *et* filosoofia; *bal:*
lt koncepcija *lv* filozofija; *gal:*
cy athroniaeth *ga* fealsúnacht; *n. g.:*
el φιλοσοφία, *ek* filosofia, *mt* filosofija,
sh filozofi, *tr* felsefe. *min. 35/615*

filter *m* |N̄| Filter *m*
gen: filtre <prim>. *rom:* *it* filtro *es* filtrar
ro filtru; *ger:* *de* Filter *en* filter *nl* filter;
sla: *bg* филтър *sr* филтер *sl* filter
mk филтер; *n. g.:* *mt* filtru, *sh* filter,
tr filtre. *min. 13/312*

filtréren *c-* |V̄| filtern
<prim>. *rom:* *fr* filtrer *es* filtrar *pt* filtrar
ca filtrar; *ger:* *de* filtern *en* filter
sv filtrera *no* filtrere *da* filtrere; *sla:*
pl filtrować *ce* filtrovat *sk* filtrovať
ru фильтровать *uk* фільтрувати
be фільтраваць *bg* филтрирам *hr* filtrirati;
f-u: *et* filtreerida; *bal:* *lt* filtruoti *lv* filtrēt;
n. g.: *el* φιλτράρω, *mt* (filtru). *min. 22/490*

finął |Ā| final; End- *N!*; am Ende ste-
hend
<prim>. *rom:* *fr* final *it* finale *es* final
ca final; *ger:* *de* final *en* final; *sla:*
be (фінал) *bg* финал; *n. g.:* *mt* finali,
tr final. *min. 10/339*

finden *c-* |V̄| finden
pret: fand-, ppp: ↑fund <ang>. *ger:*
de finden *en* find *nl* vinden *lb* fannen

sv finna *no* finne *da* finde *is* finna
fo finna. *min. 9/194*

"fịnden sé" *c-* V befinden: sich ~
<↑finden. <ang>. *rom: fr* se trouver
it trovarsi *es* encontrarse; *ger: de* sich
befinden *nl* zich bevinden *sv* befinna sig
no befinne seg *da* finde sig; *sla:*
ru находиться. *min. 9/368*

fịnger *m* N Finger *m*
<ang>. *ger: de* Finger *en* finger *nl* vinger
lb Fanger *fs* finger *sv* finger *no* finger
da finger *is* fingur *fo* fingur. *min. 10/194*

finn-ugor A finno-ugrisch *(Linguistik)*
<prim>. *rom: fr* finno-ugrais *it* ugro-
finnic◊ *es* finno-ugrio *ro* fino-ugrice
ca finoúgrique; *ger: de* finno-ugrisch
en finno-ugric *da* finsk-ugriske; *sla:*
be фіна-угорск◊ *bg* угрофинск◊; *f-u:*
ma finn-ugor; *n. g.: tr* fin-ugor.
min. 12/374

firmamẹnt *n* N Firmament *n*
<prim>. *rom: fr* firmament *it* firmamento
es firmamento *ro* firmament *pt* firmamento
ca firmament; *ger: de* Firmament
en firmament *nl* firmament *sv* firmament
no firmament *da* firmament; *sla:*
pl firmament; *gal: cy* ffurfafen.
min. 14/422

fịstula *f* MED N Fistel *f*
<prim>. *rom: fr* fistule *it* fistola *es* fístula
ro fistulă *pt* fistula *ca* fístula; *ger:*
de Fistel *en* fistula *sv* fistel *no* fistel
da fistel *is* fistill; *sla: ce* fistula *sk* fistula
bg фистула *hr* fistula *sr* фистула *sl* fistula
mk фистула; *f-u: ma* fisztula *su* fisteli
et fistul; *bal: lt* fistulė *lv* fistuls; *gal:*
cy ffistwla; *n. g.: mt* fistla, *tr* fistül.
min. 27/431

"fịx plạta" *f* N Fixum *n*
<prim>. *rom: fr* salaire fixe *es* salario fijo
ro salariul fix *pt* salário fixo *ca* salari fix;
ger: de Fixgehalt *en* fixed salary; *sla:*
bg фиксирана заплата *hr* fiksna plaća
sr фиксна плата *sl* fiksna plača *mk* фиксна
плата; *f-u: ma* fix fizetés; *bal:*
lt fiksuotas atlyginimas *lv* fiksēta alga;
n. g.: mt fiss salarju, *sh* paga fikse.*17/*

fixatiọn *f* N Fixierung *f*
[ts] gen: -one <prim>. *rom: fr* fixation
it fissazione *es* fijación *ro* fixare *pt* fixação
ca fixació; *ger: de* Fixierung *en* fixation
sv fixering *no* fiksering *da* fiksering; *sla:*
ce fixace *sk* fixácia *ru* фиксация
uk фіксація *be* фіксацыя *bg* фиксиране
hr fiksacija *sr* фиксација *sl* fiksacija
mk фиксација; *f-u: su* fiksaatio
et fikseerimine; *bal: lt* fiksavimas; *n. g.:*
mt fissazzjoni, *sh* fiksim. *min. 26/522*

fixẹren *c-* V fixieren
<prim>. *rom: fr* fixer *it* fissare *es* fijar
pt fixar *ca* fixar; *ger: de* fixieren *en* fix
sv fixa *no* fikse; *sla: ru* фиксировать
uk фіксувати *be* фіксаваць *bg* фиксирам;
f-u: ma fixálni. *min. 14/471*

flag *m* N Flagge *f*
gen: ~ge <ang>. *ger: de* Flagge *en* flag
nl vlag *sv* flagg(a) *da* flag; *sla: pl* flaga
ce vlajka *ru* флаг *bg* флаг. *min. 9/328*

flagellạtes *n pl* N Flagellaten *f pl*
<prim>. *rom: fr* flagellés *it* flagellati
es flagelados *ro* flagelate *pt* flagelados
ca flagellats; *ger: de* Flagellaten
en flagellates *nl* flagellaten *sv* flagellater
no flagellater *da* flagellater; *sla:*
sl flagelati. *min. 13/384*

flẹrten *c-* V poussieren
<prim>. *rom: fr* flirter *it* flirtare *es* flirtear
ro flirta *pt* flerte; *ger: de* flirten *en* flirt
nl flirten *sv* flörta; *sla: pl* flirtować

ce flirtovat *sk* flirtovať *ru* флиртовать
uk фліртувати *be* фліртаваць
bg флиртувам *hr* flertovati *sr* флертовати
mk флерт; *f-u:* *ma* flörtölni *su* flirttailla
et flirtima; *bal:* *lt* flirtuoti *lv* flirtēt; *n. g.:*
el φλερτάρω, *sh* flirtoj, *tr* flört etmek.
min. 27/599

flexibilité *f* Ⓝ Flexibilität *f*
gen: -téte <prim>. *rom:* *fr* flexibilité
it flessibilità *es* flexibilidad *ro* flexibilitate
pt flexibilidade *ca* flexibilitat; *ger:*
de Flexibilität *en* flexibility *nl* flexibiliteit
sv flexibilitet *no* fleksibilitet
da fleksibilitet; *sla:* *ce* flexibilita
sk flexibilita *sl* fleksibilnost
mk флексибилност; *n. g.:* *mt* flessibilità.
min. 17/401

flexión, inflexión *f* Ⓝ Flexion *f*
<prim>. *rom:* *fr* inflexion *it* inflessione
es inflexión *ro* inflexiune *pt* inflexão
ca inflexió; *ger:* *de* Flexion *en* inflection;
sla: *ru* флексия *uk* флексія *be* флексія
hr fleksija *sr* флексија *mk* флексија;
n. g.: *ek* inflexio, *mt* inflessjoni.
min. 16/470

floc *m* Ⓝ Flocke *f*
gen: flocke <prim>. *rom:* *fr* flocon
it fiocco *pt* floco; *ger:* *de* Flocke *en* flake
nl vlok *sv* flaga *no* flak *da* flage *is* flygsa;
sla: *ce* vločka *sk* vločka. *min. 12/333*

flora *f* Ⓝ Blume *f*
<prim>. *rom:* *fr* fleur *it* fiore *es* flor
ro floare *ca* flor; *ger:* *de* (Flora)
en flower; *sla:* *ru* (флористика)
bg флора; *n. g.:* *mt* fjura. *min. 10/424*

fluctuatión *f* Ⓝ Fluktuation *f*
[ts] gen: -one <prim>. *rom:* *fr* fluctuation
it fluttuazione *es* fluctuación *ro* fluctuație
pt flutuação *ca* fluctuació; *ger:*
de Fluktuation *en* fluctuation
sv fluktuationer; *sla:* *pl* fluktuacja

ru флуктуация *uk* флуктуація
be флуктуацыя *hr* fluktuacija
sr флуктуација *mk* флуктуација.
min. 16/518

flúid *m* Ⓝ Fluid *n*
<prim>. *rom:* *fr* fluide *it* fluido *es* fluido
pt fluido *ca* fluid; *ger:* *en* fluid; *sla:*
bg флуид; *n. g.:* *ek* fluido, *mt* fluwidu.
min. 9/241

flujen *c+* Ⓥ fließen (1)
<prim>. *rom:* *it* fluire *es* fluir *pt* fluir
ca fluir; *ger:* *de* fließen *en* flow
nl vloeien *sv* flyta *no* flyte *da* flyde
is flóta; *f-u:* *et* voolama. *min. 12/299*

fluss *m* Ⓝ Fluss (2) *m (das Fließen)*
<prim>. *rom:* *fr* fleuve *it* flusso *es* flujo
ro flux; *ger:* *de* Fluss *sv* flod *da* flod
is fljót; *f-u:* *et* voolus. *min. 9/285*

-fobia *f* Ⓝ -phobie *f*
<prim>. *rom:* *fr* -phobie *it* -fobia
es -fobia *ro* -fobia *pt* -fobia *ca* -fòbia;
ger: *de* -phobie *en* -phobia *nl* -fobie
sv -fobi *no* -fobi *da* -fobi *is* -fóbíu; *sla:*
pl -fobia *ce* -fobie *sk* -fóbie *ru* ◊фобия
uk -фобія *be* -фобія *bg* -фобия *hr* -fobija
sr -фобија *sl* -fobija *mk* -фобија; *f-u:*
ma -fóbia *su* -fobia *et* -foobia; *bal:*
lt -fobija *lv* -fobija; *gal:* *cy* -ffobia
ga -fóibe; *n. g.:* *el* -φοβία, *ek* -fobia,
mt -fobija, *sh* -fobia, *tr* -fobi. *min. 36/615*

foelen *c-* Ⓥ fühlen
<ang>. *ger:* *de* fühlen *en* feel *nl* voelen
da føle. *min. 4/178*

folgen *c-* Ⓥ folgen
<prim>. *ger:* *de* folgen *en* follow
nl volgen *sv* följa *no* følge *da* følge.
min. 6/193

fólia *f* ⃞N Folie *n*

<prim>. *rom:* *fr* feuille *it* foglio *es* folio
pt folha; *ger:* *de* Folie *en* foil *nl* foelie
sv folie; *sla:* *pl* folia *ce* fólie *sk* fólia
ru фолия *bg* фолио *hr* folija *sr* фолија;
f-u: *ma* fólia *su* folio *et* foolium; *bal:*
lt folija *lv* folija; *n. g.:* *el* φύλλον,
tr folyo. *min. 22/547*

fonétic ⃞A phonetisch *(Linguistik)*

adv: ~no <prim>. *rom:* *fr* phonétique
it fonetic◊ *es* fonético *ro* fonetic; *ger:*
de phonetisch *en* phonetic *da* fonetiske;
sla: *pl* fonetyczn◊ *ce* fonetick◊
ru фонетическ◊ *be* фанетычн◊
bg фонетичн◊; *f-u:* *su* foneettinen; *n. g.:*
mt fonetiku, *tr* fonetik. *min. 15/493*

fonologia *f* ⃞N Phonologie *f*

<prim>. *rom:* *fr* phonologie *it* fonologia
es fonología *ro* fonologie; *ger:*
de Phonologie *en* phonology *da* fonologi;
sla: *pl* fonologia(?) *ce* fonologie
ru фонология *be* фанетыка
bg фонология; *f-u:* *su* fonologia; *n. g.:*
tr fonoloji. *min. 14/493*

fonologic ⃞A phonologisch

adv: ~no <prim>. *rom:* *fr* phonologique
it fonologic◊ *es* fonológico *ro* fonologic◊;
ger: *de* phonologisch *en* phonological
da fonologiske; *sla:* *ru* фонологическ◊
be фонологическ◊ *bg* фонологичн◊; *f-u:*
su fonologisten; *n. g.:* *tr* fonolojik.
min. 12/443

fontana *f* ⃞N Fontäne *f*

<prim>. *rom:* *fr* fontaine *it* fontana
es fuente *ro* fântână *pt* fonte *ca* font; *ger:*
de Fontäne *en* fountain *nl* fontein *sv* fontän
no fontene; *sla:* *pl* fontanna *sk* fontána
ru фонтан *uk* фонтан *be* фантан
bg фонтан *hr* fontana *sr* фонтана
mk фонтана; *bal:* *lt* fontanas. *min. 21/561*

forcea *f* ⃞N Kraft (2) *f (Streit'~)*

gen: -ce <prim>. *rom:* *fr* force *it* forza
es fuerza *ro* forţă *pt* força *ca* força; *ger:*
en force; *n. g.:* *sh* forca. *min. 8/249*

forma *f* ⃞N Form *f*

<prim>. *rom:* *fr* forme *it* forma *es* forma
ro formă *ca* forma; *ger:* *de* form *en* form
nl form *sv* form *no* form *da* form; *sla:*
pl forma *ce* forma *ru* форма *be* форма
bg форма *hr* forma; *f-u:* *ma* forma; *n. g.:*
mt forma, *tr* form. *min. 20/543*

format *m* ⃞N Format *n*

<prim>. *rom:* *fr* format *it* formato
es formato *ro* format *pt* formato *ca* format;
ger: *de* Format *en* format *nl* formaat
sv format *no* format *da* format; *sla:*
pl format *ce* formát *sk* formát *ru* формат
uk формат *be* фармат *bg* формат
hr format *sr* формат *mk* формат; *f-u:*
ma formátum *et* formaat; *bal:* *lt* formatas
lv formāts; *gal:* *cy* fformat *ga* formáid;
n. g.: *ek* formatuan, *sh* format. *min. 30/592*

formatión (1) *f* ⃞N Formation (1) *f*
  (Darstellung)

[ts] gen: -one <prim>. *rom:* *fr* formation
it formazione *es* formación *ro* formare
ca formació; *ger:* *de* Formung
en formation; *sla:* *ce* formace
ru формирование *bg* формиране
hr formacija; *n. g.:* *mt* formazzjoni,
tr formasyon. *min. 13/443*

formatión (2) *f* GEOL ⃞N Formation (2) *f*

[ts] gen: -one <prim>. *rom:* *fr* formation
it formazione *es* formación *ro* formare
pt formação *ca* formació; *ger:*
de Formation *en* formation *sv* formation
no formasjon *da* formation; *sla:*
pl formacja *ce* formace *sk* formácie
bg формиране *hr* formacija *sr* формација
mk формирање; *bal:* *lt* formavimas; *gal:*

ga foirmiú; _n. g._: _mt_ formazzjoni,
_sh_ formacion. _min. 22/445_

forméren _c-_ Ⓥ formen
<prim>. _rom:_ _fr_ former _it_ formare
_es_ formar _ro_ forma _ca_ formar; _ger:_
_de_ formieren _en_ form _da_ forme; _sla:_
_pl_ formować _ce_ formovat _ru_ формировать
_be_ формаваць _bg_ формирам; _n. g._:
_mt_ forma, _tr_ formlamak. _min. 15/492_

formuléren _c-_ Ⓥ formulieren
<prim>. _rom:_ _fr_ formuler _it_ formulare
_es_ formular _ro_ formula _ca_ formular; _ger:_
_de_ formulieren _en_ formulate _da_ formulere;
sla: _pl_ formułować _ce_ formulovat
_ru_ формулировать _be_ фармуляваць
_bg_ формулирам _hr_ formulirati; _n. g._:
_mt_ -formula. _min. 15/491_

forn _m_ Ⓝ Ofen _m_
<prim>. _rom:_ _fr_ four _it_ forn _es_ horno
_ca_ forn; _sla:_ _bg_ фурна; _n. g._:
_el_ φούρνος, _mt_ forn, _sh_ forë, _tr_ fırın.
min. 9/186

fortęllen _c-_ Ⓥ erzählen
<ang>. _ger:_ _de_ erzählen, verzählen {reg}
_en_ tell _nl_ vertellen _sv_ tala _no_ fortelle
_da_ fortælle. _min. 6/193_

fortificatión _f_ MIL Ⓝ Fortifikation _f_; Fort
_n_
[ts] gen: -one <prim>. _rom:_ _fr_ fortification
_it_ fortificazione _es_ fortificación
_ro_ fortificaţie _pt_ fortificação _ca_ fortificació;
ger: _de_ Fortifikation _en_ fortification; _sla:_
_pl_ fortyfikacja _mk_ фортификација; _n. g._:
_mt_ fortifikazzjoni, _sh_ fortifikim.
min. 12/386

fórum _n_ IT Ⓝ Forum _n_
<prim>. _rom:_ _fr_ forum _it_ foro _es_ foro
_ro_ for _pt_ fórum _ca_ fòrum; _ger:_ _de_ Forum
_en_ forum _nl_ forum _sv_ forum _no_ forum
_da_ forum; _sla:_ _pl_ forum _ce_ forum

_sk_ forum _ru_ форум _uk_ форум _be_ форум
_bg_ форум _hr_ forum _sr_ форум _sl_ forum
_mk_ форум; _f-u:_ _ma_ fórum _su_ foorumi
_et_ foorum; _bal:_ _lt_ forumas _lv_ forums;
gal: _cy_ fforwm _ga_ fóram; _n. g._:
_el_ φόρουμ, _ek_ forum, _mt_ forum, _sh_ forum,
_tr_ forum. _min. 35/615_

fọsfor _m_ Ⓝ Phosphor _n_
<prim>. _rom:_ _fr_ phosphore _it_ fosforo
_es_ fósforo _ro_ fosfor _pt_ fósforo _ca_ fòsfor;
ger: _de_ Phosphor _en_ phosphorus _nl_ fosfor
_sv_ fosfor _no_ fosfor _da_ fosfor _is_ fosfór;
sla: _pl_ fosfor _ce_ fosfor _sk_ fosfor
_ru_ фосфор _uk_ фосфор _be_ фосфар
_bg_ фосфор _hr_ fosfor _sr_ фосфор _sl_ fosfor
_mk_ фосфор; _f-u:_ _ma_ foszfor _su_ fosfori
_et_ fosfor; _bal:_ _lt_ fosforas _lv_ fosfors; _gal:_
_cy_ ffosfforws _ga_ fosfar; _n. g._:
_el_ φώσφορος, _ek_ fosforo, _mt_ fosfru,
_sh_ fosfor, _tr_ fosfor. _min. 36/615_

fossíl _m_ Ⓝ Fossil _n_
<prim>. _rom:_ _fr_ fossile _it_ fossile _es_ fósil
_ro_ fosil _pt_ fóssil _ca_ fòssil; _ger:_ _de_ Fossil
_en_ fossil _nl_ fossiel _sv_ fossila _no_ fossil
_da_ fossil; _sla:_ _ce_ fosilní _sk_ fosílne
_bg_ фосил _hr_ fosil _sr_ фосил _mk_ фосилни;
_f-u:_ _su_ fossiili _et_ fossiilsete; _bal:_
_lv_ fosilija; _gal:_ _cy_ ffosil; _n. g._: _ek_ fosilak,
_mt_ fossili, _sh_ fosili, _tr_ fosil. _min. 26/436_

fotografía _f_ Ⓝ Fotografie _f_
<prim>. _rom:_ _fr_ photographie _it_ fotografia
_es_ fotografía _ro_ fotografie _pt_ fotografia
_ca_ fotografia; _ger:_ _de_ Photographie
_en_ photography _nl_ fotografie _sv_ fotografi
_no_ fotografi _da_ fotografi; _sla:_
_pl_ fotografia _ce_ fotografování
_sk_ fotografovanie _ru_ фото(съемка)
_uk_ фото(зйомка) _be_ фота(здымка)
_bg_ фотография _hr_ fotografiranje
_sr_ фотографисање _sl_ fotografija
_mk_ фотографија; _f-u:_ _et_ fotograafia; _bal:_
_lt_ fotografija _lv_ fotografēšana; _gal:_

cy ffotograffiaeth; *n. g.: el* φωτογραφία,
mt fotografija, *sh* fotografi, *tr* fotoğrafçılık.
min. 31/597

fractųra *f* MED N Fraktur *f*
<prim>. *rom: fr* fracture *it* frattura
es fractura *ro* fractură *pt* fraturar
ca fractura; *ger: de* Fraktur *en* fracture
sv fraktur; *sla: bg* фрактура
mk фрактура; *n. g.: mt* frattura.
min. 12/366

fragmęnt *n* N Fragment *n*
<prim>. *rom: fr* fragment *it* frammento
es fragmento *ro* fragment *pt* fragmento
ca fragment; *ger: de* Fragment
en fragment *nl* fragment *sv* fragment
no fragment *da* fragment; *sla: pl* fragment
ce fragment *sk* fragment *ru* фрагмент
uk фрагмент *be* фрагмент *bg* фрагмент
hr fragment *sr* фрагмент *sl* fragment
mk фрагмент; *f-u: et* fragment; *bal:*
lt fragmentas *lv* fragments; *n. g.:*
ek fragment, *mt* framment, *sh* fragment,
tr fragman. *min. 30/586*

Frañçae N Französisch *(,~e Sprache)*
<ethno>. *rom: fr* français.

frañçae (1) *m* N Franzose *m*
<ethno>. *rom: fr* Français.

frañçae (2) A französisch
<ethno>. *rom: fr* français.

frañçaese *f* N Französin *f*
<ethno>. *rom: fr* Française.

Frañçe, La ~ *f* N Frankreich *n*
<ethno>. *rom: fr* France.

fraternisán sé V fraternisieren
<prim>. *rom: fr* fraterniser *it* fraternizzare
es fraternizar *pt* fraternizar *ca* fraternitzar;
ger: de Fraternisieren *en* fraternize
da fraternisere; *sla: pl* bratać się *ce* bratřit
se *sk* bratřit sa *ru* брататься *uk* брататися

be брататца *hr* bratimiti se *sr* братимити
ce; *f-u: ma* (barátkozni). *min. 17/522*

frąud(é) *m(f)* JUR N Betrug *m*
<ang>. *rom: fr* fraude *it* frode *es* fraude
ro fraudă *pt* fraude *ca* frau; *ger: en* fraud;
n. g.: mt frodi. *min. 8/249*

frequęncea *f* TECH N Frequenz *f*
[tsa], gen: -ce <prim>. *rom: fr* fréquence
it frequenza *es* frecuencia *ro* frecvență
pt freqüência *ca* freqüència; *ger:*
de Frequenz *en* frequency *nl* frequentie
sv frekvens *no* frekvens *da* frekvens; *sla:*
ce frekvence *sk* frekvencie *hr* frekvencija
sr фреквенција *mk* фреквенција; *f-u:*
ma frekvencia; *n. g.: mt* frekwenza,
sh frekuencë, *tr* frekans. *min. 21/428*

fréquęnto adv häufig; oft
<ang>. *rom: fr* fréquemment
it frequentamente *es* frecuentemente
ro frecvent *ca* freqüentamante; *ger:*
de (Frequenz) *en* frequently. *min. 7/334*

frętt(ek) *m* N Frettchen *n*
pl. frett(k)es <prim>. *rom: fr* furet
it furetto *es* hurón *pt* furão *ca* fura; *ger:*
de Frettchen *en* ferret *nl* fret; *sla:*
pl fretka *ce* fretka *sk* fretka; *f-u: su* fretit;
bal: lv frets; *gal: cy* ffured *ga* ferret;
n. g.: ek ferret. *min. 16/408*

frisęr *m* N Coiffeur *m*
<prim>. *rom: fr* (friseur); *ger: de* Friseur
no frisør *da* frisør; *sla: pl* fryzjer
bg фризьор *hr* frizer *sr* фризер *sl* frizer
mk фризер; *bal: lv* frizieris. *min. 11/236*

front *m* MIL N Front *f*
<prim>. *rom: es* frente *pt* frente *ca* front;
ger: de Front *en* front *nl* front *sv* front;
sla: pl front *ru* фронт *uk* фронт *be* фронт
bg фронт; *f-u: ma* front; *n. g.: sh* front.
min. 14/411

fruct *m* N Frucht *f*

<prim>. *rom:* *fr* fruit *it* frutta *es* fruta *ro* fruct *pt* fruto *ca* fruita; *ger:* *de* Frucht *en* fruit *sv* frukt *no* frukt *da* frugt; *sla:* *ru* фрукт *uk* фрукт; *n. g.:* *el* φρούτο, *ek* fruta, *mt* frott, *sh* fruta. *min. 17/476*

fructosa *f* N Fruktose *f*

<prim>. *rom:* *fr* fructose *it* fruttosio *es* fructosa *ro* fructoză *pt* frutose *ca* fructosa; *ger:* *de* Fruktose *en* fructose *nl* fructose *sv* fruktos *no* fruktose *da* fruktose *is* frúktósa; *sla:* *pl* fruktoza *ce* fruktóza *sk* fruktóza *ru* фруктоза *uk* фруктоза *be* фруктоза *bg* фрухтоза *hr* fruktoza *sr* фруктоза *sl* fruktoza *mk* фруктоза; *f-u:* *ma* fruktóz *su* fruktoosi *et* fruktoos; *bal:* *lt* fruktozè *lv* fruktoze; *gal:* *cy* ffrwctos *ga* fruchtós; *n. g.:* *el* φρουκτόζη, *ek* fruktosa, *sh* fruktoza, *tr* fruktoz. *min. 35/615*

frustratión *f* N Frustration *f*

[ts] gen: -one <prim>. *rom:* *fr* frustration *it* frustrazione *es* frustración *ro* frustrare *pt* frustração *ca* frustració; *ger:* *de* Frustration *en* frustration *nl* frustratie *sv* frustration *no* frustrasjon *da* frustration; *sla:* *ce* frustrace *sk* frustrácie *hr* frustracija *sr* фрустрација *sl* frustracija *mk* фрустрација; *f-u:* *et* frustratsioon; *gal:* *ga* frustrachas; *n. g.:* *ek* frustrazioa, *mt* frustrazzjoni. *min. 22/416*

fúer *m* N Feuer *n*

<prim>. *rom:* *fr* feu *es* fuego *ca* foc; *ger:* *de* Feuer *en* fire *nl* vuur *sv* fyr *no* fyr *da* fyr; *n. g.:* *el* πύρος. *min. 10/314*

functión *f* N Funktion *f*

[ts] gen: -one <prim>. *rom:* *fr* fonction *it* funzione *es* función *ro* funcție *pt* função *ca* funció; *ger:* *de* Funktion *en* function *nl* functie *sv* funktion *no* funksjon *da* funktion; *sla:* *pl* funkcja *ce* funkce

sk funkcie *ru* функция *uk* функція *be* функцыя *bg* функция *hr* funkcija *sr* функција *sl* funkcija *mk* функција; *f-u:* *ma* funkció *et* funktsioon; *bal:* *lt* funkcija *lv* funkcija; *n. g.:* *ek* funtzioa, *mt* funzjoni, *sh* funksion, *tr* fonksiyon. *min. 31/598*

fund *ppp* <↑*finden:* A gefunden *ppp* < ^*finden*

<ang>. *ger:* *de* gefunden *en* found *nl* gevunden *lb* fonnt *sv* funnit *no* funnet *da* fundet *is* fundi◊ *fo* funni◊. *min. 9/194*

fundator *m* N Gründer *m*

gen: -tore <ang>. *rom:* *fr* fondeur *it* fondatore *es* fundador *ro* fondator *ca* fundador; *ger:* *en* foundator; *n. g.:* *mt* fundatur. *min. 7/239*

fúria *f* N Furie *f*

<prim>. *rom:* *fr* furie *it* furia *es* furia *ro* furie *pt* fúria *ca* fúria; *ger:* *de* Furie *en* fury; *sla:* *pl* furia *bg* фурия *mk* фурија. *min. 11/396*

furnír *m* N Furnier *n*

<prim>. *rom:* *ro* furnir; *ger:* *de* Furnier; *sla:* *pl* fornir *bg* фурнировам *hr* furnir *sr* фурнир *sl* furnir; *f-u:* *ma* furnér; *bal:* *lt* fanera *lv* finieris. *min. 10/196*

futur *m* N Zukunft *f*; Futur *n*

<prim>. *rom:* *fr* future *it* futuro *es* futuro *ro* viitor *ca* futur; *ger:* *de* Futur *en* future; *n. g.:* *mt* futur. *min. 8/334*

fysic A physisch

adv: ~no <prim>. *rom:* *fr* physique *it* fisic◊ *es* físic◊ *ro* fizic; *ger:* *de* physisch *en* physical *da* fysisk; *sla:* *pl* fizyczn◊ *ce* fyzick◊ *ru* физическ◊ *be* фізічн◊ *bg* физическ◊; *f-u:* *su* fyysisesti; *n. g.:* *mt* fiżik, *tr* fizik. *min. 15/493*

fysica *f* N Physik *f*

gen: -ce [ts] <prim>. *rom:* *fr* physique
it fisica *es* física *ro* fizică *pt* física
ca física; *ger:* *de* Physik *en* physics
nl fysica *sv* fysik *no* fysikk *da* fysik; *sla:*
pl fizyka *ce* fyzika *sk* fyzika *ru* физика
uk фізика *be* фізіка *bg* физика *hr* fizika
sr физика *sl* fizika *mk* физика; *f-u:*
ma fizika *su* fysiikka *et* füüsika; *bal:*
lt fizika *lv* fizika; *gal:* *cy* ffiseg *ga* fisic;
n. g.: *el* φυσική, *ek* fisika, *mt* fiżika,
sh fizikë, *tr* fizik. *min. 35/615*

fysiologja *f* N Physiologie *f*

<prim>. *rom:* *fr* physiologie *it* fisiologia
es fisiología *ro* fiziologie *pt* fisiologia
ca fisiologia; *ger:* *de* Physiologie
en physiology *nl* fysiologie *sv* fysiologi
no fysiologi *da* fysiologi; *sla:*
pl fizjologia *ce* fyziologie *sk* fyziológie
ru физиология *uk* фізіологія
be фізіялогія *bg* физиология *hr* fiziologija
sr физиологија *sl* fiziologija
mk физиологија; *f-u:* *ma* élettani
su fysiologia *et* füsioloogia; *bal:*
lt fiziologija *lv* fizioloģija; *gal:*
cy ffisioleg *ga* fiseolaíocht; *n. g.:*
el φυσιολογία, *ek* fisiologia, *mt* fiżjoloġija,
sh fiziologji, *tr* fizyoloji. *min. 35/615*

fysiotherapja *f* N Physiotherapie *f*

<prim>. *rom:* *fr* physiothérapie
it fisioterapia *es* fisioterapia *ro* fizioterapie
pt fisioterapia *ca* fisioteràpia; *ger:*
de Physiotherapie *en* physiotherapy
nl fysiotherapie *sv* sjukgymnastik
no fysioterapi *da* fysioterapi; *sla:*
pl fizjoterapia *ce* fyzioterapie
sk fyzioterapia *ru* физиотерапия
uk фізіотерапія *be* фізіятэрапія
bg физиотерапия *hr* fizioterapija
sr физиотерапија *sl* fizioterapija
mk физиотерапија; *f-u:* *ma* fizioterápiás
su fysioterapia *et* füsioteraapia; *bal:*
lt fizioterapija *lv* fizioterapija; *gal:*

cy ffisiotherapi *ga* fisiteiripe; *n. g.:*
el φυσιοθεραπεία, *ek* fisioterapian,
mt fiżjoterapija, *sh* fizioterapi,
tr fizyoterapi. *min. 35/615*

Gądligh N Gälisch: Schottisch-~ *(,~e
Sprache)*
<ethno>. *n. g.:*.

Gąélec N Gälisch
<ethno>. *n. g.:*.

Gaeljge *m* N Irisch (1) *(,~e Sprache)*;
Gälisch (1) *(,~e Sprache)*
<ethno>. *gal:* *ga* Gaeilge.

gáos *m* N Gans *f*

<prim>. *rom:* *es* ganso *ro* gâscă *pt* ganso;
ger: *de* Gans *en* goose *nl* gans *fs* goes
sv gås *no* gås *da* gås *is* gæs *fo* gás; *sla:*
pl gęś *ce* husa *sk* hus *sb* huso *ru* гусь
uk гусь *bg* гъска *hr* guska *sr* гуска *sl* gos;
bal: *lt* žąsis *lv* zoss; *gal:* *br* gwaz *ga* gé;
n. g.: *ek* antzara, *sh* gatë, *tr* kaz.
min. 29/454

garájh *m* N Garage *f*

<prim>. *rom:* *fr* garage *es* garaje *ro* garaj
pt garagem; *ger:* *de* Garage *en* garage
nl garage *no* garasje; *sla:* *pl* garaż
ce garáž *sk* garáž *ru* гараж *uk* гараж
be гараж *bg* гараж *hr* garaža *sr* гаража
sl garaža *mk* гаража; *f-u:* *ma* garázs;
bal: *lt* garažas *lv* garāža; *gal:* *cy* garej
ga garáiste; *n. g.:* *el* γκαράζ, *sh* garazh,
tr garaj. *min. 27/540*

garantja *f* N Garantie *f*

<prim>. *rom:* *fr* garantie *it* garanzia
es garantía *ro* Garanţie *pt* garantia
ca garantia; *ger:* *de* Garantie *en* warranty
nl garantie *sv* Garanti *no* garanti
da Garanti; *sla:* *pl* gwarancja *sk* záruka
ru гарантия *uk* гарантія *be* гарантыя
bg гаранция *hr* garancija *sr* гаранција
sl garancija *mk* гаранција; *f-u:*

ma szavatosság *et* garantii; *bal:*
lt garantija *lv* garantija; *gal:* *cy* gwarant
ga bharántas; *n. g.:* *mt* garanzija,
sh garanci, *tr* garanti. *min. 31/587*

garden *n* N Garten *m*

<prim>. *rom:* *fr* jardin *it* giardino
es jardín *ro* grădină *pt* jardim *ca* jardí;
ger: *de* Garten *en* garden; *sla:* *pl* ogród
ce (za)hrada *ru* огород *bg* градина; *f-u:*
ma kert; *gal:* *ga* gairdín *gv* garey; *n. g.:*
sh (gardh). *min. 16/496*

garderóbé *f* N Garderobe *f*
<prim>. *rom:* *fr* garde-robe
es guardarropa *pt* guarda-roupa; *ger:*
de Garderobe *en* wardrobe *sv* garderoben
no garderob; *sla:* *ru* гардероб
uk гардероб *be* гардэроб *bg* гарддероб
hr garderoba *sr* гардероб *sl* garderobo
mk гардероба; *n. g.:* *tr* gardırop.
min. 16/426

gastronomia *f* N Gastronomie *f*
<prim>. *rom:* *fr* gastronomie
it gastronomia *es* gastronomía
ro gastronomie *pt* gastronomia
ca gastronomia; *ger:* *de* Gastronomie
en gastronomy *nl* gastronomie
sv gastronomi *no* gastronomi
da gastronomi; *sla:* *pl* gastronomia
ce gastronomie *sk* gastronómia
ru гастрономия *uk* гастрономія
be гастраномія *bg* гастрономия
hr gastronomija *sr* угоститељство
sl gastronomija *mk* гастрономија; *f-u:*
su gastronomia *et* gastronoomia; *bal:*
lv gastronomija; *gal:* *cy* gastronomeg
ga gastranómachais; *n. g.:* *el* γαστρονομία,
ek gastronomia, *mt* gastronomija,
sh gastronomia, *tr* gastronomi. *min. 33/600*

gaté *f* N Gasse *f*; Zwischenraum *m*
(lang und schmal)
<prim>. *ger:* *de* Gasse *en* (gate) *lb* Gaass
sv gata *no* gate *da* gate *is* gata; *f-u:*
ma köz *su* katu; *bal:* *lt* gatvė. *min. 10/193*

gazélla *f* N Gazelle *f*
<prim>. *rom:* *fr* gazelle *it* gazzella
es gacela *ro* gazelă *pt* gazela *ca* gasela;
ger: *de* Gazelle *en* gazelle *nl* gazelle
sv gasell *no* gazelle *da* gazelle; *sla:*
pl gazela *ce* gazela *sk* gazela *ru* газель
uk газель *be* газэль *bg* газела *hr* gazela
sr газела *sl* gazela *mk* газела; *f-u:*
ma gazella *su* gaselli *et* gasell; *bal:*
lt gazelė *lv* gazele; *gal:* *cy* gazelle
ga gazelle; *n. g.:* *ek* gazela, *mt* għażżiela,
sh gazelë, *tr* ceylân. *min. 34/603*

gél A gelb
<prim>. *rom:* *it* giall◊ *ro* galben *ca* groc;
ger: *de* gelb *en* yellow *nl* geel *sv* gul
da gul *is* gul◊; *sla:* *pl* żołt◊ *ce* żlut◊
ru жёлт◊ *be* жоўт◊ *bg* жълт◊ *hr* żut◊
sr жут◊; *f-u:* *su* keltainen *et* kollan; *bal:*
lv dzelten◊. *min. 19/432*

gemzé *f* N Gämse *f*
<prim>. *rom:* *it* camoscio *es* gamuza
pt camurça *ca* camussa; *ger:* *de* Gämse
en chamois *nl* gems *sv* gems; *sla:*
ce kamzík *sk* kamzík *sl* gams; *f-u:*
su säämiskä *et* seemisnahk; *bal:* *lt* gemzė
lv ġemze; *n. g.:* *el* σαμουά, *mt* kamoxxa.
min. 17/329

gén *m* N Gen *n*
<prim>. *rom:* *fr* gène *it* gene *es* gen
ro genă *pt* gene *ca* gen; *ger:* *de* Gen
en gene *nl* gen; *sla:* *pl* gen *ce* gen *sk* gen
ru ген *uk* ген *be* ген *bg* ген *sr* ген
mk ген; *f-u:* *ma* gén *su* geeni *et* geen;
bal: *lt* genas *lv* gēns; *n. g.:* *el* γονίδιο,
sh gjen, *tr* gen. *min. 26/589*

143

génerạl $\boxed{A}$ allgemein; generell
<prim>. _rom:_ *fr* général *it* generale
ro general *ca* general; _ger:_ *de* generell
en general *da* generelle; _sla:_
ru генеральн◊ *bg* генералн◊ *hr* generaln◊;
_n. g.:_ *mt* ġenerali. *min.* 11/391

géneratiọn *f* $\boxed{N}$ Generation *f*
[ts] gen: -ọne <prim>. _rom:_ *fr* génération
it generazione *es* generación *ro* generaţie
pt geração *ca* generació; _ger:_
de Generation *en* generation *nl* generatie
sv generationen *no* generasjon
da generation; _sla:_ *ce* generace
sk generácie *bg* генерация *hr* generacija
sr генерација *sl* generacija *mk* генерација;
_f-u:_ *ma* generáció; _n. g.:_ *mt* ġenerazzjoni.
min. 21/435

génerạtor *m* $\boxed{N}$ Generator *m*
gen: -tọre <prim>. _rom:_ *fr* générateur
it generatore *es* generador *ro* generator
pt gerador *ca* generador; _ger:_
de Generator *en* generator *nl* generator
sv generator *no* generator *da* generator;
sla: *pl* generator *ce* generátor *sk* generátor
ru генератор *uk* генератор *be* генератар
bg генератор *hr* generator *sr* генератор
sl generator *mk* генератор; _f-u:_
ma generátor *su* generaattori *et* generaator;
bal: *lt* generatorius *lv* ġenerators; _gal:_
cy generadur *ga* gineadóir; _n. g.:_
mt ġeneratur, *sh* gjenerator, *tr* jeneratör.
min. 33/601

génerẹren *c-* $\boxed{V}$ generieren
<prim>. _rom:_ *fr* générer *it* generare
es generar *ro* genera *pt* gerar *ca* generar;
ger: *de* generieren *en* generate *sv* generera
no generere *da* generere; _sla:_
ce generovat *sk* generovať *bg* генерирам
hr generirati *sr* генерисати
mk генерираат; _f-u:_ *ma* generálni; _bal:_
lt generuoti. *min.* 19/416

géniạlno $\boxed{adv}$ genial
<prim>. _rom:_ *fr* ingénieusement
it ingegnosamente *es* ingeniosamente
pt engenhosamente *ca* enginyosament;
ger: *de* genial *en* ingeniously *nl* ingenieus
sv genialt *no* genialt; _sla:_ *bg* гениалн◊
hr genijalno *sr* генијално *mk* ингениозно;
_f-u:_ *ma* zseniálisan. *min.* 15/395

génitịv *m* $\boxed{N}$ Genitiv *m*
<prim>. _rom:_ *fr* génitif *it* genitivo
es genitivo *ro* genitiv *ca* genitiu; _ger:_
de Genitiv *en* genitive *da* genitiv; _sla:_
ce genitiv *hr* genitiv; _f-u:_ *su* genetiivi.
min. 11/356

génius *m* $\boxed{N}$ Genie *n*
gen: -nie <prim>. _rom:_ *fr* génie *it* genio
es genio *ro* geniu *pt* gênio *ca* geni; _ger:_
de Genie *en* genius *nl* genie *sv* geni
no geni *da* geni; _sla:_ *pl* geniusz *ce* génius
sk génius *ru* гений *uk* геній *be* геній
bg гений *hr* genije *sr* гeнијe *sl* genij
mk гениј; _f-u:_ *ma* zseni *et* geenius; _bal:_
lt genijus *lv* ġēnijs; _n. g.:_ *ek* jenio,
mt ġenju, *sh* gjeni. *min.* 30/593

génus *m* $\boxed{N}$ Genus *n*
gen: -nere <prim>. _rom:_ *fr* genre
it genere *es* género *ro* gen *pt* gênero
ca gènere; _ger:_ *de* Genus *en* genus
sv genus *no* genus *da* genus; _bal:_ *lt* gentis
lv ġints; _gal:_ *cy* genws *ga* ghéineas;
_n. g.:_ *el* γένος, *ek* generoko, *mt* ġeneru,
tr cins. *min.* 19/386

geografịa *f* $\boxed{N}$ Geographie *f*
<prim>. _rom:_ *fr* géographie *it* geografia
es geografía *ro* geografie *pt* geografia
ca geografia; _ger:_ *de* Geographie
en geography *sv* geografi *no* geografi
da geografi; _sla:_ *pl* geografia *ce* geografie
sk geografia *ru* география *uk* геоrрафія
be геаграфія *bg* география *sr* геоrрафија
sl geografija *mk* геоrрафија; _f-u:_

et geograafia; _bal:_ *lt* geografija
lv ġeogrāfija; _n. g.:_ *el* γεωγραφία,
ek geografia, *mt* ġeografija, *sh* gjeografi,
tr coğrafya. *min. 29/574*

géogṛafic [A] geografisch
adv: -áficno <prim>. _rom:_
fr géographique *it* geografic◊ *es* geográfic◊
ro geografic *ca* geogràfic◊; _ger:_
de geografisch *en* geographic
da geografisk; _sla:_ *pl* geograficzn◊
ce geografick◊ *ru* географическ◊
be геаграфічн◊ *bg* географск◊
hr geografsk◊; _n. g.:_ *mt* ġeografik,
tr coğrafi. *min. 16/496*

geologịa *f* [N] Geologie *f*
<prim>. _rom:_ *fr* géologie *it* geologia
es geología *ro* geologie *pt* geologia
ca geologia; _ger:_ *de* Geologie *en* geology
nl geologie *sv* geologi *no* geologi
da geologi; _sla:_ *pl* geologia *ce* geologie
sk geológie *ru* геология *uk* геологія
be геалогія *bg* геология *hr* geologija
sr геологија *sl* geologija *mk* геологија;
_f-u:_ *ma* geológia *su* geologia *et* geoloogia;
bal: *lt* geologija *lv* ġeoloġija; _gal:_
ga geolaíocht; _n. g.:_ *el* γεωλογία,
ek geologia, *mt* ġeoloġija, *sh* gjeologji.
min. 33/610

geometrịa *f* [N] Geometrie *f*
<prim>. _rom:_ *fr* géométrie *it* geometria
es geometría *ro* geometrie *pt* geometria
ca geometria; _ger:_ *de* Geometrie
en geometry *nl* geometrie *sv* geometri
da geometri; _sla:_ *pl* geometria
ce geometrie *sk* geometria *ru* геометрия
uk геометрія *be* геаметрыя *bg* геометрия
hr geometrija *sr* геометрија *sl* geometrija
mk геометрија; _f-u:_ *ma* geometria
su geometria *et* geomeetria; _bal:_
lt geometrija *lv* ġeometrija; _gal:_
cy geometreg; _n. g.:_ *el* γεωμετρία,

ek geometria, *mt* ġeometrija, *sh* gjeometri,
tr geometri. *min. 33/610*

gépạrd *m* [N] Gepard *m*
<prim>. *comun* ± gepard / гепард; _rom:_
fr, it, es, ro, pt, ca; _ger:_ *de, en, nl, sv, no,
da;* _sla:_ *pl, ce, sk, ru, uk, be, hr, sr, sl, mk;*
_f-u:_ *ma, et;* _bal:_ *lt, lv;* _gal:_ *cy, ga;*
_n. g.:_ *el, ek, mt, sh, tr. min. 33/600*

germạnic [A] germanisch
<prim>. _rom:_ *fr* germanique *it* germanic◊
es germanic◊ *ro* germanic *ca* germànic◊;
ger: *de* germanisch *en* germanic
da germanske; _sla:_ *pl* germańsk◊
ce germánsk◊ *ru* германск◊ *be* германск◊
bg германск◊ *hr* germansk◊; _f-u:_
su germaaninen; _n. g.:_ *mt* ġermaniċi,
tr germanik. *min. 17/501*

gést *m* [N] Geste *f*; Gestus *m*
<prim>. _rom:_ *fr* geste *it* gesto *es* gesto
ro gest *pt* gesto *ca* gest; _ger:_ *de* Geste
en gesture *sv* gest *no* gest *da* gestus; _sla:_
pl gest *ce* gesto *sk* gesto *ru* жест *uk* жест
be жэст *bg* жест *hr* gest *sr* гест *sl* gesta
mk гест; _f-u:_ *ma* gesztus *et* žest; _bal:_
lt gestas *lv* žests; _gal:_ *ga* gotha; _n. g.:_
mt ġest, *sh* gjest, *tr* jest. *min. 30/577*

gjelatịna *f* [N] Gelatine *f*
<prim>. _rom:_ *fr* gélatine *it* gelatina
es gelatina *ro* gelatină *pt* gelatina
ca gelatina; _ger:_ *de* Gelatine *en* gelatin
nl gelatine *da* gelatine; _sla:_ *pl* želatyna
ce želatina *sk* želatína *ru* желатин
uk желатин *be* жэлацін *bg* желатин
hr želatin *sr* желатин *sl* želatina
mk желатин; _f-u:_ *ma* zselatin *su* gelatiini
et želatiin; _bal:_ *lt* želatina *lv* želatīns;
gal: *ga* geilitín; _n. g.:_ *el* ζελατίνη,
ek gelatina, *mt* ġelatina, *sh* xhelatinë,
tr jelâtin. *min. 32/600*

gjęngvér *m* $\boxed{\text{N}}$ Ingwer *m*

\<prim\>. *rom:* *fr* gingembre *it* zenzero
es jengibre *ro* ghimbir *pt* gengibre
ca gingebre; *ger:* *de* Ingwer(t) *en* ginger
nl gember *sv* ingefära *da* ingefær
is engifer; *sla:* *pl* imbir *sk* ďumbier
ru имбирь *be* імбір *bg* джинджифил
hr ďumbir *sl* ingver; *f-u:* *ma* gyömbér
su inkivääri *et* ingver; *bal:* *lt* imbieras
lv ingvers; *gal:* *cy* sinsir *ga* sinséar;
n. g.: *el* ζιγγίβερι, *ek* jengibrea, *mt* ġinġer,
sh xhenxhefil, *tr* zencefil. *min. 31/570*

gjep *m* $\boxed{\text{N}}$ Tasche (2) *f*

\<prim\>. *sla:* *bg* джоб *hr* džep *sr* джеп
sl žep *mk* цеб; *f-u:* *ma* zseb; *n. g.:*
el τσέπη, *sh* xhep, *tr* cep. *min. 9/55*

gjęru *n* $\boxed{\text{N}}$ Kranich *m*

gen: gjęrve \<prim\>. *rom:* *fr* grue *it* gru
es grulla *pt* grou *ca* grua; *sla:* *pl* żuraw
ce jeřáb *sk* žeriav *ru* журавль *hr* ždral
sr ждрал *sl* žerjav; *f-u:* *ma* daru; *bal:*
lv dzērve; *n. g.:* *el* γερανός. *min. 15/344*

gjirąffa *f* $\boxed{\text{N}}$ Giraffe *f*

\<prim\>. *rom:* *fr* girafe *it* giraffa *es* jirafa
ro girafă *pt* girafa *ca* girafa; *ger:*
de Giraffe *en* giraffe *nl* giraffe *sv* giraff
no giraffe *da* giraf *is* gíraffi; *sla:*
pl żyrafa *ce* žirafa *sk* žirafa *ru* жирафа
uk жирафа *be* жыраф *bg* жираф *hr* žirafa
sr жирафа *sl* žirafa *mk* жирафа; *f-u:*
ma zsiráf *su* kirahvi; *bal:* *lt* žirafa
lv žirafe; *gal:* *cy* jiraff *ga* sioráf; *n. g.:*
ek jirafa, *mt* giraffe, *sh* gjirafë, *tr* zürafa.
min. 34/602

glaciąr *m* $\boxed{\text{N}}$ Gletscher *m*

\<prim\>. *rom:* *fr* glacier *it* ghiacciaio
es glaciar *ca* glacera; *ger:* *de* Gletscher
en glacier *nl* gletsjer *sv* glaciär; *sla:*
bg глетчър *hr* glečer *sr* глечер *mk* глечер;
f-u: *ma* gleccser; *n. g.:* *mt* glaċieri.
min. 14/380

gladiątor *m* $\boxed{\text{N}}$ Gladiator *m*

gen: -tǫre \<prim\>. *rom:* *fr* gladiateur
it gladiatore *es* gladiador *ro* gladiator
pt gladiador *ca* gladiador; *ger:*
de Gladiator *en* gladiator *nl* gladiator
sv gladiator *no* gladiator *da* gladiator; *sla:*
pl gladiator *ce* gladiátor *sk* gladiátor
ru гладиатор *uk* гладіатор *be* гладыятар
bg гладиатор *hr* gladijator *sr* гладијатор
sl gladiator *mk* гладијатор; *f-u:*
ma gladiátor *su* gladiaattori *et* gladiaator;
bal: *lt* gladiatorius *lv* gladiators; *n. g.:*
sh gladiator, *tr* gladiyatör. *min. 30/601*

gladiǫl *m* $\boxed{\text{N}}$ Gladiole *f*

\<prim\>. *rom:* *fr* glaïeul *it* gladiolo
es gladiolo *ro* gladiolus *pt* gladíolo
ca gladiol; *ger:* *de* Gladiole *en* gladiolus
sv gladiolus *no* gladiolus *da* gladiolus;
sla: *sk* gladioly *ru* гладиолус
uk гладіолус *be* гладыёлус *bg* гладиола
hr gladiola *sr* гладиола *sl* gladiole
mk gladiolus; *f-u:* *su* gladiolus *et* gladiool;
bal: *lv* gladiola; *n. g.:* *el* γλαδιόλα,
sh gladiolë, *tr* glayöl. *min. 26/528*

glás *m* $\boxed{\text{N}}$ Glas *n*

\<prim\>. *rom:* *fr* (verglas); *ger:* *de* Glas
en glass *nl* glas *sv* glas *no* glass *da* glas;
f-u: *su* lasi *et* klaasi; *n. g.:* *el* γυάλι.
min. 10/276

glasǫra *f* $\boxed{\text{N}}$ Glasur *f*

\<prim\>. *rom:* *fr* (glacer) *it* glassa
es (glasear) *ro* glazură; *ger:* *de* Glasur
en glaze *nl* glazuur *sv* glasyr *no* glasur
da glasur; *sla:* *pl* glazura *ce* glazura
sk glazúra *ru* глазурь *uk* глазур
be глазура *bg* глазура *hr* glazura
sr глазура *sl* glazura *mk* глазура; *f-u:*
et glasuur; *bal:* *lt* glazūra *lv* glazūra;
n. g.: *el* (γιαλίζω), *sh* glazurë. *min. 26/577*

globạl A global

<prim>. _rom:_ _fr_ global _it_ globale
_es_ global _ro_ globale; _ger:_ _de_ global
_en_ global _da_ global; _sla:_ _ce_ globáln◊
_ru_ глобальн◊ _be_ глабальн◊ _bg_ глобалн◊
_hr_ globaln◊; _n. g.:_ _mt_ globali. _min._ 13/447

globalisatiọn _f_ N Globalisierung _f_
[ts] gen: -ọne <prim>. _rom:_
_it_ globalizzazione _es_ globalización
_ro_ globalizarea _pt_ globalização
_ca_ globalització; _ger:_ _de_ Globalisierung
_en_ globalization _nl_ globalisering
_sv_ globalisering _no_ globalisering
_da_ globalisering; _sla:_ _pl_ globalizacja
_ce_ globalizace _sk_ globalizácia
_ru_ глобализация _uk_ глобалізація
_be_ глабалізацыя _bg_ глобализация
_hr_ globalizacija _sr_ глобализација
_sl_ globalizacija _mk_ глобализација; _f-u:_
_ma_ globalizáció _su_ globalisaatio
_et_ globaliseerumine; _bal:_ _lt_ globalizacija
_lv_ globalizācija; _gal:_ _cy_ globaleiddio;
_n. g.:_ _ek_ globalizazioaren,
_mt_ globalizzazzjoni, _sh_ globalizimi.
min. 31/533

glọbus _m_ N Globus _m_
gen: -be <prim>. _rom:_ _fr_ globe _it_ globo
_es_ globo _ro_ glob _pt_ globo _ca_ globus; _ger:_
_de_ Globus _en_ globe; _sla:_ _pl_ glob
_bg_ глобус _hr_ globus _sl_ globus; _bal:_
_lt_ gaublys _lv_ globuss; _n. g.:_ _ek_ globoan,
_mt_ globu. _min._ 16/406

glukọsa _f_ N Glukose _f_
<prim>. _rom:_ _fr_ glucose _it_ glucosio
_es_ glucosa _ro_ glucoză _pt_ glicose
_ca_ glucosa; _ger:_ _de_ Glukose _en_ glucose
_nl_ glucose _sv_ glukos _no_ glukose
_da_ glukose; _sla:_ _pl_ glukoza _ce_ glukóza
_sk_ glukóza _ru_ глюкоза _uk_ глюкоза
_be_ глюкоза _bg_ глюкоза _hr_ glukoza
_sr_ глукоза _sl_ glukoza _mk_ гликоза; _f-u:_
_ma_ glükóz _su_ glukoosi _et_ glükoos; _bal:_

_lt_ gliukozė _lv_ glikoze; _gal:_ _cy_ glwcos
_ga_ glúcós; _n. g.:_ _el_ γλυκόζη, _ek_ glukosa,
_mt_ glukosju, _sh_ glukozë, _tr_ glikoz.
min. 35/615

glycerịné _f_ N Glyzerin _n_
<prim>. _rom:_ _fr_ glycérine _it_ glicerina
_es_ glicerol _ro_ glicerină _pt_ glicerina
_ca_ glicerol; _ger:_ _de_ Glyzerin _en_ glycerine
_nl_ glycerine _sv_ glycerin _no_ glyserin
_da_ glycerin _is_ glýserín; _sla:_ _pl_ gliceryna
_ce_ glycerín _sk_ glycerín _ru_ глицерин
_uk_ гліцерин _be_ гліцэрына _bg_ глицерин
_hr_ glicerin _sr_ глицерин _sl_ glicerin
_mk_ глицерин; _f-u:_ _ma_ glicerin
_su_ glyseriiniä _et_ glütseriin; _bal:_
_lt_ glicerinas _lv_ glicerīns; _gal:_ _cy_ glyserin
_ga_ glycerine; _n. g.:_ _el_ γλυκερίνη,
_ek_ glizerinaren, _mt_ gliċerina, _sh_ glicerinë,
_tr_ gliserin. _min._ 36/615

gód A gut (1)
comp: ↑better <ang>. _ger:_ _de_ gut _en_ good
_nl_ goed _lb_ gutt _fs_ goed _sv_ god _no_ god
_da_ god _is_ góð◊ _fo_ góð(ur). _min._ 10/194

gold _m_ N Gold _n_
<prim>. _ger:_ _de_ Gold _en_ gold _nl_ goud
_fs_ goud _sv_ guld _no_ gull _da_ guld _is_ gull
_fo_ gull; _sla:_ _pl_ złoto _ce_ zlato _sk_ zlato
_ru_ золото _hr_ zlato _sr_ злато; _f-u:_ _su_ kulta
_et_ kuld; _bal:_ _lv_ zelts. _min._ 18/348

golọmba _f_ N Taube _f_
<prim>. _rom:_ _fr_ colombe _it_ colomba
_ro_ porumbel _pt_ pomba _ca_ colom; _sla:_
_pl_ gołąb _ce_ holubice _sk_ holubica _ru_ голубь
_uk_ голуб _be_ голуб _bg_ гълъб _hr_ golubica
_sr_ голубица _sl_ golob _mk_ гулаб; _f-u:_
_ma_ galamb; _gal:_ _cy_ golomen _ga_ chol;
_n. g.:_ _sh_ pëllumb. _min._ 20/352

gọrel _m_ N Kehle _f_
gen: gọrle <prim>. _rom:_ _it_ gola _ca_ gola;
ger: _de_ Gurgel; _sla:_ _pl_ gardło _ce_ hrdlo
_sk_ hrdlo _ru_ горло _uk_ горло _be_ горла

bg гърло *hr* grlo *sr* грло *sl* grlo *mk* грло.
min. 14/340

goriḷla *f* N Gorilla *m*
<prim>. *rom:* *fr* gorille *it* gorilla *es* gorila
ro gorilă *pt* gorila; *ger:* *de* Gorilla
en gorilla *nl* gorilla *sv* gorilla *no* gorilla
da gorilla *is* górilla; *sla:* *pl* goryl
ce gorila *sk* gorila *ru* горилла *uk* горила
be гарыла *bg* горила *hr* gorila *sr* горила
sl gorila *mk* горила; *f-u:* *ma* gorilla
su gorilla *et* gorilla; *bal:* *lt* gorila
lv gorilla; *gal:* *cy* gorila *ga* goraille;
n. g.: *el* γορίλλας, *ek* gorila, *sh* gorillë,
tr goril. *min. 34/611*

gost *m* N Gast *m*
<prim>. *rom:* *fr* hôte *pt* hóspede; *ger:*
de Gast *en* guest *nl* gast *sv* gäst *no* gjest;
sla: *pl* gość *ce* host *sb* hósć *ru* гость
be госць *bg* гост *hr* gost. *min. 14/419*

goṭov *m* A fertig; bereit
<prim>. *rom:* *ro* gata; *sla:* *pl* gotow◊
ce hotov◊ *sb* hotow◊ *ru* готов◊ *be* гатов◊
bg готов◊ *hr* gotov◊ *sr* готов◊ *sl* gotov◊
mk готов◊; *bal:* *lt* gatav◊ *lv* gatav◊;
n. g.: *sh* gati. *min. 14/191*

gotovín V bereiten; zubereiten
  (Speisen)
<cont>. *rom:* *ro* găti; *sla:* *ce* hotovit
sk hotoviť *ru* готовить *uk* готовити
be гатаваць *bg* готвя *hr* gotoviti
sr готовити *sl* gotoviti; *bal:* *lt* gatavoti.
min. 11/172

gouvernḝr *m* N Gouverneur *m*
<prim>. *rom:* *fr* gouverneur
it governatore *es* gobernador *ro* guvernator
pt governador *ca* governador; *ger:*
de Gouverneur *en* governor *nl* gouverneur
sv guvernör *no* guvernør *da* guvernør; *sla:*
pl gubernator *ce* guvernér *sk* guvernér
ru губернатор *uk* губернатор
be губернатар *bg* губернатор *hr* guverner

sr гувернер *sl* guverner *mk* гувернер;
f-u: *su* kuvernööri *et* kuberner; *bal:*
lt gubernatorius *lv* gubernators; *n. g.:*
el κυβερνήτης, *ek* gobernadoreak,
mt gvernatur, *sh* guvernator. *min. 31/597*

goveṛn *m* N Regierung (1) *f*
<prim>. *rom:* *fr* gouvernement *it* governo
es gobierno *ro* guvern *pt* governo
ca govern; *ger:* *en* government; *n. g.:*
el κυβέρνηση, *ek* gobernuak, *mt* gvern,
sh qeveri. *min. 11/263*

govorín V sprechen
<cont>. *sla:* *pl* gwarzyć *ce* hovořit
sk hovoriť *ru* говорить *uk* говорити
be гаварыць *bg* говоря *hr* govoriti
sr говорити *sl* govoriti. *min. 10/189*

grád *m* FYS N Grad *n*
<prim>. *rom:* *fr* dégrée *it* grado *es* grado
ro grad *pt* grau *ca* grau; *ger:* *de* Grad
en degree *nl* graad *sv* grad *no* grad
da grad *is* gráðu; *sla:* *ru* градус *bg* град;
f-u: *et* kraad; *bal:* *lv* grāds; *gal:*
cy gradd *ga* grád; *n. g.:* *mt* grad.
min. 20/477

gram *m* N Gramm *n*
gen: ~me <prim>. *rom:* *fr* gramme
it grammo *es* gramo *ro* gram *pt* grama
ca gram; *ger:* *de* Gramm *en* gram
nl gram *sv* gram *no* gram *da* gram; *sla:*
pl gram *ce* gram *sk* gram *ru* грамм
uk грам *be* грам *bg* грам *hr* gram *sr* грам
sl gram *mk* грам; *f-u:* *ma* gramm
su gramma *et* gramm; *bal:* *lt* gramas
lv grams; *gal:* *cy* gram *ga* gram; *n. g.:*
el γραμμάριο, *ek* gram, *mt* gram, *sh* gram,
tr gram. *min. 35/615*

grammạtica *f* N Grammatik *f*
gen: -ce [ts] <prim>. *rom:* *fr* grammaire
it grammatica *es* gramática *ro* gramatică
pt gramática *ca* gramàtica; *ger:*
de Grammatik *en* grammar *nl* grammatica

sv grammatik *da* grammatik; <u>*sla:*</u>
pl gramatyka *ce* gramatika *sk* gramatika
ru грамматика *uk* граматика
be граматыка *bg* граматыка *hr* gramatika
sr граматика *mk* граматика; <u>*f-u:*</u>
et grammatika; <u>*gal:*</u> *cy* gramadeg
ga gramadach; <u>*n. g.:*</u> *el* γραμματική,
ek gramatika, *mt* grammatika,
sh gramatikë. *min. 28/582*

grán *m* |N| Korn *n*; Krümel *m*; Splitter *m*
<prim>. <u>*rom:*</u> *fr* grain *it* grano *es* grano
pt grão *ca* gra; <u>*ger:*</u> *de* Gran *en* grain
nl graan; <u>*bal:*</u> *lv* grauds; <u>*gal:*</u> *cy* grawn
ga gráin; <u>*n. g.:*</u> *ek* grano. *min. 12/348*

grandiós |A| grandios
comp: ~er, adv: -ózno <prim>. <u>*rom:*</u>
fr grandieux *it* grandios◊ *es* grandios◊
ro grandios *pt* grandios◊ *ca* grandiós◊;
<u>*ger:*</u> *de* grandios *en* grandiose *nl* grandioos
da grandiose; <u>*sla:*</u> *ce* grandiózn◊
sk grandiózn◊ *sb* grandiozn◊
ru грандиозн◊ *uk* грандіозн◊
be грандыёзн◊ *bg* грандиозн◊
hr grandiozn◊ *sr* грандиозн◊
mk грандиозн◊; <u>*f-u:*</u> *ma* grandiózus; <u>*bal:*</u>
lt grandiozin◊ *lv* grandioz◊. *min. 23/533*

granít *m* |N| Granit *n*
<prim>. <u>*rom:*</u> *fr* granit *it* granito
es granito *ro* granit *pt* granito *ca* granit;
<u>*ger:*</u> *de* Granit *en* granite *nl* graniet
sv granit *no* granitt *da* granit *is* granít;
<u>*sla:*</u> *pl* granit *ru* гранит *uk* граніт
be граніт *bg* гранит *hr* granit *sr* гранит
sl granit *mk* гранит; <u>*f-u:*</u> *ma* gránit
su graniitti *et* graniit; <u>*bal:*</u> *lt* granitas
lv granīts; <u>*n. g.:*</u> *ek* granito, *mt* granit,
sh granit, *tr* granit. *min. 31/588*

grátis |adv| gratis
<prim>. <u>*rom:*</u> *fr* gratuit *ro* gratuit; <u>*ger:*</u>
de gratis *nl* gratis *no* gratis; <u>*sla:*</u>
bg гратис. *min. 6/215*

gratulatión *f* |N| Gratulation *f*
[ts] gen: -one <prim>. <u>*ger:*</u> *de* Gratulation
en congratulations *sv* gratulation
no gratulasjon; <u>*sla:*</u> *pl* gratulacje
ce gratulace *sk* gratulácie; <u>*f-u:*</u>
ma gratuláció. *min. 8/237*

gravitatión *f* |N| Gravitation *f*
[ts] gen: -one <prim>. <u>*rom:*</u> *fr* gravitation
it gravitazione *es* gravitación *ro* gravitaţie
pt gravitação *ca* gravitació; <u>*ger:*</u>
de Gravitation *en* gravitation *sv* gravitation
da gravitation; <u>*sla:*</u> *pl* grawitacja
ce gravitace *sk* gravitácie *ru* гравитация
uk гравітація *be* гравітацыя
bg гравитация *hr* gravitacija
sr гравитација *sl* gravitacija
mk гравитација; <u>*f-u:*</u> *ma* gravitáció
su gravitaatio; <u>*bal:*</u> *lt* gravitacija
lv gravitācija; <u>*n. g.:*</u> *ek* grabitazioa,
mt gravitazzjoni, *sh* gravitacion.
min. 28/571

Greit Bríten *m* |N| Großbritannien *n*
<ethno>. <u>*ger:*</u> *en* Great Britain.

grencé *f* |N| Grenze *f*
<prim>. <u>*ger:*</u> *de* Grenze *nl* grens *sv* gräns
no grense; <u>*sla:*</u> *pl* granica *ce* hranice
ru граница *bg* граница *hr* granica
sl hranica. *min. 10/276*

grill *m* |N| Grill *m*
<prim>. <u>*rom:*</u> *fr* gril *it* griglia *es* grill
pt grelha; <u>*ger:*</u> *de* Grill *en* grill *nl* grill
sv grill *is* grill; <u>*sla:*</u> *ce* gril *sk* gril; <u>*f-u:*</u>
ma grill *su* grilli *et* grill. *min. 14/383*

grilljàn |V| grillen
<prim>. <u>*rom:*</u> *fr* griller *it* (griglia)
es (grill) *pt* grelhar; <u>*ger:*</u> *de* grillen
en grill *nl* grillen *sv* grilla *is* grilla; <u>*sla:*</u>
ce grilovat *sk* grilovať; <u>*f-u:*</u> *ma* grillezni
su grillata *et* grillima. *min. 14/383*

gróss Ⓐ groß (2) *3-dimensional*
<prim>. *rom: fr* gros *it* gross◊ *es* grues◊
ro gros *pt* gross◊; *ger: de* groß *nl* groot
da store (2). *min. 8/303*

grụppa *f* Ⓝ Gruppe *f*
<prim>. *rom: fr* groupe *it* gruppo
es grupo *ro* grup *ca* grup; *ger: de* Gruppe
en group *da* gruppen; *sla: pl* grupa
ru группа *be* група *bg* група; *n. g.:*
mt grupp, *tr* grup. *min. 14/482*

guẹrra *f* Ⓝ Krieg *m*
<ang>. *rom: fr* guerre *it* guerra *es* guerra
pt guerra *ca* guerra; *ger: de* Wirre(n)
en war. *min. 7/324*

ha *3sg* < ↑*haven* Ⓥ hat
<prim>. *rom: fr* a *it* ha *es* ha *ro* a *ca* ha;
ger: de haben *en* have *sv* har *no* har
da har *is* hefur. *min. 11/352*

"ha: ed hạ" Ⓥ gibt: es ~ (1)
<prim>. *rom: fr* (il y) a *es* hay *pt* há/tem;
sla: bg има *hr* ima *sr* има *mk* има.*7/*

habitụ́d *f* Ⓝ Gewohnheit *f*
gen: -tude <ang>. *rom: fr* habitude
it abitudine *es* hábito *ro* obicei *ca* hàbit;
ger: en habit; *sla: ru* габитус. *min. 7/319*

hạengen *c-* Ⓥ hängen
<ang>. *ger: de* hängen *en* hang *nl* hangen
lb hänken *sv* hänga *no* henge *da* hænge
is hanga/ hængja *fo* hanga/ heingja.
min. 9/194

hák *m* Ⓝ Haken *m*
gen: hạke, pl: hạkes, dim: hạchek, dim.gen:
hạ́chke <prim>. *ger: de* Haken *en* hook
nl haak *fs* hoek *sv* hake *no* hake *da* hage
is haki; *sla: pl* hak *ce* hák *sk* hák; *f-u:*
su koukku *et* haak; *bal: lv* āķis.
min. 14/256

hạllé *f* Ⓝ Halle *f*
gen: ~e <prim>. *rom: fr* halle *it* sala
es sala *ro* hală *ca* sala; *ger: de* Halle
en hall *nl* hall *sv* hall *no* hall *da* hall; *sla:*
pl hala *ce* hala *ru* холл *be* зала *bg* хале;
f-u: su sali; *gal: ga* halla; *n. g.: tr* salon.
min. 19/532

hallọ? Ⓘtⓙ Hallo?
<prim>. *rom: fr* allô? *es* ¿Hola? *ro* alo?
ca Hola?; *ger: de* hallo? *en* hello?
da hallo?; *sla: pl* halo? *ce* haló? *ru* алло?
be ало? *bg* ало? *hr* Halo?; *f-u:*
su Haloo?; *n. g.: tr* alo?. *min. 15/451*

hallucinatiọ́n *f* Ⓝ Halluzination *f*
[ts] gen: -ọne <prim>. *rom:*
fr hallucination *it* allucinazione
es alucinación *ro* halucinație *pt* alucinação
ca lucinació; *ger: de* Halluzination
en hallucination *nl* hallucinatie
sv hallucinationer *no* hallusinasjoner
da hallucination; *sla: pl* halucynacja
ce halucinace *sk* halucinácie
ru галлюцинация *uk* галюцинація
be галюцынацыя *bg* халюцинация
hr halucinacija *sr* халуцинација
sl halucinacije *mk* халуцинација; *f-u:*
ma hallucináció *su* hallusinaatio; *bal:*
lt haliucinacija *lv* halucinācija; *n. g.:*
mt allučinazzjoni. *min. 28/594*

halogẹ́n *m* Ⓝ Halogen *n*
<prim>. *rom: fr* halogène *it* alògeno
es halógeno *ro* halogen *pt* halogéneo; *ger:*
de Halogen *en* halogen *nl* halogeen
sv halogen *no* halogen *da* halogen; *sla:*
pl halogen *ce* halogen *bg* халоген
hr halogen *sl* halogen; *f-u: ma* halogén
su halogeeni *et* halogeen; *bal: lt* halogen
lv halogēn; *n. g.: tr* halojen. *min. 22/472*

hạmster *m* Ⓝ Hamster (1) *m*
=↑krichek. <prim>. *rom: fr* hamster
es hámster *ro* hamster *ca* hàmster; *ger:*

de Hamster *en* hamster *nl* hamster
sv hamster *no* hamster *da* hamster
is hamstur; <u>*sla:*</u> *pl* chomik *ru* хомяк
uk хом'як *be* хамяк *bg* хамстер; <u>*f-u:*</u>
su hamsteri *et* hamster; <u>*bal:*</u> *lv* kāmis;
<u>*n. g.:*</u> *el* χάμστερ, *mt* ħamster. *min. 21/503*

han *3pl* < ↑*haven* $\boxed{V}$ (sie) haben
<prim>. <u>*rom:*</u> *fr* ont *it* hanno *es* han *ro* au
ca han; <u>*ger:*</u> *de* haben *en* have *nl* hebben
sv har *no* har *da* har *is* hafa; <u>*n. g.:*</u>
mt (huma). *min. 13/373*

hand *m* $\boxed{N}$ Hand *f*
<ang>. <u>*ger:*</u> *de* Hand *en* hand *nl* hand
lb Hand *fs* hân *sv* hand *no* hånd *da* hånd
is hönd *fo* hond. *min. 10/194*

hár *m* $\boxed{N}$ Haar *n*
<ang>. <u>*ger:*</u> *de* Haar *en* hair *nl* haar
sv hår *no* hår *da* haar *is* hár; <u>*f-u:*</u> *ma* haj.
min. 8/205

harmonic $\boxed{A}$ harmonisch
comp: -cer [ts], adv: ~no <prim>. <u>*rom:*</u>
fr harmonique *it* armonios◊ *es* armónic◊
ro armonios *ca* harmonic◊; <u>*ger:*</u>
de harmonisch *en* harmonic *da* harmonisk;
<u>*sla:*</u> *ce* harmonick◊ *ru* гармоничн◊
be гарманічн◊ *bg* хармоничн◊; <u>*f-u:*</u>
su harmoninen; <u>*n. g.:*</u> *mt* armonjuż.
min. 14/452

has *2sg* < ↑*haven* $\boxed{V}$ (du) hast
<prim>. <u>*rom:*</u> *fr* ais *it* hai *es* has *ro* ai
ca has; <u>*ger:*</u> *de* haben *en* have *nl* hebt
sv har *no* har *da* har *is* hefir. *min. 12/372*

haven $\boxed{V}$ haben
!conj: ho, has, ha, havem, hávt, han
<prim>. <u>*rom:*</u> *fr* avoir *it* avere *es* haber
ro avea *pt* haver; <u>*ger:*</u> *de* haben *en* to
have *nl* heven *sv* ha *no* ha *da* har *is* hafa.
min. 12/378

helikopter *m* $\boxed{N}$ Helikopter *m*
-ko-pter <prim>. <u>*rom:*</u> *fr* hélicoptère
it elicottero *es* helicóptero *ro* elicopter
pt helicóptero *ca* helicòpter; <u>*ger:*</u>
de Helikopter *en* helicopter *nl* helikopter
sv helikopter *no* helikopter *da* helikopter;
<u>*sla:*</u> *pl* helikopter *bg* хеликоптер
hr helikopter *sr* хеликоптер *sl* helikopter
mk хеликоптер; <u>*f-u:*</u> *ma* helikopter
su helikopteri *et* helikopter; <u>*bal:*</u>
lv helikopters; <u>*gal:*</u> *ga* héileacaptar; <u>*n. g.:*</u>
el ελικόπτερο, *ek* helikoptero,
mt helicopter, *sh* helikopter, *tr* helikopter.
min. 28/487

help *m* $\boxed{N}$ Hilfe *f*
<ang>. <u>*ger:*</u> *de* Hilfe *en* help *nl* help
lb hëllef *sv* hjälp *no* hjelp *da* hjælp
is hjálp *fo* hjálp. *min. 9/194*

helpen *c-* $\boxed{V}$ helfen
<ang>. <u>*ger:*</u> *de* helfen *en* to help
nl helpen *lb* hëllefen *sv* hjälpa *no* hjelpe
da hjælpe *is* hjálpa *fo* hjálpa. *min. 9/194*

helper *m* $\boxed{N}$ Helfer *m*
<ang>. <u>*ger:*</u> *de* Helfer *en* helper *nl* helper
sv hjälpare *no* hjelper *da* hjælpere (tab.)
is hjálpar *fo* hjálpar. *min. 8/193*

hér $\boxed{adv}$ hier
<ang>. <u>*ger:*</u> *de* hier *en* here *nl* hier *sv* har
no her *da* her *is* hér; <u>*n. g.:*</u> *mt* hawn.
min. 8/194

herbár *m* $\boxed{N}$ Herbarium *n*
<prim>. <u>*rom:*</u> *fr* herbier *it* erbario
es herbario *ro* ierbar *pt* herbário
ca herbari; <u>*ger:*</u> *de* Herbarium
en herbarium *nl* herbarium *sv* herbarium
no herbarium *da* herbarium; <u>*sla:*</u> *ce* herbář
sk herbár *ru* гербарий *uk* гербарій
be гербарый *bg* хербарий *hr* herbarijum
sr хербаријум *sl* herbarijska
mk хербариум; <u>*f-u:*</u> *et* herbaarium; <u>*bal:*</u>
lv herbārijs; <u>*n. g.:*</u> *mt* erbarju. *min. 25/536*

heresįa *f* N Ketzerei *f*

<prim>. *rom:* *fr* hérésie *it* eresia
es herejía *ro* erezie *pt* heresia *ca* heretgia;
ger: *de* Häresie *en* heresy; *sla:* *pl* herezja
ru ересь *uk* єресь *be* ерась *bg* ерес
sr јерес *mk* ерес; *f-u:* *ma* eretnekség;
bal: *lt* erezija; *gal:* *cy* heresi
ga heiriceacht; *n. g.:* *el* αίρεση,
ek heresia, *mt*ereżija, *sh* herezi.
min. 23/543

herétic (1) *m* N Ketzer *m*

<prim>. *rom:* *fr* hérétique *it* eretico
es hereje *ro* eretic *pt* herege *ca* heretge;
ger: *en* heretic; *sla:* *pl* heretyk *ce* heretik
sk heretik *ru* еретик *uk* єретик *be* ерэтык
bg еретик *hr* jeretik *sr* jеретик
mk еретик; *f-u:* *ma* eretnek; *bal:*
lt eretikas; *n. g.:* *el* αιρετικός, *sh* heretik.
min. 21/465

herétic (2) A ketzerisch

comp: -cer [ts], adv: ~no <prim>. *rom:*
fr hérétique *it* eretic◊ *es* herétic◊ *ro* eretic
pt herétic◊ *ca* herètic◊; *ger:* *de* häretisch
en heretical; *sla:* *pl* heretyck◊
ru еретическ◊ *uk* єретичн◊ *be* еретическ◊
bg еретическ◊ *hr* jeretičk◊ *sr* jеретичк◊
sl heretičn◊ *mk* еретичк◊; *f-u:*
ma eretnek; *bal:* *lt* erezij◊; *n. g.:*
el αιρετικ◊, *sh* heretik◊. *min.* 21/547

hęring *m* N Hering (1) *m*

=↑síld. <prim>. *rom:* *fr* hareng *it* aringa
es arenque *ro* hering *pt* arenque
ca arengada; *ger:* *de* Hering *en* herring
nl haring; *sla:* *bg* херинга *hr* haringa
sr харинга *mk* харинга; *f-u:* *ma* hering
et heeringas; *n. g.:* *el* ρέγγα, *mt* aringi,
sh harengë, *tr* ringa. *min.* 19/419

hęrtze *n* N Herz *n*

<prim>. *rom:* *fr* cœur *it* cuore
es coraz(on) *ro* cord *pt* coraçãocoração
ca cord(ial); *ger:* *de* Herz *en* heart

nl haart *da* hjerte *is* hjarta; *sla:* *pl* serce
ce srdce *ru* сердце *be* сэрца *bg* сърце
hr srce; *f-u:* *su* sydän; *bal:* *lt* szirdis;
gal: *cy* craidd *br* kreiz *ga* croidhe
gd cridhe *gv* cree; *n. g.:* *el* καρδιά.
min. 25/541

hęrtzlig A herzlich

+↑hertz, ↑-ligh. <ang>. *ger:* *de* herzlich
en heartly *da* hjerteligt *is* hjartanleg◊; *sla:*
bg "сърдечно◊"; *n. g.:* *mt* kordjali.
min. 6/169

heterosexualitę *f* N Heterosexualität *f*

gen: -tęte <prim>. *rom:* *fr* hétérosexualité
it eterosessualità *es* heterosexualidad
ro heterosexualitatea *pt* heterossexualidade
ca l'heterosexualitat; *ger:*
de Heterosexualität *en* heterosexuality
nl heteroseksualiteit *sv* heterosexuality
no heteroseksualitet *da* heteroseksualitet;
sla: *pl* heteroseksualizm *ce* heterosexualita
sk heterosexualita *ru* гетеросексуализм
uk гетеросексуалізм *be* гетеросексуализм
bg хетеросексуалност
hr heteroseksualnost *sr* хетеросексуалност
sl heteroseksualnost
mk хетеросексуалноста; *f-u:*
ma heteroszexualitás *su* heteroseksuaalisuus
et heteroseksuaalsuse; *bal:*
lt heteroseksualumo *lv* heteroseksualitāte;
gal: *cy* heterorywioldeb *ga* heterosexuality;
n. g.: *el* ετερο(φυλοφιλία),
ek heterosexualitatea, *mt* eterosesswali,
sh heteroseksualitetit, *tr* heteroseksüellik.
min. 35/615

histǫric A historisch

adv: ~no <prim>. *rom:* *fr* historique
it storic◊ *es* históric◊ *ro* istoriceşte
ca historic◊; *ger:* *de* historisch
en historical *da* historisk; *sla:*
pl historyczn◊ *ce* historick◊
ru историческ◊ *be* гістарычн◊
bg историческ◊ *hr* historijsk◊; *f-u:*

su historiallinen; *n. g.: mt* storik. *min. 16/496*

ho *1sg* < ↑*haven* $\boxed{V}$ habe *ich* ~ <prim>. *rom:* it ho *ro* (am); *ger:* *da* (jeg) har. *min. 3/73*

hoeft *m* $\boxed{N}$ Hüfte *f* <ang>. *ger: de* Hüfte *en* hip *nl* heup *sv* höft *no* hofte *da* hofte. *min. 6/193*

hǫeren *c-* $\boxed{V}$ hören <ang>. *rom: fr* ouïr *es* oír *pt* ouvir; *ger:* *de* hören *en* hear *nl* horen *sv* höra *no* høre *da* høre *is* heyra. *min. 10/308*

hógh $\boxed{A}$ hoch <ang>. *ger: de* hoch *en* high *nl* hoog *lb* héich *fs* heech *sv* hög *no* høg *da* høj *is* hár *fo* høg; *f-u: su* korkea; *n. g.:* *tr* yüksek. *min. 12/203*

hǫlden *c-* $\boxed{V}$ halten <ang>. *ger: de* halten *en* hold *nl* houden *sv* hålla *no* holde *da* holde *is* halda. *min. 7/193*

hóm *m* $\boxed{N}$ Mensch *m* <prim>. *rom: fr* homme *it* uomo *es* hombre *ro* om *pt* homem *ca* home; *ger: en* human; *sla: ru* гомо (сапиенс). *min. 8/329*

hǫmar *m* $\boxed{N}$ Hummer *m* <prim>. *rom: fr* homard *ro* homar; *ger:* *de* Hummer *sv* hummer *no* hummer *da* hummer *is* humar; *sla: pl* homar *ce* humr *sk* homár *ru* омар *uk* омар *be* амар *bg* омар; *f-u: ma* homár *su* hummeri *et* homaar; *bal: lt* omaras *lv* omārs. *min. 19/396*

homéopathịa *f* $\boxed{N}$ Homöopathie *f* <prim>. *rom: fr* homéopathie *it* omeopatia *es* homeopatía *ro* homeopatie *pt* homeopatia *ca* homeopatia; *de* Homöopathie *en* homeopathy

nl homeopathie *sv* homeopati *no* homeopati *da* homøopati; *sla:* *pl* homeopatia *ce* homeopatie *sk* homeopatia *ru* гомеопатия *uk* гомеопатія *be* гамеапатыя *bg* хомеопатия *hr* homeopatija *sr* хомеопатија *sl* homeopatija *mk* хомеопатија; *f-u: ma* homeopátia *su* homeopatia *et* homöopaatia; *bal: lt* homeopatija *lv* homeopātija; *gal:* *cy* homeopathi; *n. g.: el* ομοιοπαθητική, *ek* homeopatia, *mt* omeopatija, *sh* homeopati, *tr* homeopati. *min. 34/615*

homosexualité *f* $\boxed{N}$ Homosexualität *f* gen: -téte <prim>. *rom:* *fr* l'homosexualité *it* omosessualità *es* homosexualidad *ro* homosexualitate *pt* homossexualidade *ca* homosexualitat; *ger: de* Homosexualität *en* homosexuality *nl* homoseksualiteit *sv* homosexualitet *no* homoseksualitet *da* homoseksualitet; *sla: pl* homoseksualizm *ce* homosexualita *sk* homosexualita *ru* гомосексуализм *uk* гомосексуалізм *be* гомасэксуалізм *bg* хомосексуализъм *hr* homoseksualnost *sr* хомосексуалност *sl* homoseksualnost *mk* хомосексуалноста; *f-u: ma* homoszexualitás *su* homoseksuaalisuus *et* homoseksuaalsus; *bal: lt* homoseksualumas *lv* homoseksuālisms; *gal:* *ga* homai(ghnéasachas); *n. g.:* *el* ομοφυλοφιλία, *ek* homosexualitatea, *mt* omosesswalità, *sh* homoseksualiteti, *tr* homoseksüellik. *min. 34/615*

hǫnor *m* $\boxed{N}$ Ehre *f* <prim>. *rom: fr* honneur *it* onore *es* honor *ro* onor *pt* honra *ca* honor; *ger:* *en* honour; *sla: pl* honor *ru* гонорар *be* гонар; *n. g.: mt* unur, *tr* onur. *min. 12/384*

họra *f* N Stunde *f*

<prim>. *rom:* *fr* heure *it* ora *es* hora
ro oră *pt* hora *ca* hora; *ger:* *de* (Uhr)
en hour *nl* uur; *sla:* *ce* hodina; *f-u:*
ma óra; *gal:* *br* eur. *min. 12/386*

horoskọp *m* N Horoskop *m*

<prim>. *rom:* *fr* horoscope *it* oroscopo
es horóscopo *ro* horoscop *pt* horóscopo
ca horòscop; *ger:* *de* Horoskop
en horoscope *nl* horoscoop *sv* horoskop
no horoskop *da* horoskop; *sla:*
pl horoskop *ce* horoskop *sk* horoskop
ru гороскоп *uk* гороскоп *be* гараскоп
bg хороскоп *hr* horoskop *sr* хороскоп
sl horoskop *mk* хороскоп; *f-u:*
ma horoszkóp *su* horoskooppi
et horoskoop; *bal:* *lt* horoskopas
lv horoskops; *n. g.:* *el* ωροσκόπιο,
ek horoskopoa, *sh* horoskop, *tr* horoskop.
min. 32/614

họrror *m* N Horror *m*

<prim>. *rom:* *fr* horreur *it* orrore
es horror *pt* horror *ca* horror; *ger:*
de Horror *en* horror *no* horror *da* horror;
sla: *mk* хороp; *n. g.:* *mt* orrur.
min. 11/334

hospíc' *m* N Hospiz *n*

gen: -ịce <prim>. *rom:* *fr* hospice
it ospizio *es* hospicio *pt* hospício
ca hospici; *ger:* *de* Hospiz *en* hospice
nl hospitium; *sla:* *pl* hospicjum *ce* hospic
sk hospic *bg* хоспис *sl* hospic; *gal:*
cy hosbis *ga* ospís; *n. g.:* *mt* ospizju.
min. 16/411

hospitạl *m* N Hospital *n*; Spital *n*

<prim>. *rom:* *fr* hôpital *it* ospedale
es hospital *ro* spital *pt* hospital *ca* hospital;
ger: *de* Hospital *en* hospital *da* hospital;
sla: *pl* szpital; *gal:* *ga* ospidéal; *n. g.:*
ek ospitale, *sh* spital. *min. 13/389*

hotẹl *m* N Hotel *n*

gen: ~le <prim>. *rom:* *fr* hôtel *es* hotel
ro hotel *pt* hotel *ca* hotel; *ger:* *de* Hotel
en hotel *nl* hotel *sv* hotell *no* hotel
da hotel; *sla:* *pl* hotel *ce* hotel *sk* hotel
ru отель *uk* готель *be* гатэль *bg* хотел
hr hotel *sr* хотел *sl* hotel *mk* хотел; *f-u:*
ma hotel *su* hotelli *et* hotell; *n. g.:*
ek hotel, *sh* hotel, *tr* otel. *min. 28/547*

hṛvat *m* N Kroate *m*

<ethno>. *sla:* *hr* Hrvat.

hṛvaticea *f* N Kroatin *f*

<ethno>. *sla:* *hr* Hrvatica.

hṛvatsk A kroatisch

<ethno>. *sla:* *hr* hrvatsk◊.

Hṛvatska *f* N Kroatien *n*

<ethno>. *sla:* *hr* Hrvatska.

Hṛvatski *m* N Kroatisch *(,~e Sprache)*

<ethno>. *sla:* *hr* hrvatski.

humạ́n A menschlich

<prim>. *rom:* *fr* humain *it* uman◊
es human◊ *ro* uman *pt* human◊ *ca* humà;
ger: *de* human *en* human; *sla:*
ce humánn◊ *sk* humánn◊ *ru* гуманн◊
bg хуман◊. *min. 12/449*

humanitẹ́ *f* N Humanität *f*

gen: -tẹ́te <prim>. *rom:* *fr* humanité
it umanità *es* humanidad *ro* umanitate
pt humanidade *ca* humanitat; *ger:*
de Humanität *en* humanity; *sla:*
bg хуманност; *n. g.:* *mt* umanità,
sh humanizëm. *min. 11/354*

humíd MTEO A humid

<prim>. *rom:* *fr* humide *it* umid◊
es húmed◊ *ro* umed *pt* úmid◊ *ca* humit;
ger: *en* humid; *n. g.:* *mt* umdi. *min. 8/249*

hund *m* $\boxed{N}$ Hund *m*

<prim>. *rom:* *fr* chien *it* cane *ro* câine; *ger:* *de* Hund *en* hound *nl* hond *sv* hund *no* hund *da* hund *is* hundur; *bal:* *lt* šuo *lv* suns; *n. g.:* *sh* qen. *min. 13/333*

hús *n!* $\boxed{N}$ Haus *n*

<ang>. *ger:* *de* Haus *en* house *nl* huis *lb* Haus *fs* hûs *sv* hus *no* hus *da* hus *is* hús *fo* hús; *f-u:* *ma* ház. *min. 11/206*

hybrid *m* $\boxed{N}$ Hybride *m*

<prim>. *rom:* *fr* hybride *it* ibrido *es* híbrido *ro* hibrid *pt* híbrido *ca* híbrid; *ger:* *de* Hybride *en* hybrid *sv* hybrid *no* hybrid *da* hybrid; *sla:* *pl* hybryda *ce* hybrid *sk* hybrid *ru* гибрид *uk* гібрид *be* гібрыд *bg* хибрид *hr* hibrid *sr* хибрид *sl* hibridni *mk* хибрид; *f-u:* *ma* hibrid *su* hybridi *et* hübriid; *bal:* *lt* hibridas *lv* hibrīds; *gal:* *ga* hibrideach; *n. g.:* *ek* hibridoak, *mt* ibridi, *sh* hibrid. *min. 31/578*

hydraulica *f* $\boxed{N}$ Hydraulik *f*

gen: -ce [ts] <prim>. *rom:* *fr* hydraulique *it* idraulica *es* hidráulica *ro* hidraulica *pt* hidráulica *ca* hidràulica; *ger:* *de* Hydraulik *en* hydraulics *nl* hydraulica *sv* hydraulik *no* hydraulikk *da* hydraulik; *sla:* *pl* hydraulika *ce* hydraulika *sk* hydraulika *ru* гидравлика *uk* гідравліка *be* гідраўліка *bg* хидравлика *hr* hidraulika *sr* хидраулика *sl* hidravlika *mk* хидраулика; *f-u:* *ma* hidraulika *su* hydraulinen *et* hüdraulika; *bal:* *lt* hidraulika *lv* hidraulika; *gal:* *cy* hydroleg *ga* hiodrálaic; *n. g.:* *el* υδραυλική, *ek* hidraulikoak, *mt* idrawlika, *sh* hidraulikë, *tr* hidrolik. *min. 35/615*

hypnóse *f* $\boxed{N}$ Hypnose *f*

gen: ~e <prim>. *rom:* *fr* hypnose *it* ipnosi *es* hipnosis *ro* hipnoză *pt* hipnose *ca* hipnosi; *ger:* *de* Hypnose *en* hypnosis *nl* hypnose *sv* hypnos *no* hypnose *da* hypnose; *sla:* *pl* hipnoza *ce* hypnóza *sk* hypnóza *ru* гипноз *uk* гіпноз *be* гіпноз *bg* хипноза *hr* hipnoza *sr* хипноза *sl* hipnoza *mk* хипноза; *f-u:* *ma* hipnózis *su* hypnoosi *et* hüpnoos; *bal:* *lv* hipnoze; *gal:* *cy* hypnosis *ga* hypnosis; *n. g.:* *el* ύπνωση, *ek* hipnosis, *mt* hypnosis, *sh* hipnozë, *tr* hipnoz. *min. 34/612*

hypothéké *f* $\boxed{N}$ Hypothek *f*

gen: ~e <prim>. *rom:* *fr* hypothèque *es* hipoteca *ro* ipoteca *pt* hipoteca *ca* hipoteca; *ger:* *de* Hypothek *nl* hypotheek *sv* hypotek; *sla:* *pl* hipoteka *ce* hypoteka *sk* hypoteka *ru* ипотека *uk* іпотека *be* іпатэка *bg* ипотека *hr* hipoteka *sr* хипотека *sl* hipoteka *mk* хипотека; *f-u:* *et* hüpoteek; *bal:* *lt* hipotekos *lv* hipotēka; *n. g.:* *el* υποθήκη, *ek* hipoteka, *tr* ipotek. *min. 25/480*

hypothesé *f* $\boxed{N}$ Hypothese *f*

gen: ~e <prim>. *rom:* *fr* hypothèse *it* ipotesi *es* hipotesis *ro* ipoteză *pt* hipótese *ca* hipòtesi; *ger:* *de* Hypothese *en* hypothesis *nl* hypothese *sv* hypotes *no* hypotese *da* hypotese; *sla:* *pl* hipoteza *ce* hypotéza *sk* hypotéza *ru* гипотеза *uk* гіпотеза *be* гіпотэза *bg* хипотеза *hr* hipoteza *sr* хипотеза *sl* hypoteza *mk* хипотеза; *f-u:* *ma* hipotézis *su* hypoteesi *et* hüpotees; *bal:* *lt* hipotezè *lv* hipotēze; *gal:* *ga* hipitéis; *n. g.:* *el* υποθέσις, *ek* hipotesia, *mt* ipoteżi, *sh* hipotezë, *tr* hipotez. *min. 34/615*

í $\boxed{C}$ auch

<cont>. *rom:* *ca* (é); *sla:* *pl* i *ru* и *uk* и *be* и *bg* и *hr* i *sr* и *sl* in *mk* и. *min. 10/180*

idęa *f* N̄ Idee *f*

<prim>. *rom:* *fr* idée *it* idea *es* idea
ro idee *pt* ideia *ca* idea; *ger:* *de* Idee
en idea *nl* idee *sv* idé *no* idea *da* idé; *sla:*
pl idea *ru* идея *uk* iдея *be* iдэя *bg* идея
hr ideja *sr* идеја *sl* ideja *mk* идеја; *f-u:*
et idee; *bal:* *lv* idèja; *gal:* *ga* idéa; *n. g.:*
el ιδέα, *ek* ideia, *mt* idea, *sh* ide.
min. 28/575

ideąl Ā Ideal

<prim>. *rom:* *fr* idéal *it* ideale *es* ideal
ro ideal *pt* ideal; *ger:* *de* ideal *en* ideal
nl ideaal *no* ideal *da* ideel; *sla:* *pl* idealn◊
ce ideáln◊ *sk* ideáln◊ *ru* идеальн◊
uk iдеальн◊ *be* iдэальн◊ *bg* идеалн◊
hr idealn◊ *sr* идеалн◊ *sl* idealn◊
mk идеалн◊; *f-u:* *ma* ideális *et* ideaalne;
bal: *lt* ideal◊ *lv* ideāl◊; *n. g.:* *ek* ideal,
mt ideali, *sh* ideal◊. *min. 28/579*

idealįsme *m* N̄ Idealismus *m*

<prim>. *rom:* *fr* idéalisme *it* idealismo
es idealismo *ro* idealism *pt* idealismo
ca idealisme; *ger:* *de* Idealismus
en idealism *nl* idealisme *no* idealisme
da idealisme; *sla:* *pl* idealizm
ce idealismus *sk* idealizmus *ru* идеализм
uk iдеалізм *be* iдэалізм *bg* идеализъм
hr idealizam *sr* идеализам *sl* idealizem
mk идеализам; *f-u:* *ma* idealizmus
su idealismi; *bal:* *lt* idealizmas
lv ideālisms; *gal:* *ga* idéalachas; *n. g.:*
el ιδεαλισμός, *ek* idealismoa, *mt* idealiżmu,
sh idealizëm, *tr* idealizm. *min. 32/603*

idealįst *m* N̄ Idealist *m*

<prim>. *rom:* *fr* idéaliste *it* idealista
es idealista *ro* idealist *pt* idealista
ca idealista; *ger:* *de* Idealist *en* idealist
nl idealist *sv* idealist *no* idealist *da* idealist;
sla: *pl* idealista *ce* idealista *sk* idealista
ru идеалист *uk* iдеаліст *be* iдэалісты
bg идеалист *hr* idealista *sr* идеалиста
sl idealist *mk* идеалист; *f-u:* *ma* idealista

su idealisti *et* idealist; *bal:* *lt* idealistas
lv ideālists; *n. g.:* *el* ιδεαλιστής,
mt idealista, *sh* idealist, *tr* idealist.
min. 32/613

idealįstic Ā idealistisch

comp: -cer [ts], adv: ~no <prim>. *rom:*
fr idéaliste *it* idealistic◊ *es* idealista
ro idealist *pt* idealista *ca* idealista; *ger:*
de Idealistisch *en* idealistic *nl* idealistisch
sv idealistisk *no* idealistisk *da* idealistiske;
sla: *pl* idealistyczn◊ *ce* idealistick◊
sk idealistick◊ *ru* идеальн◊
uk iдеалістичн◊ *be* идеалистическ◊
bg идеалистичн◊ *hr* idealističk◊
sr идеалистичк◊ *sl* idealističn◊
mk идеалистичк◊; *f-u:* *ma* idealista
su idealistinen *et* idealistlik; *bal:*
lt idealistin◊ *lv* ideālistisk◊; *n. g.:*
el ιδεαλιστικ◊, *ek* idealista. *min. 30/609*

idealitę́ *f* N̄ Idealität *f*

gen: -tę́te <prim>. *rom:* *fr* idéalité
it idealità *es* idealidad *ro* idealitate
pt idealidade *ca* idealitat; *ger:* *de* Idealität
en ideality *nl* idealiteit *sv* idealitet
da idealitet; *sla:* *pl* idealność *ce* ideálnost
sk ideálnost *ru* идеальност *uk* iдеальнiсть
be iдэальнага *bg* идеализация
hr idealnost *sr* идеалност *sl* idealnosti
mk идеалност; *f-u:* *su* ideaalisuus
et ideaalsus; *bal:* *lt* idealiai. *min. 25/577*

įden *c+* V̄ gehen; fahren

<prim>. *rom:* *es* ir; *sla:* *pl* iść *ce* jít
sk ísť *ru* идти *uk* iти *be* iсцi *hr* ići *sr* иħи
sl iti *mk* иде; *bal:* *lt* eiti *lv* iet.
min. 13/226

identificę́ren *c-* V̄ identifizieren

<prim>. *rom:* *fr* identifier *it* identificare
es identificar *ro* identifica *pt* identificar
ca identificar; *ger:* *de* identifizieren
en identify *nl* identificeren *sv* identifiera
no identifisere *da* identificere; *sla:*

pl identyfikować *ce* identifikovat
sk identifikovať *ru* идентифицировать
uk ідентифікувати *be* ідэнтыфікаваць
bg идентифицирам *hr* identificirati
sr идентификовати *sl* identificirati
mk идентификуваат; *f-u:*
et identifitseerima; *bal:* *lv* identificēt;
n. g.: *ek* identifikatzeko, *mt* -identifika,
sh identifikoj. *min. 28/578*

identité *f* N Identität *f*
gen: -téte <prim>. *rom:* *fr* identité
it identità *es* identidad *ro* identitate
pt identidade *ca* identitat; *ger:* *de* Identität
en identity *nl* identiteit *sv* identitet
no identitet *da* identitet; *sla:* *ce* identita
sk identita *bg* идентичност *hr* identitet
sr идентитет *sl* identiteta *mk* идентитет;
f-u: *ma* identitás *su* identiteetti
et identiteet; *bal:* *lv* identitāte; *n. g.:*
mt identità, *sh* identitet. *min. 25/443*

ideografic A ideographisch
adv: ~no <prim>. *rom:* *fr* idéographique
it ideografic◊ *es* ideográfic◊ *ro* ideografic
pt ideográfic◊ *ca* ideogràfic◊; *ger:*
de Ideographischen *en* ideographic
nl ideographisch *sv* ideografisk
no ideografiske *da* ideografisk; *sla:*
pl ideograficzn◊ *ce* ideografick◊
sk ideografick◊ *ru* идеографическ◊
uk ідеографічн◊ *be* идеографическ◊
hr ideografsk◊ *sr* идеографск◊
sl ideografsk◊ *mk* идеографск◊; *f-u:*
su ideografisia; *bal:* *lt* ideogrāfišk◊
lv ideogrāfisk◊; *n. g.:* *el* ιδεογραφικ◊,
sh ideografik◊, *tr* ideografik. *min. 28/589*

ideogramma *n* N Ideogramm *n*
gen: ~me <prim>. *rom:* *fr* idéogramme
it ideogramma *es* ideograma *ro* ideogramă
pt ideograma *ca* ideograma; *ger:*
de Ideogramm *en* ideogram; *sla:*
ru идеограмма *uk* ідеограма
be идеограмма *bg* идеограма *hr* ideogram

sr идеограм *mk* идеограма; *f-u:*
su ideogrammi *et* ideogramm; *bal:*
lt ideogramma *lv* ideogramma; *n. g.:*
el ιδεόγραμμα. *min. 20/501*

ideologia *f* N Ideologie *f*
<prim>. *rom:* *fr* idéologie *it* ideologia
es ideología *ro* ideologie *pt* ideologia
ca ideologia; *ger:* *de* Ideologie
en ideology *nl* ideologie *sv* ideologi
no ideologi *da* ideologi; *sla:* *pl* ideologia
ce ideologie *sk* ideológia *ru* идеология
uk ідеологія *be* ідэалогія *bg* идеология
hr ideologija *sr* идеологија *sl* ideologija
mk идеологија; *f-u:* *ma* ideológia
su ideologia *et* ideoloogia; *bal:*
lt ideologija *lv* ideoloģija; *gal:* *cy* ideoleg
ga idéeolaíocht; *n. g.:* *el* ιδεολογία,
ek ideologia, *mt* ideoloģija, *sh* ideologji,
tr İdeoloji. *min. 35/615*

idiot *m* N Idiot *m*
<prim>. *rom:* *fr* idiot *it* idiota *es* idiota
ro idiot *pt* idiota *ca* idiota; *ger:* *de* Idiot
en idiot *nl* idioot *sv* idiot *no* idiot *da* idiot;
sla: *pl* idiota *ce* idiot *sk* idiot *ru* идиот
uk ідіот *be* ідыёт *bg* идиот *hr* idiot
sr идиот *sl* idiot *mk* идиот; *f-u:* *ma* idióta
su idiootti *et* idioot; *bal:* *lt* idiotas
lv idiots; *n. g.:* *sh* idiot. *min. 29/596*

ignorancea *f* N Ignoranz *f*
[tsa], gen: -ce <prim>. *rom:* *fr* ignorance
it ignoranza *es* ignorancia *ro* ignoranţă
pt ignorância *ca* ignorància; *ger:*
de Ignoranz *en* ignorance; *sla:*
bg игнорантност; *n. g.:* *mt* injoranza,
sh injorancë. *min. 11/354*

ignoréren *c-* V ignorieren; missachten;
übergehen
<prim>. *rom:* *fr* ignorer *it* ignorare
es ignorar *ro* ignora *pt* ignorar *ca* ignorar;
ger: *de* ignorieren *en* ignore *sv* ignorera
no ignorere *da* ignorere; *sla:* *pl* ignorować

ce ignorovat sk ignorovať
ru игнорировать uk ігнорувати
be ігнараваць bg игнорирам hr ignorirati
sr игнорисати sl ignorirati mk игнорира;
f-u: et ignoreerima; bal: lt ignoruoti
lv ignorēt; n. g.: mt -injora, sh injoroj.
min. 27/559

illégąlno adv illegal
<prim>. rom: fr illégalement
es ilegalmente ro ilegal pt ilegalmente
ca il·legalment; ger: de illegal en illegally;
sla: pl nielegalnie ce nelegálně
sk nelegálne bg нелегално sr илегално;
f-u: ma illegálisan; bal: lt nelegaliai
lv nelegāli; n. g.: ek ilegalki,
mt illegalment, sh ilegalisht. min. 18/386

illuminatiǫn f N Illumination f
[ts] gen: -ǫne <prim>. rom:
it illuminazione es iluminación ro lumină
pt iluminação ca il·luminació; ger:
de Illumination en illumination; sla:
bg илуминация; bal: lv iluminācija;
n. g.: mt illuminazzjoni. min. 10/291

illustratiǫn f N Illustration f
[ts] gen: -ǫne <prim>. rom: fr illustration
it illustrazione es ilustración ro ilustrare
pt ilustração ca il·lustració; ger:
de Illustration en illustration nl illustratie
sv illustration no illustrasjon
da illustration; sla: pl ilustracja
ce ilustrace sk ilustrácie ru иллюстрация
uk ілюстрація be ілюстрацыя
bg илюстрация hr ilustracija
sr илустрација sl ilustracija
mk илустрација; bal: lt iliustracija
lv ilustrācija; n. g.: ek ilustrazioa,
mt illustrazzjoni, sh ilustrim. min. 28/579

illustrẹren c- V illustrieren
<prim>. rom: fr illustrer it illustrare
es ilustrar ro ilustra pt ilustrar ca il·lustrar;
ger: de illustrieren en illustrate

nl illustreren sv illustrera no illustrere
da illustrere; sla: pl zilustrować
ce ilustrovat sk ilustrovať
ru иллюстрировать uk ілюструвати
be ілюстраваць bg илюстрирам
hr ilustrirati sr илустровати
mk илустрирам; f-u: ma illusztrálni
et illustreerima; bal: lt iliustruoti
lv ilustrēt; n. g.: ek ilustratzen, sh ilustroj.
min. 28/591

imaginąn V vorstellen
<ang>. rom: fr imaginer it imaginare
es imaginar ro imagina pt imaginar
ca imaginar; ger: de (imaginär)
en imagine; sla: ru (имажинизм).
min. 9/424

imaginár A vorgestellt; imaginär;
gedacht
<prim>. rom: fr imaginaire it imaginari◊
es imaginári◊ pt imaginári◊ ca imaginàri◊;
ger: de imaginär en imaginary; sla:
pl imaginowan◊ sb imaginarn◊
ru имажинистск◊ bg имагинерн◊.
min. 11/454

imitatiǫn f N Imitation f
[ts] gen: -ǫne <prim>. rom: fr imitation
it imitazione es imitación ro imitație
pt imitação ca imitació; ger: de Imitation
en imitation nl imitatie sv imitation
no imitasjon; sla: pl imitacja ce imitace
sk imitácia ru имитация uk імітація
be імітацыя bg имитация hr imitacija
sr имитација sl imitacija mk имитација;
f-u: et imitatsioon; bal: lt imitacija
lv imitācija; n. g.: ek imitazioa,
mt imitazzjoni, sh imitim. min. 28/578

imitẹren c- V imitieren
<prim>. rom: fr imiter it imitare es imitar
ro imita pt imitar ca imitar; ger:
de imitieren en imitate nl imiteren
sv imitera no imitere; sla: bg имитирам

hr imitirati *sr* имитирати *mk* имитираат;
bal: *lt* imituoti; *n. g.:* *ek* imitatu,
mt -imita, *sh* imitoj. *min. 19/408*

immigrạnt *m* N Immigrant

<prim>. *rom:* *fr* immigrant *it* immigrato
es inmigrante *ro* imigrant *pt* imigrante
ca immigrant; *ger:* *de* Immigrant
en immigrant *nl* immigrant; *sla:*
pl imigrant *ru* иммигрант *uk* імміґрант
be імігрант *bg* имигрант *hr* imigrant
sr имигрант *mk* имигрант; *f-u:*
et immigrant; *bal:* *lt* imigrantas
lv imigrants; *n. g.:* *mt* immigranti,
sh imigrant. *min. 22/545*

immigratiọn *f* N Immigration *f*

[ts] gen: -ọne <prim>. *rom:*
fr immigration *it* immigrazione
es inmigración *ro* imigrare *pt* imigração
ca immigració; *ger:* *de* Immigration
en immigration *nl* immigratie; *sla:*
pl imigracja *ru* иммиграция *uk* імміґрація
be іміграцыя *bg* имиграция *hr* imigracija
sr имиграција *mk* имиграција; *f-u:*
et immigratsioon; *bal:* *lt* imigracija
lv imigrācija; *n. g.:* *ek* immigrazioa,
mt immigrazzjoni, *sh* imigrim. *min. 23/546*

immigrẹren *c-* V immigrieren

<prim>. *rom:* *fr* immigrer *it* immigrare
es inmigrar *ro* imigra *pt* imigrar
ca immigrar; *ger:* *de* immigrieren
en immigrate *nl* immigreren; *sla:*
pl imigrować *ru* иммигрировать
uk імміґрувати *be* іміграваць
bg имигрирам *hr* imigrirati
sr имигрирати *mk* имигрираат; *bal:*
lt imigruoti *lv* imigrēt; *n. g.:*
ek emigratzea, *mt* ,NV, *sh* imigroj.
min. 22/545

impedạncea *f* N Impedanz *f*

[tsa], gen: -ce <prim>. *rom:* *fr* impédance
it impedenza *es* impedancia *ro* impedanţă

pt impedância *ca* impedància; *ger:*
de Impedanz *en* impedance *nl* impedantie
sv impedans *no* impedans *da* impedans;
sla: *pl* impedancja *ce* impedance
sk impedancia *ru* импеданс *uk* імпеданс
be імпеданс *bg* импеданс *hr* impedanca
sr импеданца *sl* impedanca
mk импеданса; *f-u:* *ma* impedancia
su impedanssi *et* impedantsi; *n. g.:*
ek inpedantzia, *mt* impedenza,
tr empedans. *min. 29/597*

impẹr *m* N Imperium *n*

<prim>. *rom:* *fr* empire *it* impero
es imperio *ro* imperiu *pt* império
ca imperi; *ger:* *de* Imperium *en* empire
sv imperium *no* imperium; *sla:*
pl imperium *ru* империя *uk* імперія
be імперыя *bg* империя *sr* империја
sl imperij *mk* империја; *f-u:* *su* imperiumi
et impeerium; *bal:* *lt* imperija *lv* impērija;
gal: *ga* impireacht; *n. g.:* *ek* inperio,
mt imperu, *tr* imparatorluk. *min. 26/549*

imperatịv *m* N Imperativ *m*

<prim>. *rom:* *fr* impératif *it* imperativo
es imperativo *ro* imperativ *pt* imperativo
ca imperatiu; *ger:* *de* Imperativ
en imperative; *sla:* *pl* imperatyw
ce imperativ *sk* imperatív *ru* императив
uk імператив *be* імператыў *bg* императив
hr imperativ *sr* императив *mk* императив;
f-u: *su* imperatiivi *et* imperatiiv; *bal:*
lv imperatīvs; *n. g.:* *ek* inperatibo,
mt imperattivi. *min. 23/543*

ịmperfect *m* N imperfekt *m*

<prim>. *rom:* *fr* imparfait *es* imperfecto
ro imperfect *ca* imperfect; *ger:*
de Imperfekt *da* imperfekt; *sla:*
ru имперфект; *n. g.:* *mt* imperfekt.
min. 8/307

imperiạl [A] imperial

adv: ~no <prim>. _rom:_ _fr_ impérial
_it_ imperiale _es_ imperial _ro_ imperial
_pt_ imperial _ca_ imperial; _ger:_ _de_ imperial
_en_ imperial _sv_ imperial _no_ imperial
_da_ imperial; _sla:_ _ru_ императорск◊
_uk_ імператорськ◊ _bg_ имперск◊
_sl_ imperialn◊; _bal:_ _lt_ imperij◊
_lv_ imperiāl◊; _n. g.:_ _tr_ imparatorluk.
min. 18/484

imperialịsme _m_ [N] Imperialismus _m_

<prim>. _rom:_ _fr_ impérialisme
_it_ imperialismo _es_ imperialismo
_ro_ imperialism _pt_ imperialismo
_ca_ imperialisme; _ger:_ _de_ Imperialismus
_en_ imperialism _nl_ imperialisme
_sv_ imperialisme _no_ imperialisme
_da_ imperialisme; _sla:_ _pl_ imperializm
_ce_ imperialismus _sk_ imperializmus
_ru_ империализм _uk_ імперіалізм
_be_ імперыялізм _bg_ империализъм
_hr_ imperijalizam _sr_ империјализам
_sl_ imperializem _mk_ империјализам; _f-u:_
_ma_ imperializmus _su_ imperialismi; _bal:_
_lt_ imperializmas _lv_ imperiālisms; _gal:_
_cy_ imperialaeth _ga_ impiriúlachas; _n. g.:_
_el_ ιμπεριαλισμός, _ek_ inperialismoak,
_sh_ imperializëm, _tr_ emperyalizm.
min. 33/613

implosiọn _f_ [N] Implosion _f_

gen: -ọne <prim>. _rom:_ _fr_ implosion
_it_ implosione _es_ implosion _ro_ implozia
_pt_ implosão _ca_ implosion; _ger:_
_de_ Implosion _en_ implosion _nl_ implosie
_sv_ implosion _no_ implosjon _da_ implosion;
sla: _pl_ implozja _ce_ imploze _sk_ implózia
_bg_ имплозия _hr_ implozija _sr_ имплозија
_sl_ implozija _mk_ имплозија; _n. g.:_
_ek_ inplosio. _min. 21/464_

impọrt _m_ [N] Import _m_

<prim>. _rom:_ _fr_ importer _it_ import
_es_ importación _ro_ import _pt_ importação
_ca_ importació; _ger:_ _de_ Import _en_ import
_nl_ import _sv_ import _no_ import _da_ import;
sla: _pl_ import _ru_ импорт _uk_ імпорт
_be_ імпарт _bg_ импорт; _f-u:_ _ma_ import
_et_ import; _bal:_ _lt_ importas _lv_ imports;
_n. g.:_ _mt_ importazzjoni, _sh_ import.
min. 23/561

importạnt [A] wichtig

comp: ~er, adv: ~o <ang>. _rom:_
_fr_ important _it_ importante _es_ importante
_ro_ important _pt_ importante _ca_ important;
ger: _en_ important; _n. g.:_ _mt_ importanti.
min. 8/249

impressiọn _f_ [N] Eindruck _m_

gen: -ọne <prim>. _rom:_ _fr_ impression
_it_ impressione _es_ impresión _ro_ impresie
_ca_ impressió; _ger:_ _de_ Impression
_en_ impression _da_ impression; _sla:_
_pl_ impresja _ru_ импрессия _bg_ импресия
_hr_ impresija; _n. g.:_ _mt_ impressjoni.
min. 13/471

in [P] in

<prim>. _rom:_ _fr_ (en) _it_ in _es_ en _ro_ în
_pt_ em _ca_ en; _ger:_ _de_ in _en_ in _nl_ in _sv_ i
_no_ i _da_ i; _bal:_ _lv_ i̧; _gal:_ _br_ e(n) _ga_ i(n)
_gv_ ayns. _min. 16/384_

ịnáche [adv] sonst

<cont>. _sla:_ _pl_ inaczej _ce_ jinak _sk_ inak
_ru_ иначе _uk_ інакше _be_ іначай _bg_ иначе
_hr_ inače _sr_ иначе. _min. 9/187_

incarnatiọn _f_ [N] Inkarnation _f_

[ts] gen: -ọne <prim>. _rom:_ _fr_ incarnation
_it_ incarnazione _es_ encarnación
_pt_ encarnação _ca_ encarnació; _ger:_
_de_ Inkarnation _en_ incarnation _nl_ incarnatie
_sv_ inkarnationen _no_ inkarnasjon
_da_ inkarnation; _sla:_ _ru_ инкарнация
_bg_ инкарнация _mk_ инкарнација; _f-u:_
_su_ inkarnaatio; _n. g.:_ _ek_ enkarnazio,
_mt_ inkarnazzjoni. _min. 17/460_

inclusív [A] inklusiv

<prim>. *rom:* *fr* inclusif *es* inclusiv◊
ro inclusiv *pt* inclusiv◊ *ca* inclusiv◊; *ger:*
de inklusiv *en* inclusive *nl* inclusief
sv inklusiv *no* inklusive *da* inklusive; *sla:*
ru инклюзивн◊ *uk* включн◊ *sr* закључн◊
mk инклузивно; *n. g.:* *mt* inklussiv.
min. 16/442

incrédíbil [A] unglaublich

comp: -bler; adv: -díbilno <ang>. *rom:*
fr incroyable *it* incredibile *es* increíble
ro incredibil *pt* incrível *ca* increïble; *ger:*
en incredible. *min. 7/249*

incubatión *f* [N] Inkubation *f*

[ts] gen: -one <prim>. *rom:* *fr* incubation
it incubazione *es* incubación *ro* incubație
pt incubação *ca* incubació; *ger:*
de Inkubation *en* incubation *nl* incubatie
sv inkubering *no* inkubasjon *da* inkubation;
sla: *pl* inkubacja *ce* inkubace *sk* inkubácia
ru инкубация *uk* інкубація *be* інкубацыі
bg инкубация *hr* inkubacija *sr* инкубација
sl inkubacija *mk* инкубацијата; *f-u:*
ma inkubáció *et* inkubeerimine; *bal:*
lt inkubacija; *n. g.:* *ek* inkubazioa,
mt inkubazzjoni, *sh* inkubacion.
min. 29/591

incurahján [V]

+↑curájh. <ang>. *rom:* *fr* encourager
it incoraggiare *es* (coraje) *ro* încuraja
pt encorajar *ca* encoratgar; *ger:*
en encourage *sv* окуражавам; *n. g.:*
sh inkurajoj. *min. 9/259*

indęntic [A] identisch

<prim>. *rom:* *fr* identique *it* identic◊
es idéntic◊ *ro* identic *pt* idêntic◊
ca idèntic◊; *ger:* *de* identisch *en* identical
nl identiek *sv* identisk *no* identiske
da identisk; *sla:* *pl* identyczn◊
ru идентичн◊ *uk* ідентичн◊ *be* ідэнтычн◊
bg идентичн◊ *hr* identičn◊ *sr* идентичн◊

mk идентичн◊; *f-u:* *su* identtinen
et identne; *bal:* *lt* identišk◊ *lv* identisk◊;
n. g.: *mt* identiči, *sh* identik◊. *min. 26/567*

index *m* [N] Index *m*

gen: -dice <prim>. *rom:* *fr* index *it* indice
es índice *ro* index *pt* índice *ca* índex; *ger:*
de Index *en* index *nl* index *sv* index
no indeks *da* indeks; *sla:* *pl* indeks
ce index *sk* index *ru* индекс *uk* індекс
be індэкс *bg* индекс *hr* indeks *sr* индекс
sl indeks *mk* индекс; *f-u:* *ma* index
su indeksi *et* indeks; *bal:* *lv* indekss;
n. g.: *ek* indizea, *mt* indiči, *sh* indeks,
tr indeks. *min. 31/599*

indicán [V] anzeigen

<ang>. *rom:* *fr* indiquer *it* indicare
es indicar *pt* indicar *ca* indicar; *ger:*
en indicate. *min. 6/229*

indicątor *m* [N] Anzeiger *m*

<prim>. *rom:* *fr* indicateur *it* indicatore
es indicador *ro* indicator *pt* indicador
ca indicador; *ger:* *de* Anzeiger
en indicator *nl* indicator *sv* Indikator
no indikator *da* indikator; *sla:*
ce indikátor *sk* indikátor *ru* индикатор
uk індикатор *be* індыкатар *bg* индикатор
hr indikator *sr* индикатор *mk* индикатор;
f-u: *et* indikaator; *bal:* *lt* indikators
lv indikators; *n. g.:* *mt* indikatur.
min. 25/538

individuąl [A] individuell (1)

<prim>. *rom:* *fr* individuel *it* individuale
es individual *ro* individual *ca* individual;
ger: *de* individuell *en* individual
da individuelt; *sla:* *pl* indywidualn◊
ru индивидуальн◊ *bg* индивидуалн◊;
n. g.: *mt* individwalment. *min. 12/467*

individuąlno [adv] individuell (2)

<prim>. *rom:* *fr* individuellement
it individualmente *es* individualmente
ro individual *pt* individualmente

ca individualment; *ger:* *de* individuell
en individually *nl* individueel
sv individuellt *no* individuelt; *sla:*
pl indywidualnie *bg* индивидуалн◊; *n. g.:*
mt individwalment, *sh* individualisht.
min. 15/429

indụstria *f* N Industrie *f*

<prim>. *rom:* *fr* industrie *it* industria
es industria *ro* industrie *pt* indústria
ca indústria; *ger:* *de* Industrie *en* industry
nl industrie *sv* industrin *no* industrien
da industri; *sla:* *bg* индустрия
hr industrija *sr* индустрија *sl* industrija
mk индустрија; *n. g.:* *ek* industria,
mt industrija, *sh* industri. *min. 20/409*

industriạl A industriell

<prim>. *rom:* *fr* industriel *it* industriale
es industrial *ro* industrial *pt* industrial
ca industrial; *ger:* *de* industriell
en industrial *nl* industrieel *sv* industriell
no industrielle *da* industriel; *sla:*
bg индустриалн◊ *hr* industrijsk◊
sr индустријск◊ *sl* industrijsk◊
mk индустриск◊; *n. g.:* *mt* industrijali,
tr endüstriyel. *min. 19/413*

infạrct *m* N Infarkt *m*

<prim>. *rom:* *it* infarto *es* infarto
ro infarctul *pt* infartar *ca* infart; *ger:*
de Infarkt *en* infarct *nl* infarct *sv* infarkt
no infarkt *da* infarkt; *sla:* *ce* infarkt
sk infarkt *ru* инфаркт *uk* інфаркт
be інфаркт *bg* инфаркт *hr* infarkt
sr инфаркт *sl* infarkt *mk* инфаркт; *f-u:*
ma infarktus *su* infarkti *et* infarkt; *bal:*
lt infarktas *lv* infarktu; *n. g.:* *mt* infart,
sh infarkt, *tr* enfarkt. *min. 29/496*

infinitịv *m* GRAM N Infinitiv *m*

<prim>. *rom:* *fr* infinitif *es* infinitivo
ro infinitiv *ca* infinitiu; *ger:* *de* Infinitiv
en infinitive *da* infinitiv; *sla:* *pl* infinitiv
ce infinitiv *ru* инфинитив *be* інфінітыў

bg инфинитив *hr* infinitiv; *f-u:*
su infinitiivi. *min. 14/446*

inflatiọn *f* N Inflation *f*

[ts] gen: -one <prim>. *rom:* *fr* inflation
it inflazione *es* inflación *ro* umflare
pt inflação *ca* inflació; *ger:* *de* Inflation
en inflation *nl* inflatie *sv* inflation
no inflasjon *da* inflation; *sla:* *pl* inflacja
ce inflace *sk* inflácie *ru* инфляция
uk інфляція *be* інфляцыя *bg* инфлация
hr inflacija *sr* инфлација *sl* inflacija
mk инфлација; *f-u:* *ma* infláció
su inflaatio *et* inflatsioon; *bal:* *lt* infliacija
lv inflācija; *n. g.:* *ek* inflazioa,
mt inflazzjoni, *sh* inflacion, *tr* enflasyon.
min. 32/602

influẹncea *f* N Einfluss *m*

[tsa], gen: -ce <ang>. *rom:* *fr* influence
it influenze *es* influencia *ro* influențe
ca influència; *ger:* *en* influence; *n. g.:*
mt influwenzi. *min. 7/239*

informatiọn *f* N Information *f*

[ts] gen: -one <prim>. *rom:* *fr* information
it informazione *es* información
ro informații *pt* informação *ca* informació;
ger: *de* information *en* information
nl informatie *sv* information
no informasjon *da* information; *sla:*
pl informacja *ce* informace
ru информация *be* інфармацыя
bg информация *hr* informacija
sl informacija; *f-u:* *ma* információ; *n. g.:*
mt informazzjoni. *min. 21/550*

informẹren *c-* V informieren

<prim>. *rom:* *fr* informer *it* informare
es informar *ro* informa *pt* informar
ca informar; *ger:* *de* informieren
en inform *nl* informeeren *sv* informera
no informere *da* informere; *sla:*
pl informować *ce* informovat
sb informować *ru* информировать

bg информирам *hr* informirati; *f-u:* *ma* informálni; *n. g.:* *mt* -infurma. *min.* 20/538

"infraród" [A] Infrarot-
+↑ród. <prim>. *rom:* *fr* infrarouge *it* infrarosso *es* infrarrojo *ro* infraroşu *pt* infravermelho *ca* infraroig; *ger:* *de* Infrarot *en* infrared *nl* infrarood *no* infrarød *da* infrarød; *sla:* *ce* infračervené *sk* infračervené *ru* инфракрасн◊ *uk* інфрачервоний *be* інфрачырвоны *bg* инфрачервен *hr* infracrveni *sr* инфрацрвени *sl* infrardeči *mk* инфрацрвена; *f-u:* *ma* infravörös *su* infrapuna *et* infrapuna; *bal:* *lv* infrasarkano; *gal:* *ga* infridhearg; *n. g.:* *ek* infragorri.27/

infrastructụra *f* [N] Infrastruktur *f* <prim>. *rom:* *fr* infrastructure *it* infrastruttura *es* infraestructura *ro* infrastructură *pt* infra-estrutura *ca* infraestructura; *ger:* *de* Infrastruktur *en* infrastructure *nl* infrastructuur *sv* infrastruktur *no* infrastruktur *da* infrastruktur; *sla:* *pl* infrastruktura *ce* infrastruktura *sk* infraštruktúra *ru* инфраструктура *uk* інфраструктура *be* інфраструктура *bg* инфраструктура *hr* infrastruktura *sr* инфраструктура *sl* infrastruktura *mk* инфраструктура; *f-u:* *ma* infrastruktúra *su* infrastruktuuri *et* infrastruktuur; *bal:* *lt* infrastruktūra *lv* infrastruktūras; *n. g.:* *mt* infrastruttura, *sh* infrastrukturë. *min.* 30/596

infusiọn *f* [N] Infusion *f* gen: -one <prim>. *rom:* *fr* infusion *it* infusione *es* infusión *ro* infuzie *pt* infusão *ca* infusió; *ger:* *de* Infusion *en* infusion *sv* infusion *no* infusjon *da* infusion; *sla:* *ce* infúze *sk* infúzie *ru* инфузия *uk* інфузія *be* инфузия *hr* infuzija *sr* инфузија *sl* infundiranje

mk инфузија; *f-u:* *ma* infúzió *su* infuusio *et* infusioon; *bal:* *lt* infuzija *lv* infūzija; *n. g.:* *ek* infusio, *mt* infużjoni, *sh* infuzion. *min.* 28/527

ingjéniẹr *m* [N] Ingenieur *m* <prim>. *rom:* *fr* ingénieur *it* ingegnere *es* ingeniero *ro* inginer *pt* engenheiro *ca* enginyer; *ger:* *de* Ingenieur *en* engineer *nl* ingenieur *sv* ingenjör *no* ingeniør *da* ingeniør; *sla:* *pl* inżynier *ce* inženýr *sk* inžinier *ru* инженер *uk* інженер *be* інжынер *bg* инжинер *hr* inženjer *sr* инжењер *sl* inženir *mk* инженер; *f-u:* *su* insinööri *et* insener; *bal:* *lt* inžinierius *lv* inženieris; *gal:* *ga* innealtóir; *n. g.:* *ek* ingeniaria, *mt* inġinier, *sh* inxhinier. *min.* 31/586

ingrédiẹnt *m* [N] Inhaltsstoff *f* <prim>. *rom:* *fr* ingrédient *it* ingrediente *es* ingrediente *ro* ingredient *ca* ingredient; *ger:* *en* ingredient *da* ingrediens; *sla:* *ru* ингредиент *be* інгрэдыенты; *n. g.:* *mt* ingredjent. *min.* 10/332

inhalẹren *c-* [V] inhalieren <prim>. *rom:* *fr* inhaler *it* inalare *es* inhalar *ro* inhala *pt* inalar *ca* inhalar; *ger:* *de* inhalieren *en* inhale *nl* inhaleren *no* innhalere *da* inhalere; *sla:* *ce* inhalovat *sk* inhalovať *bg* инхалирам. *min.* 14/397

initiạl (1) *m* [N] Anfangsbuchstabe *m*; Initial *m* <prim>. *rom:* *fr* initiale *it* iniziale *es* inicial *ro* iniţial *ca* inicial; *ger:* *de* Initiale *en* initial *da* initial; *sla:* *pl* inicjał *ru* инициалы; *n. g.:* *mt* inizjali. *min.* 11/457

initiạl (2) [A] anfänglich <ang>. *rom:* *it* iniziale *es* inicial *ro* iniţial *ca* inicial; *ger:* *en* initial; *sla:* *ru* инициальн◊; *n. g.:* *mt* inizjali. *min.* 7/254

163

initiatįva *f* $\boxed{N}$ Initiative *f*

<prim>. *rom:* *fr* initiative *it* iniziativa
es iniciativa *ro* iniţiativă *ca* iniciativa;
ger: *de* Initiativa *en* initiative *da* initiativ;
sla: *ce* iniciativa *ru* инициатива
be ініцыятыва *bg* инициатива
hr inicijativa; *n. g.:* *mt* inizjattiva.
min. 14/451

innovatiόn *f* $\boxed{N}$ Innovation *f*

[ts] gen: -one <prim>. *rom:* *fr* innovation
it innovazione *es* innovación *ro* inovaţie
pt inovação *ca* innovació; *ger:*
de innovation *en* innovation *nl* innovatie
sv innovasjon *no* innovasjon *da* innovation;
sla: *pl* innowacja *ce* inovace *sk* inovace
sb innowacija *ru* инновация *bg* иновация
hr inovacija *sr* иновација *sl* inovacija
mk иновација; *f-u:* *ma* innováció
su innovaatio *et* innovatsioon; *bal:*
lt inovacija *lv* inovācijas; *n. g.:*
mt innovazzjoni. *min. 28/566*

innovatív $\boxed{A}$ innovativ

<prim>. *rom:* *fr* innovatif *it* innovativ◊
es innovativ◊ *ro* inovativ *pt* inovativ◊
ca innovativ◊; *ger:* *de* innovativ
en innovative *nl* innovatief *sv* innovatif
no innovativ *da* innovative; *sla:*
pl innowativn◊ *ce* inovatívn◊ *sk* inovatívn◊
ru инновативн◊ *be* інавацыйн◊
bg иновативн◊ *hr* inovativn◊ *sl* inovativn◊
mk иновативн◊; *f-u:* *ma* innovatív
su innovatiivinen; *bal:* *lv* inovatīv◊; *n. g.:*
mt innovattivi. *min. 25/563*

insolvęncea *f* $\boxed{N}$ Insolvenz *f*

[tsa], gen: -ce <prim>. *rom:*
fr insolvabilité *it* insolvenza *es* insolvencia
pt insolvência *ca* insolvència; *ger:*
de Insolvenz *en* insolvency *nl* insolventie
sv insolvens *no* insolvens *da* insolvens;
sla: *hr* insolventnost *sr* инсолвентност
sl insolventnost *mk* несолвентност; *gal:*

cy ansolfedd; *n. g.:* *mt* insolvenza.
min. 18/378

inspęctor *m* $\boxed{N}$ Inspektor *m*

gen: inspectòre <prim>. *rom:*
fr inspecteur *it* ispettore *es* inspector
ro inspector *pt* inspetor *ca* inspector; *ger:*
de Inspektor *en* inspector *nl* inspecteur
sv inspector *no* inspektør *da* inspector;
sla: *pl* inspektor *ce* inspektor *sk* inšpektor
ru инспектор *uk* інспектор *be* інспектар
bg инспектор *hr* inspektor *sr* инспектор
sl inšpektor *mk* инспектор; *f-u:*
et inspektor; *bal:* *lt* inspektorius
lv inspektors; *n. g.:* *ek* inspektore,
mt spettur, *sh* inspektor. *min. 29/581*

inspiratiόn *f* $\boxed{N}$ Inspiration *f*

[ts] gen: -one <prim>. *rom:* *fr* inspiration
it ispirazione *es* inspiración *pt* inspiração
ca inspiració; *ger:* *de* Inspiration
en inspiration *nl* inspiratie *sv* inspiration
no inspirasjon *da* inspiration; *sla:*
pl inspiracja *ce* inspirace *sk* inšpirácia
bg инспирация *sr* инспирација
mk инспирација; *f-u:* *su* inspiraatio
et inspiratsioon; *n. g.:* *ek* inspirazio.
min. 20/445

instąbil *!comp:* -bler; *adv:* -bilno $\boxed{A}$
  instabil; unstabil

<prim>. *rom:* *fr* instable *it* instabile
es inestable *ro* instabil *ca* inestable; *ger:*
de instabil *da* ustabil; *sla:* *ce* nestabiln◊
bg нестабилн◊ *hr* nestabiln◊; *n. g.:*
mt instabbli. *min. 11/301*

installatiόn *f* $\boxed{N}$ Installation *f*

[ts] gen: -one <prim>. *rom:* *fr* installation
it installazione *es* instalación *pt* instalação
ca instałació; *ger:* *de* Installation
en installation *nl* installatie *sv* installation
no installasjon *da* installation; *sla:*
pl instalacja *ce* instalace *sk* inštalácia
bg инсталация *hr* instalacija

sr инсталација *mk* инсталација; *n. g.:*
ek instalazioa, *mt* installazzjoni,
sh instalim. *min. 21/443*

instructión *f* $\boxed{N}$ Instruktion *f*
[ts] gen: -one <prim>. *rom: fr* instruction
it istruzione *es* instrucción *pt* instrução
ca instrucció; *ger: de* Instruktion
en instruction *nl* instructie *sv* instruktion
no instruksjon *da* instruktion; *sla:*
pl instrukcja *ce* instrukce *sk* inštrukcie
ru инструкция *uk* інструкція
be інструкцыя *bg* инструкция
sr инструкција; *bal: lv* instrukcija; *n. g.:*
ek instrukzio, *mt* istruzzjoni. *min. 22/549*

insuliné *f* $\boxed{N}$ Insulin *n*
<prim>. *rom: fr* insuline *it* insulina
es insulina *ro* insulină *pt* insulina
ca insulina; *ger: de* Insulin *en* insulin
nl insuline *sv* insulin *no* insulin *da* insulin
is insúlín; *sla: pl* insulin *ce* inzulín
sk inzulín *ru* инсулин *uk* інсулін
be інсулін *bg* инсулин *hr* insulin
sr инсулин *sl* insulin *mk* инсулин; *f-u:*
ma inzulin *su* insuliini *et* insuliin; *bal:*
lt insulinas *lv* insulīna; *gal: cy* inswlin
ga inslin; *n. g.: ek* intsulina, *mt* insulina,
sh insulinë, *tr* ensülin. *min. 35/603*

intelligencea *f* $\boxed{N}$ Intelligenz *f*
[tsa], gen: -ce <prim>. *rom:*
fr intelligence *it* intelligenza *es* inteligencia
ro inteligență *pt* intelligencia
ca intelligència; *ger: de* intelligenz
en intelligence *da* intelligens; *sla:*
pl inteligencja *ce* inteligence
ru интеллигенция *bg* интелигентност
hr inteligencija *sl* inteligenca; *n. g.:*
mt intelliġenza. *min. 16/493*

interęss *m* $\boxed{N}$ Interesse *n*
<prim>. *rom: fr* intérêt *it* interesse
es interés *ro* interes *pt* interesse *ca* interès;
ger: de Interesse *en* interest *sv* intresse

no interesse *da* interesse; *sla: ru* интерес
uk інтерес *bg* интерес *hr* interes
mk интерес; *n. g.: ek* interes, *mt* interess,
sh interes. *min. 19/480*

interessánt $\boxed{A}$ interessant
<prim>. *rom: fr* intéressant *it* interessante
es interesante *ro* interesant *ca* interessant;
ger: de interessant *en* interesting
da interessant; *sla: pl* interesujący
ru интересн◊ *bg* интересн◊; *n. g.:*
mt interessanti. *min. 12/467*

interesséren *c-* $\boxed{V}$ interessieren
<prim>. *rom: fr* intéresser *it* interessare
ro interesa; *ger: de* interessieren
nl interesseren *sv* interessera *no* interessere
da interessere; *sla: pl* interesować
ru интересовать *bg* интересувам
hr interesirati; *bal: lt* interesuoti
lv interesēt; *n. g.: mt* interess. *min. 15/407*

interesséren sé *c-* $\boxed{V}$ interessieren:
sich ~ für etwas
<prim>. *rom: fr* s'intéresser; *ger: de* sich
interessieren *en* be interested *da* interessere
sig; *sla: pl* interesować się
ru интересоваться *bg* интерсувам (се);
n. g.: mt interess. *min. 8/353*

interięr *m* $\boxed{N}$ Interieur *n*
<prim>. *rom: fr* intérieur *it* interiore
es interior *ro* interioare *pt* interior
ca interior; *ger: de* Interieur *en* interior
nl interieur *sv* interiör *no* interiør
da interiør; *sla: ce* interiér *sk* interiér
ru интерьер *uk* інтер'єр *be* інтэр'ер
bg интериор *hr* interijer *sr* ентеријер
mk ентериер; *f-u: et* interjööri; *bal:*
lt interjeras *lv* interjers; *n. g.: mt* interjur.
min. 25/538

internationál $\boxed{A}$ international
<prim>. *rom: fr* international
it internazionale *es* internacional
ro internațional *ca* internacional; *ger:*

de international *en* international
da international; _sla:_
bg интернационалн◊; _n. g.:_
mt internazzjonali. *min. 10/347*

internet *m* ⊠ Internet *n*

<prim>. *comun* internet/интернет: _rom:_
fr, it, es, ro, pt, ca; _ger:_ *de, en, nl, lb, sv,*
no, da; _sla:_ *pl, ce, sk, ru, uk, bg, hr, sr, sl,*
mk; _f-u:_ *ma, su, et, sm;* _bal:_ *lt, lv;* _n. g.:_
ek, mt, sh, tr. *min. 33/593*

internist *m* ⊠ Internist *m*

<prim>. _rom:_ *fr* internista *it* internista
es internista *ro* internist *pt* internista
ca internista; _ger:_ *de* Internist *en* internist
nl internist; _sla:_ *pl* internist *ce* internist
sk internist *bg* интернист *hr* internist
sr интернист *sl* internist *mk* интернист;
bal: *lv* internists. *min. 18/447*

interprétatión *f* ⊠ Interpretation *f*

[ts] gen: -one <prim>. _rom:_
fr interprétation *it* interpretazione
es interpretación *ro* interpretare
pt interpretação *ca* interpretació; _ger:_
de Interpretation *en* interpretation
nl interpretatie; _sla:_ *pl* interpretacja
ru интерпретация *uk* інтерпретація
be інтэрпрэтацыя *bg* интерпретация
sr интерпретација; _bal:_ *lt* interpretacija;
_n. g.:_ *ek* interpretazio, *mt* interpretazzjoni,
sh interpretim. *min. 19/537*

interprétéren *c-* Ⅴ interpretieren

<prim>. _rom:_ *fr* interpréter *it* interpretare
es interpretar *ro* interpreta *pt* interpretar
ca interpretar; _ger:_ *de* interpretieren
en interprete *nl* interpreteren; _sla:_
pl interpretować *ce* interpretovat
sk interpretovať *ru* интерпретировать
uk інтерпретувати *be* інтэрпрэтаваць
bg интерпретирам; _bal:_ *lt* interpretuoti
lv interpretēt; _n. g.:_ *ek* interpretatzeko,
mt -interpreta, *sh* interpretoj. *min. 21/546*

interrogatív Ⓐ interrogativ *(Linguistik)*;
fragend; Frage-

<ang>. _rom:_ *fr* interrogatif *it* interrogativ◊
es interrogativ◊ *ro* interogativ
ca interrogativ◊; _ger:_
de Interrogativ- *en* interrogative.
min. 7/334

interrogatív pronóm *m* ⊠

Interrogativpronomen *n*; Frageword *n*

<prim>. _rom:_ *it* pronome interrogativo
ro pronumele interogativ *ca* pronom
interrogatiu; _ger:_ *de* Interrogativpronomen
en interrogative pronoun. *min. 5/229*

interváll *m* ⊠ Intervall *n*

<prim>. _rom:_ *fr* intervalle *it* intervallo
es intervalo *pt* intervalo *ca* interval; _ger:_
de Intervall *en* interval *nl* interval
sv intervall *no* intervall *da* intervall; _sla:_
ce interval *sk* interval *ru* интервал
uk інтервал *be* інтэрвал *bg* интервал
hr interval *sr* интервал *sl* interval
mk интервал; _f-u:_ *ma* intervallum
et intervall; _bal:_ *lt* intervalas *lv* intervāls;
_n. g.:_ *mt* intervall, *sh* interval. *min. 27/531*

interventión *f* ⊠ Intervention *f*

[ts] gen: -one <prim>. _rom:_
fr intervention *it* intervento *es* intervención
ro intervenție *pt* intervenção
ca intervenció; _ger:_ *de* Intervention
en intervention *no* intervensjon; _sla:_
pl interwencja *ce* intervence *sk* intervencie
bg интервенция *hr* intervencija
sr интервенција *sl* intervencija
mk интервенција; _f-u:_ *su* interventio;
bal: *lt* intervencija; _n. g.:_ *mt* intervent.
min. 20/437

intím Ⓐ intim

<prim>. _rom:_ *fr* intime *it* intim◊
es íntim◊ *ro* intim *pt* íntim◊ *ca* íntim;
ger: *de* intim *en* intimate *nl* intiem
sv intim *no* intim *da* intim; _sla:_

pl intymn◊ *ce* intimn◊ *sk* intímn◊
ru интимн◊ *uk* інтимн◊ *be* інтымн◊
bg интимн◊ *hr* intimn◊ *sr* интимн◊
sl intimn◊ *mk* интимн◊; *f-u:* su intiimi
et intiimne; *bal:* lt intymu◊ *lv* intīm◊;
n. g.: ek intimo, *mt* intima. *min. 29/585*

intimité *f* Ⓝ Intimität *f*
gen: -téte <prim>. *rom:* fr intimité
it intimità *es* intimidad *ro* intimitate
pt intimidade *ca* intimitat; *ger:*
de Intimität *en* intimacy *sv* intimitet
no intimitet *da* intimitet; *sla:*
pl intymność *ce* intimita *sk* intimita
bg интимност *hr* intimnost *sr* интимност
sl intimnost *mk* интимност; *f-u:*
et intiimsus; *bal:* lt intymumas
lv intimitāte; *n. g.:* ek intimitatea,
mt intimità. *min. 24/451*

intriga *f* Ⓝ Intrige *f*
<prim>. *rom:* fr intrigue *it* intrigo
es intriga *ro* intrigă *pt* intriga *ca* intriga;
ger: de Intrige *en* intrigue *nl* intrigeren
sv intrige *no* intrige *da* intriger; *sla:*
pl intryga *ce* intrika *sk* intriga *ru* интрига
uk інтрига *be* інтрыга *bg* интрига
hr intriga *sr* интрига *mk* интрига; *f-u:*
et intriig; *bal:* lt intrigos *lv* intriga; *n. g.:*
ek intriga, *sh* intrigë, *tr* entrika.
min. 28/584

intrigant *m* Ⓝ Intrigant *m*
<prim>. *rom:* fr intrigant *it* intrigante
es intrigante *ro* intrigant *pt* intrigante
ca intrigant; *ger:* de Intrigant *sv* intrigant;
sla: bg интригант *hr* intrigant
sr интригант; *f-u:* et intrigeeriv; *n. g.:*
tr entrikacı. *min. 13/323*

invalid Ⓐ invalide
<prim>. *rom:* fr invalide *it* invalid◊
es inválid◊ *pt* inválid◊ *ca* invàlid; *ger:*
de Invalide *en* invalid; *sla:* ru инвалидн◊
uk інвалідн◊ *be* інвалідн◊ *bg* невалидн◊

hr invalidn◊ *sl* invalidn◊ *mk* валидн◊;
f-u: su invalidi. *min. 15/456*

invasión *f* Ⓝ Invasion *f*
gen: -one <prim>. *rom:* fr invasion
it invasione *es* invasión *ro* invazie
pt invasão *ca* invasió; *ger:* de Invasion
en invasion *nl* invasie *sv* invasion
no invasjon *da* invasion; *sla:* pl inwazja
ce invaze *sk* invázie *bg* инвазия
hr invazija *sr* инвазија *sl* invazija
mk инвазија; *f-u:* ma invázió *su* invaasio
et invasioon; *bal:* lt invazija; *n. g.:*
ek inbasioa, *mt* invażjoni. *min. 26/485*

ir ⌷possArt⌷ ihr (3), ihre, ihren (2) *3.Pl;*
siehe Pronomen und Artikel

ír, íre(s), íra(s): de ~ ⌷possPrn⌷
ihr(ig)e(n): der /die /das /den ~ (2) *3.Pl;*
siehe Pronomen und Artikel

ironía *f* Ⓝ Ironie *f*
<prim>. *rom:* fr ironie *it* ironia *es* ironía
ro ironie *pt* ironia *ca* ironia; *ger:*
de Ironie *en* irony *nl* ironie *sv* ironi
no ironi *da* ironi; *sla:* pl ironia *ce* ironie
sk irónie *ru* ирония *uk* іронія *be* іронія
bg ирония *hr* ironija *sr* иронија *sl* ironija
mk иронијата; *f-u:* ma irónia *su* ironia
et iroonia; *bal:* lt ironija *lv* ironija; *gal:*
cy eironi *ga* íoróin; *n. g.:* el ειρωνεία,
ek ironia, *mt* ironija, *sh* ironi, *tr* İroni.
min. 35/615

irregulár Ⓐ unregelmäßig
<prim>. *rom:* fr irrégulier *it* irregolare
es irregular *ro* neregulat *ca* irregular◊;
ger: de irregulär *en* irregular; *sla:*
pl nieregularn◊ *ru* иррегулярн◊; *n. g.:*
mt irregolari. *min. 10/454*

ís *m* Ⓝ Eis *n*
gen: ise <ang>. *ger:* de Eis *en* ice *nl* ijs
lb Äis *fs* iis *sv* is *no* is *da* is *ís* fo ísur.
min. 10/194

167

iskán $\boxed{V}$ ersuchen; erheischen
<prim>. *ger:* de heischen *en* ask *nl* eisen; *sla:* *ru* искать *hr* iskati *sr* искати; *f-u:* *su* etsiä; *bal:* *lt* ieškoti; *n. g.:* *ek* eskati. *min. 9/276*

Ísland *m* $\boxed{N}$ Island *n*
<ethno>. *ger:* is Ísland.

íslendingur *m* $\boxed{N}$ Isländer *m*
<ethno>. *ger:* is íslendingur.

íslensk $\boxed{A}$ isländisch
<ethno>. *ger:* is íslensk◊.

íslensk (zhena) *f* $\boxed{N}$ Isländerin *f*
<ethno>. *ger:* is íslensk kona.

Íslenska *m* $\boxed{N}$ Isländisch *(,~e Sprache)*
<ethno>. *ger:* is íslenska.

Itália *f* $\boxed{N}$ Italien *n*
<ethno>. *rom:* it Italia.

italián $\boxed{A}$ italienisch
<ethno>. *rom:* it italian◊.

italiana *f* $\boxed{N}$ Italienerin *f*
<ethno>. *rom:* it italiana.

italiano (1) *m!* $\boxed{N}$ Italiener *m*
<ethno>. *rom:* it italiano.

Italiano (2) *n* $\boxed{N}$ italienisch *(,~e Sprache)*
<ethno>. *rom:* it italiano.

Ja. $\boxed{\text{itj}}$ Ja.
<ang>. *ger:* de ja *en* (yeah) *nl* ja *lb* jou *sv* ja *no* ja *da* ja. *is* já; *n. g.:* *mt* iva.. *min. 9/194*

jan $\boxed{\text{pPr}}$ sie (3) *Akk Sg; siehe Pronomen und Artikel*

január *m* $\boxed{N}$ Januar *m*; Jänner *m*
<prim>. *rom:* fr janvier *it* gennaio *es* enero *ro* ianuarie *pt* Janeiro *ca* gener; *ger:* de Januar / Jänner *en* january *nl* januari *sv* januari *no* januar *da* januar *is* janúar; *sla:* *sk* január *ru* январь *bg* януари *sr* jануар *sl* januar *mk* jануари; *f-u:* *ma* január *et* jaanuar; *bal:* *lv* janvāris; *gal:* *cy* ionawr *ga* eanáir; *n. g.:* *mt* jannar, *sh* janar. *min. 26/505*

Japán *m* $\boxed{N}$ Japan *n*
<prim>. *rom:* fr Japon *it* Giappone *es* Japón *ro* Japonia *pt* Japão *ca* Japó; *ger:* de Japan *en* Japan *da* Japan; *sla:* *pl* Japonia *ce* Japonsko *ru* Япония *be* Японія *bg* Япония *hr* Japan; *f-u:* *su* Japani; *n. g.:* *tr* Japonya. *min. 17/511*

japanés $\boxed{A}$ japanisch
<ang>. *rom:* fr japonais *it* giapponese *es* japonés(◊) *ro* japonez *pt* japonês *ca* japonès; *ger:* de japanisch *en* japanese *da* japansk; *sla:* *pl* japońsk◊ *ce* japonsk◊ *ru* японск◊ *be* японск◊ *bg* японск◊ *hr* japansk◊; *f-u:* *su* japanilainen; *n. g.:* *mt* ġappuniż, *tr* japon. *min. 18/511*

jár *m* $\boxed{N}$ Jahr *n*
<ang>. *ger:* de Jahr *en* year *nl* jaar *sv* år *no* år *da* år; *n. g.:* *tr* yıl. *min. 7/198*

jármercát *m* $\boxed{N}$ Jahrmarkt (1) *m*
gen: -cáte ↑jár, ↑mercát. <prim>. *rom:* ro iarmaroc; *ger:* de Jahrmarkt *sv* (års)marknad; *sla:* *pl* jarmark *ru* ярмарка. *min. 5/245*

jasmín *m* $\boxed{N}$ Jasmin *m*
gen: -ine <prim>. *rom:* fr jasmin *it* gelsomino *es* jazmín *ro* iasomie *pt* jasmim *ca* gessamí; *ger:* de Jasmin *en* jasmine *nl* jasmijn *sv* jasmin *da* jasmin; *sla:* *pl* jaśmin *ce* jasmín *sk* jazmín *ru* жасмин *uk* жасмин *be* язмін *bg* жасмин *hr* jasmin *sr* jасмин *sl* jasmina *mk* jасмин; *f-u:* *ma* jázmin *su* jasmiini *et* jasmiin; *bal:* *lt* jazminas *lv* jasmīns; *n. g.:* *el* γιασεμί, *ek* jasminak, *sh* jasemi, *tr* yasemin. *min. 31/609*

jeg `pPr` ich *siehe auch Pronomen und Artikel*

<prim>. *rom:* *fr* je *it* io *es* yo *ro* eu *pt* eo *ca* jo; *ger:* *de* ich *en* I *nl* ik *lb* ech *sv* jag *no* jeg *da* jeg; *sla:* *pl* ja *ce* já *sk* ja *sb* ja *ru* я *be* я *hr* ja *sr* ja *sl* ja *mk* ja; *f-u:* *ma* én; *n. g.:* *el* εγώ. *min. 25/567*

"jeg họ" +↑"*u mí es*" `Form` haben: Ich habe (1) *(Ausdruck des Besitzens)*

<prim>. *rom:* *fr* j'ai *it* (io) ho *es* yo tengo *ro* am; *ger:* *de* ich habe *en* I have *nl* ik heb *sv* jag har *no* jeg har *da* jeg har; *sla:* *pl* mam *ce* mám; *n. g.:* *mt* għandi.*13/*

jẹgo `pPr` seiner *gen; siehe Pronomen und Artikel*

jej `pPr` ihrer *gen; siehe Pronomen und Artikel*

jem `pPr` ihm *siehe Pronomen und Artikel*

jen `pPr` ihn *siehe Pronomen und Artikel*

jer `possArt` ihr (2), ihre, ihren (1) *3.Sg; siehe Pronomen und Artikel*

jẹr(e(s)), jẹra(s): de ~ `possPrn` ihr(ig)e(n): der /die /das /den ~ (1) *3.Sg; siehe Pronomen und Artikel*

jẹrebicea *f* `N` Rebhuhn (1) *n* gen: -ce =↑perdíz. <prim>. *ger:* *de* Reb(huhn) *sv* rapp(höna); *sla:* *sk* jarabica *bg* яребица *hr* jarebica *sr* јаребица *sl* jerebice *mk* еребица; *bal:* *lv* irbe. *min. 9/138*

jet `adv` noch (1)

<cont>. *sla:* *pl* jeszcze *ce* ještě *ru* ещё *be* яшчэ *bg* още *hr* još *sr* још *mk* още; *f-u:* *su* lisää; *n. g.:* *tr* yine. *min. 10/174*

jhá `adv` schon

<prim>. *rom:* *fr* déjà *it* già *es* ya *ro* deja *pt* já *ca* ja; *sla:* *ce* již *ru* уже *be* ўжо; *f-u:* *su* jo; *n. g.:* *mt* diġà. *min. 11/294*

jhakẹt *m* `N` Jacke *f* gen: ~te <prim>. *rom:* *fr* jacquette *it* giacca *es* chaqueta *ca* jaqueta; *ger:* *de* Jackett *en* jacket *nl* jas *sv* jacka *no* jakke *da* jakke *is* jakki; *sla:* *ru* жакет *uk* жакет *bg* яке *hr* jakna *sr* јакна *sl* jakna *mk* јакна; *f-u:* *ma* dzseki *su* takki; *bal:* *lv* jaka; *gal:* *cy* siaced *ga* seaicéad; *n. g.:* *el* σακάκι, *ek* jaka, *mt* ġakketta, *sh* xhaketë, *tr* ceket. *min. 29/526*

jhardinjẹra *f* `N` Blumenbank *f* <prim>. *rom:* *fr* jardinière *it* giardiniera *es* jardinera *ro* jardiniera *pt* jardineira *ca* jardinera; *ger:* *en* jardiniere; *sla:* *pl* żardiniera *ru* жардиньерка *uk* жардіньерка *be* жардиньерка *hr* žardinijera *sr* жардинијера *sl* žardinijera; *f-u:* *su* Jardiniere. *min. 15/417*

jhargón *m* `N` Jargon *m* <prim>. *rom:* *fr* jargon *it* gergo *es* jerga *ro* jargon *ca* argot; *ger:* *de* Jargon; *sla:* *pl* żargon *ce* žargon *sk* žargón *ru* жаргон *uk* жаргон *be* жаргон *bg* жаргон *hr* žargon *sr* жаргон *sl* žargon *mk* жаргон; *f-u:* *ma* zsargon *su* ammattikieli *et* žargoon; *bal:* *lt* žargonas *lv* žargons; *n. g.:* *sh* zhargon. *min. 23/488*

jhelatịna *f* `N` Gelatine *f* <prim>. *rom:* *fr* gélatine *it* gelatina *es* gelatina *ro* gelatină *pt* gelatina *ca* gelatina; *ger:* *de* Gelatine *en* gelatin *nl* gelatine *sv* gelatin *no* gelatin *da* gelatine; *sla:* *pl* żelatyna *ce* želatina *sk* želatína *ru* желатин *uk* желатин *be* жэлацін *bg* желатин *hr* želatin *sr* желатин *sl* želatina *mk* желатин; *f-u:* *ma* zselatin *su* gelatiini *et* želatiin; *bal:* *lt* želatina *lv* želatīns; *gal:* *ga* geilitín; *n. g.:* *el* ζελατίνη, *ek* gelatina, *mt* ġelatina, *sh* xhelatinë, *tr* jelâtin. *min. 34/615*

jhelẹ́ *f* N̲ Gelee *n*

<prim>. *rom:* *fr* gelée *it* gelatina *es* jalea *ro* jeleu *pt* geléia *ca* gelea; *ger:* *de* Gelee *en* jelly *nl* gelei *sv* gelé *no* gelé *da* gelé; *sla:* *ce* želé *sk* želé *ru* желе *uk* желе *be* жэле *bg* желе *hr* žele *sr* желе *sl* žele *mk* желе; *f-u:* *ma* zselé *su* hyytelö; *bal:* *lt* želė *lv* želeja; *gal:* *cy* jeli; *n. g.:* *el* ζελέ, *ek* gelatina, *tr* jöle. *min. 30/573*

jhonglẹ̈r *m* N̲ Jongleur *m*

<prim>. *rom:* *fr* jongleur *it* giocoliere *ro* jongler; *ger:* *de* Jongleur *en* juggler *nl* jongleur *sv* jonglör; *sla:* *pl* żongler *ru* жонглер *uk* жонглер *be* жанглёр *bg* жонгльор *hr* žongler *sr* жонглер *sl* žongler *mk* жонглер; *f-u:* *ma* zsonglőr *su* jonglööri; *bal:* *lt* žonglierius; *gal:* *cy* jyglwr; *n. g.:* *el* ζογκλέρ. *min. 21/527*

jhonglẹ́ren *c-* V̲ jonglieren

<prim>. *rom:* *fr* jongler *ro* jongla; *ger:* *de* jonglieren *en* juggle *sv* jonglera *no* sjonglere *da* jonglere; *sla:* *pl* żonglować *ce* žonglovat *sk* žonglovať *ru* жонглировать *uk* жонглювати *be* жангляваць *bg* жонглирам *hr* žonglirati *sr* жонглирати *mk* жонглирам; *f-u:* *ma* zsonglőrködni *su* pallotella *et* žongleerima; *bal:* *lt* žongliruoti *lv* žonglēt; *gal:* *cy* jyglo. *min. 23/470*

jhụria *f* N̲ Jury *f*

<prim>. *rom:* *fr* jury *it* giuria *es* jurado *ro* juriu *pt* júri *ca* jurat; *ger:* *de* Jury *en* jury *nl* jury *sv* juryn *no* jury *da* jury; *sla:* *ru* жюри *uk* журі *be* журы *bg* жури *sl* žirija *mk* жирито; *f-u:* *ma* zsűri *su* tuomaristo *et* žürii; *bal:* *lt* žiuri *lv* žūrija; *gal:* *ga* giúiré; *n. g.:* *mt* ġurija, *sh* juri, *tr* jüri. *min. 27/534*

jhurnalịsme *m* N̲ Journalismus *m*

<prim>. *rom:* *fr* journalisme *it* giornalismo *ro* jurnalism *pt* jornalismo; *ger:* *de* Journalismus *en* journalism *nl* journalistiek *sv* journalistik *no* journalistikk *da* journalistik; *sla:* *ce* žurnalistika *sk* žurnalistika *ru* журнализм *uk* журналізм *be* журнализм *bg* журнализъм; *f-u:* *su* journalismi; *bal:* *lt* žurnalistika *lv* žurnālistika. *min. 19/483*

jhurnalịstica *f* N̲ Journalistik *f*

gen: -ce [ts] <prim>. *rom:* *fr* journalisme *it* giornalismo *ro* jurnalism *pt* jornalismo; *ger:* *de* Journalismus *en* journalism *nl* journalistiek *sv* journalistik *no* journalistikk *da* journalistik; *sla:* *ce* žurnalistika *sk* žurnalistika *ru* журналистика *uk* журналістика *be* журналістыка *bg* журналистика; *f-u:* *su* journalismi; *bal:* *lt* žurnalistika *lv* žurnālistika; *n. g.:* *mt* ġurnaliżmu. *min. 20/483*

ji pPr sie (4) *Akk Pl; siehe Pronomen und Artikel*

jikh pPr ihrer *Gen Pl; siehe Pronomen und Artikel*

jim pPr ihnen *siehe Pronomen und Artikel*

jụli *m* N̲ Juli *m*

gen: júnie <prim>. *rom:* *fr* juillet *it* luglio *es* julio *ro* iulie *pt* Julho *ca* juliol; *ger:* *de* Juli *en* july *da* juli *is* júlí; *sla:* *ru* июль *bg* юли; *f-u:* *ma* július *su* heinäkuu; *n. g.:* *mt* lulju. *min. 15/454*

jún A̲ jung

<prim>. *rom:* *fr* jeune *it* giovane *es* joven *pt* jovem *ca* jove; *ger:* *de* jung *en* young *nl* jong *sv* ung *no* ung *da* ung; *sla:* *ru* юн◊; *f-u:* *su* nuori; *bal:* *lt* jaun◊

lv jaun◊; *n. g.:* *sh* njom◊, *tr* genç (yeni). *min. 17/457*

jµni *m* Ⓝ Juni *m*

gen: júlie <prim>. *rom:* *fr* juin *it* giugno *es* junio *ro* iunie *pt* Junho *ca* juny; *ger:* *de* Juni *en* june *da* juni *is* júní; *sla:* *ru* июнь *bg* юни; *f-u:* *ma* június *su* kesäkuu; *n. g.:* *mt* ġunju. *min. 15/454*

juveníl Ⓐ jugendlich

<prim>. *rom:* *fr* juvénile *it* giovanile *es* juvenil *ro* juvenil *pt* juvenil *ca* juvenil; *ger:* *en* juvenile *sv* juvenil *da* juvenil; *f-u:* *et* juveniilne. *min. 10/264*

kabel *m* Ⓝ Kabel *n*

gen: káble <prim>. *rom:* *fr* câble *it* cavo *es* cable *ro* cablu *pt* cabo *ca* cable; *ger:* *de* Kabel *en* cable *nl* kabel *sv* kabel *no* kabel *da* kabel; *sla:* *pl* kabel *ce* kabel *sk* kábel *uk* кабель *bg* кабел *hr* kabel *sr* кабл *sl* kabel; *f-u:* *ma* kábel *su* kaapeli *et* kaabli; *bal:* *lt* kabelis *lv* kabeli; *n. g.:* *tr* kablo. *min. 26/509*

kæenguru *n* Ⓝ Känguru *n*

gen: ~ë <prim>. *rom:* *fr* kangourou *it* canguro *es* canguro *ro* cangur *pt* canguru *ca* cangur; *ger:* *de* Känguru *en* kangaroo *nl* kangoeroe *sv* känguru *no* kenguru *da* kænguru *is* kangaroo; *sla:* *pl* kangur *ce* klokan *sk* klokan *ru* кенгуру *uk* кенгуру *be* кенгуру *bg* кенгуру *hr* kengur *sr* кенгур *sl* kenguru *mk* кенгур; *f-u:* *ma* kenguru *su* kenguru *et* känguru; *bal:* *lt* kengūra *lv* ķengurs; *gal:* *cy* cangarŵ *ga* cangarú; *n. g.:* *el* καγκουρώ, *ek* kanguru, *sh* kangur, *tr* kanguru. *min. 35/615*

kaer Ⓐ lieb (2); teuer (2); lieb und teuer

<prim>. *rom:* *fr* cher *it* car◊ *es* car◊ *pt* car◊ *ca* car; *ger:* *sv* kära *no* kjær

da kære *is* kær◊ *fo* kær; *gal:* *cy* caredig *br* kaer. *min. 12/188*

káj *m* Ⓝ Stein *m*

gen: kaje <prim>. *sla:* *pl* kamień *ce* kámen *be* камень *bg* камък *hr* kamen; *f-u:* *ma* kő *su* kivi; *gal:* *br* (kailh); *n. g.:* *tr* (kaya). *min. 9/96*

kalic *m* Ⓝ Kelch *m*

[k], gen: ~e [ts] <prim>. *rom:* *fr* calice *it* calice *es* cáliz *ro* caliciu *pt* cálice *ca* calze; *ger:* *de* Kelch *en* chalice *nl* kelk *sv* kalk *no* kalk *da* kalk *is* kaleikur; *sla:* *pl* kielich *ce* kalich *sk* kalich *uk* келих *be* келіх *hr* kalež *sr* калеж *sl* kelih; *f-u:* *ma* kehely *su* kalkki *et* karikas; *gal:* *cy* caregl *br* kalir *ga* chailís; *n. g.:* *tr* kadeh. *min. 28/504*

kanín *m* Ⓝ Kaninchen *n*

gen: -ine <prim>. *rom:* *it* coniglio *es* conejo *ca* conill; *ger:* *de* Kanin(chen) *nl* konijn *sv* kanin *no* kanin *da* kanin *is* kanína; *f-u:* *su* kani; *gal:* *cy* cwningen *ga* coinín; *n. g.:* *el* κουνέλι. *min. 13/244*

kapka *f* Ⓝ Kappe *f*

<prim>. *rom:* *ro* capac; *ger:* *de* Kappe *en* cap *nl* kap *sv* keps; *sla:* *pl* czapka *ce* čepice *sk* čiapky *ru* шапка *bg* капак *hr* kapa *sr* капа *mk* капа; *f-u:* *ma* sapka *su* korkki; *n. g.:* *el* καπάκι, *sh* kapak, *tr* kapak. *min. 18/398*

kapusta *f* Ⓝ Kohl *m*; Weißkohl *m*

<prim>. *rom:* *fr* chou *ro* căpățână; *ger:* *de* Kappes {reg} *en* cabbage; *sla:* *pl* kapusta *ce* kapusta *sk* kapusta *ru* капуста *be* капуста *hr* kupus; *f-u:* *ma* káposta *et* kapsas; *bal:* *lt* kāposti; *gal:* *ga* cabáiste; *n. g.:* *mt* kaboċċa, *tr* lahana. *min. 16/411*

karbíd *m* N Karbid *n*

gen: -íde <prim>. *rom:* *ro* carbid; *ger:* *de* Karbid *en* carbide; *sla:* *ce* karbid *sk* karbid *ru* карбид *uk* карбід *be* карбід *bg* карбид *hr* karbid *sr* карбид *mk* карбид; *f-u:* *ma* karbid *su* karbidi *et* karbiid; *bal:* *lt* karbidas *lv* karbīds; *gal:* *cy* carbid; *n. g.:* *el* καρβίδιο, *sh* karabit, *tr* karbit. *min. 21/364*

kardiologia *f* N Kardiologie *f*

<prim>. *rom:* *fr* cardiologie *it* cardiologia *es* cardiología *ro* cardiologie *pt* cardiologia *ca* cardiologia; *ger:* *de* Kardiologie *en* cardiology *nl* cardiologie *sv* kardiologi *no* kardiologi *da* kardiologi; *sla:* *pl* kardiologia *ce* kardiologie *sk* kardiológie *ru* кардиология *uk* кардіологія *be* кардыялогія *bg* кардиология *hr* kardiologija *sr* кардиологија *sl* kardiologija *mk* кардиологија; *f-u:* *ma* kardiológia *su* kardiologia *et* kardioloogia; *bal:* *lt* kardiologija *lv* kardioloģijas; *gal:* *cy* cardioleg *ga* cairdeolaíochta; *n. g.:* *el* καρδιολογία, *ek* kardiologia, *mt* kardjoloģija, *sh* kardiologji, *tr* kardiyoloji. *min. 35/615*

karp *m* N Karpfen *m*

<prim>. *rom:* *fr* carpe *it* carpa *es* carpa *ro* crap *pt* carpa *ca* carpa; *ger:* *de* Karpfen *en* carp *nl* karper *sv* karp *no* karpe *da* karper; *sla:* *pl* karp *ce* kapr *sk* kapor *ru* карп *uk* короп *be* карп *sl* krap *mk* крап; *f-u:* *su* karppi *et* karpkala; *bal:* *lt* karpis *lv* karpa; *gal:* *ga* carbán; *n. g.:* *el* κυπρίνος, *ek* karpak, *mt* karpjun, *sh* krap. *min. 29/576*

kashel *m* N Husten *m*

gen: kashle <prim>. *ger:* *en* cough *nl* kuch; *sla:* *pl* kaszel *ce* kašel *sk* kašeľ *ru* кашель *uk* кашель *be* кашаль *bg* кашлица *hr* kašalj *sr* кашаљ *sl* kašelj *mk* кашлица; *f-u:* *ma* köhögés *et* köhatus;

bal: *lt* kosulys *lv* klepus; *gal:* *br* gwaskenn *ga* casacht; *n. g.:* *sh* kollë. *min. 20/289*

kashlán V husten

<prim>. *ger:* *en* cough *nl* kuchen; *sla:* *pl* kaszleć *ce* kašlat *sk* kašľať *ru* кашлять *uk* кашляти *be* кашляць *bg* кашлям *hr* kašljati *sr* кашљати *sl* kašljati *mk* кашла; *f-u:* *ma* köhög *et* köhatama; *bal:* *lt* kosėti *lv* klepot; *n. g.:* *sh* kollitem. *min. 18/289*

kassa *f* N Kasse *f*

<prim>. *rom:* *fr* caisse *it* cassa *es* caja *ro* casa *pt* caixa *ca* caixa; *ger:* *de* Kasse / Kassa *en* cash (desk) *nl* kassa *sv* kassa *no* kasse *da* kasse *is* kassi; *sla:* *pl* kasa *ce* kasa *sk* kasa *ru* касса *be* каса *bg* каса *sr* каса *mk* каса; *f-u:* *ma* kassa *su* kassa *et* kassa; *bal:* *lt* kasa *lv* kase; *gal:* *ga* cás; *n. g.:* *ek* kaxa, *mt* kaxxa, *tr* kasa. *min. 30/577*

kat *m* N Katze (1) *f (Tierart)*

gen: ~te <prim>. *rom:* *fr* chat *it* gatto *es* gato *pt* gato *ca* gat; *ger:* *de* Katze *en* cat (general) *nl* kat *sv* katt *no* katt *da* kat *is* köttur; *sla:* *pl* kot *ce* kočka *ru* кот *uk* кіт *be* кот *bg* котка; *f-u:* *su* kissa *et* kass; *bal:* *lt* katė *lv* kaķis; *gal:* *cy* cath; *n. g.:* *el* γάτος, *ek* katu, *mt* qattus, *tr* kedi. *min. 27/562*

katastrofal A katastrophal (1)

<prim>. *rom:* *fr* catastroph(ique) *it* catastrof(ico) *es* catastrófic◊ *ro* catastrof(ic) *pt* catastróf(ico) *ca* catastròf(ic); *ger:* *de* katastrophal *en* catastroph(ic) *nl* katastrof(isch) *sv* katastrofal *no* katastrofal *da* katastrofale; *sla:* *pl* katastrofaln◊ *ce* katastrofáln◊ *sk* katastrofáln◊ *ru* катастроф(ическ◊) *uk* катастрофічн◊ *be* катастраф(ічн◊) *bg* катастрофалн◊

hr katastrofaln◊ *sr* катастрофалн◊
sl katastrofaln◊ *mk* катастрофалн◊; *f-u:*
su katastrofaalinen *et* katastroofiline; *bal:*
lt katastrof(išk◊) *lv* katastrofāl◊; *n. g.:*
el καταστροφ(ικ◊), *mt* katastrof(ići),
sh katastro(fik◊). *min. 30/596*

katạstrofé *f* N̄ Katastrophe *f*
<prim>. *rom:* *fr* catastrophe *it* catastrofe
es catastrofe *pt* catástrofe *ca* catastrofe;
ger: *de* Katastrophe *en* catastrophe
nl katastroof *da* katastrofe; *sla:*
pl katastrofa *ce* katastrofa *ru* катастрофа
be катастрофа *bg* катастрофа
hr katastrofa *sl* katastrofa; *f-u:*
ma katasztrófa *su* katastrofi; *n. g.:*
el κατάστροφη. *min. 19/531*

katastrọfic Ā katastrophal (2)
comp: -cer [ts], adv: ~no <prim>. *rom:*
fr catastrophique *it* catastrofic◊
es catastrófic◊ *ro* catastrofic *pt* catastrófic◊
ca catastròfic◊; *ger:* *de* katastroph(al)
en catastrophic *nl* katastrofisch
sv katastrof(al) *no* katastrof(al)
da katastrof(al); *sla:* *pl* katastrof(aln◊)
ce katastrof(áln◊) *sk* katastrofáln◊
ru катастрофическ◊ *uk* катастрофічн◊
be катастрафічн◊ *bg* катастроф(алн◊)
hr katastrof(aln◊) *sr* катастроф(алн◊)
sl katastro(faln◊) *mk* катастроф(алн◊);
f-u: *su* katastrof(aalinen)
et katastroof(iline); *bal:* *lt* katastrofišk◊
lv katastro(fāl◊); *n. g.:* *el* καταστροφικ◊,
mt katastrofići, *sh* katastrofik◊. *min. 30/596*

kategorịa *f* N̄ Kategorie *f*
<prim>. *rom:* *fr* catégorie *it* categoria
es categoría *ro* categorie *pt* categoria
ca categoria; *ger:* *de* Kategorie
en category *nl* categorie *sv* kategori
no kategori *da* kategori; *sla:* *pl* kategoria
ce kategorie *sk* kategórie *ru* категория
uk категорія *be* катэгорыя *bg* категория
hr kategorija *sr* категорија *sl* kategorija

mk категорија; *f-u:* *ma* kategória
su kategoria *et* kategooria; *bal:*
lt kategorija *lv* kategorija; *gal:* *cy* categori
ga catagóir; *n. g.:* *el* κατηγορία,
ek kategoria, *mt* kategorija, *sh* kategori,
tr kategori. *min. 35/615*

kathedrạlé *f* N̄ Kathedrale *f*
<prim>. *rom:* *fr* cathédrale *it* cattedrale
es catedral *ro* catedrală *pt* catedral
ca catedral; *ger:* *de* Kathedrale
en cathedral *nl* kathedraal *sv* katedral
no katedral *da* katedral; *sla:*
ru кафедрала *uk* кафедрала *bg* катедрала
hr katedrala *sr* катедрала *sl* katedrala;
f-u: *su* katedraali; *bal:* *lt* katedra; *gal:*
cy gadeiriol; *n. g.:* *el* καθεδρικός (ναός),
mt katidral, *sh* katedrale, *tr* katedral.
min. 25/531

kạtor *m* N̄ Kater *m*
gen: kátre <prim>. *rom:* *fr* chat *it* gatto
es gato *pt* gato; *ger:* *de* Kater *en* cat:
he- *nl* kater *sv* (han)katt *no* (han)katt
da (han)kat; *sla:* *pl* kocur *ce* kocour
sk kocúr *ru* кот *be* кот *bg* котарак; *f-u:*
ma kandúr; *n. g.:* *el* γάτος. *min. 18/537*

kạtta *f* N̄ Katze (2) *f (weibliche ~)*
dim: katka <prim>. *rom:* *fr* chatte *it* gatta
es gata *pt* gata; *ger:* *de* Katze *en* cat
(fem.) *nl* kat *sv* katt *no* katt *da* kat *is* kisa;
sla: *pl* kotka *ce* kočka *ru* кошка *be* кот
bg котка; *f-u:* *su* kissa; *bal:* *lt* katè
lv kaķis; *n. g.:* *el* γάτα. *min. 20/530*

kạttek *m/n* N̄ Kätzchen *n*
gen: kạtke <prim>. *rom:* *es* gatito
ca gatet; *ger:* *de* Kätzchen *en* kitten
nl katje *sv* kisse *is* kettlingur; *sla:*
pl kotek *ce* kotě *ru* котенок *uk* кошеня
be кацяня *bg* коте; *f-u:* *ma* cica
su kissan(pentu); *bal:* *lt* kačiukas
lv kaķēns; *gal:* *cy* gath fach; *n. g.:*

173

el γατάκι, *sh* kotele, *tr* kedi yavrusu.
min. 21/438

Kёbrës N Zypern (tr) *n*
=↑Kypros. <ethno>. *n. g.: tr* Kıbrıs.

kёbrëslë (1f) *f* N Zyprerin (tr) *f*;
Zypriotin (tr) *f*
=↑kypria. <ethno>. *n. g.: tr* kıbrıslı.

kёbrëslë (1m) *m* N Zyprer (tr) *m*;
Zypriot (tr) *m*
=↑kyprios. <ethno>. *n. g.: tr* kıbrıslı.

kёbrëslë (2) A zyprisch (tr); zypriotisch (tr)
=↑kypriak. <ethno>. *n. g.: tr* kıbrıslı.

kęller *m* N Keller *m*
<prim>. *rom: pt* celeiro; *ger: de* Keller
en cellar *nl* kelder *sv* källare *no* kjeller
is kjallara; *sla: ru* келья *bg* килер *sl* klet;
f-u: su kellari *et* kelder; *n. g.: sh* qilar,
tr kiler. *min. 14/303*

kęra *f* N Mal
<prim>. *ger: nl* keer; *sla: pl* krot *ce* krát
sk krát; *f-u: ma* -szer/szor *su* kertaa
et korda; *bal: lt* kartas; *gal: ga* (h)uair;
n. g.: sh herë, *tr* kere. *min. 11/101*

kętchup *m* N Ketchup *n*
<prim>. *rom: fr* ketchup *it* ketchup
es ketchup *ro* ketchup *pt* ketchup
ca ketchup; *ger: de* ketchup *en* ketchup
nl ketchup *sv* ketchup *no* ketchup
da ketchup; *sla: pl* keczup *ce* kečup
sk kečup *ru* кечуп *uk* кечуп *be* кетчуп
bg кетчуп *hr* kečap *sr* кечап *sl* kečup
mk кечуп; *f-u: ma* ketchup *su* ketsuppi
et ketchup; *n. g.: el* κετσάπ, *sh* keçap,
tr keçap. *min. 29/608*

kęttel *m* N Kessel *m*
gen: -ttle <prim>. *rom: fr* chaudière
it caldaia *es* caldera *pt* caldeira *ca* caldera;
ger: de Kessel *en* kettle *nl* ketel *no* kjele

da kedel *is* ketill; *sla: ce* kotel *sk* kotol
ru котел *uk* котел *be* кацёл *sl* kotel
mk котел; *f-u: su* kattila; *bal: lt* katilas
lv katls. *min. 21/490*

khléb *m* N Brot (1) *n*
<prim>. *ger: de* (Laib) *en* (loaf); *sla:*
pl chleb *ce* chléb *sk* chlieb *ru* хлеб
uk хліб *be* хлеб *bg* хляб *sr* хлеб *mk* леб;
f-u: su leipä *et* leib; *bal: lt* kepalas
lv klaips. *min. 15/351*

kịbic' *m* N Kiebitz *m*
<prim>. *ger: de* Kiebitz *nl* kievit; *sla:*
sk cíbik *ru* чибис *uk* чибис; *f-u: ma* bíbic
et kiivitaja; *bal: lv* k̦īvīte; *n. g.:*
tr kızkuşu. *min. 9/241*

kịno *n* N Kino (2) *n*
<prim>. *ger: de* Kino; *sla: pl* kino
ru кино *uk* кіно *be* кіно *bg* кино *hr* kino;
f-u: et kino; *bal: lt* kino (teatras) *lv* kino
n. g.: el κινηματογράφος. *min. 11/278*

kịwi *m* ZOOL N Kiwi *m*
<prim>. *comun* ± kiwi / киви; *rom: fr, it,*
es, ro, pt, ca; ger: de, en, nl, sv, no, da;
sla: pl, ce, sk, ru, uk, be, bg, hr, sr, sl, mk;
f-u: ma, et; n. g.: ek, mt, sh, tr.
min. 29/593

klịnic A klinisch
adv: ~no <prim>. *rom: fr* clinique
it clinic◊ *es* clínic◊ *ro* clinic *pt* clínic◊
ca clínic◊; *ger: de* klinisch *en* clinical
nl klinisch *sv* klinisk *no* klinisk *da* klinisk
is klínísk◊; *sla: pl* kliniczn◊ *ce* klinick◊
sk klinick◊ *ru* клиническ◊ *uk* клінічн◊
be клінічн◊ *bg* клиничн◊ *hr* kliničk◊
sr клиничк◊ *sl* kliničn◊ *mk* клиничк◊;
f-u: ma klinikai *su* kliininen *et* kliiniline;
bal: lt klinikin◊ *lv* klīnisk◊; *gal:*
cy clinigol *ga* cliniciúil; *n. g.: el* κλινικ◊,
ek klinikoak, *sh* klinik◊, *tr* klinik.
min. 35/615

klínica *f* ☒ Klinik *f*
gen: -ce [ts] <prim>. *rom:* *fr* clinique
it clinica *es* clínica *ro* clinică *pt* clínica
ca clínica; *ger:* *de* Klinik *en* clinic
nl kliniek *sv* klinik *no* clinic *da* klinik;
sla: *pl* klinika *ce* klinika *sk* klinika
ru клиника *uk* клініка *be* клініка
bg клиника *hr* klinika *sr* клиника
sl klinika *mk* клиника; *f-u:* *ma* klinika
su klinikka *et* kliinik; *bal:* *lt* klinika
lv klīnika; *gal:* *cy* clinig *ga* clinic; *n. g.:*
el κλινική, *mt* klinika, *sh* klinikë, *tr* klinik.
min. 34/613

kljúch *m* ☒ Schlüssel *m*
gen: -ucheẹ <prim>. *rom:* *fr* clé *it* chiave
ro cheie *pt* chave *ca* clau; *sla:* *pl* klucz
ce klíč *sk* kľúč *sb* kluč *ru* ключ *uk* ключ
be ключ *bg* ключ *hr* ključ *sr* ключ
sl ključ *mk* ключ; *f-u:* *ma* kulcs *et* klahv;
gal: *ga* cló; *n. g.:* *sh* kyç. *min. 21/353*

klọcké *f* ☒ Glocke *f*
<prim>. *rom:* *fr* cloche *ro* clopot; *ger:*
de Glocke *nl* klok *sv* klocka *no* klokke;
sla: *ru* колокол; *f-u:* *et* kell; *gal:*
cy cloch *br* kloc'h *ga* clag *gv* clag.
min. 12/297

klonín ☒ beugen; neigen
<cont>. *rom:* *fr* cliner; *sla:* *pl* kłonić
ce klonit *sk* kloniť *sb* kłonić *ru* клонить
uk клонити *be* клониць *bg* клоня
hr kloniti *sr* клонити *sl* kloniti
mk клоним; *bal:* *lt* klanyti *lv* klanīt.
min. 15/261

klọster *m* ☒ Kloster (1) *n*
gen: -stre <prim>. *ger:* *de* Kloster
nl klooster *sv* kloster *no* kloster *da* kloster;
sla: *pl* klasztor *ce* klášter *sk* kláštor; *f-u:*
ma kolostor *su* luostari *et* klooster; *bal:*
lv klosteris. *min. 12/208*

kné *n!* ☒ Knie *n*
<ang>. *ger:* *de* Knie *en* knee *nl* knie
sv knä *no* kne *da* knæ *is* kné; *sla:*
bg коляно. *min. 8/203*

kọbra *f* ☒ Kobra *f*
<prim>. *comun* ± cobra / kobra / кобра /
κόμπρα; *rom:* *fr, it, es, ro, pt, ca;* *ger:* *de,
en, nl, sv, da;* *sla:* *pl, ce, sk, ru, uk, be, bg,
hr, sr, sl, mk;* *f-u:* *ma, su, et;* *bal:* *lt, lv;*
n. g.: *el, ek, tr. min. 30/609*

kọchi *m* ☒ Kutsche *f*; Wagen *m*
pl: ~s, gen: ~e <prim>. *rom:* *fr* coche
it cocchio *es* coche *pt* coche *ca* cotxe;
ger: *de* Kutsche *en* coach *nl* koets; *sla:*
pl kocz *ce* kočár *sk* koč *hr* kočija
sr кочија *sl* kočija *mk* кочија; *f-u:*
ma *kocsi; *gal:* *ga* cóiste; *n. g.:*
ek kotxe, *tr* koç. *min. 19/433*

kọffer *m* ☒ Koffer *m*
gen: kọfre <prim>. *rom:* *fr* (coffre); *ger:*
de Koffer *nl* koffer *da* kuffer *is* koffort;
sla: *pl* kufer *ce* kufr *ru* кофр *bg* куфар
hr kofer *sr* кофер *sl* kovček *mk* куфар;
f-u: *ma* koffer *et* kohver; *bal:* *lv* koferis.
min. 16/354

kọkhen *c-* ☒ kochen
<prim>. *rom:* *fr* cuire *it* cuocere *es* cocer
pt cozer *ca* cuinar; *ger:* *de* kochen
en cook *da* kokke; *sla:* *hr* kuhati; *f-u:*
su kokki; *gal:* *ga* cocaráil; *n. g.:*
mt (kok). *min. 12/336*

komẹdia *f* ☒ Komödie *f*
<prim>. *rom:* *fr* comédie *it* commedia
es comedia *ro* comedie *pt* comédia
ca comèdia; *ger:* *de* Komödie *en* comedy
nl komedie *sv* komedi *no* komedie
da komedie; *sla:* *pl* komedia *ru* комедия
uk комедія *be* камедыя *bg* комедия
hr komedija *sr* комедија *sl* komedija
mk комедија; *f-u:* *su* komedia
et komöödia; *bal:* *lt* komedija

lv komēdija; _gal:_ _cy_ comedi _ga_ coiméide;
_n. g.:_ _el_ κωμωδία, _ek_ komedia, _sh_ komedi,
_tr_ komedi. _min. 31/588_

kǫmmen _c-_ ⟨V⟩ kommen
pret: kám- ⟨ang⟩. _ger:_ _de_ kommen
_en_ come _nl_ komen _sv_ komma _no_ komme
_da_ kommer _is_ koma. _min. 7/193_

kondǐtor _m_ ⟨N⟩ Konditor _m_
⟨prim⟩. _ger:_ _de_ Konditor _sv_ konditor
_no_ konditor _da_ konditor; _sla:_ _ru_ кондитер
_uk_ кондитер _be_ кандытар; _f-u:_
_su_ kondiittori _et_ kondiiter; _bal:_
_lt_ konditeris _lv_ konditors. _min. 11/234_

kǫnus _m_ ⟨N⟩ Konus _m_
gen: -ne ⟨prim⟩. _rom:_ _fr_ cône _it_ cono
_es_ cono _ro_ con _pt_ cone _ca_ con; _ger:_
_de_ Konus _en_ cone; _sla:_ _ru_ конус
_uk_ конус _be_ конус _bg_ конус _hr_ konus
_mk_ конус; _f-u:_ _et_ koonus; _bal:_ _lv_ konuss;
gal: _ga_ cón; _n. g.:_ _el_ κώνος, _ek_ kono,
_sh_ kon, _tr_ koni. _min. 21/492_

kǫpen _c-_ ⟨V⟩ kaufen
⟨prim⟩. _ger:_ _de_ kaufen _nl_ kopen _sv_ köpa
_no_ kjøpe _da_ købe _is_ kaupa; _sla:_
_pl_ kupować _ce_ koupit _sk_ kúpiť _ru_ купить
_uk_ купити _be_ купіць _bg_ купувам _hr_ kupiti
_sr_ купити _sl_ kupati _mk_ купи. _min. 17/324_

kǫra _f_ ⟨N⟩ Rinde _f_
⟨prim⟩. _sla:_ _pl_ kora _ce_ kůra _sk_ kôra
_ru_ кора _uk_ кора _be_ кара _hr_ kora _sr_ кора
_mk_ кора; _f-u:_ _ma_ kerég _su_ kuori
_et_ koorik; _n. g.:_ _sh_ kore. _min. 13/197_

korǎl _m_ ⟨N⟩ Koralle _f_
gen: ~le ⟨prim⟩. _rom:_ _fr_ corail _it_ corallo
_es_ coral _ro_ coral _pt_ coral _ca_ coral; _ger:_
_de_ Koralle _en_ coral _nl_ koraal _sv_ korall
_no_ korall _da_ koral; _sla:_ _pl_ koral _ce_ korál
_sk_ koral _ru_ коралл _uk_ корал _be_ каралавы
_bg_ корал _hr_ koralj _sr_ корал _mk_ корал;
_f-u:_ _ma_ korall _su_ koralli _et_ korall; _bal:_

lt koralas _lv_ koraḷḷu; _gal:_ _cy_ cwrel
_ga_ choiréil; _n. g.:_ _el_ κοράλλι, _mt_ qroll,
_sh_ koral. _min. 32/607_

kǫrmorán _m_ ⟨N⟩ Kormoran _m_
⟨prim⟩. _rom:_ _fr_ cormoran _it_ cormorano
_es_ cormorán _ro_ cormoran _pt_ cormorão
_ca_ corb marí; _ger:_ _de_ Kormoran
_en_ cormorant; _sla:_ _pl_ kormoran
_ce_ kormorán _sk_ kormorán _bg_ корморан
_hr_ kormoran _sr_ корморан _sl_ kormoran
_mk_ корморан; _f-u:_ _ma_ kormorán; _bal:_
_lt_ kormoranas _lv_ kormorāns; _n. g.:_
_el_ κορμοράνος. _min. 20/454_

kǫrt ⟨A⟩ kurz
⟨prim⟩. _rom:_ _fr_ court _it_ cort◊ _es_ corte(◊)
_ro_ scurt _pt_ curt◊ _ca_ curt; _ger:_ _de_ kurz
_en_ short _nl_ kort _sv_ kort _no_ kort _da_ kort;
sla: _pl_ krótk◊ _ce_ krátk◊ _ru_ коротк◊
_be_ кароtк◊ _bg_ кратк◊ _hr_ kratk◊; _n. g.:_
_mt_ qasir. _min. 19/536_

kǫrthéd _f_ ⟨N⟩ Kürze _f_
+↑-héd. ⟨prim⟩. _rom:_ _fr_ (court)
_it_ cortezza _es_ (corte); _ger:_ _de_ (kurz)
_en_ (short) _nl_ kortheid _sv_ korthet _no_ korthed
_da_ korthed; _sla:_ _pl_ krótkość _ce_ (krátký)
_ru_ короткость _be_ кароткасьць
_bg_ краткост _hr_ kratkoća; _n. g.:_ _mt_ qosor.
min. 16/502

kosmętica _f_ ⟨N⟩ Kosmetik _f_
gen: -ce [ts] ⟨prim⟩. _rom:_ _fr_ cosmétique
_it_ cosmetica _es_ cosmética _ro_ cosmetică
_pt_ cosmética _ca_ cosmètica; _ger:_
_de_ Kosmetik _en_ cosmetics _sv_ kosmetika
_no_ kosmetikk _da_ kosmetik; _sla:_
_pl_ kosmetyka _ce_ kosmetika _sk_ kozmetika
_ru_ косметика _uk_ косметика _be_ касметыка
_bg_ козметика _hr_ kozmetika _sr_ козметика
_sl_ kozmetika _mk_ козметика; _f-u:_
_ma_ kozmetika _su_ kosmetiikka
_et_ kosmeetika; _bal:_ _lv_ kosmētika; _gal:_
_ga_ cosmaidí; _n. g.:_ _ek_ kosmetika,

mt kosmetiči, *sh* kozmetikë, *tr* kozmetik.
min. 31/580

kostúem *m* N Kostüm *n*

<prim>. *rom:* *fr* costume *it* costume
ro costum; *ger:* *de* Kostüm *en* costume
nl kostuum *sv* kostym; *sla:* *pl* kostium
ce kostým *sk* kostým *ru* костюм
uk костюм *be* касцюм *bg* костюм
hr kostim *sr* костим *mk* костимот; *f-u:*
ma kosztüm *et* kostüüm; *bal:* *lt* kostiumas
lv kostīms; *n. g.:* *sh* kostum, *tr* kostüm.
min. 23/533

kova *f* N Kuh *f*

<ang>. *ger:* *de* Kuh *en* cow *nl* koe
lb Kou *sv* ko *no* ku *da* ko *is* kýr; *sla:*
pl krowa *ce* kráva *sk* krava *sb* kruwa
ru корова *uk* корова *be* карова *bg* крава
hr krava *sr* крава *sl* krava *mk* крава; *f-u:*
su (karja); *bal:* *lt* karvė *lv* govs.
min. 23/394

koza *f* N Ziege *f*

<prim>. *ger:* *de* (Geiß) *en* goat *nl* geit
sv get *no* geit *da* ged *is* geit; *sla:* *pl* koza
ce koza *sk* koza *ru* коза *uk* коза *be* каза
bg коза *hr* koza *sr* коза *sl* koza *mk* коза;
f-u: *ma* kecske *et* kits; *bal:* *lt* ožka
lv kaza; *n. g.:* *el* κατσίκα, *tr* keçi.
min. 24/419

krab *m* N Krabbe *f*

gen: ~be <prim>. *rom:* *fr* crabe *ro* crab;
ger: *de* Krabbe *en* crab *nl* krab *sv* krabba
no krabbe *da* krabbe *is* krabbi; *sla:*
pl krab *ce* krab *sk* krab *ru* краб *uk* краб
be краб *bg* краб *hr* kraba *sr* kraba; *f-u:*
et krabi; *bal:* *lt* krabas *lv* krabis; *n. g.:*
el καβούρι, *sh* gaforre. *min. 23/484*

králj *m* N König *m*

gen: kralje <prim>. *sla:* *pl* król *ce* král
sk král‘ *sb* kral *ru* король *uk* король
be кароль *bg* крал *hr* kralj *sr* краљ
sl kralj *mk* крал; *f-u:* *ma* király; *bal:*

lt karalius *lv* karalis; *n. g.:* *tr* kral.
min. 16/213

králjevstvo *n* N Königreich *n*

gen: -stve <prim>. *sla:* *pl* królestwo
ce královstvo *sk* kráľovstvo
ru королевство *bg* кралство *hr* kraljevstvo
sr краљевство *sl* kraljestvo *mk* кралство;
bal: *lt* karalystė *lv* karaļvalsts; *n. g.:*
tr krallık. *min. 12/171*

krán *m* N Hahn *m (Wasser'~)*; Kran *m*
(Wasser'~)

<prim>. *ger:* *de* Kran *nl* kraan *sv* kran
no kran; *sla:* *pl* kran *ru* кран *bg* кран;
f-u: *et* kraan; *bal:* *lv* krān. *min. 9/264*

kréta *f* N Kreide *f*

<prim>. *rom:* *fr* craie *it* creta *es* creta
ro cretă *pt* cré *ca* creta; *ger:* *de* Kreide
nl krijt *sv* krita *da* kridt; *sla:* *pl* kreda
ce křída *sb* kryda *be* крэйда *bg* креда
hr kreda; *f-u:* *ma* kréta; *bal:* *lv* kreida.
min. 18/405

Krété *f* N Kreta (GR) *Insel* ~

<ethno>. *n. g.:* *el* Κρήτη.

krichán V kreischen

<prim>. *rom:* *fr* crier *es* gritar *pt* gritar;
ger: *de* kreischen *en* cry *da* skrige; *sla:*
pl krzyczeć *ce* křičet *sk* kričať *ru* кричать
uk кричати *be* крычаць *bg* креща; *f-u:*
su kirkua; *gal:* *cy* sgrech *ga* scread.
min. 16/453

krichek *m* N Hamster (2) *m*

gen: -chke =↑hamster. <prim>. *rom:*
it criceto *pt* criceto; *sla:* *ce* křeček
sk škrečok *hr* hrčak *sr* хрчак *sl* hrček
mk хрчак; *f-u:* *ma* hörcsög. *min. 9/103*

kristal *m* N Kristall *n*

gen: ~le <prim>. *rom:* *fr* cristal
it cristallo *es* crystal *ro* cristal *pt* cristal
ca crystal; *ger:* *de* Kristall *en* crystal

nl kristal *sv* kristall *no* krystall *da* krystal;
sla: *pl* kryształ *ru* кристалл *uk* кристал
be крышталь *bg* кристал *sr* кристал
mk кристал; *f-u:* *ma* kristály *su* kristalli
et kristall; *bal:* *lt* kristalas *lv* kristāls;
n. g.: *el* κρύσταλλο, *sh* kristal, *tr* kristal.
min. 27/592

kritẹr *m* Ⓝ Kriterium *n*

<prim>. *rom:* *fr* critère *it* criterio
es criterio *ro* criteriu *pt* critério *ca* criteri;
ger: *de* Kriterium *en* criterion
da kriterium; *sla:* *pl* kryterium
ce kritérium *ru* критерий *be* крытэрый
bg критерий *hr* kriterij; *f-u:* *ma* kriterium
su kriteeri; *n. g.:* *el* κριτήριον, *mt* kriterju,
tr kriter. *min.* 20/535

krọéz (1) *m* Ⓝ Kreuz *n*

<prim>. *rom:* *fr* croix *it* croce *es* cruz
ro cruce *pt* cruz *ca* cruz; *ger:* *de* Kreuz
en cross *nl* kruis *sv* kors *no* kors *da* cross;
sla: *pl* krzyż *ce* kříž *sb* kříž *ru* крест
be крыж *bg* кръст *hr* križ; *f-u:*
ma kereszt; *bal:* *lt* kryžius; *gal:* *cy* crwys
br kroaz *ga* cros *gv* crosh; *n. g.:*
tr çapraz. *min.* 26/557

krọéz (2) Ⓟ durch (1)

<prim>. *rom:* *fr* (croisant) *it* (croce)
es (cruz) *pt* (cruz) *ca* (cruz); *ger:*
de (über) Kreuz (zu) *en* across *nl* (kruis)
sv (kors) *no* (kors); *sla:* *pl* (krzyż)
ce skrze *sb* (kříž) *ru* накрест/через
hr kroz; *f-u:* *ma* keresztül; *bal:*
lt (kryžius); *gal:* *cy* (crwys) *br* (kroaz)
ga (cros) *gv* (crosh). *min.* 21/509

krọézen *c-* Ⓥ kreuzen; überqueren

<prim>. *rom:* *fr* croiser *it* croce *es* cruzar
ro cruce *pt* cruzar *ca* creu; *ger:*
de Kreuzen *en* cross *nl* kruisen *sv* korsa
no korse; *sla:* *pl* krzyżować *ce* křížit
sb křížować *be* крыж *bg* кръстосвам
hr križati; *f-u:* *ma* keresztezni; *bal:*

lt kryžiuoti; *gal:* *cy* croesi *ga* cúrsáil
gv croshagh; *n. g.:* *tr* çaprazmak.
min. 23/474

krokodíl *m* Ⓝ Krokodil *n*

gen: -íle <prim>. *rom:* *fr* crocodile
it coccodrillo *es* cocodrilo *ro* crocodil
pt crocodilo *ca* cocodril; *ger:* *de* Krokodil
en crocodile *nl* krokodil *sv* krokodil
no krokodille *da* krokodille; *sla:*
pl krokodyl *ce* krokodýl *sk* krokodíl
ru крокодил *uk* крокодил *be* кракадзіл
bg крокодил *hr* krokodil *sr* крокодил
sl krokodil *mk* крокодил; *f-u:*
ma krokodil *su* krokotiili *et* krokodill;
bal: *lt* krokodilas *lv* krokodils; *gal:*
cy crocodeil *ga* crogall; *n. g.:*
el κροκόδειλος, *ek* krokodilo,
mt kukkudrill, *sh* krokodil. *min.* 34/610

kter num vier

<prim>. *rom:* *fr* quatre *it* quattro
es cuatro *ro* patru *pt* quatro *ca* quatre;
sla: *pl* cztery *ce* čtyři *sb* štyri *ru* четыре
bg четири *hr* četiri *sl* štiri; *gal:* *br* pevar
ga caithir *gv* kiare; *n. g.:* *mt* erba ,,
sh katër. *min.* 18/335

ktẹrce num vierzig

↑-ce. <prim>. *rom:* *fr* quarante
it quaranta *es* cuarenta *ro* patruzeci
ca quaranta; *ger:* *de* vierzig *en* fourty
nl viertig *fs* fjøruti *sv* fyrti(o) *no* firti
da fyrre *fo* fjøruti; *sla:* *pl* czterdzieści
ce čtyřicet *sb* štyrceći *ru* (четыре)
bg четиридесет *hr* četrdeset *sl* štirideset;
gal: *br* pedervet; *n. g.:* *tr* kırk.
min. 22/523

ktert *de ~* Ⓐ vierte(r/s)

<prim>. *rom:* *fr* quatrième *it* quarto
es cuarto *ro* patra *pt* quarto *ca* quart; *ger:*
de vierte(r/s) *en* fourth *nl* vierde *sv* fjärde
no fjerde *da* fjerde (r / s) *is* fjorð◊; *sla:*
pl czwarty *ce* čtvrtý *sb* štwórt◊

ru четвёрт◊ *be* чацвёртай *bg* четвъртото
(г / сек) *hr* četvrti *sl* četrt◊. *min. 21/538*

kụckuc *m* Ⓝ Kuckuck *m*
[k] gen: ~e [ts] <prim>. *rom:* *fr* coucou
it cuculo *es* cuco *ro* cuc *pt* cuco *ca* cucut;
ger: *de* Kuckuck *en* cuckoo *nl* koekoek
sv gök *no* gjøk *da* gøg; *sla:* *pl* kukułka
ce kukačka *sk* kukučka *ru* кукушка
bg кукувица *hr* kukati *sr* кукавица
sl kukavica *mk* кукавица; *f-u:* *ma* kakukk
su käki *et* kägu; *bal:* *lt* gegutė *lv* dzeguze;
gal: *cy* gog *ga* cuach; *n. g.:* *el* κούκος,
ek kuku, *sh* qyqe, *tr* guguk. *min. 32/585*

kukhịna *f* Ⓝ Küche *f*
<prim>. *rom:* *fr* cuisine *it* cucina
es cocina *ro* cuhnie *pt* cozinha *ca* cuina;
ger: *de* Küche *en* kitchen *nl* keuk *sv* kök
no kjøkken *da* køkken; *sla:* *pl* kuchnia
ce kuchynĕ *sk* kuchyňa *sb* kuchina
ru кухня *be* кухня *bg* кухня *hr* kuhinja
sl kuhninja; *f-u:* *ma* konyha *su* keittiö
et köök; *gal:* *br* kegin *ga* cistin; *n. g.:*
el κουζίνα, *mt* kċina, *sh* kuzhinë.
min. 29/573

kụna *f* Ⓝ Marder *m*
<prim>. *sla:* *pl* kuna *ce* kuna *sk* kuna
ru куница *uk* куниця *be* куніца *hr* kuna
sr куна *sl* kunami *mk* куна; *bal:* *lt* kiaunė
lv cauna; *n. g.:* *el* κουνάβι, *sh* kunadhe.
min. 14/198

kụrka *f* Ⓝ Huhn *n*
<prim>. *ger:* *is* kjúklingur; *sla:*
pl kurczak *ce* kuře *sk* kurča *ru* курица
uk курка *be* курыца; *f-u:* *ma* csirke
su kana; *gal:* *ga* cearc. *min. 10/182*

kụrva *f* Ⓝ Hure *f*
<prim>. *sla:* *pl* kurwa *ce* kurva *sk* kurva
ru курва *uk* курва *be* курва *bg* курва
sl kurva *mk* курва; *f-u:* *ma* kurva
su huora; *bal:* *lv* kurva; *n. g.:* *sh* kurva.
min. 13/197

kụté *f* Ⓝ Haut *f*
<prim>. *rom:* *it* cute *es* cutis *ro* coajă
pt cútis; *ger:* *de* Haut *nl* huid *sv* hud
no hud *da* hud *is* húð; *sla:* *pl* kożuch
ce kůže *sk* koža *ru* кожа *bg* кожа *hr* koža
sr кожа *mk* кожа. *min. 18/412*

kymrạég Ⓐ walisisch
<ethno>. *gal:* *cy* cymraeg.

Kymrạég Ⓝ Walisisch *(,~e Sprache)*
<ethno>. *gal:* *cy* cymraeg.

kymrạés *f* Ⓝ Waliserin *f*
<ethno>. *gal:* *cy* cymraes.

kymro *m* Ⓝ Waliser *m*
<ethno>. *gal:* *cy* cymro.

Kymrue Ⓝ Wales
<ethno>. *gal:* *cy* Cymru.

kypria *f* Ⓝ Zyprerin (el) *f*; Zypriotin (el)
f
=↑këbrëslë (1 f). <ethno>. *n. g.:*
el Κύπρια.

kypriạk Ⓐ zyprisch (el); zypriotisch (el)
=↑këbrëslë. <ethno>. *n. g.:* *el* κύπριάκ◊.

kyprios *m* Ⓝ Zyprer (el) *m*; Zypriot (el)
m
=↑këbrëslë (1m). <ethno>. *n. g.:*
el Κύπριος.

Kypros *m* Ⓝ Zypern (el) *n*
m.Art (de ~) =↑Këbrës. <ethno>. *n. g.:*
el Κύπρος.

laboratǫr *m* Ⓝ Labor *n*
<prim>. *rom:* *fr* laboratoire *it* laboratorio
es laboratorio *ro* laborator *pt* laboratório
ca laboratori; *ger:* *de* Labor *en* laboratory
nl laboratorium *sv* laboratorium
no laboratorium *da* laboratorium; *sla:*
pl laboratorium *ce* laboratoř
sk laboratórium *ru* лаборатория

uk лабораторія *be* лабараторыя
bg лаборатория *hr* laboratorija
sr лабораторија *sl* laboratorij
mk лабораторија; *f-u:* *ma* laboratórium
su laboratorio *et* labor; *bal:* *lt* laboratorija
lv laboratorija; *gal:* *cy* labordy; *n. g.:*
ek laborategia, *mt* laboratorju, *sh* laborator,
tr laboratuvar. *min. 33/603*

lác *m* 🅽 See *m*
gen: -lage <prim>. *rom:* *fr* lac *it* lago
es lago *ro* lac *pt* lago *ca* llac; *ger:*
en lake; *gal:* *ga* loch *gd* loch *gv* logh.
min. 10/249

lactosa *f* 🅽 Lactose *f*
<prim>. *rom:* *fr* lactose *it* lattosio
es lactosa *ro* lactoză *pt* lactose *ca* lactosa;
ger: *de* Laktose *en* lactose *nl* lactose
sv laktos *no* laktose *da* laktose *is* laktósi;
sla: *pl* laktoza *ce* laktóza *sk* laktóza
ru лактоза *uk* лактоза *be* лактоза
bg лактоза *hr* laktoza *sr* лактоза
sl laktoza *mk* лактоза; *f-u:* *ma* laktóz
su laktoosi *et* laktoos; *bal:* *lt* laktozė
lv laktoze; *gal:* *cy* lactos *ga* lachtós;
n. g.: *el* λακτόζη, *ek* laktosa, *mt* lattożju,
tr laktoz. *min. 35/615*

lada *f* 🅽 Kiste *f*
<prim>. *rom:* *ro* ladă; *ger:* *de* Lade
nl lade *sv* låda; *f-u:* *ma* láda; *bal:*
lv lāde. *min. 6/159*

laden *c-* 🆅 laden
<prim>. *ger:* *de* laden *en* load *nl* laden
sv ladda *no* lade *da* lade *is* hlaða; *sla:*
pl ładować; *f-u:* *et* laadima; *bal:* *lv* lādēt.
min. 10/237

laep *m* 🅽 Lippe *f*
<prim>. *rom:* *fr* lèvre *it* labbro *es* labio
pt lábio; *ger:* *de* Lippe *en* lip *nl* lip
sv läpp *no* leppe *da* læbe; *bal:* *lv* lūpu.
min. 11/360

laeren *c-* 🆅 lernen
<ang>. *ger:* *de* lernen *en* learn *nl* lernen
lb léieren *sv* lära *no* lære *da* lære *is* læra.
min. 8/194

laguna *f* 🅽 Lagune *f*
<prim>. *rom:* *fr* lagon *it* laguna *es* laguna
ro lagună *pt* lagoa *ca* llacuna; *ger:*
de Lagune *en* lagoon *nl* lagune *sv* lagunen
no lagunen *da* lagune *is* lóninu; *sla:*
pl laguna *ce* laguna *sk* lagúna *ru* лагуна
uk лагуна *be* лагуна *bg* лагуна *hr* laguna
sr лагуна *sl* laguna *mk* лагуната; *f-u:*
ma lagúna *su* laguuni *et* laguun; *bal:*
lv lagūna; *gal:* *cy* lagŵn; *n. g.:*
mt laguna, *sh* lagunë. *min. 31/593*

laimé *f* 🅽 Glück (1) *n* (~lichsein)
<cont>. *bal:* *lt* laimė *lv* laime. *min. 2/5*

laimíg 🅰 glücklich (1)
<cont>. *bal:* *lt* laiming◊ *lv* laimīg◊.
min. 2/5

lama *n* 🅽 Lama *n*
<prim>. *comun* ± lama / лама: *rom:* *fr, it,*
es, ro, pt, ca; *ger:* *de, en, nl, sv, no, da, is;*
sla: *pl, ce, sk, ru, uk, be, hr, sr, sl, mk;* *f-u:*
ma, su lama; *n. g.:* *sh, tr.* *min. 27/584*

lamantín *m* 🅽 Seekuh *f*
gen: -ine <prim>. *rom:* *fr* lamantin
it lamantino; *sla:* *ru* ламантин
uk ламантин *be* ламанцíны; *f-u:*
ma lamantin *et* lamantiin; *bal:*
lt lamantinai *lv* lamantīns; *n. g.:*
mt lamantin. *min. 10/244*

lamella *f* 🅽 Lamelle *f*
<prim>. *rom:* *fr* lamelle *it* lamella
es laminilla *ro* lamelă *pt* lamela
ca laminilla; *ger:* *de* Lamelle *en* lamella
sv lamell *no* lamella *da* lamel; *sla:*
ru ламель *uk* ламель *bg* ламела *hr* lamela
sr ламела *sl* lamela *mk* ламела; *f-u:*
ma lamella *su* lamelli *et* lamell; *bal:*

lt lamella *lv* lamella; *n. g.:* *ek* lamella, *mt* lamella, *sh* lamella, *tr* lamel. *min. 27/517*

lạmpa *f* 🄽 Lampe *f*

<prim>. *rom:* *fr* lampe *it* lampada *es* lámpara *ro* lampă *pt* lâmpada; *ger:* *de* lampe *en* lamp *nl* lamp *sv* lamp *no* lamp *da* lampe; *sla:* *pl* lampa *ce* lampa *sk* lampa *sb* lampa *ru* лампа *be* лямпа *bg* лампа *hr* lampa *sr* лампа *sl* lampa *mk* lampa; *f-u:* *ma* lámpa *su* lamppu; *bal:* *lt* lampa *lv* lampa; *n. g.:* *el* λάμπα, *mt* lampa, *tr* lamba. *min. 29/587*

lạncea *f* 🄽 Lanze *f*

[tsa], gen: -ce <prim>. *rom:* *fr* lance *it* lancia *es* lanza *pt* lança *ca* llança; *ger:* *de* Lanze *en* lance *nl* lans *sv* lans *no* lanse *da* lanse; *sla:* *pl* lanca; *f-u:* *ma* lándzsa; *n. g.:* *ek* lantza. *min. 14/416*

lancẹtta *f* 🄽 Lanzette *f*

<prim>. *rom:* *fr* lancette *it* lancetta *es* lanceta *ro* lanţetă *pt* lanceta *ca* llanceta; *ger:* *de* Lanzette *en* lancet *sv* lansett *no* lansett; *sla:* *pl* lancet *ce* lanceta *sk* lanceta *ru* ланцет *uk* ланцет *be* ланцэт *bg* ланцет *hr* lanceta *sr* ланцета *sl* lancet *mk* ланцет; *f-u:* *su* lansetti *et* lantsett; *bal:* *lt* lancetas *lv* lancete; *gal:* *cy* lansed. *min. 26/561*

land *n!* 🄽 Land *n*

<ang>. *rom:* *fr* lande; *ger:* *de* land *en* land *nl* land *sv* land *no* land *da* land; *sla:* *pl* ląd *ru* ланд(шафт). *min. 9/378*

larg 🄰 breit

<ang>. *rom:* *fr* large *it* larg◊ *es* larg◊ *ro* larg *pt* larg◊; *ger:* *en* large; *f-u:* *su* leveä. *min. 7/250*

lạrva *f* 🄽 Larve *f*

<prim>. *rom:* *fr* larve *it* larva *es* larva *ro* larvă *pt* larva *ca* larva; *ger:* *de* Larve

en larva *nl* larve *sv* larv *no* larve *da* larve; *sla:* *pl* larwa *ce* larva *sk* larva *bg* ларва *hr* larva *sr* ларва *mk* ларва; *f-u:* *ma* lárva; *bal:* *lt* lerva; *gal:* *cy* larfa *ga* larbha; *n. g.:* *ek* larba, *mt* larva, *sh* larvë, *tr* larva. *min. 27/483*

lạssen *c-* 🅅 lassen

<prim>. *rom:* *fr* laisser *it* lasciare *ro* lăsa; *ger:* *de* lassen *en* let *nl* laten *da* lad; *gal:* *br* lezel; *n. g.:* *el* λάξω. *min. 9/325*

latẹnt 🄰 latent

<prim>. *rom:* *fr* latent *it* latente *es* latente *ro* latent *pt* latente *ca* latent; *ger:* *de* latent *en* latent *nl* latent *sv* latent *no* latent *da* latent; *sla:* *ce* latentní *sk* latentné *ru* латентн◊ *uk* латентний *be* латэнтны *bg* латентн◊ *hr* latentan *sr* латентан *sl* latentn◊ *mk* латентн◊; *bal:* *lt* latentin◊ *lv* latent◊; *n. g.:* *mt* latenti. *min. 25/538*

Latín *m* 🄽 Latein(isch) *(,~e Sprache)*

gen: -ine <prim>. *rom:* *fr* latin *it* latino *es* latín *ro* latină *pt* latim; *ger:* *de* latein(isch) *en* latin *nl* latijn *sv* latin *da* latin; *sla:* *pl* łacina *ce* latinský *ru* латинский *be* лацінскі (исч) *bg* латински *hr* latinski; *f-u:* *ma* latin; *n. g.:* *el* λατινικά, *mt* latin, *tr* latin. *min. 20/556*

latín 🄰 lateinisch

<prim>. *rom:* *fr* latin *it* latin◊ *es* latin◊ *ro* latin *pt* latim *ca* llatí; *ger:* *de* lateinisch *en* latin *nl* latijn *sv* latin *da* latinisk; *sla:* *pl* łacińsk◊ *ce* latinsk◊ *ru* латинск◊ *be* лацінск◊ *bg* латинск◊ *hr* latinsk◊; *f-u:* *ma* latin *su* latinalainen; *n. g.:* *el* λατινικ◊, *mt* latina, *tr* latin. *min. 22/565*

latrịna *f* 🄽 Latrine *f*

<prim>. *rom:* *fr* latrine *it* latrina *es* letrina *ro* latrină *pt* latrina *ca* latrina; *ger:* *de* Latrine *en* latrine *nl* latrine *sv* latrine

no latrine *da* latrin; *sla:* *pl* latryna
ce latrína *sk* latríny *sl* latrina; *f-u:*
ma latrina; *gal:* *ga* leithris; *n. g.:*
mt latrini. *min. 19/451*

Látvieshu N Lettisch *(,~e Sprache)*
<ethno>. *bal:* *lv* latviešu.

látviete *f* N Lettin *f*
<ethno>. *bal:* *lv* latviete.

Látvija *f* N Lettland *n*
<ethno>. *bal:* *lv* Latvija.

látvis *m* N Lette *m*
<ethno>. *bal:* *lv* latvis.

látvju A lettisch
<ethno>. *bal:* *lv* latvju.

lavęnda *f* N Lavendel
<prim>. *rom:* *fr* lavande *it* lavanda
es lavanda *ro* lavandă *pt* lavanda
ca lavanda; *ger:* *de* Lavendel *en* lavender
nl lavendel *sv* lavendel *no* lavendel
da lavendel; *sla:* *pl* lawenda *ce* levandula
sk levanduľa *ru* лаванда *uk* лаванда
be лаванда *bg* лавандула *hr* lavanda
sr лаванда *mk* лаванда; *f-u:* *ma* levendula
su laventeli *et* lavendli; *bal:* *lt* levanda
lv lavanda; *gal:* *cy* lafant *ga* lavender;
n. g.: *el* λεβάντας, *mt* lavanda, *sh* livando,
tr lavanta. *min. 33/612*

"lavęnda-ólj" *m, /ólj lavęnde* N
  Lavendelöl *n*
<prim>. *rom:* *fr* l'huile de lavande *it* olio
di lavanda *es* aceite de lavanda *ro* lavandă
ulei *pt* óleo de lavanda *ca* oli de lavanda;
ger: *de* Lavendelöl *en* lavender oil
nl lavendelolie *sv* lavendelolja
no lavendelolje *da* lavendelolie; *sla:*
pl olejek lawendowy *ce* levandulový olej
sk levanduľový olej *ru* лавандовое масло
uk лавандова олія *be* лавандавае алей
bg лавандулово масло *hr* ulje lavande

sr уље лаванде *mk* лаванда маслото; *f-u:*
ma levendulaolaj *su* laventeliöljyn
et lavendliõli; *bal:* *lt* levandų aliejus
lv lavandas eļļa; *gal:* *cy* olew lafant *ga* ola
lavender; *n. g.:* *el* έλαιο λεβάντας,
mt lavanda żejt, *sh* vaj livando, *tr* lavanta
yağı.*33/*

lavi̱na *f* N Lawine *f*
<prim>. *ger:* *de* Lawine *nl* lawine
sv lavin *da* lavine; *sla:* *pl* lawina
ce lavina *sk* lavína *ru* лавина *uk* лавина
be лавіна *bg* лавина *hr* lavina *sr* лавина
mk лавина; *f-u:* *ma* lavina *et* laviin; *bal:*
lt lavina *lv* lavīna. *min. 18/336*

lax A lax
<prim>. *rom:* *fr* (léger) *es* lax◊ *ro* lax
ca lax; *ger:* *de* lax *en* lax *nl* laks *no* lax
da lax; *sla:* *ce* laxn◊ *sk* laxn◊; *f-u:*
ma laza *su* löyhä; *n. g.:* *mt* laxka.
min. 14/344

laxatív *m* N Laxans *n*
gen: -tive <prim>. *rom:* *fr* laxatif
it lassativo *es* laxante *ro* laxativ *pt* laxante
ca laxant; *ger:* *de* Laxans *en* laxative
nl laxeermiddel *sv* laxativ; *sla:* *sk* laxatív
hr laksativ *sr* лаксатив *mk* лаксатив; *f-u:*
su laksatiivi; *n. g.:* *mt* lassattiv.
min. 16/398

la̱zac' *m* N Lachs *m*
gen: lázce <prim>. *ger:* *de* Lachs *sv* lax
no laks *da* laks *is* lax; *sla:* *pl* łosoś
ce losoś *sk* losos *ru* лосось *uk* лосось
be лосось *hr* losos *sr* лосос *sl* losos
mk лосос; *f-u:* *ma* lazac *su* lohi *et* lõhe;
bal: *lt* lašiša *lv* lasis. *min. 20/317*

lectió̱n *f* DID N Lektion *f*
[ts] gen: -one <prim>. *rom:* *fr* leçon
it lezione *es* lección *ro* lecție *pt* lição
ca lliçó; *ger:* *de* Lektion *en* lesson
sv lektion *no* leksjon *da* lektion; *sla:*
pl lekcja *ce* lekce *sk* lekcie *hr* lekcija

sr лекција *mk* лекција; *f-u:* *ma* lecke;
n. g.: *mt* lezzjoni. *min. 19/443*

lẹden *c-* $\boxed{V}$ führen; leiten
<ang>. *ger:* *de* leiten *en* lead *nl* leiden
lb leeden *sv* leda *no* lede *da* lede *is* leiða
fo leiða; *sla:* *ru* лидировать. *min. 10/274*

lẹder *m* $\boxed{N}$ Leiter *m (!)*
<prim>. *rom:* *fr* leader *es* líder; *ger:*
de Leiter *en* leader *nl* leder *sv* lädare; *sla:*
ru лидер. *min. 7/370*

lef *m* $\boxed{N}$ Blatt *n*
<prim>. *ger:* *de* Laub *en* leaf *nl* loof
sv löv *no* løv *da* løv *is* laufa; *f-u:*
ma levél *su* lehti *et* leht; *bal:* *lt* lapas
lv lapa. *min. 12/216*

lẹgal $\boxed{A}$ legal
adv: ~no <prim>. *rom:* *fr* légal *it* legale
es legal *ro* legal *pt* legal *ca* legal; *ger:*
de legal *en* legal *is* lögleg◊; *sla:*
bg легалн◊ *hr* legaln◊ *sr* легалн◊; *f-u:*
ma legális *su* laillisesti; *bal:* *lt* legali◊
lv legāl◊; *n. g.:* *ek* legez, *mt* legal.
min. 18/390

lẹgé *f* $\boxed{N}$ Jura *f*
<prim>. *rom:* *fr* loi *it* legge *es* ley *pt* lei
ca llei; *ger:* *en* law *sv* lag *no* lov *da* lov
is lög; *f-u:* *su* laki; *n. g.:* *ek* legea,
mt liġi, *sh* ligj. *min. 14/254*

légenda *f* LIT+CARTO $\boxed{N}$ Legende *f*
<prim>. *rom:* *fr* légende *it* leggenda
es leyenda *ro* legendă *pt* lenda
ca llegenda; *ger:* *de* Legende *en* legend
nl legende *sv* legend *no* legende *da* legend;
sla: *pl* legenda *ce* legenda *sk* legenda
ru легенда *uk* легенда *be* легенда
bg легенда *hr* legenda *sr* легенда
sl legenda *mk* легенда; *f-u:* *su* legenda;
bal: *lt* legenda *lv* leģenda; *n. g.:*
mt leġġenda, *sh* legjendë. *min. 28/582*

leghk $\boxed{A}$ leicht *(Gewicht)*
[jk] <prim>. *rom:* *fr* léger *it* legger◊
es liger◊ *pt* leve; *ger:* *de* leicht *en* light
nl licht *sv* lätt *no* lett *da* let *is* létt◊; *sla:*
pl lekk◊ *sk* ľahk◊ *ru* лёгк◊ *uk* легк◊
be лёгк◊ *bg* лек◊ *hr* lak◊ *sr* лак◊ *sl* lahk◊
mk лесн◊; *f-u:* *et* lihtne; *n. g.:* *sh* leht◊.
min. 23/540

légión *f* $\boxed{N}$ Legion *f*
gen: -one <prim>. *rom:* *fr* légion
it legione *es* legión *ro* legiune *pt* legião
ca legió; *ger:* *de* Legion *en* legion
nl legioen *sv* legion *no* legion *da* legion;
sla: *ce* legie *sk* légie *ru* легион *uk* легіон
be легіён *bg* легион *hr* legija *sr* легіја
mk легијата; *f-u:* *ma* légió *su* legioona
et leegion; *bal:* *lt* legionas *lv* leģions;
n. g.: *el* λεγεών, *mt* leġjun, *sh* legjion,
tr lejyon. *min. 30/571*

législatura *f* $\boxed{N}$ Legislative *f*
<prim>. *rom:* *fr* corps législatif
it legislatura *es* legislatura *ro* legislatură
pt legislatura *ca* legislatura; *ger:*
de Legislatur *en* legislature; *sla:*
pl legislatura; *n. g.:* *mt* leġiżlatur,
sh legjislatura. *min. 11/384*

légitimatión *f* $\boxed{N}$ Legitimation *f*
[ts] gen: -one <prim>. *rom:*
fr légitimation *it* legittimazione
es legitimación *ro* legitimare *pt* legitimação
ca legitimació; *ger:* *de* Legitimation
en legitimation *nl* legitimatie
sv legitimation *no* legitimering
da legitimering; *sla:* *pl* legitymacja
ce legitimizace *sk* legitimizace
ru легитимация *uk* легітимація
be легітымацыя *bg* легитимация
sl legitimacija *mk* легитимација; *f-u:*
su legitimaatio; *bal:* *lv* leģitimācija; *n. g.:*
ek legitimazio, *mt* leġittimazzjoni.
min. 25/569

lékár *m* ⃞N Arzt *m*

gen: -are <prim>. *ger:* *sv* läkare *no* lege
da læge *is* læknir; *sla:* *pl* lekarz *ce* lékař
sk lekár *ru* лекарь *uk* лікар *be* лекар
bg лекар *hr* liječnik *sr* лекар *mk* лекар;
f-u: *su* lääkäri. *min. 15/212*

lęngdé *f* ⃞N Länge *f*

<ang>. *rom:* *fr* longuitude *it* lunghezza
es longitud *ro* lungime *ca* longitud; *ger:*
de Länge *en* length *da* længde. *min. 8/337*

lent ⃞A langsam

adv: ~o <prim>. *rom:* *fr* lent *it* lent◊
es lent◊ *ro* lent *pt* lent *ca* lent; *f-u:*
ma lassú; *bal:* *lt* lėt◊ *lv* lēn◊. *min. 9/206*

lęón *m* ⃞N Löwe *m*

<prim>. *rom:* *fr* lion *it* leone *es* león
ro leu *pt* leão *ca* lleó; *ger:* *de* Löwe
en lion *nl* leeuw *sv* lejon *no* løve *da* løve
is ljón; *sla:* *pl* lew *ce* lev *sk* lev *ru* лев
uk лев *be* леў *bg* лъв *hr* lav *sr* лав *sl* lion
mk лав; *f-u:* *su* leijona *et* lõvi; *bal:*
lt liūtas *lv* lauva; *gal:* *cy* llew *ga* leon;
n. g.: *el* λιον(τάρι), *ek* lehoia, *mt* iljun,
sh luan. *min. 34/598*

léopạrd *m* ⃞N Leopard *m*

<prim>. *rom:* *fr* léopard *it* leopardo
es leopardo *ro* leopard *pt* leopardo
ca lleopard; *ger:* *de* Leopard *en* leopard
nl luipaard *sv* leopard *no* leopard
da leopard *is* hlébarði; *sla:* *pl* lampart
ce leopard *sk* leopard *ru* леопард
uk леопард *be* леапард *bg* леопард
hr leopard *sr* леопард *sl* leopard
mk леопард; *f-u:* *ma* leopárd *su* leopardi
et leopard; *bal:* *lt* leopardas *lv* leopards;
gal: *cy* llewpard *ga* liopard; *n. g.:*
el λεοπάρδαλη, *ek* lehoinabar, *mt* leopard,
sh leopard, *tr* leopar. *min. 36/615*

lęrké *f* ⃞N Lerche *f*

<ang>. *ger:* *de* Lerche *en* lark
nl leeuwerik *sv* lärka *no* lerke *da* lærke;
f-u: *et* lõoke. *min. 7/195*

lésen *c-* ⃞V !esen

<prim>. *rom:* *fr* lire *it* leggere *es* leer
ca llegir; *ger:* *de* lesen *nl* lezen *sv* läsa
no lese *da* læse; *f-u:* *su* lue *et* loe; *bal:*
lt izlaseti; *gal:* *br* lenn; *n. g.:* *el* λέγω,
sh lexo. *min. 15/313*

lesiọn *f* ⃞N Läsion *f*

gen: -one <prim>. *rom:* *fr* lésion
it lesione *es* lesión *ro* leziune *pt* lesão
ca lesió; *ger:* *de* Läsion *en* lesion
nl laesie *sv* lesion *no* lesjon *da* læsion;
sla: *ce* léze *sk* lézie *hr* lezija *sr* лезија
sl lezija *mk* лезија; *n. g.:* *ek* lesio,
mt leżjoni. *min. 20/414*

letẹn *c-* ⃞V fliegen

<prim>. *sla:* *pl* lecieć *ce* letět *sk* letieť
ru лететь *uk* летети *be* ляцець *bg* летя
hr letjeti *sr* летети *sl* leteti; *f-u:* *su* lentää
et lendama; *bal:* *lt* lėkti *lv* lidot.
min. 14/200

lęttra *f* ⃞N Buchstabe *m*

<prim>. *rom:* *fr* lettre *it* lettera; *ger:*
de Letter *en* letter; *sla:* *ru* литера; *gal:*
cy llythyr *ga* litir; *n. g.:* *mt* ittra, *sh* letër.
min. 9/351

lętzëbuërjer *m* ⃞N Luxemburger *m*

<ethno>. *ger:* *lb* Lëtzebuerger.

lętzëbuërjerin *f* ⃞N Luxemburgerin *f*

<ethno>. *ger:* *lb* Lëtzebuergerin.

lętzëbuërjesh ⃞A luxemburgisch

<ethno>. *ger:* *lb* lëtzebuergesch.

Lętzëbuërjesh *m* ⃞N Luxemburgisch *(,~e Sprache)*

<ethno>. *ger:* *lb* Lëtzebuergesch.

Lẹtzëbuërjh *m* $\boxed{\text{N}}$ Luxemburg *n*

<ethno>. *ger:* *lb* Lëtzebuerg.

leukemịa *f* $\boxed{\text{N}}$ Leukämie *f*

<prim>. *rom:* *fr* leucémie *it* leucemia
es leucemia *ro* leucemie *pt* leucemia
ca leucèmia; *ger:* *de* Leukämie
en leukemia *nl* leukemie *sv* leukemi
no leukemi *da* leukæmi; *sla:* *ce* leukémie
sk leukémie *ru* лейкемия *uk* лейкемія
be лейкамія *bg* левкемия *hr* leukemija
sr леукемија *sl* levkemija *mk* леукемија;
f-u: *ma* leukémia *su* leukemia
et leukeemia; *bal:* *lv* leikēmija; *gal:*
cy lewcemia *ga* leoicéime; *n. g.:*
el λευχαιμία, *ek* leuzemia, *mt* lewkimja,
sh leukimi, *tr* lösemi. *min. 33/572*

lév *m* $\boxed{\text{N}}$ Leben *n*

<ang>. *ger:* *de* Leben *en* life *nl* leven
sv liv *no* liv *da* life. *min. 6/193*

lẹven *c-* $\boxed{\text{V}}$ leben

<ang>. *ger:* *de* leben *en* live *nl* leven
lb liewen *sv* leva *no* leve *da* leve *is* lifa
fo liva. *min. 9/194*

lẹxikon *n* $\boxed{\text{N}}$ Lexikon *n*

gen: -ke <prim>. *rom:* *fr* lexique
it lessico *es* léxico *ro* lexicon *pt* léxico
ca lèxic; *ger:* *de* Lexikon *en* lexicon
nl lexicon *da* leksikon; *sla:* *pl* leksykon
ru лексикон *uk* лексикон *be* лексікон
bg лексикон *hr* leksika *sr* лексика
sl leksikon *mk* лексикон; *f-u:* *ma* lexikon;
bal: *lv* leksikons; *n. g.:* *el* λεξικό.
min. 22/569

lezhẹn $\boxed{\text{V}}$ legen

<prim>. *ger:* *de* legen *en* lay *nl* leggen
sv lägga *no* legge *da* laa; *sla:* *pl* położyć
ce ložit *ru* ложить *be* ляжаць *hr* položiti.
min. 11/337

liberạl $\boxed{\text{A}}$ liberal

<prim>. *rom:* *fr* libéral *it* liberale
es liberal *ro* liberal *pt* liberal *ca* liberal;
ger: *de* liberal *en* liberal *nl* liberaal
sv liberal *no* liberal *da* liberal; *sla:*
pl liberaln◊ *ce* liberáln◊ *sk* liberáln◊
ru либеральн◊ *uk* ліберальн◊
be ліберальн◊ *bg* либерałн◊ *hr* liberaln◊
sr либералн◊ *sl* liberaln◊ *mk* либералн◊;
f-u: *ma* liberális *su* liberaali *et* liberaalne;
bal: *lt* liberal◊; *gal:*
ga liobrálacha; *n. g.:* *mt* liberali,
sh liberal◊, *tr* liberal. *min. 32/601*

licẹncea *f* $\boxed{\text{N}}$ Lizenz *f*

[tsa], gen: -ce <prim>. *rom:* *fr* licence
it licenza *es* licencia *ro* licenţă *pt* licença
ca llicència; *ger:* *de* Lizenz *en* license
nl licentie *sv* licens *no* lisens *da* licens;
sla: *pl* licencja *ce* licence *sk* licencie
ru лицензия *uk* ліцензія *be* ліцэнзія
bg лиценз *sr* лиценца *mk* лиценца; *f-u:*
su lisenssi *et* litsents; *bal:* *lt* licencija
lv licence; *n. g.:* *ek* lizentzia, *mt* ličenzja,
tr lisans. *min. 28/585*

Lietuva *f* $\boxed{\text{N}}$ Litauen *n*

<ethno>. *bal:* *lt* Lietuva.

lietuvé *f* $\boxed{\text{N}}$ Litauerin *f*

<ethno>. *bal:* *lt* lietuvė.

lietuvi $\boxed{\text{A}}$ litauisch

<ethno>. *bal:* *lt* lietuvi◊.

lietuvis *m* $\boxed{\text{N}}$ Litauer *m*

<ethno>. *bal:* *lt* lietuvis.

Lietuviú $\boxed{\text{N}}$ Litauisch *(,~e Sprache)*

<ethno>. *bal:* *lt* lietuvių.

lịga *f* $\boxed{\text{N}}$ Liga *f*

<prim>. *rom:* *fr* ligue *it* lega *es* liga
ro ligă *pt* liga *ca* lliga; *ger:* *de* Liga
en league *sv* liga *no* liga *da* liga; *sla:*
pl liga *ce* liga *sk* liga *ru* лига *uk* ліга

185

be ліга *bg* лига *hr* liga *sr* лига *sl* liga
mk лига; *f-u:* *ma* liga *su* liiga *et* liiga;
bal: *lt* lyga *lv* līga; *n. g.:* *ek* ligako,
sh ligë, *tr* lig. *min. 30/582*

likёr *m* N Likör *m*

<prim>. *rom:* *fr* liqueur *it* liquore *es* licor
ro lichior *pt* licor *ca* licor; *ger:* *de* Likör
en liqueur *nl* likeur *sv* likör *no* likør
da likør *is* líkjör; *sla:* *pl* likier *ce* likér
sk likér *ru* ликер *uk* лікер *be* лікёр
bg ликьор *hr* liker *sr* ликер *sl* liker
mk ликер; *f-u:* *ma* likŏr *su* likööri
et liköör; *bal:* *lt* likeris *lv* liķieris; *gal:*
ga licéar; *n. g.:* *el* λικέρ, *ek* likore,
mt likur, *sh* liker, *tr* likör. *min. 35/615*

limitёren *c-* V limitieren

<prim>. *rom:* *fr* limiter *it* limitare
es limitar *ro* limita *pt* limitar *ca* limitar;
ger: *de* limitieren *en* limit *nl* limiteren;
sla: *pl* limotować *sk* limitovať
ru лимитировать *bg* лимитирам
hr limitirati; *f-u:* *et* limiteerima; *bal:*
lv limitēt; *n. g.:* *mt* -limita, *sh* limit.
min. 18/507

limusiné *f* N Karosse *f*

pl: -ínés, gen: -ínée <prim>. *rom:*
fr limousine *es* limusina *ro* limuzină
pt limusine *ca* limusina; *ger:*
de Limousine *en* limousine; *sla:*
pl limuzyna *ce* limuzína *sk* limuzína
ru лимузин *uk* лімузин *be* лімузін
bg лимузина *hr* limuzina *sr* лимузина
mk лимузина; *f-u:* *ma* limuzin
su limusiini *et* limusiin; *bal:* *lt* limuzinas
lv limuzīns; *gal:* *ga* limisín; *n. g.:*
el λιμουζίνα, *ek* limosin, *sh* limuzinë,
tr limuzin. *min. 27/525*

linéárno adv linear

<prim>. *rom:* *fr* linéairement
it linearmente *es* linealmente *ro* liniar
pt linearmente *ca* linealment; *ger:*

de linear *en* linearly *nl* lineair *sv* linjärt
no lineært *da* lineært *is* línulega; *sla:*
pl liniowo *ce* lineárně *sk* lineárne
ru линейно *uk* лінійно *be* лінейна
bg линейн◊ *hr* linijama *sl* linearno
mk линеарно; *f-u:* *ma* lineárisan
su lineaarisesti *et* lineaarselt; *bal:*
lv lineāri; *gal:* *cy* llinol *ga* líneach; *n. g.:*
ek linealki, *mt* lineari, *sh* linearisht.
min. 32/587

lingua *f* N Sprache *f*

gen: -uë <prim>. *rom:* *fr* langue *it* lingua
es lengua *ro* limbă *pt* língua *ca* llengua;
ger: *de* (-lingual) *en* language; *n. g.:*
mt lingwa. *min. 9/344*

linguist *m* N Linguist *m*

<prim>. *rom:* *fr* linguiste *it* linguista
es lingüista *ro* lingvist *pt* linguista
ca lingüista; *ger:* *de* Linguist *en* linguist
nl linguïst *sv* lingvist *no* lingvist; *sla:*
ce lingvista *sk* lingvista *ru* лингвист
uk лінгвіст *be* лінгвіст *bg* лингвист
hr lingvista *sr* лингвиста *mk* лингвист;
bal: *lt* lingvistas; *n. g.:* *mt* lingwista.
min. 22/531

linguistic A linguistisch

adv: ~no <prim>. *rom:* *fr* linguistique
it linguistic◊ *es* lingüístic◊ *ro* lingvistic
pt linguístic◊ *ca* lingüístic◊; *ger:*
de linguistisch *en* linguistic; *sla:*
pl lingwistyczn◊ *ce* lingvistick◊
sk lingvistick◊ *ru* лингвистическ◊
uk лінгвістичн◊ *be* лінгвістычн◊
bg лингвистичн◊ *hr* lingvističk◊
mk лингвистичк◊; *bal:* *lv* lingvistisk◊;
n. g.: *mt* lingwistika. *min. 19/527*

linguistica *f* N Linguistik *f*

gen: -ce [ts] <prim>. *rom:* *fr* linguistique
it linguistica *es* lingüística *ro* lingvistică
ca lingüística; *ger:* *de* Linguistik
en linguistics *da* linguistik; *sla:*

ce lingvistika *ru* лингвистика
be лінгвістыка *bg* лингвистика
hr lingvistika; *n. g.:* *mt* lingwistika.
min. 14/451

linia *f* N Linie *f*

<prim>. *rom:* *fr* ligne *it* linea *es* línea
ro linie *pt* linha *ca* línia; *ger:* *de* Linie
en line *nl* lijn *sv* linje *no* online *da* line
is lína; *sla:* *pl* linia *ce* linka *sk* linka
ru линия *uk* лінія *be* лінія *bg* линия
hr linija *sr* линија *mk* линија; *f-u:*
su linja; *bal:* *lt* linija *lv* līnija; *gal:*
cy llinell *br* linenn *ga* líne; *n. g.:* *mt* linja,
sh linjë. *min. 31/582*

link *m* N Link *m*

<prim>. *rom:* *fr* lien; *ger:* *de* Link
en link *nl* link *lb* link *sv* link *no* link
da link; *sla:* *ru* линк *bg* линк *hr* link;
f-u: *su* linkki. *min. 12/357*

linóléum *n* N Linoleum *n*

gen: -ólée <prim>. *rom:* *fr* linoléum
it linoleum *es* linóleo *ro* linoleum
pt linóleo *ca* linòleum; *ger:* *de* Linoleum
en linoleum *nl* linoleum *sv* linoleum
no linoleum *da* linoleum *is* línóleum; *sla:*
pl linoleum *ce* linoleum *sk* linoleum
ru линолеум *uk* лінолеум *be* лінолеўм
bg линолеум *hr* linoleum *sr* линолеум
sl linoleja *mk* линолеум; *f-u:* *ma* linóleum
et linoleum; *bal:* *lt* linoleumas *lv* linolejs;
gal: *cy* linoliwm; *n. g.:* *ek* linolioa,
mt linolju, *sh* linoleum. *min. 32/593*

liquidité *f* N Liquidität *f*

gen: -téte <prim>. *rom:* *fr* liquidité
it liquidità *es* liquidez *ro* lichiditate
pt liquidez *ca* liquiditat; *ger:* *de* Liquidität
en liquidity *nl* liquiditeit *sv* likviditet
no likviditet *da* likviditet; *sla:* *ce* likvidita
sk likvidita *ru* ликвидность *uk* ліквідність
be ліквіднасць *bg* ликвидност
hr likvidnost *sr* ликвидност *sl* likvidnosti

mk ликвидност; *f-u:* *su* likviditeetti
et likviidsus; *bal:* *lt* likvidumo
lv likviditātes; *n. g.:* *mt* likwidità,
sh likuidnet, *tr* likidite. *min. 29/549*

literár A literarisch

<prim>. *rom:* *fr* littéraire *it* letterari◊
es literari◊ *ro* literar *pt* literári◊
ca literari◊; *ger:* *de* literarisch *en* literary
nl literair *sv* litterär *no* litterær *da* litterær;
sla: *pl* literack◊ *ce* literárn◊ *sk* literárn◊
ru литературн◊ *uk* літературн◊
be літературн◊ *bg* литературн◊
sl literarn◊ *mk* литературн◊; *bal:*
lt literatūr◊ *lv* literār◊; *gal:* *ga* liteartha;
n. g.: *mt* letterarji, *sh* letrar◊. *min. 26/566*

literatura *f* N Literatur *f*

<prim>. *rom:* *fr* littérature *it* letteratura
es literatura *ro* literatură *pt* literatura
ca literatura; *ger:* *de* Literatur
en literature *nl* literatuur *sv* litteratur
no litteratur *da* litteratur; *sla:* *pl* literatura
ce literatura *sk* literatúra *ru* литература
uk література *be* літаратура
bg литература *sr* литература *sl* literatura
mk литература; *bal:* *lt* literatūra
lv literatūra; *n. g.:* *ek* literatura,
mt letteratura, *sh* letërsi. *min. 27/575*

líthium *n* N Lithium *n*

gen: -thie <prim>. *rom:* *fr* lithium *it* litio
es litio *ro* litiu *pt* lítio *ca* liti; *ger:*
de Lithium *en* lithium *nl* lithium *sv* litium
no litium *da* litium; *sla:* *pl* litowo
ce lítium *sk* lítium *ru* литий *uk* літій
be літый *bg* литий *hr* litij *sr* литијум
sl litij *mk* литиум; *f-u:* *ma* lítium
su litium *et* liitium; *bal:* *lt* ličio *lv* litijs;
gal: *cy* lithiwm *ga* litiam; *n. g.:* *el* λιθίο,
ek litio, *sh* litium, *tr* lityum. *min. 34/615*

lithografia *f* N Lithografie *f*

<prim>. *rom:* *fr* lithographie *it* litografia
es litografía *ro* litografie *pt* litografia

ca litografia;   *ger:* *de* Lithografie
en lithography *nl* lithografie *sv* litografi
no litografi *da* litografi;   *sla:* *pl* litografia
ce litografie *sk* litografie *ru* литография
uk літографія *be* літаграфія
bg литография *hr* litografija
sr литографија *sl* litografija
mk литографија; *f-u:* *ma* litográfia
et litograafia; *bal:* *lt* litografija
lv litogrāfija; *gal:* *cy* lithograffeg
ga liteagrafaíocht; *n. g.:* *el* λιθογραφία,
ek litografia, *sh* litografi, *tr* litografi.
min. 33/610

ljúb Ⓐ lieb (1)

comp: ljuber +↑ljubé, ↑ljubín. <prim>.
ger: *de* lieb *nl* lief *lb* léif *sv* ljuv *is* ljuf◊;
sla: *sk* ľúbezn◊ *ru* любим◊ *uk* люб'язн◊.
min. 8/231

ljubé *f* Ⓝ Liebe *f*

<prim>. *rom:* *ro* iubire; *ger:* *de* Liebe
en love *nl* liefde *lb* Léift *sv* (ljuv)
is (ljuf◊); *sla:* *ru* любовь *uk* любов
be любоў *bg* любов *hr* ljubav *sr* љубав
sl ljubezen *mk* љубов; *f-u:* *su* (lempi).
min. 16/346

ljubín Ⓥ lieben

<prim>. *rom:* *ro* iubi; *ger:* *de* lieben
en love *nl* (lief) *lb* léiwe *sv* (ljuv)
is (ljuf◊); *sla:* *pl* lubić *sk* ľúbiť
ru любить *uk* любити *be* любіць *bg* любя
hr ljubiti *sr* љубити *sl* ljubiti *mk* љуби.
min. 17/386

ljúdj *!pl* Ⓝ Leute *pl*

gen: ludje <prim>.   *ger:* *de* Leute *nl* lui;
sla: *pl* ludzie *ce* lidé *ru* люди *be* людзі
bg люде *hr* ljudi *sl* ludźo. *min. 9/271*

locạl Ⓐ lokal

<prim>. *rom:* *fr* local *it* locale *es* local
ro local *pt* local *ca* local; *ger:* *de* Lokal
en local *nl* lokaal *sv* lokal *no* lokal
da lokal; *sla:* *pl* lokaln◊ *bg* локалн◊

sr локалн◊ *sl* lokaln◊ *mk* локалн◊; *n. g.:*
mt lokali, *sh* lokal◊. *min. 19/444*

localitẹ́ *f* Ⓝ Lokalität *f*

gen: -téte <prim>. *rom:* *fr* localité
it località *es* localidad *ro* localitate
pt localidade *ca* localitat; *ger:*
de Lokalität *en* locality *no* lokalitet
da lokalitet; *sla:* *ce* lokalita *sk* lokalita
hr lokalitet *sr* локалитет *mk* локалитет;
n. g.: *mt* lokalità, *sh* lokalitet. *min. 17/381*

lọgica *f* Ⓝ Logik *f*

gen: -ce [ts] <prim>. *rom:* *fr* logique
it logica *es* lógica *ro* logică *pt* lógica
ca lògica; *ger:* *de* Logik *en* logic
nl logica *sv* logik *no* logic *da* logic; *sla:*
pl logika *ce* logic *ru* логика *uk* логіка
be логіка *bg* логика *hr* logika *sr* логика
mk логика; *f-u:* *ma* logika *su* logiikka;
bal: *lt* loginiai *lv* loģika; *gal:* *cy* logic
ga loighic; *n. g.:* *el* λογική, *ek* logika,
mt logic, *sh* logjikë, *tr* mantık. *min. 32/607*

logịstica *f* Ⓝ Logistik *f*

gen: -ce [ts] <prim>. *rom:* *fr* logistique
it logistica *es* logística *ro* logistica
pt logística *ca* logística; *ger:* *de* Logistik
en logistics *nl* logistiek *sv* logistik
no logistikk *da* logistik; *sla:* *pl* logistyka
ce logistika *sk* logistika *ru* логистика
uk логістика *be* лагістыка *bg* логистика
hr logistika *sr* логистика *sl* logistika
mk логистика; *f-u:* *ma* logisztika
su logistiikka *et* logistika; *bal:* *lt* logistika
lv loģistika; *gal:* *cy* logisteg *ga* loighistic;
n. g.: *ek* logistika, *mt* loģistika,
sh logjistika, *tr* lojistik. *min. 34/603*

long Ⓐ lang

<prim>. *rom:* *fr* long *it* lung◊ *ro* lung;
ger: *de* lang *en* long *da* lang. *min. 6/293*

lọnge *n* Ⓝ Lunge *f*

<prim>. *ger:* *de* Lunge *en* lung *nl* long
lb Long *sv* lunga *no* lunge *da* lunge

is lunga *fo* lunga; <u>*sla:*</u> *ru* лёгкое
uk легені *be* лёгкае. *min. 12/304*

lopạta *f* Ⓝ Schaufel *f*
<prim>. <u>*rom:*</u> *ro* lopată; <u>*sla:*</u> *pl* łopata
ce lopata *sk* lopata *sb* lopata *ru* лопата
uk лопата *bg* лопата *hr* lopata *sr* лопата
sl lopata *mk* лопата; <u>*f-u:*</u> *ma* lapát
su lapio *et* labida; <u>*bal:*</u> *lt* lāpsta; *n. g.:*
sh lopatë. *min. 17/222*

lọzhka *f* Ⓝ Löffel *m*
<prim>. <u>*sla:*</u> *pl* łyżka *ce* lžíce *sk* lyžica
ru ложка *uk* ложка *be* лыжка *bg* лъжица
hr žlica *sl* žlico *mk* лажица; <u>*f-u:*</u>
su lusikka *et* lusikas; <u>*gal:*</u> *cy* llwy; *n. g.:*
sh lugë. *min. 14/189*

lucratív Ⓐ lukrativ
<prim>. <u>*rom:*</u> *fr* lucratif *it* lucrativ◊
es lucrativ◊ *ro* lucrativ *pt* lucrativ◊
ca lucrativ◊; <u>*ger:*</u> *de* lukrativ *en* lucrative
sv lukrativ *no* lukrative *da* lukrative; <u>*sla:*</u>
pl lukratywn◊ *ce* lukrativn◊ *sk* lukratívn◊.
min. 14/417

lueck *m* Ⓝ Glück (2) *n (gutes Gelingen)*
<ang>. <u>*ger:*</u> *de* Glück *en* luck *nl* geluk
lb Gléck *sv* lycka *no* lykke *da* lukke
is lukka *fo* lukku. *min. 9/194*

luecklig Ⓐ glücklich (2)
adv: ~no <ang>. <u>*ger:*</u> *de* glücklich
en lucky *nl* gelukkig *lb* glécklech
sv lycklig *no* lykkelig *da* lukkelig
is (lukka) *fo* lukkuligur. *min. 9/194*

lumen *n* TECH Ⓝ Lumen *n*
<prim>. <u>*rom:*</u> *fr* lumen *it* lumen *es* lumen
ro lumen *pt* lúmen; <u>*ger:*</u> *de* Lumen
en lumen *nl* lumen *sv* lumen *no* lumen
da lumen; <u>*sla:*</u> *pl* lumen *ce* lumen
sk lumen *ru* люмен *uk* люмен *be* люмен
bg лумен *hr* lumen *sr* лумен *sl* lumen
mk лумен; <u>*f-u:*</u> *ma* lumen *su* lumen
et luumeni; <u>*bal:*</u> *lt* liumenai *lv* lūmens;

gal: *cy* lwmen; *n. g.:* *tr* lümen.
min. 29/597

luna *f* Ⓝ Mond *m*
<prim>. <u>*rom:*</u> *fr* lune *it* luna *es* luna
ro lună *pt* lua; <u>*sla:*</u> *ce* luna *sk* luna
ru луна *bg* луна *mk* луна. *min. 10/292*

lúndan *m* Ⓝ Montag *m*
↑luna, ↑dan. <prim>. <u>*rom:*</u> *fr* lundi
it lunedì *es* lunes *ro* luni *ca* dilluns; <u>*ger:*</u>
de "Montag" *en* "Monday" *nl* "maandag"
lb "Méindeg" *sv* "måndag" *no* "mandag"
da "mandag" *is* "mánudagur"
fo "mánadagur"; <u>*f-u:*</u> *su* ("maanantai");
<u>*gal:*</u> *cy* dydd llun *br* dilun *ga* dé luain.
min. 18/378

lús *m* ZOOL Ⓝ Laus *f*
<ang>. <u>*ger:*</u> *de* Laus *en* louse *nl* luis
sv lus *no* lus *da* lus *is* lús; <u>*gal:*</u> *cy* llau'r.
min. 8/194

luxuọ́s Ⓐ luxuriös
comp: ~er, adv: -ọ́zno <prim>. <u>*rom:*</u>
fr luxueux *it* lussuos◊ *es* lujos◊ *ro* luxos
pt luxuos◊ *ca* luxós◊; <u>*ger:*</u> *de* luxuriös
en luxurious *nl* luxueus *sv* lyxiga
no luksuriøs *da* luksuriøse *is* (lúxus); <u>*sla:*</u>
pl luksusow◊ *ce* luxusn◊ *sk* luxusn◊
bg луксозн◊ *hr* luksuzn◊ *sr* луксузн◊
mk луксузн◊; <u>*f-u:*</u> *et* luksuslik; *n. g.:*
ek luxuzko, *sh* luksoz◊, *tr* lüks.
min. 24/469

luxus *m* Ⓝ Luxus *m*
gen: luxe <prim>. <u>*rom:*</u> *fr* luxe *it* lusso
es lujo *ro* lux *pt* luxo *ca* luxe; <u>*ger:*</u>
de Luxus *en* luxury *nl* luxe *sv* lyx
no luksus *da* luksus *is* lúxus; <u>*sla:*</u>
pl luksus *ce* luxus *sk* luxus *bg* лукс
hr luksuz *sr* луксуз *sl* luksuz *mk* луксуз;
<u>*f-u:*</u> *ma* luxus *et* luksus; *n. g.:* *ek* luxuzko,
mt lussu, *sh* luks, *tr* lüks. *min. 27/483*

lymfé *f* MED $\boxed{\text{N}}$ Lymphe *f*

<prim>. *rom:* *fr* lymphe *it* linfa *es* linfa
ro limfă *pt* linfa *ca* limfa; <ger:>
de Lymphe *en* lymph *nl* lymf *sv* lymfa
no lymfe *da* lymfe; <sla:> *pl* limfa *ce* lymfa
sk lymfa *ru* лимфа *uk* лімфа *be* лімфа
bg лимфа *hr* limfa *sr* лимфа *sl* limfa
mk лимфа; <f-u:> *et* lümf; <bal:> *lt* limfa
lv limfa; <gal:> *cy* lymff *ga* limfe; <n. g.:>
el λέμφος, *mt* limfa, *sh* limfë, *tr* lenf.
min. 32/597

lynx *f* ZOOL $\boxed{\text{N}}$ Luchs *m*

gen: -nce <prim>. *rom:* *fr* lynx *it* lince
es lince *pt* lince *ca* linx; <ger:> *de* Luchs
en lynx *sv* lodjur *da* los; <bal:> *lt* lūšis
lv lūsis; <n. g.:> *el* λύγκας. *min. 12/354*

ma $\boxed{\text{C}}$ aber

<prim>. *rom:* *fr* mais *it* ma *pt* mas; <ger:>
nl maar *no* men *da* men; <f-u:> *ma* ám
su mutta; <gal:> *br* met; <n. g.:> *el* μα,
mt imma, *tr* ama. *min. 12/187*

Mạdjar *m* $\boxed{\text{N}}$ Ungarisch (,~e Sprache)

<ethno>. <f-u:> *ma* magyar.

mạdjar (1f) *f* $\boxed{\text{N}}$ Ungarin *f*

<ethno>. <f-u:> *ma* magyar.

mạdjar (1m) *m* $\boxed{\text{N}}$ Ungar *m*

<ethno>. <f-u:> *ma* magyar.

mạdjar (2) $\boxed{\text{A}}$ ungarisch

<ethno>. <f-u:> *ma* magyar.

Mạdjarország *m* $\boxed{\text{N}}$ Ungarn *n*

<ethno>. <f-u:> *ma* Magyarország.

magnitúd *f* FYS $\boxed{\text{N}}$ Magnitude *f*

gen: -tụde <prim>. *rom:* *it* magnitudine
es magnitud *pt* magnitude *ca* magnitud;
<ger:> *de* Magnitude *en* magnitude
da magnitude; <sla:> *bg* магнитуд; <n. g.:>
ek magnitudea. *min. 9/274*

mai *m* $\boxed{\text{N}}$ Mai *m*

<prim>. *rom:* *fr* Mai *it* maggio *es* mayo
ro mai *ca* maig; <ger:> *de* Mai *en* may
da maj *is* maí; <sla:> *pl* maj *ru* май
bg май; <f-u:> *ma* május; <gal:> *br* Mae;
<n. g.:> *mt* mejju, *tr* mayıs. *min. 16/490*

mạjmun *m* $\boxed{\text{N}}$ Affe (2) *m*

=↑áp. <prim>. *rom:* *ro* maimuță; <sla:>
bg маймуна *hr* majmun *sr* мајмун
mk мајмун; <f-u:> *ma* majom; <n. g.:>
el μαϊμού, *sh* majmun, *tr* maymun.
min. 9/73

majoritẹ *f* $\boxed{\text{N}}$ Mehrheit *f*

gen: -tẹte <ang>. *rom:* *fr* majorité
it maggioranza *es* mayoria *ro* majoritate
ca majoria; <ger:> *en* majority; <sla:>
ru мажоритарность; <n. g.:>
mt maġġoranza. *min. 8/319*

Makedonija *f* $\boxed{\text{N}}$ Mazedonien *n*

<ethno>. <sla:> *mk* Македонија.

makedonjec' *m* $\boxed{\text{N}}$ Mazedonier *m*

<ethno>. <sla:> *mk* македонец.

makedonka *f* $\boxed{\text{N}}$ Mazedonierin *f*

<ethno>. <sla:> *mk* македонка.

makedonsk $\boxed{\text{A}}$ mazedonisch

<ethno>. <sla:> *mk* македонск◊.

Makedonski $\boxed{\text{N}}$ Mazedonisch (,~e
  Sprache)

<ethno>. <sla:> *mk* македонски.

makrẹla *f* $\boxed{\text{N}}$ Makrele (1) *f*

=↑scumbré. <prim>. *rom:* *fr* maquereau
ro macrou; <ger:> *de* Makrele *en* mackerel
nl makreel *sv* makrill *no* makrell
da makrel *is* makríl; <sla:> *pl* makrela
ce makrela *sk* makrela; <f-u:> *ma* makréla
su makrilli *et* makrell; <gal:> *cy* macrell.
min. 16/352

malen c- $\boxed{V}$ mahlen
+↑molín (1). <prim>. _rom:_ _fr_ moudre
_es_ moler _pt_ moer _ca_ moldre; _ger:_
_de_ mahlen _en_ mill _nl_ malen _sv_ mala
_no_ male _da_ male; _sla:_ _pl_ mleć _ce_ mlít
_sk_ mlieť _sb_ mlěć _ru_ молоть _uk_ молоти
_bg_ меля _hr_ mlatiti _sr_ млети _mk_ меле;
bal: _lt_ malti _lv_ malt; _gal:_ _br_ milin.
min. 23/496

maliciós $\boxed{A}$ maliziös
comp: ~er, adv: -ózno <prim>. _rom:_
_fr_ malveillant _it_ malign◊ _es_ malicios◊
_pt_ malicios◊ _ca_ maliciós◊; _ger:_
_de_ maliziös _en_ malicious; _sla:_
_mk_ малициозн◊; _gal:_ _cy_ maleisus
_ga_ mailíseach; _n. g.:_ _mt_ malizzjuż.
min. 11/327

Malta _f_ $\boxed{N}$ Malta
<ethno>. _n. g.:_ _mt_ Malta.

malti (1) _m_ $\boxed{N}$ Malteser _m_
<ethno>. _n. g.:_ _mt_ malti.

Malti (2) $\boxed{N}$ Maltesisch _(,~e Sprache)_
<ethno>. _n. g.:_ _mt_ malti.

malti (3) $\boxed{A}$ maltesisch
<ethno>. _n. g.:_ _mt_ malti.

maltija _f_ $\boxed{N}$ Malteserin _f_
<ethno>. _n. g.:_ _mt_ maltija.

maltraetéren c- $\boxed{V}$ malträtieren
<prim>. _rom:_ _fr_ maltraiter _it_ maltrattare
_es_ maltratar _pt_ maltratar _ca_ maltractar;
ger: _de_ malträtieren _en_ maltreat; _sla:_
_bg_ малтретирам _sr_ малтретирати
_mk_ малтретирам. _min._ 10/344

mammografia _f_ $\boxed{N}$ Mammografie _f_
<prim>. _rom:_ _fr_ mammographie
_it_ mammografia _es_ mamografia
_ro_ mamografie _pt_ mamografia
_ca_ mamografia; _ger:_ _de_ Mammografie

_en_ mammography _nl_ mammografie
_sv_ mammografi _no_ mammografi
_da_ mammografi; _sla:_ _pl_ mammografia
_ce_ mamografie _sk_ mamografia
_ru_ маммография _uk_ мамографія
_be_ мамаграфія _bg_ мамография
_hr_ mamografija _sr_ мамографија
_sl_ mamografija _mk_ мамографија; _f-u:_
_ma_ mammográfia _su_ mammografia
_et_ mammograafia; _bal:_ _lt_ mamografijos
_lv_ mammogrāfija; _gal:_ _cy_ mamograffi
_ga_ mamagrafaíocht; _n. g.:_
_el_ (μαστο)γραφία, _mt_ mammografija,
_sh_ mamografia, _tr_ mamografi. _min._ 34/613

man _m_ $\boxed{N}$ Mann _m_
gen: ~ne <ang>. _rom:_ _es_ macho _ca_ home;
ger: _de_ Mann _en_ man _nl_ man _sv_ man
_no_ mann _da_ man; _sla:_ _pl_ mąż _ce_ muž
_sk_ muž _hr_ muž _sr_ muž; _f-u:_ _su_ mies
_et_ mees. _min._ 15/310

mandát _m_ POLIT $\boxed{N}$ Mandat _n_
<prim>. _rom:_ _fr_ mandat _it_ mandato
_es_ mandato _ro_ mandat _pt_ mandato
_ca_ mandat; _ger:_ _de_ Mandat _en_ mandate
_nl_ mandaat _sv_ mandat _no_ mandat
_da_ mandat; _sla:_ _pl_ mandat _ce_ mandát
_sk_ mandát _ru_ мандат _uk_ мандат
_be_ мандат _bg_ мандат _hr_ mandat
_sr_ мандат _sl_ mandat _mk_ мандатот; _f-u:_
_su_ mandaatti _et_ mandaat; _bal:_ _lv_ mandāts;
gal: _cy_ mandad; _n. g.:_ _mt_ mandat,
_sh_ mandat, _tr_ manda. _min._ 30/586

mang $\boxed{A}$ manche (1); manch; einiges
<prim>. _ger:_ _de_ manch _en_ many
_nl_ menig _fs_ mannich _sv_ många _no_ mange
_da_ mange _is_ margir _fo_ mangir. _min._ 9/193

manges _pl_ $\boxed{pl}$ manche (2); einige
<prim>. _ger:_ _de_ manche _en_ many
_nl_ menig _fs_ mannich _sv_ många _no_ mange
_da_ mange _is_ margir _fo_ mangir. _min._ 9/193

mangusta *f* N Mungo *m*

<prim>. *rom:* *fr* mangouste *it* mangusta
es mangosta *ro* mangustă *pt* mangusto
ca mangosta; *ger:* *de* Mamguste
en mongoose *nl* mangoest *sv* mungor; *sla:*
pl mangusta *ru* мангуста *uk* мангуста
be мангуста *bg* мангуста *hr* mungos
sr мунгос *sl* mungo *mk* мангуста; *f-u:*
ma menyét *su* mungo *et* mangust; *bal:*
lt mangustai *lv* mangusts; *n. g.:*
sh mangustë. *min. 25/573*

manifest *m* N Manifest *n*

<prim>. *rom:* *fr* manifeste *it* manifesto
ro manifest *ca* manifest; *ger:* *de* Manifest
en manifest *da* manifest; *sla:* *pl* manifest
ce manifest *ru* манифест *be* маніфест
bg манифест *hr* manifest; *f-u:*
su manifesti; *n. g.:* *mt* manifest.
min. 15/456

manikueré *f* N Maniküre *f*

<prim>. *rom:* *fr* manucure *es* manicura
ro manichiură *ca* manicura; *ger:*
de Maniküre *en* manicure *nl* manicuren
sv manikyr *no* manikyr; *sla:* *ce* manikúra
sk manikúra *ru* маникюр *uk* манікюр
be манікюр *bg* маникюр *hr* manikura
sr маникир *sl* manikura; *f-u:* *ma* manikűr
su manikyyri *et* maniküür; *bal:*
lt manikiūras *lv* manikīrs; *n. g.:*
ek manikura, *mt* manikjur, *sh* manikyr,
tr manikür. *min. 27/497*

manipulatiọn *f* N Manipulation *f*

[ts] gen: -ọne <prim>. *rom:*
fr manipulation *it* manipolazione
es manipulación *ro* manipulare
pt manipulação *ca* manipulació; *ger:*
de Manipulation *en* manipulation
nl manipulatie *sv* manipulation
no manipulasjon *da* manipulation; *sla:*
pl manipulacja *ce* manipulace
sk manipulácia *ru* манипуляция
uk маніпуляція *be* маніпуляцыя

bg манипулация *hr* manipulacija
sr манипулација *sl* manipulacija
mk манипулација; *f-u:* *ma* manipuláció
su manipulointi *et* manipuleerimine; *bal:*
lt manipuliacijos *lv* manipulācija; *n. g.:*
ek manipulazioa, *mt* manipulazzjoni,
sh manipulim. *min. 31/597*

manipuléren *c-* V manipulieren

<prim>. *rom:* *fr* manipuler *it* manipolare
es manipular *ro* manipula *pt* manipular
ca manipular; *ger:* *de* manipulieren
en manipulate *nl* manipuleren
sv manipulera *no* manipulere
da manipulere; *sla:* *pl* manipulować
ce manipulovat *sk* manipulovať
ru манипулировать *uk* маніпулювати
be маніпулявць *bg* манипулирам
hr manipulirati *sr* манипулисати
sl manipulirajo *mk* манипулира; *f-u:*
ma manipulál *su* manipuloida
et manipuleerima; *bal:* *lt* manipuliuoti
lv manipulēt; *n. g.:* *ek* manipulatzeko,
mt -manipula, *sh* manipuloj. *min. 31/597*

mantel *m* N Mantel *m*

gen: ~le <prim>. *rom:* *fr* manteau
it mantello *es* manto *ro* manta *pt* manto
ca mantell; *ger:* *de* Mantel *en* mantle
nl mantel *sv* mantel *no* mantelen *is* möttul;
sla: *ru* мантия *uk* мантія *be* мантыя
bg мантия *mk* мантија; *bal:* *lv* mantija;
n. g.: *ek* mantu, *mt* mantell, *sh* mantel.
min. 21/505

manual *m* N Manual *n*

gen: -ale <prim>. *rom:* *fr* manuel
it manuale *es* manual *ro* manual *pt* manual
ca manual; *ger:* *de* Manual *en* manual
da manual; *sla:* *ce* manuál *sk* manuál
bg мануалн◊; *f-u:* *su* manuaalinen; *n. g.:*
mt manwali, *tr* manuel. *min. 15/382*

manualno [adv] manuell

\<prim\>. *rom:* *fr* manuel *it* manualmente
ro manual *pt* manualmente; *ger:*
de manuell *en* manually *sv* manuellt
no manuelt *da* manuelt; *sla:*
bg мануалн◊; *n. g.:* *mt* manwalment.
min. 11/328

mappa *f* [N] Mappe *f*

\<prim\>. *ger:* *de* Mappe *nl* map *sv* mapp
no mappen *da* mappe *is* mappa; *sla:*
hr mapa *sl* mapa; *f-u:* *ma* mappa; *bal:*
lv mape. *min. 10/153*

mar *m* [N] Meer *n*

\<prim\>. *rom:* *fr* mer *it* mare *es* mar
ro mare *pt* mar *ca* mar; *ger:* *de* Meer
lb Mier; *sla:* *pl* morze *ce* moře *sk* more
ru море *be* мope *bg* мope *sl* morje
mk мope; *f-u:* *su* meri *et* meri; *bal:*
lt marios; *gal:* *cy* môr *br* mor *ga* muir
gd muir *gv* mooir. *min. 24/452*

már [A] groß (1) *2-dimensional*

\<prim\>. *rom:* *ro* mare; *gal:* *cy* mawr
br meur *ga* mór *gv* mooar; *n. g.:*
sh madh◊. *min. 6/21*

"marín león" *m* [N] Seelöwe *m*

\<prim\>. *rom:* *fr* lion de mer *it* leone
marino *es* leon marino *ro* leu de mare
pt leão marinho *ca* lleó marí; *ger:*
de Seelöwe *en* sea lion *nl* zeeleeuw
sv sjölejon *no* sjøløve *da* søløve *is* sæljón;
sla: *pl* lew morski *ru* морской лев
uk морський лев *be* марскі леў
bg морски лъв *hr* morski lav *sr* морски
лав *sl* morski lev *mk* морски лав; *f-u:*
ma tengeri oroszlán *su* merileijona
et merilõvi; *bal:* *lt* jūrų liūtas *lv* jūras
lauva; *gal:* *cy* llew môr *ga* leon farraige;
n. g.: *el* θαλάσσιο λιοντάρι, *ek* itsas lehoia,
mt iljun baħar, *sh* luan deti, *tr* deniz
aslanı.*34/*

marina *f* MIL [N] Marine *f*

\<prim\>. *rom:* *fr* marine *it* marina
es marina *ro* marina *pt* marinha *ca* marina;
ger: *de* Marine *nl* marine *sv* marin; *sla:*
pl marynarka *hr* mornarica *sr* морнарица
sl mornarica *mk* морнарица; *n. g.:*
ek marino, *sh* marinë. *min. 16/371*

marinada *f* [N] Marinade *f*

\<prim\>. *rom:* *fr* marinade *it* marinata
ro marinată; *ger:* *de* Marinade
en marinade *nl* marinade *sv* marinad
no marinade *da* marinade; *sla:*
pl marynata *ce* marináda *sk* marináda
ru маринад *uk* маринад *be* марынад
bg марина *hr* marinada *sr* маринада
sl marinada *mk* маринадата; *f-u:*
ma mariníroz *su* marinadi *et* marinaad;
bal: *lt* marinatas *lv* marināde; *gal:*
cy marinâd; *n. g.:* *ek* marinade,
mt immarinar, *sh* marinadë. *min. 29/544*

marinéren *c-* [V] marinieren

\<prim\>. *rom:* *fr* mariner *it* marinare
es marinar *ro* marinate *pt* marinar
ca marinar; *ger:* *de* marinieren
en marinate *nl* marineren *sv* marinera
da marinere; *sla:* *pl* marynować
ce marinovat *sk* marinovať *ru* мариновать
uk маринувати *be* марынаваць
bg мариновам *hr* marinirati
sr маринирати *sl* marinirati
mk маринираат; *f-u:* *su* marinoida
et marineerida; *bal:* *lt* marinuoti
lv marinēt; *n. g.:* *ek* marinate,
mt marinate, *sh* marinoj. *min. 29/580*

marmota *f* [N] Murmeltier *n*

\<prim\>. *rom:* *fr* marmotte *it* marmotta
es marmota *ro* marmota *pt* marmota
ca marmota; *ger:* *de* Murmel(tier)
en marmot *sv* murmel(djur)
no murmel(dyr); *sla:* *bg* мармот
hr mrmot *sr* мрмот *mk* мармот; *f-u:*

ma mormota *su* murmeli; *n. g.:*
ek marmotak. *min. 17/401*

marodĕr *m* N Marodeur *m*
<prim>. *rom: fr* maraudeur
es merodeador; *ger: de* Marodeur
en marauder *sv* marodör; *sla: pl* maruder
ce marodér *sk* marodér *ru* мародер
uk мародер *be* марадзёр *bg* мародер
hr maroder *sr* мародер *mk* мародер; *f-u:*
et marodöör; *bal: lv* marodieris.
min. 17/463

mars *m* N März *m*
<prim>. *rom: fr* mars *it* marzo *es* marzo
ro martie *ca* març; *ger: de* März
en march *da* marts *is* mars; *sla:*
pl marzec *ru* март *be* марш *bg* март; *f-u:*
ma március *su* maaliskuu; *gal:*
br Meurzh; *n. g.: mt* marzu, *tr* mart.
min. 18/499

masculín A männlich
<prim>. *rom: fr* masculin *it* maschi◊
ro masculin *ca* masculí; *ger: de* maskulin;
sla: pl męsk◊ *be* мужчынск◊ *bg* мъжки
hr mušk◊; *f-u: su* maskuliininen; *n. g.:*
mt maskili. *min. 11/303*

masculinum *n* GRAM N Maskulinum *n*
gen: -ine <prim>. *rom: fr* masculin
it maschile *es* masculino *ro* masculin
ca masculí; *ger: de* Maskulinum
sv maskulinum *da* maskulin; *sla:*
pl maskulinum *be* мужчынскі *hr* muški;
f-u: su maskuliininen substantiivi; *n. g.:*
mt maskili. *min. 13/346*

mashĭna *f* N Maschine *f*
<prim>. *rom: fr* machine *it* macchina
es máquina *ro* maşină *pt* máquina
ca màquina; *ger: de* Maschine
en machine *nl* machine *sv* maskin
no maskin *da* maskine; *sla: pl* maszyna
ce mašina *sk* mašina *ru* машина
uk машина *be* машына *bg* машина

hr mašina *sr* машина *mk* машина; *f-u:*
et machine; *bal: lt* mašina *lv* mašīna;
gal: ga meaisín; *n. g.: el* μηχανή,
ek makina, *mt* magni, *sh* makinë,
tr makine. *min. 31/597*

massájh *m* N Massage *f*
gen: -ajhe <prim>. *rom: fr* massage
it massaggio *es* masaje *ro* masaj
pt massagem *ca* massatge; *ger:*
de Massage *en* massage *nl* massage
no massasje; *sla: pl* masaż *ce* masáž
sk masáž *ru* массаж *uk* масаж *be* масаж
bg масаж *hr* masaž *sr* масаж *sl* masaž
mk масаж; *f-u: ma* masszázs *et* massaaž;
bal: lt masažas *lv* masāža; *n. g.:*
el μασάζ, *mt* massaġġi, *sh* masazh,
tr masaj. *min. 29/595*

massajhĭst *m* N Masseur (2) *m*
=↑massĕr. <prim>. *rom: es* masajista
pt massagista *ca* massatgista; *sla:*
pl masażysta *ru* массажист *uk* масажист
be масажыст *bg* масажист; *bal:*
lt masažistas; *n. g.: ek* masajista,
sh masazhist. *min. 11/219*

massĕr *m* N Masseur (1) *m*
=↑massajhist. <prim>. *rom: fr* masseur
it massaggiatore *ro* maseur; *ger:*
de Masseur *nl* masseur *sv* massör
no massør *da* massør; *sla: ce* masér
sk masér *hr* maser *sr* масер *sl* maser
mk масер; *f-u: ma* masszőr *et* massöör;
bal: lv masieris; *n. g.: el* μασέρ, *tr* masör.
min. 19/331

mat adv sehr (1) *(vor einem Adjektiv)*
<prim>. *rom: it* molto *es* (mucho)
ro (mult) *pt* muito *ca* molt; *ger:*
en (much) *sv* mycket *no* meget *da* meget
is mjög; *gal: br* mat. *min. 11/202*

matéria *f* $\boxed{N}$ Materie *f*

<prim>. *rom:* es materia *ca* matèria; *ger:* de Materie *en* matter *nl* materie; *sla:* bg материя; *gal:* cy mater. *min. 7/229*

material (1) *m* $\boxed{N}$ Material *n*

gen: -ale <prim>. *rom:* *fr* matériel *it* materiale *es* material *ro* material *pt* material *ca* material; *ger:* de Material *en* material *nl* materiaal *sv* material *no* material *da* materiale; *sla:* ce materiál *sk* materiál *ru* материал *uk* матеріал *be* матэрыял *bg* материал *hr* materijal *sr* материјал *sl* material *mk* материјал; *f-u:* su materiaali *et* materjal; *bal:* lv materiāls; *n. g.:* ek material, *mt* materjal, *sh* material. *min. 28/542*

materialisme *m* $\boxed{N}$ Materialismus *m*

<prim>. *rom:* *fr* matérialisme *it* materialismo *es* materialismo *ro* materialism *pt* materialismo *ca* materialisme; *ger:* de Materialismus *en* materialism *nl* materialisme *sv* materialismen *no* materialisme *da* materialisme; *sla:* pl materializm *ce* materialismus *sk* materializmus *ru* материализм *uk* матеріалізм *be* матэрыялізм *bg* материализъм *hr* materijalizam *sr* материјализам *sl* materializem *mk* материјализам; *f-u:* ma materializmus *su* materialismi *et* materialism; *bal:* lt materializmas *lv* materiālisms; *n. g.:* ek materialismo, *mt* materialism, *sh* materializëm, *tr* materyalizm. *min. 32/602*

maternal $\boxed{A}$ mütterlich

<ang>. *rom:* *fr* maternel *it* matern◊ *es* materno *ro* matern *ca* matern; *ger:* en maternal *da* maternel; *sla:* pl matczyn◊ *ce* mateřsk◊ *ru* материнск◊ *bg* матерн◊ *hr* materinsk◊. *min. 12/386*

"maternal lingua" *f* $\boxed{N}$ Muttersprache *f*

<ang>. *rom:* it madrelingua *ro* limbă maternă; *ger:* da moderspråg; *sla:* ce mateřština *hr* materinji jezik.*5/*

mathematica *f* $\boxed{N}$ Mathematik *f*

<prim>. *rom:* *fr* mathématique *it* matematica *es* matemática *ro* matematică *ca* matemàtica; *ger:* de Mathematik *en* mathematics *da* matematik; *sla:* pl matematyka *ce* matematika *ru* математика *be* матэматыка *bg* математика *hr* matematika; *f-u:* su matematiikka; *n. g.:* el μαθεματική, *mt* matematika, *tr* matematik. *min. 18/513*

matrac' *m* $\boxed{N}$ Matraze *f*

gen: -acce <prim>. *rom:* *fr* matelas *it* materasso *ca* matalàs; *ger:* de Matraze *en* mattress *nl* matras *sv* madrass *no* madrass *da* madras; *sla:* pl materac *ce* matrace *sk* matrace *ru* матрас *uk* матрац *be* матрац *bg* матрак; *f-u:* ma matrac *et* madrats; *bal:* lt matracas *lv* matrači; *gal:* cy matres; *n. g.:* tr matras. *min. 22/511*

matric- ↑*matrix*

matrix *f* $\boxed{N}$ Matrix *f*

gen: -ice <prim>. *rom:* *fr* matrice *it* matrice *es* matriz *ro* matrice *ca* matriu; *ger:* de Matrix (Matrize) *en* matrix *da* matrix; *sla:* pl matryca *ru* матрица *be* матрыца *bg* матрица *hr* matrica; *f-u:* su matriisi; *n. g.:* mt matriči, *tr* matris. *min. 16/491*

maxima *f* $\boxed{N}$ Maxime *f*

<prim>. *rom:* *fr* maxime *it* massima *es* máxima *ro* maximă *pt* máxima *ca* màxima; *ger:* de Maxime *en* maxim *nl* maxim *sv* maxim *da* maksime; *sla:* pl maksyma *ce* maxima *sk* maxima *bg* максима *hr* maksima *sr* максима *sl* maxim *mk* максима; *f-u:* su maksiimi

et maksiim; *bal:* *lv* maksima; *n. g.:*
mt maxim. *min. 23/466*

maximạl A maximal; höchstmöglich
<prim>. *rom:* *fr* maximum *it* massim◊
es máxim◊ *ro* maxim *pt* máxim◊
ca màxim; *ger:* *de* maximal *en* maximum
nl maximaal *sv* maximal *no* maksimal;
sla: *pl* maksymaln◊ *ce* maximáln◊
ru максимальн◊ *uk* максимальн◊
be максімальн◊ *bg* максималн◊
sr максималн◊ *mk* максималн◊; *f-u:*
ma maximális *su* maksimi *et* maksimaalne;
bal: *lt* maksimal◊ *lv* maksimum◊; *n. g.:*
mt massimu, *sh* maksimal◊, *tr* maksimum.
min. 27/587

maximạlno adv höchstens; maximal
<prim>. *rom:* *fr* maximalement; *ger:*
de maximal *en* maximum; *sla:*
ru максимально *be* не больш
bg максималн◊. *min. 6/320*

maximisẹren *c-* V maximieren
<prim>. *rom:* *fr* maximiser
it massimizzare *es* maximizar
ro maximaliza *pt* maximizar
ca maximitzar; *ger:* *de* maximieren
en maximize *nl* maximaliseren
sv maximera *no* maksimere *da* maksimere;
sla: *pl* maksymalizacji *ce* maximalizovat
sk maximalizovať *ru* максимизировать
uk максимізувати *be* максімізаваць
bg максимизирам *sr* максимизирати
sl maksimiranje; *f-u:* *ma* maximalizálni
su maksimoida *et* maksimeerima; *n. g.:*
ek maximizatzeko, *mt* -massimizza.
min. 26/586

mé (1) pPr mich *siehe auch Pronomen*
und Artikel
<prim>. *rom:* *fr* me *it* mi *es* me *ro* mă
pt mim; *ger:* *de* mich *en* me *nl* mij
sv mig *da* mig; *sla:* *pl* mnie *ce* mě
ru меня *be* мне *bg* мен *hr* me *sl* me; *f-u:*

ma engem *su* minulle; *bal:* *lv* mani; *gal:*
br me; *n. g.:* *el* με, *mt* me, *sh* më.
min. 24/559

mé (2), méd (2) pr mit
<prim>. *rom:* *fr* (au moyen de); *ger:*
de mit *nl* med *lb* mat *no* med *da* med
is með; *n. g.:* *el* με, *mt* ma. *min. 9/201*

mẹbles *n pl* N Möbel *n pl*
<prim>. *rom:* *fr* meubles *it* mobili
es muebles *ro* mobilier *pt* móveis
ca mobles; *ger:* *de* Möbel *nl* meubilair
sv möbler *no* møble *da* møblerne; *sla:*
pl meble *ru* мебель *uk* меблі *be* мэбля
bg мебели *mk* мебел; *f-u:* *et* mööbel;
bal: *lv* mēbeles; *n. g.:* *sh* mobilje,
tr mobilya. *min. 21/493*

méd (1) *m* N Mittel *n (Hilfs~)*
<prim>. *rom:* *fr* moyen *it* mezzo
es medio *ro* mijloc *ca* medio; *ger:*
de Mittel *en* means *nl* middel *sv* medel;
gal: *br* moaien *ga* meán; *n. g.:* *el* μέσον.
min. 12/376

méd(i-) (1) adv mittel *(~mäßig)*
<prim>. *rom:* *fr* moyen *it* medi- *es* medio
ro mediu *pt* medio *ca* medio; *ger:*
de mittel(mäßig) *en* middle *nl* middel
sv mellan *no* mellom *da* medium; *n. g.:*
el μεσ(ιανο), *mt* medju. *min. 14/394*

méd(i-) (2) A halb
<prim>. *rom:* *it* mezz◊ *es* medi◊ *pt* mei◊
ca medi◊; *ger:* *de* (mittel-) *en* (middle)
nl (middel) *sv* (mellan) *no* (mellom);
n. g.: *el* μισ◊. *min. 10/306*

"mẹddan" *m* N Mittwoch *m*
↑méde, ↑dan. <prim>. *ger:* *de* Mittwoch
lb Mëttwoch *is* miðvikudagur; *sla:*
pl środa *ce* středa *sk* streda *ru* среда
uk середа *be* серада *bg* сряда *hr* srijeda
sr среда *sl* sreda *mk* среда; *f-u:*
ma (szerda) *su* keskiviikko.*16/*

médé *f* N Mitte *f*

<prim>. *rom:* *fr* millieu *it* mezzo
es medio *ro* mij(loc) *pt* meio *ca* medio;
ger: *de* Mitte *en* middel *nl* midden *sv* mitt
no midte; *gal:* *cy* mysg *ga* meán; *n. g.:*
el μέση, *sh* mesi. *min. 15/392*

médial A medial

<prim>. *rom:* *fr* medial *it* mediale
es medial *ro* medial *pt* medial *ca* medial;
ger: *de* medial *en* medial *nl* medial
sv medial *no* medial *da* mediale; *sla:*
pl medialn◊ *ce* medialn◊ *bg* мединн◊
hr medijaln◊; *f-u:* *ma* mediális
su mediaalinen; *n. g.:* *mt* medjali.
min. 19/463

médicina *f* N Medizin *f*

<prim>. *rom:* *fr* médecine *it* medicina
es medicina *ro* medicament *pt* medicina
ca medicina; *ger:* *de* Medizin *en* medicine
sv medicin *no* medisin *da* medicin; *sla:*
pl medycyna *ce* medicína *sk* medicína
ru медицина *uk* медицина *be* медыцына
bg медицина *sr* медицина *mk* медицина;
f-u: *et* meditsiin; *bal:* *lt* medicina
lv medicīna; *n. g.:* *ek* medikuntza,
mt mediċina. *min. 25/555*

méditerrané A mediterran

<prim>. *rom:* *fr* méditerranéen
it mediterrane◊ *es* mediterráne◊ *ro* marea
mediterană *pt* mediterrâne◊ *ca* mediterrani;
ger: *de* mediterran *en* mediterranean
no mediterranean; *sla:* *hr* mediterann◊
sr медитеранн◊ *mk* медитеранн◊; *n. g.:*
ek mediterraneoko, *mt* mediterran.
min. 14/365

médium *n* N Medium *n*

gen: -die <prim>. *rom:* *fr* ´medium
it medium *es* medium *ro* mediu *pt* medium
ca medium; *ger:* *de* medium *en* medium
nl medium *sv* medium *no* medium
da medi; *sla:* *pl* medium *ce* medium

ru медиана *mk* медиум; *f-u:* *ma* medium;
gal: *br* media; *n. g.:*
mt medimediumordni. *min. 19/526*

médved *m* N Bär *m*

<prim>. *sla:* *pl* niedźwiedź *ce* medvěd
sk medveď *ru* медведь *be* мядзведзь
bg мечка *hr* medvjed *sl* medved
mk мечка; *f-u:* *ma* medve; *bal:* *lt* meška.
min. 11/178

megafón *m* N Megafon *n*

<prim>. *rom:* *it* megafono *es* megáfono
ro megafon *pt* megafone; *ger:*
de Megaphon *en* megaphone *nl* megafoon
sv megafon *no* megafon *da* megafon; *sla:*
pl megafon *ce* megafon *sk* megafón
ru мегафон *uk* мегафон *be* мегафон
bg мегафон *sr* мегафон *sl* megafon
mk мегафон; *f-u:* *ma* megafon
su megafoni *et* megafon; *bal:*
lt megafonas *lv* megafons; *gal:*
cy megaffon; *n. g.:* *el* μεγάφωνο,
ek megafonoa, *mt* megafon, *sh* megafon,
tr megafon. *min. 31/542*

mel *m* N Honig *m*

<prim>. *rom:* *fr* miel *it* miele *es* miel
ro miere *pt* mel *ca* mel; *sla:* *pl* miód
ce med *ru* мёд *be* мёд *bg* мед *hr* med;
f-u: *ma* mézʹ *et* mesi, *bal:* *lv* medus, *gal:*
br mel *ga* mil; *n. g.:* *el* μέλι, *sh* mjaltë,
tr bal. *min. 21/376*

melancholia *f* N Melancholie *f*

[k] <prim>. *rom:* *fr* mélancolie
it malinconia *es* melancolía *ro* melancolie
pt melancolia; *ger:* *de* Melancholie
en melancholy *sv* melankoli *no* melankoli;
sla: *pl* melancholia *ce* melancholie
sk melanchólia *ru* меланхолия
uk меланхолія *be* меланхолія
bg меланхолия *hr* melankolija
sr меланхолија *sl* melanholija
mk меланхолија; *f-u:* *ma* melankólia

et melanhoolia; *n. g.:* *el* μελαγχολία,
ek malenkonia, *mt* melankoniku,
sh melankolia, *tr* melankoli. *min. 27/578*

melk *m* Ⓝ Milch *f*

<prim>. *rom:* *ca* llet; *ger:* *de* Milch
en milk *nl* melk *sv* mjölk *da* mælk; *sla:*
pl mleko *ce* mléko *ru* молоко *be* малако
bg мляко *hr* mlijeko; *f-u:* *su* maito.
min. 13/351

melodịa *f* Ⓝ Melodie *f*

<prim>. *rom:* *fr* mélodie *it* melodia
es melodía *ro* melodie *pt* melodia; *ger:*
de Melodie *en* melody *nl* melodie; *sla:*
pl melodia *ru* мелодия *uk* мелодія
be мелодыя *bg* мелодия *sr* мелодија
mk мелодија; *f-u:* *su* melodia; *bal:*
lv melodija; *n. g.:* *el* μελωδία, *sh* melodi.
min. 19/549

mẹmber *m* Ⓝ Mitglied *n*

gen: -bre <ang>. *rom:* *fr* membre
it membro *es* miembro *ro* membru
pt membre *ca* membre; *ger:* *en* member;
n. g.: *mt* membru. *min. 9/250*

membrạna *f* Ⓝ Membran *f*

<prim>. *rom:* *fr* membrane *it* membrana
es membrana *ro* membrană *pt* membrana
ca membrana; *ger:* *de* Membran
en membrane *nl* membraan *sv* membran
no membran *da* membran; *sla:*
pl membrana *ce* membrána *sk* membrána
ru мембрана *uk* мембрана *be* мембрана
bg мембрана *hr* membrana *sr* мембрана
sl membrana *mk* мембрана; *f-u:*
ma membrán *et* membraan; *bal:*
lt membrana *lv* membrāna; *n. g.:*
el μεμβράνη, *mt* membrana. *min. 29/603*

mémoạres *f pl* Ⓝ Memoiren *f pl*

<prim>. *rom:* *fr* mémoires *it* memorie
es memorias *pt* memórias *ca* memòries;
ger: *de* Memoiren *en* memoirs
nl memoires *sv* memoarer *no* memoarer;

sla: *ru* мемуары *uk* мемуари *be* мемуары
bg мемоари *hr* memoari *sr* мемоари
mk мемоари; *f-u:* *et* memuaarid; *bal:*
lv memuāri. *min. 19/497*

memorẹren *c-* SCI Ⓥ memorieren

<prim>. *rom:* *fr* mémoriser *it* imparare a
memoria *es* memorizar *ro* memora
pt memorizar *ca* memoritzar; *ger:*
de memorieren *en* memorize
nl memoriseren *sv* memorera
no memorere; *sla:* *ce* memorovat
sk memorovat *hr* memorirati
sr меморисати; *f-u:* *ma* memorizál
et memoreerima; *n. g.:* *ek* memorizatzeko,
mt -memorizza. *min. 19/421*

ménajherịa *f* Ⓝ Menagerie *f*

<prim>. *rom:* *fr* ménagerie *ro* menajerie
pt menagerie; *ger:* *de* Menagerie
en menagerie *nl* menagerie *sv* menageri
no menagerie *da* menagerie; *sla:*
pl menażeria *bg* менажерия
mk менажерија. *min. 12/340*

mẹnder Ⓐ weniger; minder

<prim>. *rom:* *fr* moindre *it* men◊
es menos *ca* menys; *ger:* *de* minder
en minor *sv* mindre *da* mindre; *sla:*
pl mniej *ce* méně *ru* менее *be* менш◊
hr manje. *min. 13/471*

mẹnen *c-* Ⓥ meinen

<ang>. *rom:* *it* (-mente); *ger:* *de* meinen
en mean *nl* menen *sv* mena *no* mene; *sla:*
sb měnić *ru* (мнение); *n. g.:* *mt* medja.
min. 9/320

mẹning (1) *f* Ⓝ Bedeutung *f*

<ang>. *rom:* *it* (-mente); *ger:*
de (Meinung) *en* (meaning) *is* meining
fo meining; *sla:* *ru* (мнение); *n. g.:*
sh (mendim). *min. 7/285*

méning (2) *f* N Meinung *f*
<ang>. *rom:* *it* (-mente); *ger:*
de Meinung *nl* mening *lb* Meenung
sv mening *no* mening *da* mening
is meining *fo* meining; *sla:* *ru* мнение
bg мнение *hr* mnijenje. *min. 12/278*

mensturatión *f* N Menstruation *f*
[ts] gen: -óne <prim>. *rom:*
fr menstruation *it* mestruazione
es menstruación *ro* menstruaţie
pt menstruação *ca* menstruació; *ger:*
de Menstruation *en* menstruation
nl menstruatie *sv* menstruation
no menstruasjon *da* menstruation; *sla:*
ce menstruace *sk* menštruácie
ru менструация *uk* менструація
be менструацыя *bg* менструация
hr menstruacija *sr* менструација
sl menstruacija *mk* менструација; *f-u:*
ma menstruáció *et* menstruatsioon; *bal:*
lv menstruācija; *n. g.:* *ek* menstruation,
mt mestrwazzjoni, *sh* menstruacion.
min. 28/550

mentąl A mental
<prim>. *rom:* *fr* mentalement *it* mentale
es mentalmente(◊) *ro* mintal
pt mentalmente *ca* mentalment; *ger:*
de mental *en* mentally *sv* mentalt
da mentalt; *sla:* *sk* mentáln◊ *bg* менталн◊
hr mentaln◊ *sr* менталн◊ *mk* менталн◊;
n. g.: *mt* mentalment. *min. 16/386*

mentalité *f* N Mentalität *f*
gen: -téte <prim>. *rom:* *fr* mentalité
it mentalità *es* mentalidad *ro* mentalitate
pt mentalidade *ca* mentalitat; *ger:*
de Mentalität *en* mentality *nl* mentaliteit
sv mentalitet *no* mentalitet *da* mentalitet;
sla: *pl* mentalność *ce* mentalita
sk mentalita *bg* манталитет *hr* mentalitet
sr менталитет *mk* менталитет; *f-u:*
ma mentalitás *su* mentaliteetti
et mentaliteet; *bal:* *lt* mentalitetas

lv mentalitāte; *n. g.:* *ek* mentalitate,
mt mentalità, *sh* mentalitet. *min. 27/486*

menųe *m* N Menü *n*
<prim>. *rom:* *fr* menu *it* menu *es* menú
ro meniu *ca* menú; *ger:* *de* Menü
en menu *da* menu; *sla:* *pl* menu *ce* menu
ru меню *be* меню *bg* меню *hr* meni; *f-u:*
ma menü; *n. g.:* *mt* menu, *tr* menü.
min. 17/508

mercąt *m* N Markt *m*
gen: -ąte <prim>. *rom:* *fr* marché
it mercato *es* mercado *pt* mercado
ca mercat; *ger:* *de* Markt *en* market
nl markt *sv* marknad *no* marked
da marked; *f-u:* *su* markkinat; *gal:*
ga margadh; *n. g.:* *ek* merkatuan.
min. 14/368

merín V sterben
<prim>. *rom:* *fr* mourir *it* morire *es* morir
ro muri *pt* morrer; *sla:* *pl* (u)mrzeć
ce (ze)mřít *sk* mrieť *ru* (у)мереть
bg (у)мирам *hr* (u)mrijeti *sr* (у)мрети;
bal: *lv* mrit. *min. 13/344*

merit *m* N Verdienst *n*
<prim>. *rom:* *fr* mérite *it* merito
es mérito *ro* merit *pt* mérito *ca* mèrit;
ger: *en* merit; *n. g.:* *ek* merezi, *mt* mertu,
sh meritë. *min. 10/251*

meritán V verdienen (1) *(durch*
Leistung)
<prim>. *rom:* *fr* mériter *it* meritare
es merecer *ro* merita *pt* merecer
ca meritar; *ger:* *en* merit; *n. g.:*
ek merezi izan, *mt* -merita, *sh* meritoj.
min. 10/251

mërt A tot
<prim>. *rom:* *fr* mort(-)
it mort- *es* muert- *ro* mort *pt* mort-; *sla:*
pl martw- *ce* mrtv- *sk* mŕtv- *ru* мёртв◊

bg мъртв◊ *hr* mrtv- *sr* mrtv-; <u>*bal:*</u>
lv miri◊. *min.* 13/344

mĕrté *f* Ⓝ Tod *m*

<prim>. <u>*rom:*</u> *fr* mort *it* morte *es* muerte
ro moarte *pt* morte; <u>*sla:*</u> *pl* (ś)mierć
ce (s)mrt *sk* (s)mrť *ru* (с)мерть *bg* (с)мърт
hr (s)mrt *sr* (с)мрт; <u>*bal:*</u> *lv* mēris.
min. 13/344

mes *m* Ⓝ Monat *m*

<prim>. <u>*rom:*</u> *fr* mois *it* mese *es* mes
pt mês *ca* mes; <u>*ger:*</u> *da* måned; <u>*sla:*</u>
pl miesiąc *ce* měsíc *sk* mesiac *ru* месяц
be месяц *bg* месец *hr* mjesec *sr* месец
sl měsac; <u>*bal:*</u> *lv* mēnesis; <u>*gal:*</u> *cy* mis
br miz *ga* míos *gv* mee; <u>*n. g.:*</u> *el* μήνας,
sh muaj. *min.* 22/355

méshán Ⓥ mischen

<prim>. <u>*rom:*</u> *fr* mêler *it* mescolare
es mezclar *ro* (mişca) *pt* mesclar; <u>*ger:*</u>
de mischen *en* mix *sv* mixa *no* mixe
da mixe; <u>*sla:*</u> *pl* mieszać *ce* smíchat
ru мешать *be* (су)месь *bg* смесвам
hr miješati; <u>*f-u:*</u> *ma* (mozogni).
min. 17/524

mést Ⓐ meist

adv: ~o <prim>. <u>*rom:*</u> *es* (lo) más *pt* (o)
mais; <u>*ger:*</u> *de* meist *en* most *nl* meest
lb meescht *sv* mest *no* mest *is* mes◊r
fo mest. *min.* 10/241

metafora *f* Ⓝ Metapher *f*

<prim>. <u>*rom:*</u> *fr* métaphore *it* metafora
es metáfora *ro* metaforă *pt* metáfora
ca metàfora; <u>*ger:*</u> *de* Metapher
en metaphor *nl* metafoor *sv* metafor
no metafor *da* metafor; <u>*sla:*</u> *pl* metafora
ce metafora *sk* metafora *ru* метафора
uk метафора *be* метафара *bg* метафора
hr metafora *sr* метафора *sl* metafora
mk метафора; <u>*f-u:*</u> *ma* metafora
su metafora *et* metafoor; <u>*bal:*</u> *lt* metafora
lv metafora; <u>*gal:*</u> *ga* meafar; <u>*n. g.:*</u>

ek metafora, *mt* metafora, *sh* metaforë.
min. 32/598

metạstasé *f* MED Ⓝ Metastase *f*

<prim>. <u>*rom:*</u> *fr* métastase *it* metastasi
es metástasis *ro* metastază *pt* metástase
ca metàstasis; <u>*ger:*</u> *de* Metastase
en metastasis *nl* metastasis *sv* metastas
no metastase *da* metastase; <u>*sla:*</u>
ce metastasis *sk* metastasis *bg* метастаза
hr metastaza *sr* метастаза *sl* metastaze
mk метастази; <u>*f-u:*</u> *ma* metasztázis
et metastaas; <u>*bal:*</u> *lt* metastazė
lv metastāze; <u>*n. g.:*</u> *el* μετάσταση,
ek metastasi, *mt* metastasi, *sh* metastazë,
tr metastaz. *min.* 28/460

métẹ *f* Ⓝ Hälfte *f*

gen: -téte <prim>. <u>*rom:*</u> *fr* moitié *it* metà
es mitad *pt* metade *ca* meitat; <u>*ger:*</u>
de (Mitte) *en* (mean) *nl* (midden) *sv* (mitt)
no (midte); <u>*n. g.:*</u> *el* ήμισυ. *min.* 11/371

meteórịt *m* Ⓝ Meteorit *m*

<prim>. <u>*rom:*</u> *fr* météorite *it* meteorite
es meteorito *ro* meteorit *pt* meteorito
ca meteorit; <u>*ger:*</u> *de* Meteorit *en* meteorite
nl meteoriet *sv* meteorit *no* meteoritt
da meteorit; <u>*sla:*</u> *pl* meteoryt *ce* meteorit
sk meteorit *ru* метеорит *uk* метеорит
be метэарыт *bg* метеорит *hr* meteorit
sr метеорит *sl* meteorit *mk* метеорит;
<u>*f-u:*</u> *ma* meteorit *su* meteoriitti *et* meteoriit;
<u>*bal:*</u> *lt* meteoritas *lv* meteorīts; <u>*gal:*</u>
cy meteoryn; <u>*n. g.:*</u> *el* μετεωρίτης,
ek meteorito, *sh* meteorit. *min.* 32/609

meteórologia *f* Ⓝ Meteorologie *f*

<prim>. <u>*rom:*</u> *fr* météorologie
it meteorologia *es* meteorología
ro meteorologie *pt* meteorologia
ca meteorologia; <u>*ger:*</u> *de* Meteorologie
en meteorology *nl* meteorologie
sv meteorologi *no* meteorologi
da meteorologi; <u>*sla:*</u> *pl* meteorologia

ce meteorologie *sk* meteorológia
ru метеорология *uk* метеорологія
be метэаралогія *bg* метеорология
hr meteorologija *sr* метеорологија
sl meteorologija *mk* метеорологија; *f-u:*
ma meteorológia *su* meteorologia
et meteoroloogia; *bal:* *lv* meteoroloģija;
gal: *cy* meteoroleg *ga* meitéareolaíocht;
n. g.: *el* μετεωρολογία, *ek* meteorologia,
mt meteoroloģija, *sh* meteorologji,
tr meteoroloji. *min. 34/612*

-méter *m* Ⓝ -meter *n*; -messgerät *n*
gen: -tre <prim>. *rom:* *fr* -mètre *it* -metro
es -metro *ro* -metru *pt* -metro *ca* -metre;
ger: *de* -meter *en* -meter *nl* -meter
sv -mätare *no* -meter; *sla:* *ce* -metr
sk -meter *ru* ◊метр *uk* -метр *be* -метр
bg -метър *hr* -mjer *sr* -мер *mk* -метар;
f-u: *ma* -mérő *su* -mittari *et* -meeter; *bal:*
lt -metras *lv* -metrs; *gal:* *ga* -mhéadar;
n. g.: *el* ◊μετρο, *sh* -matës. *min. 28/563*

méter *m* Ⓝ Meter *m*
gen: -tre <prim>. *rom:* *fr* mètre *it* metro
es meter *ro* metru; *ger:* *de* Meter
en meter *nl* meter *sv* meter *no* meter
da meter; *sla:* *pl* metr *ce* meter *sk* meter
ru метр *uk* метр *be* метр *bg* метър
hr metar *sr* метар *sl* meter *mk* метар;
f-u: *ma* meter *su* metri *et* meeter; *bal:*
lv metrs; *gal:* *ga* méadair; *n. g.:*
el μέτρο, *sh* metër, *tr* metre. *min. 29/596*

method *m* Ⓝ Methode *f*
<prim>. *rom:* *fr* méthode *it* metodo
es metodo *ro* metodă *pt* método
ca metodo; *ger:* *de* Methode *en* method
nl methood *sv* metod *no* metode
da metode; *sla:* *pl* metoda *ce* metoda
sk metóda *ru* метод *uk* метод *be* метад
bg метод *hr* metod *sr* метод *sl* metoda
mk метод; *f-u:* *ma* metód *et* meetod; *bal:*
lt metodas *lv* metode; *n. g.:* *el* μέθοδος,

ek metodoa, *mt* metodu, *sh* metodë.
min. 31/605

metronóm *m* Ⓝ Metronom *m*
<prim>. *rom:* *fr* metronome *it* metronomo
es metrónomo *ro* metronom *pt* metrónomo
ca metrònom; *ger:* *de* Metronom
en metronome *nl* metronoom *sv* metronom
no metronom *da* metronom; *sla:*
pl metronom *ce* metronom *sk* metronom
ru метроном *uk* метроном *be* метраном
bg метроном *hr* metronom *sr* метроном
sl metronom *mk* метроном; *f-u:*
ma metronóm *su* metronomi
et metronoom; *bal:* *lv* metronoms; *gal:*
ga metronome; *n. g.:* *el* μετρονόμος,
sh metronom, *tr* metronom. *min. 31/610*

metropolé *f* Ⓝ Metropole *f*
<prim>. *rom:* *fr* métropole *it* metropoli
es metropolis *ro* metropolă *pt* metrópole
ca metropolis; *ger:* *de* Metropole
en metropolis; *sla:* *pl* metropolia
ru метрополия *uk* метрополия
be метраполія *bg* метрополия
mk метропола; *f-u:* *su* metropoli; *n. g.:*
el μητρόπολη, *sh* metropol. *min. 17/523*

mezi Ⓟ zwischen
<prim>. *rom:* *fr* (midi) *it* mezzo; *ger:*
de (mittel-) *en* (mid-) *sv* mellan *no* mellom
da mellem; *sla:* *pl* między *ce* mezi
sb mjez *ru* между *be* (па)між *bg* между
hr među *sl* med; *n. g.:* *el* μετάξω,
sh midis. *min. 17/456*

mí possArt mein, meine, meinen *siehe Pronomen und Artikel*

mi (1) pPr wir *siehe auch Pronomen und Artikel*
<prim>. *ger:* *lb* mir; *sla:* *pl* my *ce* my
sb my *ru* мы *be* мы *bg* ние *hr* mi *sl* mi;
f-u: *ma* mi *su* me *sm* mii; *bal:* *lv* mes;
gal: *br* ni *ga* muid; *n. g.:* *el* εμίς, *tr* biz.
min. 17/192

mi (2) pPr mir *siehe auch Pronomen und Artikel*
<prim>. *rom:* *fr* me *ro* mi *ca* meu; *ger:* *de* mir *en* me *nl* mij *sv* mig *no* nig *da* mig; *sla:* *pl* (dla)mnie *ce* mi *ru* мне *be* мне *bg* на мене *hr* me *sl* mje; *f-u:* *su* minulle; *n. g.:* *el* μου, *mt* me, *sh* më, *tr* beni. *min. 21/459*

mí(e(s)), mía(s): de ~ possPrn mein(ig)e(n): der /die /das /den ~ *siehe Pronomen und Artikel*

migraené *f* Ⓝ Migräne *f*
<prim>. *rom:* *fr* migraine *it* emicrania *es* migraña *ro* migrenă *ca* migranya; *ger:* *de* Migräne *en* migraine *nl* migraine *sv* migrän *no* migrene *da* migræne *is* mígreni; *sla:* *pl* migrena *ce* migréna *sk* migréna *ru* мигрень *uk* мігрень *be* мігрэнь *bg* мигрена *hr* migrena *sr* мигрена *sl* migrena *mk* мигрена; *f-u:* *ma* migrén *su* migreeni *et* migreen; *bal:* *lt* migrena *lv* migrēna; *gal:* *cy* meigryn; *n. g.:* *el* ημικρανία, *ek* migraina, *mt* emigranja, *sh* migrenë, *tr* migren. *min. 34/605*

migratión *f* Ⓝ Migration *f*
[ts] gen: -one <prim>. *rom:* *fr* migration *it* migrazione *es* migración *ro* migrațiune *pt* migração *ca* migració; *ger:* *de* Migration *en* migration *nl* migratie *sv* migration *no* migrasjon *da* migration; *sla:* *pl* emigracja *ru* миграция *uk* міграція *be* міграцыя *bg* миграция *hr* migracija *sr* миграција *sl* migracije *mk* миграција; *f-u:* *et* migratsioon; *bal:* *lt* migracija *lv* migrācija; *n. g.:* *ek* migrazioa, *mt* migrazzjoni. *min. 26/566*

mikro- pfx mikro-; Mikro-
<prim>. *rom:* *fr* micro- *it* micro- *es* micró- *ro* micro- *pt* micro- *ca* micrò-; *ger:*

de mikro- *en* micro- *nl* micro- *sv* mikro- *n o* mikro- *da* mikro- *is* míkra-; *sla:* *pl* mikro- *ce* mikro- *sk* mikro- *ru* микро- *uk* мікро- *be* мікра- *bg* микро- *hr* mikro- *sr* микро- *sl* mikro- *mk* микро-; *f-u:* *ma* mikro- *su* mikro- *et* mikro-; *bal:* *lt* mikro- *lv* mikro-; *gal:* *cy* meicro- *ga* micrea-; *n. g.:* *el* μικρό-, *ek* mikro-, *mt* mikro-, *sh* mikro-, *tr* mikro-. *min. 36/615*

mikrochip *m* Ⓝ Mikrochip *m*
<prim>. *rom:* *it* microchip *es* microchip *ro* microchip *pt* microchip *ca* microxip; *ger:* *de* Mikrochip *en* microchip *nl* microchip; *sla:* *ru* микрочип *uk* мікрочіп *be* мікрачып *bg* микрочип *sr* микрочип *sl* mikročip *mk* микрочип; *f-u:* *su* mikrosiru *et* mikrokiip; *bal:* *lt* mikro(schema) *lv* mikro(shēma); *gal:* *cy* micro(sglodyn); *n. g.:* *el* μικροτσίπ, *mt* mikročippa, *tr* mikroçip. *min. 23/459*

mikroelektronica *f* Ⓝ Mikroelektronik *f*
[o-e]; gen: -ce [ts] ↑mikro + ↑elektronica. <prim>. *rom:* *fr, it, es, ro, pt, ca; ger:* *de, en, nl, sv, no, da; sla:* *pl, ce, sk, ru, uk, be, bg, hr, sr, sl, mk; f-u:* *ma, et; bal:* *lt, lv; gal:* *cy, ga; n. g.:* *el, ek, mt, sh, tr.* *min. 34/610*

mikrofón *m* Ⓝ Mikrofon *n*
<prim>. *rom:* *fr* microphone *it* microfono *es* micrófono *ro* microfon *pt* microfone *ca* micròfon; *ger:* *de* Mikrophon *en* microphone *nl* microfoon *sv* mikrofon *no* mikrofon *da* mikrofon; *sla:* *pl* mikrofon *ce* mikrofon *sk* mikrofón *ru* микрофон *uk* мікрофон *be* мікрафон *bg* микрофон *hr* mikrofon *sr* микрофон *sl* mikrofon *mk* микрофон; *f-u:* *ma* mikrofon *su* mikrofoni *et* mikrofoni; *bal:* *lt* mikrofonas *lv* mikrofons; *gal:* *cy* meicroffon *ga* micreafón; *n. g.:* *el* μικρόφωνο, *ek* mikrofonoa,

mt mikrofonu, *sh* mikrofon, *tr* mikrofon. *min.* 35/615

mikroskọp *m* N Mikroskop *n*

<prim>. *rom:* *fr* microscope
it microscopio *es* microscopio
ro microscop *pt* microscópio
ca microscopi; *ger:* *de* Mikroskop
en microscope *nl* microscoop *sv* mikroskop
no mikroskop *da* mikroskop; *sla:*
pl mikroskop *ce* mikroskop *sk* mikroskop
ru микроскоп *uk* мікроскоп *be* мікраскоп
bg микроскоп *hr* mikroskop *sr* микроскоп
sl mikroskop *mk* микроскоп; *f-u:*
ma mikroszkóp *su* mikroskooppi
et mikroskoobi; *bal:* *lt* mikroskopas
lv mikroskops; *gal:* *cy* microsgop
ga micreascóp; *n. g.:* *el* μικροσκόπιο,
ek mikroskopio, *mt* mikroskopju,
sh mikroskop, *tr* mikroskop. *min.* 35/615

míl A lieb (3); liebenswürdig; nett
adv: mịlo <prim>. *sla:* *pl* mił◊ *ce* mil◊
sk mil◊ *ru* мил◊ *uk* мил◊ *be* міл◊
bg мил◊ *hr* mio *sr* мио; *f-u:* *et* meeldiv;
bal: *lt* miel◊ *lv* mīl◊. *min.* 12/194

militạnt A militant
<prim>. *rom:* *fr* militant *it* militante
es militante *ro* militant *pt* militante
ca militant; *ger:* *de* militant *en* militant
sv militant *no* militant *da* militant; *sla:*
ce militantn◊ *sk* militantn◊ *hr* militantn◊
sr милитантн◊ *sl* militantn◊
mk милитантн◊; *f-u:* *su* militantti; *n. g.:*
ek militante, *mt* militanti, *sh* militant◊,
tr militan. *min.* 22/404

militạr A militärisch
<prim>. *rom:* *fr* militaire *it* militare
es militar *ro* militar *pt* militar *ca* militar◊;
ger: *de* militärisch *en* military *nl* militair
sv militär *no* militær *da* militær; *n. g.:*
ek militar, *mt* militari. *min.* 14/384

mịlja *f* N Meile *f*

<prim>. *rom:* *fr* mile *it* miglio *es* milla
ro milă *pt* milha *ca* milla; *ger:* *de* Meile
en mile *nl* mijl *sv* mil; *sla:* *pl* mila
ce míle *sk* míle *ru* миля *uk* миля *be* міля
bg миля *hr* milja *sr* миља *mk* миља; *f-u:*
su maili *et* miil; *bal:* *lt* mylia; *gal:*
ga míle; *n. g.:* *el* μίλι, *ek* milia, *sh* milje,
tr mil. *min.* 28/591

milligrạm *m* N Milligramm *n*
gen: ~me <prim>. *rom:* *fr* milligramme
it milligrammo *es* miligramo *ro* miligram
pt miligrama *ca* miŀligram; *ger:*
de Milligramm *en* milligram *nl* milligram
sv milligram *no* milligram *da* milligram;
sla: *pl* miligram *ce* miligram *sk* miligram
ru миллиграмм *uk* міліграмів *be* міліграм
bg милиграм *hr* miligram *sr* милиграм
sl miligrama *mk* милиграм; *f-u:*
ma milligramm *su* milligramma
et milligramm; *bal:* *lt* miligramas
lv miligrams; *gal:* *cy* miligram; *n. g.:*
ek milligram, *mt* milligramm, *sh* milligram,
tr milligram. *min.* 33/603

millimẹter *m* N Millimeter *m*
gen: -tre <prim>. *rom:* *fr* millimètre
it millimetro *es* milímetro *ro* milimetru
pt milímetro *ca* miŀlímetre; *ger:*
de Millimeter *en* millimeter *nl* millimeter
sv millimeter *no* millimeter *da* millimeter;
sla: *pl* milimetr *ce* milimetr *sk* milimetr
ru миллиметр *uk* міліметр *be* міліметр
bg милиметър *hr* milimetar *sr* милиметар
sl milimeter *mk* милиметар; *f-u:*
ma milliméter *su* millimetri *et* millimeeter;
bal: *lt* milimetras *lv* milimetrs; *gal:*
cy milimedr *ga* milliméadar; *n. g.:*
ek milimetro, *mt* millimetru, *sh* milimetër,
tr milimetre. *min.* 34/603

millión num Million *f*
<prim>. *rom:* *fr* million *it* milione
es millón *ro* milion *ca* milió; *ger:*

de Million *en* million *da* million; <u>*sla:*</u>
pl milion *ce* milión *ru* миллион *be* мільён
bg милион *hr* milijuna; <u>*f-u:*</u> *su* miljoona;
<u>*n. g.:*</u> *mt* miljun, *tr* milyon. *min. 17/501*

millionár /~ia *m /f* N Millionär /~in *m /f*
gen: -nare /-nárie <prim>. <u>*rom:*</u>
fr millionnaire *it* milionario *es* millonario
ro milionar *pt* milionário *ca* milionari;
<u>*ger:*</u> *de* Millionär *en* millionaire
nl miljonair *no* millionær *da* millionær;
<u>*sla:*</u> *pl* milioner *ce* milionář *sk* milionár
ru миллионер *uk* мільйонер *be* мільянер
bg милионер *sr* милионер *sl* milijonar
mk милионер; <u>*f-u:*</u> *ma* milliomos
su miljonääri *et* miljonär; <u>*bal:*</u>
lt milijonierius *lv* miljonārs; <u>*n. g.:*</u>
sh milioner, *tr* milyoner. *min. 28/587*

mine pPr meiner *gen; siehe Pronomen
und Artikel*

mineral (1) *m* N Mineral *n*
<prim>. <u>*rom:*</u> *fr* minéral *it* minerale
es mineral *ro* mineral *pt* mineral
ca mineral; <u>*ger:*</u> *de* Mineral *en* mineral
nl mineraal *sv* mineral *no* mineral
da mineral; <u>*sla:*</u> *pl* mineral *ce* minerál
sk minerál *ru* минерал *uk* мінерал
be мінерал *bg* минерал *hr* mineral
sr минерал *sl* mineraln *mk* минерал; <u>*f-u:*</u>
su mineraali *et* mineraal; <u>*n. g.:*</u> *ek* mineral,
sh mineral. *min. 27/580*

mineral (2) A mineralisch; Mineral-
adv: ~no <prim>. <u>*rom:*</u> *fr* minéral(◊)
it minerale *es* mineral *ro* mineral
pt mineral *ca* mineral; <u>*ger:*</u> *de* mineralisch
en mineral *nl* mineraal *sv* mineral
no mineral *da* mineral; <u>*sla:*</u> *pl* mineraln◊
ce mineráln◊ *sk* mineráln◊ *ru* минеральн◊
uk мінеральн◊ *be* мінеральн◊
bg минеральн◊ *hr* mineraln◊ *sr* минеральн◊
sl mineraln◊ *mk* минеральн◊; <u>*f-u:*</u>
su mineraali *et* mineraalne; <u>*bal:*</u>

lt mineralin◊; <u>*n. g.:*</u> *mt* minerali,
sh mineral◊. *min. 28/582*

minimal A minimal
<prim>. <u>*rom:*</u> *fr* minimal *es* mínimo
ro minimal *ca* mínimal; <u>*ger:*</u> *de* minimal
en minimal *da* minimal; <u>*sla:*</u>
pl minimaln◊ *ce* minimáln◊
ru минимальн◊ *be* мінімальн◊
bg минималн◊ *hr* minimaln◊; <u>*f-u:*</u>
su minimaalinen; <u>*n. g.:*</u> *mt* minimu.
min. 15/446

minimalno adv mindestens
<prim>. <u>*rom:*</u> *fr* minimalement *it* almeno
es mínimamente *ro* minimal; <u>*ger:*</u>
de minimal *en* minimally *da* mindst; <u>*sla:*</u>
ru минимально *be* мінімально
bg минималн◊. *min. 10/433*

minimum *n* N Minimum *n*
gen: -me <prim>. <u>*rom:*</u> *fr* minimum
it minimo *es* mínimo *ro* minim *ca* mínim;
<u>*ger:*</u> *de* Minimum *en* minimum
da minimum; <u>*sla:*</u> *pl* minimum
ce minimum *ru* минимум *be* мінімум
bg минимум *hr* minimum; <u>*f-u:*</u>
su minimi; <u>*n. g.:*</u> *mt* minimu. *min. 16/496*

minister *m* N Ministerium *n*
<prim>. <u>*rom:*</u> *fr* ministère *it* ministerio
es ministerio *ro* minister *pt* ministerio
ca ministeri; <u>*ger:*</u> *de* ministerium
en ministry *nl* ministerium *no* ministerium
da ministeriet; <u>*sla:*</u> *pl* Ministerium
ce ministerstvo *ru* министерство
be міністэрства *bg* министерство
hr ministarstvo; <u>*f-u:*</u> *ma* miniszterium
su ministeriö; <u>*gal:*</u> *br* ministerez; <u>*n. g.:*</u>
mt ministeru. *min. 21/543*

minister *m* N Minister *m*
gen: -tre <prim>. <u>*rom:*</u> *fr* ministre
it ministro *es* ministro *ro* ministru
pt ministro *ca* ministre; <u>*ger:*</u> *de* minister
en minister *nl* minister *sv* minister

no minister *da* minister; *sla: pl* minimum
ce ministr *ru* министр *be* міністр
bg министър *hr* ministar *sl* minister; *f-u:*
ma miniszter *su* ministeri; *gal: br* ministr;
n. g.: mt ministru. *min. 23/554*

ministér cultųre *m* N
   Kultusministerium *n*
<prim>. *rom: fr* ministère de la culture
it ministero della cultura *es* ministerio de
cultura *ro* ministerul culturii *pt* ministério
da cultura *ca* ministeri de cultura; *ger:*
de Kultusministerium *en* ministry of culture
nl ministerie van cultuur
da kulturministeriet; *sla: pl* ministerstwo
kultury *ce* ministerstvo kultury
sk ministerstvo kultúry *ru* министерство
культуры *uk* міністерство культури
be міністэрства культуры
bg министерство на културата
hr ministarstvo kulture *sr* министарство
културе *mk* министерството за култура;
f-u: ma kulturális minisztérium
su kulttuuriministeriö
et kultuuriministeerium; *bal: lt* kultūros
ministerija *lv* kultūras ministrija; *n. g.:*
mt ministeru tal-kultura, *sh* ministria e
kulturës. *min. 27/579*

mịnus *m* MATH N Minus *n*
gen: ~è <prim>. *rom: fr* moins *it* meno
es menos *ro* minus *pt* menos *ca* menys;
ger: de Minus *en* minus *nl* minus
sv minus *no* minus *da* minus; *sla:*
pl minus *ru* минус *uk* мінус *be* мінус
bg минус *hr* minus *sr* минус *sl* minus
mk минус; *f-u: ma* mínusz *su* miinus
et miinus; *bal: lt* minus *lv* mīnuss; *gal:*
cy minws; *n. g.: sh* minus. *min. 28/581*

minųt *m* N Minute *f*
gen: -ųte <prim>. *rom: fr* minute
it minuto *es* minuto *ro* minut *pt* minuto
ca minut; *ger: de* Minute *en* minute
nl minuut *sv* minut *no* minutt *da* minut;

sla: pl minuta *ce* minuta *sk* minúta
ru минута *bg* минута *hr* minuta
sr минута *mk* минута; *f-u: su* minuutti
et minut; *bal: lt* minutė; *gal: cy* munud;
n. g.: ek minutu, *mt* minuta, *sh* minutë.
min. 27/552

mirącul *m* N Mirakel *n*
gen: -cle <prim>. *rom: fr* miracle
it miracolo *es* milagro *ro* miracol
pt milagre *ca* miracle; *ger: de* Mirakel
en miracle *nl* mirakel *sv* miracle
no miracle *da* miracle; *n. g.: ek* miraria,
sh mrekulli. *min. 14/384*

miserąbil A miserabel
comp: -ábler; adv: -ábilno <prim>. *rom:*
fr misérable *it* miserabile *es* miserable
ro mizerabil *pt* miserável *ca* miserable;
ger: de miserabel *en* miserable; *sla:*
bg мизерн◊ *mk* мизерно. *min. 10/356*

misęria *f* N Misere *f*
<prim>. *rom: fr* misère *it* miseria
es miseria *ro* mizerie *pt* miséria
ca misèria; *ger: de* Misere *en* misery;
sla: bg мизерия *mk* мизерија; *n. g.:*
ek miseria, *mt* miżerja. *min. 12/358*

missiọn *f* N Mission *f*
gen: -ǫne <prim>. *rom: fr* mission
it missione *es* misión *ro* misiune *pt* missão
ca missió; *ger: de* Mission *en* mission
nl missie *sv* mission *no* mission
da mission; *sla: pl* misja *ce* mise *sk* misie
ru миссия *uk* місія *be* місія *bg* мисия
sr мисија *mk* мисија; *f-u: et* missioon;
bal: lt misija *lv* misija; *n. g.: ek* misioa,
mt missjoni, *sh* mision, *tr* misyon.
min. 28/580

missionąr *m* N Missionar *m*
gen: -ąre <prim>. *rom: fr* missionnaire
it missionario *es* misionero *ro* misionar
pt missionário *ca* missioner; *ger:*
de Missionar *en* missionary *nl* missionaris

sv missions *no* misjonær *da* missionær;
sla: pl misjonarz *ce* misionář *sk* misionár
ru миссионер *uk* місіонер *be* місіянер
bg мисионер *sr* мисионар *sl* misijonar
mk мисионерска; *f-u: ma* misszionárius
et misjonär; *bal: lt* misionierius
lv misionārs; *n. g.: ek* misiolari,
mt missjunarju, *sh* misionar, *tr* misyoner.
min. 30/594

mixer *m* Ⓝ Mixer *m*
<prim>. *rom: fr* mixer *ro* mixer; *ger:*
de Mixer *en* mixer *sv* mixer *no* mixer
da mixer; *sla: pl* mikser *ce* mixér
sk mixér *ru* миксер *bg* миксер *sr* миксер
sl mixer *mk* миксер; *f-u: su* mikseri
et mikser; *bal: lv* mikseris; *n. g.:*
sh mikser, *tr* mikser. *min. 20/428*

mnóg Ⓐ viel
adv: ~o <prim>. *ger: de* mannig-
/(manch(e)) *en* many *nl* (menig(e))
sv många *no* mange *da* meget; *sla:*
ce mnoh◊ *sk* mnoh◊ *ru* mног◊ *bg* много
hr mnog◊ *sr* mnog◊; *f-u: et* (mõnigi);
gal: ga (minic) *gv* (mennick). *min. 15/312*

mnóges *pl* Ⓝ Viele *pl*
<prim>. *ger: de* (manche) *en* many
nl (menige) *sv* många *no* mange
da mange; *sla: ce* mnohí *sk* mnohý
ru многие *be* многія *bg* много *hr* mnogi
sr mnogi; *f-u: su* monet *et* (mõnigi); *gal:*
ga (minic) *gv* (mennick). *min. 17/326*

"mnógo" adv sehr (2) *(vor einem Verb)*
<prim>. *rom: it* molto *es* mucho *ro* mult;
ger: en much *sv* mycket *no* meget
da meget *is* mjög; *sla: sk* mnoho
ru много *be* много *bg* много *mk* многу;
n. g.: ek πολύς, *tr* çok.*15/*

mobil Ⓐ mobil
comp: -biler, adv: -bilno <prim>. *rom:*
fr mobile *it* mobile *es* móvil *ro* mobil
pt móvel *ca* mòbil; *ger: de* mobil

en mobile *nl* mobiel *sv* mobil *no* mobil
da mobil; *sla: ce* mobiln◊ *sk* mobiln◊
ru мобильн◊ *uk* мобільн◊ *be* мабільн◊
bg мобилен *sr* мобилн◊ *mk* мобилн◊;
f-u: et mobiilne; *bal: lt* mobil◊ *lv* mobil◊;
n. g.: mt mobbli. *min. 24/534*

mód *m* Ⓝ Modus *m*
<prim>. *rom: fr* mode *it* modo *es* modo
ro mod *pt* modo; *ger: de* Modus *en* mode
no modus; *sla: bg* модус; *f-u: ma* mód
su muoti; *gal: cy* modd; *n. g.: ek* modua.
min. 13/373

moda *f* Ⓝ Mode *f*
<prim>. *rom: fr* mode *it* moda *es* moda
ro modă *pt* moda *ca* moda; *ger: de* Mode
nl mode *sv* mode *no* mote *da* mode; *sla:*
pl moda *ce* móda *sk* móda *ru* мода
uk мода *be* мода *bg* мода *hr* moda
sr мода *sl* moda *mk* мода; *f-u: su* muoti
et mood; *bal: lt* mada *lv* mode; *n. g.:*
el μόδα, *ek* moda, *mt* moda, *tr* moda.
min. 30/542

"modal verb" *m* GRAM Ⓝ Modalverb *n*
<prim>. *rom: it* verbo modale *ro* verbe
modale *ca* modal del verb; *ger: da* modal
udsagnsord; *sla: ce* modální slovesa
ru модальный (глагол) *bg* модален глагол
hr modalni glagol; *f-u: su* modaalinen
verbi; *n. g.: mt* verb modali, *tr* modal
(fiil).*11/*

modalité *f* Ⓝ Modalität *f*
gen: -téte <prim>. *rom: fr* modalité
it modalità *es* modalidad *ro* modalitatea
pt modalidade *ca* modalitat; *ger:*
de Modalität *en* modality *nl* modaliteit
no modalitet *da* modalitet; *sla:*
pl modalność *ru* модальность
uk модальність *be* мадальнасць
bg модалност *sr* модалитет *sl* modalnost
mk модалитет; *f-u: ma* modalitás
et modaalsus; *bal: lt* modalumas

lv modalitāte; *n. g.:* *ek* modalitate, *sh* modalitet. *min. 25/564*

mọder *f* N Mutter *f*
gen: mọdre <prim>. *rom:* *fr* mère
it madre *es* madre *ca* mare; *ger:* *de* Mutter *en* mother *nl* moeder *sv* moder *no* mor *da* mor *is* móðir; *sla:* *pl* matka *ce* matka *sb* mać(erka) *ru* мать *be* маці *mk* matka; *bal:* *lv* motina; *gal:* *ga* máthair *gv* moir. *min. 20/497*

mól *m* N Mole *f*
<prim>. *rom:* *it* molo *es* muelle *ca* moll; *ger:* *de* Mole; *sla:* *pl* molo *ce* molo *sk* mólo; *f-u:* *ma* móló. *min. 8/256*

molạr A molar
adv: ~no <prim>. *rom:* *fr* molaire *it* molare *es* molar(◊) *ro* molar *pt* molar *ca* molar◊; *ger:* *de* Molar *en* molar *da* molar; *sla:* *ru* молярн◊ *uk* молярн◊ *be* малярн◊; *f-u:* *et* molaar-; *bal:* *lt* molin◊ *lv* molār◊. *min. 15/464*

Moldọva *f* N Moldawien *n*; Moldau
<ethno>. *rom:* *ro* Moldova.

moldoveạn *m* N Moldawier *m*
<ethno>. *rom:* *ro* moldovean.

moldoveạna *f* N Moldawierin *f*
<ethno>. *rom:* *ro* moldoveană.

moldovenẹsc A moldawisch; moldauisch
<ethno>. *rom:* *ro* moldovenesc.

molẹcula *f* N Molekül *n*
<prim>. *rom:* *fr* molécule *it* molecola *es* molécula *ro* moleculă *pt* molécula *ca* molècula; *ger:* *de* Molekül *en* molecule *nl* molecuul *sv* molekyl; *sla:* *ce* molekula *sk* molekula *ru* молекула *uk* молекула *be* малекула *bg* молекула *sr* молекул *sl* molekula *mk* молекула; *f-u:* *ma* molekula *su* molekyyli *et* molekul;

bal: *lt* molekulė *lv* molekula; *gal:* *cy* moleciwl; *n. g.:* *ek* molekula, *sh* molekulë, *tr* molekül. *min. 28/550*

molín (1) *m* N Mühle *f*
gen: -line +↑malen. <prim>. *rom:* *fr* moulin *it* molino *es* molino *ro* moară *pt* moinho *ca* molí; *ger:* *de* Mühle *en* mill *nl* molen *lb* Millen *sv* mölla *no* mølle *da* mølle *is* mylla *fo* mylla; *sla:* *pl* młyn *ce* mlýn *sk* mlyn *sb* młyn *ru* мельница *uk* млин *be* млын *bg* мелница *hr* mlin *sr* млин *sl* mlin *mk* млин; *f-u:* *ma* malom *su* mylly; *bal:* *lt* malūnas *lv* maltuve; *gal:* *cy* melin *br* meilh *ga* muileann; *n. g.:* *el* μύλος, *mt* mithna, *sh* mulli. *min. 37/608*

molín (2) V beten
<cont>. *sla:* *pl* modlić się *ce* modlit se *sk* modliť sa *sb* so modlić *ru* молиться *uk* молитися *be* маліцца *bg* моля *hr* moliti se *sr* молити (ce) *sl* moliti *mk* моли. *min. 12/191*

mólj(ek) *m* N Motte *f*
<prim>. *rom:* *ro* molie; *ger:* *sv* mal *no* møll *da* møl; *sla:* *ce* mol *sk* mol *ru* моль *uk* моль *be* моль *bg* молец *hr* moljac *sr* мољац *sl* molj *mk* молец; *f-u:* *ma* moly; *n. g.:* *sh* molë. *min. 16/201*

mollụskes *pl* N Mollusken *f pl*; Weichtiere *n pl*
<prim>. *rom:* *fr* mollusques *it* molluschi *es* moluscos *ro* moluște *pt* moluscos *ca* mołluscs; *ger:* *de* Mollusken *en* molluscs; *sla:* *ru* моллюски *uk* молюски *be* малюскі; *f-u:* *et* molluskid; *bal:* *lt* moliuskai; *gal:* *cy* molysgiaid; *n. g.:* *ek* moluskuak, *mt* molluski, *sh* molusqeve. *min. 17/461*

monarchịa *f* N Monarchie *f*
<prim>. *rom:* *fr* monarchie *it* monarchia *es* monarquía *ro* monarhie *pt* monarquia

ca monarquia; *ger:* *de* Monarchie
en monarchy *nl* monarchie *sv* monarki
no monarki *da* monarki; *sla:* *pl* monarchia
ce monarchie *sk* monarchie *ru* монархия
uk монархія *be* манархія *bg* монархия
hr monarhija *sr* монархија *sl* monarhija
mk монархија; *f-u:* *ma* királyság
su monarkia *et* monarhia; *bal:*
lt monarchija *lv* monarhija; *gal:*
ga monarcacht; *n. g.:* *el* μοναρχία,
ek monarkiaren, *mt* monarkija, *sh* monarki,
tr monarşi. *min.* 34/615

monastér *m* N Münster *n*; Kloster (2) *n*
<prim>. *rom:* *fr* monastère *it* monastero
es monasterio *ro* mănăstire *pt* mosteiro
ca monestir; *ger:* *de* Münster
en monastery; *sla:* *ru* монастырь
uk монастир *be* манастыр *bg* манастир
sr манастир *mk* манастирот; *gal:*
ga mhainistir; *n. g.:* *el* μοναστήρι,
ek monasterioa, *mt* monasteru, *sh* manastir,
tr manastır. *min.* 20/493

monéta *f* N Münze *f (Geldstück)*
<prim>. *rom:* *fr* (monnaie) *it* moneta
es moneda *ro* monedă *pt* moeda
ca moneda; *ger:* *de* Münze *en* mint
nl munte *sv* mynt; *sla:* *pl* moneta
ce mince *sk* moneta *ru* монета *be* манета
bg монета *sr* монета. *min.* 17/537

monétár *A* Währungs- *pref.*;
 Geld- *pref.*; monetär
adv: ~no <prim>. *rom:* *fr* monetaire
it monetari◊ *es* monetari◊ *ro* monetar
pt monétári◊ *ca* monetari◊; *ger:*
de monetär *en* monetary *nl* monetair
no monetär *da* monetære; *sla:*
ce monetárni *ru* монетарн◊ *bg* монетн◊
hr monetarn◊ *sr* монетарн◊; *f-u:*
et monetaarne; *n. g.:* *mt* monetarja,
sh monetar◊. *min.* 19/486

monitor *m* N Monitor *m*
pl: -tores <prim>. *rom:* *fr* moniteur
it monitore *es* monitor *ro* monitorul
pt monitor *ca* monitor; *ger:* *de* Monitor
en monitor *nl* monitor *da* monitor; *sla:*
pl monitor *ce* monitor *sk* monitor
ru монитор *uk* монітор *be* манітор
bg монитор *hr* monitor *sr* монитор
sl monitor *mk* монитор; *f-u:* *ma* monitor
su monitori *et* monitor; *bal:* *lt* monitorius
lv monitora; *gal:* *cy* monitor *ga* monatóir;
n. g.: *el* monitor, *ek* monitorearen,
mt monitor, *sh* monitor, *tr* monitör.
min. 33/600

monocul *m* N Monokel *n*
pl. -cles <prim>. *rom:* *fr* monocle
it monocolo *es* monóculo *ro* monoclu
pt monóculo *ca* monocle; *ger:*
de Monokel *en* monocle; *sla:* *pl* monokl
ce monokl *sk* monokel *ru* монокль
uk монокль *be* манокль *bg* монокъл
hr monokl *sr* монокл *mk* монокл; *f-u:*
ma monokli *su* monokkeli *et* monokkel;
bal: *lt* monoklis *lv* monoklis; *n. g.:*
el μονόκλ, *mt* monocle, *sh* monokël,
tr monokl. *min.* 27/573

monopól *m* N Monopol *n*
<prim>. *rom:* *fr* monopole *it* monopolio
es monopolio *ro* monopol *pt* monopólio;
ger: *de* Monopol *en* monopoly
nl monopool *sv* monopol *no* monopol;
sla: *pl* monopol *ce* monopol *sk* monopol
ru монополия *uk* монополія *be* манаполія
bg монопол *hr* monopol *sr* монопол
mk монопол; *f-u:* *ma* monopólium
su monopoli *et* monopol; *bal:*
lt monopolija *lv* monopols; *gal:*
ga monaplacht; *n. g.:* *el* μονοπώλιο,
mt monopolju, *sh* monopoli. *min.* 29/600

monster *m* N Monster *n*
pl. -tres <prim>. *rom:* *fr* monstre
it mostro *es* monstruo *ro* monstru

pt monstro *ca* monstre; _ger:_ *de* Monster
en monster *nl* monster *da* monster; _sla:_
ru монстр *uk* монстр *be* монстар; _n. g.:_
ek munstroa. *min. 14/479*

montájh *m* N Montage *f*
gen: -tajhe <prim>. _rom:_ *fr* montage
it montaggio *es* montaje *ro* montare
pt montagem *ca* muntatge; _ger:_
de Montage *en* mounting *nl* montage
sv montering *no* montering *da* montering;
sla: *pl* montaż *ce* montáž *sk* montáž
ru монтаж *uk* монтаж *be* мантаж
bg монтаж *hr* montaž *sr* монтажа
sl montaž *mk* монтажа; _bal:_
lt montavimas *lv* montāža; _gal:_
cy mowntio; _n. g.:_ *ek* muntaia,
mt immuntar, *tr* montaj. *min. 29/585*

monumęnt *n* N Monument *n*
<prim>. _rom:_ *fr* monument *it* monumento
es monumento *ro* monument
pt monumento *ca* monument; _ger:_
de Monument *en* monument *nl* monument
da monument; _sla:_ *bg* монумент
sl monument; _n. g.:_ *ek* monumentu.
min. 13/380

morạl(itę) *f* N Moral *f*
(gen: -téte) <prim>. _rom:_ *fr* moralité
it moralità *es* moralidad *ro* moralitate
pt moralidade *ca* moralitat; _ger:_ *de* Moral
sv moral *da* moral; _sla:_ *pl* moralność
ce morálka *sk* morálka *ru* мораль
uk мораль *be* мараль *bg* морал
sr моралност *sl* moralnost *mk* моралот;
_f-u:_ *su* moraali; _bal:_ *lt* moralė *lv* morāle;
_n. g.:_ *ek* moralaren, *mt* moralità,
sh moralitet. *min. 25/495*

moratǫr(ium) *m (n)* N Moratorium *n*
gen: -tǫre (-tǫrie) <prim>. _rom:_
fr moratorium *it* moratoria *es* moratoria
ro moratoriu *pt* moratória *ca* moratòria;
ger: *de* Moratorium *en* moratorium

nl moratorium *sv* moratorium
da moratorium; _sla:_ *pl* moratorium
ce moratorium *sk* moratórium
ru мораторий *uk* мораторій
be мараторый *bg* мораториум
sr мораторијум *sl* moratorij
mk мораториум; _f-u:_ *ma* moratórium
et moratoorium; _bal:_ *lt* moratoriumas
lv moratorijs; _gal:_ *cy* moratoriwm; _n. g.:_
ek moratoria, *mt* moratorju, *tr* moratoryum.
min. 29/589

mortalitę *f* N Mortalität *f*
gen: -tęte <prim>. _rom:_ *fr* mortalité
it mortalità *es* mortalidad *ro* mortalitatea
pt mortalidade *ca* mortalitat; _ger:_
de Mortalität *en* mortality; _sla:_
sr морталитет; _n. g.:_ *mt* mortalità.
min. 10/352

morter *m* N Mörtel *m*
gen: -tre <prim>. _rom:_ *fr* mortier
es mortero *ca* morter; _ger:_ *de* Mörtel
en mortar *nl* mortel *no* mørtel *da* mørtel;
_f-u:_ *et* mört; _n. g.:_ *ek* mortero.
min. 10/295

mostạrda *f* N Senf *m*
<prim>. _rom:_ *fr* moutarde *es* mostaza
ro muştar *pt* mostarda *ca* mostassa; _ger:_
de Mustrich *en* mustard *nl* mosterd; _sla:_
pl musztarda; _f-u:_ *ma* mustár; _n. g.:_
el μουστάρδα, *ek* mostaza, *mt* mustarda,
sh mustardë. *min. 14/380*

motív *m* N Motiv *n*
gen: -tįve <prim>. _rom:_ *fr* motif *it* motivo
es motivo *pt* motivo *ca* motiu; _ger:_
de Motiv *nl* motief *da* motiv *is* mótif;
sla: *pl* motyw *ce* motiv *sk* motív *ru* мотив
bg мотив *sr* мотив *sl* motiv *mk* мотив;
_f-u:_ *ma* motívum *su* motiivi *et* motiiv;
bal: *lt* motyvas *lv* motīvs; _gal:_ *cy* motiff;
_n. g.:_ *el* μοτίβο, *ek* motiboa, *sh* motiv,
tr motif. *min. 27/486*

motivatión *f* N Motivation *f*

[ts] gen: -ọne <prim>. *rom: fr* motivation
it motivazione *es* motivación *ro* motivație
pt motivação *ca* motivació; *ger:*
de Motivation *en* motivation *nl* motivatie
sv motivation *no* motivasjon
da motivation; *sla: pl* motywacja
ce motivace *sk* motivácia *ru* мотивация
uk мотивація *be* матывацыя
bg мотивиция *hr* motivacija
sr мотивацija *sl* motivacija
mk мотивацija; *f-u: ma* motiváció
su motivaatio *et* motivatsioon; *bal:*
lt motyvacija *lv* motivācija; *n. g.:*
ek motibazioa, *mt* motivazzjoni,
sh motivimi, *tr* motivasyon. *min. 32/602*

motivéren *c-* V motivieren

<prim>. *rom: fr* motiver *it* motivare
es motivar *ro* motiva *pt* motivar
ca motivar; *ger: de* motivieren
en motivate *nl* motiveren *sv* motivera
no motivere *da* motivere; *sla:*
pl motywować *ce* motivovat *sk* motivovať
ru мотивировать *uk* мотивувати
be матывaваць *bg* мотивирам
hr motivirati *sr* мотивирати *sl* motivirati
mk мотивираат; *f-u: ma* motivál
su motivoida *et* motiveerima; *bal:*
lt motyvuoti *lv* motivēt; *n. g.:*
ek motibatzea, *mt* -motiva, *sh* motivoj,
tr motive etmek. *min. 32/602*

mótor *m* N Motor *m*

pl: -tọres <prim>. *rom: fr* moteur
it motore *es* motor *ro* motor *pt* motor
ca motor; *ger: de* Motor *en* motor
nl motor *da* motor *is* mótor; *sla: ce* motor
sk motor *bg* мотор *sr* мотор *sl* motor
mk моторни; *f-u: ma* motor *su* moottori
et moootor; *bal: lv* motors; *gal: cy* modur;
n. g.: el μοτέρ, *sh* motor, *tr* motör.
min. 25/441

movémẹnt *n* N Bewegung *f*

<ang>. *rom: fr* mouvement *it* movimento
es movimiento *pt* movimento
ca moviment; *ger: en* movement; *n. g.:*
mt moviment. *min. 7/229*

movẹn V bewegen

<ang>. *rom: fr* mouvoir *it* muovere
es mover *ro* muta *pt* mover *ca* moure;
ger: en move. *min. 7/249*

"mozhe-bín" adv vielleicht

<prim>. *rom: fr* peut-être *ca* potser; *ger:*
en maybe; *sla: pl* może być *sk* môžbyť
ru может быть *bg* може би *hr* može biti;
f-u: su voi olla *et* võib-olla.*10/*

mọzhen *c+* V können

1sg: jeg mọgo <prim>. *ger:*
de (ver)mögen *en* may *nl* mogen; *sla:*
pl może *ce* můž- *sb* móže- *ru* может
be можа *bg* мога *hr* može *mk* може-.
min. 11/331

múes *m* ZOOL N Maus *f*

gen: mụese <prim>. *ger: de* Maus
en mouse *nl* muis *sv* mus *no* mus *da* mus
is mús; *sla: pl* mysz *ce* myš *sk* myš
ru мышь *uk* миша *be* мыш *bg* мишка
hr miš *sr* миш *sl* miš; *n. g.: sh* maus.
min. 18/382

múl *m* N Maultier *n*

gen: mụle <prim>. *rom: fr* mule *it* mulo
es mula *ro* catâr *pt* mula *ca* mula; *ger:*
de Maultier *en* mule *nl* muildier *sv* mule
no mule *da* muldyr; *sla: pl* muł *ce* mezek
sk mulica *ru* мул *uk* мул *be* мул *bg* муле
hr mazga *sr* мула *sl* mule *mk* мазга; *f-u:*
ma öszvér *su* muuli *et* suss; *bal: lt* mulas
lv mūlis; *gal: cy* mul *ga* mhiúil; *n. g.:*
el μουλάρι, *ek* mando, *mt* mule,
sh mushkë, *tr* katır. *min. 35/615*

multi- pfx vielfach; vielfach-; multi-
<prim>. *rom: fr* multi- *es* multi- *ca* mult;
ger: de multi- *en* multi-; *sla: ru* мульти◊
bg мулти-. *min. 7/354*

multiplicatiọn *f* N Multiplikation *f*
[ts] gen: -ọne <prim>. *rom:*
fr multiplication *it* moltiplicazione
es multiplicación *ro* multiplicare
pt multiplicação *ca* multiplicació; *ger:*
de Multiplikation *en* multiplication
sv multiplikation *no* multiplikasjon
da multiplikation; *sla:*
bg мултипкликация; *n. g.:*
mt multiplikazzjoni. *min. 13/372*

multiplicẹren *c-* V multiplizieren
<prim>. *rom: fr* multiplier *it* moltiplicare
es multiplicar *ro* multiplica *pt* multiplicar
ca multiplicar; *ger: de* multiplizieren
en multiply *sv* multiplicera *no* multiplisere;
sla: bg мултиплицирам; *n. g.:*
mt -moltiplika. *min. 12/369*

mund *m* N Mund *m*
<ang>. *ger: de* Mund *en* mouth *nl* mond
sv mun *no* munn *da* mund *is* munnur.
min. 7/193

munitiọn *f* N Munition *f*
[ts] gen: -ọne <prim>. *rom: fr* munition
it munizione *es* munición *ro* muniție
pt munição *ca* munició; *ger: de* Munition
en ammunition *nl* munitie *sv* ammunition
no ammunisjon *da* ammunition; *sla:*
pl amunicja *ce* munice *sk* munície
bg муниция *hr* municija *sr* муниција
mk муниција; *f-u: ma* munició; *bal:*
lv munīcija; *gal: ga* muinisin; *n. g.:*
ek munizioa, *mt* munizzjon, *sh* municion.
min. 25/477

musca *f* ZOOL N Fliege *f*
gen: -ce [ts] <prim>. *rom: fr* mouche
it mosca *es* mosca *ro* musca *pt* mosca
ca mosca; *sla: pl* mucha *ce* moucha

ru муха *hr* muha *sl* muha; *bal: lt* musė
lv muša; *n. g.: sh* mizë. *min. 15/330*

muscul *m* N Muskel *m*
gen: -cle <prim>. *rom: fr* muscle
it muscolo *es* músculo *ro* mușchi
pt músculo; *ger: de* Muskel *en* muscle
sv muskel *da* muskel; *sla: pl* muskul
ru мускул *bg* мускул; *bal: lv* muskulis;
n. g.: ek muskulu *mt* muskolu. *min. 15/487*

mussen *c-* V müssen (1)
<prim>. *ger: de* müssen *en* must
nl moeten *lb* müesse *sv* måste *no* måtte
da måtte; *sla: pl* musieć *ce* muset
sk musieť *sb* musyć *hr* morati *sl* morati;
f-u: ma muszáj lenni. *min. 14/266*

mutatiọn *f* N Mutation *f*
[ts] gen: -ọne <prim>. *rom: fr* mutation
it mutazione *es* mutación *ro* mutație
pt mutação *ca* mutació; *ger: de* Mutation
en mutation *nl* mutatie *sv* mutation
no mutasjon *da* mutation; *sla: pl* mutacja
ce mutace *sk* mutácia *ru* мутация
uk мутація *be* мутацыя *bg* мутация
sr мутација *sl* mutacija *mk* мутација; *f-u:*
ma mutáció *su* mutaatio *et* mutatsioon;
bal: lt mutacija *lv* mutācija; *n. g.:*
ek mutazio, *mt* mutazzjoni, *sh* mutacion,
ir mutasyon. *min. 31/590*

mystẹr *m* N Mysterium *n*
<prim>. *rom: fr* mystère *it* mistero
es misterio *ro* mister *ca* misteri; *ger:*
de Mysterium *en* mystery; *sla:*
pl misterium *ru* мистерия *bg* мистерия
hr misterija; *f-u: su* mysteeri; *n. g.:*
mt misteru. *min. 13/473*

mysteriọs A mysteriös; geheimnisvoll
comp: ~er, adv: -ọzno <prim>. *rom:*
fr mystérieux *it* misterios◊ *es* misterioso
ro misterios *ca* misteriós◊; *ger:*
de mysteriös *en* mysterious *da* mystisk;
sla: ru мистическ◊ *bg* мистериозн◊

211

hr misteriozn◊; <u>*n. g.:*</u> *mt* misterjuža.
min. 12/431

na P̄ auf

<cont>. <u>*sla:*</u> *pl* na *ce* na *sk* na *sb* na
ru на *uk* на *be* на *bg* на *hr* na *sr* на *sl* na
mk на. *min. 12/191*

náest Ā Nächst (1)

adv: ~o <ang>. <u>*ger:*</u> *de* nächste *en* next
nl naast *sv* nästa *no* neste *da* næste
is næst◊. *min. 7/193*

nafta *f* N̄ Erdöl *n*

<prim>. <u>*sla:*</u> *pl* nafta *ru* нефть *uk* нафта
be нафта *bg* нефт *hr* nafta *mk* нафтени;
<u>*f-u:*</u> *et* nafta; <u>*bal:*</u> *lt* nafta *lv* nafta; <u>*n. g.:*</u>
el νάφθα, *sh* naftë, *tr* (neft). *min. 13/190*

nagel *m* TECH N̄ Nagel (1) *m*

gen: nágle <prim>. <u>*ger:*</u> *de* Nagel *en* nail
nl nagel *sv* nagel *no* negl *da* negl *is* nagli;
<u>*f-u:*</u> *su* naula *et* nael. *min. 9/199*

naget *m* ANAT N̄ Nagel (2) *m*

gen: nágte <prim>. <u>*ger:*</u> *de* Nagel *en* nail
nl nagel *sv* nagel *no* negl *da* negl *is* nagli;
<u>*sla:*</u> *pl* nokieć *ce* nehet *sk* necht *ru* ноготь
uk нікот *bg* нокът *hr* nokat *sr* нокат
sl noht; <u>*bal:*</u> *lt* nagas *lv* nags. *min. 18/377*

nagrada *f* N̄ Belohnung *f*

<cont>. <u>*sla:*</u> *pl* nagroda *ru* награда
be (ў)нагароджанне *bg* награда
hr nagrada. *min. 5/144*

nagradín V̄ belohnen

<cont>. <u>*sla:*</u> *pl* nagradzać *ru* наградить
be (ў)нагароджаць *bg* награждавам
hr nagraditi. *min. 5/144*

naív Ā naiv

comp: -iver, adv: ~no <prim>. <u>*rom:*</u>
fr naïf *ro* naiv; <u>*ger:*</u> *de* naiv *en* naive
nl naïef *sv* naiv *no* naive *da* naive; <u>*sla:*</u>
pl naiwn◊ *ce* naivn◊ *sk* naivn◊ *ru* наивн◊
uk наївн◊ *be* наіўн◊ *bg* наивн◊ *sr* наивн◊
sl naivn◊ *mk* наивн◊; <u>*f-u:*</u> *ma* naiv
su naiivi *et* naiivne; <u>*bal:*</u> *lt* naiv◊
lv naiv◊; <u>*n. g.:*</u> *sh* naiv◊. *min. 24/488*

nám pPr uns *Dat; siehe Pronomen und Artikel*

nás (1) pPr unser, uns *siehe Pronomen und Artikel*

nás (2) *m* N̄ Nase *f*

<prim>. <u>*rom:*</u> *fr* nez *it* naso *es* nariz
ro nas *pt* nariz *ca* nas; <u>*ger:*</u> *de* Nase
en nose *nl* neus *sv* näsa *no* nese *da* næse
is (nös); <u>*sla:*</u> *pl* nos *ce* nos *sk* nos *ru* нос
uk ніс *be* нос *bg* нос *hr* nos *sr* нос *sl* nos
mk носот; <u>*f-u:*</u> *su* nenä *et* nina; <u>*bal:*</u>
lt nosis. *min. 28/582*

nasal (1) Ā nasal *(Linguistik)*; Nasen-

<prim>. <u>*rom:*</u> *fr* nasal *it* nasale *es* nasal
ro nazal *ca* nasal; <u>*ger:*</u> *de* nasal *en* nasal
da nasal; <u>*sla:*</u> *ce* nosn◊ *ru* назальн◊
bg назален *hr* nosn◊; <u>*n. g.:*</u> *mt* nažali.
min. 13/441

nasal (2) *m* LING N̄ Nasal *m* (~ 'laut)

<prim>. <u>*rom:*</u> *fr* nasale *it* nasale *es* nasal
ro nazal *pt* nasal *ca* nasal; <u>*ger:*</u> *de* Nasal
en nasal *nl* nasaal *sv* nasal *no* nasal
da nasal; <u>*sla:*</u> *pl* nosowy *ce* nosní
sk nosové *ru* носовой *uk* носовий
be насавой *bg* назален *sr* назални
sl nosni *mk* назален; <u>*f-u:*</u> *su* nasaali
et nasaalne; <u>*bal:*</u> *lt* nosies; <u>*n. g.:*</u>
mt nažali. *min. 26/578*

násh possArt unser(e), unsere(n) *siehe auch Pronomen und Artikel*

<u>*rom:*</u> *fr* notre *it* nostr◊ *es* nuestr◊
ro noastre *pt* noss◊ *ca* nostr◊; <u>*sla:*</u>
pl nasz(◊) *ce* náš(◊) *sk* náš(◊) *sb* naš(◊)
ru наш(◊) *be* наш(◊) *bg* наш(◊) *hr* naš(◊)
sr наш(◊) *sl* naš(◊) *mk* наш(◊).
min. 17/360

násh, nąshe(s), nąsha(s): de ~
`possPrn` unsere(n), unsrige(n): der, die,
das, den ~ *siehe Pronomen und Artikel*

natión *f* N Nation *f*
[ts] f, gen: -tine <prim>. *rom:* *fr* nation
it nazione *es* nación *ro* naţiune *pt* nação
ca nació; *ger:* *de* Nation *en* nation
nl natie *sv* nation *no* nation *da* nation;
sla: *ru* нация *uk* нація *be* нацыя
bg нация *sr* нација *mk* нација; *n. g.:*
ek nazioa, *mt* nazzjon. *min. 20/514*

natio̧nal A national
<prim>. *rom:* *fr* national *it* nazionale
es nacional *ro* naţional *ca* nacional; *ger:*
de national *en* national *sv* nationell
da nationale; *sla:* *ru* національнⱴ
be нацыянальнⱴ *bg* националнⱴ; *n. g.:*
mt nazzjonali. *min. 13/447*

natív A gebürtig
adv: ~no <ang>. *rom:* *fr* natif *it* nativⱴ
es nativⱴ *ro* nativ *ca* nadivⱴ; *ger:*
de (nativ) *en* native *da* native; *sla:*
ru нативнⱴ; *n. g.:* *mt* nattivi. *min. 10/417*

natu̧ra *f* N Natur *f*
<prim>. *rom:* *fr* nature *it* natura *es* natura
ro natură *pt* natura *ca* natura; *ger:*
de Natur *en* nature *nl* natuur *no* natur
da natur *is* náttúra; *sla:* *pl* natura
ru (натура) *be* натура *sl* natura; *gal:*
cy natur *br* natur; *n. g.:* *ek* natura,
mt natura, *sh* natyrë. *min. 21/506*

natu̧ral A natürlich
<prim>. *rom:* *fr* naturel *it* naturale
es naturaö *ro* natural *ca* natural; *ger:*
en natural *da* naturligt; *sla:* *pl* naturalnⱴ
ru натуральнⱴ *be* натуральна
bg натуралнⱴ; *n. g.:* *mt* naturalment.
min. 12/382

navigatión *f* N Navigation *f*
[ts] gen: -one <prim>. *rom:* *fr* navigation
it navigazione *es* navegación *ro* navigare
pt navegação *ca* navegació; *ger:*
de Navigation *en* navigation *nl* navigatie
sv navigation *no* navigasjon *da* navigation;
sla: *pl* nawigacja *ce* navigace *sk* navigácia
ru навигация *uk* навігація *bg* навигация
sr навигација *sl* navigacija
mk навигација; *f-u:* *ma* navigáció
et navigatsioon; *bal:* *lt* navigacija
lv navigācija; *n. g.:* *ek* nabigazioa,
mt navigazzjoni, *tr* navigasyon.
min. 28/584

naząd `adv` zurück
<cont>. *sla:* *pl* nazad *ce* nazad *sk* nazad
sb nazad *ru* назад *bg* назад *hr* nazad
sr назад *sl* nazad. *min. 9/159*

né (2) `adv` nicht
<prim>. *rom:* *fr* ne (pas) *es* no *ro* nu
ca no; *ger:* *de* nicht *en* not *nl* niet; *sla:*
pl nie *ce* ne *sk* ne *sb* nje *ru* не *uk* не
be не *bg* не *hr* ne *sr* не *sl* ne; *f-u:*
ma ne(m) *su* ei *et* ei; *bal:* *lt* ne *lv* nē;
gal: *br* ne *ga* ní. *min. 25/516*

né. (1) `itj` nein.
<prim>. *rom:* *fr* non *it* no *es* no *ro* nu
pt não *ca* no; *ger:* *de* nicht *en* not *nl* nee
sv nej *no* nei *da* nej *is* nei; *sla:* *pl* nie
ce ne *sk* nie *sb* nje *ru* нет *uk* ні *be* не
bg не *hr* ne *sr* не *sl* ne; *f-u:* *ma* ne(m)
su ei *et* ei; *bal:* *lt* ne *lv* nē; *gal:* *br* ne
ga ní. *min. 31/594*

néb *m* N Himmel *m*
<cont>. *sla:* *pl* niebo *ce* nebo *sk* nebo
ru небо *be* неба *bg* небе *hr* nebo.
min. 7/159

nębla *f* N Nebel *m*
<prim>. *rom:* *it* nebbia *es* niebla
pt nevoeiro; *ger:* *de* Nebel; *gal:* *cy* niwl.
min. 5/195

nécessár [A] notwendig (1); nötig
comp: -ạrer, adv: ~no <ang>. _rom:_
_fr_ nécessaire _it_ necessari◊ _es_ necesari◊
_ro_ necesar _ca_ necessari◊; _ger:_
_en_ necessary. _min. 6/239_

Nḙdërland _m_ [N] Niederlande _pl_
<ethno>. _ger: nl_ Nederland.

nḙdërlander _m_ [N] Niederländer _m_
<ethno>. _ger: nl_ Nederlander.

nḙdërlands [A] niederländisch
<ethno>. _ger: nl_ nederlands.

Nḙdërlands _m_ [N] Niederländisch _(,~e_
Sprache)
<ethno>. _ger: nl_ Nederlands.

nḙdërlandse _f_ [N] Niederländerin _f_
<ethno>. _ger: nl_ Nederlandse.

negatív [A] negativ
comp: -tịver, adv: -tívno <prim>. _rom:_
_fr_ négatif _it_ negativ◊ _es_ negativ◊
_ro_ negativ _pt_ negativ◊ _ca_ negativ◊; _ger:_
_de_ negativ _en_ negative _nl_ negatief
_sv_ negativ _no_ negativ _da_ negativ
_is_ neikvæð; _sla:_ _ce_ negativn◊ _sk_ negatívn◊
_uk_ негативн◊ _bg_ негативн◊ _sr_ негативн◊
_sl_ negativn◊ _mk_ негативн◊; _f-u:_
_ma_ negatív _su_ negatiivinen _et_ negatiivne;
bal: _lt_ neigiam◊ _lv_ negatīv◊; _gal:_
_cy_ negyddol; _n. g.:_ _ek_ negatiboa,
_mt_ negattiv, _sh_ negativ◊, _tr_ negatif.
min. 30/469

negḙren _c-_ [V] negieren
<prim>. _rom:_ _fr_ nier _it_ negare _es_ negar
_pt_ negar _ca_ negar; _ger:_ _de_ negieren
_en_ negate _sv_ negera _no_ negere _da_ negere;
sla: _pl_ negować _ce_ negovat _sk_ negovať
_sr_ негирати _mk_ негира; _bal:_ _lt_ paneigti;
gal: _cy_ negyddu. _min. 17/410_

nḙlaimíg [A] unglücklich
+↑laimíg. <cont>. _bal:_ _lt_ nelaiming◊
_lv_ nelaimīg◊. _min. 2/5_

ném [A] stumm
<prim>. _sla:_ _pl_ niem◊ _ce_ něm◊ _sb_ něm◊
_ru_ нем◊ _be_ ням◊ _bg_ ням◊ _hr_ nijem◊
_sr_ нем◊; _f-u:_ _ma_ néma; _n. g.:_
_sh_ memec◊. _min. 10/174_

nën [num] neun
<prim>. _rom:_ _fr_ neuf _it_ nove _es_ nueve
_ro_ nouă _ca_ nou; _ger:_ _de_ neun _en_ nine
_nl_ negen _fs_ níggju _no_ ni _da_ ni _is_ níu
_fo_ níggju; _gal:_ _br_ nav _ga_ naoi _gv_ nuy;
_n. g.:_ _el_ εννιά, _sh_ nëntë. _min. 18/375_

nënt _de ~_ [A] neunte(r/s)
<prim>. _rom:_ _it_ nono _es_ noveno _ro_ nouă
_ca_ novè; _ger:_ _de_ neunte(r/s) _en_ nineth
_nl_ negende _da_ niende _is_ níundi; _gal:_
_br_ navet; _n. g.:_ _sh_ (nënt◊). _min. 11/292_

nḙpot _m_ [N] Neffe _m_
<prim>. _rom:_ _fr_ neveu _it_ nipote _ro_ nepot
_ca_ nebot; _ger:_ _de_ Neffe _en_ nephew
_nl_ neef; _sla:_ _sr_ нећак; _gal:_ _cy_ nai; _n. g.:_
_mt_ neputi, _sh_ nip. _min. 11/323_

nepotịsme _m_ [N] Nepotismus _m_
<prim>. _rom:_ _fr_ népotisme _it_ nepotismo
_es_ nepotismo _ro_ nepotism _pt_ nepotismo
_ca_ nepotisme; _ger:_ _de_ Nepotismus
_en_ nepotism _nl_ nepotisme _no_ nepotisme
_da_ nepotisme; _sla:_ _pl_ nepotyzm
_bg_ непотизъм _sr_ непотизам _sl_ nepotizem
_mk_ непотизам; _f-u:_ _ma_ nepotizmus
_su_ nepotismi; _bal:_ _lv_ nepotisms; _gal:_
_cy_ nepotiaeth; _n. g.:_ _mt_ nepotiżmu,
_sh_ nepotizëm. _min. 22/453_

"néqui" [pPr] niemand
<prim>. _rom:_ _fr_ ne (personne)
_it_ ness|(uno) _ro_ "ni|meni" _ca_ nin|(gú); _ger:_
_de_ nie|mand; _sla:_ _pl_ ni|kt _ce_ ni|kdo

ru ни|кто *be* ні|хто *bg* ни|кой *hr* niko;
f-u: *su* ei kukaan.*12/*

nerv *m* ☒ Nerv *m*

<prim>. *rom:* *fr* nerf *it* nervo *es* nervio
ro nerv *pt* nervo; *ger:* *de* Nerv *en* nerve
nl nerf *sv* nerv *no* nerve *da* nerve; *sla:*
pl nerw *ce* nerv *sk* nerv *ru* нерв *bg* нерв
hr nerv *sr* нерв *sl* nerv; *f-u:* *ma* (neuro-)
su (neuro-) *et* närv; *bal:* *lt* nervas
lv nervs; *gal:* *cy* nerf *br* nervenn; *n. g.:*
el νεύρο *ek* nerbio *mt* nerv *sh* nerv.
min. 30/574

nervosité *f* ☒ Nervosität *f*

gen: -téte <prim>. *rom:* *fr* nervosité
ro nervozitate; *ger:* *de* Nervosität
en nervousness *nl* nervositeit *sv* nervositet
no nervøsitet *da* nervøsitet; *sla:*
pl nerwowość *ce* nervozita *sk* nervozita
ru нервозность *uk* нервозність
be нервовасць *bg* нервност *sr* нервоза
sl živčnost *mk* нервоза; *f-u:* *et* närvilisus;
bal: *lt* nervingumas *lv* nervozitāte; *gal:*
cy nerfusrwydd; *n. g.:* *mt* nervożiżmu,
sh nervozizëm. *min. 24/472*

netto *n* ☒ Netto *n*

gen: ~ë <prim>. *rom:* *fr* net *it* netto
es neto *ro* net *ca* net; *ger:* *de* Netto
en net *nl* netto *sv* netto *is* nettó; *sla:*
pl netto *bg* нето *sr* нето *mk* нето; *f-u:*
ma nettó *su* netto; *bal:* *lt* neto *lv* neto;
n. g.: *sh* neto, *tr* net. *min. 20/451*

netwerk *n!* ☒ Netzwerk *n*

<ang>. *ger:* *de* Netzwerk *en* network
nl netwerk *sv* nätverk *no* nettverk
da netværk *is* netkerfi; *f-u:* *su* verkko.
min. 8/198

neurosé *f* ☒ Neurose *f*

<prim>. *rom:* *fr* névrose *it* nevrosi
es neurosis *ro* nevroză *pt* neurose
ca neurosi; *ger:* *de* Neurose *en* neurosis
nl neurose *sv* neuros *da* neurose; *sla:*

pl nerwica *ce* neuróza *sk* neuróza
ru невроз *uk* невроз *be* неўроз
bg невроза *hr* neuroza *sr* неуроза
sl nevroza *mk* невроза; *f-u:* *ma* neurózis
su neuroosi *et* neuroos; *bal:* *lt* neurozė
lv neiroze; *gal:* *cy* niwrosis; *n. g.:*
el νεύρωση, *ek* neurosi, *sh* nevrozë,
tr nevroz. *min. 32/609*

neuter Ⓐ neutral

<prim>. *rom:* *fr* neutre *it* neutro *es* neutro
ro (neutru) *pt* neutro *ca* neutre; *ger:*
de neutral *en* neuter; *sla:* *ru* нейтральн◊;
f-u: *su* neutraali. *min. 10/429*

neutral Ⓐ neutral

adv: ~no <prim>. *rom:* *fr* neutre *it* neutr◊
es neutral *ro* neutru *pt* neutr◊ *ca* neutral;
ger: *de* neutral *en* neutral *nl* neutraal
sv neutral *no* nøytral *da* neutral; *sla:*
pl neutraln◊ *ce* neutráln◊ *sk* neutráln◊
ru нейтральн◊ *uk* нейтральн◊
be нейтральн◊ *bg* неутралн◊
sr неутралн◊ *sl* nevtraln◊ *mk* неутралн◊;
f-u: *su* neutraali *et* neutraalne; *bal:*
lt neutral◊; *gal:* *cy* niwtral;
n. g.: *mt* newtrali, *sh* neutral◊, *tr* nötr.
min. 30/585

neutrum *n* GRAM ☒ Neutrum *n*

gen: -tre <prim>. *rom:* *fr* neutre *it* neutro
es neutro *ro* neutru *ca* neutre; *ger:*
de neutrum *en* neuter *sv* neuttrum
da neutrum; *sla:* *pl* neutrum
ru нейтральное *bg* среден род; *f-u:*
su neutri. *min. 13/482*

ní adv noch (2) *(weder ~)*; nicht: auch ~;
auch nicht

<prim>. *rom:* *fr* ni *es* ni; *ger:* *de* noch
en nor; *sla:* *ru* ни *hr* ne i; *n. g.:* *tr* yine.
min. 7/349

nihilisme *m* ☒ Nihilismus *m*

<prim>. *rom:* *fr* nihilisme *it* nichilismo
es nihilismo *ro* nihilism *pt* niilismo

ca nihilisme; *ger:* *de* Nihilismus
en nihilism *nl* nihilisme *no* nihilisme
da nihilisme; *sla:* *pl* nihilizm
ce nihilismus *sk* nihilizmus *ru* нигилизм
uk нігілізм *be* нігілізм *bg* нихилизъм
sr нихилизам *sl* nihilizem *mk* нихилизам;
f-u: *ma* nihilizmus *su* nihilismi; *bal:*
lt nihilizmas *lv* nihilisms; *gal:*
cy nihiliaeth; *n. g.:* *sh* nihilizëm,
tr nihilizm. *min. 28/585*

nịmbus *m* N Nimbus *m*
gen: -be <prim>. *rom:* *fr* nimbus *it* nimbo
es nimbo *pt* nimbo *ca* nimbe; *ger:*
de Nimbus *en* nimbus *nl* nimbus
sv nimbus *no* nimbus *da* nimbus; *sla:*
pl nimb *ru* нимб *uk* німб *be* німб
sr нимбус. *min. 16/520*

nivëǫ *n* N Niveau *m*; Ebene *f*
gen: -vǫë <prim>. *rom:* *fr* niveau *es* nivel
ro nivel *pt* nível *ca* nivell; *ger:* *de* Niveau
nl niveau *sv* nivå *no* nivå *da* niveau; *sla:*
bg ниво *sr* ниво *mk* ниво; *n. g.:* *sh* nivel.
min. 14/292

nóce(-) ↑*nóx*

nóm *m* N Name *m*
<prim>. *rom:* *fr* nom *it* nome *es* nombre
ro nume *ca* nom; *ger:* *de* Name *en* name
nl naam *sv* namn *no* navn *da* navn; *sla:*
sl mjeno; *f-u:* *ma* név *su* nimi; *gal:*
br anv *ga* ainm; *n. g.:* *el* όνομα, *sh* emër.
min. 18/402

nominạl A nominell
adv: ~no <prim>. *rom:* *fr* nominal
it nominale *es* nominal *pt* nominais
ca nominal; *ger:* *de* nominell *en* nominal
nl nominaal *sv* nominell *no* nominell
da nominell; *sla:* *pl* nominaln◊
ce nomináln◊ *sk* nomináln◊
ru номинальн◊ *uk* номінальн◊
be намінальн◊ *bg* номинальн◊
sr номинальн◊ *sl* nominaln◊

mk номинальн◊; *f-u:* *ma* névleges
su nimelli- *et* nominaal-; *bal:* *lt* nominal◊
lv nomināl◊; *n. g.:* *mt* nominali,
sh nominal◊, *tr* nominal. *min. 29/577*

nominatiǫn *f* N Nennung *f*
[ts] gen: -ǫne <ang>. *rom:* *fr* nomination
it nominazione *es* nominación
ca nomenament; *ger:* *de* (Nominierung)
en nomination *da* navngivning; *sla:*
pl nominacja *ru* номинация *hr* nominacija;
f-u: *su* nimitys. *min. 11/446*

nominatív *m* GRAM N Nominativ *m*
gen: -tive <prim>. *rom:* *fr* nominatif
it nominativo *es* nominativo *ro* nominativ
ca nominatiu; *ger:* *de* nominativ
en nominative *sv* nominativ *da* nominativ;
sla: *hr* nominativ; *f-u:* *su* nominatiivi;
n. g.: *mt* nominattivi. *min. 12/356*

nominẹren *c-* V nominieren
<prim>. *rom:* *fr* nommer *it* nominare
es nombrar *ro* numi *pt* nomear
ca nomenar; *ger:* *de* nominieren
en nominate *nl* benoemen *sv* nominera
no nominere *da* nominere; *sla:*
pl mianować *ce* nominovat *sk* nominovať
bg номинирам *sr* номиновати
mk номинира; *f-u:* *ma* nevezni
su nimittää *et* nimetama; *n. g.:*
mt -nomina. *min. 22/475*

nǫnce num neunzig
↑-ce. <prim>. *rom:* *fr* nonante {reg}
it novanta *es* noventa *ro* nouăzeci
ca noranta; *ger:* *de* neunzig *en* ninety
nl negentig; *n. g.:* *el* ενενήντα. *min. 9/366*

nǫrca *f* ZOOL N Nerz *m*
[k], gen: -ce [ts] <prim>. *rom:* *ro* nurcă;
ger: *de* Nerz *nl* nerts; *sla:* *pl* norki
ce norek *sk* norok *ru* норка *uk* норка
be норка *bg* норка; *f-u:* *ma* nyérc
et naarits. *min. 12/324*

nord *m* Ⓝ Norden *m*

<prim>. *rom:* *fr* nord *it* nord *es* norte *ro* nord; *ger:* *de* Nord(en) *en* north *nl* noord *da* nord; *sla:* *ru* (норд); *gal:* *br* norzh. *min. 10/433*

nórdmann *m* Ⓝ Norweger *m*

<ethno>. *ger:* *no* nordmann.

nórdmann (zhena) *f* Ⓝ Norwegerin *f*

<ethno>. *ger:* *no* nordmann (kvinne).

Nórge *n* Ⓝ Norwegen *n*

<ethno>. *ger:* *no* Norge.

Nórsk (1) Ⓝ Norwegisch *(,~e Sprache)*

<ethno>. *ger:* *no* norsk.

nórsk (2) Ⓐ norwegisch

<ethno>. *ger:* *no* norsk.

nostalgia *f* Ⓝ Nostalgie *f*

<prim>. *rom:* *fr* nostalgie *it* nostalgia *es* nostalgia *ro* nostalgie *pt* nostalgia *ca* nostàlgia; *ger:* *de* Nostalgie *en* nostalgia *nl* nostalgie *sv* nostalgi *no* nostalgi *da* nostalgi; *sla:* *pl* nostalgia *ce* nostalgie *sk* nostalgie *ru* ностальгия *uk* ностальгія *be* настальгія *bg* носталгия *hr* nostalgija *sr* носталгија *sl* nostalgija *mk* носталгија; *f-u:* *ma* nosztalgia *su* nostalgia; *n. g.:* *el* νοσταλγία, *sh* nostalgji, *tr* nostalji. *min. 28/606*

nọta *f* Ⓝ Notiz (1) *f*

<prim>. *rom:* *fr* note *es* nota *ro* notă *pt* nota *ca* nota; *ger:* *de* Notiz *en* note *nl* noot *no* note; *sla:* *ru* нота; *gal:* *cy* nodyn; *n. g.:* *mt* nota, *tr* not. *min. 13/405*

nọta-block *m* Ⓝ Notizblock *m*

<prim>. *rom:* *fr* bloc-notes *es* bloc de notas *pt* bloc de notas *ca* bloc de notes; *ger:* *de* Notizblock *en* note(pad) *nl* notitieblok *no* notisblokk

da notesblokken *is* (skrif)blokk; *sla:* *pl* nota(tnik) *sk* (poznámkový) blok *ru* блокнот *uk* блокнот *be* ната(тнік); *gal:* *cy* nodia(dau); *n. g.:* *ek* (eta ohar-)blok. *min. 17/459*

notịcea *f* Ⓝ Notiz (2) *f*; Anmerkung *f*

[tsa], gen: -ce <prim>. *rom:* *fr* notice *it* nota *ro* notă; *ger:* *de* Notiz *en* notice; *sla:* *pl* notatka *ru* нотис; *n. g.:* *mt* nota. *min. 8/410*

nott *f* Ⓝ Nacht *f*

<prim>. *rom:* *fr* nuit *it* notte *es* noche *ro* noapte *ca* nit; *ger:* *de* Nacht *en* night *nl* nacht *lb* Nuecht *fs* nacht *sv* natt *no* natt *da* nat *is* nótt *fo* nátt; *sla:* *pl* noc *ce* noc *sb* nóc *ru* ночь *be* ноч *bg* нощ *hr* noć *sl* noč; *gal:* *br* noz; *n. g.:* *el* νύχτα. *min. 25/540*

nou Ⓐ neu

<prim>. *rom:* *fr* nouveau *it* nuov◊ *es* nuev◊ *ro* nou *pt* nov◊ *ca* nou/nov◊; *ger:* *de* neu *en* new *nl* nieuw *lb* nei *fs* nij *sv* ny *no* ny *da* ny *is* ný◊ *fo* nýggjur; *sla:* *pl* now◊ *ce* nov◊ *sk* nov◊ *ru* нов◊ *be* нов◊ *bg* нов◊ *hr* nov◊ *sl* nov◊ *mk* нов◊; *f-u:* *su* uusi; *bal:* *lt* nauj◊; *gal:* *cy* newydd *br* nevez *ga* nua *gd* nuadh *gv* noa; *n. g.:* *el* vé◊. *min. 33/565*

nouté *f* Ⓝ Neuheit *f*

<prim>. *rom:* *fr* nouveauté *it* novità *es* novidad *ro* noutate *ca* novidad; *ger:* *de* Neuheit *en* news *nl* nieuwtje *sv* nyhet *no* nyhed *da* nyhed; *sla:* *pl* nowość *ce* novinka *ru* новость *be* навізна *bg* новост *hr* novost; *f-u:* *su* uutuus; *gal:* *br* nevezinti; *n. g.:* *el* véon, *mt* novità. *min. 21/543*

novẹmber *m* Ⓝ November *m*

gen: -bre <prim>. *rom:* *fr* novembre *it* novembre *es* noviembre *ro* noiembrie *pt* novembro *ca* novembre; *ger:*

de November *en* november *nl* november
sv november *no* november *da* november
is nóvember; *sla:* *ru* ноябрь *bg* ноември
sr новембар *mk* ноември; *f-u:*
ma november *et* november; *bal:*
lv novembris; *n. g.:* *el* νοέμβριος,
mt novembru. *min. 22/510*

nov**í**c' *m* Ⓝ Novize *m*

gen: -íce <prim>. *rom:* *fr* novice
it novizio *pt* noviço; *ger:* *de* Novize
en novice *nl* novice *da* novice; *sla:*
pl nowicjusz *ce* nováček *sk* nováčik
ru новичок *uk* новачок; *f-u:* *ma* novícius
su noviisi; *bal:* *lt* naujokas; *gal:* *cy* nofis.
min. 16/478

n**ó**x *f* Ⓝ Nuss *f*

gen: nóce <prim>. *rom:* *fr* noix *it* noce
es nuez *ro* nucă *pt* noz *ca* nou; *ger:*
de Nuss *en* nut *nl* noot *lb* Noss *sv* nöt
no nøtt *da* nød *is* hnota. *min. 14/383*

n**ó**zh *m* Ⓝ Messer *n*

gen: nozhe <cont>. *ger:* *en* knife *da* kniv;
sla: *pl* nóž *ce* nůž *sk* nôž *sb* nož *ru* нож
uk ніж *be* нож *bg* нож *hr* nož *sr* нож
sl nož *mk* нож. *min. 14/254*

nu [adv] jetzt

<ang>. *ger:* *de* nun *en* now *nl* nu *sv* nu
no nu *da* nu; *sla:* *ce* nyní *ru* ныне; *f-u:*
su nyt. *min. 9/288*

n**ú**clé *m!* sci Ⓝ Nukleus *m*

<prim>. *rom:* *it* nucleo *es* núcleo
ro nucleu *pt* núcleo *ca* nucli; *ger:*
de Nukleus *en* nucleus *sv* nucleus
no nucleus *da* nucleus; *n. g.:* *ek* nukleo,
mt nuklei. *min. 12/299*

null [num] Null (1)

<prim>. *rom:* *fr* nul *es* nulo; *ger:*
de Null *en* nil *nl* nul *sv* noll *no* null
da nul *is* núll; *sla:* *ce* nula *sk* nula
ru нулевой *uk* нульовий *be* нулявы

bg нула *hr* nula *sr* нула *sl* nul *mk* нула;
f-u: *ma* nulla *su* nolla *et* null; *bal:*
lt nulis *lv* nulle. *min. 24/472*

n**u**mer (1) *m* Ⓝ Zahl *f*

<ang>. *rom:* *fr* nombre *it* numero
es número *ro* număr *pt* número; *ger:*
de Nummer *en* number; *sla:* *ru* номер
be нумар *bg* номер; *f-u:* *su* numero;
n. g.: *mt* numru. *min. 12/445*

n**u**mer (2) *m* Ⓝ Anzahl *f*

<ang>. *rom:* *fr* nombre *it* numero
es número *ro* număr *pt* número; *ger:*
de (Nummer) *en* number; *sla:* *ru* номер
be нумар *bg* номер; *f-u:* *su* numero;
n. g.: *mt* numru. *min. 12/445*

n**u**mer (3) *m* Ⓝ Nummer *f*

<prim>. *rom:* *fr* numéro *it* numero
es número *ro* număr *pt* número; *ger:*
de Nummer *en* number *nl* nummer
sv nummer *no* nummer *da* nummer; *sla:*
pl numer *ru* номер *be* нумар *bg* номер
sr numera; *f-u:* *su* numero; *bal:*
lv numurs; *gal:* *br* niverenn *ga* uimhir;
n. g.: *el* νούμερο, *mt* numru, *sh* numër,
tr numara. *min. 24/550*

numer**é**ren *c-* Ⓥ numerieren

<prim>. *rom:* *fr* numéroter *it* numerare
es numerar *ro* număra *pt* numerar; *ger:*
de numerieren *en* number *nl* nummeren
sv numerera *no* nummerere *da* nummerere;
sla: *pl* numerować *ru* нумеровать
be нумараваць *bg* номерирам; *f-u:*
su numeroida *et* nummerdama; *bal:*
lv numurēt; *gal:* *br* niverenniñ
ga uimhrigh; *n. g.:* *mt* numru, *sh* numëroj,
tr numaralmak. *min. 23/532*

o, ob Ⓟ über (2) *(z.B. sprechen, nachdenken ~)*

<cont>. *ger:* *de* um *en* on *nl* om *sv* om
no om *da* om; *sla:* *pl* o(b) *ce* o(b) *sk* o(b)

ru о, об *be* аб *hr* о(b) *sr* о(б) *sl* о(b)
mk о(b). *min. 15/354*

objectivité *f* N Objektivität *f*
gen: -téte <prim>. *rom:* *fr* objectivité
it obiettività *es* objetividad *ro* obiectivitate
pt objetividade *ca* objectivitat; *ger:*
de Objektivität *en* objectivity
nl objectiviteit *sv* objektivitet
no objektivitet *da* objektivitet; *sla:*
pl obiektywność *ce* objektivnost
sk objektívnosť *ru* объективность
uk об'єктивність *be* аб'ектыўнасць
bg обективност *hr* objektivnost
sr објективност *sl* objektivnost
mk објективност; *f-u:* *su* objektiivisuus
et objektiivsus; *bal:* *lt* objektyvumas
lv objektivitāte; *n. g.:* *ek* objektibotasuna,
mt oġġettività, *sh* objektivitet. *min. 30/585*

obligán V zwingen; verpflichten
<ang>. *rom:* *fr* obliger *it* obbligare
es obligar *ro* obliga *pt* obrigar *ca* obligar;
ger: *en* oblige. *min. 7/249*

obligatór A obligatorisch
adv: ~no <prim>. *rom:* *fr* obligatoire
it obbligatori◊ *es* obligatori◊ *ro* obligatoriu
pt obrigatóri◊ *ca* obligatori◊; *ger:*
de obligatorisch *sv* obligatorisk
no obligatorisk *da* obligatorisk; *n. g.:*
mt obbligatorju. *min. 11/302*

obscúr A obskur
<prim>. *rom:* *fr* obscur *it* oscur◊
es oscur◊ *ro* obscur *pt* obscur◊; *ger:*
de obskur *en* obscure *nl* obscuur *no* obskur
da obskur; *n. g.:* *mt* oskuri. *min. 11/368*

obtenén V erhalten (2); erlangen
<ang>. *rom:* *fr* obtenir *it* ottenere
es obtener *ro* obține *ca* obtenir; *ger:*
en obtain. *min. 6/239*

oc *m* N Auge *n*
[k], gen: ~e [ts] <prim>. *rom:* *fr* œil
it occhio *es* ojo *ro* ochi *pt* olho; *ger:*
de Auge *en* eye *nl* oog *sv* öga *no* øye
da øje *is* auga; *sla:* *pl* oko *ce* oko *sk* oko
sb oko *ru* око *uk* око *be* око *bg* око
hr oko *sr* око *sl* oko *mk* око; *bal:* *lt* akis
lv acs; *n. g.:* *tr* göz. *min. 27/579*

occultisme *m* N Okkultismus *m*
<prim>. *rom:* *fr* occultisme *it* occultismo
es ocultismo *ro* ocultism *pt* ocultismo
ca ocultisme; *ger:* *de* Okkultismus
en occultism *nl* occultisme *sv* ockultism
no okkultisme *da* okkultisme; *sla:*
pl okultyzm *ce* okultismus *sk* okultizmus
ru оккультизм *uk* окультизм
be акультызм *bg* окултизъм *sr* окултизам
sl okultizem *mk* окултизам; *f-u:*
ma okkultizmus *su* okkultismi *et* okultismi;
bal: *lt* okultizmas *lv* okultisms; *n. g.:*
ek ocultismo, *sh* okultizëm. *min. 29/593*

oceán *m* N Ozean *m*
gen: -ane <prim>. *rom:* *fr* océan
it oceano *es* Oceano *ro* ocean; *ger:*
de Ozean *en* ocean; *sla:* *pl* ocean
ce oceán *ru* океан *be* акіян *bg* океан
hr ocean; *f-u:* *ma* oceán; *n. g.:* *mt* oċean,
tr okyanus. *min. 15/501*

ocivídno adv augenscheinlich
A: -viden ↑oc, ↑víd, ↑-no. <cont>. *ger:*
de "augenscheinlich"; *sla:* *pl* oszywiście
ce očividně *sk* očividne *ru* очевидно
uk очевидно *bg* очевидно *hr* oči(gledno)
mk очевидно. *min. 9/266*

oct (1) num acht
<prim>. *rom:* *fr* huit *it* otto *es* ocho
ro opt *ca* vuit; *ger:* *de* acht *en* eight
nl acht *fs* átta *sv* åtta *no* åtte *da* otte *is* átta
fo átta; *sla:* *pl* osiem *ce* osm *ru* (октава)
bg осем *hr* osam; *gal:* *cy* wyth *br* eizh

ga ochd *gv* hoght; *n. g.:* *el* οχτώ.
min. 24/529

oct (2) Ⓐ achte

\<prim>. *rom:* *fr* huitième *it* ottavo
es octavo *ro* al optulea *ca* vuitè; *ger:*
de achte *en* eightth *nl* achte *fs* (átta)
sv åttonde *no* (åtte) *da* ottende *is* áttundi
fo (átta); *sla:* *ce* osmý *bg* осми *hr* osmi;
gal: *cy* (wyth) *br* eizvet *ga* (ochd)
gv hoghtoo; *n. g.:* *el* (οχτώ). *min. 22/409*

octava *f* Ⓝ Oktave *f*

\<prim>. *rom:* *fr* octave *it* ottava *es* octava
ro octavă *pt* oitava; *ger:* *de* Oktave
en octave *nl* octaaf *sv* octave *no* octave
da octave; *sla:* *pl* oktawa *ce* oktáva
sk oktáva *ru* октава *uk* октава *be* актава
bg октава *sr* октава *mk* октава; *f-u:*
ma oktáv *su* oktaavi *et* oktav; *bal:*
lt oktava *lv* oktāva; *n. g.:* *el* οκτάβα,
mt ottava, *sh* oktavë, *tr* oktav. *min. 29/603*

octce num achtzig

↑-ce. \<prim>. *rom:* *it* ottanta *es* ochenta;
ger: *de* achtzig *en* eighty *nl* achtig *no* åtti;
sla: *pl* osiemdziesiąt *ce* osmdesát
bg осемдесет *hr* osamdeset; *gal:*
ga ochtó; *n. g.:* *el* ογδόντα. *min. 12/346*

octdéz num achtzehn

\<prim>. *rom:* *fr* dix-huit *it* diciotto
es Dieciocho *ro* optzeci; *ger:* *de* achtzehn
en eighteen; *sla:* *pl* osiemnaście
ce osmnáct *hr* osamdeset. *min. 9/384*

october *m* Ⓝ Oktober *m*

gen: -bre \<prim>. *rom:* *fr* octobre
it ottobre *es* octubre *ro* octombrie
pt outubro *ca* octubre; *ger:* *de* Oktober
en october *nl* oktober *sv* oktober
no oktober *da* oktober *is* októbér; *sla:*
sk október *ru* октябрь *bg* октомври
sr октобар *sl* oktober *mk* октомври; *f-u:*
ma október *et* oktoober; *bal:* *lv* oktobris;

n. g.: *el* οκτώβριος, *mt* ottubru.
min. 24/517

octopód *m* ZOOL Ⓝ Krake *m*

\<prim>. *ger:* *en* octopus *nl* octopus; *sla:*
pl "ośmiornica" *ru* "осьминог"
uk "восьминіг" *be* "васьміног"
bg октопод *mk* октопод; *bal:*
lt "aštuonkojis" *lv* "astoņkājis"; *gal:*
cy octopws *ga* ochtapas; *n. g.:*
el οχταπόδι, *sh* oktapod, *tr* ahtapot.
min. 15/265

ocular *m* TECH Ⓝ Okular *n*

gen: -are \<prim>. *rom:* *fr* oculaire
it oculare *es* ocular *ro* ocular *pt* ocular
ca ocular; *ger:* *de* Okular *nl* oculair
sv okular *no* okular *da* okular; *sla:*
pl okular *ce* okulár *sk* okulár *ru* окуляр
uk окуляр *be* акуляр *bg* окуляр *sr* окулар
sl okular *mk* окуларот; *f-u:* *su* okulaari
et okulaari; *bal:* *lt* okuliaras *lv* okulārs.
min. 25/520

od Ⓟ seit

+gen. \<cont>. *sla:* *pl* od *ce* od *sk* od
ru (от) *uk* від *bg* од *hr* od *sr* од *sl* od
mk од. *min. 10/181*

ódé *f* Ⓝ Ode *f*

\<prim>. *rom:* *fr* ode *it* ode *es* oda *ro* odă
pt ode *ca* oda; *ger:* *de* Ode *en* ode *nl* ode
sv ode *no* ode *da* ode; *sla:* *pl* oda *ce* óda
sk óda *ru* ода *uk* ода *be* ода *bg* ода
hr oda *sr* ода *mk* ода; *f-u:* *ma* óda
su oodi *et* ood; *bal:* *lt* odė *lv* oda; *n. g.:*
el ωδή. *min. 28/606*

Óestërraéhj *m* Ⓝ Österreich *n*

\<ethno>. *ger:* *de* Österreich.

Óestërraéhjer *m* Ⓝ Österreicher *m*

\<ethno>. *ger:* *de* Österreicher.

Óestërraéhjerin *f* Ⓝ Österreicherin *f*

\<ethno>. *ger:* *de* Österreicherin.

ǫestërraéhjish Ⓐ österreichisch
<ethno>. *ger:* de österreichisch.

ǫever pr über (1)
<prim>. *ger:* de über *en* over *nl* over
sv över *da* øver; *gal:* br war; *n. g.:*
el υπέρ. *min. 7/200*

offensiva *f* Ⓝ Offensive *f*
<prim>. *rom:* fr offensive *it* offensiva
es ofensiva *ro* ofensivă *pt* ofensiva
ca ofensiva; *ger:* de Offensive
en offensive *nl* offensief *sv* offensiv
da offensive; *sla:* pl ofensywa
bg офензива *sr* офанзива *mk* офанзива;
n. g.: sh ofensivë. *min. 16/437*

ǫffer *m* Ⓝ Opfer (2) *n (rituelles ~)*
<prim>. *rom:* it (offerta) *es* (oferta); *ger:*
de Opfer *en* (offer) *nl* offer *sv* offer
no offer *da* offer; *sla:* pl ofiara; *f-u:*
et ohver; *bal:* lv upuris. *min. 11/327*

offerín Ⓥ anbieten
<prim>. *rom:* fr offrir *it* offerire
es ofrecer *ro* ofere *pt* ofrecer *ca* oferir;
ger: de offerieren *en* offer; *sla:*
pl oferować *ru* делать оферту
bg оферирам; *n. g.:* mt -offru, *sh* ofroj.
min. 13/474

offíc' *m* Ⓝ Büro (2) *n*
(Bearbeitungsstelle); Dienststelle (1) *f*
(allgemein)
gen: offíce <prim>. *rom:* fr office
it ufficio *es* oficina *ro* oficiu *ca* oficina;
ger: en office *nl* officie; *sla:* ru офис
bg офис; *gal:* ga oifig; *n. g.:* mt uffiċċju,
sh ofig, *tr* ofis. *min. 13/355*

officiạl Ⓐ offiziell (1)
comp: ~ạler, adv: ~no <prim>. *rom:*
fr officiel *it* ufficiale *es* oficial *ro* oficial;
ger: de offiziell *en* official *da* officielt;
sla: pl oficjaln◊ *ru* официальн◊

be афіцыйн◊ *bg* официалн◊; *n. g.:*
mt uffiċjali. *min. 12/473*

officiạlno adv offiziell (2)
<prim>. *rom:* fr officiellement
it ufficialmente *es* oficialmente *ro* oficial
pt oficialmente *ca* oficialment; *ger:*
de offiziell *en* officially *nl* officieel
sv officiellt *no* offisielt *da* officielt; *sla:*
pl oficjalnie *ce* oficiálně *sk* oficiálne
ru официально *uk* офіційно *be* афіцыйна
bg официално *mk* официјално; *bal:*
lt oficialiai *lv* oficiāli; *n. g.:* ek ofizialki,
mt uffiċjalment. *min. 24/566*

ójc *m* Ⓝ Ei *n*
[k] gen: ~e [ts] <prim>. *rom:* fr œuf
es huevo *ro* ou *pt* ovo *ca* ou; *ger:* de Ei
en egg *nl* ei *sv* ägg *no* egg *da* æg; *sla:*
pl jajko *ce* vajíčko *sk* vajce *sb* jejko
ru яйцо *be* яйка *bg* яйце *hr* jaje *sl* jajce;
bal: lt ola; *gal:* cy ŵy *br* ui *ga* ubh
gv ooh; *n. g.:* el αυγό. *min. 26/508*

ólj *m* Ⓝ Öl *n*
<prim>. *rom:* fr huile *it* olio *ro* ulei;
ger: de Öl *en* oil *nl* olie *da* olie; *sla:*
pl olej *ce* olej *bg* олио *hr* ulje *sl* olje;
f-u: ma olaj *su* öljy. *min. 15/395*

on pPr er *siehe auch Pronomen und
Artikel*
<prim>. *ger:* da han; *sla:* pl on *ce* on
sk on *sb* wón *ru* он *uk* он *be* ён *hr* on
sr он *sl* on *mk* он; *f-u:* ma ő *su* hän;
gal: br eñ; *n. g.:* tr o(n). *min. 16/205*

ǫna pPr sie (1) *siehe auch Pronomen und
Artikel*
<cont>. *sla:* pl ona *ce* ona *sk* ona
sb wona *ru* она *uk* она *hr* ona *sr* она
sl ona *mk* она; *f-u:* ma ő; *n. g.:* tr o(n).
min. 12/188

ǫnes / ǫnas *m/f pl* pPr sie (2) *siehe auch*
Pronomen und Artikel
<cont>. *sla:* pl (oni) *ce* oni *ru* они
be яны *hr* oni *sl* (oni); *n. g.:* *tr* onlar.
min. 7/151

ópen A offen
<ang>. *rom:* *it* apert◊; *ger:* *de* offen
en open *nl* open *sv* öppen *no* åpen
da åbent; *f-u:* *su* avoin. *min. 8/248*

ǫpera *f* N Oper *f*
<prim>. *rom:* *fr* opéra *it* opera *es* ópera
ro operă *pt* ópera *ca* òpera; *ger:* *de* Oper
en opera *nl* opera *sv* opera *no* opera
da opera; *sla:* *pl* opera *ce* opera *sk* opera
ru опера *uk* опера *be* опера *bg* опера
sr опера *sl* opera *mk* опера; *f-u:*
ma opera *su* ooppera *et* ooper; *bal:*
lt opera *lv* opera; *gal:* *cy* opera; *n. g.:*
el όπερα, *ek* opera, *mt* opera, *sh* operë,
tr opera. *min. 33/611*

optatív *m* GRAM N Optativ *m*
<prim>. *rom:* *fr* optatif *it* ottativo
es optativo *ro* optativ *pt* optativo
ca optatiu; *ger:* *de* Optativ *en* optative
nl optatief *sv* optativ *da* optativ; *sla:*
ru оптатив *uk* оптатив *be* оптатив
bg оптатив *sr* оптатив; *f-u:* *su* optatiivi.
min. 17/510

ǫptica *f* N Optik *f*
gen: -ce [ts] <prim>. *rom:* *fr* optique
it ottica *es* óptica *ro* optica *pt* ótica
ca òptica; *ger:* *de* Optik *en* optics
nl optica *sv* optik *no* optikk *da* optik; *sla:*
pl optyka *ce* optika *sk* optika *ru* оптика
uk оптика *be* оптыка *bg* оптика *hr* optika
sr оптика *sl* optika *mk* оптика; *f-u:*
ma optika *su* optiikka *et* optika; *bal:*
lt optika *lv* optika; *gal:* *cy* opteg; *n. g.:*
el οπτική, *ek* optika, *mt* ottika, *sh* optikë,
tr optik. *min. 34/615*

optimǫl A optimal; bestmöglich
adv: ~no <prim>. *rom:* *fr* optimal
it ottimale *es* óptim◊ *ro* optimă; *ger:*
de optimal *en* optimal *da* optimal; *sla:*
pl optymaln◊ *ce* optimáln◊ *sk* optimáln◊
ru оптимальн◊ *uk* оптимальн◊
be аптымальн◊ *bg* оптималн◊
hr optimaln◊ *mk* оптималн◊; *f-u:*
ma optimális *su* optimaalinen
et optimaalne; *bal:* *lt* optimal◊
lv optimāl◊; *n. g.:* *sh* optimal◊.
min. 22/537

ǫptimum *n* N Optimum *n*
gen: -me <prim>. *rom:* *fr* optimum
es óptimo *ro* optim *pt* ótimo *ca* òptim;
ger: *de* Optimum *en* optimum *nl* optimum
sv optimum *no* optimum; *sla:* *pl* optimum
sr оптимум *sl* optimum; *f-u:*
su optimaalinen; *n. g.:* *ek* optimoa,
mt optimum. *min. 16/385*

optiǫn *f* N Option *f*
[ts] gen: -one <prim>. *rom:* *fr* option
it opzione *es* opción *ro* opțiune *pt* opção
ca opció; *ger:* *de* Option *en* option
nl optie *da* option; *sla:* *pl* opcja *bg* опция
hr opcija *sr* опција *mk* опција; *f-u:*
ma opció; *gal:* *cy* opsiwn. *min. 17/443*

ǫr C oder
<prim>. *rom:* *fr* ou *it* o *es* o *ca* o; *ger:*
de oder *en* or *nl* of; *bal:* *lt* ar; *gal:*
ga nó. *min. 9/337*

orǫcul *m* N Orakel *n*
gen: -cle <prim>. *rom:* *fr* oracle
it oracolo *es* oráculo *ro* oracol *pt* oráculo
ca oracle; *ger:* *de* Orakel *en* oracle
nl orakel; *sla:* *ru* оракул *uk* оракул
be аракул *bg* оракул; *f-u:* *su* oraakkeli
et oraakel; *bal:* *lt* orakulas *lv* orākuls;
n. g.: *sh* orakull. *min. 18/495*

orạlno [A] oral

<prim>. *rom:* *fr* par voie orale *it* orale
es oralmente(◊) *ro* oral *pt* oralmente
ca oralment; *ger:* *de* oral *en* orally
sv oralt; *sla:* *bg* орални◊. *min. 10/364*

oratǫr *m* [N] Oratorium *n*

<prim>. *rom:* *fr* oratoire *it* oratorio
es oratoria *ro* oratoriu *pt* oratória
ca oratòria; *ger:* *de* Oratorium *en* oratory
da oratoriet; *sla:* *ru* ораторий
bg оратория *sl* oratorij *mk* ораторство;
gal: *cy* areithio; *n. g.:* *mt* oratorju,
sh oratori. *min. 16/441*

orbịta *f* [N] Orbit *m*

<prim>. *rom:* *fr* orbit *it* orbit *es* órbita
ro orbită *pt* órbita *ca* òrbita; *ger:* *de* Orbit
en orbit *sv* orbit *no* orbit *da* orbit; *sla:*
pl orbita *ru* орбита *uk* орбіта *be* арбіта
bg орбита *sr* орбита *mk* орбитираат; *f-u:*
et orbiit; *bal:* *lt* orbita *lv* orbīta; *n. g.:*
ek orbitan, *sh* orbitë. *min. 23/540*

orbitạl [A] orbital

adv: ~no <prim>. *rom:* *fr* orbital
it orbitale *es* orbital *ro* orbital *pt* orbital
ca orbital; *ger:* *de* orbital *en* orbital
sv orbital *no* orbital *da* orbital; *sla:*
pl orbitaln◊ *ce* orbitáln◊ *sk* orbitáln◊
ru орбитальн◊ *uk* орбітальн◊
be арбітальн◊ *bg* орбитальн◊
sr орбитальн◊ *mk* орбиталн◊; *bal:*
lt orbitin◊ *lv* orbitāl◊; *n. g.:* *ek* orbita,
tr orbital. *min. 24/559*

orchẹster *m* [N] Orchester *n*

gen: -tre <prim>. *rom:* *fr* orchestre
it orchestra *es* orquesta *ro* orchestră; *ger:*
de Orchester *en* orchestra *da* orkester; *sla:*
pl orkiestra *ce* orchestr *ru* оркестр
be аркестр *bg* оркестър *hr* orkestar; *f-u:*
su orkesteri; *n. g.:* *mt* orkestra, *tr* orkestra.
min. 16/497

ọrdin *m* [N] Anordnung *f*

<ang>. *rom:* *fr* ordre *it* ordine *es* orden
pt ordem *ca* ordre; *ger:* *de* (Orden)
en order *sv* ordning *no* orde *da* orde;
n. g.: *ek* ordena, *mt* arranġament,
sh urdhër. *min. 13/344*

"ordinạl nụmer" *m* [N] Ordinalzahl *f*

<prim>. *rom:* *fr* nombre ordinal
it ordinale *es* número ordinal *ro* număr de
ordine *pt* número ordinal *ca* nombre
ordinal; *ger:* *de* Ordinalzahl *en* ordinal
number *nl* rangtel(woord) *sv* ordningstal
no ordenstall *da* ordenstal *is* þrettándi
númer; *sla:* *pl* liczba porządkowa
ce pořadové číslo *sk* poradové číslo
ru порядковый номер *uk* порядковий
номер *be* парадкавы нумар *bg* пореден
номер *sr* редни број *sl* zaporedna številka
mk реден број; *f-u:* *ma* sorszám
su ordinaaliluku *et* järgarv; *bal:*
lt skaitvardžiai *lv* kārtas numurs; *gal:*
cy trefnolyn; *n. g.:* *el* τακτικός αριθμός,
ek ordinal zenbaki, *mt* numru ordinali,
sh numrin rendor, *tr* sıra sayısı.*34/*

organịsme *m* [N] Organismus *m*

<prim>. *rom:* *fr* organisme *it* organismo
es organismo *ro* organism *pt* organismo
ca organisme; *ger:* *de* Organismus
en organism *nl* organisme *no* organisme
da organisme; *sla:* *pl* organizm
ce organismus *sk* organizmus *ru* организм
uk організм *be* арганізм *bg* організъм
hr organizam *sr* організам *sl* organizem
mk організам; *f-u:* *ma* organizmus
su organismi; *bal:* *lt* organizmas
lv organisms; *gal:* *cy* organeb
ga orgánach; *n. g.:* *el* οργανισμός,
ek organismo, *mt* organiżmu, *sh* organizëm,
tr organizma. *min. 33/603*

oriẹnt *m* [N] Orient *m*

<prim>. *rom:* *fr* orient *it* oriente
es oriente *ro* orienta *pt* oriente *ca* orient;

ger: de Orient *en* orient *nl* oriënt *sv* orient
no orient *da* orient; *sla:* pl orient
ce orient *sk* orient *ru* ориент *uk* орієнт
be арыент *bg* ориент *sr* оријент *sl* orient
mk ориент; *f-u:* et orient; *bal:*
lv orientēt; *n. g.:* ek orient, *mt* orient,
sh orienti. *min. 27/574*

orientatiọ̇n *f* Ⓝ Orientierung *f*
[ts] gen: -ọne <prim>. *rom:* fr orientation
it orientamento *es* orientación *ro* orientare
pt orientação *ca* orientació; *ger:*
de Orientierung *en* orientation
nl oriëntering *no* orientering
da orientering; *sla:* pl orientacja
ce orientace *sk* orientácia *ru* ориентация
uk орієнтація *be* арыентацыя
bg ориентация *sr* оријентација
mk ориентација; *f-u:* et orientatsioon;
bal: lt orientacija *lv* orientēšanās; *n. g.:*
ek orientazioa, *mt* orjentazzjoni,
sh orientim, *tr* oryantasyon. *min. 27/570*

origị́n *m* Ⓝ Ursprung *m*
<ang>. *rom:* fr origine *it* origine
es origen *ro* origine *pt* origem *ca* origen;
ger: de (originär) *en* origin; *sla:*
ru (оригинал); *gal:* br orin; *n. g.:*
mt oriġini. *min. 11/424*

originạl Ⓐ original
comp: -ạler, adv: ~no <prim>. *rom:*
fr original *it* originale *es* original
ro original; *ger:* de original *en* original
da original; *sla:* pl originaln◊
ru оригиналн◊ *be* арыгіналн◊
bg оригиналн◊; *n. g.:* mt oriġinali,
tr orijinal. *min. 13/478*

ornamẹnt *n* Ⓝ Schmuck *m*; Ornament
n
<prim>. *rom:* fr ornament *it* ornamento
es ornamento *ro* ornament *pt* ornamento
ca ornament; *ger:* de Ornament
en ornament *nl* ornament *no* ornament

da ornament; *sla:* pl ornament
ce ornament *sk* ornament *ru* орнамент
uk орнамент *be* арнамент *bg* орнамент
sr орнамент *sl* ornament; *f-u:*
su ornamentti *et* ornament; *bal:*
lt ornamentas *lv* ornaments; *n. g.:*
mt ornament. *min. 25/568*

orthodọx Ⓐ orthodox
<prim>. *rom:* fr orthodoxe *it* ortodoss◊
es ortodox◊ *ro* ortodox *pt* ortodox◊
ca ortodox; *ger:* de orthodox *en* orthodox
nl orthodox *sv* ortodox *no* ortodoks
da ortodokse; *sla:* pl ortodoksyjn◊
ce ortodoxn◊ *sk* ortodoxn◊
bg ортодоксалн◊; *f-u:* ma ortodox
su ortodoksinen *et* ortodoksne; *bal:*
lt ortodoksin◊ *lv* ortodoksāl◊; *n. g.:*
el ορθόδοξ◊, *ek* ortodoxoak, *mt* ortodoss,
sh ortodoks◊, *tr* ortodoks. *min. 26/489*

orthografịa *f* Ⓝ Rechtschreibung *f*
<prim>. *rom:* fr orthographe *it* ortografia
es ortografía *ro* ortografie; *ger:*
de Orthografie *en* orthography; *sla:*
pl ortografia *ru* орфография
bg ортография. *min. 9/460*

orthopedịa *f* Ⓝ Orthopädie *f*
<prim>. *rom:* fr orthopédie *it* ortopedia
es ortopedia *ro* ortopedie *pt* ortopedia
ca ortopèdia; *ger:* de Orthopädie
en orthopedics *nl* orthopedie *sv* ortopedi
no ortopedi *da* ortopædi; *sla:* pl ortopedia
ce ortopedie *sk* ortopédia *ru* ортопедия
uk ортопедія *be* артапедыя *bg* ортопедия
hr ortopedija *sr* ортопедија *sl* ortopedija
mk ортопедија; *f-u:* ma ortopédia
su ortopedia *et* ortopeedia; *bal:*
lt ortopedija *lv* ortopēdija; *gal:*
cy (orthopaedeg) *ga* (ortaipéidic); *n. g.:*
el ορθοπεδική, *ek* ortopedia, *sh* ortopedi,
tr ortopedi. *min. 34/615*

oscillatión *f* N Oszillation *f*

[ts] gen: -one <prim>. *rom:* *fr* oscillation
it oscillazione *es* oscilación *ro* oscilaţie
pt oscilação *ca* oscil·lació; *ger:*
de Oszillation *en* oscillation *nl* oscillatie
sv oscillation *no* oscillasjon *da* oscillation;
sla: *pl* oscylacja *sr* осцилација
mk осцилација; *n. g.:* *ek* oszilazioa.
min. 16/434

ostra *f* N Auster *f*

<prim>. *rom:* *fr* huître *it* ostrica *es* ostra
ro stridie *pt* ostra *ca* ostra; *ger:* *de* Auster
en oyster *nl* oester *sv* ostron *no* østers
da østers; *sla:* *pl* ostryga *ce* ústřice
sk ustrice *ru* устрица *uk* устриця
be вустрыца *sr* острига *mk* остриги; *f-u:*
ma osztriga *su* osteri *et* auster; *bal:*
lt austrė *lv* austere; *gal:* *cy* wystrys
ga oisrí; *n. g.:* *el* στρείδι, *ek* ostra,
tr istiridye. *min. 30/599*

ovál A oval

<prim>. *rom:* *fr* ovale *it* ovale *es* oval
ro oval *pt* oval *ca* oval; *ger:* *de* oval
en oval *nl* ovaal *sv* oval *no* oval *da* oval;
sla: *pl* owaln◊ *ce* ováln◊ *sk* ováln◊
ru овальн◊ *uk* овальн◊ *be* авальн◊
bg овáльн◊ *sr* овáлн◊ *mk* овáлн◊; *f-u:*
ma ovális *et* ovaalne; *bal:* *lt* oval◊
lv ovāl◊; *n. g.:* *mt* ovali, *sh* oval◊, *tr* oval.
min. 28/591

oveć *m* N Schaf *n*

gen: ovce <prim>. *rom:* *es* oveja *ro* oaie
pt ovelha *ca* ovella; *sla:* *pl* owca *ce* ovce
sk ovce *ru* овца *uk* овець *be* авечак
bg овца *hr* ovaca *sr* овца *sl* ovce
mk овци; *bal:* *lt* avis *lv* aita. *min. 17/270*

paçe ↑*pax*

Pacific *m* N Pazifik *m*

(oceán) <prim>. *rom:* *fr* Pacifique
it Pacifico *es* Pacífico *ro* Pacific
pt Pacífico *ca* Pacífic; *ger:* *de* Pazifik

en Pacific; *sla:* *pl* Pacyfik *ce* Pacifik
sk Pacifik *sr* Пацифик *mk* Пацифик;
n. g.: *ek* Pazifikoko, *mt* Paċifiku,
tr Pasifik. *min. 16/416*

pacifist *m* N Pazifist *m*

<prim>. *rom:* *fr* pacifiste *it* pacifista
es pacifista *ro* pacifist *pt* pacifista
ca pacifista; *ger:* *de* Pazifist *en* pacifist
nl pacifist *sv* pacifist *no* pasifist
da pacifist; *sla:* *pl* pacyfista *ce* pacifista
sk pacifista *ru* пацифист *uk* пацифіст
be пацыфіст *bg* пацифист *sr* пацифиста
sl pacifist *mk* пацифист; *f-u:* *ma* pacifista
su pasifisti *et* patsifist; *bal:* *lt* pacifistas
lv pacifists; *n. g.:* *mt* paċifista, *sh* pacifist.
min. 29/592

pád *m* N Pfad *m*

gen: pade <prim>. *rom:* *fr* pas *es* paso
ca paso; *ger:* *de* Pfad *en* path *nl* pad;
sla: *ru* пут *bg* път *hr* put; *f-u:* *su* polku.
min. 10/383

padán V fallen

<prim>. *sla:* *pl* padać *ce* padat *sk* padať
ru падать *uk* падати *be* падаць *bg* падам
hr padati *sr* падати *sl* padati *mk* падам;
f-u: *su* pudota *et* pudenema; *n. g.:*
el πέντω. *min. 14/209*

página *f* N Seite (2) *f (Buch '~)*

<prim>. *rom:* *fr* page *it* pagina *es* página
ro pagină *pt* página *ca* pàgina; *ger:*
en page *nl* pagina; *n. g.:* *mt* paġna.
min. 9/269

pakt *m* N Pakt *m*

<prim>. *rom:* *fr* pacte *it* patto *es* pacto
ro pact *pt* pacto *ca* pacte; *ger:* *de* Pakt
en pact *sv* pakt *da* pagten; *sla:* *pl* pakt
ce pakt *sk* pakt *ru* пакт *uk* пакт *be* пакт
bg пакт *sr* пакт *sl* pakt *mk* пакт; *f-u:*
et pakt; *bal:* *lt* paktas; *n. g.:* *mt* patt,
sh pakt, *tr* pakt. *min. 25/553*

palạc' *m* ⃞N Palast *m*

gen: -cce <prim>. *rom:* *fr* palais
it palazzo *es* palacio *ro* palat *pt* palácio
ca palau; *ger:* *de* Palast *en* palace
nl paleis *sv* palats *no* palass *da* palads;
sla: *pl* pałac *ce* palác *sk* palác *uk* палац
be палац *sr* палата *mk* палата; *f-u:*
ma palota *su* palatsi *et* palee; *bal:* *lv* pils;
gal: *cy* palas; *n. g.:* *el* παλάτι, *sh* pallati.
min. 26/509

palatạl LING ⃞A palatal

adv: ~no <prim>. *rom:* *fr* palatale
it palatale *es* palatal *ro* palatală *pt* palatal
ca palatal; *ger:* *de* palatal *en* palatal
nl palatinale *sv* palatal *no* palatal
da palatal; *sla:* *pl* palataln◊ *ce* palatáln◊
ru палатальн◊ *uk* палатальн◊
bg палаталн◊ *sl* palataln◊ *mk* палаталн◊;
f-u: *ma* palatális *su* palataalinen
et palatinaalse; *bal:* *lt* palatalin◊
lv palatāl◊. *min. 24/569*

palẹtta *f* ⃞N Palette *f*

<prim>. *rom:* *fr* palette *es* paleta
ro paletă *pt* palheta *ca* paleta; *ger:*
de Palette *en* pallet *da* palle; *sla:*
pl paleta *ce* paleta *sk* paleta *ru* паллет
uk палет *be* паллет *bg* палета *sr* палета
sl paleta *mk* палети; *f-u:* *ma* paletta; *bal:*
lt paletė *lv* palete; *gal:* *cy* palet; *n. g.:*
el παλέταα, *ek* palet, *sh* paletë, *tr* palet.
min. 26/519

palisạda *f* ⃞N Palisade *f*

<prim>. *rom:* *fr* palissade *it* palizzata
es empalizada *ro* palisadă *pt* paliçada;
ger: *de* Palisade *en* palisade *nl* palissade
sv palisade *no* palisade *da* palisade; *sla:*
pl palisada *ce* palisáda *sk* palisáda
bg палисада *sr* палисада *sl* palisade; *f-u:*
su paaluttaa; *bal:* *lt* palisadas; *gal:*
cy palisâd; *n. g.:* *ek* palisade, *mt* palisade.
min. 22/462

pạlma *f* ⃞N Palme *f*

<prim>. *rom:* *fr* paume *it* palma *es* palma
ro palmier *pt* palma *ca* palma; *ger:*
de Palme *en* palm *nl* palm *sv* palm
no palm *da* palm; *sla:* *pl* palma
ru пальма *uk* пальма *be* пальма *sr* палма;
f-u: *su* palmu *et* palm; *bal:* *lt* palmė
lv palma; *n. g.:* *el* παλάμη, *sh* palme,
tr palmiye. *min. 24/568*

panorạma *n* ⃞N Panorama *n*

<prim>. *rom:* *fr* panorama *it* panoramica
es panorama *ro* panoramă *pt* panorama
ca panorama; *ger:* *de* Panorama
en panorama *nl* panorama *sv* panorama
no panorama *da* panorama; *sla:*
pl panorama *ce* panorama *sk* panorama
ru панорама *uk* панорама *be* панарама
bg панорама *sr* панорама *sl* panorama
mk панорама; *f-u:* *ma* panoráma
su panoraama *et* panorama; *bal:*
lt panorama *lv* panorāma; *gal:*
cy panorama; *n. g.:* *el* πανόραμα,
ek panorama, *mt* panorama, *sh* panoramë,
tr panorama. *min. 33/611*

pantomimé *f* ⃞N Pantomime *f*

<prim>. *rom:* *fr* pantomime *it* pantomima
es pantomima *ro* pantomimă *pt* pantomima
ca pantomima; *ger:* *de* Pantomime
en pantomime *nl* pantomime *sv* pantomim
no pantomime *da* pantomime; *sla:*
pl pantomima *ce* pantomima *sk* pantomíma
ru пантомима *uk* пантоміма
be пантаміма *bg* пантомима
hr pantomima *sr* пантоміма *sl* pantomima
mk пантомима; *f-u:* *ma* pantomim
su pantomiimi *et* pantomiim; *bal:*
lt pantomima *lv* pantomīma; *gal:*
cy pantomeim; *n. g.:* *el* παντομίμα,
ek pantomima, *mt* pantomime,
sh pantomimë, *tr* pandomim. *min. 34/615*

papíer *m* $\boxed{N}$ Papier *n*

\<prim\>. *rom:* *fr* papier *es* papel; *ger:*
de Papier *en* paper *da* papir; *sla:*
pl papier *ce* papír *be* папера *hr* papir;
f-u: *ma* papír *su* paperi. *min. 11/344*

pár *m* $\boxed{N}$ Paar *n*

\<prim\>. *rom:* *fr* pair *it* paio *es* par
ro pereche *pt* par *ca* parell; *ger:* *de* Paar
en pair *nl* paar *sv* par *no* par *da* par
is para; *sla:* *pl* para *ce* pár *sk* pár *ru* пара
uk пара *be* пара *sr* пар *sl* par *mk* пар;
f-u: *ma* pár *su* pari *et* paar; *bal:* *lt* pora
lv pāris; *gal:* *cy* pâr *ga* péire; *n. g.:*
ek pare, *mt* par, *sh* palë. *min. 32/584*

paráda *f* $\boxed{N}$ Parade *f*

\<prim\>. *rom:* *fr* parade *ro* parada; *ger:*
de Parade *en* parade *nl* parade *sv* parade
no parade *da* parade; *sla:* *pl* parada
ru парад *uk* парад *be* парад *bg* парад
hr parada *sr* парада *sl* parade
mk парадата; *f-u:* *ma* paradé *su* paraati
et paraad; *bal:* *lt* paradas *lv* parāde; *gal:*
ga paráid; *n. g.:* *mt* parata, *sh* paradë.
min. 25/477

paradoxál $\boxed{A}$ paradox

adv: ~no \<prim\>. *rom:* *fr* paradoxal
it paradossale *es* paradójic◊ *ro* paradoxal
pt paradoxal *ca* paradoxal; *ger:*
de paradox *en* paradoxical *nl* paradoxaal
sv paradoxal *no* paradoksale
da paradoksalt; *sla:* *pl* paradoksaln◊
ce paradoxn◊ *sk* paradoxn◊
ru парадоксальн◊ *uk* парадоксальн◊
be парадаксальн◊ *bg* парадоксалн◊
hr paradoksaln◊ *sr* парадоксалн◊
sl paradoksaln◊ *mk* парадоксалн◊; *f-u:*
ma paradox *su* paradoksaalisesti
et paradoksaalne; *bal:* *lt* paradoksal◊
lv paradoksāl◊; *gal:* *cy* baradocsaidd;
n. g.: *el* παράδοξ◊, *ek* paradoxikoa,
mt paradossali, *sh* paradoksal◊.
min. 33/610

paranóia *f* $\boxed{N}$ Paranoia *f*

\<prim\>. *rom:* *fr* paranoïa *it* paranoia
es paranoia *ro* paranoia *pt* paranóia
ca paranoia; *ger:* *de* Paranoia *en* paranoia
nl paranoia *sv* paranoia *no* paranoia
da paranoia; *sla:* *pl* paranoja *ce* paranoja
sk paranoja *ru* паранойя *uk* параноя
be параноя *bg* параноя *hr* parnoja
sr параноја *sl* paranoja *mk* параноја; *f-u:*
ma paranoja *et* paranoia; *bal:* *lt* paranoja
lv paranoja; *gal:* *cy* paranoia *ga* paranóia;
n. g.: *el* παράνοια, *ek* paranoia,
mt paranojja, *sh* paranojë, *tr* paranoya.
min. 34/610

parfúem *m* $\boxed{N}$ Parfüm *n*

\<prim\>. *rom:* *fr* parfum *it* profumo
es perfume *ro* parfum *pt* perfume
ca perfum; *ger:* *de* Parfüm *en* perfume
nl parfum *sv* parfym *no* parfyme
da parfume; *sla:* *pl* perfumy *ce* parfém
sk parfum *bg* парфюм *hr* parfem
sr парфем *sl* parfum *mk* парфем; *f-u:*
ma parfüm *et* parfüüm; *n. g.:* *sh* parfum,
tr parfüm. *min. 24/481*

parité *f* $\boxed{N}$ Parität *f*

gen: -téte \<prim\>. *rom:* *fr* parité *it* parità
es paridad *ro* paritate *pt* paridade
ca paritat; *ger:* *de* Parität *en* parity
nl pariteit *sv* paritet *no* paritet *da* paritet;
sla: *pl* parytet *ce* parita *sk* parita
ru паритет *uk* паритет *be* парытэт
bg паритет *sr* паритет *sl* paritetni
mk паритет; *f-u:* *ma* paritás *su* pariteetti
et pariteet; *bal:* *lt* paritetas *lv* paritāte;
n. g.: *mt* parità, *tr* parite. *min. 29/597*

parlamént *n* $\boxed{N}$ Parlament *n*

\<prim\>. *rom:* *fr* parlement *it* parlamento
es parlamento *ro* parlament *pt* parlamento
ca parlament; *ger:* *de* Parlament
en parliament *nl* parlement *no* parlament
da parlament; *sla:* *pl* parlament
ce parlament *ru* парламент *be* парламент

bg парламент *hr* parlament *sl* parlament;
f-u: *ma* parlament; *gal:* *br* parlamant;
n. g.: *mt* parlament. *min. 21/540*

parodịa *f* Ⓝ Parodie *f*

<prim>. *rom:* *fr* parodie *it* parodia
es parodia *ro* parodie *pt* paródia
ca paròdia; *ger:* *de* Parodie *en* parody
nl parodie *sv* parodi *no* parodi *da* parodi;
sla: *pl* parodia *ce* parodie *sk* paródia
ru пародия *uk* пародія *be* пародыя
bg пародия *hr* parodija *sr* пародија
sl parodija *mk* пародија; *f-u:* *ma* paródia
su parodia *et* paroodia; *bal:* *lt* parodija
lv parodija; *gal:* *cy* parodi; *n. g.:*
el παρωδία, *ek* parodia, *mt* parodija,
sh parodi, *tr* parodi. *min. 34/615*

parodontọsé *f* Ⓝ Parodontose *f*

<prim>. *rom:* *fr* parodontose
it periodontosi *es* periodontosis
ro paradontozei *pt* periodontose
ca periodontosis; *ger:* *de* Parodontose
en periodontosis *nl* parodontose; *sla:*
ce parodontóze *sk* parodontóze
ru периодонтоз *uk* періодонтоз
be периодонтоз *bg* пародонтоза
hr parodontoze; *f-u:* *su* periodontiitin;
bal: *lt* przyzębica; *n. g.:* *el* περιοδόντωση.
min. 19/523

part *m* Ⓝ Teil (2) *m*

<ang>. *rom:* *fr* part *it* parte *es* parte
ro parte *pt* parte *ca* part; *ger:* *en* part;
sla: *ru* партия (чего-л.); *n. g.:* *mt* parti.
min. 9/329

partị *m* Ⓝ Partei *f*

<prim>. *rom:* *fr* parti *it* partito *es* partido
ro partid *ca* partit; *ger:* *de* Partei *en* party
nl partij *sv* parti; *sla:* *ru* партия *uk* партія
be партыя *bg* партия *mk* партија; *bal:*
lv partija; *gal:* *cy* parti; *n. g.:* *mt* parti,
sh parti, *tr* parti. *min. 19/494*

particịp *m* GRAM Ⓝ Partizip *n*

gen: -cịpe <prim>. *rom:* *fr* participe
it participio *es* participio *ro* participiu
pt particípio *ca* participi; *ger:* *de* Partizip
en participle *no* partisipp *da* participium;
sla: *ru* партицип *hr* particip *sr* партицип
mk партицип; *f-u:* *su* partisiippi; *n. g.:*
ek partizipio, *mt* partiċipju. *min. 17/452*

participán Ⓥ teilnehmen

<ang>. *rom:* *fr* participer *it* partecipare
es participar *ro* participa *pt* participar
ca participar; *ger:* *en* participate; *n. g.:*
mt -parteċipa. *min. 8/249*

participatiọn *f* Ⓝ Anteilnahme *f*

[ts] gen: -ọne <prim>. *rom:*
fr participation *it* partecipazione
es participación *pt* participação
ca participació; *ger:* *de* Partizipation
en participation; *sla:* *ru* партиципация.
min. 8/404

participẹren *c-* Ⓥ partizipieren

<prim>. *rom:* *fr* participer *it* partecipare
es participar *ro* participa *pt* participar
ca participar; *ger:* *de* partizipieren
en participate *nl* participeren *sv* participera
no participere *da* participere; *sla:*
pl partycypować *ce* participovat
hr participirati; *gal:* *ga* rannpháirtigh;
n. g.: *ek* parte hartu, *mt* -parteċipa.
min. 18/438

partịcula *f* CHEM Ⓝ Partikel *f*

<prim>. *rom:* *fr* particule *it* particella
es partícula *ro* particulă *pt* partícula
ca partícula; *ger:* *de* Partikel *en* particle
sv partikel *no* partikkel *da* partikel; *n. g.:*
ek partikula, *tr* parçacık. *min. 13/369*

particulár Ⓐ besonder (2)

<ang>. *rom:* *fr* particulier *it* particolare
es particular(◊) *pt* particular *ca* particular◊;
ger: *en* particular; *sla:* *ru* партикулярн◊.
min. 7/309

particulárno adv besonders

<ang>. *rom: fr* particulièrement
it particolarmente *es* particularmente
pt particularmente *ca* particularment; *ger:*
en particularly; *sla: ru* партикулярно;
n. g.: mt partikolarment. *min. 8/309*

partner *m* N Partner *m*

<prim>. *rom: fr* partenaire *it* partner
ro partener *pt* parceiro; *ger: de* Partner
en partner *nl* partner *sv* partner *no* partner
da partner; *sla: pl* partner *ce* partner
sk partner *ru* партнёр *uk* партнер
be партнёр *bg* партньор *hr* partner
sr партнер *sl* partner *mk* партнер; *f-u:*
ma partner *et* partner; *bal: lt* partneris
lv partneris. *min. 25/547*

pas P nach

<prim>. *rom: fr* (depuis) *it* dopo
es después de *ro* după ce *pt* depois
ca després de; *ger: en* (past); *sla:*
pl po/potem *ce* po *sk* podľa *sb* po
ru после *uk* після *be* пасля *bg* подир
hr po/poslije *sr* после *sl* po; *bal:*
lv pirms; *n. g.: sh* pas. *min. 20/440*

pasca *f* N Ostern *pl*

<prim>. *rom: fr* pâques *it* pasqua
es pascua *ro* paşti *pt* páscoa; *ger:*
nl pasen *sv* påsk *no* påske *da* påske
is páskar; *sla: pl* pascha *ru* пасха
bg пасха; *gal: cy* Pasg *ga* Páisc; *n. g.:*
el πάσχα, *ek* Bazko, *sh* pashkë.
min. 18/367

passájh *m* N Passage *f*, Durchgang *m*

gen: -ajhe <prim>. *rom: fr* passage
it passaggio *es* pasaje *ro* pasaj *pt* passagem
ca passatge; *ger: de* Passage *en* passage
nl passage *da* passasje; *sla: pl* pasaż
ce pasáž *sk* pasáž *ru* пассаж *bg* пасаж;
bal: lt pasažas *lv* pasāža; *n. g.:*
ek pasabidea, *mt* passaġġ, *sh* pasazh,
tr pasaj. *min. 21/524*

passán V durchgehen; vorbeigehen;
passieren *(hindurchgehen)*

<ang>. *rom: fr* passer *it* passare *es* pasar
pt passar *ca* passar; *ger: en* pass
nl passeren. *min. 7/249*

passión *f* N Passion *f*, Leidenschaft *f*

gen: -one <prim>. *rom: fr* passion
it passione *es* pasión *ro* pasiune *pt* paixão
ca passió; *ger: de* Passion *en* passion
nl passie *sv* passion *no* passion *da* passion;
sla: pl pasja; *n. g.: el* πάθος, *sh* pasion.
min. 15/434

passív A passiv

comp: -iver, adv: ívno <prim>. *rom:*
fr passif *it* passiv◊ *es* pasiv◊ *ro* pasiv
pt passiv◊ *ca* passiv◊; *ger: de* passiv
en passive *nl* passief *sv* passivt *no* passiv;
sla: pl pasywn◊ *ce* pasivn◊ *sk* pasívn◊
ru пассивн◊ *uk* пасивн◊ *be* пасіўн◊
bg пасивн◊ *sr* пасивн◊ *sl* pasivn◊
mk пасивн◊; *f-u: ma* passzív
su passiivinen *et* passiivne; *bal: lt* pasyv◊
lv pasīv◊; *n. g.: ek* pasiboa, *mt* passiv,
sh pasiv◊, *tr* pasif. *min. 30/595*

pasta *f* MAT N Paste *f*, Pasta *f*

<prim>. *rom: fr* pâte *it* (pasta) *es* pasta
ro pastă *pt* pasta *ca* pasta; *ger: de* Paste
en paste *nl* pasta; *sla: pl* pasta *ce* pasta
sk pasta *ru* паста *uk* паста *be* паста
bg паста *sr* паста; *f-u: ma* paszta
et pasta; *bal: lt* pasta *lv* pasta; *n. g.:*
el πάστα. *min. 22/578*

pastel *m* N Pastell *n*

gen: ~le <prim>. *rom: fr* pastel *it* pastello
es pastel *ro* pastel *pt* pastel *ca* pastís; *ger:*
de Pastell *en* pastel *nl* pastel *sv* pastell
no pastel *da* pastel; *sla: pl* pastel
ce pastel *sk* pastel *ru* пастель *uk* пастель
be пастэль *bg* пастел *sr* пастел *sl* pastel
mk пастелни; *f-u: ma* pasztell *su* pastelli
et pastell; *bal: lt* pastelė *lv* pastelis; *n. g.:*

el παστέλ, *ek* pastel, *mt* pastel, *sh* pastel, *tr* pastel. *min. 32/610*

pastëriséren *c-* V̄ pasteurisieren
<prim>. *rom:* *fr* pasteuriser *it* pastorizzare *es* pasteurizar *ro* pasteuriza *pt* pasteurizar *ca* pasteuritzar; *ger:* *de* pasteurisieren *en* pasteurize *nl* pasteuriseren *sv* pastörisera *da* pasteurisere; *sla:* *pl* pasteryzować *ce* pasterizovat *sk* pasterizovať *ru* пастеризовать *uk* пастеризувати *be* пастэрызаваць *bg* пастьоризирам *hr* pasterizovati *sr* пастеризовати; *f-u:* *ma* pasztőröz *su* pastöroida *et* pastöriseerima; *bal:* *lt* pasterizuoti *lv* pasterizēt; *n. g.:* *sh* pasterizoj, *tr* pastörize etmek. *min. 27/592*

pastíllja *f* N̄ Pastille *f*
<prim>. *rom:* *es* pastilla *ca* pastilla; *ger:* *de* Pastille *no* pastill; *sla:* *sl* pastile; *f-u:* *su* pastilli; *bal:* *lt* pastilė; *n. g.:* el παστίλια, *tr* pastil. *min. 9/170*

pástor *m* N̄ Pastor *m*
<prim>. *rom:* *fr* pasteur *it* pastore *es* pastor *ro* pastor *pt* pastor *ca* pastor; *ger:* *de* Pastor *en* pastor *nl* pastoor *sv* pastor *no* pastor *da* pastor; *sla:* *pl* pastor *ce* pastor *sk* pastor *ru* пастор *uk* пастор *be* пастар *bg* пастор *sr* пастор *sl* pastor *mk* пастор; *f-u:* *ma* (pásztor) *su* pastori *et* pastor; *bal:* *lt* pastorius; *n. g.:* *ek* pastor, *mt* pastor, *sh* pastor. *min. 29/591*

pát / pạta *m/f* N̄ Ente (2) *f*
=↑anet. <prim>. *rom:* *es* pato *pt* pato; *sla:* *bg* патица *hr* patka *sr* патка *mk* патка; *f-u:* *et* part; *n. g.:* el πάπια, *mt* papra. *min. 9/88*

patẹnt *m* N̄ Patent *n*
<prim>. *rom:* *es* patente *pt* patente *ca* patent; *ger:* *de* Patent *en* patent *sv* patent *no* patent *da* patent; *sla:* *pl* patent *ce* patent *sk* patent *ru* патент *uk* патент *be* патэнт *bg* патент *sr* патент *sl* patent *mk* патент; *f-u:* *su* patentti *et* patent; *bal:* *lt* patentas *lv* patents; *n. g.:* *ek* patente, *sh* patentë, *tr* patent. *min. 25/431*

pathologja *f* N̄ Pathologie *f*
<prim>. *rom:* *fr* pathologie *it* patologia *es* patología *ro* patologie *pt* patologia *ca* patologia; *ger:* *de* Pathologie *en* pathology *nl* pathologie *sv* patologi *no* patologi *da* patologi; *sla:* *pl* patologia *ce* patologie *sk* patológia *ru* патология *uk* патологія *be* паталогія *bg* патология *hr* patologija *sr* патологија *sl* patologija *mk* патологија; *f-u:* *ma* pathology *su* patologia *et* patoloogia; *bal:* *lt* patologija *lv* patoloģija; *gal:* *cy* patholeg *ga* paiteolaíochta; *n. g.:* el παθολογία, *ek* patologia, *mt* patoloģija, *sh* patologji, *tr* patoloji. *min. 35/615*

patiẹnt *m* N̄ Patient *m*
<prim>. *rom:* *fr* patient *it* paziente *es* paciente *ro* pacient *pt* paciente *ca* pacient; *ger:* *de* Patient *en* patient *nl* patiënt *sv* patient *no* pasient *da* patient; *sla:* *pl* pacjent *ce* pacient *sk* pacient *ru* пациент *uk* пацієнт *be* пацыент *bg* пациент *hr* pacijent *sr* пацијент *mk* пациентот; *f-u:* *et* patsient; *bal:* *lt* pacientas *lv* pacients; *n. g.:* *mt* pazjent. *min. 26/578*

patriạrch *m* N̄ Patriarch *m*
[k] <prim>. *rom:* *fr* patriarche *it* patriarca *es* patriarca *ro* patriarh *pt* patriarca *ca* patriarca; *ger:* *de* Patriarch *en* patriarch *nl* patriarch *sv* patriark *no* patriark *da* patriark *is* patriarcha; *sla:* *pl* patriarcha *ce* patriarcha *sk* patriarcha *ru* патриарх *uk* патріарх *be* патрыярх *bg* патриарх *hr* patrijarh *sr* патријарх *sl* patriarh

mk патрijарх; *f-u:* *su* patriarkka
et patriarh; *bal:* *lt* patriarchas *lv* patriarhs;
n. g.: *el* πατριάρχης, *ek* patriarka,
mt patrijarka, *sh* patriarku, *tr* patrik.
min. 33/603

patriarchát *m* N̄ Patriarchat *n*
[k] <prim>. *rom:* *fr* patriarcat
it patriarcato *es* patriarcado *ro* patriarhat
pt patriarcalismo *ca* patriarcat; *ger:*
de Patriarchat *en* patriarchy *nl* patriarchaat
da patriarkatet; *sla:* *pl* patriarchat
ce patriarchát *sk* patriarchát *ru* патриархат
uk патріархат *be* патрыярхат
bg патриархат *hr* patrijarhat
sr патријархат *mk* патријархат; *f-u:*
ma patriarchátus *su* patriarkaatti; *bal:*
lt patriarchatas *lv* patriarhāts; *gal:*
cy patriarchaeth; *n. g.:* *el* πατριαρχία,
ek patriarkatuaren, *sh* patriarkati.
min. 28/591

pauk *m* N̄ Spinne *f*
<prim>. *sla:* *pl* pająk *ce* pavouk *sk* pavúk
sb pawk *ru* паук *uk* павук *be* павук
bg паяк *hr* pauk *sr* раук *sl* pajek
mk пајак; *f-u:* *ma* pók; *n. g.:* *sh* babauk.
min. 14/203

páv *m* N̄ Pfau *m*
gen: pave <prim>. *rom:* *fr* paon *it* pavone
es pavo *pt* pavão *ca* paó; *ger:* *de* Pfau
en pea(fowl) *nl* pauw *sv* på(fågel)
no på(fugl) *da* på(fugl) *is* pá(fugl); *sla:*
pl paw *ce* pávice *sk* pávice *ru* павлин
uk павич *be* паўлін *bg* паун *hr* paun
sr паун *mk* паун; *f-u:* *ma* páva; *bal:*
lt povas *lv* pāvs; *gal:* *ga* péacóga; *n. g.:*
el παγώνι. *min. 27/581*

paviljón *m* N̄ Pavillon *m*
<prim>. *rom:* *fr* pavillon *es* pabellón
ro pavilion *pt* pavilhão *ca* pavelló; *ger:*
de Pavillon *en* pavilion *nl* paviljoen
sv paviljong *da* pavilion; *sla:* *pl* pawilon

ce pavilón *sk* pavilón *ru* павильон
uk павільйон *be* павільён *bg* павилион
sr павиљон *sl* paviljon *mk* павиљон; *f-u:*
ma pavilon *su* paviljonki; *bal:*
lt paviljonas *lv* paviljons; *gal:* *cy* pafiliwn;
n. g.: *ek* pabilioian, *sh* pavijon.
min. 27/537

pax (pac-) *f* N̄ Frieden *m*
gen: pace <prim>. *rom:* *fr* paix *it* pace
es paz *ro* pace *pt* paz *ca* pau; *ger:*
en peace; *sla:* *pl* (pokój) *sl* (pokoj); *f-u:*
ma béke; *gal:* *br* peoc'h; *n. g.:* *mt* pa
či,
sh paq, *tr* barış. *min. 14/308*

péd *m* N̄ Fuß *m*
<prim>. *rom:* *fr* pied *it* piede *es* pie
ro picior *pt* pé *ca* peu; *ger:* *de* Fuß (pl.
Füße) *en* foot (pl. feet) *nl* voet *sv* fot (pl.
fötter) *no* fot (pl. føtter) *da* fod (pl. føtter)
is fótur (pl. fætur); *sla:* *pl* (pod) *ce* (pod)
sk (pod) *uk* (під) *be* (пад) *hr* (pod)
sr (pod) *sl* (pod) *mk* (под); *bal:* *lt* pėda
lv pēda; *n. g.:* *el* πόδι. *min. 25/500*

pédal *m* N̄ Pedal *n*
<prim>. *rom:* *fr* pédale *it* pedale *es* pedal
ro pedala *pt* pedal *ca* pedal; *ger:* *de* Pedal
en pedal *nl* pedaal *sv* pedal *no* pedal
da pedal; *sla:* *pl* pedał *ce* pedal *sk* pedal
ru педаль *uk* педаль *be* педаль *bg* педал
hr pedala *sr* педала *sl* pedal *mk* педал;
f-u: *ma* pedál *et* pedaal; *bal:* *lt* pedalų
lv pedālis; *n. g.:* *el* πετάλι, *ek* pedalei,
mt pedala, *sh* pedal, *tr* pedallı. *min. 33/610*

péjoratív Ā pejorativ
comp: -iver, adv: ~no <prim>. *rom:*
fr péjoratif *it* peggiorativ◊ *es* peyorativ◊
ro peiorativ *pt* pejorativ◊ *ca* pejorativ◊;
ger: *de* pejorativ *en* pejorative; *sla:*
pl pejoratywn◊ *ce* pejorativn◊
sk pejoratívn◊ *bg* пейоративн◊; *f-u:*
su pejoratively; *bal:* *lt* pejoratyvin◊.
min. 14/417

pelikán *m* N̄ Pelikan *m*

<prim>. *rom: fr* pélican *it* pellicano
es pelícano *ro* pelican *pt* pelicano
ca pelicà; *ger: de* Pelikan *en* pelican
nl pelikaan *sv* pelikan *da* pelikan; *sla:*
pl pelikan *ce* pelikán *sk* pelikán
ru пеликан *uk* пелікан *be* пелікан
bg пеликан *hr* pelikan *sr* пеликан
sl pelikan *mk* пеликан; *f-u: ma* pelikán
su pelikaani *et* pelikan; *bal: lt* pelikanas
lv pelikāns; *gal: ga* peileacánach; *n. g.:*
el πελεκάνος, *mt* pellikan, *sh* pelikan,
tr pelikan. *min. 32/608*

pen (1) *f* N̄ Feder (2) *f (Schreib'~)*; Füllfederhalter *m*

gen: ~ne <prim>. *rom: fr* plume *it* penna
es pluma *ro* pen *pt* caneta *ca* ploma; *ger:*
de Feder *en* pen *nl* pen *sv* pennan *no* penn
da pennen *is* penninn; *sla: pl* pióra
ce pera *sk* pera *ru* перо *sr* перо *sl* pero;
gal: cy pen *ga* peann; *n. g.: el* ◊,
mt pinna. *min. 23/540*

pen (2) *f* N̄ Stift (2) *m (Schreib'~)*

gen: ~ne <prim>. *rom: it* penna *ro* pen;
ger: en pen *nl* pen *sv* pennan *no* penn;
sla: mk пенкало; *gal: cy* pen *ga* peann.
min. 9/168

péna *f* N̄ Schmerz *m*

<prim>. *rom: fr* peine *it* pena *es* pena
pt pena *ca* pena; *ger: de* Pein *en* pain
nl pijn *sv* pina *no* pine *da* pine *is* pína;
f-u: et piin; *n. g.: el* πόνος. *min. 14/376*

pendul *m* N̄ Pendel *n*

gen: -dle <prim>. *rom: fr* pendule
it pendolo *es* péndulo *pt* pêndulo
ca pèndol; *ger: de* Pendel *en* pendulum;
sla: sl pendulum; *f-u: et* pendel; *gal:*
cy pendil; *n. g.: ek* pendulua, *mt* pendlu.
min. 13/329

penicilíné *f* N̄ Penizillin *n*

<prim>. *rom: fr* pénicilline *it* penicillina
es penicilina *pt* penicilina *ca* penicił̄lina;
ger: de Penizillin *en* penicillin
nl penicilline *sv* penicillin *no* penicillin
da penicillin; *sla: pl* penicylina
ce penicilín *sk* penicilín *ru* пенициллин
uk пеніцилін *be* пеніцылін *bg* пеницилин
hr penicilin *sr* пеницилин *sl* penicilin
mk пеницилин; *f-u: ma* penicillin
su penisilliini *et* penitsilliin; *bal:*
lt penicilinas *lv* penicilīns; *gal:*
cy penisilin; *n. g.: ek* penizilina,
mt penicillin, *sh* penicilinë, *tr* penisilin.
min. 33/583

pénitencea *f* N̄ Buße *f*

[tsa], gen: -ce <prim>. *rom: fr* pénitence
it penitenza *es* penitencia *ro* penitenţă
pt penitência *ca* penitència; *ger:*
en penance; *gal: cy* penyd; *n. g.:*
ek penitentzia, *mt* penitenza, *sh* pendesë.
min. 11/251

penkost *f* N̄ Pfingsten *pl*

<prim>. *rom: fr* pentecôte *it* pentecoste
es pentecostés *pt* pentecostes
ca pentecosta; *ger: de* Pfingsten
en Pentecost *nl* pinksteren *sv* pingst
no pinse *da* pinse; *f-u: ma* pünkösd; *gal:*
ga cincíse; *n. g.: el* πεντηκοστή,
ek Mendekoste, *mt* Pentekoste. *min. 16/388*

pent (1) num fünf

<prim>. *rom: it* cinque *ro* cinci; *ger:*
de fünf *fs* fimm *sv* fem *no* fem *da* fem
is fimm *fo* fimm; *sla: pl* pięć *ce* pět
sk pät *sb* pjeć *ru* пять *be* пяць *bg* пет
hr pet *sl* pet; *f-u: su* viisi; *bal: lv* penki;
gal: br pemb; *n. g.: el* πέντε, *sh* pesë,
tr beş. *min. 24/367*

pent (2) *de ~* A fünfte(r/s)

<prim>. *rom: it* quinto (r / s) *ro* cincea;
ger: de fünfte(r/s) *da* femte *is* fimmti;

sla: *pl* piąty *ce* pát◊ *ru* пятый *be* пяты
bg пет◊; *f-u:* *su* viides; *bal:* *lv* (penki);
gal: *br* pempet; *n. g.:* *el* πέμπτ◊,
sh (pes◊), *tr* beşinci. *min. 16/342*

pęntce num fünfzig

↑-ce. <prim>. *rom:* *it* cinquanta
ro cincizeci; *ger:* *de* fünfzig *da* halvtreds
is fimmtíu; *sla:* *pl* pięćdziesiąt *ce* padesát
sb pjećdźesat *ru* пятьдесят *bg* петдесет
sl petdeset; *n. g.:* *el* πενήντα. *min. 12/322*

pęntek *m* N Freitag *m*
<cont>. *sla:* *pl* piątek *ce* pátek *sk* piatok
ru пятница *uk* п'ятниця *be* пятніца
bg петък *hr* petak *sr* петак *sl* petek
mk петок; *f-u:* *ma* péntek *su* perjantai;
bal: *lt* penkta(dienis) *lv* piekt(diena).
min. 15/212

pénz *m* N Geld *n*
<prim>. *rom:* *es* pecunia *ro* bani; *ger:*
de pinke {jargon} *en* (pence) *sv* pengar
no penge *da* penge *is* penningar; *sla:*
pl pieniądze *ce* peníze; *f-u:* *ma* pénz;
n. g.: *tr* para. *min. 12/300*

pér *m* N Feder (1) *f (Vogel'~)*
<prim>. *ger:* *de* Feder *en* feather *nl* veer
sv fjäder *no* fjær *da* fjer *is* fjöður; *sla:*
pl pióro *ce* pero *sk* pero *ru* перо *sr* перо
sl pero; *f-u:* *ma* (párna), *bal:* *lt* (sparnas);
n. g.: *el* (πτερόν). *min. 16/365*

perdíz *m* N Rebhuhn (2) *n*
gen: -íze =↑jerebicea. <prim>. *rom:*
fr perdrix *it* pernice *es* perdiz *pt* perdiz
ca perdiu; *ger:* *en* partridge *nl* patrijs;
f-u: *su* peltopyy; *gal:* *cy* petrisen; *n. g.:*
el πέρδικα, *ek* eperra, *mt* perniċi.
min. 12/268

perfęct A perfekt
adv: ~o <prim>. *rom:* *fr* parfait *it* perfett◊
es perfecto *ro* perfect◊; *ger:* *de* perfekt
en perfect *da* perfekt; *sla:* *pl* perfektn◊

ce perfektn◊ *bg* перфектн◊; *n. g.:*
mt perfetta. *min. 11/393*

perfíd A perfide
comp: -ider, adv: ídno <prim>. *rom:*
fr perfide *it* perfid◊ *es* pérfid◊ *ro* perfid
pt pérfid◊ *ca* pèrfid; *ger:* *de* perfide
en perfidious; *sla:* *pl* perfidn◊
bg перфидн◊ *hr* perfidn◊ *sl* perfidn◊
mk перфидн◊. *min. 13/402*

perforéren *c-* V perforieren
<prim>. *rom:* *fr* perforer *it* perforare
es perforar *ro* perfora *pt* perfurar
ca perforar; *ger:* *de* perforieren
en perforate *nl* perforeren *sv* perforera
da perforere; *sla:* *ce* perforovat
sk perforovať *ru* перфорировать
uk перфорувати *be* перфараваць
bg перфорирам *mk* перфорираат; *bal:*
lv perforēt. *min. 19/516*

perícul *m* N Gefahr *f*
gen: -ícle <prim>. *rom:* *fr* (péril)
it pericolo *es* peligro *ro* pericol *pt* perigo
ca perill; *ger:* *en* (peril); *gal:* *cy* peryg;
n. g.: *ek* peril. *min. 9/251*

períod *m* N Periode *f (Zeitspanne)*
<prim>. *rom:* *fr* période *it* periodo
es período *ro* perioada *pt* período
ca période; *ger:* *de* Periode *en* period;
sla: *ru* период *uk* період *be* перыяд
bg период *sr* период *mk* период; *f-u:*
et periood; *bal:* *lv* periods; *n. g.:*
el περίοδο, *mt* perjodu, *sh* periudha.
min. 19/490

permanęnto adv permanent
<prim>. *rom:* *fr* en permanence
it permanentemente *es* permanentemente
ro permanent *pt* permanentemente
ca permanentment; *ger:* *de* permanent
en permanently *sv* permanent
no permanent *da* permanent; *sla:*
bg перманентно. *min. 12/372*

perniciós A̲ perniziös

comp: ~er, adv: -ózno <prim>. _rom:_
_fr_ pernicieux _it_ pernicios◊ _es_ pernicios◊
_ro_ pernicios _pt_ pernicios◊ _ca_ perniciós◊;
ger: _de_ perniziös _en_ pernicious
_no_ pernisiøs _da_ pernicious. _min. 10/352_

persik _m_ N̲ Pfirsich _m_

<prim>. _rom:_ _fr_ pêche _it_ pesca _ro_ persic
_pt_ pêssego _ca_ préssec; _ger:_ _de_ Pfirsich
_en_ peach _nl_ perzik _sv_ persika _is_ ferskja;
sla: _pl_ brzoskwinia _ce_ broskev _ru_ персик
_uk_ персик _be_ персік _sl_ breskev; _f-u:_
_ma_ (őszi)barack _su_ persikka _et_ virsik; _bal:_
_lt_ persikas _lv_ persiks. _min. 22/519_

persona _f_ N̲ Person _f_

<prim>. _rom:_ _fr_ personne _it_ persona
_es_ persona _ro_ persoană _pt_ pessoa
_ca_ persona; _ger:_ _de_ person _en_ person
_nl_ persoon _lb_ person _fs_ person _sv_ person
_no_ person _da_ person _is_ persóna _fo_ person;
sla: _ru_ персона; _bal:_ _lv_ persona; _n. g.:_
_ek_ pertsona, _mt_ persuna. _min. 20/467_

personal (1) A̲ persönlich; Personal-

adv: ~no <prim>. _rom:_ _fr_ personnel
_it_ personale _es_ personal _ro_ personal; _ger:_
_de_ persönlich _en_ personal _da_ personligt
_is_ persónuleg◊; _sla:_ _ru_ персональн◊;
_n. g.:_ _mt_ personali, _tr_ personel.
min. 11/419

personal (2) _m_ N̲ Personal _n_

gen: -ale <prim>. _rom:_ _fr_ personnel
_it_ personale _es_ personal _ro_ personal
_pt_ pessoal _ca_ personal; _ger:_ _de_ Personal
_nl_ personeel _sv_ personal _da_ personale; _sla:_
_pl_ personel _ru_ персонал _uk_ персонал
_be_ персанал _bg_ персонал _mk_ персонал;
_f-u:_ _et_ personal; _bal:_ _lt_ personalas
_lv_ personāls; _n. g.:_ _tr_ personel.
min. 20/491

personalité _f_ N̲ Persönlichkeit _f_

gen: -téte <prim>. _rom:_ _fr_ personnalité
_it_ personalità _es_ personalidad
_ro_ personalitate _pt_ personalidade
_ca_ personalitat; _ger:_ _de_ Persönlichkeit
_en_ personality _nl_ persoonlijkheid
_sv_ personlighets _da_ personlighed; _f-u:_
_su_ persoonallisuus; _bal:_ _lv_ personība;
gal: _cy_ personoliaeth; _n. g.:_
_mt_ personalità, _sh_ personalitet. _min. 16/384_

personification _f_ N̲ Personifikation _f_

[ts] gen: -one <prim>. _rom:_
_fr_ personnification _it_ personificazione
_es_ personificación _ro_ personificare
_pt_ personificação _ca_ personificació; _ger:_
_de_ Personifikation _en_ personification
_nl_ personificatie _sv_ personification
_no_ personifisering _da_ personificering; _sla:_
_pl_ personifikacja _ru_ персонификация
_uk_ персоніфікація _be_ персаніфікацыя
_bg_ персонификация _hr_ personifikacija
_sr_ персонификација
_mk_ персонификација; _f-u:_
_et_ personifikatsioon; _bal:_ _lt_ personifikacija
_lv_ personifikācija; _gal:_ _cy_ personoliad;
_n. g.:_ _ek_ pertsonifikazioa,
_mt_ personifikazzjoni, _sh_ personifikim.
min. 27/565

peruecké _f_ N̲ Perücke _f_

<prim>. _rom:_ _fr_ perruque _it_ parrucca
_es_ peluca _ro_ perucă _pt_ peruca _ca_ perruca;
ger: _de_ Perücke _nl_ pruik _sv_ peruk; _sla:_
_pl_ peruka _ce_ paruka _ru_ парик _uk_ перука
_be_ парык _bg_ перука _hr_ perika _sr_ перика
_mk_ перика; _f-u:_ _ma_ paróka _su_ peruukki
_et_ parukas; _bal:_ _lt_ perukas _lv_ parūka;
_n. g.:_ _el_ περούκα, _ek_ peluka, _sh_ parukë;
_tr_ peruk. _min. 27/540_

perv _de_ ~ A̲ erste(r/s)

<cont>. _sla:_ _pl_ pierwszy _ce_ první
_sb_ prěn◊ _ru_ первый _be_ перші _bg_ първи
_hr_ prvi. _min. 7/154_

pesk *m* $\boxed{N}$ Fisch *m*
<prim>. *rom: fr* poisson *it* pesce
es pescado *ro* peşte *pt* peixe *ca* peix; *ger:*
de Fisch *en* fish *nl* vis *sv* fisk *no* fisk
da fisk *is* fiskur; *gal:* *cy* pysgod; *n. g.:*
sh peshk. *min. 15/383*

pessimịsme *m* $\boxed{N}$ Pessimismus *m*
<prim>. *rom: fr* pessimisme
it pessimismo *es* pesimismo *ro* pesimism
pt pessimismo *ca* pessimisme; *ger:*
de Pessimismus *en* pessimism
nl pessimisme *sv* pessimism *no* pessimisme
da pessimisme; *sla:* *pl* pesymizm
ce pesimismus *sk* pesimizmus
ru пессимизм *uk* песимізм *be* песімізм
bg песимизъм *hr* pesimizam
sr песимизам *sl* pesimizem
mk песимизам; *f-u:* *ma* pesszimizmus
su pessimismi *et* pessimism; *bal:*
lt pesimizmas *lv* pesimisms; *gal:*
cy pesimistiaeth; *n. g.:* *mt* pessimiżmu,
sh pesimizëm. *min. 31/596*

pétitiọn *f* $\boxed{N}$ Petition *f*
[ts] gen: -ọne <prim>. *rom: fr* pétition
it petizione *es* petición *ro* petiţie *pt* petição
ca petició; *ger:* *de* Petition *en* petition
nl petitie; *sla:* *pl* petycja *ce* petice
sk petícia *bg* петиция *hr* peticija
sr петиција *sl* peticija *mk* петиција; *f-u:*
et petitsioon; *bal:* *lt* peticija *lv* petīcija;
n. g.: *mt* petizzjoni, *sh* peticion.
min. 22/451

pẹtrezhel *m* вот $\boxed{N}$ Petersilie *f*
<prim>. *rom: fr* persil *it* prezzemolo
es perejil *ro* pătrunjel; *ger:* *de* Petersilie
en parsley *nl* peterselie *sv* persilja
no persille *da* persille *is* (stein)selja; *sla:*
pl pietruszka *ce* petržel *sk* petržlen
ru петрушка *uk* петрушка *be* пятрушка
hr peršin *sr* першун *sl* peteršilj; *f-u:*
ma petrezselyem *su* persilja *et* petersell;

bal: *lt* petražolė *lv* pētersīļi; *gal:* *cy* persli
ga peirsil; *n. g.:* *ek* perrexila. *min. 28/572*

petrọleum *n* $\boxed{N}$ Petroleum *n*
gen: -lee <prim>. *rom: fr* petroleum
it petrolio *es* petróleo *ro* petrol *pt* petróleo
ca petroli; *ger:* *de* Petroleum
en petroleum *nl* petroleum *sv* petroleum
no petroleum *da* petroleum; *sla:*
ce petroleum *sk* petroleum *sr* петролеј
sl petroleum; *f-u:* *ma* petroleum; *gal:*
ga peitriliam; *n. g.:* *el* πετρέλαια,
ek petroleum, *mt* petroleum, *tr* petrol.
min. 22/438

piạno *n* $\boxed{N}$ Piano *n*
<prim>. *rom: fr* piano *es* piano *ro* pian
pt piano *ca* piano; *ger:* *de* Piano *en* piano
nl piano *sv* piano *no* piano *da* piano
is píanó; *sla:* *ru* пиано *uk* піано *be* піяна
bg пиано *sl* piano *mk* пијано; *f-u:*
su piano; *bal:* *lt* pianas; *n. g.:* *el* πιάνο,
sh piano, *tr* piyano. *min. 23/480*

pic $\boxed{A}$ klein
[k], comp: ~er [ts] <prim>. *rom: fr* petit
it piccol◊ *es* pequeñ◊ *ro* mic; *f-u:* *ma* pici
su pieni; *gal:* *cy* beag *br* beg; *n. g.:*
tr küçük. *min. 9/197*

pịen *c+* $\boxed{V}$ trinken
<prim>. *rom: fr* boire *it* bere *ro* bea; *sla:*
pl pić *ce* pít *sk* piť *sb* pić *ru* пить *uk* пити
bg пия *hr* piti *sr* пити *sl* piti *mk* пие;
n. g.: *el* πίνω, *sh* piano. *min. 16/328*

piétẹ *f* $\boxed{N}$ Pietät *f (Ehrfurcht)*
gen: -téte <prim>. *rom: fr* piété *es* piedad
ro pietate *pt* piedade *ca* pietat; *ger:*
de Pietät *en* piety; *n. g.:* *ek* piedad.
min. 8/296

pijạvca *f* ZOOL $\boxed{N}$ Blutegel *m*
[k], gen: -ce [ts] <cont>. *sla:* *pl* pijawka
ce pijavice *sk* pijavice *ru* пиявка
uk п'явка *be* п'яўка *bg* пиявица

hr pijavica *sr* пијавица *sl* pijavka
mk пијавица; <u>*f-u:*</u> *ma* pióca. *min. 12/203*

pijhąma *n* N Schlafanzug *m*; Pyjama *m*
<prim>. <u>*rom:*</u> *fr* pyjama *it* pigiama
es piyama *ro* pijama *pt* pijama *ca* pijama;
<u>*ger:*</u> *de* Pyjama *en* pyjamas *nl* pyjama
no pysjamas; <u>*sla:*</u> *pl* piżama *ce* pyžamo
sk pižama *ru* пижама *uk* піжама
be піжама *bg* пижама *hr* pidžama
sr пиџама *sl* pižama *mk* пижама; <u>*f-u:*</u>
ma pizsama *su* pyjama *et* pidžaama; <u>*bal:*</u>
lt pižama *lv* pidžama; <u>*gal:*</u> *ga* pitseámaí;
<u>*n. g.:*</u> *el* πιτζάμες, *ek* pijama, *mt* paġama,
sh pizhamë, *tr* pijama. *min. 32/602*

piļa *f* N Pfahl *m*
<prim>. <u>*rom:*</u> *fr* pile *es* pila *pt* pilha
ca pila; <u>*ger:*</u> *de* Pfahl *en* pile *da* pile;
<u>*sla:*</u> *bg* пила; <u>*n. g.:*</u> *ek* pila. *min. 9/289*

piląster *m* N Pilaster *m*
gen: -tre <prim>. <u>*rom:*</u> *fr* pilastre
es pilastra *ro* pilastru *pt* pilastra
ca pilastra; <u>*ger:*</u> *de* Pilaster *en* pilaster
nl pilaster *sv* pilaster *no* pilaster
da pilaster; <u>*sla:*</u> *pl* pilaster *ce* pilaster
sk pilaster *ru* пилястр *uk* пілястр
be пілястраў *bg* пиластър *hr* pilaster
sr пиластер *sl* pilaster *mk* пиластер; <u>*f-u:*</u>
su pilasteri *et* pilaster; <u>*bal:*</u> *lt* pilastr
lv pilastrs; <u>*gal:*</u> *cy* pilastr; <u>*n. g.:*</u>
ek pilastra. *min. 28/535*

piļlula *f* MED N Pille *f*
<prim>. <u>*rom:*</u> *fr* pilule *it* pillola *es* píldora
ro pilulă *pt* pílula; <u>*ger:*</u> *de* Pille *en* pill
nl pil *sv* piller *no* pille *da* pille *is* pilla;
<u>*sla:*</u> *pl* pigułka *ce* pilulka *sk* pilulka
ru пилюля *uk* пігулка *be* пілюля *hr* pilula
sr пилула *mk* пилула; <u>*f-u:*</u> *su* pilleri;
<u>*bal:*</u> *lt* piliulė; <u>*n. g.:*</u> *ek* pilula.
min. 24/566

piļót *m* N Pilot *m*
<prim>. <u>*rom:*</u> *fr* pilot *it* pilota *es* práctico
ro pilot *pt* piloto *ca* pràctic; <u>*ger:*</u> *de* Pilot
en pilot *nl* piloot *sv* pilot *no* pilot *da* pilot;
<u>*sla:*</u> *pl* pilot *ce* pilot *sk* pilot *ru* пилот
uk пілот *be* пілот *bg* пилот *hr* pilot
sr пилот *sl* pilot *mk* пилот; <u>*f-u:*</u> *ma* pilóta
et pilot; <u>*bal:*</u> *lv* pilots; <u>*gal:*</u> *cy* peilot
ga píolótach; <u>*n. g.:*</u> *ek* pilotu, *mt* pilota,
sh pilot. *min. 31/590*

pinc *m* N Fink *m*
[k], gen: ~e [ts] <prim>. <u>*rom:*</u> *fr* finch
it fringuello *es* pinzón *ro* cinteză *ca* pinsà;
<u>*ger:*</u> *de* Fink *en* finch *nl* vink *sv* finch
no finch *da* finke *is* finka; <u>*sla:*</u>
ce pěnkava *sk* pinka *sl* ščinkavec; <u>*f-u:*</u>
ma pinty *su* peippo *et* vint; <u>*gal:*</u> *cy* pinc;
<u>*n. g.:*</u> *mt* sponsun. *min. 20/407*

piņguín *m* N Pinguin *m*
<prim>. <u>*rom:*</u> *fr* manchot *it* pinguino
es pingüino *ro* pinguin *pt* pinguim
ca pingüí; <u>*ger:*</u> *de* Pinguin *en* penguin
nl pinguïn *sv* pingvin *da* pingvin; <u>*sla:*</u>
pl pingwin *ru* пингвин *uk* пінгвін
be пінгвін *bg* пингвин *hr* pingvin
sr пингвин *sl* pingvin *mk* пингвин; <u>*f-u:*</u>
ma pingvin *su* pingviini *et* pingviin; <u>*bal:*</u>
lt pingvinas *lv* pingvīns; <u>*gal:*</u> *cy* pengwin;
<u>*n. g.:*</u> *el* πιγκουίνος, *ek* pinguino,
mt pingwin, *sh* pinguin, *tr* penguen.
min. 31/595

piņsel *m* N Pinsel *m*
<prim>. <u>*rom:*</u> *fr* pinceau *es* pincel; <u>*ger:*</u>
de Pinsel *nl* penseel *sv* pensel *no* pensel
is pensill; <u>*sla:*</u> *pl* pędzel *be* пэндзаль;
<u>*f-u:*</u> *su* pensseli; <u>*n. g.:*</u> *el* πινέλο.
min. 11/302

piņpa *f* N Pfeife *f*
<prim>. <u>*rom:*</u> *it* pipa *es* pipa *ca* pipa;
<u>*ger:*</u> *en* pipe *nl* pijp *sv* pipa *no* pipe
da pibe *is* pípa; <u>*f-u:*</u> *ma* pipa *su* pilli;

gal: *cy* pibell *ga* píopa; *n. g.:* *mt* pajp. *min. 14/210*

pipętta *f* N Pipette *f*

<prim>. *rom:* *fr* pipette *it* pipetta *es* pipeta *ro* pipetă *pt* pipeta *ca* pipeta; *ger:* *de* Pipette *en* pipette *nl* pipet *sv* pipett *no* pipette *da* pipette; *sla:* *pl* pipeta *ce* pipeta *sk* pipeta *ru* пипетка *uk* піпетка *be* піпетка *bg* пипета *hr* pipeta *sr* пипета *sl* pipeta *mk* пипета; *f-u:* *ma* pipetta *su* pipetti; *bal:* *lt* pipetė *lv* pipete; *gal:* *cy* pibed; *n. g.:* *ek* pipeta, *mt* pipetta, *tr* pipet. *min. 31/601*

piscịna *f* N Becken (1) *n*

<prim>. *rom:* *fr* piscine *it* piscina *es* piscina *ro* piscină *pt* piscina *ca* piscina; *n. g.:* *el* πισίνα, *sh* pishinë. *min. 8/201*

pịsta *f* N Piste *f*

<prim>. *rom:* *fr* piste *it* pista *es* pista *pt* pista *ca* pista; *ger:* *de* Piste; *sla:* *bg* писта *hr* pista *sr* писта *mk* писта; *f-u:* *su* piste; *n. g.:* *ek* pista, *sh* pistë, *tr* pist. *min. 14/299*

pịzza *f* N Pizza *f*

<prim>. *rom:* *fr* pizza *it* pizza *es* pizza *pt* pizza *ca* pizza; *ger:* *de* Pizza *en* pizza *nl* pizza *sv* pizza *da* pizza; *sla:* *pl* pizza *ce* pizza *sk* pizza *ru* пицца *bg* пица *hr* pica *sr* пица *mk* пица; *f-u:* *ma* pizza *su* pizza *et* pitsa; *n. g.:* *el* πίτα, *sh* pica, *tr* pide. *min. 24/551*

pjest *m* N Faust *f*

<prim>. *ger:* *de* Faust *en* fist *nl* vuist; *sla:* *pl* pięść *ce* pěst *sk* päsť *hr* pesnica. *min. 7/234*

plạcea *f* N Platz *m*

[tsa], gen: plạce <prim>. *rom:* *fr* place *it* piazza *es* plaza *pt* praça; *ger:* *de* Platz *en* place *nl* plats *is* plass; *sla:* *pl* plac *ru* плац *bg* плаца; *f-u:* *su* paikka; *bal:*

lt plotas *lv* platība; *n. g.:* *el* πλατεία. *min. 15/492*

plạnta *f* N Pflanze *f*

<prim>. *rom:* *fr* plante *it* pianta *es* planta *ro* plantă *pt* planta *ca* planta; *ger:* *de* Pflanze *en* plant *nl* plant *no* plant *da* plant *is* planta; *f-u:* *ma* palánta; *gal:* *br* plantenn; *n. g.:* *mt* pjanti. *min. 15/385*

plantájh *m* N Plantage (1) *f*

gen: -ạjhe <prim>. *rom:* *fr* plantation *it* piantagione *es* plantación *ro* plantaţie *pt* plantação *ca* plantació; *ger:* *de* Plantage *en* plantation *nl* plantage *da* plantation; *sla:* *pl* plantacja *ce* plantáž *sk* plantáž *ru* плантація *uk* плантація *be* плантацыя *bg* плантация *hr* plantaža *sr* плантажа *mk* плантажа; *f-u:* *su* plantaasi; *bal:* *lt* plantacija; *gal:* *cy* planhigion. *min. 23/564*

plantatiọn *f* N Plantage (2) *f*

[ts] gen: -ọne <prim>. *rom:* *fr* plantation *it* piantagione *es* plantación *ro* plantaţie *pt* plantação *ca* plantació; *ger:* *de* Plantage *en* plantation *nl* plantage *sv* plantage *no* plantasje *da* plantage; *sla:* *pl* plantacja *ce* plantáž *sk* plantáž *ru* плантация *uk* плантація *be* плантацыя *bg* плантация *hr* plantaž *sr* плантажа *mk* плантажа; *f-u:* *su* Plantage (2); *bal:* *lt* plantacija *lv* plantācija; *gal:* *cy* planhigfa *ga* plandála; *n. g.:* *mt* pjantaġġun, *sh* plantacion. *min. 29/581*

plạstic *m* N Plastik *n*

[k] gen: ~e [ts] <prim>. *rom:* *fr* plastique *it* plastico *es* plástico *ro* plastic *pt* plástico *ca* plàstic; *ger:* *de* Plastik *en* plastic *nl* plastic *sv* plast *no* plast *da* plast *is* plast; *sla:* *ru* пластик *uk* пластик *be* пластык *bg* пластмаса *hr* plastika *sr* пластика *mk* пластика; *f-u:* *su* muovi *et* plastist; *bal:* *lt* plastikiniai *lv* plastmasa;

gal: *cy* plastig *ga* plaisteach; *n. g.:*
el πλαστικά, *ek* plastic, *mt* plastik,
sh plastik, *tr* plastik. *min. 31/547*

plat A flach

comp: ~ter, adv: ~no <prim>. *rom:* *fr* plat
it piatt◊ *es* plan◊ *ro* plat *pt* plan◊ *ca* pla;
ger: *de* flach *en* flat *nl* plat *sv* plana
no flate *da* flad; *sla:* *ce* ploch◊ *sk* ploch◊
ru плоск◊ *uk* плоск◊ *be* плоск◊
bg плосък◊; *f-u:* *su* tasainen. *min. 19/522*

plausibil A plausibel

comp: -íbler <prim>. *rom:* *fr* plausible
it plausibile *es* plausible(◊) *ro* plauzibil
pt plausível *ca* plausible; *ger:* *de* plausibel
en plausible *no* plausibel *da* plausibel;
f-u: *su* uskottava; *n. g.:* *mt* plawżibbli.
min. 12/357

pleghten *c+* V flechten

[j] <prim>. *rom:* *ro* impleti; *ger:*
de flechten *en* plait *nl* vlechten *sv* fläta
no flette *da* flette *is* flétta *fo* flætta; *sla:*
pl pleść *ce* plést *sk* pliesť *sb* plesć
ru плести *uk* плести *be* плесці *bg* плета
hr plesti *sr* плести *sl* plesti *mk* плете;
f-u: *su* kutoa; *gal:* *cy* plethu *br* plezhenn.
min. 24/409

plekter *m* MUS N Plektron *n*

gen: -tre <prim>. *rom:* *fr* plectre *it* plettro
es plectro *ro* plectrum *pt* plectro; *ger:*
de Plektron *en* plectrum *nl* plectrum
sv plektrum *no* plekter *da* plekter; *sla:*
pl plektron; *f-u:* *ma* plektron *su* plektra;
bal: *lt* plektras *lv* plektrs. *min. 16/440*

plén A voll

adv: ~no <prim>. *rom:* *fr* plein *it* pien◊
es llen◊ *ro* plin *pt* plen◊ *ca* ple; *ger:*
da fuld *is* full◊; *sla:* *pl* pełn◊ *ce* pln◊
sb połn◊ *ru* полн◊ *be* поўн◊ *bg* пълн◊
hr pun◊ *sr* пун◊ *sl* poln◊; *f-u:* *su* täysi;
bal: *lt* piln◊ *lv* piln◊; *gal:* *cy* llond

br leun *ga* lán *gv* lane; *n. g.:* *sh* plot◊.
min. 25/366

plokha *f* N Fläche *f*

<prim>. *ger:* *de* Fläche; *sla:*
pl (płaszczyzna) *ce* plocha *sk* plocha
sb płonina *ru* площадь *uk* площа
be плошча *bg* площ *hr* ploha; *f-u:*
su alue; *bal:* *lt* plotas. *min. 12/282*

plomba *f* N Plombe *f*

<prim>. *rom:* *fr* plombe *it* piombo
es plomo; *ger:* *de* Plombe *en* plomb; *sla:*
pl plomba *ru* пломба *bg* пломба; *f-u:*
su sinetti. *min. 9/445*

pluesh *m* N Plüsch *n*

<prim>. *rom:* *fr* peluche *ro* pluş
pt pelúcia; *ger:* *de* Plüsch *en* plush
nl pluche *sv* plysch *no* plush *da* plush;
sla: *pl* plusz *ce* plyš *sk* plyš *ru* плюш
uk плюш *be* плюш *bg* плюш *hr* pliš
sr плиш *sl* pliš; *f-u:* *ma* plüss *et* plush;
bal: *lt* pliušas *lv* plīša; *n. g.:* *ek* plush,
mt plush, *tr* peluş. *min. 26/502*

plural *m* GRAM N Plural *m*

<prim>. *rom:* *fr* pluriel *it* plurale *es* plural
ro plural; *ger:* *de* Plural *en* plural; *n. g.:*
mt plural. *min. 7/330*

plus *m* MATH N Plus *n*

<prim>. *rom:* *fr* plus *it* più *ro* plus; *ger:*
de Plus *en* plus *nl* plus *sv* plus *no* pluss
da plus *is* plús; *sla:* *pl* plus *ce* plus
sk plus *ru* плюс *uk* плюс *be* плюс
bg плюс *hr* plus *sr* плус *sl* plus *mk* плус;
f-u: *ma* plusz *su* plus *et* pluss; *bal:*
lt plius *lv* pluss; *n. g.:* *ek* plus, *mt* plus,
sh plus. *min. 29/544*

pneumatica *f* N Pneumatik *f*

gen: -ce [ts] <prim>. *rom:* *fr* pneumatique
it pneumatica *es* neumática *ro* pneumatică
pt pneumática *ca* pneumàtica; *ger:*
de Pneumatik *en* pneumatics *nl* pneumatiek

sv pneumatik *no* pneumatikk
da pneumatik; *sla: pl* pneumatyka
ce pneumatika *sk* pneumatika
ru пневматика *uk* пневматика
be пнеўматыка *bg* пневматика
hr pneumatika *sr* пнеуматици
sl pnevmatika *mk* пневматика; *f-u:*
ma pneumatika *su* pneumatiikka
et pneumaatika; *bal: lt* pneumatika; *gal:*
cy niwmateg *ga* neomataic; *n. g.:*
ek pneumatika, *mt* pnewmatika,
tr pnömatik. *min. 32/601*

pod *m* Ⓝ Fußboden *m*; Boden *m*
<prim>. *rom: fr* (pied) *it* (piede)
ro podea; *ger: de* Boden *en* bottom
nl bodem *is* botn; *sla: pl* podłoga
ce podlaha *bg* под *hr* pod *sr* pod; *f-u:*
ma padló. *min. 13/394*

pọég *m* Ⓝ Junge *m*
<prim>. *ger: en* boy *sv* pojka; *f-u:*
ma fiú *su* poika *et* poeg. *min. 5/88*

poẹma *n* Ⓝ Gedicht *n*
<prim>. *rom: fr* poème *it* poema
es poema *ro* poem; *ger: de* (Poet)
en poem *da* poem; *sla: ru* поэма
bg поема. *min. 9/423*

pogạcha *f* Ⓝ Pogatsche *f*
<prim>. *rom: it* (focaccia); *ger:*
de Pogatsche {reg}; *sla: ru* (погач)
bg погача *hr* pogača *sr* погача *sl* pogača
mk погача; *f-u: ma* pogácsa; *n. g.:*
tr poğaça. *min. 10/268*

pokazạn *a/c+* Ⓥ zeigen
pokạzho, pokạzhes, … <cont>. *sla:*
pl prokázat *ce* prokázat *sb* pokazać
ru показать *uk* показати *be* паказ/в/аць
bg показвам *hr* pokazati *sr* показати
sl pokazati *mk* пóкаже. *min. 11/186*

pọlak *m* Ⓝ Pole *m*
<ethno>. *sla: pl* polak.

polícia *f* Ⓝ Polizei *f*
<prim>. *rom: fr* police *it* polizia
es policía *ro* poliție *pt* polícia *ca* policia;
ger: de Polizei *en* police *nl* politie *sv* polis
no politi *da* politi; *sla: pl* policja
ce police *sk* police *ru* полиция *uk* поліція
be паліцыя *bg* полиция *hr* policija
sr полиција *sl* policija *mk* полиција; *f-u:*
su poliisi *et* politsei; *bal: lt* policija
lv policija; *gal: ga* póilíní; *n. g.:*
ek police, *mt* pulizija, *sh* policia, *tr* polis.
min. 32/591

polịtica *f* Ⓝ Politik *f*
gen: -ce [ts] <prim>. *rom: fr* politique
it politica *es* política *ro* politică *pt* política
ca política; *ger: de* Politik *en* politics
nl politiek *sv* politik *no* politikk *da* politik;
sla: pl polityka *ce* politika *sk* politika
ru политика *uk* політика *be* палітыка
bg политика *hr* politika *sr* политика
sl politika *mk* политика; *f-u: ma* politika
su politiikka *et* poliitika; *bal: lt* politika
lv politika; *gal: ga* polaitíocht; *n. g.:*
el πολιτική, *ek* politika, *mt* politika,
sh politikë. *min. 33/610*

pọlka *f* Ⓝ Polin *f*
<ethno>. *sla: pl* polka.

polsk Ⓐ polnisch
<ethno>. *sla: pl* polsk◊.

Pọlska *f* Ⓝ Polen *n*
<ethno>. *sla: pl* Polska.

Pọlski Ⓝ Polnisch *(,~e Sprache)*
<ethno>. *sla: pl* polski.

polygamịa *f* Ⓝ Polygamie *f*
<prim>. *rom: fr* la polygamie *it* poligamia
es la poligamia *ro* poligamie *pt* poligamia
ca la poligàmia; *ger: de* Polygamie
en polygamy *sv* polygami *no* polygami
da polygami; *sla: pl* poligamia
ce polygamie *sk* polygamia *ru* полигамия

uk полігамія *be* палігамія *bg* полигамия
hr poligamija *sr* полигамија *sl* poligamija
mk полигамија; *f-u: ma* poligámia
et polügaamia; *bal: lt* poligamija
lv poligamija; *n. g.: el* πολυγαμία,
ek poligamia, *mt* poligamija, *sh* poligami.
min. 30/585

polyklínica *f* N̦ Poliklinik *f*
gen: -ce [ts] <prim>. *rom: fr* polyclinique
it policlinico *es* policlínica *ro* policlinică
pt policlínica *ca* policlínica; *ger:*
de Poliklinik *en* polyclinic *nl* polikliniek
sv poliklinik *no* poliklinikk; *sla:*
pl poliklinika *ce* poliklinika *sk* poliklinika
ru поликлиника *uk* поліклініка
be палiклiнiка *bg* поликлиника
hr poliklinika *sr* поликлиника
sl poliklinika *mk* поликлиника; *f-u:*
ma poliklinika *su* poliklinikka
et polikliinik; *bal: lt* poliklinika
lv poliklīnika; *gal: cy* polyclinig; *n. g.:*
el πολυκλινική, *ek* poliklinikan,
sh poliklinika, *tr* poliklinik. *min. 32/611*

polýp *m* N̦ Polyp *m*
<prim>. *rom: fr* polype *it* polipo
es pólipo *ro* polip *pt* pólipo *ca* pòlip; *ger:*
de Polyp *en* polyp *nl* poliep *sv* polyp
no polypp *da* polyp; *sla: pl* polip
ce polyp *sk* polyp *ru* полип *uk* поліп
be паліп *bg* полип *hr* polip *sr* полип
sl polip *mk* полип; *f-u: ma* polip
su polyyppi; *bal: lt* polipas *lv* polips;
n. g.: el πολύποδας, *mt* polipi, *sh* polip,
tr polip. *min. 31/611*

pomąda *f* N̦ Pomade *f*
<prim>. *rom: fr* pommade *it* pomata
es pomada *ro* pomadă *pt* pomada
ca pomada; *ger: de* Pomade *en* pomade
nl pommade *sv* pomada *no* pomade
da pomade; *sla: pl* pomada *ce* pomáda
sk pomáda *ru* помада *uk* помада
be памада *bg* помада *hr* pomada

sr помада *sl* pomade *mk* ни помадата;
f-u: ma pomádé *su* pomade *et* pumat;
bal: lt pomadować *lv* pomāde; *gal:*
cy pomade; *n. g.: ek* pomade, *mt* pomade,
tr pomat. *min. 32/603*

pontón *m* N̦ Ponton *m*
<prim>. *rom: fr* ponton *it* pontone
es pontón *ro* ponton *pt* pontão *ca* pontón;
ger: de Ponton *en* pontoon *nl* ponton
sv ponton *no* pontoon *da* ponton; *sla:*
pl ponton *ce* ponton *sk* pontón *ru* понтон
uk понтон *be* пантон *bg* понтон
hr ponton *sr* понтон *sl* pontona
mk понтон; *f-u: ma* ponton *su* ponttoni
et pontoon; *bal: lt* pontonas *lv* pontons;
gal: cy pontŵn; *n. g.: ek* pontoon,
mt puntun. *min. 31/598*

pony *m* ZOOL N̦ Pony *n*
<prim>. *rom: fr* poney *it* pony *es* poni
ro ponei *pt* pónei *ca* poni; *ger: de* Pony
en pony *nl* pony *sv* ponny; *sla: ce* poník
sk poník *ru* пони *uk* поні *be* поні
bg пони *hr* poni *sr* пони *mk* пони; *f-u:*
ma póni(ló) *su* poni *et* poni; *bal: lt* ponis
lv ponijs; *n. g.: el* πόνυ, *mt* poni.
min. 26/558

popul *m* N̦ Volk *n*
gen: póple <prim>. *rom: fr* peuple
it popolo *es* pueblo *ro* popor *pt* povo
ca poble; *ger: en* people; *n. g.:*
sh popull. *min. 8/249*

populár A̦ populär; Volks- *N!*
<prim>. *rom: fr* populaire *it* popolare
es poblar(◊) *ca* poblar◊; *ger: de* (populär)
en popular *nl* populaire *sv* populär; *sla:*
pl popularn◊ *ru* популярн◊ *bg* популярн◊
sl popularn◊; *n. g.: sh* popollor◊.
min. 13/476

popularité *f* N̦ Popularität *f*
gen: -téte <prim>. *rom: fr* popularité
it popolarità *es* popularidad *ro* popularitate

pt popularidade *ca* popularitat; *ger:*
de Popularität *en* popularity *nl* populariteit
sv popularitet *no* popularitet *da* popularitet;
sla: *pl* popularność *ce* popularita
sk popularita *ru* популярность
uk популярність *be* папулярнасць
bg популярност *hr* popularnost
sr популарност *sl* priljubljenost
mk популарноста; *f-u:* *et* populaarsus;
bal: *lt* populiarumas *lv* popularitāte; *n. g.:*
mt popolarità, *sh* popullaritet, *tr* popülerlik.
min. 29/584

populatión *f* Ⓝ Bevölkerung *f*
[ts] gen: -one <prim>. *rom:* *fr* population
it popolazione *es* población *ro* populaţie
pt poblação; *ger:* *de* (Population)
en population *nl* (populatie); *sla:*
pl populacja *ce* populace *ru* популяция;
n. g.: *mt* popolazzjoni. *min. 12/490*

por (1) Ⓟ für
<prim>. *rom:* *fr* pour *it* per *es* por *ca* per;
ger: *de* für *en* for *nl* voor *sv* för *no* for
da for *is* fyrir; *sla:* *ce* pro. *min. 12/362*

por (2) *m* Ⓝ Staub *m*
<prim>. *rom:* *fr* poussière *it* polvere
es polvo *ro* praf *pt* poeira *ca* pols; *ger:*
de (Puder) *en* (powder) *sv* (puder); *sla:*
pl pył *ce* prach *sk* prach *ru* порошок
be пыл *bg* прах *sr* прах *sl* proch
mk прах; *f-u:* *ma* por *su* pöly; *bal:*
lv putekli; *gal:* *br* poultr; *n. g.:*
sh pluhur. *min. 23/539*

"por quod" ⒾⓅⓇ warum
<prim>. *rom:* *fr* pourquoi *it* perche
es porqué *pt* por que; *sla:* *pl* dlaczego
sk prečo *ru* зачем *bg* защо *hr* zašto
sl zakaj; *f-u:* *ma* miért *su* miksi; *n. g.:*
el γιατί, *ek* zergatik, *tr* niçin. *min. 15/341*

porta *f* Ⓝ Pforte (!) *f*
<prim>. *rom:* *fr* porte *es* puerta *ro* poartă
pt portão *ca* porta; *ger:* *de* Pforte; *sla:*

bg порта *mk* порта; *f-u:* *su* portti; *n. g.:*
sh portë. *min. 10/251*

portál *m* Ⓝ Portal *n*
<prim>. *rom:* *fr* portail *it* portale *es* portal
ro portal *pt* portal *ca* portal; *ger:*
de Portal *en* portal *nl* portaal *sv* portal
no portal *da* portal; *sla:* *pl* portal
ce portál *sk* portál *ru* портал *uk* портал
be партал *bg* портал *hr* portal *sr* портал
sl portal *mk* портал; *f-u:* *ma* portál
su portaali *et* portaal; *bal:* *lt* portalas
lv portāls; *gal:* *cy* porth; *n. g.:* *ek* portal,
mt portal, *sh* portal. *min. 32/598*

portión *f* Ⓝ Portion *f*
[ts] gen: -one <prim>. *rom:* *it* porzione
es porción *ro* porţie *ca* porció; *ger:*
de Portion *en* portion *sv* portion *no* portion
da portion; *sla:* *bg* порция *sr* порција;
n. g.: *mt* porzjon. *min. 12/305*

Portugal *m* Ⓝ Portugal *n*
<ethno>. *rom:* *pt* Portugal.

portugés (1) *f* Ⓝ Portugiese *m*
<ethno>. *rom:* *pt* português.

Portugés (2) *m* Ⓝ Portugiesisch *(,~e*
Sprache)
<ethno>. *rom:* *pt* português.

portugés (3) *m* Ⓐ potugiesisch
<ethno>. *rom:* *pt* português.

portugéssa *f* Ⓝ Portugiesin *f*
<ethno>. *rom:* *pt* portuguêsa.

pós ⓐⓓⓥ danach
<prim>. *rom:* *fr* puis *it* poi *es* (pues)
pt pois; *ger:* *en* (past); *sla:* *pl* po
ru (поздно). *min. 7/330*

positión *f* Ⓝ Position *f*; Stellung *f*
[ts] gen: -one <prim>. *rom:* *fr* position
it posizione *es* posición *ro* poziţie
pt posição *ca* posició; *ger:* *de* Position

en position *nl* positie *sv* position
da position; <u>*sla:*</u> *pl* pozycja *ce* pozice
sk pozície *ru* позиция *bg* позиция
sr позиција *mk* позиција; <u>*f-u:*</u> *ma* pozíció
et positsioon; <u>*bal:*</u> *lt* pozicija; <u>*n. g.:*</u>
mt pożizzjoni, *sh* pozicion, *tr* pozisyon.
min. 24/554

possibil [A] möglich
<ang>. <u>*rom:*</u> *fr* possible *it* possibile
es posible(◊) *ro* posibil; <u>*ger:*</u> *en* possible;
<u>*gal:*</u> *br* posupl; <u>*n. g.:*</u> *mt* possibbli.
min. 7/235

postulát *m* SCI [N] Postulat *n*
<prim>. <u>*rom:*</u> *fr* postulat *it* postulato
es postulado *ro* postula *pt* postulado
ca postulat; <u>*ger:*</u> *de* Postulat *en* postulate
nl postulaat *sv* postulat *no* postulatet
da postulat; <u>*sla:*</u> *pl* postulat *ce* postulát
sk postulát *ru* постулат *uk* постулат
be пастулат *bg* постулат *hr* postulat
sr постулат *sl* postulat *mk* постулат; <u>*f-u:*</u>
ma posztulátum; <u>*bal:*</u> *lt* postulatas
lv postulāts; <u>*n. g.:*</u> *sh* postulat.
min. 27/590

potentiąl *m* [N] Potenzial *n*
[ts] <prim>. <u>*rom:*</u> *fr* potenciel
it potenziale *es* potencial *ro* potenţial;
<u>*ger:*</u> *de* potenziell *en* potential
da potentielle; <u>*sla:*</u> *ce* potenciální
ru потенциал *be* патэнцыял
bg потенциал; <u>*n. g.:*</u> *mt* potenzjal,
tr potansiyel. *min. 13/448*

pǫtok *m* [N] Bach *m*
gen: ~e, pl: pǫtoces, gen-pl: pǫtocen
<prim>. <u>*ger:*</u> *de* Bach *en* brook *nl* beek
sv bäck *no* bekk; <u>*sla:*</u> *pl* potok *ce* potok
ru (поток) *bg* поток *hr* potok; <u>*f-u:*</u>
ma patak *su* puro. *min. 12/351*

potręba *f* [N] Bedürfnis (2) *n*
po-treb +↑treba. <prim>. <u>*rom:*</u>
ro trebuinţă; <u>*ger:*</u> *de* Bedarf; <u>*sla:*</u>

pl potrzeba *ce* potřeba *sk* potreba
sb potrjeba *uk* потреба *be* патрэба
bg потреба *hr* potreba *sr* потреба
sl potreba *mk* потреба. *min. 13/226*

potręben [A] notwendig (2)
comp: -ębner, adv: -ębno, po-treb +↑treba.
<cont>. <u>*sla:*</u> *pl* potrzebn◊ *ce* potřebn◊
sk potrebn◊ *sb* potřebn◊ *ru* потребн◊
be патрэбн◊ *bg* потребн◊ *hr* potrebn◊
sr потребн◊ *sl* potrebn◊. *min. 10/169*

potrębnost *f* [N] Notwendigkeit *f*
po-treb +↑treba. <prim>. <u>*rom:*</u>
ro trebuinţă; <u>*ger:*</u> *de* Bedürfnis; <u>*sla:*</u>
pl (potrzebność) *ce* potřebnost
sk potrebnost *sb* potřebność
ru потребность *be* патрэбнасць
bg потребност *hr* potrebnost
sr потребност *sl* potrebnost. *min. 12/284*

potrebovąn *a/c+* [V] bedürfen; brauchen; benötigen
potrebuj-, ppp: potrebíd +↑treba. <prim>.
<u>*rom:*</u> *ro* trebui; <u>*ger:*</u> *de* bedürfen; <u>*sla:*</u>
pl potrzebować *ce* potřebovat
sk potrebovať *sb* potrjebować
ru потребовать *be* патрабаваць
bg трябвам *hr* potrebovati *sr* потребовати
sl potrebovati. *min. 12/284*

pǫttashé *f* [N] Pottasche *f*
<prim>. <u>*rom:*</u> *fr* potasse *it* potassa
es potasa *ro* potasă *pt* potassa *ca* potassa;
<u>*ger:*</u> *de* Pottasche *en* potash *nl* potas; <u>*sla:*</u>
pl potaż *ce* potaš *sk* potaš *ru* поташ
uk поташ *be* поташ *bg* поташ *hr* potaša
sr поташа *mk* поташа; <u>*f-u:*</u> *su* potaska
et potas; <u>*bal:*</u> *lt* potašas *lv* potašs; <u>*n. g.:*</u>
el ποτάσσα, *sh* potasë, *tr* potas.
min. 26/581

prąktic [A] praktisch
comp: -icer [ts], adv: ~no <prim>. <u>*rom:*</u>
fr pratique *it* pratic◊ *es* práctic◊ *ro* practic
pt pratic◊ *ca* pràctic◊; <u>*ger:*</u> *de* praktisch

en practical *sv* praktisk *no* praktisk
da praktisk; *sla:* *pl* praktyczn◊
ce praktick◊ *sk* praktick◊ *ru* практическ◊
uk практичн◊ *be* практычн◊
bg практичн◊ *hr* praktičk◊
sr практичн◊ *sl* praktičn◊ *mk* практичн◊;
f-u: *ma* praktikus *et* praktiliselt; *bal:*
lt praktišk◊ *lv* praktisk◊; *gal:*
ga praiticiúil; *n. g.:* *el* πρακτικ◊,
mt prattik, *tr* pratik. *min. 30/589*

praktica / praxis *f* N Praxis *f*

gen: -ce [ts] <prim>. *rom:* *fr* pratique
it pratica *es* práctica *ro* practică *pt* prática
ca pràctica; *ger:* *de* Praxis *en* practice
nl praktijk *sv* praxis *no* praksis *da* praksis;
sla: *pl* praktyka *ce* praxe *sk* prax
ru практика *uk* практика *be* практыка
bg практика *hr* praksa *sr* пракса
mk пракса; *f-u:* *et* praktika; *bal:*
lt praktika *lv* prakse; *n. g.:* *el* πρακτική,
ek praktika, *mt* prattika, *sh* praktikë.
min. 29/591

pré(d) P vor

<prim>. *rom:* *it* prima; *sla:* *pl* przed
ce před *sk* pred *sb* před *ru* перед *uk* пид
be перад *bg* пред *hr* prije *sr* пре *sl* pred
mk пред; *bal:* *lt* prieš *lv* pirms; *n. g.:*
el πριν, *sh* para. *min. 17/258*

précis A präzise

<prim>. *rom:* *fr* précis *it* precis◊
es precis◊ *ro* precis; *ger:* *de* präzise
en precise *da* præcise; *sla:* *ce* přesn◊
ru (прецизионн◊) *bg* прецизн◊; *n. g.:*
mt preciża. *min. 11/433*

préparán (sé) V vorbereiten (sich ~)

<ang>. *rom:* *fr* (se) préparer
it preparar(e/si) *es* preparar(se) *ro* (se)
prepara *pt* preparar(-se) *ca* preparar(-se);
ger: *en* prepare; *sla:* *ce* připravit; *n. g.:*
mt -prepara. *min. 9/259*

préparatión *f* N Vorbereitung *f*

[ts] gen: -one <ang>. *rom:* *fr* préparation
it preparazione *es* preparación; *ger:*
de (Präparat) *en* preparation; *sla:*
ce příprava *ru* препарирование
bg подготовка; *n. g.:* *mt* preparazzjoni.
min. 9/410

préparéren *c-* SCI V präparieren

<prim>. *rom:* *fr* préparer *it* preparare
es preparar *pt* preparar *ca* preparar; *ger:*
de präparieren *en* prepare; *sla:*
ce připravit *ru* препарировать
bg препарирам; *n. g.:* *mt* -prepara.
min. 11/424

préposition *f* GRAM N Präposition *f*

<prim>. *rom:* *fr* préposition
it preposizione *es* preposición *ro* prepoziție
pt preposição *ca* preposició; *ger:*
de Präposition *en* preposition
sv preposition *no* preposisjon
da præposition; *f-u:* *su* prepositio; *n. g.:*
ek preposizioa, *mt* prepożizzjoni.
min. 14/368

présencea *f* N Anwesenheit *f*; Präsenz
f

[tsa] <prim>. *rom:* *fr* présence *it* presenza
es presencia *ro* prezența; *ger:* *de* Präsenz
en presence *da* presens; *sla:*
ru презентность; *n. g.:* *mt* preżenza.
min. 9/413

présent A anwesend; präsent; Gegen-
wart

<prim>. *rom:* *fr* présent *it* presente
es presente *ro* prezent; *ger:* *de* präsent
en present; *n. g.:* *mt* preżenti. *min. 7/330*

présentatión *f* N Präsentation *f*

[ts] gen: -one <prim>. *rom:*
fr présentation *it* presentazione
es presentación *ro* prezentare
pt apresentação *ca* presentació; *ger:*
de Präsentation *en* presentation

nl presentatie *sv* presentation
no presentasjon *da* præsentation; *sla:*
pl prezentacja *ce* představení
ru презентация *uk* презентація
be прэзентацыя *bg* презентация
hr prezentacija *sr* презентација
mk презентација; *n. g.:* *mt* preżentazzjoni,
sh prezantim. *min. 23/566*

présentéren *c-* Ⅴ präsentieren

<prim>. *rom:* *fr* présenter *it* presentare
es presentar *ro* prezenta *ca* presentar; *ger:*
de präsentieren *en* to present
nl presenteeren; *sla:* *sb* prezentować
ru презентовать *bg* презентирам; *n. g.:*
mt preżenti. *min. 12/444*

pressé *f* MECH Ⅳ Presse *f*

<prim>. *rom:* *fr* presse *es* prensa
ro presa; *ger:* *de* Presse *en* press *nl* pers
sv press *da* presse; *sla:* *ru* пресс *uk* прес
bg преса *hr* preša *sr* преса; *f-u:* *ma* prés
su puserrin. *min. 15/452*

préterit *m* GRAM Ⅳ Präteritum *n*

<prim>. *rom:* *fr* prétérit *it* preterito
es pretérito *ro* preterit *pt* pretérito
ca pretèrit; *ger:* *de* Präteritum *en* preterite
sv preteritum *no* preteritum *da* præteritum;
sla: *pl* praeteritum *ru* претерит *uk* претер
be претерит; *f-u:* *su* preteriti; *n. g.:*
mt preterite. *min. 17/517*

pri Ⓟ bei (2) *(~ der Bedingung)*; neben; trotz

<prim>. *rom:* *fr* (près); *sla:* *pl* przy
ce při *ru* при *uk* при *be* при *bg* при
sl pri; *bal:* *lt* pas *lv* (pie). *min. 10/242*

primár Ⓐ erstrangig; primär

<prim>. *rom:* *fr* (premier) *it* (primari◊)
es primari◊ *ro* primar; *ger:* *de* primär
en primary; *f-u:* *su* primaarinen.
min. 7/335

primárno adv in erster Linie

<prim>. *rom:* *fr* (premièrement)
it (primario) *es* primeramente; *ger:*
de primär *da* primært; *sla:* *ce* především;
f-u: *su* primaarinen; *n. g.:*
mt primarjament. *min. 8/268*

princíp *m* Ⓝ Prinzip *n*

gen: -ipe <prim>. *rom:* *fr* principe
it principio *es* principio *ro* principiu; *ger:*
de Prinzip *en* principle *da* princip; *sla:*
ce princip *ru* принцип *bg* принцип; *n. g.:*
mt prinċipju. *min. 11/433*

printer *m* Ⓝ Drucker *m*

<prim>. *ger:* *en* printer *nl* printer
da printeren *is* prentara; *sla:* *ru* принтер
uk принтер *be* прынтэр *bg* принтер; *f-u:*
et printerid; *bal:* *lv* printeri; *gal:*
ga printéir; *n. g.:* *sh* printer. *min. 12/207*

probán Ⓥ versuchen; probieren

<prim>. *rom:* *fr* éprouver *it* (provare);
ger: *de* probieren *da* prøve; *sla:*
pl próbować *ru* пробовать *bg* пробвам;
n. g.: *mt* -pruva. *min. 8/343*

problema *n* Ⓝ Problem *n*

<prim>. *rom:* *fr* problème *it* problema
es problema *ro* problemă *pt* problema
ca problema; *ger:* *de* Problem *en* problem
nl probleem *sv* problem *no* problem
da problem; *sla:* *pl* problem *ce* problém
sk problém *ru* проблема *uk* проблема
be праблема *bg* проблем *hr* problem
sr проблем *sl* problem *mk* проблем; *f-u:*
ma probléma *su* probleema *et* probleem;
bal: *lt* problema *lv* problēma; *gal:*
cy problem; *n. g.:* *el* πρόβλημα,
mt problema, *sh* problem, *tr* problem.
min. 33/613

problématic Ⓐ problematisch

comp: -áticer [ts], adv: áticno <prim>.
rom: *fr* problématique *it* problematic◊
es problemátic◊ *ro* problematic

pt problemátic◊ *ca* problemàtic◊; *ger:*
de problematisch *en* problematic
nl problematisch *sv* problematisk
no problematisk *da* problematisk; *sla:*
pl problematyczn◊ *ce* problematick◊
sk problematick◊ *ru* проблематичн◊
uk проблематичн◊ *be* праблематычн◊
bg проблематичн◊ *hr* problematičn◊
sr проблематичн◊ *sl* problematičn◊
mk проблематичн◊; *f-u:*
ma problematikus *su* problemaattinen
et problemaatiline; *bal:* *lt* problemišk◊
lv problemātisk◊; *gal:* *cy* broblematig;
n. g.: *el* προβληματικ◊, *ek* problematikoa,
mt problematik, *sh* problematik◊.
min. 33/610

procédura *f* Ⓝ Verfahren *n*; Prozedur *f*
<prim>. *rom:* *fr* procedure *it* procedura
ro procedură; *ger:* *de* Prozedur
en procedure; *sla:* *pl* procedura
ru процедура *bg* процедура; *f-u:*
su prosessi; *n. g.:* *mt* proċedura,
tr prosedür. *min. 11/430*

procent *m* Ⓝ Prozent *n*
<prim>. *rom:* *fr* pourcent *it* percento
es por ciento; *ger:* *de* Prozent *sv* procent
no prosent *da* procent; *sla:* *pl* procent
ce procento *ru* процент *be* працэнт
bg процент *sr* проценат *mk* проценти;
f-u: *su* prosentti *et* protsent; *bal:*
lt procentas *lv* procents. *min. 18/439*

process *m* Ⓝ Prozess *m*
<prim>. *rom:* *fr* processus *it* processo
es proceso *ro* proces *pt* processo
ca procés; *ger:* *de* Prozess *en* process
nl procede *sv* process *no* prosess
da proces; *sla:* *pl* proces *ce* proces
sk proces *ru* процесс *uk* процес
be працэс *bg* процес *hr* proces *sr* процес
mk процес; *f-u:* *su* prosessi *et* protsess;
bal: *lt* procesas *lv* process; *gal:* *cy* proses

ga próiseas; *n. g.:* *ek* prozesua,
mt proċess, *sh* proces. *min. 31/584*

proclamation *f* Ⓝ Proklamation *f*
[ts] gen: -one <prim>. *rom:*
fr proclamation *it* proclamazione
es proclamación *ro* proclamație
pt proclamação *ca* proclamació; *ger:*
de Proklamation *en* proclamation
nl proclamatie *sv* proklamation
no proklamasjon; *sla:* *ce* proklamace
sk proklamácie *ru* прокламация
bg прокламация; *n. g.:*
mt proklamazzjoni. *min. 16/484*

prodan Ⓥ verkaufen
<cont>. *sla:* *pl* sprzedać *ce* prodat
sk predať *ru* продать *be* прадаць
bg продавам *hr* prodati *sr* продати
sl prodati *mk* продам; *f-u:* *ma* "eladni";
bal: *lt* parduoti *lv* pārdot. *min. 13/188*

produceren *c-* Ⓥ herstellen;
produzieren
<prim>. *rom:* *fr* produire *it* produrre
es producir *ro* produce *ca* produir; *ger:*
de produzieren *en* produce *nl* produceeren
no produsere *da* producere; *sla:*
ce produkce *sb* produkować
ru продуцировать *bg* продуцирам; *gal:*
br produiñ; *n. g.:* *mt* -producu.
min. 16/462

product *m* Ⓝ Produkt *n*
<prim>. *rom:* *fr* produit *it* prodotto
es producto *ro* produs *pt* produto
ca producte; *ger:* *de* Produkt *en* product
nl product *sv* produkt *da* produkt; *sla:*
pl produkt *ce* produkt *sk* produkt
ru продукт *uk* продукт *be* прадукт
bg продукт *hr* proizvod; *bal:* *lt* produktas
lv produkts; *n. g.:* *ek* produktua,
mt prodott, *sh* produkt. *min. 24/563*

productión *f* ☒ Herstellung *f*; Produktion *f*

[ts] gen: -one \<prim\>. *rom: fr* production *it* produzione *es* producción *ro* producere *pt* produção *ca* producció; *ger:* *de* produktion *en* production *nl* productie *no* produksion *da* produktion; *sla:* *pl* produkcja *ru* продукция *bg* производство *sl* produkcija; *f-u:* *ma* produkció; *n. g.:* *mt* produzzjoni. *min. 17/516*

productív ☒ produktiv

\<prim\>. *rom: fr* productif *it* produttiv◊ *es* productiv◊ *ro* productiv *ca* productiv◊; *ger:* *de* produktiv *en* productive *nl* productief *no* produktiv *da* produktiv; *sla:* *sb* produktiwn◊ *ru* продуктивн◊ *bg* продуктивн◊; *f-u:* *ma* produktív; *n. g.:* *mt* produttivi. *min. 15/464*

productivité *f* ☒ Produktivität *f*

gen: -téte \<prim\>. *rom: fr* productivité *it* produttività *es* productividad *ro* productivitate *ca* productivitat; *ger:* *de* produktivität *en* productivity *nl* productiviteit *no* productivitet *da* produktivitet; *sla:* *ce* produktivita *sb* produktiwita *ru* продуктивность *bg* производителност; *f-u:* *ma* produktivitás; *n. g.:* *mt* produttività. *min. 16/474*

profán ☒ profan

\<prim\>. *rom: fr* profane *it* profan◊ *es* profan◊ *ro* profan *pt* profan◊ *ca* profà; *ger:* *de* profan *en* profane *nl* profaan *sv* profan; *sla:* *bg* профан *sr* профн◊ *sl* profan◊ *mk* профанн◊; *f-u:* *ma* profán *su* profaani; *n. g.:* *ek* profanoak. *min. 17/414*

professor *m* ☒ Professor *m*

\<prim\>. *rom: fr* professeur *it* professore *es* profesor *ro* profesor *pt* profesor *ca* professor; *ger:* *de* professor *en* professor *nl* professor *no* professor *da* professor; *sla:* *pl* profesor *ce* profesor *ru* профессор *bg* професор *hr* profesor *sl* profesor; *f-u:* *ma* professzor *su* professori; *n. g.:* *mt* professur, *tr* profesör. *min. 21/539*

profét *m* ☒ Prophet *m*

\<prim\>. *rom: fr* prophète *it* profeta *es* profeta *ro* profet *pt* profeta *ca* profeta; *ger:* *de* Prophet *en* prophet *nl* profeet *sv* profet *no* profet *da* profet; *f-u:* *ma* próféta *su* profeetta *et* prohvet; *bal:* *lv* pravietis; *gal:* *cy* proffwyd; *n. g.:* *el* προφήτης, *ek* profeta, *mt* profeta, *sh* profet. *min. 21/416*

prognósé *f* ☒ Prognose *f*

\<prim\>. *rom: ro* prognoză; *ger:* *de* Prognose *nl* prognose *sv* prognos *da* prognose; *sla:* *pl* prognoza *ru* прогноз *uk* прогноз *be* прагноз *bg* прогноза *hr* prognoza *sr* прогноза *mk* прогноза; *bal:* *lt* prognozè *lv* prognoze; *n. g.:* *el* πρόγνωση. *min. 16/339*

programma *n* ☒ Programm *n*

gen: ~me \<prim\>. *rom: fr* programme *it* programma *es* programa *ro* program *pt* programa *ca* programa; *ger:* *de* Programm *en* program *nl* programma *sv* program *no* program *da* program; *sla:* *pl* program *ce* program *sk* program *ru* программа *uk* програма *be* праграма *bg* програма *hr* program *sl* program *mk* програма; *f-u:* *ma* program *et* programm; *bal:* *lt* programos *lv* programma; *n. g.:* *el* πρόγραμμα, *ek* programa, *mt* program, *sh* program, *tr* program. *min. 31/602*

project *m* ☒ Projekt *n*

\<prim\>. *rom: fr* projet *it* progetto *es* proyecto *ro* proiect *pt* projeto

ca projecte; _ger:_ de Projekt _en_ project
_nl_ project _sv_ projekt _no_ prosjekt
_da_ projekt; _sla:_ _pl_ projekt _ce_ projekt
_sk_ projekt _sb_ projekt _ru_ проект _uk_ проект
_be_ праект _bg_ проект _hr_ projekt
_sr_ пројекат _sl_ projekt _mk_ проект; _f-u:_
_ma_ projekt _su_ projekti _et_ projekt; _bal:_
_lt_ projektas _lv_ projekts; _gal:_ _cy_ prosiect;
_n. g.:_ _ek_ proiektu, _mt_ proġett, _sh_ projekt,
_tr_ proje. _min. 34/603_

promenąda _f_ Ⓝ Promenade _f_
<prim>. _rom:_ _fr_ promenade
_ro_ promenadă; _ger:_ de Promenade
_en_ promenade _nl_ promenade _sv_ promenade
_no_ promenade _da_ promenade; _sla:_
_ce_ promenáda _sk_ promenáda _sb_ promenada
_bg_ променада; _f-u:_ _su_ promenadi
_et_ promenaad; _bal:_ _lv_ promenāde; _gal:_
_cy_ promenâd _ga_ phromanáid; _n. g.:_
_ek_ promenade, _mt_ promenade. _min. 19/313_

pronọm _m_ Ⓝ Pronomen _n_; Fürwort _n_
<prim>. _rom:_ _fr_ pronom _it_ pronome
_es_ pronombre _ro_ pronume; _ger:_
_de_ Pronomen _en_ pronoun _da_ pronominer,
stedord; _sla:_ _ru_ прономинáция; _f-u:_
_su_ pronomini; _n. g.:_ _mt_ pronomi.
min. 10/418

pronunciąn Ⓥ aussprechen
<ang>. _rom:_ _fr_ prononcier _it_ pronunciare
_es_ pronunciar _ro_ pronunţa _pt_ pronunciar
_ca_ pronunciar; _ger:_ _en_ pronounce; _sla:_
_bg_ произнасявм. _min. 8/259_

pronunciatiọn _f_ Ⓝ Aussprache _f_
[ts] gen: -ọne <ang>. _rom:_
_fr_ prononciation _it_ pronuncia
_es_ pronunciación _ro_ pronunţie
_ca_ pronunciació; _ger:_ _en_ pronounciation;
_n. g.:_ _mt_ pronunzja. _min. 7/239_

proportiọn _f_ Ⓝ Proportion _f_
[ts] gen: -ọne <prim>. _rom:_ _fr_ proportion
_it_ proporzione _es_ proporción _ro_ proporţie

_pt_ proporção _ca_ proporció; _ger:_
_de_ Proportion _en_ proportion _nl_ proportie;
sla: _bg_ пропорция _hr_ proporcija
_sr_ пропорција; _n. g.:_ _ek_ proportzioa,
_mt_ proporzjon. _min. 14/388_

propriétẹ _f_ Ⓝ Besitz _m_; Eigentum _n_
gen: -tẹte <ang>. _rom:_ _fr_ propriété
_it_ proprietà _es_ propiedad _ro_ proprietate
_pt_ propriedade _ca_ propietat; _ger:_
_en_ property. _min. 7/249_

prosῐn (1) Ⓥ bitten
<cont>. _sla:_ _pl_ (po)prosić _ce_ prosit
_sb_ prosyć _ru_ (по)просить _hr_ prositi.
min. 5/134

prosῐn (2) Ⓥ fragen
<cont>. _sla:_ _pl_ (prosić) _ce_ (prosit)
_sb_ (prosyć) _ru_ спросить _hr_ (prositi); _bal:_
_lt_ (pa)prašiti. _min. 6/137_

prothẹsé _f_ Ⓝ Prothese _f_
gen: ~e <prim>. _rom:_ _fr_ prothèse
_it_ protesi _es_ prótesis _ro_ proteză _pt_ prótese
_ca_ pròtesis; _ger:_ de Prothese _en_ prosthesis
_nl_ prothese _sv_ protes _no_ protese
_da_ protese; _sla:_ _pl_ proteza _ce_ protéza
_sk_ protéza _ru_ протез _uk_ протез _be_ пратэз
_bg_ протеза _hr_ proteza _sr_ протеза
_sl_ proteza _mk_ протеза; _f-u:_ _ma_ protézis
_su_ proteesi _et_ protees; _bal:_ _lt_ protezas
_lv_ protēze; _gal:_ _cy_ prosthesis
_ga_ próistéise; _n. g.:_ _el_ πρόθεση,
_ek_ protesia, _mt_ proteżi, _sh_ protezë,
_tr_ protez. _min. 35/615_

protiv Ⓟ gegen
<cont>. _sla:_ _pl_ przeciw _ce_ proti _sk_ protiv
_sb_ přećiwo _ru_ против _bg_ против _hr_ protiv
_sr_ против _sl_ protiv _mk_ против.
min. 10/161

provénięncea _f_ Ⓝ Herkunft _f_
[tsa], gen: -ce <prim>. _rom:_ _fr_ provenence
_it_ provenienza _es_ proveniencia

ca proveniencia; *ger:* *de* provenienz
en provenience; *sla:* *ce* původ. *min. 7/324*

providén Ⓥ bereit stellen
<ang>. *rom:* *fr* pourvoir *it* provvedere
es proveer *ro* prevedea *pt* prover
ca proveir; *ger:* *en* provide. *min. 7/249*

pseudoným *m* Ⓝ Pseudonym *n*
gen: -nyme <prim>. *rom:* *fr* pseudonyme
it pseudonimo *es* seudónimo *ro* pseudonim
pt pseudônimo *ca* pseudònim; *ger:*
de Pseudonym *en* pseudonym
nl pseudoniem *sv* pseudonym
no pseudonym *da* pseudonym; *sla:*
pl pseudonim *ce* pseudonym *sk* pseudonim
ru псевдоним *uk* псевдонім *be* псеўданім
bg псевдоним *hr* pseudonim
sr псеудоним *mk* псевдоним; *f-u:* *et* pseudonüüm; *bal:*
lt pseudonimas *lv* pseidonīms; *n. g.:*
el ψευδώνυμο, *ek* pseudonomino,
mt psewdonimu, *sh* pseudonim, *tr* takma
ad. *min. 31/598*

psyché *f* Ⓝ Psyche *f*
[k], gen: ~e <prim>. *rom:* *fr* psyche
it psiche *es* psyche *ro* psihicul *pt* psique
ca psyche; *ger:* *de* Psyche *en* psyche
nl psyche *da* psyke; *sla:* *pl* psyche
ce psyché *sk* psyché *ru* психика
uk психея *be* псіхея *bg* психика *hr* psiha
sr психа *sl* psycha *mk* психа; *f-u:*
ma psziché *su* psyyke *et* psüühika; *bal:*
lt psichè *lv* psihe; *n. g.:* *el* ψύχη,
sh psikikë. *min. 28/593*

psychiater *m* Ⓝ Psychiater *m*
[k], gen: -átre <prim>. *rom:* *fr* psychiatre
it psichiatra *es* psiquiatra *ro* psihiatru
pt psiquiatra *ca* psiquiatre; *ger:*
de Psychiater *en* psychiatrist *nl* psychiater
sv psykiater *no* psykiater *da* psykiater;
sla: *pl* psychiatra *ce* psychiatr
sk psychiater *ru* психиатр *uk* психіатр

be псіхіятр *bg* психиатър *hr* psihijatar
sr психијатар *sl* psihiater *mk* психијатар;
f-u: *ma* pszichiáter *su* psykiatri
et psühhiaater; *bal:* *lt* psichiatras
lv psihiatrs; *gal:* *ga* síciatraí; *n. g.:*
el ψυχίατρος, *ek* psikiatra, *mt* psikjatra,
sh psikiatër, *tr* psikiyatrist. *min. 34/615*

psychológ *m* Ⓝ Psychologe *m*
[k] <prim>. *rom:* *fr* psychologue
it psicologo *es* psicólogo *ro* psiholog; *ger:*
de Psychologe *en* psychologist
da psykolog; *sla:* *pl* psycholog
ce psycholog *ru* психолог *bg* психолог;
f-u: *su* psykologi; *n. g.:* *mt* psikologu,
tr psikolog. *min. 14/483*

public *m* Ⓝ Öffentlichkeit *f*; Publikum *n*
<prim>. *rom:* *fr* public *it* pubblico
es público *pt* público; *ger:* *de* Publikum
en (public) *sv* publik; *sla:* *pl* publiczność
ce publikum *sk* publikum *ru* (публичн◊)
bg публичн◊ *hr* publika *sr* публика
mk публика; *f-u:* *et* publik; *bal:*
lv publika. *min. 17/493*

publicité *f* Ⓝ Öffentlichkeitsarbeit *f*
gen: -téte <ang>. *rom:* *fr* publicité
it pubblicità *es* publicidad; *ger:*
en publicity; *sla:* *ru* публичность
bg публична работа; *n. g.:* *mt* pubbliċità.
min. 7/305

puls *m* Ⓝ Puls *m*
<prim>. *rom:* *fr* impulsion *it* impulso
es pulso *ro* puls *pt* pulso *ca* pols; *ger:*
de Puls *en* pulse *nl* pols *sv* puls *no* puls
da puls; *sla:* *pl* puls *ce* puls *sk* pulz
ru пульс *uk* пульс *be* пульс *bg* пулс
hr puls *sr* пулс *mk* пулс; *f-u:* *ma* pulzus
su pulssi *et* pulss; *bal:* *lt* pulsas *lv* pulss;
n. g.: *ek* pultsu, *sh* puls. *min. 29/596*

púr Ⓐ rein (1); pur
comp: purer, adv: púrno <prim>. *rom:*
fr pure *it* pur◊ *es* pur◊ *ro* pur *ca* pur◊;

ger: de pur en pure; sla: ce pouz◊
ru (пуризм); f-u: su puhtaasti; n. g.:
mt puri. min. 11/429

pustoshín, ez~ ⟨V⟩ verheeren
<prim>. rom: ro pustii; sla: pl pustoszyć
ce pustošit sk spustošiť ru опустошать
uk спустошувати bg опустошавам
hr opustošiti sr опустошити sl opustošiti;
f-u: ma (el)pusztítani; bal: lv izpostīt.
min. 12/213

quam ⟨iPr⟩ wie; als
+↑qu-. <prim>. rom: fr comme it come
es cómo ro ca pt como ca com; ger:
da som; sla: bg като hr kao sr као; f-u:
su kuinka; n. g.: mt kif. min. 12/219

quand ⟨iPr⟩ wenn (2) (zeitlich); wann
+↑qu-. <prim>. rom: fr quand it quando
es cuando ro când ca quand; ger:
de wann; sla: pl kiedy ru когда
hr kad(a); f-u: su kun; bal: lt kada
lv kad; gal: br pa ga caithin; n. g.:
sh kur. min. 15/408

quantificéren c- ⟨V⟩ quantifizieren (in
Zahlen ausdrücken)
<prim>. rom: fr quantifier it quantificare
es cuantificar ro cuantifica; ger:
de quantifizieren en quantify
da kvantificere; sla:
ru квантифицировать; n. g.:
mt -kwantifika. min. 9/413

quartek m ⟨N⟩ Donnerstag m
+↑kter. <cont>. sla: pl czwartek
ce čtvrtek sk štvrtok uk четвер hr četvrtak
sr четвртак sl četrtek mk четврток; f-u:
ma csütörtök et "neljapäev"; bal:
lt ketvirta(dienis) lv ceturt(diena).
min. 12/109

quartz m ⟨N⟩ Quarz m
<prim>. rom: fr quartz it quarzo
es cuarzo ro cuarț pt quartzo ca quars;

ger: de Quarz en quartz nl quartz sv quats
no quarts da quartz; sla: pl kwarc
sb kwarc ru кварц bg кварц hr kvarc
sr кварц mk кварц; f-u: ma kvarc
su kvartsi et kvarts; bal: lt kvarc lv kvarc;
gal: br kouarz; n. g.: mt kwarz, tr kuvars.
min. 27/554

que ⟨C⟩ dass
<prim>. rom: fr que it che ro că; sla:
bg че. min. 4/145

quel ⟨iPr⟩ welche(r, ~s)
+↑qu-. <prim>. rom: fr quel◊ it quale
es cual ro care pt qual ca qual; ger:
de welche(◊) nl welk sv vilk no vilke
da hvilke is hvílíkur; sla: bg кои(то);
gal: br pe. min. 14/332

questión f ⟨N⟩ Frage f
gen: -one <prim>. rom: fr question
it questione es cuestión ro chestiune
pt questão; ger: en question nl kwestie;
sla: pl kwestia; f-u: su kysymys
et küsitlus; n. g.: sh çështje. min. 11/311

qui ⟨iPr⟩ wer
+↑qu-. <prim>. rom: fr qui it chi
es quién ro cine ca qui; ger: nl wie; sla:
pl kto bg кой; f-u: ma ki su kuka et kes
sm gii, bal: lt kas; gal: br po ga oój;
n. g.: sh cili, tr kim. min. 17/275

quittéring f ⟨N⟩ Quittung f
<prim>. rom: it quietanza; ger:
nl kwitantie sv kvitto no kvittering
da kvittering is kvittun; sla:
ru квитанция; f-u: su kuitti et kviitung;
bal: lv kvīts. min. 10/176

quod ⟨iPr⟩ was
+↑qu-. <prim>. rom: fr quoi es qué
ro cât ca quin; ger: de was en what
nl wat da hvad; sla: pl co ru что
bg какво; bal: lt ką lv kas; gal: ga cad
{reg}; n. g.: sh çka. min. 15/442

quọlik iPᴦ wieviel

+gen +↑qu-. <cont>. *sla:* *ce* kolik
sk koľko *sb* kelko *ru* (с)колько *uk* скільки
bg колко *hr* koliko *sr* колико *sl* koliko
mk колку. *min. 10/141*

quór iPᴦ wo

 +↑qu-. <prim>. *ger:* *en* where *nl* waar
sv var *no* hvor *da* hvor *is* hvar; *bal:*
lt kur *lv* kur; *gal:* *ga* cá; *n. g.:* *sh* ku.
min. 10/104

rąbia *f* N̄ Wut *f*

<prim>. *rom:* *fr* rage *it* rabbia *es* rabia
ro rabie *pt* raiva *ca* ràbia; *ger:* *de* (Rage)
en rage; *f-u:* *su* raivo *et* raev; *n. g.:*
mt rabja. *min. 11/350*

rabọta *f* N̄ Arbeit *f*

<cont>. *ger:* *de* (Roboter) *en* (robot);
sla: *pl* robota *sk* robota *sb* robota
ru работа *uk* работа *be* работа *bg* работа.
min. 9/320

rád (1) *m* N̄ Rat *m*; Ratschlag *m*

<prim>. *ger:* *de* Rat *nl* raad *sv* rådet
no rådet *da* rådet *is* ráðsins; *sla:* *pl* rada
ce rada *sk* rada *uk* рада. *min. 10/208*

rád (2) Ⓐ froh

<cont>. *sla:* *pl* rad◊ *ce* rád◊ *sk* rád◊
sb radostn◊ *ru* рад◊ *uk* рад◊ *be* рад◊
bg радостн◊ *hr* radostn◊ *sr* радостн◊
mk радосн◊. *min. 11/189*

radiạtor *m* N̄ Heizkörper *m*

<prim>. *rom:* *fr* radiateur *it* radiatore
es radiador *ro* radiator *pt* radiador
ca radiador; *ger:* *de* Radiator *en* radiator
nl radiator *sv* radiator *no* radiator
da radiator; *sla:* *ce* radiátor *sk* radiátor
ru радиатор *uk* радіатор *be* радыятар
bg радиатор *hr* radijator *sr* радијатор
sl radiator; *f-u:* *ma* radiátor *et* Radiaator;
bal: *lt* radiatorius *lv* radiators; *gal:*
cy rheiddiadur *ga* radaitheora; *n. g.:*

ek erradiadoretik, *mt* radjatur, *sh* radiator,
tr radyatör. *min. 31/556*

rądiz (1) *f* ʙᴏᴛ N̄ Wurzel (1) *f*

<prim>. *rom:* *fr* racine *it* radice *es* raíz
ro rădăcină *pt* raiz; *ger:* *en* root; *bal:*
lv (rācenis); *n. g.:* *el* ρίζα, *sh* rrënjë.
min. 9/259

rądiz (2) *f* sʏᴍʙ N̄ Wurzel (2) *f (auch
 symbolisch)*

<prim>. *rom:* *fr* racine *it* radice *es* raíz
ro rădăcină *pt* raiz; *ger:* *en* root; *sla:*
pl (ród) *ru* (род) *bg* (род); *bal:*
lv (rācenis); *n. g.:* *el* ρίζα, *sh* rrënjë.
min. 12/389

rądost *f* N̄ Freude *f*

<cont>. *sla:* *pl* radość *ce* radost *sk* radost
sb radość *ru* радость *uk* радость *be* радост
bg радост *hr* radost *sr* радост *sl* radost
mk радост. *min. 12/191*

radovạn (sé) *a/c+* Ⓥ freuen (sich ~)
 (1)

raduj- +↑-ován→-uje-. <cont>. *sla:*
pl uradować (się) *ce* radovat (se)
sk radovať (sa) *sb* (so) radować
ru радовать(ся) *be* радавац(ца) *bg* радвам
(се) *hr* radovati (se) *sr* радовати (се)
sl radovati (se) *mk* радвам (се).
min. 11/171

rak *m* N̄ Krebs (1) *m*

<prim>. *rom:* *ro* rac; *sla:* *pl* rak *ce* rak
sk rak *sb* rak *ru* рак *uk* рак *be* рак *bg* рак
hr rak *sr* рак *sl* rak *mk* rak; *f-u:* *ma* rák.
min. 14/223

rakún *m* N̄ Waschbär *m*

gen: -kụne <prim>. *ger:* *en* racoon; *sla:*
hr rakun *sr* ракун *sl* rakuna; *gal:*
ga racún; *n. g.:* *el* ρακούν, *mt* rakkun,
sh rakun, *tr* rakun. *min. 9/91*

rám *n* Rahmen *m*

gen: ra̲me̲ro̲m̲: *ro* ramă; *ger:* *de* Rahmen
nl raam *sv* ram *no* ramme *da* ramme
is rammi; *sla:* *pl* rama *ce* rám *sk* rám
ru рама *uk* рама *be* рама *bg* рама *sr* ram
mk рама; *f-u:* *su* raami *et* raam; *bal:*
lt rėmelis *lv* rāmis. *min. 20/349*

rang *m* Ⓝ Rang *m*

<prim>. *rom:* *fr* rang *it* rango *es* rango
ro rang *ca* rang; *ger:* *de* rang *en* rank
nl rang *sv* rang *no* rang *da* rang; *sla:*
pl ranga *ru* ранг *uk* ранг *be* ранг *bg* ранг
hr rang *sr* ранг; *f-u:* *ma* rang; *bal:*
lt rangas *lv* rangs; *gal:* *cy* rheng.
min. 22/561

rat *m* Ⓝ Ratte *f*

gen: ~te <prim>. *rom:* *fr* rat *it* ratto
es rata *pt* rato *ca* rata; *ger:* *de* Ratte
en rat *nl* rat *sv* råtta *no* rotte *da* rotte
is rotta; *f-u:* *su* rotta *et* rott; *n. g.:*
ek arratoi. *min. 15/370*

rav̲a̲n *m* Ⓝ Rabe *m*

gen: -ane <prim>. *ger:* *de* Rabe *en* raven
nl raaf *sv* raven *no* ravn *da* ravn *is* hrafn;
sla: *ce* havran *sk* havran *ru* ворон
uk ворон *bg* гарван *hr* gavran *sr* гавран
mk гавран; *bal:* *lt* varnas. *min. 16/335*

razu̲m *m!* Ⓝ Verstand *m*; Vernunft *f*

+↑um. <prim>. *rom:* *fr* raison *es* razón;
ger: *en* reason; *sla:* *pl* rozum *ce* rozum
sk rozum *sb* rozum *ru* разум *uk* разум
be розум *bg* разум *hr* razum *sr* разум
sl razum *mk* разум. *min. 15/356*

razume̲n Ⓥ verstehen

+↑razum. <cont>. *sla:* *pl* rozumieć
ce rozumět *sk* rozumieť *sb* rozumić
ru разуметь *uk* розуміти *be* разумець
bg (разум) *hr* razumjeti *sr* разумети
sl razumeti *mk* (разум). *min. 12/191*

razume̲nie *n* Ⓝ Verständnis *n*; Verstehen *n*

+↑razumén. <cont>. *sla:* *pl* rozumienie
ce rozumění *sk* rozumenie *sb* zrozumjenje
ru разумение *uk* розуміння *be* разуменне
bg (разум) *hr* razumjenje *sr* разумење
sl razumenje *mk* (разум). *min. 12/191*

réalisatio̲n *f* Ⓝ Verwirklichung *f*; Realisierug *f*

[ts] gen: -one <prim>. *rom:* *fr* réalisation
it realizzazione *es* realización *ro* realizare;
ger: *de* Realisierung *en* realization
da realisering; *sla:* *pl* realizacja
ce realizace *ru* реализация
bg реализиране; *n. g.:* *mt* realizzazzjoni.
min. 12/473

réalise̲ren *c-* Ⓥ verwirklichen

<prim>. *rom:* *fr* réaliser *it* realizzare
es realizar *ro* realiza *ca* realitzar; *ger:*
de realisieren *en* realize *nl* realiseren
no realisere *da* realisere; *sla:*
pl (z)realizować *ce* realizovat *sk* realizovať
ru реализовать *uk* реалізувати
be рэалізаваць *bg* реализирам
mk реализира; *n. g.:* *mt* -realizza,
sh realizoj. *min. 20/539*

rece̲rca *f* Ⓝ Forschung *f* *(allgemein)*;
Nachforschung *f (konkret)*; Recherche *f*

gen: -ce [ts] <prim>. *rom:* *fr* recherche
it ricerca *ro* cercetare; *ger:* *de* Recherche
en research; *n. g.:* *mt* riċerka. *min. 6/290*

reci̲ben *c+* Ⓥ bekommen (1)

<prim>. *rom:* *fr* recevoir *it* ricevere
es recibir *ro* recepta *pt* receber; *ger:*
en receive; *n. g.:* *mt* jirċievu. *min. 7/245*

reci̲bt *m* Ⓝ Rezept *n*; Kassenbon *m*

<prim>. *rom:* *fr* réception *it* ricevimento
es recibo *pt* recebimento *ca* rebut; *ger:*
en receipt; *sla:* *ru* рецепт; *f-u:*
su resepti; *n. g.:* *mt* irċevuta. *min. 9/314*

rect Ⓐ richtig; recht; rechtens
adv: ~o <prim>. _rom:_ fr (cor)rect
it (cor)rett◊ es (cor)rect◊ ro (co)rect
pt coreit◊ ca (cor)recte; _ger:_ de recht
en right sv rätt da korrekt; _gal:_ br rik;
_n. g.:_ mt (kor)retta. _min. 12/357_

rédek Ⓐ selten
adv: -dko <cont>. _sla:_ pl rzadk◊ ce řídk◊
sk riedk◊ sb rědk◊ ru редк◊ uk рідк◊
be рэдк◊ bg рядък/-дк◊ hr redak/-dk◊
sr редак/ретк◊ sl redek/-dk◊ mk редок/-
дк◊; _f-u:_ ma ritka; _bal:_ lt ret◊ lv ret◊.
min. 15/208

redigéren c- Ⓥ redigieren
<prim>. _rom:_ it redigere; _ger:_
de redigieren nl redigeren sv redigera
no redigere da rediger; _sla:_
ru редактировать uk редагувати
be рэдагаваць bg редактирам; _f-u:_
et redigeerima; _bal:_ lt redaguoti
lv redigēt; _n. g.:_ sh redaktoj. _min. 14/310_

rédkost f Ⓝ Seltenheit f
+↑rédek. <cont>. _sla:_ pl rzadkość
ce řídkost sb rědkosć ru редкость
uk рідкість be рэдкасьць bg рядкост
hr rijetkost sl redkost mk реткост; _f-u:_
ma ritkaság; _bal:_ lt retums lv retums.
min. 13/195

redundáncea f Ⓝ Redundanz f
[tsa], gen: -ce <prim>. _rom:_ fr redondance
it ridondanza es redundancia
pt redundância ca redundància; _ger:_
de Redundanz en redundancy sv redundans
no redundans da redundans; _sla:_
sr редунданција sl redundanca; _f-u:_
ma redundancia; _n. g.:_ ek erredundantzia.
min. 14/365

referéncea f Ⓝ Bezug m
[tsa], gen: -ce <prim>. _rom:_ fr référence
it (referenza) es referencia ro referinţă
pt referência; _ger:_ de referenz

en reference da referens; _sla:_ pl referencja
ru референция bg референция; _n. g.:_
mt referenza, tr referans. _min. 13/478_

referentiál Ⓐ Referenz-, Bezugs-
[ts], adv: ~no <prim>. _rom:_ fr référentiel
es referencial ro de referinţă; _ger:_
de Referenz- en referential; _sla:_
ce referenčn◊ ru референциальн◊; _n. g.:_
mt referenza, tr referanslı. _min. 9/375_

reflectéren c- Ⓥ nachdenken;
überlegen
<prim>. _rom:_ fr reflechir it riflettere
es reflexionar ro reflecta pt refle(c)tir;
ger: de reflektieren en reflect; _sla:_
ru рефлектировать bg рефлектирам.
min. 9/430

refléctor m Ⓝ Reflektor m
<prim>. _rom:_ fr réflecteur it rifettore
es reflector ro reflector pt reflector; _ger:_
de Reflektor en reflector; _sla:_ ce reflektor
sk reflektor bg рефлектор hr reflektor
sr рефлектор sl reflektor mk рефлектор;
_f-u:_ ma reflektor et reflektor; _bal:_
lt reflektorius lv reflektors; _n. g.:_
tr reflektör. _min. 19/404_

reflexión f Ⓝ Überlegung f; Nachdenken n
gen: -one <prim>. _rom:_ fr reflexion
it riflessione es reflexión ro reflecţie
pt reflexão; _ger:_ de reflexion
en reflection; _sla:_ ru рефлексия.
min. 8/420

reflexív Ⓐ Reflexiv-
<prim>. _rom:_ fr reflexif it riflessiv◊
es reflexiv◊ ro reflexiv; _ger:_ de reflexiv
en reflexive da reflexiv-; _sla:_
ce reflexivn◊ ru рефлексивн◊; _f-u:_
su refleksiivinen; _n. g.:_ mt reflexive-.
min. 11/428

reghn *m* $\boxed{N}$ Regen *m*

<ang>. *ger:* de Regen *en* rain *nl* raan
sv regn *no* regn *da* regn *is* rigning.
min. 7/193

reght *m* $\boxed{N}$ Recht *n*

<prim>. *rom:* fr droit *it* (di)ritto
es derecho *ro* drept *pt* direito; *ger:*
de Recht *en* right *nl* recht *sv* rätt *no* rett;
sla: pl (rząd) *ce* (řad) *sk* (rad) *uk* (ряд)
be (рад) *hr* (red) *sr* (ред) *sl* (red)
mk (ред); *f-u:* ma (rend); *gal:* br dret
ga (ró). *min. 22/488*

régín $\boxed{V}$ regieren; herrschen

<prim>. *rom:* fr régir *it* reggere *es* regir
pt reger *ca* regir; *ger:* de regieren
nl regeren *sv* regera *no* regjere *da* regere.
min. 10/302

région *f* $\boxed{N}$ Region *n*

gen: -one <prim>. *rom:* fr région
it regione *es* región *ro* regiune; *ger:*
de Region *en* region *da* region; *sla:*
ru регион *bg* регион; *n. g.:* mt reġjun.
min. 10/423

regíster *m* $\boxed{N}$ Register *n*

gen: -tre <prim>. *rom:* fr régistre
it registro *es* registro *ro* registru; *ger:*
de Register *en* register *sv* register
da registrer; *sla:* pl register *ce* registr
ru регистр *bg* регистър; *n. g.:*
mt reġistru. *min. 13/483*

registratión *f* $\boxed{N}$ Registrierung *f*

[ts] gen: -one <prim>. *rom:*
fr enrégistrement *it* registrazione
es registración *ro* înregistrare; *ger:*
de Registrierung *en* registration
nl registratie *sv* registrering *no* registrering
da registrering; *sla:* pl rejestracja
ce registrace *sk* registrácia *ru* регистрация
uk реєстрація *be* рэгістрацыя
bg регистрация *hr* registracija
sr регистрација *mk* регистрација; *f-u:*

su rekisteröinti *et* registreerimine; *bal:*
lt registracija *lv* reģistrācija; *n. g.:*
ek erregistroa, *mt* reġistrazzjoni,
sh regjistrim. *min. 27/570*

régla *f* $\boxed{N}$ Regel *f*

<prim>. *rom:* fr règle *it* regola *es* riegla
ro regulă; *ger:* de Regel *en* rule *sv* regel
da regel; *sla:* pl reguła *ru* (регулярн◊);
gal: br reolenn; *n. g.:* mt regola.
min. 12/463

régulár $\boxed{A}$ regelmäßig

<prim>. *rom:* fr régulier *it* regolare
es regular *ro* regulat; *ger:* de regulär
en regular *da* regulær; *sla:* pl regularn◊
ru регулярн◊ *bg* регулярн◊; *n. g.:*
mt regolari. *min. 11/463*

réguléren *c-* $\boxed{V}$ reglementieren

<prim>. *rom:* it regolare *es* regular
pt regular *ca* regular; *ger:* de regulieren
en regulate *nl* reguleren *sv* reglera
no regulere *da* regulere; *sla:* pl regulować
ce regulovat *sk* regulovať *ru* регулировать
uk регулювати *be* рэгуляваць
bg регулирам *hr* regulirati *sr* регулисати
mk регулираат; *f-u:* et reguleerima; *bal:*
lt reguliuoti *lv* regulēt; *gal:* cy rheoleiddio
ga rialáil; *n. g.:* mt -regola, *sh* rregulloj.
min. 27/493

relatión *f* $\boxed{N}$ Verhältnis *n*; Relation *f*

[ts] gen: -one <prim>. *rom:* fr relation
es relación *ro* relaţie; *ger:* de Relation
en relation(ship); *sla:* pl relacja
ru реляция *bg* релация; *n. g.:*
mt relazzjoni. *min. 9/410*

relatív $\boxed{A}$ relativ (1)

<prim>. *rom:* fr relatif *it* relativ◊
es relativ◊ *ro* relativ *pt* relativ◊ *ca* relativ◊;
ger: de relativ *en* relative *nl* relatief; *sla:*
pl relatywn◊ *sb* relatiwn◊ *ru* релятивн◊;
f-u: ma relatív; *n. g.:* mt relattiva.
min. 14/496

relatívno |adv| relativ (2)

+↑-no/-o. <prim>. *rom:* *fr* relativement
it relativamente *es* relativamente *ro* relativ
pt relativamente *ca* relativament; *ger:*
de relativ *en* relatively *nl* relatief
sv relativt *no* relativt; *sla:* *hr* relativno
sr релативно *sl* relativno *mk* релативно;
n. g.: *mt* relattivament, *sh* relativisht.
min. 17/395

relevạnt |A| relevant

<prim>. *rom:* *es* relevante *ro* relevant
pt relevante; *ger:* *de* relevant *en* relevant
nl relevant *sv* relevant *no* relevant
da relevant; *sla:* *ce* relevantn◊
sk relevantn◊ *bg* релевантн◊ *hr* relevantn◊
sr релевантн◊ *mk* релевантн◊; *n. g.:*
mt rilevanti. *min. 16/302*

remanẹncea *f* TECH |N| Remanenz *f*

[tsa], gen: -ce <prim>. *rom:* *fr* rémanence
it rimanenza *es* remanencia *ro* remanenţă
pt remanência *ca* romanència; *ger:*
de Remanenz *en* remanence *nl* remanentie
sv remanens *da* remanens; *sla:*
pl remanencji *ce* remanence *sk* remanencia
hr remanenciju *sr* реманенце *sl* remanenca
mk remanence; *f-u:* *ma* remanencia
su remanenssi; *bal:* *lt* remanencja.
min. 21/467

rẹnnen *c-* |V| fließen (2); laufen; rinnen
pret: rann-, ppp: ronnen <ang>. *ger:*
de rinnen *en* run *nl* rennen *sv* ränna
no renne *da* renne *is* renna *fo* renna.
min. 8/193

renomạd *ppp* |A| renommiert

<prim>. *rom:* *es* renombrad◊ *ro* renumit
ca renombrad◊; *ger:* *de* renommiert
en renowned; *sla:* *bg* реномиран
sr реномирн◊. *min. 7/237*

rẹpa *f* |N| Rübe *f*

<prim>. *rom:* *it* rapa; *ger:* *de* Rübe
nl raap *sv* rova *da* roe *is* rófu; *sla:*

pl rzepa *sk* repa *ru* репа *uk* ріпа *be* рэпа
bg ряпа *hr* repa *sr* репа *sl* repa *mk* репа;
f-u: *ma* répa *et* rüps; *n. g.:* *sh* rrepë.
min. 19/372

reparatiọn *f* |N| Wiederinstandset-
zung *f*; Reparation *f*

[ts] gen: -one <prim>. *rom:* *fr* réparation
it riparazione *es* reparación *ro* reparaţie
pt reparação *ca* reparació; *ger:*
de Reparatur *nl* reparatie *sv* reparation
no reparasjon *da* reparation; *sla:*
bg репарация; *n. g.:* *sh* riparim.
min. 13/332

répertoạr *m* |N| Repertoire *n*

<prim>. *rom:* *fr* répertoire *it* repertorio
es repertorio *ro* repertoriu *pt* repertório
ca repertori; *ger:* *de* Repertoire
en repertoire *nl* repertoire *sv* repertoar
no repertoar; *sla:* *pl* repertuar *ce* repertoár
sk repertoár *ru* репертуар *uk* репертуар
be рэпертуар *bg* репертоар *hr* repertoar
sr репертоар *sl* repertoar *mk* репертоар;
f-u: *ma* repertoár *et* repertuaari; *bal:*
lt repertuaras *lv* repertuārs; *n. g.:*
el ρεπερτόριο, *ek* errepertorio,
mt repertorju, *sh* repertor, *tr* repertuar.
min. 31/607

repétitiọn *f* |N| Wiederholung *f*

[ts] gen: -one <prim>. *rom:* *fr* répétition
it ripetizione *es* repetición *ro* repetiţie
pt repetição *ca* repetició; *ger:*
en repetition *no* repetisjon; *sla:*
ru репетиция *bg* репетиция; *n. g.:*
mt ripetizzjoni. *min. 11/344*

replicatiọn *f* |N| Replikation *f*

[ts] gen: -one <prim>. *rom:* *fr* replication
it replicazione *es* replicación *ro* replicare
pt réplica *ca* replicació; *ger:*
de Replikation *en* replication *sv* replikering
no replication *da* replication; *sla:*
pl replikacja *ce* replikace *sk* replikácie

bg реплика *sl* replikacija *mk* репликација;
f-u: *ma* replikáció *su* replikointi; *bal:*
lt replikacijos; *n. g.:* *ek* erreplikazioa,
mt replikazzjoni. *min. 22/452*

repọrter *m* [N] Reporter *m*

<prim>. *rom:* *it* reporter *es* reportero
ro reporter *pt* repórter *ca* reporter; *ger:*
de Reporter *en* reporter *sv* reporter
no reporter *da* reporter; *sla:* *pl* reporter
ce reportér *sk* reportér *ru* репортер
uk репортер *be* рэпарцёр *bg* репортер
sr репортер *sl* reporter *mk* новинар; *f-u:*
ma riporter *et* reporter; *bal:* *lt* reporteris
lv reportieris; *n. g.:* *ek* erreportaria,
mt reporter, *sh* raportues. *min. 27/504*

représentạncea *f* [N] Repräsentanz *f*
[tsa], gen: -ce <prim>. *rom:*
fr représentance *it* rappresentanza
es representancia *ro* reprezentare; *ger:*
de Repräsentanz *en* representance
da repræsentation; *sla:* *pl* reprezentacja
ce reprezentace *ru* (репрезентативн◊);
n. g.: *mt* rappreżentanza. *min. 11/463*

représentatív [A] repräsentativ
<prim>. *rom:* *fr* représentatif
it rappresentante *es* representativ◊
ro reprezentant; *ger:* *de* repräsentativ
en representative *da* repræsentative; *sla:*
pl reprezentacyjn◊ *ce* reprezentativn◊
ru репрезентативн◊ *bg* репрезентативн◊;
n. g.: *mt* rappreżentant. *min. 12/473*

représentativitẹ *f* [N] Repräsentativität *f*
gen: -tẹte <prim>. *rom:* *fr* représentativité
it rappresentatività *es* representatividad
ro representativiitate; *ger:*
de Repräsentativität *en* representativiity
nl representativiteit *sv* representativiitet
no representativiitet *da* repræsentativitet;
sla: *pl* reprezentatywność
ce reprezentativnost
ru репрезентативность

bg репрезантативн◊; *f-u:*
ma representativiitás; *n. g.:*
mt rappreżentattività. *min. 16/520*

représentẹren *c-* [V] repräsentieren
<prim>. *rom:* *fr* représenter
it rappresentare *es* representar
ro reprezenta; *ger:* *de* repräsentieren
en represent *da* repræsentere; *sla:*
pl reprezentować *ce* reprezentovat
ru репрезентировать *bg* репрезентирам;
n. g.: *mt* -rappreżenta. *min. 12/473*

repụblica *f* [N] Republik *f*
gen: -ce [ts] <prim>. *rom:* *fr* république
it repubblica *es* república *ro* republică
ca republica; *ger:* *de* republik *en* republic
nl republiek *sv* republik *no* republik
da republikken; *sla:* *pl* republika
ce republika *ru* республика *bg* република
sl republika; *n. g.:* *mt* irrepubrepubblika,
sh republika. *min. 18/514*

requẹren *c+* [V] erfordern
<ang>. *rom:* *fr* requérir *it* richiedere
es requerir *ro* cere *ca* requerir; *ger:*
en require; *sla:* *pl* rekwirować
ru (реквизировать); *f-u:* *ma* (kérni);
n. g.: *sh* kërkoj. *min. 10/371*

requisẹren *c-* [V] kapern
<prim>. *rom:* *fr* réquisitionner *it* requisire
es requisar *ro* rechiziţiona *ca* requisar;
sla: *pl* zarekwirować *uk* реквзувати
be рэквізаваць *bg* реквизирам
sl rekvirirati *mk* реквизирам; *f-u:*
ma rekvirál *et* rekvireerima; *bal:*
lv rekvizēt. *min. 14/278*

resistẹncea *f* [N] Widerstand *m*
[tsa], gen: -ce <prim>. *rom:* *fr* résistance
it resistenza *es* resistencia *ro* rezistenţă
pt resistência *ca* resistència; *ger:*
de Resistenz *en* resistance; *sla:*
bg резистентност; *gal:* *cy* resistance;

n. g.: ek erresistentzia, *mt* režistenza,
sh rezistencë. *min. 13/356*

resolutiọn *f* Ⓝ Resolution *f*

<prim>. *rom: fr* résolution *it* risoluzione
es resolución *ro* resolution *pt* resolução
ca resolució; *ger: de* Resolution
en resolution *nl* resolutie; *sla:*
bg резолюция *hr* rezolucija *sr* резолуција
sl resolucija *mk* резолуција; *f-u:*
et resolutsioon; *bal: lv* rezolūcija; *n. g.:*
mt riżoluzzjoni. *min. 17/393*

resonạncea *f* Ⓝ Resonanz *f*

[tsa], gen: -ce <prim>. *rom: fr* résonance
it risonanza *es* resonancia *pt* ressonância
ca ressonància; *ger: de* Resonanz
en resonance *nl* resonantie *sv* resonans
da resonans; *sla: pl* rezonans
ce rezonance *sk* rezonancia *ru* резонанс
uk резонанс *be* рэзананс *bg* резонанс
hr rezonancija *sr* резонанца
mk резонанца; *f-u: ma* rezonancia
su resonanssi; *bal: lt* rezonansas
lv rezonanse; *n. g.: ek* erresonantzia,
sh rezonancë, *tr* rezonans. *min. 27/574*

respẹct *m* Ⓝ Respekt *m*

<prim>. *rom: fr* respect *it* rispetto
es respeto *ro* respect *pt* respeito
ca respecte; *ger: de* Respekt *en* respect
sv respekt *no* respekt *da* respekt; *sla:*
pl respekt *ce* respect *sk* rešpekt *ru* респект
bg респект; *n. g.: ek* errespetua,
mt rispett, *sh* respekt. *min. 19/509*

respectéren *c-* Ⓥ respektieren; achten

<prim>. *rom: fr* respecter *it* rispettare
es respectar *ro* respecta; *ger:*
de respektieren *en* respect *sv* respektera
da respekt; *sla: pl* respektować
ce respektovat *bg* респектирам.
min. 11/403

respectívno adv beziehungsweise

<prim>. *rom: fr* respectivement
it rispettivamente *es* respectivamente
ro respectiv; *ger: de* respektive
en respectief; *sla: bg* респективно; *n. g.:*
mt rispettivament. *min. 8/340*

respọnsa *f* Ⓝ Antwort *f*

<ang>. *rom: fr* réponse *it* risposta
es repuesta *ro* răspuns *pt* resposta
ca resposta; *ger: en* response; *sla:*
ru (респондент). *min. 8/329*

rest *m* Ⓝ Rest *m*

<prim>. *rom: fr* reste *it* resto *es* resto
ro rest *pt* resto *ca* resta; *ger: de* Rest
en rest *nl* rest *sv* rest *no* rest *da* rest
is rest; *sla: pl* reszta. *min. 14/422*

resultạt *m* Ⓝ Ergebnis *n*; Resultat *n*

<prim>. *rom: fr* resultat *it* risultato
es resultado *ro* rezultat; *ger: de* Resultat
en result *da* resultat; *sla: ru* результат
bg резултат; *n. g.: mt* riżultat.
min. 10/423

resultéren *c-* Ⓥ resultieren

<prim>. *rom: fr* resulter *it* risultare
es resultar *ro* rezulta; *ger: de* resultieren
en result *da* resultere; *sla: ru* (результат)
bg резултирам; *n. g.: mt* -riżulta.
min. 10/423

retushéren *c-* Ⓥ retuschieren

<prim>. *rom: fr* retoucher *it* ritoccare
es retocar *ro* retuşare *pt* retocar *ca* retocar;
ger: de retuschieren *en* retouch
nl retoucheren *sv* retuschera *no* retusjere
da retouchere; *sla: pl* retuszować
ce retušovat *sk* retušovať *ru* ретушировать
be рэтушаваць *bg* ретуширам
sr ретуширати *sl* retуširati
mk ретуширам; *f-u: ma* retusálni
et retušeerima; *bal: lt* retušuoti *lv* retušēt;
n. g.: el ρετουσάρω, *tr* rötuş etmek.
min. 27/584

Rhẹin *m* N Rhein *m*
<ethno>. *rom:* *fr* Rhin; *ger:* *de* Rhein
nl Rhijn.

rhetọric A rhetorisch
adv: ~no <prim>. *rom:* *fr* rhétorique
it retoric◊ *es* retóric◊ *ro* retoric *pt* retóric◊
ca retòric◊; *ger:* *de* rhetorisch
en rhetorical *nl* retorisch *sv* retorisk
no retorisk *da* retorisk *is* retorísk◊; *sla:*
pl retoryczn◊ *ce* rétorick◊ *sk* rétorick◊
ru риторическ◊ *uk* риторичн◊
be рытарычн◊ *bg* риторичн◊ *hr* retoričk◊
sr реторичк◊ *sl* retoričn◊ *mk* реторичк◊;
f-u: *ma* retorikai *su* retorinen
et retooriline; *bal:* *lt* retorin◊ *lv* retorisk◊;
gal: *cy* rhethregol; *n. g.:* *el* ρητορικ◊,
ek erretorikoa, *sh* retorik◊. *min. 33/610*

rhetọrica *f* N Rhetorik *f*
gen: -ce [ts] <prim>. *rom:* *fr* rhétorique
it retorica *es* retórica *ro* retorică *pt* retórica
ca retòrica; *ger:* *de* Rhetorik *en* rhetoric
nl retoriek *sv* retorik *no* retorikk
da retorik; *sla:* *pl* retoryka *ce* rétorika
sk rétorika *ru* риторика *uk* риторика
be рыторыка *bg* риторика *hr* retorika
sr реторика *sl* retorika *mk* реторика; *f-u:*
ma retorika *su* retoriikka *et* retoorika; *bal:*
lt retorika *lv* retorika; *gal:* *cy* rhethreg;
n. g.: *el* ρητορική, *ek* erretorika,
mt retorika, *sh* retorikë, *tr* retorik.
min. 34/615

rhẹuma(tịsme) *n (m)* N Rheuma *n*
<prim>. *rom:* *fr* rheumatism
it reumatismo *es* reuma *ro* reumatism
pt reumatismo *ca* reuma; *ger:* *de* Rheuma
en rheumatism *nl* reumatiek *sv* reumatism
no revmatisme; *sla:* *pl* reumatyzm
ce revmatismus *sk* reumatizmus
ru ревматизм *uk* ревматизм
be рэўматызм *bg* ревматизъм
hr reumatizam *sr* реуматизам
sl revmatizem *mk* реума; *f-u:* *ma* reuma

su reumatismi *et* reuma; *bal:* *lt* reumatas
lv reimatisms; *n. g.:* *el* ρευματισμοί,
ek erreuma, *mt* rewmatiżmu,
sh reumatizmi, *tr* romatizma. *min. 32/611*

rhỵthme *m* N Rhythmus *m*
<prim>. *rom:* *fr* rythme *it* ritmo *es* ritmo
ro ritm *pt* ritmo *ca* ritme; *ger:*
de Rhythmus *en* rhythm *nl* ritme *sv* rytm;
sla: *pl* rytm *ru* ритм *uk* ритм *be* рытм
bg ритъм *hr* ritam *sr* ритам *sl* ritem
mk ритам; *f-u:* *ma* ritmus *su* rytmi; *bal:*
lt ritmas *lv* ritms; *gal:* *ga* rithim; *n. g.:*
ek erritmoa, *mt* ritmu, *sh* ritëm, *tr* ritm.
min. 28/578

rib *m* ANAT N Rippe *f*
gen: ~be <prim>. *ger:* *de* Rippe *en* rib
nl rib *lb* Rëpp *sv* rev(ben) *no* ribbe
da rib(ben) *is* rif; *sla:* *pl* żebro *ce* žebro
sk rebro *ru* ребро *bg* ребро *hr* rebro
sr ребро *sl* rebro; *f-u:* *et* ribi; *bal:*
lv riba. *min. 18/356*

ríc A reich
[k], comp: ~er [ts], adv: ~no [k] <prim>.
rom: *fr* riche *it* ricc◊ *es* ric◊; *ger:*
de reich *en* rich *nl* rijk *sv* rik *no* rik
da rige; *f-u:* *su* rikas. *min. 10/353*

rís *m* N Reis *m*
<prim>. *rom:* *fr* ris *it* riso *ro* orez; *ger:*
de Reis *en* rice *da* ris; *sla:* *pl* ryż *ce* rýže
ru рис *bg* ориз; *f-u:* *ma* rizs *su* riisi;
n. g.: *el* ρίζη, *mt* ross. *min. 15/462*

rív *m* N Fluss (1) *m (Gewässer)*
<prim>. *rom:* *fr* rivière *it* (rivo) *es* rio
ro râu *pt* rio *ca* rio; *ger:* *en* river
nl rivier; *n. g.:* *el* (ρέυση), *sh* (rrjedh).
min. 10/281

rjad *m* N Ordnung *f*; Reihe *f*
<prim>. *rom:* *ro* rând; *ger:* *is* röð *fo* rað;
sla: *pl* rząd *ce* řad *sk* rad *ru* ряд *uk* ряд
be рад *bg* ред *hr* red *sr* ред *sl* red

257

mk ред; *f-u:* *ma* rend; *bal:* *lv* rinda.
min. 16/225

robán V rauben
<prim>. *rom:* *it* derubare *es* robar
pt roubar *ca* robar; *ger:* *de* rauben *en* rob
nl beroven; *sla:* *pl* rabować *ru* грабить
uk грабувати *be* рабаваць; *f-u:*
ma rabolni *su* ryöstää *et* röövima.
min. 14/447

ród A rot
<prim>. *rom:* *fr* rouge *it* ross◊ *es* roj◊
ro roşu *ca* roig; *ger:* *de* rot *en* red
nl rood *lb* rout *fs* read *sv* röd *no* rød
da rød *is* rauð◊ *fo* reyður; *sla:* *sl* rdeč◊;
bal: *lt* raudon◊; *gal:* *cy* rhudd *br* ruz
ga rua *gd* ruadh *gv* ruy. *min. 22/378*

ródbété *f* N Rote Bete *f*
<prim>. *rom:* *it* barbabietola rossa; *ger:*
de Rote Beete *en* beetroot *sv* rödbeta
no rødbeter *da* rødbeder; *bal:* *lv* biete;
gal: *cy* betys *ga* biatas; *n. g.:* *mt* pitravi.
min. 10/226

rodín sé V geboren werden
 N: ↑rodzénie. <cont>. *sla:* *pl* rodzić się
ce narodit sé *sk* narodiť sa *sb* so narodźić
ru родиться *uk* родитися *be* радзіцца
bg раждам се *hr* roditi se *sr* родити се
sl roditi se *mk* роди се. *min. 12/191*

rodítéles *m pl* N Eltern *pl.*
 +↑rodín sé. <cont>. *sla:* *pl* rodzice
ce rodiče *sk* rodičia *ru* родители
bg родители *hr* roditelji *sr* родитељи
sl roditelji *mk* родители. *min. 9/161*

rodjénie *n* N Geburt *f*
 V: ↑rodín sé. <cont>. *sla:* *pl* narodzenie
ce narození *sk* narodenie *sb* narodźenje
ru рождение *uk* народження
be нараджэнне *bg* рождение *hr* rođenje
sr пођење *sl* porod *mk* рагање.
min. 12/191

romanic A romanisch
<prim>. *rom:* *fr* roman *it* romanic◊
es románic◊ *ro* romanic *ca* romànic; *ger:*
de romanisch *da* romansk; *sla:*
pl romańsk◊ *ce* románsk◊ *bg* романск◊;
f-u: *su* romaaninen; *n. g.:* *mt* romanesk,
tr romanesk. *min. 13/347*

romyn (1) *m* N Rumäne *m*
<ethno>. *rom:* *ro* român.

romyn (2) A rumänisch
<ethno>. *rom:* *ro* român.

Romynë *m* N Rumänisch *(,~e Sprache)*
<ethno>. *rom:* *ro* română.

romyncë *f* N Rumänin *f*
<ethno>. *rom:* *ro* româncă.

Romynia *f* N Rumänien *f*
<ethno>. *rom:* *ro* România.

rond A rund
<prim>. *rom:* *fr* rond *it* rond◊; *ger:*
de rund *en* round; *sla:* *ru* (рондо).
min. 5/350

Rossija *f* N Russland *n*
<ethno>. *sla:* *ru* Россия.

rossijsk A russisch
<ethno>. *sla:* *ru* российск◊.

routé *f* N Route *f*
<prim>. *rom:* *fr* route *it* rotta *es* ruta
ro rută *pt* rota; *ger:* *de* Route *en* route
nl route *sv* rutt; *sla:* *pl* (marsz)ruta
ru (марш)рут *bg* (марш)рут *hr* ruta
sr (marš)ruta; *f-u:* *su* reitti *et* (mars)ruut;
bal: *lt* (marš)rutas *lv* (marš)ruts; *n. g.:*
tr rota. *min. 19/528*

ruina *f* N Ruine *f*
<prim>. *rom:* *fr* ruiner *it* rovina *es* ruina
ro ruina *pt* ruina *ca* ruïna; *ger:* *de* Ruine

en ruin *nl* ruïne *da* ruin; <u>*sla:*</u> *ru* руина
bg руина; <u>*n. g.:*</u> *mt* rovina. *min. 13/457*

rúm *m* N Raum *m (ermessbarer Platz)*
<ang>. <u>*ger:*</u> *de* Raum *en* room *nl* ruimte
sv rum *no* rom *da* rum *is* rúm; <u>*f-u:*</u>
et ruum. *min. 8/195*

rụsskaja *f* N Russin *f*
<ethno>. <u>*sla:*</u> *ru* русская.

rụsskij (1) *m* N Russe *m*
<ethno>. <u>*sla:*</u> *ru* русский.

Rụsskij (2) N Russisch *(,~e Sprache)*
<ethno>. <u>*sla:*</u> *ru* русский.

sạbbat *m* N Samstag *m*
<prim>. <u>*rom:*</u> *fr* samedi *it* sabato
es sábado *ro* sâmbătă *pt* sábado
ca dissabte; <u>*ger:*</u> *de* Samstag
lb Samschdeg; <u>*sla:*</u> *pl* sobota *ce* sobota
sk sobota *ru* суббота *uk* Субота *be* субота
bg събота *hr* subota *sr* субота *sl* sobota
mk сабота; <u>*f-u:*</u> *ma* szombat; <u>*n. g.:*</u>
el Σάββατο. *min. 21/499*

sabotájh *m* N Sabotage
<prim>. <u>*rom:*</u> *fr* sabotage *it* sabotaggio
es sabotaje *ro* sabotaj *pt* sabotagem
ca sabotatge; <u>*ger:*</u> *de* Sabotage
en sabotage *nl* sabotage *sv* sabotage
no sabotasje *da* sabotage; <u>*sla:*</u> *pl* sabotaż
ce sabotáž *sk* sabotáž *ru* саботаж
uk саботаж *be* сабатаж *bg* саботаж
hr sabotaža *sr* саботажа *sl* sabotaža
mk саботажа; <u>*f-u:*</u> *ma* szabotázs
su sabotaasi *et* sabotaaž; <u>*bal:*</u> *lt* diversija
lv sabotāža; <u>*n. g.:*</u> *el* σαμποτάζ,
ek sabotaje, *mt* sabotaġġ, *sh* sabotim,
tr sabotaj. *min. 33/614*

sád num hundert
<prim>. <u>*rom:*</u> *fr* cent *it* cento *es* cien(tos)
ro sută *ca* 6; <u>*sla:*</u> *pl* sto *ce* sto *ru* ◊сот

bg сто *sl* sto; <u>*f-u:*</u> *ma* száz *su* sata.
min. 12/337

sal *m* N Salz *n*
<prim>. <u>*rom:*</u> *fr* sel *it* sale *es* sal *ro* sare
pt sal *ca* sal; <u>*ger:*</u> *de* Salz *en* salt *nl* zout
lb Salz *fs* sâlt *sv* salt *no* salt *da* salt *is* salt
fo salt; <u>*sla:*</u> *pl* sól *ce* sůl *sk* soľ *ru* соль
(sol') *be* соль *bg* сол *sl* sol *mk* сол; <u>*f-u:*</u>
ma só *su* suola *et* sool; <u>*bal:*</u> *lv* sāls; <u>*gal:*</u>
cy halen *br* holen *ga* salann *gd* salann
gv sollan; <u>*n. g.:*</u> *el* αλάτι. *min. 34/574*

sạla *f* N Saal *m*
<prim>. <u>*rom:*</u> *fr* salle *it* sala *es* sala
ro hol *pt* sala *ca* sala; <u>*ger:*</u> *de* Saal
en hall *nl* hal *sv* hall *no* hall *da* hall *is* sal;
<u>*sla:*</u> *pl* sala *ce* hala *ru* зал *be* зала *bg* зала
mk сала; <u>*f-u:*</u> *su* sali. *min. 20/539*

salamạnder *m* N Salamander *m*
<prim>. <u>*rom:*</u> *fr* salamandre *it* salamandra
es salamandra *ro* salamandră *pt* salamandra
ca salamandra; <u>*ger:*</u> *de* Salamander
en salamander *nl* salamander
sv salamander *no* salamander
da salamander *is* salamander; <u>*sla:*</u>
pl salamandra *ce* salamandr *sk* salamandra
ru саламандра *uk* саламандра
be саламандра *bg* саламандър
hr salamander *sr* саламандер
sl salamander *mk* саламандер; <u>*f-u:*</u>
ma szalamandra *su* salamanteri
et salamander; <u>*bal:*</u> *lt* salamandra
lv salamandra; <u>*gal:*</u> *cy* salamander
ga salamander; <u>*n. g.:*</u> *el* σαλαμάνδρα,
ek salamandra, *mt* salamander,
sh salamandër, *tr* semender. *min. 36/615*

salạt(a) *m/f* N Salat *m*
<prim>. <u>*rom:*</u> *fr* salade *it* (in)salata
es ensalada *ro* salată; <u>*ger:*</u> *de* Salat
en salad *da* salat; <u>*sla:*</u> *pl* sałata *ce* salát
ru салат *bg* салата; <u>*f-u:*</u> *ma* saláta

su salaatti; *n. g.:* *mt* insalata, *tr* salata.
min. 16/495

salón *m* Ⓝ Salon *m*

<prim>. *rom:* *fr* salon *it* salone *es* salón
ro salon *pt* salão *ca* saló; *ger:* *de* Salon
en salon *nl* salon *sv* salon *no* salon
da salon; *sla:* *pl* salon *ce* salon *ru* салон
be салон *bg* салон *hr* salon *sl* salon
mk салон; *f-u:* *su* salonki. *min. 21/544*

salván Ⓥ retten

<ang>. *rom:* *fr* sauver *it* salvare *es* salvar
ro salva *ca* salvar; *ger:* *en* save.
min. 6/239

sam *1sg* < ↑*bín* Ⓥ bin: ich ~

<prim>. *rom:* *fr* suis *it* sono *es* soy; *ger:*
en am; *sla:* *pl* jestem *ce* jsem: já ~
bg съм *hr* jesam. *min. 8/279*

Sámegiella Ⓝ Samisch *(,~e Sprache)*;
Lappisch

<ethno>. *f-u:* *sm* sámegiella.

sami (1) *m* Ⓝ Same *m*; Lappe *m*

<ethno>. *f-u:* *sm* sámit.

sami (2) Ⓐ samisch; lappisch

<ethno>. *f-u:* *sm* sámit.

san *m* Ⓝ Traum *m*

<prim>. *rom:* *fr* songerie *it* sogno
es sueño *pt* sonho; *sla:* *pl* sen *ce* sen
sk sen *ru* сон *bg* сън *hr* san *sr* san; *bal:*
lv sapnis. *min. 12/324*

sanctión *f* Ⓝ Sanktion *f*

[ts] gen: -one <prim>. *rom:* *fr* sanction
it sanzione *es* sanción *ro* sancţiune
pt sanção *ca* sanció; *ger:* *de* Sanktion
en sanction *nl* sanctie *no* sanksjon
da sanktion; *sla:* *pl* sankcja *ce* sankcia
sk sankcia *ru* санкция *uk* санкція
be санкцыя *bg* санкция *hr* sankcija
sr санкција *sl* sankcija *mk* санкција; *f-u:*
ma szankció *su* sanktio; *bal:* *lt* sankcija

lv sankcija; *gal:* *cy* sancsiwn; *n. g.:*
mt sanzjoni. *min. 28/585*

sanján Ⓥ träumen

<prim>. *rom:* *fr* songer *it* sognare
es soñar *pt* sonhar; *sla:* *pl* śnić *ce* snít
sk snívat' *ru* сниться *bg* санувам
hr sanjati *sr* sanjati; *bal:* *lv* sapņot.
min. 12/324

sápmelash *f* Ⓝ Samin *f*; Lappin *f*

<ethno>. *f-u:* *sm* sápmelaš.

Sápmi *m* Ⓝ Lappland *n*

<ethno>. *f-u:* *sm* Sápmi.

sardina *f* ZOOL Ⓝ Sardine *f*

<prim>. *rom:* *fr* sardine *it* sardina
es sardina *ro* sardea *pt* sardinha *ca* sardina;
ger: *de* Sardine *en* sardine *nl* sardine
sv sardin *no* sardin *da* sardin *is* sardínu;
sla: *pl* sardynka *ce* sardinka *sk* sardinka
ru сардина *uk* сардина *be* сардзінія
bg сардина *hr* sardina *sr* сардина
sl sardine *mk* сардина; *f-u:* *ma* szardínia
su sardiini *et* sardiin; *bal:* *lt* sardinė
lv sardīne; *gal:* *cy* sardîns *ga* sairdín;
n. g.: *el* σαρδέλλα, *ek* sardina, *mt* sardin,
sh sardele, *tr* sardalya. *min. 36/615*

sarkofág *m* Ⓝ Sarkophag *m*

<prim>. *rom:* *fr* sarcophage *it* sarcofago
es sarcófago *ro* sarcofag *pt* sarcófago
ca sarcòfag; *ger:* *de* Sarkophag
en sarcophagus *nl* sarcofaag *sv* sarkofag
no sarkofag *da* sarkofag; *sla:* *pl* sarkofag
ce sarkofág *sk* sarkofág *ru* саркофаг
uk саркофаг *be* саркафаг *bg* саркофаг
hr sarkofag *sr* саркофаг *sl* sarkofag
mk саркофаг; *f-u:* *ma* szarkofág
su sarkofagi *et* sarkofaag; *bal:*
lt sarkofagas *lv* sarkofags; *n. g.:*
el σαρκοφάγος, *ek* sarkofagoa,
mt sarkofagu, *sh* sarkofag. *min. 32/609*

sąuna *f* N̄ Sauna *f*

<prim>. *rom:* *fr* sauna *it* sauna *es* sauna
ro sauna *pt* sauna *ca* sauna; *ger:* *de* sauna
en sauna *nl* sauna *lb* sauna *fs* sauna
no sauna *da* sauna *is* sauna *fo* sauna; *sla:*
pl сауна *ce* sauna *sk* sauna *ru* сауна
uk сауна *be* сауна *bg* сауна *hr* sauna
sr сауна *sl* sauna *mk* sauna; *f-u:*
ma sauna *su* sauna *et* sauna *sm* sauna;
bal: *lt* sauna *lv* sauna; *gal:* *cy* sauna
br sauna *ga* sauna *gd* sauna *gv* sauna;
n. g.: *el* σάουνα, *ek* sauna, *sh* sauna,
tr sauna. *min. 42/606*

saxofón *m* N̄ Saxophon *n*

<prim>. *rom:* *fr* saxophone *it* sassofono
es saxofón *ro* saxofon *pt* saxofone
ca saxòfon; *ger:* *de* Saxophon
en saxophone *nl* saxofoon *sv* saxofon
no saxophone *da* saxofon *is* saxophone;
sla: *pl* saksofon *ce* saxophone
sk saxophone *ru* саксофон *uk* саксофон
be саксафон *bg* саксофон *hr* saksofon
sr саксофон *sl* saksofon *mk* саксофон;
f-u: *ma* szaxofon *su* saksofoni *et* saksofon;
bal: *lt* saksofonas *lv* saksofons; *gal:*
cy sacsoffon *ga* saxophone; *n. g.:*
el σαξόφωνο, *ek* saxofoia, *sh* saksofon,
tr saksofon. *min. 35/615*

schéma *n* N̄ Schema *n*

[sk] <prim>. *rom:* *fr* schéma *it* schema
es esquema; *ger:* *de* Schema *en* scheme;
sla: *pl* schemat *ru* схема *bg* схема; *n. g.:*
mt iskema. *min. 9/440*

scientific Ā wissenschaftlich

comp: -icer [ts], adv: ~no <ang>. *rom:*
fr scientifique *it* scientific◊ *es* cientific◊
ro ştiinţific; *ger:* *en* scientific; *n. g.:*
mt xjentifika. *min. 6/235*

scọla *f* N̄ Schule *f*

<prim>. *rom:* *fr* école *it* scuola *es* escuela
ro şcoală *ca* escola; *ger:* *de* Schule

en school *nl* school *sv* skola *no* skole
da skole; *sla:* *pl* szkoła *ce* škola *sk* škola
ru школа *hr* škola *sl* šula; *f-u:* *ma* iskola
su koulu *et* kool; *bal:* *lt* skola; *gal:*
cy ysgol *br* skol *ga* scóil; *n. g.:*
el σχολείον, *ek* eskola, *mt* skola, *sh* skollë.
min. 28/548

"scríb-tábla" *f* N̄ Schreibtisch *m*

<prim>. *rom:* *it* scrivania *es* escritorio
pt (escritorio) *ca* escritori; *ger:*
de Schreibtisch *sv* skrivbordet
no skrivebord *da* skrivebordet *is* skrifborð;
sla: *ru* письменн◊ стол *hr* pisaći stol;
f-u: *ma* íróasztal *su* kirjoituspöytä
et kirjutuslaud; *gal:* *cy* ddesg *ga* deasc;
n. g.: *el* το γραφείο, *ek* mahaian,
mt iskrivanija, *tr* masası. *min. 20/339*

scrịben *c+* V̄ schreiben

ppp: scríbt N: ↑script. <prim>. *rom:*
fr écrire *it* scrivere *es* escribir *ro* scrie;
ger: *de* schreiben *da* skrive. *min. 6/273*

script *m* N̄ Schrift (2) *f (Schriftsück)*

<prim>. *rom:* *fr* écrit *it* (scritto) *es* escrito
ro scris; *ger:* *de* Skript (Schrift) *en* script;
sla: *ru* скрипт *bg* скрипт. *min. 8/420*

scriptụra *f* N̄ Schrift (1) *f*
  (Gesehriebenes)

<prim>. *rom:* *fr* écriture *it* scrittura
es escritura *ro* scriptură; *ger:* *en* scripture
da skrivning. *min. 6/238*

sé (1) pPr̄ sich *siehe auch Pronomen und*
  Artikel

<prim>. *rom:* *fr* se *it* si *es* se *ro* se *pt* se
ca se; *ger:* *de* sich *nl* zich *da* sig; *sla:*
pl się *ce* se *sb* sej *ru* -ся *bg* ce *hr* se.
min. 15/451

sé (2) pPr̄ man / (Passiv) *die*
  Formulierung des Passivs mit "sé"
  (sich/man) als Personalpronomen

<prim> *rom:* *it* si *es* se *pt* se *ca* se; *ger:* *sv* -s *no* -s *da* -s; *sla:* *pl* się *ce* se *ru* -ся *bg* ce *hr* se *sr* ce. *min. 13/274*

sébe pPr seiner *gen; siehe Pronomen und Artikel.*

sec A trocken
comp: ~ker <prim>. *rom:* *fr* sec *it* secc◊ *es* sec◊ *ro* (sec) *ca* sec; *ger:* *de* (ver)sieg(t); *sla:* *pl* such◊ *ce* such◊ *sb* suchi *ru* сух◊ *bg* сух◊ *hr* suh◊ *sl* suh◊; *f-u:* *ma* száraz; *n. g.:* *mt* xott. *min. 15/432*

sęda *f* N Seide (1) *f*
=↑shilk. <prim> *rom:* *fr* soie *it* soie *es* seda *pt* seda *ca* seda; *ger:* *de* Seide *nl* zijde *lb* Seid *sv* siden; *f-u:* *ma* selyem *et* siid; *bal:* *lv* zīds; *gal:* *cy* sidan *br* seiz *ga* síoda; *n. g.:* *ek* zeta. *min. 16/310*

sédel *m* N Sattel *m*
gen: -dle <prim>. *rom:* *fr* selle *it* sella *es* sillín *ro* şa *pt* selim; *ger:* *de* Sattel *en* saddle *nl* zadel *sv* sadel *no* sadel *da* saddel; *sla:* *pl* siodełko *ce* sedlo *sk* sedlo *ru* седло *uk* сідло *be* сядло *bg* седалка *hr* sedlo *sr* седло *mk* седло; *f-u:* *su* satula *et* sadul; *bal:* *lv* sēdeklis; *n. g.:* *el* σέλα, *sh* shalë. *min. 26/587*

sédycen *c+* V verführen
<ang>. *rom:* *fr* séduire *it* sedurre *es* seducir *ro* seduce *pt* seduzir *ca* seduir; *ger:* *en* seduce. *min. 7/249*

sél *m* N Seele *f*
<ang>. *ger:* *de* Seele *en* soul *nl* ziel *lb* Séil *sv* själ *no* sjel *da* sjæl *is* sál; *f-u:* *ma* (szellem) *su* sielu. *min. 10/210*

sém num sieben
<prim>. *rom:* *fr* sept *it* sette *es* siete *ro* şapte *ca* set; *ger:* *de* sieben *en* seven *nl* zeven *fs* sjey *sv* sju *da* syv *is* sjö *fo* sjey; *sla:* *pl* siedem *ce* sedim *sb* sydom *ru* семь *bg* седем *hr* sedam; *f-u:*

su seitsemän; *gal:* *br* seizh *ga* seacht; *n. g.:* *mt* seba ,. *min. 23/516*

sęmafor *m* N Ampel *f (Verkehrs~)*; Verkehrsampel *f*
<prim>. *rom:* *it* semaforo *es* semáforo *ro* semafor *pt* semáforo *ca* semàfor; *sla:* *ce* semafor *sk* semafor *ru* (свето)фор *uk* (світло)фор *be* (святла)фор *bg* (свето)фар *hr* semafor *sr* семафор *sl* semaforji *mk* семафори; *f-u:* *et* (valgus)foor; *bal:* *lt* (švieso)foras *lv* (lukso)fors; *n. g.:* *ek* semaforoak, *sh* semafor. *min. 20/283*

sémąna *f* N Woche *f (abgeleitet aus de, Wort für ‚sieben')*
<prim>. *rom:* *fr* semaine *it* settimana *es* semana *ro* săptămână *pt* semana *ca* setmana; *sla:* *bg* седмица *sr* седмица; *bal:* *lv* savaitė; *gal:* *br* sizun *ga* seachtain *gv* shisghtin. *min. 12/209*

sémantic A semantisch
adv: ~no <prim>. *rom:* *fr* sémantique *it* semantic◊ *es* semántic◊ *ro* semantic; *ger:* *de* semantisch *en* semantic *da* semantiske; *sla:* *ce* sémantick◊ *ru* семантическ◊ *bg* семантичн◊; *f-u:* *su* semanttinen; *n. g.:* *mt* semantik. *min. 12/438*

sémce num siebzig
↑-ce. <prim>. *rom:* *it* settanta *es* setenta *ro* şaptezeci *ca* setanta; *ger:* *de* siebzig *en* seventy *nl* zeventig *sv* sjutti; *sla:* *ce* sedmdesát *sb* sydomdźesat *ru* семьдесят *bg* седемдесет; *gal:* *br* seikont *ga* seachtó; *n. g.:* *mt* sebg. *min. 15/400*

sęmęster *m* N Semester *n*
<prim>. *rom:* *fr* semestre *it* semestre *es* semestre *ro* semestru *pt* semestre *ca* semestre; *ger:* *de* Semester *en* semester *nl* semester *no* semester *da* semester; *sla:*

pl semestr *ce* semestr *sk* semester
ru семестр *uk* семестр *be* семестр
bg семестър *hr* semestar *sr* семестар
sl semester *mk* семестар; *f-u:* et semester;
bal: *lt* semestras *lv* semestris; *gal:*
ga seimeastar; *n. g.:* *mt* semestru,
sh semestër. *min. 28/570*

sémt *de* ~ A siebte(r/s)
<prim>. *rom:* *it* settim◊ *es* séptim◊
ro sapte◊; *ger:* *de* siebte *en* seventh
nl zevende *da* syvende *is* sjöundi; *sla:*
pl siódm◊ *ce* sedm◊ *ru* седьм◊ *bg* седм◊
hr (sedam); *f-u:* *su* seitsemäs; *gal:*
br seizhvet; *n. g.:* *mt* seba. *min. 16/437*

senden *c-* V senden
<ang>. *ger:* *de* senden *en* send *nl* zenden
sv sända *no* sende *da* sende *is* senda; *bal:*
lt siusti *lv* sūtīt. *min. 9/198*

sensatión *f* N Sensation *f*
[ts] gen: -one <prim>. *rom:* *fr* sensation
it sensazione *es* sensación *ro* senzatie
pt sensação *ca* sensació; *ger:* *de* Sensation
en sensation *nl* sensatie *no* sensasjon
da sensation; *sla:* *pl* sensacja *ce* senzace
sk senzácia *bg* сензация *hr* senzacija
sr сензација *mk* сензација; *n. g.:*
ek sentsazioa, *mt* sensazzjoni. *min. 20/453*

separán V trennen; absondern
<ang>. *rom:* *fr* séparer *it* separare
es separar *ro* separa *pt* separar *ca* separar;
ger: *en* separate. *min. 7/249*

separatión *f* N Trennung *f*; Absonderung *f*; Separierung *f*
[ts] gen: -one <prim>. *rom:* *fr* séparation
it separazione *es* separación *ro* separare;
ger: *de* Separation *en* separation; *sla:*
pl separacja *ru* сепарация; *n. g.:*
mt separazzjoni. *min. 9/450*

separéren *c-* V separieren
<prim>. *rom:* *fr* séparer *it* separare
es separar *ro* separa *pt* separar *ca* separar;
ger: *de* separieren *en* separate *nl* separeren
sv separera *no* separere *da* separere; *sla:*
ce separovat *sk* separovať *ru* сепарировать
hr separirati; *f-u:* *ma* szeparálni; *n. g.:*
mt -ssepara. *min. 18/493*

september *m* N September *m*
gen: -bre <prim>. *rom:* *fr* septembre
it settembre *es* septiembre *ro* septembrie;
ger: *de* September *en* september
da september *is* September; *sla:*
ru сентябрь *bg* септември; *f-u:*
ma szeptember; *n. g.:* *mt* settembru.
min. 12/436

Serbenski *m* N Sorbisch *(,~e Sprache)*
<ethno>. *sla:* *sb* serbenski.

sérié *f* N Serie *f*
gen: -ie <prim>. *rom:* *fr* série *it* serie
es serie *ro* serie; *ger:* *de* Serie *en* series
da serie; *sla:* *pl* seria *ce* série *ru* серия
bg серия; *f-u:* *ma* sor(zat) *su* sarja; *n. g.:*
mt serje, *tr* (sıra). *min. 15/495*

servéren *c-* V servieren
<prim>. *rom:* *fr* servir *it* servire *es* servir
ro servi *pt* servir *ca* servir; *ger:*
de servieren *en* serve *nl* serveren; *sla:*
bg сервирам; *n. g.:* *ek* zerbitzatzeko,
mt -serv, *sh* shërbej, *tr* servis yapmak.
min. 14/381

servíc *m* N Dienst(betrieb) *m*; Kundendienst *m*
gen: -ice <prim>. *rom:* *fr* service
it servizio *es* servicio *ro* serviciu; *ger:*
de Service *en* service *da* service; *sla:*
ce service; *f-u:* *ma* szerviz; *n. g.:*
mt servizz, *tr* servis. *min. 11/360*

ses ⬜num sechs

<prim>. *rom:* *fr* six *it* sei *es* seis *ro* şase *ca* sis; *ger:* *de* sechs *en* six *nl* zes *fs* seks *sv* sex *da* seks *is* sex *fo* seks; *sla:* *pl* sześć *ce* šest *sk* šest *sb* šěsć *ru* шесть *bg* шест *hr* šest *sr* шест *sl* šest *mk* шест; *gal:* *br* c'hwec'h *ga* sé *gv* shey; *n. g.:* *mt* sitt. *min. 27/528*

sesce ⬜num sechzig

↑-ce. <prim>. *rom:* *fr* soixante *it* sessanta *es* sesenta *ro* şaizeci *ca* seixanta; *ger:* *de* sechzig *en* sixty *nl* zestig; *sla:* *pl* sześćdziesiąt *ce* šedesát *sb* šěsćdźesat *ru* шестьдесят *bg* шейсет; *n. g.:* *el* εξήντα, *mt* sittin. *min. 15/506*

session *f* ⬜N Sitzung *f*

gen: -one <prim>. *rom:* *fr* session *it* sessione *es* sesión *pt* sessão; *ger:* *de* Sitzung *en* session *nl* zitting *no* (sesjon); *sla:* *pl* posedzienie *ce* setkání *ru* сессия *bg* сесия *hr* sjednica; *gal:* *ga* seisiún. *min. 14/489*

sest *de ~* ⬜A sechste(r/s)

<prim>. *rom:* *fr* (six) *it* sesto *es* sexto *ro* saseà *ca* sisè; *ger:* *de* sechste(r/s) *en* sixth *nl* zeste *da* sjette (r / s) *is* sjötti; *sla:* *pl* szósty,-a,e *ce* šestý *ru* шестой *bg* шеста; *n. g.:* *mt* sitt. *min. 15/498*

sester *f* ⬜N Schwester *f*

<prim>. *rom:* *fr* sœur *it* sorella *ro* soră; *ger:* *de* Schwester *en* sister *nl* zuster *sv* söster *no* søster *da* søster; *sla:* *pl* siostra *ce* sestra *sb* sotra *ru* сёстра *bg* сестра *hr* sestra; *f-u:* *su* sisko; *bal:* *lt* sesuo; *gal:* *ga* siur. *min. 18/480*

set *m* ⬜N Set *n (Zusammenstellung)*

<prim>. *rom:* *fr* set *it* set; *ger:* *de* Set *en* set *nl* set *sv* sett *no* sæt *da* set; *sla:* *pl* zestaw *ru* сет (теннис); *f-u:* *su* setti; *n. g.:* *tr* set. *min. 12/438*

setten (sé) ⬜V setzen (sich ~)

<prim>. *rom:* *fr* asseoir *it* sedere *es* sentar *ro* aşeza *ca* asseure; *ger:* *de* setzen *en* set *nl* zetten *sv* setta *no* sette *da* sætte; *sla:* *sb* sadźić *ru* садить *bg* седя; *f-u:* *su* istumaan; *gal:* *br* (azenzañ); *n. g.:* *mt* sett. *min. 17/467*

shamel *m* ⬜N Schemel *m*

gen: shámle <prim>. *rom:* *fr* escabeau *it* sgabello *es* escabel; *ger:* *de* Schemel *no* skammel *is* skemill; *f-u:* *ma* zsámoly; *bal:* *lv* ķeblis; *n. g.:* *el* σκαμνί, *tr* iskemle. *min. 10/286*

Shcjip ⬜N Albanisch *(,~e Sprache)*

<ethno>. *n. g.:* *sh* shqip.

Shcjiperia *f* ⬜N Albanien *n*

<ethno>. *n. g.:* *sh* Shqiperia.

shcjiptár *m* ⬜N Albaner *m*; Skipetare *m*

<ethno>. *n. g.:* *sh* shqiptar.

shcjiptár ⬜A albanisch

<ethno>. *n. g.:* *sh* shqiptar◊.

shcjiptárja *f* ⬜N Albanerin *f*; Skipetarin *f*

<ethno>. *n. g.:* *sh* shqiptarja.

shef *m* ⬜N Chef *m*

<prim>. *rom:* *fr* chef *it* capo *es* jefe *ro* şef *ca* jefe; *ger:* *de* Chef *en* chief *nl* chef *no* sjef *da* sjef; *sla:* *pl* szef *ce* šéf *ru* шеф *bg* шеф; *n. g.:* *el* (κεφάλι), *mt* kap, *tr* şef. *min. 17/519*

shéten *c-* ⬜V schießen

pret: shott-, ppp: shóten <prim>. *ger:* *de* schießen *en* shoot *nl* schieten *lb* schéissen *sv* skjuta *no* skyte *da* skyde *is* skjóta *fo* skjóta; *bal:* *lt* šauti *lv* šaut; *gal:* *cy* saethu *ga* scaoil. *min. 13/199*

shilk *m* ⬜N Seide (2) *f*

=↑séda. <prim> *ger:* *en* silk *sv* silke *no* silke *da* silke *is* silki; *sla:* *ru* шелк

264

uk шовк *be* шоўк;   *f-u:* *ma* selyem
su silkki;   *bal:* *lt* šilkas. *min. 11/208*

shimpanzé *m!* $\boxed{N}$ Schimpanse *m*

<prim>. *rom:* *fr* chimpanzé *it* scimpanzé
es chimpancé *ro* cimpanzeu *pt* chimpanzé
ca ximpanzé;   *ger:* *de* Schimpanse
en chimpanzee *nl* chimpansee
sv schimpans *no* sjimpanse *da* chimpanse
is simpansi;   *sla:* *pl* szympans *ce* šimpanz
sk šimpanz *ru* шимпанзе *uk* шимпанзе
be шымпанзэ *bg* шимпанзе *hr* čimpanza
sr шимпанзе *sl* šimpanz *mk* шимпанзо;
f-u: *ma* csimpánz *su* simpanssi *et* šimpans;
bal: *lt* šimpanzė *lv* šimpanze;   *gal:*
cy tsimpansî;   *n. g.:* *el* χιμπατζής,
ek txinpantze, *sh* shimpanze, *tr* şempanze.
min. 34/615

shnúr *m* $\boxed{N}$ Schnur *f*

gen: shnure <prim>. *rom:* *ro* şnur; *ger:*
de Schnur *nl* snoer *lb* Schnouer *sv* snöre
no snor *da* snor *is* snæri;   *sla:* *pl* sznur
ce šňůra *sk* šnúra *ru* шнур *be* шнур
bg шнур *mk* шнур;   *f-u:* *ma* zsinór.
min. 16/323

shock *m* $\boxed{N}$ Schock *m*

<prim>. *rom:* *fr* choc *es* choque *ro* şoc;
ger: *de* Schock *en* shock; *sla:* *pl* szok
ru шок *bg* шок;   *f-u:* *su* shokki; *n. g.:*
mt xokk, *tr* şok. *min. 11/420*

shofěr *m* $\boxed{N}$ Chauffeur *m*

<prim>. *rom:* *fr* chauffeur *es* chofer
ro şofer *ca* xofer;   *ger:* *de* Chauffeur
nl chauffeur *sv* chaufför *no* sjåfør
da chauffør;   *sla:* *pl* szofer *ce* šofér
sk šofér *ru* шофер *uk* шофер *be* шафёр
bg шофьор *hr* šofer *sr* шофер *sl* šofer
mk шофер;   *f-u:* *ma* sofőr;   *bal:* *lt* šoferis
lv šoferis;   *n. g.:* *el* σωφέρ, *ek* txofer,
sh shofer, *tr* şoför. *min. 27/488*

shtégil(ek) *m* $\boxed{N}$ Stieglitz *m*

<prim>. *ger:* *de* Stieglitz *sv* steglits; *sla:*
pl szczygieł *ce* stehlík *sk* stehlík *ru* щегол
uk щиглик *be* шчыгол *bg* щиглец
hr češljugar;   *f-u:* *su* tikli;   *bal:* *lv* ciglis.
min. 12/291

Shwạétz: die ~ *f* $\boxed{N}$ Schweiz (de) *f*

=↑Svittzera (1), ↑Sueisse (1), ↑Svitzra (1).
<ethno>. *ger:* *de* Schweiz.

shwạétzer *m* $\boxed{N}$ Schweizer (de) *m*

=↑sueisse (2m), ↑svittzero, ↑svittzer (1).
<ethno>. *ger:* *de* Schweizer.

shwạétzerin *f* $\boxed{N}$ Schweizerin (de) *f*

=↑svittzera (2), ↑sueisse (2f), ↑svitzra (2).
<ethno>. *ger:* *de* Schweizerin.

shwạétzerish $\boxed{A}$ schweizerisch (de)

=↑sueisse (3), ↑svittzer (2it), ↑svittzer (2rr).
<ethno>. *ger:* *de* schweizerisch.

si $\boxed{C}$ wenn (1) *(ursächlich)*

<prim>. *rom:* *fr* si *it* se *es* si *pt* se *ca* si;
sla: *pl* jeśli *ru* если. *min. 7/289*

sịcur $\boxed{A}$ sicher

<prim>. *rom:* *fr* sûr *it* sicur◊ *es* segur◊
ro sigur *pt* sigur◊ *ca* sigur◊;   *ger:*
de sicher *en* secure *nl* zeker *sv* säker
no sikker *da* sikker;   *sla:* *bg* сигурн◊
sr сигурн◊;   *gal:* *br* sur;   *n. g.:*
el σίγουρ◊, *mt* żgur, *sh* sigurt◊.
min. 18/412

sicuritẹ *f* $\boxed{N}$ Sicherheit *f*

gen: -téte <prim>. *rom:* *fr* sécurité
it sicurezza *es* seguridad *ro* securitate
pt seguridad *ca* seguretat;   *ger:*
de Sicherheit *en* security *nl* zekerheid
sv säkerhet *no* sikkerhet *da* sikkerhed;
sla: *ru* (секьюрити) *bg* сигурност; *gal:*
br surentez;   *n. g.:* *mt* sigurtà. *min. 16/472*

sidé *f* $\boxed{N}$ Seite (1) *f*

<ang>. *ger:* *de* Seite *en* side *nl* zijde
sv sida *no* side *da* side *is* síðu; *f-u:*
su sivu; *n. g.:* *el* σελίδα. *min. 9/210*

sign *m* $\boxed{N}$ Zeichen *n*

[sijn] <ang>. *rom:* *fr* signe *it* segno
es signo *ro* semn *ca* signe; *ger:* *en* sign;
gal: *br* sin. *min. 7/239*

signán $\boxed{V}$ markieren; signieren

<prim>. *rom:* *fr* signer *it* segnare
es signar *ro* semna *ca* signar; *ger:*
de (signieren) *en* to sign; *sla:*
ru (сигнатура); *gal:* *br* sinañ. *min. 9/414*

signatura *f* $\boxed{N}$ Unterschrift *f*

<prim>. *rom:* *fr* signature *pt* assinatura
ca signatura; *ger:* *de* Signatur
en signature *no* signatur; *sla:*
bg сигнатура; *n. g.:* *ek* sinadura.
min. 9/251

sila *f* $\boxed{N}$ Stärke *f*; Kraft (1) *f*

<cont>. *sla:* *pl* siła *ce* sila *sk* sila *sb* syla
ru сила *bg* сила *sl* sila. *min. 7/147*

síld *m* $\boxed{N}$ Hering (2) *m*

=↑héring. <prim>. *ger:* *sv* sill *no* sild
da sild *is* síld; *sla:* *pl* śledź *ce* sleď
sk sleď *ru* сельдь *uk* оселедець
be селядзец *sl* sled; *f-u:* *su* silli; *bal:*
lt silkė *lv* siļķe. *min. 14/194*

silen $\boxed{A}$ stark; kräftig

comp: -lner, adv: -lno <cont>. *sla:*
pl siln◊ *ce* siln◊ *sk* siln◊ *sb* syln◊
ru сильн◊ *bg* силн◊ *sl* siln◊. *min. 7/147*

silenc' *m* $\boxed{N}$ Stille (2) *f*

gen: -ce <ang>. *rom:* *fr* silence *it* silenzio
es siléncio *pt* silêncio *ca* sliència; *ger:*
en silence; *sla:* *ru* силенция; *n. g.:*
mt silenzju. *min. 8/309*

silicát *m* $\boxed{N}$ Silikat *n*

gen: -ate <prim>. *rom:* *fr* silicate
it silicato *es* silicato *pt* silicato *ca* silicat;
ger: *de* Silikat *en* silicate *nl* silicaat
sv silikat *no* silikat *da* silikat; *sla:*
ce silikátová *sk* silikátová *ru* силікат
uk силікат *be* сілікатаў *bg* силикат
hr silikatna *sr* силикат *sl* silikat
mk силикатни; *f-u:* *ma* szilikát
su silikaatti *et* silikaat; *bal:* *lt* silikatas
lv silikāta; *gal:* *cy* silicad; *n. g.:*
ek silikato, *mt* silikat, *sh* silikati, *tr* silikat.
min. 32/543

siln- ↑*silen*

simil $\boxed{A}$ ähnlich

<ang>. *rom:* *fr* simile *it* simile *es* similar
ro asemănător; *ger:* *de* (As)simil(ation)
en similar; *n. g.:* *mt* simili. *min. 7/330*

simpel $\boxed{A}$ simpel

adv: -plo <prim>. *rom:* *fr* simple
it semplice *es* simple(◊) *ro* simplu
pt simples *ca* simple; *ger:* *de* simpel
en simple; *gal:* *cy* syml; *n. g.:* *ek* sinple,
mt semplici. *min. 11/346*

simplificatión *f* $\boxed{N}$ Vereinfachung *f*

[ts] gen: -one <prim>. *rom:*
fr simplification *it* semplificazione
es simplificación *ro* simplificare
pt simplificação *ca* simplificació; *ger:*
de Simplifikation *en* simplification; *sla:*
hr simplifikacija; *gal:* *cy* symleiddio;
n. g.: *ek* sinplifikazio, *mt* simplifikazzjoni.
min. 12/350

simplificéren *c-* $\boxed{V}$ vereinfachen

<prim>. *rom:* *fr* simplifier *it* semplificare
es simplificar *ro* simplifica *pt* simplificar
ca simplificar; *ger:* *de* simplifizieren
en simplify; *gal:* *cy* symleiddio; *n. g.:*
ek sinplifikatzen, *mt* tissimplifika.
min. 11/346

simulatión *f* $\boxed{N}$ Simulation *f*
[ts] gen: -one <prim>. *rom: fr* simulation
it simulazione *es* simulación *ro* simulare
pt simulação *ca* simulació; *ger:*
de Simulation *en* simulation *nl* simulatie
sv simulering *no* simulering *da* simulering;
sla: pl symulacja *ce* simulace *sk* simulácia
bg симулация *hr* simuliranje
sr симулирање *sl* simulacija
mk симулација; *f-u: ma* szimuláció
su simulointi *et* simuleerimine; *bal:*
lv simulācija; *n. g.: ek* simulazioa,
mt simulazzjoni, *sh* simulim,
tr simülasyon. *min. 28/489*

síngen *c-* $\boxed{V}$ singen
pret: sang-, ppp: sungen <ang>. *ger:*
de singen *en* sing *nl* zingen *lb* sangen
fs sjonge *sv* sjunga *no* synge *da* synge
is syngja *fo* syngja. *min. 10/194*

singulár (1) *m* GRAM $\boxed{N}$ Singular *m*
gen: -are <prim>. *rom: fr* singulier
it singolare *es* singulario *ro* singular
pt singular *ca* singular; *ger: de* singular
en singular *sv* singularis; *sla: pl* singular
ce singulár *sk* singulár *ru* сингулярность.
min. 13/489

singulár (2) $\boxed{A}$ einzeln; einmalig
<ang>. *rom: fr* sıngulier *it* sıngoları◊
es singular(◊) *ro* individual *pt* singular
ca singular◊; *ger: de* singulär *en* singular
sv singuljär; *sla: ru* сингулярн◊.
min. 10/434

sínus *m* MATH $\boxed{N}$ Sinus *m*
gen: -ne <prim>. *rom: fr* sinus *it* seno
es seno *ro* sinus *pt* seno *ca* si; *ger:*
de Sinus *en* sine *nl* sinus; *sla: pl* sinus
ce sinus *sk* sinus *ru* синус *uk* синус
be сінус *bg* синус *hr* sinus *sr* синус
mk синус; *f-u: ma* szinusz *su* sini
et siinus; *bal: lt* sinusas *lv* sinuss; *gal:*

cy sin; *n. g.: sh* sinus, *tr* sinüs.
min. 27/581

sírup *m* $\boxed{N}$ Sirup *m*
<prim>. *rom: fr* sirop *it* sciroppo
es jarube *ro* sirop; *ger: de* sirup *en* syrup
nl siroop *da* sirup; *sla: pl* syrop *ce* sirup
ru сироп *bg* сироп; *f-u: su* siirappi
et szörp; *n. g.: tr* şurup. *min. 15/504*

sis *2sg* < ↑*bín* $\boxed{V}$ bist: du ~
<prim>. *rom: it* sei; *sla: pl* jesteć.
min. 2/90

sít (1) *m* $\boxed{N}$ Ort *m*
<prim>. *rom: fr* site *it* sito *es* sito
ca situat; *ger: de* (Sitz) *en* site *da* sted;
sla: pl siedziba *ru* сиденье. *min. 9/437*

sít (2) *2pl* < ↑*bín* $\boxed{V}$ seid: ihr ~
<prim>. *rom: it* siete; *ger: de* seid; *sla:*
pl jestecie *hr* ste. *min. 4/189*

sítten *c-* $\boxed{V}$ sitzen
<ang>. *rom: it* sedere *es* sentar *ro* şedea;
ger: de sitzen *en* sit *nl* sitten *sv* sitta
no sitte *da* sidde; *sla: pl* siedzieć *ce* sedět
sb sedźeć *ru* сидеть *bg* седя; *f-u:*
su istua; *bal: lv* sėdėti. *min. 16/450*

situatión *f* $\boxed{N}$ Situation *f*
[ts] gen: -one <prim>. *rom: fr* situation
it situazione *es* situación *ro* situaţie
pt situação *ca* situació; *ger: de* Situation
en situation *nl* situatie *sv* situation
no situasjon *da* situation; *sla: pl* sytuacja
ce situace *sk* situácia *ru* ситуация
uk ситуація *be* сітуацыя *bg* ситуация
hr situacija *sr* ситуација *mk* ситуација;
f-u: ma szituáció; *bal: lt* situacija
lv situācija; *n. g.: mt* sitwazzjoni,
sh situatë. *min. 27/588*

skal *m* Schädel *m*
gen: ~le <prim>. *ger: de* Schädel *en* skull
nl schedel *lb* Schiedel *sv* skalle *no* skalle

267

da skal *fo* skøltur; *f-u: su* kallo *et* kolju.
min. 10/199

skáp *m* Ⓝ Schrank *m*
<prim>. *ger: sv* skåpet *no* skap *da* skabet
is skáp; *sla: pl* szafka *ru* шкаф *uk* шафа
be шафа *bg* шкаф; *f-u: su* kaappi
et kapp; *bal: lv* skapis. *min. 12/186*

skelęt *m* Ⓝ Skelett *n*
gen: ~te <ang>. *rom: fr* squelette
it scheletro *es* esqueleto *ro* schelet
pt esqueleto; *ger: de* Skelett *en* skeleton
nl skelet *sv* skelett *no* skjelett; *sla:*
pl skielet *ce* skelet *sk* skelet *ru* скелет
bg скелет *hr* skelet *sr* скелет; *f-u:*
et skelett; *bal: lv* skelets; *n. g.:*
el σκελετός *sh* skelet *tr* iskelet.
min. 22/553

skęptic Ⓐ skeptisch
comp: -icer [ts], adv: ~no <prim>. *rom:*
fr sceptique *it* scettic◊ *es* escéptic◊
ro sceptic *pt* cétic◊ *ca* escèptic◊; *ger:*
de skeptisch *en* skeptical *nl* sceptisch
sv skeptisk *no* skeptisk *da* skeptiske; *sla:*
pl sceptyczn◊ *ce* skeptick◊ *sk* skeptick◊
ru скептическ◊ *uk* скептичн◊
be скептычн◊ *bg* скептичн◊ *hr* skeptičn◊
sr скептичн◊ *sl* skeptičn◊ *mk* скептичн◊;
f-u: ma szkeptikus *su* skeptinen
et skeptiline; *bal: lt* skeptišk◊
lv skeptisk◊; *n. g.: el* σκεπτικ◊,
ek eszeptiko, *sh* skeptik◊. *min. 31/609*

skorpión *m!* ZOOL Ⓝ Skorpion *m*
gen: -ọne <prim>. *rom: fr* scorpion
it scorpione *es* escorpión *ro* scorpion
pt escorpião *ca* escorpí; *ger: de* Skorpion
en scorpion *nl* schorpioen *sv* scorpion
no skorpion *da* skorpion *is* sporðdreka;
sla: pl skorpion *ce* škorpión *sk* škorpión
ru скорпион *uk* скорпіон *be* скарпіён
bg скорпион *hr* škorpion *sr* шкорпион
sl scorpion *mk* скорпија; *f-u: ma* skorpió

su skorpioni *et* skorpion; *bal:*
lt skorpionas *lv* skorpions; *gal:*
cy sgorpion *ga* scairp; *n. g.: el* σκορπιός,
ek scorpion, *mt* skorpjun, *sh* akrep,
tr akrep. *min. 36/615*

skụmbré *f* Ⓝ Makrele (2) *f*
=↑makréla. <prim>. *rom: it* sgombro;
sla: ru скумбрия *uk* скумбрія
be скумбрыя *bg* скумрия; *bal:*
lt skumbrė *lv* skumbrija; *n. g.:*
el σκουμπρί, *sh* skumbri. *min. 9/187*

slab Ⓐ schwach
<cont>. *rom: ro* slab; *ger: de* (schlapp)
nl (slap); *sla: pl* słab◊ *ce* slab◊ *sk* slab◊
ru слаб◊ *bg* слаб◊ *hr* slab◊ *sr* слаб◊
mk слаб◊. *min. 11/294*

slạva *f* Ⓝ Ruhm *m*
<prim>. *sla: pl* sława *ce* sláva *sk* sláva
ru слава *uk* слава *bg* слава *hr* slava
sr слава *sl* slava *mk* slava; *bal: lt* šlovė
lv slava. *min. 12/186*

slavjạn(ic) Ⓐ slawisch
<prim>. *sla: pl* słowiańsk◊ *ce* slovansk◊
sk slovansk◊ *sb* słowjansk◊ *ru* славянск◊
uk слов'янськ◊ *be* славянск◊
bg славянск◊ *hr* slavensk◊ *sr* словенск◊
sl slovansk◊ *mk* словенск◊; *f-u:*
su slaavilainen. *min. 13/195*

slọfen *c-* Ⓥ schlafen
<ang>. *ger: de* schlafen *en* sleep
nl slapen *lb* schlofen *sv* sova *no* sove
da sove *is* sofa *fo* sova. *min. 9/194*

slóv *m* Ⓝ Wort *n*
gen: -ọve <prim>. *sla: pl* słowo *ce* slovo
ru слово *bg* слово *hr* (slovo); *f-u:*
ma szó/szava *su* sana *et* sona *sm* sáni;
n. g.: tr söz. *min. 10/167*

slọvák *m* Ⓝ Slowake *m*
<ethno>. *n. g.:*.

Slovákia *f* N̄ Slowakei *f*
<ethno>. *n. g.:*.

Slovęnchina N̄ Slowakisch *(,~e Sprache)*
<ethno>. *sla:* *sk* slovenčina.

slovęnec' *m* N̄ Slowene *m*
<ethno>. *sla:* *sl* slovenec.

Slovęnija *f* N̄ Slowenien *n*
<ethno>. *sla:* *sl* Slovenija.

slovęnka (SK) *f* N̄ Slowakin *f*
<ethno>. *n. g.:*.

slovęnka (SLO) *f* N̄ Slowenin *f*
<ethno>. *sla:* *sl* slovenka.

Slovęnshchina N̄ Slowenisch *(,~e Sprache)*
<ethno>. *sla:* *sl* slovenščina.

slovęnsk (SK) Ā slowakisch
<ethno>. *n. g.:*.

slovęnsk (SLO) Ā slowenisch
<ethno>. *sla:* *sl* slovensk◊.

slújsé *f* N̄ Schleuse *f*
<prim>. *rom:* *fr* écluse *it* chiusa; *ger:* *de* Schleuse *en* sluice *nl* sluis *lb* Schleis *sv* sluss *no* sluse *da* sluse; *sla:* *pl* śluza *ru* шлюз *uk* шлюз *bg* шлюза; *f-u:* *su* sulku *et* lüüs; *bal:* *lt* šliuzas *lv* slūžas; *n. g.:* *sh* shluzë. *min. 18/469*

sluzhba *f* N̄ Dienst *m*
<cont>. *rom:* *it* servizio *ro* slujba; *sla:* *pl* służba *ce* služba *sk* služba *sb* služba *ru* ◊жба *uk* служба *be* служба *bg* служба *hr* služba *sr* služba *sl* služba *mk* служба. *min. 14/261*

sluzhín V̄ dienen
+↑zasluzhicán. <prim>. *sla:* *pl* służyć *ce* sloužit *sk* slúžiť *ru* служить *uk* служити *be* служыць *hr* služiti *sr* служити *sl* služijo *mk* служат; *f-u:* *ma* szolgálni. *min. 11/193*

smérden *c+* V̄ stinken
<prim>. *ger:* *en* (smell); *sla:* *pl* śmierdzieć *ce* smrdět *sk* smrdieť *sb* smjerdźeć *ru* смердеть *uk* смердіти *be* сьмярдзець *bg* смърдя *hr* smrdjeti *sr* смрдети *sl* smrdeti *mk* смрди; *bal:* *lt* smirdėti *lv* smirdēt. *min. 15/256*

snegh *m* N̄ Schnee *m*
<prim>. *rom:* *fr* neige *it* neve *es* nieve *ro* ninsoare *pt* neve *ca* neu; *ger:* *de* Schnee *en* snow *nl* sneeuw *sv* snö *no* snø *da* sne *is* snjór; *sla:* *pl* śnieg *ce* sníh *sk* sneh *ru* снег *uk* сніг *be* снег *bg* сняг *hr* snijeg *sr* снег *sl* sneg *mk* снег; *bal:* *lt* sniegas *lv* sniegs; *gal:* *ga* sneachta. *min. 27/578*

só adv so
<prim>. *rom:* *fr* si *it* (co)sì *es* (a)sí; *ger:* *de* so *en* so *nl* zo *sv* så *no* så *da* så *is* svo. *min. 10/348*

sǫba *f* N̄ Stube *f*
<prim>. *ger:* *de* Stube *nl* stoof *is* stofa; *sla:* *bg* соба *hr* soba *sr* соба *sl* soba *mk* соба; *f-u:* *ma* szoba; *n. g.:* *el* (σόμπα), *sh* (sobë), *tr* (soba). *min. 12/170*

sóen *m* N̄ Sohn *m*
<prim>. *ger:* *de* Sohn *en* son *nl* zoon *sv* son *no* sønn *da* søn *is* sonur; *sla:* *pl* syn *ce* syn *sk* syn *sb* syn *ru* сын *uk* син *bg* син *hr* sin *sr* син *sl* sin *mk* син; *bal:* *lt* sūnus. *min. 19/377*

sǫjka *f* N̄ Eichelhäher *m*
<prim>. *sla:* *pl* sójka *ce* sojka *sk* sojka *sb* soja *ru* сойка *uk* сойка *be* сойка *bg* сойка *hr* šojka *sr* шојка *sl* šoja *mk* cojka; *f-u:* *ma* szajka. *min. 13/203*

solárium *n* Ⓝ Solarium *n*

gen: -rie <prim>. *rom:* *fr* solarium
it solario *es* solárium *ro* solariu *pt* solário
ca solàrium; *ger:* *de* Solarium *en* solarium
nl solarium *sv* solarium *no* solarium
da solarium; *sla:* *pl* solarium *ce* solárium
sk solárium *ru* солярий *uk* солярій
be салярый *bg* солариум *hr* solarijum
sr соларијум *sl* solarij *mk* солариум; *f-u:*
ma szolárium *su* solariumi *et* solaarium;
bal: *lt* soliariumas *lv* solārijs; *gal:*
cy solariwm; *n. g.:* *el* σολάριουμ,
ek solariuma, *mt* solarium, *tr* solaryum.
min. 33/615

soldát *m* Ⓝ Soldat *m*

gen: -áte <prim>. *rom:* *fr* soldat *it* soldato
es soldado *ro* soldat *pt* soldado *ca* soldat;
ger: *de* Soldat *en* soldier *nl* soldaat
sv soldat; *sla:* *ru* солдат *uk* солдат
be салдат; *f-u:* *su* sotilas; *n. g.:*
ek soldadu, *mt* suldat. *min. 16/490*

sólé *f* Ⓝ Sohle *f*

<ang>. *ger:* *de* Sohle *en* sole *nl* zool
lb Suel *sv* sula *no* sål *da* sål *is* sóli.
min. 8/194

sólen *n* Ⓝ Sonne *f*

gen: -lne <prim>. *rom:* *fr* soleil *it* sole
es sol *pt* sol *ca* sol; *ger:* *sv* sol *no* sol
da sol *is* sól *fo* sól; *sla:* *pl* słońce
ce slunce *sk* slnko *ru* солнце *bg* слънце;
bal: *lt* saulė *lv* saule; *gal:* *cy* haul
br heol. *min. 19/338*

solíd Ⓐ solide

adv: ~no <prim>. *rom:* *fr* solide *it* solid◊
es sólid◊ *ro* solid *pt* sólid◊ *ca* sòlid; *ger:*
de solide *en* solid *nl* solide *no* solid
da solid; *sla:* *pl* solidn◊ *ce* solidn◊
sk solídn◊ *bg* солидн◊ *hr* solidn◊
sr солидн◊ *mk* солидн◊; *gal:* *cy* solet;
n. g.: *mt* solidu. *min. 20/452*

solíst *m* Ⓝ Solist *m*

<prim>. *rom:* *fr* soliste *it* solista *es* solista
ro solist *pt* solista *ca* solista; *ger:*
de Solist *en* soloist *nl* solist *sv* solist
no solist *da* solist; *sla:* *pl* solista
ce sólista *sk* sólista *ru* соліст *uk* соліст
be саліст *bg* солист *hr* solist *sr* соліста
sl solist *mk* солист; *f-u:* *ma* szólista
su solisti *et* solist; *bal:* *lt* solistas
lv solists; *n. g.:* *el* σολίστ, *mt* solista,
sh solist, *tr* solist. *min. 32/613*

"sólndan" *m* Ⓝ Sonntag *m (gebildet aus
    den Wörtern für ‚Sonne‘ und ‚Tag‘)*

<prim>. *ger:* *de* Sonntag *en* Sunday
nl zondag *lb* Sonndeg *sv* söndag *no* søndag
da søndag *is* sunnudagur *fo* sunnudagur;
f-u: *su* sunnuntai; *bal:* *lv* svētdiena; *gal:*
cy dydd sul *br* disul.*13/*

solutión *f* Ⓝ Lösung *f*

[ts] gen: -one <ang>. *rom:* *fr* solution
it soluzione *es* solución *ro* soluţie; *ger:*
en solution; *n. g.:* *mt* soluzzjoni.
min. 6/235

som *1pl* < ↑*bín* Ⓥ sind: wir ~

<prim>. *rom:* *fr* sommes *it* siamo; *ger:*
de sind *nl* zijn; *sla:* *pl* jestemy *hr* samo;
gal: *br* omp. *min. 7/274*

somséd *m* Ⓝ Nachbar *m*

<prim>. *sla:* *ce* soused *sk* sused *ru* сосед
bg съсед; *f-u:* *ma* szomszéd; *bal:*
lt kaimiņs *lv* kaimynas; *gal:* *cy* cymydog
ga comharsa; *n. g.:* *tr* komşu. *min. 10/128*

son *3pl* < ↑*bín* Ⓥ sind: sie ~

<prim>. *rom:* *fr* sont *it* sono *es* son; *ger:*
de sind *nl* zijn; *sla:* *pl* są *ce* jsou *sk* sú
sl so; *gal:* *br* int. *min. 10/327*

són *m* Ⓝ Laut *m*; Klang

<prim>. *rom:* *fr* son *it* suono *es* son;
ger: *de* (uni)son(o) *en* sound; *sla:*
pl zwón *ce* zvon *sk* zvon *ru* звон *uk* звон

be звон *bg* звън *hr* zvon *sr* zvon *sl* zvon
mk звон. *min. 16/501*

"son; tár son" *pl* $\boxed{\text{V}}$ gibt: es ~ (3)
<prim>. *rom:* *it* ce sono; *ger:* *en* there
are *nl* er zijn *da* der er *is* er; *sla:* *pl* są
ce jsou *sk* sú *sl* so; *f-u:* *ma* vannak
su olemme; *n. g.:* *sh* është, *tr* varlar.
min. 13/216

sonạta *f* MUS $\boxed{\text{N}}$ Sonate *f*
<prim>. *rom:* *fr* sonate *it* sonata *es* sonata
pt sonata *ca* sonata; *ger:* *de* Sonate
en sonata *nl* sonate; *sla:* *pl* sonata
ce sonáta *sk* sonáta *ru* соната *be* саната
bg соната *hr* sonata *sr* соната *mk* соната;
f-u: *ma* szonáta *su* sonaatti *et* sonaat; *bal:*
lt sonata *lv* sonēte; *gal:* *cy* sonata; *n. g.:*
el σονάτα, *sh* sonatë, *tr* sonat. *min. 26/553*

sonẹt *m* $\boxed{\text{N}}$ Sonett *n*
gen: ~te <prim>. *rom:* *fr* sonnet *it* sonetto
es soneto *pt* soneto *ca* sonet; *ger:*
de Sonett *en* sonnet *nl* sonnet *sv* sonett
no sonett *da* sonet *is* sonetta; *sla:* *pl* sonet
ce sonet *sk* sonet *ru* сонет *be* санет
bg сонет *hr* sonet *sr* сонет *mk* сонет;
f-u: *ma* szonett *su* sonetti *et* sonett; *bal:*
lv sonets; *gal:* *cy* soned; *n. g.:*
el σονέττο, *ek* soneto, *sh* sonet, *tr* sone.
min. 30/570

soúverạen $\boxed{\text{A}}$ souverän
<prim>. *rom:* *fr* souverain *it* sovran◊
es soberan◊ *pt* soberan◊; *ger:* *de* souverän
en sovereign *nl* soeverein *no* suverene
da suveræn; *sla:* *pl* suwerenn◊
ce suverénn◊ *sk* suverénn◊ *ru* суверенн◊
uk суверенн◊ *be* суверэнн◊ *bg* суверенн◊
hr suverenn◊ *sr* суверн◊ *sl* suveren◊
mk суверенн◊; *f-u:* *ma* szuverén
su suvereeni *et* suveräänne; *bal:*
lt suveren◊; *n. g.:* *ek* subirano, *mt* sovran,
sh sovran◊. *min. 27/561*

spéciạl $\boxed{\text{A}}$ speziell; besonder (1)
adv: ~no <prim>. *rom:* *fr* spécial
it spaciale *es* especial; *ger:* *de* speziell
en special *da* specifikt; *sla:*
ru специальн◊ *bg* специалн◊; *n. g.:*
mt speciali. *min. 9/403*

spectạcul *m* $\boxed{\text{N}}$ Spektakel *n*
gen: -tácle <prim>. *rom:* *fr* spectacle
it spettacolo *es* espectáculo *pt* espetáculo
ca espectacle; *ger:* *de* Spektakel
en spectacle *da* spektakel; *sla:* *hr* spektakl
sr спектакл *sl* spektakel *mk* спектакл;
f-u: *su* spektaakkeli; *bal:* *lt* spektaklis;
n. g.: *mt* spettaklu. *min. 15/350*

spẹctrum *n* $\boxed{\text{N}}$ Spektrum *n*
gen: -tre <prim>. *rom:* *fr* spectre
it spettro *es* espectro *pt* espectro
ca espectre; *ger:* *de* Spektrum
en spectrum *nl* spectrum *da* spectrum;
sla: *ce* spektrum *sk* spektrum *ru* спектр
uk спектр *be* спектр *bg* спектър
hr spektar *sr* спектар *mk* спектар; *f-u:*
su spektri *et* spekter; *bal:* *lt* spektras
lv spektrs; *gal:* *cy* sbectrwm; *n. g.:*
mt ispettru, *sh* spektër, *tr* spektrum.
min. 26/513

speculatiọn *f* $\boxed{\text{N}}$ Spekulation *f*
[ts] gen: -ọne <prim>. *rom:* *fr* spéculation
it speculazione *es* especulación
pt especulação *ca* especulació; *ger:*
de Spekulation *en* speculation *nl* speculatie
sv spekulation *no* spekulasjon
da spekulation; *sla:* *pl* spekulacja
ce spekulace *sk* špekulácie *ru* спекуляция
uk спекуляція *be* спекуляцыя
bg спекулация *hr* spekulacija
sr спекулација *sl* špekulacije
mk шпекулации; *f-u:* *ma* spekuláció
et spekulatsioon; *bal:* *lt* spekuliacija
lv spekulācija; *n. g.:* *ek* espekulazioa,
mt spekulazzjoni, *sh* spekulim,
tr spekülasyon. *min. 30/578*

spina *f* N Wirbelsäule *f*
<prim>. *rom:* *fr* épine *it* spina *es* espina
ro spin *pt* espinha; *ger:* *en* spine; *sla:*
ru (спина) *sr* (спина). *min. 8/345*

spirit *m* N Spiritus *m*
<prim>. *rom:* *fr* esprit *it* spirito
es espíritu *pt* espírito *ca* esperit; *ger:*
de Spiritus *en* spirit *sv* spirit *no* spirit;
sla: *sl* spirit; *n. g.:* *ek* spirit, *mt* ispirtu,
sh shpirt. *min. 13/342*

spontá…néno adv spontan
<prim>. *rom:* *fr* spontanément
it spontaneamente *es* espontáneamente
pt espontaneamente *ca* espontàniament;
ger: *de* spontan *en* spontaneously
nl spontaan *sv* spontant *no* spontan
da spontant; *sla:* *pl* spontanicznie
ru спонтанно *uk* спонтанно *be* спантанна
bg спонтанно *hr* spontano *sr* спонтано
sl spontano *mk* спонтано; *f-u:* *ma* spontán
su spontaanisti *et* spontaanselt; *bal:*
lt spontaniškai *lv* spontāni; *n. g.:*
mt spontanjament. *min. 26/561*

sporadic A sporadisch
comp: -ádicer [ts], adv: ádicno <prim>.
rom: *fr* sporadique *it* sporadic◊
es esporádic◊ *ro* sporadic *pt* esporadic◊
ca esporàdic; *ger:* *de* sporadisch
en sporadical *nl* sporadisch *sv* sporadisk
no sporadisk *da* sporadisk; *sla:*
pl sporadyczn◊ *ce* sporadick◊
sk sporadick◊ *ru* спорадическ◊
uk спорадичн◊ *be* спарадычн◊
bg спорадичн◊ *hr* sporadičn◊
sr спорадичн◊ *mk* спорадичн◊; *f-u:*
et sporaadiliselt; *bal:* *lt* sporadišk◊
lv sporādisk◊; *n. g.:* *el* σποραδικ◊,
mt sporadiku, *sh* sporadik◊. *min. 28/590*

sraka *f* N Elster *f*
<prim>. *ger:* *sv* skata *no* skjæra; *sla:*
pl sroka *ce* straka *sk* straka *ru* сорока

uk сорока *be* сарака *bg* сврака *hr* svraka
sr сврака *sl* sraka *mk* страчка; *f-u:*
ma szarka *su* harakka *et* harakas; *bal:*
lt šarka *lv* žagata. *min. 18/229*

Srbia *f* N Serbien *n*
<ethno>. *sla:* *sr* Србија.

srbin *m* N Serbe *m*
<ethno>. *sla:* *sr* србин.

srpkinja *f* N Serbin *f*
<ethno>. *sla:* *sr* српкиња.

srpsk A serbisch
<ethno>. *sla:* *sr* српск◊.

Srpski *m* N Serbisch (*,~e Sprache*)
<ethno>. *sla:* *sr* српски.

stabil A stabil
<prim>. *rom:* *fr* stable *it* stabile *es* stable
ro stabil; *ger:* *de* stabil *en* stable
da stabil; *sla:* *ce* stabiln◊ *ru* стабильн◊
bg стабилн◊; *f-u:* *ma* stabil; *gal:*
br stabil; *n. g.:* *mt* stabbli. *min. 13/445*

stabilité *f* N Stabilität *f*
gen: -téte <prim>. *rom:* *fr* stabilité
it stabilità *es* estabilidad *pt* estabilidade
ca estabilitat; *ger:* *de* Stabilität
en stability *nl* stabiliteit *sv* stabilitet
no stabilitet *da* stabilitet; *sla:* *pl* stabilność
ce stabilita *sk* stabilita *ru* стабильность
uk стабільність *be* стабільнасць
bg стабилност *hr* stabilnost *sr* стабилност
sl stabilnost *mk* стабилност; *f-u:*
ma stabilitás *et* stabiilsus; *bal:*
lt stabilumas *lv* stabilitāte; *n. g.:*
mt stabbiltà, *sh* stabilitet. *min. 28/571*

stagnatión *f* N Stagnation *f*
[ts] gen: -one <prim>. *rom:* *fr* stagnation
it stagnazione *es* estancamiento
pt estagnação *ca* estancament; *ger:*
de Stagnation *en* stagnation *nl* stagnatie
sv stagnation *no* stagnasjon *da* stagnation;

sla: _pl_ stagnacja _ce_ stagnace _sk_ stagnácie
_bg_ стагнация _hr_ stagnacija _sr_ стагнација
_sl_ stagnacija _mk_ стагнација; _f-u:_
_ma_ stagnálás _et_ stagnatsioon; _bal:_
_lt_ stagnacija _lv_ stagnācija; _n. g.:_
_mt_ staġnar. _min. 24/461_

stam _m_ Ⓝ Stamm _m_
gen: ~me <ang>. _ger:_ _de_ stamm _en_ stem
_nl_ stam _sv_ stam _no_ stamme _da_ stam; _gal:_
_ga_ tamhan. _min. 8/193_

stạmmen _c-_ Ⓥ stammen _(~ von)_; abstammen (1)
(~ ab) <ang>. _ger:_ _de_ stammen _en_ stem
_nl_ stammen _sv_ härstamma _no_ stamme
_da_ stamme. _min. 7/193_

stán (1) Ⓥ werden (1) _(zu) etwas_
<cont>. _sla:_ _pl_ stawać się _ce_ sta(va)t se
_ru_ стать _bg_ ще _hr_ postati. _min. 5/144_

stán (2) Ⓥ stehen
<prim>. _rom:_ _it_ stare _es_ estar _ro_ sta
_ca_ estar; _ger:_ _de_ stehen _en_ stand _nl_ staan
_sv_ stå _da_ stå _is_ standa; _sla:_ _pl_ stać
_ce_ stojit _sb_ stać _ru_ стоять _bg_ стоя _hr_ stati;
_f-u:_ _su_ seistä. _min. 17/451_

standardisạtiọn _f_ Ⓝ Standardisierung _f_
[ts] gen: -ọne <prim>. _rom:_
_fr_ standardisation _it_ standardizzazione
_ro_ standardizare; _ger:_ _de_ Standardisierung
_en_ standardisation _da_ standardisering; _sla:_
_pl_ standaryzacja _ce_ standardizace
_ru_ стандартизация _bg_ стандартизация;
_f-u:_ _su_ standardointi; _n. g.:_
_mt_ istandardizzazzjoni, _tr_ standardizasyon.
min. 13/443

stár Ⓐ alt
<cont>. _sla:_ _pl_ star◊ _ce_ star◊ _sk_ star◊
_sb_ star◊ _ru_ стар◊ _bg_ стар◊ _hr_ star◊
_sr_ star◊ _sl_ star◊ _mk_ стар◊. _min. 10/161_

stát _m_ Ⓝ Staat _m_
<prim>. _rom:_ _fr_ état _it_ stato _es_ estado
_ro_ stat _ca_ estat; _ger:_ _de_ Staat _en_ state
_nl_ staat _da_ stat; _sla:_ _ce_ stav _ru_ штат
_sl_ stat; _gal:_ _br_ stad; _n. g.:_ _mt_ stat.
min. 14/449

statiọn _f_ Ⓝ Station _n_
<prim>. _rom:_ _fr_ station _it_ stazione
_es_ estación _pt_ estação _ca_ estació; _ger:_
_de_ Station _en_ station _nl_ station _sv_ station
_da_ station; _sla:_ _pl_ stacja _ce_ stanice
_sk_ stanica _ru_ станция _be_ станцыя
_bg_ станция _hr_ stanica _sr_ станица
_mk_ станица; _bal:_ _lv_ stacija; _n. g.:_
_sh_ stacion, _tr_ istasyon. _min. 22/533_

statịstic Ⓐ statistisch
adv: ~no <prim>. _rom:_ _fr_ statistique
_it_ statistic◊ _es_ estadística _ro_ statistic; _ger:_
_de_ statistisch _en_ statistic _da_ statistiske;
sla: _ce_ statistick◊ _ru_ статистическ◊
_bg_ статистическ◊; _n. g.:_ _mt_ statistika,
_tr_ istatistiksel. _min. 12/438_

statịstica _f_ Ⓝ Statistik _f_
gen: -ce [ts] <prim>. _rom:_ _fr_ statistiques
_it_ statistica _es_ estadística _pt_ estatística
_ca_ estadística; _ger:_ _de_ Statistik
_en_ statistics _nl_ statistiek _sv_ statistik
_no_ statistikk _da_ statistik; _sla:_ _pl_ statystyka
_ce_ statistika _sk_ štatistika _ru_ статистика
_uk_ статистика _be_ статыстыка
_bg_ статистика _hr_ statistika _sr_ статистика
_sl_ statistika _mk_ статистика; _f-u:_
_ma_ statisztika _et_ statistika; _bal:_
_lt_ statistika _lv_ statistika; _n. g.:_
_ek_ estatistikak, _mt_ statistics, _sh_ statistikë,
_tr_ istatistik. _min. 30/578_

statụra _f_ Ⓝ Statur _f_
<prim>. _rom:_ _fr_ stature _it_ statura
_es_ estatura _pt_ estatura; _ger:_ _de_ Statur
_en_ stature _da_ stature; _sla:_ _bg_ статуя;
_n. g.:_ _mt_ istatura. _min. 9/333_

stątus *m* ☒ Status *m*

gen: stą́tusse/stąte <prim>. *rom:* *fr* statut
it stato *es* estado *pt* estado *ca* estat; *ger:*
de Status *en* status *sv* status *no* status
da status; *sla:* *pl* status *ru* статус
uk статус *be* статус *bg* статус *hr* status
sr статус *sl* status *mk* статус; *f-u:*
et staatus; *bal:* *lt* statusas *lv* status; *gal:*
cy statws; *n. g.:* *ek* estatus, *mt* status,
sh status. *min. 26/526*

statų́t *m* ☒ Statut *n*

gen: -tų́te <prim>. *rom:* *fr* statut *it* statuto
es estatuto *pt* estatuto *ca* estatut; *ger:*
de Statut *en* statute *nl* statuut *da* statut;
sla: *uk* статут *be* статут *bg* статут
hr statut *sr* статут *sl* statut *mk* статут;
f-u: *su* säädös; *bal:* *lt* statutas *lv* statūti;
gal: *cy* statud; *n. g.:* *ek* estatutua,
mt istatut, *sh* statut. *min. 23/414*

stęmpel *m* ☒ Stempel *m*

gen: -ple <prim>. *rom:* *fr* (tampon)
it (stampa); *ger:* *de* Stempel *en* stamp
nl stempel; *sla:* *pl* (stempel)
ru штемпель. *min. 7/410*

stęren *n* ☒ Stern *m*

gen: -rne <prim>. *rom:* *es* estrella *ro* stea;
ger: *de* Stern *en* star *nl* ster *lb* Stär *fs* stjer
sv stjärna *no* stjerne *da* stjerne *is* stjarna
fo stjørna; *gal:* *cy* seren *br* steredenn;
n. g.: *el* αστέρι, *ek* izar. *min. 16/268*

stérįl Ⓐ steril

<prim>. *rom:* *fr* stérile *it* sterile *es* estéril
pt estéril *ca* estèril; *ger:* *de* steril
en sterile *nl* steriel *sv* steril *no* sterile
da steril; *sla:* *pl* steryln◊ *ce* steriln◊
sk steriln◊ *ru* стерильн◊ *uk* стерильн◊
be стэрыльн◊ *bg* стерилн◊ *hr* steriln◊
sr стерилн◊ *sl* steriln◊ *mk* стерилн◊; *f-u:*
ma steril *su* steriili *et* steriilne; *bal:*
lt steril◊ *lv* steril◊; *n. g.:* *mt* sterili,
sh steril◊, *tr* steril. *min. 30/581*

stérilisatiǫ́n *f* ☒ Sterilisation *f*

[ts] gen: -ǫne <prim>. *rom:* *fr* stérilisation
it sterilizzazione *es* esterilización
pt esterilização *ca* esterilització; *ger:*
de Sterilisation *en* sterilization
nl sterilisatie *sv* sterilisering *no* sterilisering
da sterilisation; *sla:* *pl* sterylizacja
ce sterilizace *sk* sterilizácia
ru стерилизация *uk* стерилізація
be стэрылізацыя *bg* стерилизиране
hr sterilizacija *sr* стерилизација
sl sterilizacija *mk* стерилизација; *f-u:*
ma sterilizáció *su* sterilointi
et steriliseerimine; *bal:* *lt* sterilizacija
lv sterilizācija; *gal:* *cy* sterileiddio; *n. g.:*
ek esterilizazio, *mt* sterilizzazzjoni,
sh sterilizim, *tr* sterilizasyon. *min. 32/583*

stéthoskǫp *m* ☒ Stethoskop *n*

<prim>. *rom:* *fr* stéthoscope *it* stetoscopio
es estetoscopio *ro* stetoscop *pt* estetoscópio
ca estetoscopi; *ger:* *de* Stethoskop
en stethoscope *nl* stethoscoop *sv* stetoskop
no stetoskop *da* stetoskop; *sla:*
pl stetoskop *ce* stetoskop *sk* stetoskop
ru стетоскоп *uk* стетоскоп *be* стетоскоп
bg стетоскоп *hr* stetoskop *sr* стетоскоп
sl stetoskop *mk* стетоскоп; *f-u:*
ma sztetoszkóp *su* stetoskooppi
et stetoskoop; *bal:* *lt* stetoskopas
lv stetoskops; *gal:* *cy* stethosgop; *n. g.:*
el στηθοσκόπιο, *mt* stethoscope,
sh stetoskop, *tr* stetoskop. *min. 33/613*

stįgma *n* ☒ Makel *m*

<prim>. *rom:* *fr* stigmate *it* stigma
es estigma *ro* stigmat *pt* estigma
ca estigma; *ger:* *en* stigma *nl* stigma
sv stigma *no* stigma *da* stigma; *sla:*
ce stigma *sk* stigma *bg* стигма *hr* stigma
sr стигма *sl* stigma *mk* стигма; *f-u:*
ma stigma; *gal:* *ga* stiogma; *n. g.:*
el στίγμα, *ek* estigma, *mt* istigma.
min. 23/354

stíl *m* N Stil *m*

gen: stíle <prim>. *rom:* *fr* style *it* stile *es* estílo *ro* stil *pt* estilo *ca* estílo; *ger:* *de* Stil *en* style *nl* stijl *sv* stil *no* stil *da* stil; *sla:* *pl* styl *ce* styl *sk* štýl *ru* стиль *uk* стиль *be* стыль *bg* стил *hr* stil *sr* стил *sl* stil *mk* стил; *f-u:* *ma* stilus *su* tyyli *et* stiil; *bal:* *lt* stilius *lv* stils; *gal:* *br* stil *ga* stíl; *n. g.:* *el* στυλ, *ek* estilo, *sh* stil, *tr* stil. *min. 34/614*

stilistica *f* N Stilistik *f*

gen: -ce [ts] <prim>. *rom:* *fr* stylistique *it* stilistica *es* estilística *ca* estilística; *ger:* *de* Stilistik *en* stylistics *nl* stilistiek *no* stilistikk *da* stilistik; *sla:* *pl* stylistyka *ce* stylistika *sk* štylistika *ru* стилистика *uk* стилістика *be* стылістыка *bg* стилистика *hr* stilistika *sr* стилистика *sl* stilistika *mk* стилистика; *f-u:* *ma* stilisztika *su* stilistiikka *et* stilistika; *bal:* *lt* stilistika *lv* stilistika; *n. g.:* *ek* estilistikari, *sh* stilistika. *min. 27/557*

still A still (1); bewegungslos

<ang>. *ger:* *de* still *en* still *nl* stil *sv* stilla *no* stille *da* stille *is* stillt◊ *fo* stillur. *min. 8/193*

stoján V stehen bleiben; stillstehen

<prim>. *ger:* *de* stehen *en* (stay); *sla:* *ce* stojit *ru* стоять *bg* стоя *hr* stajati. *min. 6/259*

stol *m* N Tisch (1) *m*

<prim>. *sla:* *pl* stół *ce* stůl *sk* stol *ru* стол *hr* stol; *f-u:* *ma* asztal; *bal:* *lt* stalas. *min. 7/154*

stolár /~ia *m* /*f* N Tischler /~in *m* /*f*; Schreiner /~in

↑stol. <prim>. *sla:* *pl* stolarz *sk* stolár *ru* столяр *hr* stolar; *f-u:* *ma* aztalos. *min. 5/141*

stolek *m* N Hocker *m*

gen: stolke <prim>. *ger:* *en* stool *nl* stoeltje; *sla:* *pl* stołek *ce* stolička *sk* stolička *uk* стілець *sr* столица *sl* stolica; *f-u:* *su* tuoli. *min. 9/169*

stomach *m* N Magen *m*

[k] <prim>. *rom:* *fr* estomac *it* stomaco *es* estómago *ro* stomac *pt* estômago; *ger:* *en* stomach; *sla:* *bg* стомах *sr* стомак; *n. g.:* *el* στόμαχος *sh* stomak. *min. 10/275*

strada *f* N Straße (1) *f (allgemein)*

<prim>. *rom:* *it* strada *es* estrada *ro* stradă; *ger:* *de* Straße *en* street *nl* straat *no* strede; *sla:* *ru* автострада; *gal:* *br* straed *ga* sráit. *min. 10/370*

strán A seltsam

adv: ~no <prim>. *rom:* *fr* étrange *it* stran◊ *es* extrañ◊ *ca* estrany; *ger:* *en* strange; *sla:* *ru* странн◊ *bg* странн◊; *gal:* *br* (estren) *ga* (stráinsertha); *n. g.:* *mt* stramba. *min. 10/310*

stratosfera *f* N Stratosphäre *f*

<prim>. *rom:* *fr* stratosphère *it* stratosfera *es* stratosphere *ro* stratosferă *pt* estratosfera *ca* stratosphere; *ger:* *de* Stratosphäre *en* stratosphere *nl* stratosfeer *sv* stratosfäre *no* stratosphere *da* stratosfære; *sla:* *pl* stratosfera *ce* stratosféra *sk* stratosféra *ru* стратосфера *uk* стратосфера *be* стратасфера *bg* стратосфера *hr* stratosfera *sr* стратосфера *mk* стратосфера; *f-u:* *ma* sztratoszféra *su* stratosfääri *et* stratosfääris; *bal:* *lt* stratosfera *lv* stratosfēra; *gal:* *cy* stratosffer *ga* strataisféar; *n. g.:* *el* στρατόσφαιρα, *ek* estratosferan, *mt* istratosfera, *sh* stratosferë, *tr* stratosfer. *min. 34/613*

streben *c-* V streben

<prim>. *ger:* *de* streben *en* strive *nl* streven *sv* sträva *no* strebe *da* stræbe;

sla: *ru* стремить *bg* стремя *sl* stremeti. *min. 9/285*

streła *f* $\boxed{N}$ Pfeil *m*

<cont>. *ger:* *de* (Strahl); *sla:* *pl* strzała
ce (střela) *sk* (strela) *sb* (třěla) *ru* стрела
uk стріла *be* страла *bg* стрела *hr* strela
sr стрела *sl* (strela) *mk* стрела; *bal:*
lt strėlė. *min. 14/289*

strict $\boxed{A}$ strikt; streng

adv: ~o <prim>. *rom:* *fr* stricte *es* estricto
ro strict; *ger:* *de* strikt *en* strict; *sla:*
ce striktn◊ *ru* строг◊ *bg* стриктн◊; *n. g.:*
mt stretta. *min. 9/380*

structura *f* $\boxed{N}$ Struktur *f*

<prim>. *rom:* *fr* structure *it* struttura
es estructura *ro* structură *pt* estrutura
ca estructura; *ger:* *de* Struktur
en structure *nl* structuur *sv* struktur
no struktur *da* struktur; *sla:* *pl* struktura
ce struktura *sk* štruktúra *ru* структура
uk структура *be* структура *bg* структура
hr struktura *sr* структура *sl* struktura
mk структура; *f-u:* *ma* struktúra
et struktuur; *bal:* *lt* struktūra *lv* struktūra;
gal: *cy* strwythur; *n. g.:* *mt* struttura,
sh strukturë. *min. 30/592*

strús *m* ZOOL $\boxed{N}$ Strauß *m*

gen: ~e <prim>. *rom:* *fr* autruche
it struzzo *es* avestruz *ro* struţ *pt* avestruz
ca estruç; *ger:* *de* Strauß *en* ostrich
nl struis *sv* struts *no* struts *da* struds
is strútur; *sla:* *pl* struś *ce* pštros *sk* pštros
ru страус *uk* страус *be* страус *bg* щраус;
f-u: *ma* strucc *su* strutsi; *bal:* *lt* strutis
lv strauss; *gal:* *cy* estrys *ga* ostrich; *n. g.:*
el στρουθο(κάμηλος), *ek* ostruka, *sh* struc.
min. 29/593

stúdium *n* $\boxed{N}$ Studium *n*

gen: -die <prim>. *rom:* *fr* étude *it* studio
es estudio *pt* estudo *ca* estudi; *ger:*
de Studium *en* study *nl* studie *sv* studie;

sla: *ce* studie *sk* štúdie *hr* studija
sr студија *sl* študija *mk* студија; *bal:*
lt studija; *n. g.:* *mt* studju, *sh* studim.
min. 18/388

stufa *f* $\boxed{N}$ Herd *m*

<prim>. *rom:* *it* stufa *es* estufa *pt* estufa
ca estufa; *ger:* *de* (Stube) *en* stove
nl stoof; *n. g.:* *mt* stufi, *sh* stufë.
min. 9/279

stúl *m* $\boxed{N}$ Stuhl *m*

gen: stule <prim>. *ger:* *de* Stuhl
en (stool) *nl* stoel *sv* stol *no* stol *da* stol
is stól; *sla:* *pl* (stołek) *sk* stolička *ru* стул
uk стілець *bg* стол *hr* (stolica) *sr* столица
sl stol *mk* стол; *f-u:* *su* tuoli *et* tool; *gal:*
cy (stôl) *ga* (stól); *n. g.:* *sh* (stol).
min. 21/370

stupid $\boxed{A}$ stupide

<ang>. *rom:* *fr* stupide *it* stupid◊
es estúpid◊ *pt* estúpid◊ *ca* estúpid; *ger:*
de stupide *en* stupid. *min. 7/324*

sú $\boxed{possArt}$ sein(e(n)) *siehe Pronomen
und Artikel*

subject *m* $\boxed{N}$ Subjekt *n*

<prim>. *rom:* *fr* sujet *it* soggetto
ro subiect; *ger:* *de* Subjekt *en* subject;
sla: *ru* субъект; *n. g.:* *mt* suġġett.
min. 7/370

subjectivité *f* $\boxed{N}$ Subjektivität *f*

gen: -téte <prim>. *rom:* *fr* subjectivité
it soggettività *es* subjetividad
ro subiectivitate *pt* subjetividade
ca subjectivitat; *ger:* *de* Subjektivität
en subjectivity *nl* subjectiviteit
sv subjektivitet *no* subjektivitet
da subjektivitet; *sla:* *pl* subiektywność
ce subjektivita *sk* subjektivita
ru субъективность *uk* суб'єктивність
be суб'ектыўнасць *bg* субективност
hr subjektivnost *sr* субјективност

276

sl subjektivnost *mk* субјективност; *f-u:*
su subjektiivisuus *et* subjektiivsus; *bal:*
lt subjektyvumas *lv* subjektivitāte; *n. g.:*
ek subjektibotasuna, *mt* soġġettività,
sh subjektivizëm. *min. 30/585*

subtractión *f* Ⓝ Subtraktion *f*
[ts] gen: -one <prim>. *rom:*
fr soustraction *it* sottrazione *es* sustracción
pt subtração *ca* sostracció; *ger:*
de Subtraktion *en* subtraction
sv subtraktion *no* subtraksjon
da subtraktion. *min. 10/342*

suc *m* Ⓝ Saft *m*
gen: ~ke <prim>. *rom:* *it* succo *ro* suc
pt suco; *sla:* *pl* sok *ru* сок *bg* сок *hr* sok;
gal: *br* chug *ga* sú; *n. g.:* *el* ζουμί, *tr* su.
min. 12/231

succèss *m* Ⓝ Erfolg *m*
[kts] <ang>. *rom:* *fr* succès *it* successo
ro succes; *ger:* *de* (sukzessive) *en* success
da succes; *sla:* *pl* sukces; *n. g.:*
mt succ'cess, *tr* başarı. *min. 9/338*

sudòku *n* Ⓝ Sudoku *n*
<prim>. *comun* sudoku / судоку /
σουντόκου; *rom:* *fr, it, es, ro, pt, ca;* *ger:*
de, en, nl, lb, fs, sv, no, da, is, fo; *sla:* *pl,*
ce, sk, sb, ru, uk, be, bg, hr, sr; sl, mk; *f-u:*
ma, su, et, sm; *bal:* *lt, lv;* *gal:* *cy, br, ga,*
gd, gv; *n. g.:* *el, ek, mt, sh, tr.* *min. 45/616*

sú(ë(s)), súa(s): de ~ possPrn
sein(ig)e(n), eigene(n): der /die /das
/den ~ *siehe Pronomen und Artikel*
<prim>. *n. g.:*.

súed *m* Ⓝ Süden *m*
gen: suede <prim>. *rom:* *fr* sud *it* sud
es sur *ro* sud; *ger:* *de* Süd(en) *en* south
nl zuid *da* syd; *gal:* *br* sud. *min. 9/353*

Sueìsse (1): La ~ *f* Ⓝ Schweiz (fr) *f*
=↑Shwaétz, ↑Svittzera (1), ↑Svitzra (1).
<ethno>. *rom:* *fr* Suisse.

sueìsse (2f) *f* Ⓝ Schweizerin (fr) *f*
=↑shwaétzerin, ↑svittzera (2), ↑svitzra (2).
<ethno>. *rom:* *fr* suisse.

sueìsse (2m) *m* Ⓝ Schweizer (fr) *m*
=↑shwaétzer, ↑svittzero, ↑svittzer (1).
<ethno>. *rom:* *fr* suisse.

sueìsse (3) Ⓐ schweizerisch (fr)
=↑shwaétzerish, ↑svittzer (2it), ↑svittzer
(2rr). <ethno>. *rom:* *fr* suisse.

suffìc- ↑*suffix*

sùffix *m* GRAM Ⓝ Suffix *n*
gen: -fice <prim>. *rom:* *fr* suffixe
it suffisso *es* sufijo *ro* sufix; *ger:*
de Suffix *en* suffix; *sla:* *ru* суффикс;
n. g.: *mt* suffiss, *tr* sonek. *min. 9/415*

sufflër *m* Ⓝ Souffleur *m*
<prim>. *rom:* *fr* souffleur *it* suggeritore
ro sufler; *ger:* *de* Souffleur *nl* souffleur
sv sufflös *no* sufflør *da* sufflør; *sla:*
pl sufler *ru* суфлер *uk* суфлер *be* суфлер
bg суфльор *hr* sufler *sl* suffer *mk* суфлер;
bal: *lt* sufleris; *n. g.:* *sh* sufler, *tr* suflör.
min. 19/444

suìté *f* Ⓝ Appartement (2) *n*
<prim>. *rom:* *fr* suite *es* suite *ro* suità
pt suíte; *ger:* *de* Suite *en* suite *nl* suite
sv svit; *sla:* *ce* suita *sk* suita *ru* сюита
uk сюїта *be* сюїта; *f-u:* *su* sviitti; *bal:*
lt siuita; *gal:* *ga* sraith; *n. g.:* *el* σουίτα,
tr süit. *min. 18/470*

sùkar *m* Ⓝ Zucker *m*
gen: sukre <prim>. *rom:* *fr* sucre
it zucchero *es* azúcar *ro* zahăr *ca* sucre;
ger: *de* Zucker *en* sugar *nl* suiker *sv* suker
no suker *da* sukker; *sla:* *pl* cukier *ce* cukr
sb cokor *ru* сахар *bg* захар *hr* šećer; *f-u:*

ma cukor *su* sokeri; <u>*gal:*</u> *cy* siwgr
br sukr; <u>*n. g.:*</u> *el* ζάχαρη, *ek* azukre,
mt zokkor, *sh* sheqer, *tr* şeker. *min. 27/552*

summa *f* N̄ Summe *f*
<prim>. <u>*rom:*</u> *fr* somme *it* somma
es suma *ro* sumă *pt* soma *ca* suma; <u>*ger:*</u>
de Summe *en* sum *nl* som *sv* summa
da sum; <u>*sla:*</u> *pl* suma *ru* сумма *uk* сума
be сума *bg* сума *hr* suma *sr* сума; <u>*f-u:*</u>
su summa *et* summa; <u>*bal:*</u> *lt* suma
lv summa; <u>*gal:*</u> *cy* swm; <u>*n. g.:*</u>
mt somma, *sh* shumë. *min. 25/561*

suomalainen (1) Ā finnisch
<ethno>. <u>*f-u:*</u> *su* suomalainen.

suomalainen (f) *f* N̄ Finnin *f*
<ethno>. <u>*f-u:*</u> *su* suomalainen (nainen).

suomalainen (m) *m* N̄ Finne *m*
<ethno>. <u>*f-u:*</u> *su* suomalainen.

Suomi (1) *m* N̄ Finnland *n*
<ethno>. <u>*f-u:*</u> *su* Suomi.

Suomi (2) N̄ Finnisch *(,~e Sprache)*
<ethno>. <u>*f-u:*</u> *su* Suomi.

superlatív *m* N̄ Superlativ *m*
gen: -ive <prim>. <u>*rom:*</u> *fr* superlatif
it superlativo *es* superlativo *ro* superlativ;
<u>*ger:*</u> *de* Superlativ *en* superlative
da superlativ; <u>*sla:*</u> *pl* superlatywa
ce superlativ *ru* суперлатив; <u>*f-u:*</u>
su superlatiivi. *min. 11/468*

support *m* N̄ Unterstützung *f*
<ang>. <u>*rom:*</u> *fr* support *it* supporto
es soporte *ro* suport *pt* suporte *ca* suport;
<u>*ger:*</u> *en* support; <u>*sla:*</u> *ru* суппорт.
min. 8/329

surprisa *f* N̄ Überraschung *f*
<prim>. <u>*rom:*</u> *fr* surprise *it* sorpresa
es sorpresa *ro* surpriză; <u>*ger:*</u> *en* surprise;

<u>*sla:*</u> *ru* сюрприз; <u>*n. g.:*</u> *mt* sorpriża,
tr sürpriz. *min. 8/320*

suspensión *f* MECH N̄ Federung *f*
gen: -one <prim>. <u>*rom:*</u> *fr* suspension
it sospensione *es* suspensión *ro* suspensie
pt suspensão *ca* suspensió; <u>*ger:*</u>
de Suspension *en* suspension *sv* suspension
no suspensjon *da* suspension; <u>*sla:*</u>
hr suspenzija *sr* суспензија
mk суспензија; <u>*bal:*</u> *lv* suspensija; <u>*n. g.:*</u>
mt sospensjoni, *tr* süspansiyon.
min. 17/383

svensk (1) *m* N̄ Schwede *m*
<ethno>. <u>*ger:*</u> *sv* svensk.

svensk (2) Ā schwedisch
<ethno>. <u>*ger:*</u> *sv* svensk.

svenska (1) *f* N̄ Schwedin *f*
<ethno>. <u>*ger:*</u> *sv* svenska.

Svenska (2) N̄ Schwedisch *(,~e Sprache)*
<ethno>. <u>*ger:*</u> *sv* Svenska.

Svérige *n* N̄ Schweden *n*
<ethno>. <u>*ger:*</u> *sv* Sverige.

svett *m* N̄ Schweiß *m*
<ang>. <u>*ger:*</u> *de* Schweiß *en* sweat
nl zweet *sv* svett *no* svette *da* sved *is* sviti;
<u>*bal:*</u> *lv* sviedri. *min. 8/195*

svetten *c-* V̄ schwitzen
<ang>. <u>*ger:*</u> *de* schwitzen *en* sweat
nl zweten *sv* svetta *no* svette *da* svede
is svitna; <u>*bal:*</u> *lv* svīst. *min. 8/195*

svimmen *c-* V̄ schwimmen
pret: svamm-, ppp: svommen <ang>. <u>*ger:*</u>
de schwimmen *en* swim *nl* zwemmen
lb schwammen *sv* simma *no* svømme
da svømme *is* synda *fo* svimja. *min. 9/194*

svín *m* ZOOL $\boxed{\text{N}}$ Schwein *n*
<prim>. *ger:* de Schwein *en* swine
nl zwijn *sv* svin *no* svin *da* svin *is* svín;
sla: pl świnia *ce* svině *sk* sviňa *sb* swinjo
ru свинья *uk* свиня *be* свіння *bg* свиня
hr svinja *sr* свиња *sl* svinja *mk* свиња;
f-u: su sika. *min. 20/388*

svittzer (1) *m* $\boxed{\text{N}}$ Schweizer (rr) *m*
=↑shwaétzer, ↑sueisse (2m), ↑svittzero.
<ethno>. *n. g.:*.

svittzer (2it) $\boxed{\text{A}}$ schweizerisch (it)
=↑shwaétzerish, ↑sueisse (3), ↑svittzer
(2rr). <ethno>. *rom:* it svizzer◊.

svittzer (2rr) $\boxed{\text{A}}$ schweizerisch (rr)
=↑shwaétzerish, ↑sueisse (3), ↑svittzer (2it).
<ethno>. *n. g.:*.

Svittzera (1) *f* $\boxed{\text{N}}$ Schweiz (it) *f*
=↑Shwaétz, ↑Sueisse (1), ↑Svitzra (1).
<ethno>. *rom:* it Svizzera.

svittzera (2) *f* $\boxed{\text{N}}$ Schweizerin (it) *f*
=↑shwaétzerin, ↑sueisse (2f), ↑svitzra (2).
<ethno>. *rom:* it svizzera.

svittzero *m* $\boxed{\text{N}}$ Schweizer (it) *m*
=↑shwaétzer, ↑sueisse (2m), ↑svittzer (1).
<ethno>. *rom:* it svizzero.

Svitzra (1) *f* $\boxed{\text{N}}$ Schweiz (rr) *f*
=↑Shwaétz, ↑Svittzera (1), ↑Sueisse (1).
<ethno>. *n. g.:*.

svitzra (2) *f* $\boxed{\text{N}}$ Schweizerin (rr) *f*
=↑shwaétzerin, ↑sueisse (2f), ↑svittzera (2).
<ethno>. *n. g.:*.

svobod $\boxed{\text{A}}$ frei
<prim>. *rom:* ro slobod; *sla:*
pl swobodn◊ *ce* svobodn◊ *sk* slobodn◊
ru свободн◊ *bg* свободн◊ *hr* slobodn◊
sr слободн◊; *f-u:* ma szabad *su* vapaa;
gal: ga saor. *min. 11/194*

svoboda *f* $\boxed{\text{N}}$ Freiheit *f*
<prim>. *sla:* pl swoboda *ce* svoboda
sk sloboda *ru* свобода *bg* свобода
hr sloboda *sr* sloboda; *f-u:* ma szabadság
su vapaus; *gal:* ga saoráid. *min. 10/174*

syllaba *f* $\boxed{\text{N}}$ Silbe *f*
<prim>. *rom:* fr syllable *it* sillaba
es sílaba *ro* silabă; *ger:* de Silbe
en syllable; *sla:* pl sylaba *ce* slabika
ru силлабическ◊; *n. g.:* mt sillaba.
min. 10/460

symbolic $\boxed{\text{A}}$ symbolisch
comp: -icer [ts], adv: ~no <prim>. *rom:*
fr smbolique *it* simbolic◊ *es* simbólic◊
ro simbolic; *ger:* de symbolisch
en symbolic *da* symbolisk; *sla:*
pl symboliczn◊ *ce* symbolick◊
ru символическ◊ *bg* символичн◊; *f-u:*
su symbolinen; *n. g.:* mt simbolika,
tr sembolik. *min. 14/483*

symfónia *f* $\boxed{\text{N}}$ Symphonie *f*
<prim>. *rom:* fr symphonie *it* sinfonia
es sinfónica *ro* simfonie *pt* sinfonia
ca simfònica; *ger:* de Symphonie
en symphony *nl* symfonie; *sla:*
pl symfonia *ru* симфония *uk* симфонія
be сімфонія *bg* симфония *hr* simfonija
sr симфонија *mk* симфонија; *f-u:*
su sinfonia; *bal:* lt simfonija; *n. g.:*
el συμφωνική, *mt* sinfonija, *sh* simfoni,
tr senfoni. *min. 23/563*

sympathia *f* $\boxed{\text{N}}$ Sympathie *f*
<prim>. *rom:* fr sympathie *it* simpatia
es simpatía *ro* simpatie *pt* simpatia
ca simpatia; *ger:* de Sympathie
en sympathy *nl* sympathie *sv* sympati
no sympati; *sla:* bg симатия *hr* simpatija
sr симпатија *mk* симпатија; *bal:*
lt simpatija; *n. g.:* el συμπάθεια,
mt simpatija, *sh* simpati, *tr* sempati.
min. 20/423

sympathic [A] sympathisch
comp: -icer [ts], adv: ~no <prim>. *rom:*
fr sympathique *it* simpatic◊ *es* simpátic◊
ro simpatic *ca* simpàtic◊; *ger:*
de sympathisch *en* sympathetic
nl sympathiek *sv* sympatisk *no* sympatisk
da sympatisk; *sla:* *pl* sympatyczn◊
ru симпатическ◊ *be* сімпатычн◊
bg симпатичн◊ *sl* simpatičn◊
mk симпатичн◊; *f-u:* *ma* szimpatikus
su sympaattinen; *bal:* *lv* simpātisk◊;
n. g.: *el* συμπονετικ◊, *mt* simpatetika,
tr sempatik. *min. 23/551*

synagóga *f* [N] Synagoge *f*
<prim>. *rom:* *fr* synagogue *it* sinagoga
es sinagoga *ro* sinagogă *pt* sinagoga
ca sinagoga; *ger:* *de* Synagoge
en synagogue *nl* synagoge *sv* synagogan
no synagogen *da* synagoge; *sla:*
pl synagoga *ce* synagoga *sk* synagóga
ru синагога *uk* синагога *be* сінагога
bg синагога *hr* sinagoga *sr* синагога
sl sinagoga *mk* синагога; *f-u:*
ma zsinagóga *su* synagoga *et* sünagoog;
bal: *lt* sinagoga *lv* sinagoga; *gal:*
cy synagog; *n. g.:* *el* συναγωγή,
ek sinagoga, *mt* sinagoga, *sh* sinagogë,
tr sinagog. *min. 34/615*

synchrón [A] synchron
[k], adv: ~no <prim>. *rom:* *fr* synchrone
it sincron◊ *es* sincrónic◊ *ro* sincronic
pt síncron◊ *ca* sincrònic◊; *ger:*
de synchron *en* synchronous *sv* synkron
no synkron *da* synkron; *sla:*
pl synchroniczn◊ *ce* synchronn◊
sk synchrónn◊ *ru* синхронн◊
uk синхронн◊ *be* сінхронн◊
bg синхронн◊ *hr* sinkron◊ *sr* синхрон◊
sl sinhronsk◊ *mk* синхрон◊; *f-u:*
su synkroninen *et* sünkroonne; *bal:*
lt sinchronin◊ *lv* sinhron◊; *gal:*
ga sioncrónach; *n. g.:* *el* σύγχρον◊,

ek synchronous, *mt* sinkroniku,
sh sinkron◊, *tr* senkron. *min. 32/583*

syndróm *m* [N] Syndrom *n*
<prim>. *rom:* *fr* syndrome *it* sindrome
es síndrome *ro* sindromul *pt* síndrome
ca síndrome; *ger:* *de* Syndrom
en syndrome *nl* syndroom *sv* syndrom
no syndrom *da* syndrom; *sla:* *ce* syndrom
sk syndróm *ru* синдром *uk* синдром
be сіндром *bg* синдром *hr* sindrom
sr синдром *sl* sindrom *mk* синдром; *f-u:*
ma szindróma *et* sündroom; *bal:*
lt sindromas *lv* sindroms; *gal:* *cy* syndrom
ga siondróm; *n. g.:* *el* σύνδρομο,
ek sindromea, *mt* sindromu, *sh* sindromë,
tr sendrom. *min. 33/570*

syntactic [A] syntaktisch
adv: ~no <prim>. *rom:* *fr* snytactique
it sintattic◊ *es* sintáctic◊ *ro* sintactic; *ger:*
de syntaktisch *en* syntactic *da* syntaktisk;
sla: *ce* syntatick◊ *ru* синтаксическ◊
bg синтактичн◊; *f-u:* *su* syntaktinen;
n. g.: *mt* sintattika. *min. 12/438*

synthesé *f* [N] Synthese *f*
gen: ~e <prim>. *rom:* *fr* synthèse
it sintesi *es* síntesis *ro* sinteză *pt* síntese
ca síntesi; *ger:* *de* Synthese *en* synthesis
nl synthese *sv* syntes *no* syntese
da syntese; *sla:* *pl* synteza *ce* syntéza
sk syntéza *ru* синтез *uk* синтез *be* сінтэз
bg синтез *hr* sinteza *sr* синтеза *sl* sinteza
mk синтеза; *f-u:* *ma* szintézis *su* synteesi;
bal: *lt* sintezè *lv* sintēze; *gal:* *ga* sintéis;
n. g.: *el* σύνθεση, *mt* sinteżi, *sh* sintezë,
tr sentez. *min. 32/612*

synthetic [A] synthetisch
adv: ~no <prim>. *rom:* *fr* synthétique
it sintetic◊ *es* sintétic◊ *ro* sintetic
pt sintétic◊ *ca* sintètic◊; *ger:*
de synthetisch *en* synthetic *nl* synthetisch
sv syntetisk *no* syntetisk *da* syntetisk; *sla:*

pl syntetyczn◊ *ce* syntetick◊ *sk* syntetick◊
ru синтетическ◊ *uk* синтетичн◊
be сінтэтычн◊ *bg* синтетичн◊
hr sintetičk◊ *sr* синтетичк◊ *sl* sintetičn◊
mk синтетичк◊; *f-u:* *ma* szintetikus
su synteettinen *et* sünteetiline; *bal:*
lt sintetin◊ *lv* sintētisk◊; *gal:* *cy* synthetig
ga sintéiseacha; *n. g.:* *el* συνθετικ◊,
ek sintetikoa, *mt* sintetiċi, *sh* sintetik◊,
tr sentetik. *min.* 35/615

systéma *n* N System *n*

<prim>. *rom:* *fr* système *it* sistema
es sistéma *ro* sistem *pt* sistéma; *ger:*
de System *en* system *nl* systeem *sv* system
no system *da* system; *sla:* *pl* system
ce systém *ru* система *bg* система; *n. g.:*
el σύστημα, *mt* sistema, *tr* sistem.
min. 18/535

systématic A systematisch

adv: ~no, comp: -cer [ts] <prim>. *rom:*
fr systématique *it* sistematic◊
es sistemátic◊ *ro* sistematic; *ger:*
de systematisch *en* systematic
da systematisk; *sla:* *pl* systematyczn◊
ce systematick◊ *ru* систематическ◊
bg систематичн◊; *f-u:* *su* systemaattinen;
n. g.: *mt* sistematika, *tr* sistematik.
min. 14/483

systématica *f* N Systematik *f*

gen: -ce [ts] <prim>. *rom:* *fr* systématique
it sistematica *ro* sistem; *ger:*
de Systematik; *sla:* *pl* systematyka
ce systematika *ru* систематика
bg система; *n. g.:* *mt* sistema. *min.* 9/370

tabęlla *f* N Tabelle *f*

<prim>. *rom:* *fr* tableau *it* tabella *es* tabla
ro tabel *pt* tabela; *ger:* *de* Tabelle *en* table
nl tabel *sv* tabell *no* tabell *da* tabel *is* tafla;
sla: *pl* tabela *ce* tabulka *ru* таблица
bg таблица *hr* tabela; *f-u:* *ma* táblázat;

n. g.: *ek* taula, *mt* tabella, *tr* tablo.
min. 21/541

tábla (1) *f* N Tafel (1) *f*

<prim>. *rom:* *fr* tableau *it* tavola *es* tabla
ro tablă *pt* tábua; *ger:* *de* Tafel *sv* tavla
no tavle *da* tavle *is* tafla; *sla:* *ce* tabule;
f-u: *ma* tábla; *bal:* *lv* tāfele; *n. g.:*
tr tabela. *min.* 14/327

tábla (2) *f* N Tisch (2) *f*; Esstisch *m*; Tafel (2) *f*

<prim>. *rom:* *fr* table *it* tavola; *ger:*
de Tafel *en* table *nl* tafel *no* taffel
da taffel; *f-u:* *su* taulukko. *min.* 8/303

tablęt *m* N Tafel (3) *f (Schokolade)*

gen: ~te <prim>. *rom:* *fr* tablette
it tavoletta *es* tableta; *ger:* *de* Tafel
nl tablet; *sla:* *ce* tabulka *hr* tabla; *f-u:*
su taulukko; *n. g.:* *tr* tablet. *min.* 9/294

tąbor *m* N Lager *n*

<prim>. *rom:* *ro* tabără; *sla:* *pl* tabor
ce tábor *sk* tábor *ru* табор *uk* табір
hr tabor *sr* табор *sl* tabor; *f-u:* *ma* tábor.
min. 10/201

tąctic A taktisch

adv: ~no <prim>. *rom:* *fr* tactique
it tattic◊ *es* táctic◊ *ro* tactic *pt* tátic◊
ca tàctic◊; *ger:* *de* taktisch *en* tactical
nl tactisch *sv* taktisk *no* taktisk *da* taktisk
is taktisk◊; *sla:* *pl* taktyczn◊ *ce* taktick◊
sk taktick◊ *ru* тактическ◊ *uk* тактичн◊
be тактычн◊ *bg* тактическ◊ *hr* taktičk◊
sr тактичк◊ *sl* taktičn◊ *mk* тактичк◊; *f-u:*
ma taktikai *su* taktinen *et* taktikaline; *bal:*
lt taktin◊ *lv* taktik◊; *gal:* *cy* tactegol;
n. g.: *el* τακτικ◊, *ek* taktiko, *mt* tattika,
sh taktik◊, *tr* taktik. *min.* 35/615

tąctica *f* N Taktik *f*

gen: -ce [ts] <prim>. *rom:* *fr* tactique
it tattica *es* táctica *ro* tactică *pt* tática
ca tàctica; *ger:* *de* Taktik *en* tactics

nl tactiek *sv* taktik *da* taktik; <u>*sla:*</u>
pl taktyka *ce* taktika *sk* taktika *ru* тактика
uk тактика *be* тактыка *bg* тактика
hr taktika *sr* тактика *mk* тактика; <u>*f-u:*</u>
ma taktika *su* taktiikka *et* taktika; <u>*bal:*</u>
lt taktika *lv* taktika; <u>*gal:*</u> *cy* tactegau;
<u>*n. g.:*</u> *el* τακτική, *ek* taktikak, *sh* taktikë,
tr taktik. *min. 31/608*

tallja *f* ANAT Ⓝ Taille *f*
<prim>. <u>*rom:*</u> *fr* taille; <u>*ger:*</u> *de* Taille
nl taille *da* talje; <u>*sla:*</u> *pl* talia *ru* талия
uk талія *be* талія *bg* талия; <u>*f-u:*</u> *et* talje.
min. 10/345

tapéta *f* Ⓝ Tapete *f*
<prim>. <u>*rom:*</u> *ro* tapet; <u>*ger:*</u> *de* Tapete
da tapet; <u>*sla:*</u> *pl* tapeta *ce* tapeta *sk* tapeta
bg тапета *sr* тапета *mk* тапет; <u>*f-u:*</u>
ma tapéta *su* tapetti *et* tapeet; <u>*bal:*</u>
lv tapetes; <u>*n. g.:*</u> *el* την ταπετσαρία.
min. 14/225

tár adv da; dort
<prim>. <u>*rom:*</u> *it* là; <u>*ger:*</u> *de* da *en* there
nl daar *sv* där *no* der; <u>*sla:*</u> *pl* tam *ce* tam
bg там; <u>*bal:*</u> *lt* tur. *min. 10/303*

tares *pl* Ⓝ Tränen *f pl*
<ang>. <u>*ger:*</u> *de* Tränen *en* tears *nl* tranen
sv tårar *no* tåre *da* tårer *is* tár; <u>*gal:*</u>
cy dagrau *ga* deora; <u>*n. g.:*</u> *el* δάκρυα,
mt tiċrit. *min. 11/206*

taska *f* Ⓝ Tasche (1) *f*
<prim>. <u>*rom:*</u> *it* tasca; <u>*ger:*</u> *de* Tasche
nl tasje; <u>*sla:*</u> *mk* ташна; <u>*f-u:*</u> *ma* táska
su tasku *et* tasku; <u>*n. g.:*</u> *tr* tuğla.
min. 8/190

tassa *f* Ⓝ Tasse *f*
<prim>. <u>*rom:*</u> *fr* tasse *it* tazza *es* taza
ro ceașcă *pt* taça *ca* tassa; <u>*ger:*</u> *de* Tasse;
<u>*sla:*</u> *sk* čaša *ru* чаша *uk* чашка *bg* чаша
mk чаша; <u>*f-u:*</u> *ma* csésze *et* tass; <u>*bal:*</u>
lv tase; <u>*gal:*</u> *br* tas. *min. 16/417*

taxa *f* Ⓝ Gebühr *f*
<ang>. <u>*rom:*</u> *it* tassa *ro* taxă *pt* taxa; <u>*ger:*</u>
en tax; <u>*sla:*</u> *bg* такса; <u>*f-u:*</u> *et* tasu.
min. 6/152

taxi *m* Ⓝ Taxi *n*
<prim>. <u>*rom:*</u> *fr* taxi *it* taxi *es* taxi *pt* táxi
ca taxi; <u>*ger:*</u> *de* Taxi *en* taxi *nl* taxi
sv taxi *da* taxi; <u>*sla:*</u> *pl* taxi *ce* taxi *sk* taxi
ru такси *uk* таксі *be* таксі *bg* такси
hr taksi *sr* такси *sl* taxi *mk* такси; <u>*f-u:*</u>
ma taxi *su* taksi *et* taksi; <u>*bal:*</u> *lt* taksi;
<u>*gal:*</u> *cy* tacsi; <u>*n. g.:*</u> *el* ταξί, *ek* taxi,
mt taxi, *sh* taksi, *tr* taksi. *min. 31/588*

té pPr dich *siehe auch Pronomen und
Artikel*
<prim>. <u>*rom:*</u> *fr* te *it* ti *es* te *ro* te *ca* et;
<u>*ger:*</u> *de* dich *lb* dech *da* du; <u>*sla:*</u> *pl* ciebie
ce tě *ru* тебя *bg* ти *hr* tebe; <u>*gal:*</u> *br* da;
<u>*n. g.:*</u> *mt* inti. *min. 15/422*

tébe pPr deiner *gen; siehe Pronomen
und Artikel*
<cont>. <u>*n. g.:*</u>.

tégla *f* Ⓝ Ziegel *m*
<prim>. <u>*rom:*</u> *fr* tuile *it* tegola *es* tija
pt tijolo *ca* teula; <u>*ger:*</u> *de* Ziegel *en* tile
nl tichel *sv* tegel *no* tegl *da* tegl *is* tigul;
<u>*sla:*</u> *pl* cegła *ce* cihla *sk* tehla *uk* цегла
be цэгла *bg* тухла *hr* cigla *sr* цигла
mk цигла; <u>*f-u:*</u> *ma* tégla *su* tiili *et* telli;
<u>*bal:*</u> *lv* ķieģelis; <u>*n. g.:*</u> *sh* tullë, *tr* tuğla.
min. 27/496

telefón *m* Ⓝ Telefon *n*
<prim>. <u>*rom:*</u> *fr* téléphone *it* telefono
es teléfono *ro* telefon *pt* telefone
ca telèfon; <u>*ger:*</u> *de* Telefon *en* phone
nl telefoon *sv* telefon *no* telefon *da* telefon
is síminn; <u>*sla:*</u> *pl* telefon *ce* telefon
sk telefón *ru* телефон *uk* телефон
be тэлефон *bg* телефон *hr* telefon
sr телефон *sl* telefon *mk* телефон; <u>*f-u:*</u>
ma telefon *et* telefon; <u>*bal:*</u> *lt* telefonas

lv telefons; *gal:* *cy* ffôn *ga* fón; *n. g.:*
el τηλέφωνο, *ek* telefono, *mt* telefon,
sh telefon, *tr* telefon. *min. 35/611*

telefónic A telefonisch
adv: ~no <prim>. *rom:* *fr* téléphonique
it telefonic◊ *es* telefónic◊ *ro* de telefon;
ger: *de* telefonisch *en* telephonic
da telefon; *sla:* *ce* telefonick◊
ru телефонн◊ *bg* телефоничн◊; *n. g.:*
mt telefon, *tr* telefon. *min. 12/438*

télepạthia *f* N Telepathie *f*
<prim>. *rom:* *fr* télépathie *it* telepatia
es telepatía *ro* telepatie *pt* telepatia
ca telepatia; *ger:* *de* Telepathie
en telepathy *nl* telepathie *sv* telepati
no telepati *da* telepati; *sla:* *pl* telepatia
ce telepatie *sk* telepatia *ru* телепатия
uk телепатія *be* тэлепатыя *bg* телепатия
hr telepatija *sr* телепатија *sl* telepatija
mk телепатија; *f-u:* *ma* telepátia
su telepatia *et* telepaatia; *bal:* *lt* telepatija
lv telepātija; *gal:* *cy* telepathi; *n. g.:*
el τηλεπάθεια, *ek* telepatian, *sh* telepati,
tr telepati. *min. 33/614*

télevisiọn *f* N Fernsehen *n*
gen: -ọne <prim>. *rom:* *fr* télévision
it televisione *es* televisión *ro* televiziune
ca televisió; *ger:* *en* television *nl* televisie
sv television; *sla:* *pl* telewizja *ce* televize
ru телевидение *bg* телевизия. *min. 12/409*

tẹmpel *m* N Tempel *m*
gen: -ple <prim>. *rom:* *fr* temple
it tempio *es* templo *pt* templo; *ger:*
de Tempel *en* temple *nl* tempel; *sla:*
ru темпл *uk* темпл *be* темпл; *f-u:*
ma templom *su* temppeli *et* tempel; *bal:*
lv templis; *gal:* *cy* deml; *n. g.:* *ek* tenplu,
sh tempull. *min. 17/472*

temperamẹnt *n* N Temperament *n*
<prim>. *rom:* *fr* tempérament
it temperamento *es* temperamento

pt temperamento *ca* temperament; *ger:*
de Temperament *en* temperament
nl temperament *sv* temperament
no temperament *da* temperament; *sla:*
pl temperament *ce* temperament
sk temperament *ru* темперамент
uk темперамент *be* тэмперамент
bg темперамент *hr* temperament
sr темперамент *sl* temperament
mk темперамент; *f-u:* *su* temperamentti
et temperament; *bal:* *lt* temperamentas
lv temperaments; *n. g.:* *ek* tenperamentua,
mt temperament, *sh* temperament.
min. 29/565

tẹmpo *n* N Tempo *n*
<prim>. *ger:* *de* Tempo *nl* tempo; *sla:*
pl tempo *ce* tempo *sk* tempo *ru* темп
uk темп *be* тэмп *bg* темпо *hr* tempo
sr темпо *mk* темпо; *f-u:* *et* tempo; *bal:*
lt tempas *lv* temps. *min. 15/311*

temporạl A temporär
<ang>. *rom:* *fr* temporal *it* temporale
es temporal *ro* temporar *pt* temporal
ca temporal; *ger:* *de* temporär
en temporal *nl* temporeel *sv* temporär
no temporær; *sla:* *ru* темпоральн◊.
min. 12/459

tẹnden *c+* V spannen
<prim>. *rom:* *fr* tendre *it* tendere
es tender; *ger:* *de* tendieren *en* tend.
min. 5/310

tendẹncea *f* N Tendenz *f*
[tsa] <prim>. *rom:* *fr* tendance
it tendenza *es* tendencia *ro* tendinţă
pt tendência *ca* tendència; *ger:*
de Tendenz *en* tendency *sv* tendens
no tendens *da* tendens; *sla:* *pl* tendencja
ce tendence *sk* tendencia *ru* тенденция
uk тенденція *be* тэндэнцыя *bg* тенденция
hr tendencija *sr* тенденција
mk тенденцијата; *f-u:* *ma* tendencia; *bal:*

lt tendencija *lv* tendence; *n. g.:*
mt tendenza, *sh* tendencë. *min. 26/568*

tendencial A tendenziell; Tendenz-
<prim>. *rom:* *fr* tendentiel *it* tendenziale
es tendencial *ro* tendinţial; *ger:*
de tendenziell *en* tendential *da* tendens;
sla: *pl* tendencyjn◊ *ru* тенденциозн◊
bg тенденциозн◊; *n. g.:* *mt* (tendenza).
min. 11/463

tender A zart *(Berührung)*; zärtlich
adv: -dro <ang>. *rom:* *fr* tendre *it* tener◊
es tiern◊ *ro* terno *pt* tendru; *ger:*
en tender. *min. 6/245*

tenor *m* N Tenor *m*
<prim>. *rom:* *fr* ténor *it* tenore *es* tenor
pt tenor *ca* tenor; *ger:* *de* Tenor *en* tenor
nl tenor *sv* tenor *no* tenor *da* tenor; *sla:*
pl tenor *ce* tenor *sk* tenor *ru* тенор
uk тенор *be* тэнар *bg* тенор *hr* tenor
sr тенор *sl* tenor *mk* тенор; *f-u:* *ma* tenor
su tenori *et* tenor; *bal:* *lt* tenoras
lv tenors; *gal:* *cy* tenor; *n. g.:* *ek* tenore,
mt tenor, *sh* tenor, *tr* tenor. *min. 32/583*

tensión *f* N Spannung *f*
gen: -one <prim>. *rom:* *fr* tension
it tensione *es* tensión *ro* tensiune *pt* tensão
ca tensió; *ger:* *en* tension; *sla:* *ru* тензия
hr tenzija *sr* тензија. *min. 10/341*

terciar A tertiär
<prim>. *rom:* *fr* tertiaire *it* terziari◊
es terciari◊ *pt* terciári *ca* terciari◊; *ger:*
de tertiär *en* tertiary *nl* tertiair *sv* tertiär
no tertiær *da* tertiær; *sla:* *ce* terciárn◊
sk terciárn◊ *hr* tercijarn◊ *sr* терцијарн◊
sl terciarn◊ *mk* терцијарн◊; *f-u:*
su tertiäärinen; *bal:* *lv* terciār◊; *n. g.:*
mt terzjarja, *sh* terciar◊, *tr* tersiyer.
min. 22/404

term *m* N Fachbegriff *m*; Terminus *m*
<prim>. *rom:* *fr* terme *it* termine
es término *ro* termen; *ger:*
de (Terminologie) *en* term; *sla:* *pl* termin
ce termín *ru* термин *bg* термин; *n. g.:*
mt terminu. *min. 11/470*

terraeñ *m* N Terrain *n*
pl: terraeñs, gen: terraene <prim>. *rom:*
fr terrain *it* terreno *es* terreno *pt* terreno
ca terreny; *ger:* *de* Terrain *en* terrain
nl terrein *sv* terrain *no* terreng *da* terræn;
sla: *pl* teren *ce* terén *sk* terén *bg* терен
hr teren *sr* терен *sl* teren *mk* терен; *n. g.:*
mt terren. *min. 20/443*

terrárium *n* N Terrarium *n*
gen: -árie <prim>. *rom:* *fr* terrarium
it terrario *es* terrario *pt* terrário *ca* terrari;
ger: *de* Terrarium *en* terrarium
nl terrarium *sv* terrarium *no* terrarium
da terrarium; *sla:* *pl* terrarium *ce* terárium
sk terárium *ru* террарий *uk* террарій
be террарий *bg* терариум *hr* terarij
sr тераријум *sl* terarij *mk* терариум; *f-u:*
ma terrárium *su* terraario; *bal:*
lt terariumas *lv* terārija; *n. g.:* *mt* terrarju.
min. 27/574

terrassa *f* N Terrasse *f*
<prim>. *rom:* *fr* terrasse *it* terrazza
es terraza *pt* terraço *ca* terrassa; *ger:*
de Terrasse *en* terrace *nl* terras *sv* terrass
no terrasse *da* terrasse; *sla:* *pl* taras
ce terasa *sk* terasa *ru* терраса *uk* тераса
be тэраса *bg* тераса *hr* terasa *sr* тераса
sl terasa *mk* тераса; *f-u:* *ma* terasz
su terassi *et* terrass; *bal:* *lt* terasa
lv terase; *n. g.:* *el* ταράτσα, *ek* terraza,
mt terrazzin, *sh* tarracë, *tr* teras.
min. 32/594

terrier *m* N Terrier *m*
<prim>. *rom:* *fr* terrier *it* terrier *es* terrier
pt terrier *ca* terrier; *ger:* *de* Terrier

en terrier *nl* terriër *sv* terrier *no* terrier
da terrier; *sla: pl* terier *ce* teriér *sk* teriér
ru терьер *uk* тер'єр *be* тэр'ер *bg* териер
hr terijer *sr* теријер *sl* terier *mk* териер;
f-u: ma terrier *su* terrieri *et* terjer; *bal:*
lt terjeras *lv* terjers; *n. g.: el* τερριέ,
ek terrier, *mt* terrier, *tr* terriyer.
min. 31/594

territór *m* Ⓝ Gebiet *n*; Territorium *n*
gen: -tore <prim>. *rom: fr* territoir
it territorio *es* territorio *pt* território
ca territori; *ger: de* Territorium
en territory *sv* territorium; *sla:*
pl terytorium *ru* территория *uk* територія
be тэрыторыя *bg* територия
sr територија *mk* територијата; *f-u:*
et territoorium; *bal: lt* teritorija
lv teritorija; *n. g.: mt* territorju, *sh* territor.
min. 20/511

terror *m* Ⓝ Terror *m*
<prim>. *rom: fr* terreur *it* terrore *es* terror
pt terror *ca* terror; *ger: de* Terror *en* terror
nl terreur *sv* terror *no* terror *da* terror;
sla: pl terror *ce* teror *sk* teror *ru* террор
uk терор *be* тэрор *bg* терор *hr* teror
sr терор *sl* terror *mk* терор; *f-u:*
ma terror *et* terror; *bal: lv* terors; *gal:*
cy terror; *n. g.: ek* terror, *mt* terror,
sh terror, *tr* terör. *min. 30/575*

terroriséren *c-* Ⓥ terrorisieren
<prim>. *rom: fr* terroriser *it* terrorizzare
es aterrorizar *ro* teroriza *pt* aterrorizar
ca terroritzar; *ger: de* terrorisieren
en terrorize *nl* terroriseren *sv* terrorisera
da terrorisere; *sla: pl* terroryzować
ce terorizovat *sk* terorizovat'
ru терроризировать *uk* тероризувати
be тэрарызаваць *bg* тероризирам
hr terorizirati *sr* терорисати *sl* terizirati
mk тероризирам; *f-u: ma* terrorizálni
su terrorisoida *et* terroriseerima; *bal:*

lt terorizuoti *lv* terorizēt; *n. g.:*
sh terrorizoj. *min. 28/591*

terrorísme *m* Ⓝ Terrorismus *m*
<prim>. *rom: fr* terrorisme *it* terrorismo
es terrorismo *pt* terrorismo *ca* terrorisme;
ger: de Terrorismus *en* terrorism
nl terrorisme *no* terrorisme *da* terrorisme;
sla: pl terroryzm *ce* terorismus
sk terorizmus *ru* терроризм *uk* тероризм
be тэрарызм *bg* тероризъм *hr* terorizam
sr тероризам *sl* terorizem *mk* тероризам;
f-u: ma terrorizmus *su* terrorismi; *bal:*
lt terorizmas *lv* terorisms; *n. g.:*
ek terrorismoaren, *mt* terroriżmu,
sh terrorizëm, *tr* terörizm. *min. 29/571*

test *m* Ⓝ Test *m*
<prim>. *rom: fr* test *pt* teste; *ger:*
de Test *en* test *nl* test *sv* test *no* test
da test; *sla: pl* test *ce* test *sk* test *ru* тест
uk тест *be* тэст *bg* тест *hr* test *sr* тест
sl test *mk* тест; *f-u: ma* teszt *su* testi
et test; *bal: lt* testas; *n. g.: mt* test,
tr test. *min. 25/485*

tet *m* Ⓝ Dach *n*
gen: ~te . <prim>. ; *rom: fr* toit *it* tetto
es techo; *ger: de* Dach *nl* dak *sv* tak
da tag *is* þak; *sla: pl* dach; *f-u: ma* tető;
bal:; *gal: cy* to *br* toenn; *n. g.: sh* çati,
tr çatı. *min. 14/346*

tétanus *m* MED Ⓝ Tetanus *m*
<prim>. *rom: fr* tétanos *it* tetano
es tétanos *ro* tetanosul *pt* tétano *ca* tètanus;
ger: de Tetanus *en* tetanus *nl* tetanus
sv tetanus; *sla: ce* tetanus *sk* tetanus
bg тетанус *hr* tetanus *sr* тетанус
sl tetanus *mk* тетанус; *f-u: ma* tetanusz
et teetanus; *gal: cy* tetanws *ga* teiteanas;
n. g.: el τέτανος, *ek* tetanos, *mt* tetnu,
sh tetanozi, *tr* tetanos. *min. 26/447*

text *m* Ⓝ Text *m*

<prim>. *rom:* *fr* texte *it* testo *es* texto
ro text *pt* texto *ca* text; *ger:* *de* Text
en text *nl* tekst *sv* text *no* tekst *da* tekst;
sla: *pl* tekst *ce* text *sk* text *ru* текст
uk текст *be* тэкст *bg* текст *hr* tekst
sr текст *mk* текст; *f-u:* *su* teksti *et* tekst;
bal: *lt* tekstas *lv* teksts; *gal:* *cy* testun;
n. g.: *ek* testua, *mt* test, *sh* tekst.
min. 30/584

textíl *m* Ⓝ Textil *n*

gen: -tíle <prim>. *rom:* *fr* textile *it* tessile
es textil *pt* têxtil *ca* tèxtil; *ger:* *de* Textil
en textile *nl* textiel *sv* textil *no* tekstil
da tekstil; *sla:* *ce* Textil *sk* Textil
ru текстиль *uk* текстиль *be* тэкстыль
bg текстил *hr* tekstil *sr* текстил
mk текстил; *f-u:* *ma* textil *su* tekstiili
et tekstiil; *bal:* *lt* tekstilės; *gal:*
cy tecstilau; *n. g.:* *mt* textile, *sh* tekstil,
tr tekstil. *min. 28/538*

theater *m* Ⓝ Theater *n*

gen: theátre <prim>. *rom:* *fr* théâtre
it teatro *es* teatro *ro* teatru *pt* teatro
ca teatro; *ger:* *de* Theater *en* theatre
nl theater *sv* teater *no* teater *da* teater;
sla: *pl* teatr *ru* театр *bg* театър *sr* театар;
f-u: *su* teatteri *et* teater; *bal:* *lt* teatras
lv teātris; *gal:* *cy* theatr *br* teatr
gv theater; *n. g.:* *el* θέατρον, *ek* teatro,
mt teatru, *sh* teatër, *tr* tiyatro. *min. 28/550*

thema *n* Ⓝ Thema *n*

<prim>. *rom:* *fr* thème *it* tema *es* tema
ro temă *pt* tema *ca* tema; *ger:* *de* Thema
en theme *nl* thema *sv* tema *no* tema
da tema *is* þema; *sla:* *pl* temat *ce* téma
ru тема *uk* тема *be* тэма *bg* тема *hr* tema
sr тема *sl* tema *mk* тема; *f-u:* *ma* téma
su teema *et* teema; *bal:* *lt* tema *lv* tēma;
gal: *cy* thema *ga* téama; *n. g.:* *el* θήμα,
mt tema, *sh* temë, *tr* tema. *min. 34/609*

theologia *f* Ⓝ Theologie *f*

<prim>. *rom:* *fr* théologie *it* teologia
es teología *ro* teologie *pt* teologia
ca teologia; *ger:* *de* Theologie
en theology *nl* theologie *sv* teologiska
no teologi *da* teologi; *sla:* *pl* teologia
ce teologie *sk* teológia *ru* теология
uk теологія *be* тэалогія *bg* теология
hr teologija *sr* теологија *sl* teologija
mk теологија; *f-u:* *ma* teológia
su teologia *et* teoloogia; *bal:* *lt* teologija
lv teoloģija; *n. g.:* *el* θεολογία,
ek teologia, *mt* teoloģija, *sh* teologji.
min. 32/609

thermométer *m* Ⓝ Thermometer *n*

gen: -tre <prim>. *rom:* *fr* thermomètre
it termometro *es* termómetro
ro termometru *pt* termômetro
ca termòmetre; *ger:* *de* Thermometer
en thermometer *sv* termometer
no termometer *da* termometer; *sla:*
pl termometr *ru* термометр *uk* термометр
be тэрмометр *bg* термометър
hr termometar *sr* топломер *sl* termometer
mk термометар; *f-u:* *et* termomeeter;
bal: *lt* termometras *lv* termometrs; *gal:*
cy thermomedr *ga* teirmiméadar; *n. g.:*
el θερμόμετρο, *ek* termometroa,
mt termometru, *sh* termometër,
tr termometre. *min. 30/563*

thesé *f* Ⓝ These *f*

<prim>. *rom:* *fr* thèse *it* tesi *es* tesis
ro tezei *pt* tese *ca* tesi; *ger:* *de* These
en thesis *nl* thesis; *sla:* *ru* тезис *uk* теза
be тэзіс *bg* теза *hr* teza *sr* теза *mk* теза;
bal: *lv* tēze; *n. g.:* *el* θήση, *ek* tesi,
sh tezë, *tr* tez. *min. 21/519*

thýmian *m* Ⓝ Thymian *m*

<prim>. *rom:* *fr* thym *it* timo *es* tomillo
ro cimbru *pt* tomilho; *ger:* *de* Thymian
en thyme *nl* tijm *sv* timjan *no* timian
da timian; *sla:* *pl* tymianek *ce* tymián

sk tymián *ru* тимьян *bg* тамян *hr* timijan
sr тимијан *sl* timijan; *f-u:* *su* timjami
et tüümian; *bal:* *lv* timiāns; *gal:* *cy* teim;
n. g.: *el* θυμάρι. *min. 24/557*

ti pPr dir *siehe auch Pronomen und Artikel*
<prim>. *rom:* *fr* te *it* te *es* tí *ro* ţi *ca* tí;
ger: *de* dir *lb* dir *da* du; *sla:* *pl* ci *ce* ti
ru тебе *bg* ти *hr* tebi; *f-u:* *su* sinä; *gal:*
br dit *ga* duit; *n. g.:* *mt* inti. *min. 17/426*

tikh A still (2); lautlos
adv: ~o, N: ↑tishina <prim>. *rom:*
ro tăcut; *ger:* *sv* tyst *no* tyst *da* tyst; *sla:*
pl cich◊ *ce* tich◊ *sk* tich◊ *sb* ćich◊ *ru* тих◊
uk тих◊ *bg* тих(◊) *hr* tih(◊) *sr* тих◊
sl tih◊; *f-u:* *et* tasane. *min. 15/218*

tinctyra *f* N Tinktur *f*
<prim>. *rom:* *fr* teinture *it* tintura
es tintura *pt* tintura *ca* tintura; *ger:*
de Tinktur *en* tincture *nl* tinctuur *sv* tinktur
no tinktur *da* tinktur; *sla:* *ce* tinktura
sk tinktúra *bg* тинктура *hr* tinktura
sr тинктура *sl* tinktura *mk* тинктура; *f-u:*
su tinktuura *et* tinktuura; *bal:* *lt* tinktūra
lv tinktūra; *n. g.:* *mt* tintura, *tr* tentür.
min. 24/419

tinta *f* N Tinte *f*
<prim>. *rom:* *es* tinta *pt* tinta *ca* tinta;
ger: *de* Tinte; *sla:* *hr* tinte; *f-u:* *ma* tinta
et tint; *bal:* *lv* tinte; *n. g.:* *ek* tinta.
min. 9/170

tishina *f* N Stille (1) *f*
A: ↑tikh <cont>. *sla:* *pl* cisza *ce* ticho
sk tišina *sb* čišina *ru* тишина *uk* тиш(ин)а
be цішыня *bg* тишина *hr* tišina
sr тишина *sl* tišina *mk* тишина.
min. 12/191

titréren *c-* V titrieren
<prim>. *rom:* *fr* titrer *it* titolare
ro titrează *pt* titular; *ger:* *de* titrieren
en titrate *nl* titreren *sv* titrera *no* titrere

da titrere *is* títrað; *sla:* *ce* titrujte
sk titrovat˙ *ru* титровать *uk* титрувати
be титровать *bg* титрувам *hr* titrirati
sr титрирање *sl* titriramo *mk* титрира;
f-u: *ma* titrálni *su* titrataa *et* tiitrima; *bal:*
lt titruojama *lv* titrēt; *n. g.:* *mt* -titra,
sh titroj, *tr* titre etmek. *min. 29/517*

titul *m* N Titel *m*
gen: ţiţle <prim>. *rom:* *fr* titre *it* titolo
es título *pt* título *ca* títol; *ger:* *de* Titel
en title *nl* titel *sv* titel *no* tittel *da* titel;
sla: *pl* tytuł; *gal:* *cy* teitl; *n. g.:*
el τίτλος, *mt* titolu, *sh* titull. *min. 16/415*

to P zu (1) *(wohin?)*
<prim>. *rom:* *it* da; *ger:* *de* zu *en* to
nl te *sv* till *no* til; *sla:* *pl* do *sl* do; *gal:*
ga do. *min. 9/282*

toé *f* ANAT N Zeh(e) *m (f)*
<ang>. *ger:* *de* Zehe *en* toe *nl* teen
lb Zeif *sv* tå *no* tå *da* tå *is* tá. *min. 8/194*

toëlętté *f* N Toilette *f*
<prim>. *rom:* *fr* toilette *it* toilette
ro toaletă; *ger:* *de* Toilette *en* toilet
sv toalett *no* toalett; *sla:* *pl* toaleta
ru туалет *uk* туалет *be* туалет
bg тоалетна *sr* тоалет *sl* toalet *mk* тоалет;
f-u: *ma* toalett *et* tualett; *bal:* *lt* tualetas
lv tualete; *gal:* *cy* toiled; *n. g.:*
el τουαλέτα, *sh* tualet, *tr* tuvalet.
min. 23/512

tóga *f* N Toga *f*
<prim>. *rom:* *fr* toge *it* toga *es* toga
pt toga *ca* toga; *ger:* *de* Toga *en* toga
nl toga *sv* toga *no* toga *da* toga; *sla:*
pl toga *ce* tóga *sk* tóga *ru* тога *uk* тога
be тога *bg* тога *hr* toga *sr* тога *sl* toga
mk тога; *f-u:* *ma* tóga *su* tooga *et* tooga;
bal: *lt* toga *lv* toga; *gal:* *cy* toga; *n. g.:*
ek toga, *mt* toga. *min. 30/578*

toleréren *c-* ⟦V⟧ tolerieren

⟨prim⟩. *rom:* *fr* tolérer *it* tollerare
es tolerar *pt* tolerar *ca* tolerar; *ger:*
de tolerieren *en* tolerate *nl* tolereren
sv tolerera *no* tolerere *da* tolerere; *sla:*
pl tolerować *ce* tolerovat *sk* tolerovať
bg толерирам *hr* tolerirati *sl* tolerirajo
mk толерира; *bal:* *lt* toleruoti; *n. g.:*
ek toleratzeko. *min. 20/439*

tonnájh *m* ⟦N⟧ Tonnage *f*

⟨prim⟩. *rom:* *fr* tonnage *it* tonnellaggio
es tonelaje *ro* tonaj *pt* tonelagem
ca tonatge; *ger:* *de* Tonnage *en* tonnage
nl tonnage *sv* tonnage *no* tonnasje
da tonnage *is* tonna(fjölda); *sla:* *pl* tonaż
ce tonáž *sk* tonáž *ru* тоннаж *uk* тоннаж
be танаж *bg* тонаж *hr* tonaža *sr* тонажа
sl tonažo *mk* тонажа; *bal:* *lt* tonažas
lv tonnāža; *gal:* *cy* tunelli *ga* tonnáiste;
n. g.: *ek* tonaje, *mt* tunnellaġġ, *sh* tonazh,
tr tonaj. *min. 32/585*

tóren *n* ⟦N⟧ Turm *m*

gen: -rne ⟨prim⟩. *rom:* *fr* tour *it* torre
es torre; *ger:* *de* Turm *en* Tower *sv* torn
no tårn *da* tårn *is* turn; *f-u:* *ma* torony
su torni *et* torn. *min. 12/346*

torpédo *n* ⟦N⟧ Torpedo *m*

⟨prim⟩. *rom:* *fr* torpedo *it* torpedo
es torpedo *pt* torpedo *ca* torpedo; *ger:*
de Torpedo *en* torpedo *nl* torpedo
sv torpedo *no* torpedo *da* torpedo; *sla:*
pl torpeda *ce* torpédo *sk* torpédo
ru торпеда *uk* торпеда *be* тарпеда
bg торпедо *hr* torpedo *sr* торпедо
sl torpedo *mk* торпедо; *f-u:* *ma* torpedó
su torpedo *et* torpeedo; *bal:* *lt* torpeda
lv torpēda; *gal:* *cy* torpedo; *n. g.:*
el τορπίλλη, *ek* torpedo, *mt* torpedo,
tr torpido. *min. 32/595*

torsión *f* ⟦N⟧ Torsion *f*

⟨prim⟩. *rom:* *fr* torsion *it* torsione
es torsión *pt* torção *ca* torsió; *ger:*
de Torsion *en* torsion *sv* torsion *no* torsion
da torsion; *sla:* *hr* torzija *sr* торзија
sl torzija *mk* торзија; *f-u:* *et* torsioon;
n. g.: *mt* torsion. *min. 16/359*

torsk *m* ZOOL ⟦N⟧ Kabeljau *m*; Dorsch *m*

⟨prim⟩. *ger:* *de* Dorsch *sv* torsk *no* torsk
da torsk *is* þorskur; *sla:* *pl* dorsz
ce treska *sk* treska *ru* треска *uk* тріска
be трэска *bg* треска *sl* trska; *f-u:*
su turska *et* tursk; *gal:* *ga* trosc.
min. 16/296

torta *f* ⟦N⟧ Torte *f*

⟨prim⟩. *rom:* *fr* tarte *it* torta; *ger:*
de Torte *nl* taart; *sla:* *ce* dort *sk* torta
ru торт *uk* торт *be* торт *bg* торта *hr* torta
sr торта *mk* торта; *f-u:* *ma* torta; *bal:*
lt tortas; *n. g.:* *sh* tortë. *min. 16/394*

tortura *f* ⟦N⟧ Tortur *f*

⟨prim⟩. *rom:* *fr* torture *it* tortura
es tortura *pt* tortura *ca* tortura; *ger:*
de Tortur *en* torture *sv* tortyr *no* tortur
da tortur; *sla:* *pl* tortura *uk* тортури
mk тортура; *n. g.:* *ek* tortura, *mt* tortura,
sh torturë. *min. 16/406*

total ⟦A⟧ total

⟨prim⟩. *rom:* *fr* total *it* totale *es* total
pt total *ca* total; *ger:* *de* total *en* total
nl totaal *sv* total *no* total; *sla:*
bg тотален; *n. g.:* *mt* total, *sh* total◊.
min. 13/369

tract *m* ⟦N⟧ Trakt *m*

⟨prim⟩. *rom:* *es* tracto *pt* trato; *ger:*
de Trakt *en* tract; *sla:* *ce* Trakt *sk* Trakt
ru тракт *uk* тракт *hr* Trakt *sr* тракт
sl Trakt *mk* тракт; *f-u:* *et* trakti; *bal:*
lt traktas *lv* trakts; *n. g.:* *sh* traktit.
min. 16/342

tractament *n* N Behandlung *f*
<ang>. *rom: fr* traitement *it* trattamento
es tratamiento *ro* tratament *pt* tratamento
ca tractament; *ger: en* treatment; *sla:*
pl traktowanie *ru* трактовка *bg* трактовка;
n. g.: mt trattament. *min. 11/379*

tractán V behandeln
<ang>. *rom: fr* traiter *it* trattare *es* tratar
ro trata; *ger: de* (traktieren) *en* treat; *sla:*
pl traktować *ru* трактовать. *min. 8/450*

tractát *m* N Traktat *n*
<prim>. *rom: fr* traité *it* trattato *es* tratado
pt tratado *ca* tractat; *ger: de* Traktat; *sla:*
ru трактат *uk* трактат *be* трактат
bg трактат *hr* traktat *sr* трактат; *f-u:*
et traktaat; *bal: lt* traktatas *lv* traktāts;
n. g.: ek tratatua, *sh* traktat. *min. 17/404*

tractor *m* N Traktor *m*
<prim>. *rom: fr* tracteur *it* trattore
es tractor *pt* trator *ca* tractor; *ger:*
de Traktor *en* tractor *nl* tractor *sv* traktor
no traktor *da* traktor; *sla: ce* traktor
sk traktor *ru* трактор *uk* трактор
be трактар *bg* трактор *hr* traktor
sr трактор *sl* traktor *mk* трактор; *f-u:*
ma traktor *su* traktori *et* traktor; *bal:*
lt traktorius *lv* traktors; *gal: cy* tractor;
n. g.: el τρακτέρ, *ek* traktore, *mt* tractor,
sh traktor, *tr* traktör. *min. 32/555*

tradición *f* N Tradition *f*
[ts] gen: -one <prim>. *rom: fr* tradition
it tradizione *es* tradición *ro* tradiție
pt tradição *ca* tradició; *ger: de* Tradition
en tradition *nl* traditie *sv* tradition
no tradisjon *da* tradition; *sla: pl* tradycja
ce tradice *sk* tradície *ru* традиция
uk традиція *be* традыцыя *bg* традиция
hr tradicija *sr* традиција *sl* tradicija
mk традиција; *f-u: et* traditsioon; *bal:*
lt tradicija *lv* tradīcija; *gal: cy* traddodiad

ga traidisiún; *n. g.: ek* tradizio,
mt tradizzjoni, *sh* traditë. *min. 31/581*

traducción *f* N Übersetzung *f*
[ts] gen: -one <ang>. *rom: fr* traduction
it traduzione *ro* traducere; *ger:*
de traduktion; *n. g.: mt* traduzzjoni.
min. 5/230

tragédia *f* N Tragödie *f*
<prim>. *rom: fr* tragédie *it* tragedia
es tragedia *ro* tragedie *pt* tragédia
ca tragèdia; *ger: de* Tragödie *en* tragedy
nl tragedie *sv* tragedi *no* tragedie
da tragedie; *sla: pl* tragedia *ce* tragédie
sk tragédie *ru* трагедия *uk* трагедія
be трагедыя *bg* трагедия *hr* tragedija
sr трагедија *mk* трагедија; *f-u:*
ma tragédia *su* tragedia *et* tragöödia; *bal:*
lt tragizmas *lv* traģēdija; *gal: ga* tragóid;
n. g.: el τραγωδία, *ek* tragedia, *mt* traġedja,
sh tragjedi, *tr* trajedi. *min. 33/613*

tragic A tragisch
comp: -icer [ts], adv: ~no <prim>. *rom:*
fr tragique *it* tragic◊ *es* trágic◊ *ro* tragic
pt trágic◊ *ca* tràgic◊; *ger: de* tragisch
en tragic *nl* tragisch *sv* tragisk *no* tragisk
da tragisk; *sla: pl* tragiczn◊ *ce* tragick◊
sk tragick◊ *ru* трагическ◊ *uk* трагічн◊
be трагічн◊ *bg* трагичн◊ *hr* tragičn◊
sr трагичн◊ *sl* tragičn◊ *mk* трагичн◊; *f-u:*
ma tragikus *su* traaginen *et* traagiline; *bal:*
lt tragišk◊ *lv* traģisk◊; *gal: cy* trasig
ga tragóideach; *n. g.: el* τραγικ◊,
ek tragiko, *mt* traġiku, *sh* tragjik◊, *tr* trajik.
min. 35/615

transcribéren *c-* V transkribieren;
umschreiben
<prim>. *rom: fr* transcribir *it* trascrivere
es transcribir *ro* transcrie; *ger:*
de transkribieren *en* transcript
da transskribere; *sla:*

289

ru транскрибировать *bg* транскрибирам.
min. 9/423

transcriptión *f* Ⓝ Transkription *f*; Umschreibung *f*
[ts] gen: -one <prim>. *rom:*
fr transcription *it* trascrizione
es transcripción *ro* transcriere; *ger:*
de Transkription *en* transcription
da transskription; *sla:* *ce* transkripce
ru транскрипция *bg* транскрипция; *f-u:*
su transkriptio; *n. g.:* *mt* traskrizzjoni,
tr transkripsiyon. *min. 13/443*

transfęr *m* Ⓝ Transfer *m*; Übertragung *f*
<prim>. *rom:* *fr* transfert *it* trasferimento
es transferir *ro* transfer; *ger:* *de* Transfer
en transfer *da* transfer; *sla:* *ru* трансферт
bg трансфер; *n. g.:* *mt* trasferiment,
tr transfer. *min. 11/428*

transforméren *c-* Ⓥ umformen
<prim>. *rom:* *fr* transformer *it* trasformare
es transformar *ro* transforma *pt* transformar
ca transformar; *ger:* *de* transformieren
en transform; *sla:* *ru* трансформировать
bg трансформирам; *n. g.:* *mt* -trasforma.
min. 11/434

transįstor *m* TECH Ⓝ Transistor *m*
<prim>. *rom:* *fr* transistor *it* transistor
es transistor *ro* tranzistor *pt* transistor
ca transistor; *ger:* *de* Transistor
en transistor *nl* transistor *sv* transistor
no transistor *da* transistor; *sla:*
pl tranzystor *ce* tranzistor *sk* tranzistor
ru транзистор *uk* транзистор
be транзістар *bg* транзистор *hr* tranzistor
sr транзистор *sl* tranzistor *mk* транзистор;
f-u: *ma* tranzisztor *su* transistori
et transistor; *bal:* *lt* tranzistorius
lv tranzistors; *gal:* *cy* transistor; *n. g.:*
el τρανζίστορ, *ek* transistor, *mt* transistor,
sh tranzitor, *tr* transistor. *min. 34/615*

transitión *f* Ⓝ Übergang *m*
[ts] gen: -one <ang>. *rom:* *fr* transition
it transizione *es* transición *ro* tranziţie;
ger: *de* (transitiv) *en* transition; *sla:*
ru (транзит); *n. g.:* *mt* tranżizzjoni.
min. 8/410

transmįtter *m* Ⓝ Transmitter *m*
<prim>. *rom:* *it* trasmettitore
es transmisor *ro* transmiţător *pt* transmissor
ca transmissor; *ger:* *de* Transmitter
en transmitter *no* transmitter
da transmitter; *sla:* *sr* трансмитер; *n. g.:*
mt trasmettitur, *sh* transmetues.
min. 12/295

transpiratión *f* Ⓝ Transpiration *f*
[ts] gen: -one <prim>. *rom:*
fr transpiration *it* traspirazione
es transpiración *pt* transpiração
ca transpiració; *ger:* *de* Transpiration
en transpiration *nl* transpiratie
sv transpiration *no* transpirasjon
da transpiration; *sla:* *pl* transpiracja
sl transpiracija *mk* транспирација; *f-u:*
su transpiraatio; *n. g.:* *ek* transpirazio.
min. 16/412

transplantatión *f* MED Ⓝ
  Transplantation *f*
[ts] gen: -one <prim>. *rom:*
fr transplantation *it* trapianto *es* trasplante
ro transplantare *pt* transplantação
ca trasplantament; *ger:* *de* Transplantation
en transplantation *nl* transplantatie
sv transplantation *no* transplantasjon
da transplantation; *sla:* *ce* transplantace
sk transplantácia *ru* трансплантация
uk трансплантація *be* трансплантацыя
bg трансплантация *hr* transplantacija
sr трансплантација *mk* трансплантација;
n. g.: *ek* trasplante, *mt* trapjant,
sh transplantim, *tr* transplantasyon.
min. 25/538

transport *m* ☒ Transport *m*

<prim>. *rom:* *fr* transport *it* trasporto
es transporte *ro* transport *pt* transporte
ca transport; *ger:* *de* Transport
en transport *sv* transport *no* transport
da transport; *sla:* *pl* transport
ru транспорт *uk* транспорт *be* транспарт
bg транспорт *sr* транспорт *sl* transport;
f-u: *et* transport; *bal:* *lt* transportas
lv transports; *n. g.:* *mt* trasport,
sh transport. *min. 23/538*

trapéz *m* ☒ Trapez *n*

<prim>. *rom:* *fr* trapeze *it* trapezio
es trapeze *ro* trapez *pt* trapézio *ca* trapeze;
ger: *de* Trapez *en* trapeze *nl* trapeze
sv trapets *da* trapez; *sla:* *pl* trapez
ce trapéz *sk* trapéz *ru* трапеция
uk трапеція *be* трапецыя *bg* трапец
hr trapez *sr* трапез *mk* трапец; *f-u:*
ma trapéz *su* trapetsi *et* trapets; *bal:*
lt trapecija *lv* trapece; *gal:* *cy* trapîs;
n. g.: *el* τραπέζιο, *ek* trapezista, *sh* trapez,
tr trapez. *min. 31/608*

tré ☒ durch (2)

<prim>. *ger:* *de* durch *en* through; *sla:*
ce přes *ru* через; *gal:* *br* dre *ga* trí/tré.
min. 6/245

treba: bín ~ *f* ☒ nötig sein; Bedürfnis:
ein ~ sein; müssen (2) *(Die
Formulierung erfolgt mit dem Dativ: ‚mí
es treba' = es ist mir ein Bedürfnis / Ich
muss)*

+↑potreb-. <cont>. *sla:* *pl* trzeba *ce* třeba
sk treba *sb* trjeba *uk* треба *be* трэба
bg треба *hr* treba *sr* треба *sl* treba
mk треба. *min. 11/111*

tresoreria *f* ☒ Fiskus *m*

<ang>. *rom:* *fr* trésorerie *it* tesoreria
es tesorería *ro* trezorerie *pt* tesouraria
ca tresoreria; *ger:* *en* treasury; *gal:*
cy trysorlys; *n. g.:* *mt* trežor. *min. 9/250*

trét *de* ~ ☒ dritte(r/s)

<prim>. *rom:* *it* terzo *es* tercero *ro* treia
ca tercer; *ger:* *de* dritte(r/s) *en* third
nl derte *sv* tredje *no* tredje *da* tredjedel (r /
s) *is* Þriðji; *sla:* *pl* trzeci *ce* třetí
ru третий *bg* трета *hr* treći; *gal:*
br teirvet *gv* trass; *n. g.:* *mt* terzi.
min. 19/452

tri ☒ drei

<prim>. *rom:* *fr* trois *it* tre *es* tres *ro* trei
ca tres; *ger:* *de* drei *en* three *nl* drie *fs* trý
sv tre *no* tre *da* tre *is* Þrír *fo* trý; *sla:*
pl trzy *ce* tři *sb* tři *ru* три *bg* три *hr* tri;
bal: *lv* trës; *gal:* *br* tri *ga* trí *gv* tree;
n. g.: *mt* tliet, *sh* tre. *min. 26/519*

triangul *m* ☒ Triangel *f/m*

gen: -gle <prim>. *rom:* *fr* triangle
it triangolo *es* triángulo *ro* triunghi
pt triângulo; *ger:* *de* Triangel *en* triangle
sv triangel *da* triangle *is* triangle; *sla:*
ce trojúhelník *sk* trojuholník
ru треугольник *bg* триъгълник *sr* троугао
mk триаголник. *min. 16/468*

tribunal *m* ☒ Tribunal *n*

<prim>. *rom:* *fr* tribunal *it* tribunale
es tribunal *pt* tribunal *ca* tribunal; *ger:*
de Tribunal *en* tribunal *nl* tribunaal
sv tribunal *no* tribunal *da* tribunal; *sla:*
pl trybunał *ce* tribunál *sk* tribunál
bg трибунал *mk* трибунал; *bal:*
lt tribunolas *lv* tribunāls; *gal:*
cy tribiwnlys; *n. g.:* *mt* tribunal.
min. 20/435

trice ☒ dreißig

↑tri ↑-ce. <prim>. *rom:* *fr* trente *it* trenta
es trenta *ro* treizeci *ca* trenta; *ger:*
de dreißig *en* thirty *nl* dertig *fs* tretivu
sv tretti(o) *no* tretti *da* tredive *fo* tretivu;
sla: *pl* trzydzieście *ce* třicet *sb* třiceći
ru тридцать *bg* тридесет; *gal:* *br* tregont;
n. g.: *el* τριάντα, *mt* tletin. *min. 21/524*

trimęster *m* N Trimester *n*

<prim>. *rom:* *fr* trimestre *it* trimestre
es trimestre *ro* trimestru *pt* trimestre
ca trimestre; *ger:* *de* Trimester
en trimester *nl* trimester *sv* trimestern
no trimester *da* trimester; *sla:* *pl* trymestr
ce trimestr *sk* trimester *ru* триместр
uk триместр *be* трыместр *bg* триместър
hr tromjesečje *sr* тромесечје *sl* trimesečje
mk триместар; *f-u:* *ma* trimeszter
et trimestril; *bal:* *lt* trimestras
lv trimestris; *gal:* *cy* tri mis; *n. g.:*
el τρίμηνο, *mt* trimestru, *sh* tremujor.
min. 31/604

trịo *n* N Trio *n*

<prim>. *rom:* *fr* trio *it* trio *es* trío *pt* trio
ca trio; *ger:* *de* Trio *en* trio *nl* trio *sv* trio
no trio *da* trio; *sla:* *pl* trio *ce* trio *sk* trio
ru трио *uk* тріо *be* трыо *bg* трио *hr* trio
sr трио *sl* trio *mk* трио; *f-u:* *ma* trió
su trio *et* trio; *bal:* *lt* trio *lv* trio; *gal:*
cy trio; *n. g.:* *el* τρίο, *ek* trio, *mt* trio,
sh trio. *min. 32/590*

trist A traurig

adv: ~o <prim>. *rom:* *fr* triste *it* triste
es triste *ro* trist *pt* triste *ca* trist; *ger:*
en (trist) *da* trist; *gal:* *cy* trist *br* trist;
n. g.: *sh* trishtuar. *min. 11/252*

tristęcea *f* Traurigkeit *f*

gen: -ce*rom:* *fr* tristesse *it* tristezza
es tristeza *ro* tristeţe *pt* tristeza; *ger:*
da tristhed; *n. g.:* *sh* trishtim. *min. 7/188*

trọfeon *n* N Trophäe *f*

pl: -phęes, gen: -phçe <prim>. *rom:*
fr trophée *it* trofeo *es* trofeo *ro* trofeu
pt troféu; *ger:* *de* Trophäe *en* trophy
nl trofee; *sla:* *pl* trofeum *ru* трофей
uk трофей *be* трафей *bg* трофей *hr* trofej
sr трофеј *mk* трофеј; *f-u:* *ma* trófea;
bal: *lv* trofeja; *gal:* *ga* trófaí; *n. g.:*

el τρόπαιο, *ek* trofeoa, *sh* trofe.
min. 22/562

tu pPr du *siehe auch Pronomen und
Artikel*

<prim>. *rom:* *fr* tu *it* tu *es* tú *ro* tu; *ger:*
de du *sv* du *no* du *da* du; *sla:* *pl* ty *ce* ty
sb ty *ru* ты *bg* ти *hr* ti; *f-u:* *ma* te
su sinä *sm* don; *bal:* *lv* tu; *gal:* *br* te
ga tú; *n. g.:* *mt* inti. *min. 21/451*

tú possArt dein(e(n)) *siehe Pronomen
und Artikel*

tụba *f* N Tuba *f*

<prim>. *rom:* *fr* tuba *it* tuba *es* tuba
ro tubă *pt* tuba *ca* tuba; *ger:* *de* Tuba
en tuba *nl* tuba *sv* tuba *no* tuba *da* tuba
is túba; *sla:* *pl* tuba *ce* tuba *ru* туба
uk туба *be* туба *bg* туба *hr* tuba *sr* туба
sl tuba *mk* tuba; *f-u:* *ma* tuba *su* tuuba
et tuuba; *bal:* *lt* tūba *lv* tuba; *gal:*
cy tiwba; *n. g.:* *el* τούμπα, *ek* tuba,
mt tuba, *sh* tubë, *tr* tuba. *min. 34/610*

tụ(ë(s), túa(s): de ~ possPrn
dein(ig)e(n): der /die /das /den *siehe
Pronomen und Artikel*

<prim>. *n. g.:.*

tuerk (1) *m* N Türke *m*

<ethno>. *n. g.:* *tr* Türk.

tuerk (2) A türkisch

<ethno>. *n. g.:* *tr* türk.

tuerk (zhena) *f* N Türkin *f*

<ethno>. *n. g.:* *tr* Türk (kadını).

Tụerkche *m* N Türkisch *(,~e Sprache)*

<ethno>. *n. g.:* *tr* türkçe.

Tụerkije *n* N Türkei *f*

<ethno>. *n. g.:* *tr* Türkiye.

tumor *m* N Tumor *m*
<prim>. *rom:* *fr* tumeur *it* tumore
es tumor *pt* tumor *ca* tumor; *ger:*
de Tumor *en* tumor *nl* tumor *sv* tumör
no tumor *da* tumor; *sla:* *bg* тумор
hr tumor *sr* тумор *sl* tumor *mk* тумор;
f-u: *ma* tumor; *gal:* *cy* tiwmor; *n. g.:*
ek tumore, *mt* tumur, *sh* tumor, *tr* tümör.
min. 22/407

tumult *m* N Tumult *m*
<prim>. *rom:* *fr* tumulte *it* tumulto
es tumulto *pt* tumulto *ca* tumult; *ger:*
de Tumult *en* tumult *nl* tumult *sv* tumult
no tumult *da* tumult; *sla:* *pl* tumult
sl tumult; *n. g.:* *mt* tumult. *min. 14/404*

tungé *f* ANAT N Zunge *f*
<ang>. *ger:* *de* Zunge *en* tongue *nl* tong
lb Zong *sv* tunga *no* tunge *da* tunge
is tunga; *gal:* *br* teod *ga* teanga; *n. g.:*
sh gjuhë. *min. 11/194*

turbina *f* N Turbine *f*
<prim>. *rom:* *fr* turbine *it* turbina
es turbina *pt* turbina *ca* turbina; *ger:*
de Turbine *en* turbine *nl* turbine *sv* turbin;
sla: *pl* turbina *ce* turbína *sk* turbína
ru турбина *uk* турбіна *be* турбіна
bg турбина *hr* turbina *sr* турбина
sl turbine *mk* турбина; *f-u:* *ma* turbina
su turbiini *et* turbiin; *bal:* *lt* turbina
lv turbīna; *gal:* *cy* tyrbin; *n. g.:*
el τουρμπίνα, *ek* turbina, *mt* turbina,
sh turbinë, *tr* türbin. *min. 31/587*

turbulencea *f* N Turbulenz *f*
[ts] gen: -ce <prim>. *rom:* *fr* turbulence
it turbolenza *es* turbulencia *pt* turbulência
ca turbulència; *ger:* *de* Turbulenz
en turbulence *sv* turbulens *no* turbulens
da turbulens; *sla:* *pl* turbulencja
sk turbulencie *ru* турбулентность
uk турбулентність *be* турбулентнасць
bg турбулентност *mk* турбуленција; *f-u:*

ma turbulencia *su* turbulenssi; *n. g.:*
ek turbulentzia, *sh* turbullirë, *tr* türbülans.
min. 22/532

turk A Turk- *(ethnologische Vorsilbe)*
<prim>. *rom:* *fr* turque *it* turc◊ *ro* turco-;
ger: *de* Turk- *da* turk-; *sla:* *pl* tureck◊
ce turek◊ *ru* тюркск◊ *bg* турчин◊; *f-u:*
su turkkilainen; *n. g.:* *tr* türk. *min. 11/383*

tusand num tausend
<prim>. *ger:* *de* tausend *en* thousand
nl duizend *sv* tusend *no* tusen *da* tusind
is Þúsund; *sla:* *pl* tysiąc *ce* tisíc *sk* tysíc
sb tysac *ru* тысяча; *f-u:* *su* tuhat *et* tuhat;
bal: *lv* tūkstotis. *min. 15/336*

týp *m* N Typ *m*
<prim>. *rom:* *fr* type *it* tipo *es* tipos
ro tip *pt* tipo *ca* tipus; *ger:* *de* Typ
en type *sv* typ; *sla:* *pl* typ *ru* тип *uk* тип
be тып *bg* тип *sl* tip *mk* тип; *f-u:*
ma típus *su* tyyppi *et* tüüp; *bal:* *lt* tipas;
n. g.: *el* τύπος, *mt* tip, *tr* tip. *min. 23/556*

typic A typisch
comp: -icer [ts], adv: ~no <prim>. *rom:*
fr typique *it* tipic◊ *es* típic◊ *ro* tipic
pt típic◊ *ca* típic◊; *ger:* *de* typisch
en typical *nl* typisch *sv* typisk *no* typisk
da typiske; *sla:* *pl* typow◊ *ce* typick◊
sk typick◊ *ru* типичн◊ *uk* типов◊
be тыпов◊ *bg* типичн◊ *hr* tipičn◊
sr типичн◊ *sl* tipičn◊ *mk* типичн◊; *f-u:*
ma tipikus *su* tyypillinen *et* tüüpiline; *bal:*
lt tipišk◊ *lv* tipisk◊; *gal:* *ga* tipiciúil;
n. g.: *el* τυπικ◊, *ek* tipikoa, *mt* tipiku,
sh tipik◊, *tr* tipik. *min. 34/615*

u P bei (1); an (2)
<cont>. *sla:* *pl* u *ce* u *sk* u *ru* y *uk* y
be y *bg* y *hr* (u) *sr* (y) *sl* u *mk* y.
min. 11/191

"u mi ęs" Form haben: Ich habe
(2) *(Ausdruck des Besitzens)*
+↑"jeg ho". <prim>. *sla:* ru у меня есть;
f-u: ma nekem van *su* minulla on *et* mul
on; *gal:* br am eus *ga* tá orm; *n. g.:*
tr bende var.*7/*

uchęnie *n* N Lehre *f*; Erlernung *f*
<cont>. *sla:* pl nauczanie *ce* učení
sk učenie *sb* wučenje *ru* учение
be вучанне *bg* учене *hr* učenje *sr* учење
sl učenje *mk* учење. *min. 11/171*

uchįn V lehren *(Formulierung in den
Herkunftssprachen: "Jemanden
(Akkusativ) zu etwas (Dativ) lehren"*
~ qqn a qqd <cont>. *sla:* pl uczyć *ce* učit
sk učiť *sb* wučić *ru* учить *uk* вчити
be вучыць *bg* уча *hr* učiti *sr* учити
sl učiti *mk* учи. *min. 12/191*

uchįtél /~ka *m /f* N Lehrer *m*
<conts>. *sla:* pl nauczyciel(ka)
ce učitel(ka) *sk* učiteľ(ka) *sb* wučer(ka)
ru учитель(ница) *uk* вчитель(ка)
bg учител(ка) *hr* učitelj(ica)
sr учитељ(ица) *sl* učitelj(ica)
mk учител(ка). *min. 11/181*

Ukrajįna *f* N Ukraine *f*
<ethno>. *sla:* uk Україна.

ukrajįnéc' *m* N Ukrainer *m*
gen: -nce <ethno>. *sla:* uk українець.

ukrajįnka *f* N Ukrainerin *f*
<ethno>. *sla:* uk українка.

ukrajįnsk A ukrainisch
<ethno>. *sla:* uk українськ◊.

Ukrajįnska N Ukrainisch *(,~e Sprache)*
<ethno>. *sla:* uk українська.

ųlicea *f* N Straße (2) *f (mit Häusern)*
gen: -ce <prim>. *rom:* ro uliţă; *sla:*
pl ulica *ce* ulice *sk* ulica *ru* улица
uk вулиця *be* вуліца *bg* улица *hr* ulica
sr улица *sl* ulica *mk* улица; *f-u:* ma utca
et uulits; *n. g.:* sh ulicё. *min. 15/224*

um *m* N Geist *m (Verstand)*
+↑razum, +↑razumén. <cont>.
comun um/ум: *sla:* pl, ce, sk, sb, ru, uk,
be, bg, hr, sr, sl, mk. *min. 12/191*

ųnder P unter
<ang>. *ger:* de unter *en* under *nl* onder
lb ënner *sv* under *no* under *da* under
is undir *fo* undir. *min. 9/194*

ųnic A einzig; alleinig
adv: ~no <ang>. *rom:* fr unique *it* unic◊
es únic◊ *ro* unic *ca* unic◊; *ger:* en unique;
sla: pl unikaln◊ *sb* jeničk◊ *ru* уникальн◊.
min. 9/359

universąl A universell
<prim>. *rom:* fr universel *it* universale
es universal *ro* universal *ca* universal;
ger: de universell *en* universal
nl universeel *da* universel; *sla:*
pl universaln◊ *ce* univerzáln◊
sb uniwersaln◊ *ru* универсальн◊
bg универсалн◊; *f-u:* ma univerzális;
n. g.: mt universali, *tr* evrensel.
min. 17/514

universitę *f* N Universität *f*
gen: -tęte <prim>. *rom:* fr université
it università *es* universidad *ro* universitate
pt universidade *ca* universitat; *ger:*
de Universität *en* university *nl* universiteit
sv universitet *no* universitet *da* universitet;
sla: pl uniwersytet *ce* univerzita
sk univerzita *sb* uniwersita *ru* университет
uk університет *be* універсітэт
bg университет *sr* универзитет
mk универзитет; *bal:* lt universitetas
lv universitāte; *n. g.:* ek universidad,
mt università, *sh* universitet, *tr* üniversite.
min. 29/579

ụnuk /~a *m /f* N Enkel /~in *m /f*
<prim>. *ger:* de Enkel; *sla:* pl wnuk
ce vnuk sk vnuk sb wnuk ru внук
bg внук hr unuk /~a sr унук /~a sl vnuk
mk внук /~a; *f-u:* ma unoka; *bal:*
lt anūkas /-kė; *n. g.:* el εγγονός.
min. 14/283

urbạn A urban
<prim>. *rom:* fr urbain es urban◊
pt urban◊ ca urbà; *ger:* de urban en urban
sv urban; *sla:* bg урбан◊ mk урбанн◊;
f-u: su urbaani. *min. 10/301*

urbanisatiọn *f* N Urbanisierung *f*
[ts] gen: -ọne <prim>. *rom:*
fr urbanisation it urbanizzazione
es urbanización pt urbanização
ca urbantzació; *ger:* de Urbanisierung
en urbanization no urbanisering
da urbanisering; *sla:* pl urbanizacja
ce urbanizace sk urbanizácia
ru урбанизация uk урбанізація
be урбанізацыя bg урбанизация
hr urbanizacija sr урбанизација
sl urbanizacija mk урбанизација; *f-u:*
ma urbanizáció; *bal:* lt urbanizacija
lv urbanizācija; *n. g.:* ek urbanizazio,
mt urbanizzazzjoni, sh urbanizim.
min. 26/541

ụrna *f* N Urne *f*
<prim>. *rom:* fr urne it urna es urna
pt urna ca urna; *ger:* de Urne en urn
nl urn sv urna no urn da urn; *sla:* pl urna
ce urna sk urna ru урна uk урна be урна
bg урна hr urna sr урна mk урна; *f-u:*
ma urna su uurna et urn; *bal:* lt urna
lv urna; *gal:* cy wrn; *n. g.:* sh urnë.
min. 28/574

usạ̈n V benutzen
<ang>. *rom:* fr (user) it usare es usar
ro utiliza pt usar ca usar; *ger:* de (Usus)
en use; *sla:* pl uży(wa)ć ce uži(va)t

sb wužić ru узус; *n. g.:* mt użu.
min. 13/474

utopịa *f* N Utopie *f*
<prim>. *rom:* fr utopia it utopia es utopía
ro utopia pt utopia ca utopia; *ger:*
de Utopie en utopia nl utopia is útópía;
sla: pl utopia ce utopie sk utópia
ru утопия uk утопія be ỹтопія bg утопия
hr utopija sr утопија mk утопија; *f-u:*
ma utópia su utopia et utoopia; *bal:*
lt utopija lv utopija; *gal:* cy iwtopia;
n. g.: el ουτοπία, sh utopia, tr ütopya.
min. 29/594

utọpic A utopisch
comp: -icer [ts], adv: ~no <prim>. *rom:*
fr utopiste it utopic◊ es utópic◊ ro utopist
pt utópic◊ ca utòpic◊; *ger:* de utopisch
en utopian nl utopisch sv utopisk
no utopisk da utopisk; *sla:* pl utopijn◊
ce utopick◊ sk utopick◊ sb utopisk◊
ru утопическ◊ uk утопічн◊ be утапічн◊
bg утопичн◊ hr utopičk◊ sr утопијск◊
sl utopičn◊ mk утописк◊; *f-u:*
ma utópikus su utopistinen et utoopiline;
bal: lt utopin◊ lv utopist◊; *gal:*
cy iwtopaidd; *n. g.:* el ουτοπικ◊, tr ütopik.
min. 32/613

ụtor A zwelter; anderer von zweien
<prim>. *rom:* fr (l')autre it (l')altr◊
es otr◊ pt outr◊; *ger:* de (der) andere
en (the) other nl (de) ander sv andra; *sla:*
pl wtór◊ ru втор◊ bg втор◊ mk втор◊;
f-u: su toinen; *bal:* lt antr◊ lv otra◊.
min. 15/492

"ụtrek" *m* N Dienstag *m*
<cont>. *sla:* pl wtorek ce úterý sk utorok
sb wutora ru вторник uk вівторок
be аỹторак bg вторник hr utorak
sr уторак sl torek mk вторник; *f-u:*
ma kedd et teisipäev; *bal:* lt antra(dienis)
lv otr(diena). *min. 16/209*

vacạncea *f* Ⓝ Vakanz *f*
[tsa], gen: -ce <prim>. *rom: fr* vacance
es vacancia; *ger: de* Vakanz *en* vacancy
nl (vakantie) *sv* vakans; *sla: ru* вакансия
uk вакансія *be* вакансія *bg* вакантност;
bal: lt vakansija *lv* vakance; *n. g.:*
mt vakanza. *min. 13/415*

vạcuum *n* Ⓝ Vakuum *n*
gen: vácuë <prim>. *rom: es* vacío
pt vácuo; *ger: de* Vakuum *en* vacuum
nl vacuüm *sv* vakuum; *sla: ce* vakuum
sk vákuum *ru* вакуум *uk* вакуум
be вакуум *bg* вакуум *hr* vakuum
sr вакуум *mk* вакуум; *f-u: ma* vákuum
et vaakum; *bal: lt* vakuuminis
lv vakuums; *n. g.: sh* vakuum, *tr* vakum.
min. 21/408

vág Ⓐ vage
<prim>. *rom: fr* vague *it* vag◊ *es* vag◊
ro vag *pt* vag◊; *ger: de* vage *en* vague
nl vaag *sv* vag *no* vag *da* vage; *sla:*
ce vágn◊ *sk* vágn◊; *n. g.: mt* vaga.
min. 14/393

vagabụnd *m* Ⓝ Vagabund *m*
<prim>. *rom: fr* vagabond *it* vagabondo
es vagabundo *pt* vagabundo; *ger:*
de Vagabund *en* vagabond *nl* vagebond;
sla: bg вагабонд. *min. 8/350*

val *m* Ⓝ Tal (2) *n*
<prim>. *rom: fr* val *it* valle *es* valle
ro vale; *ger: en* valley; *f-u: ma* völgy;
n. g.: mt wied. *min. 7/247*

valẹncea *f* Ⓝ Valenz *f*
[tsa], gen: -ce <prim>. *rom: fr* valence
it valenza *es* valencia *pt* valência
ca valència; *ger: de* Valenz *en* valence
nl valentie; *sla: ru* валентность
uk валентність *be* валентнасць
bg валентност *hr* valencija *sr* валенција
mk валентни; *f-u: su* valenssi *et* valents;

bal: lt valentingumas *lv* valence; *n. g.:*
mt valenza, *sh* valencë. *min. 21/489*

vạlid Ⓐ gültig
<ang>. *rom: fr* valide *it* valid◊ *es* válid◊
ro valabil *pt* válid◊ *ca* vàlid; *ger:*
en valid; *sla: bg* валидн◊. *min. 8/259*

valọré *m* Ⓝ Wert *m*
<ang>. *rom: fr* valeur *it* valore *es* valor
ro valoare; *ger: en* value *da* værdi; *sla:*
pl walor *ru* (валоризация). *min. 8/358*

vám, Vám ⓟPr euch (1); Ihnen *dat;*
siehe auch Pronomen und Artikel
<cont>. *rom: fr* vous *it* voi *ro* vouă; *sla:*
pl wam *ce* vám *sk* vám *sb* wam *ru* вам
uk вам *bg* вам *hr* vam *sr* вам *sl* vam
mk вам; *n. g.: mt* inti. *min. 15/316*

vanịlja *f* Ⓝ Vanille *f*
<prim>. *rom: fr* vanille *it* vaniglia
es vainilla *pt* baunilha *ca* vainilla; *ger:*
de Vanille *en* vanilla *nl* vanille *sv* vanilj
no vanilje *da* vanilje; *sla: pl* wanilia
ce vanilka *sk* vanilka *ru* ваниль *uk* ваніль
be ваніль *bg* ванилия *hr* vanilija
sr ванила *sl* vanilla *mk* ванила; *f-u:*
ma vanília *su* vanilja *et* vanill; *bal:*
lt vanilė *lv* vaniļa; *gal: cy* fanila; *n. g.:*
el βανίλια, *ek* bainila, *sh* vanilje,
tr vanilya. *min. 32/594*

variạbilé *f* MATH Ⓝ Variable *f*
<prim>. *rom: fr* variable *it* variabile
es variable *ro* variabilă *pt* variável
ca variable; *ger: de* Variable *en* variable
sv variabel *no* variabel *da* variabel; *sla:*
bg вариабла *hr* varijabla *sr* варијабла;
f-u: et variaabel; *n. g.: mt* varjabbli,
sh variabël. *min. 17/386*

variạnt(a) *m (f)* Ⓝ Variante *f*
<prim>. *rom: fr* variante *it* variante
es variante *ro* variantă *pt* variante
ca variant; *ger: de* Variante *en* variant

nl variant *sv* variant *no* variant *da* variant;
sla: *pl* wariant *ce* varianta *sk* variant
ru вариант *uk* варіант *be* варыянт
bg вариант *hr* varijanta *sr* варијанта
sl variant *mk* варијанта; _f-u:_ *ma* variáns
su variantti *et* variant; _bal:_ *lt* variantas
lv variants; _n. g.:_ *mt* varjant, *sh* variant,
tr varyant. *min. 31/601*

variatiọn *f* N̄ Veränderung *f*
[ts] gen: -ọne <prim>. _rom:_ *fr* variation
it variazione *es* variación *ro* variaţie
pt variação *ca* variació; _ger:_ *de* Variation
en variation *nl* variatie *sv* variationen
no variasjon *da* variation; _sla:_
ru вариация *bg* вариация *hr* varijacija
sr варијација *sl* variacija *mk* варијација;
_f-u:_ *ma* variáció *et* variatsioon; _bal:_
lt variacija *lv* variācija; _n. g.:_
mt varjazzjoni, *tr* varyasyon. *min. 24/511*

variẹren V̄ variieren; verändern: sich ~
<prim>. _rom:_ *fr* varier *it* variare *es* variar
ro varia *pt* variar *ca* variar; _ger:_
de variieren *en* vary *nl* variëren *sv* varierar
no variere *da* variere; _sla:_ *ru* варьировать
(◊ся) *bg* варирам *hr* varirati *sr* варирати;
_f-u:_ *ma* variálni *su* vaihdella; _n. g.:_
mt -varja. *min. 19/501*

variété *f* N̄ Varietät *f*
gen: -tẹte <prim>. _rom:_ *fr* variété
it varietà *es* variedad *pt* variedade
ca varietat; _ger:_ *de* Varietät *en* variety
sv variation; _n. g.:_ *mt* varjetà. *min. 9/334*

varté *f* N̄ Warze *f*
<ang>. _ger:_ *de* Warze *en* wart *nl* wrat
sv vårta *no* vorte *da* vorte *is* varta *fo* vørta.
min. 8/193

vás, Vás p̄P̄r̄ euch (2); Sie (4) *akk;*
   siehe auch Pronomen und Artikel
<cont>. _rom:_ *fr* vous *it* voi *es* vos *ro* vă
pt vôs *ca* vós; _sla:_ *pl* was *ce* vás *sk* vás

sb was *ru* вас *uk* вас *be* вас *bg* вас *hr* vas
sr вас *sl* vas *mk* вас. *min. 18/380*

vạsa *f* N̄ Vase *f*
<prim>. _rom:_ *fr* vase *it* vaso *ro* vază
pt vaso; _ger:_ *de* Vase *en* vase *nl* vaas
sv vas *no* vase *da* vase *is* vasi; _sla:_
pl wazon *ce* váza *sk* váza *ru* ваза *uk* ваза
be ваза *bg* ваза *hr* vaza *sr* ваза *sl* vaza
mk вазна; _f-u:_ *ma* váza *et* vaas; _bal:_
lt vaza *lv* vāze; _gal:_ *cy* vase; _n. g.:_
el βάζο, *ek* vase, *mt* vase, *sh* vazo, *tr* vazo.
min. 32/566

vásh, Vásh p̄o̅s̅s̅A̅r̅t̅ euer, eure; Ihr,
   Ihre *siehe auch Pronomen und Artikel*
<cont>. _rom:_ *fr* votre *ro* vostru *ca* vostre;
sla: *pl* wash(a/e) *ce* váš◊ *sk* váš(á/é)
sb waš *ru* ваш(а/о) *bg* ваш◊ *hr* vaš(a/o)
sr ваш(а/о) *sl* vaš(a/o) *mk* ваш(а/о).
min. 13/250

**vásh, vạshe(s), vạsha(s), Vásh,
   Vạshe(s), Vạsha(s): de ~** p̄o̅s̅s̅P̅r̅n̅
eur(ig)e(n), Ihr(ig)e(n): der /die /das
/den ~ *siehe Pronomen und Artikel*

vchẹra a̅d̅v̅ gestern
<cont>. _sla:_ *pl* wczoraj *ce* včera *sk* včera
sb wčera *ru* вчера *uk* вчора *be* учора
bg вчера *hr* jučer *sr* јуче *sl* včeraj
mk вчера; _bal:_ *lt* vakar *lv* vakar.
min. 14/196

vẹctor *m* N̄ Vektor *m*
<prim>. _rom:_ *fr* vecteur *it* vettore
es vector *ro* vector *pt* vetor *ca* vector;
ger: *de* Vektor *en* vector *nl* vector
sv vektor; _sla:_ *pl* wektor *ce* vektor
sk vektor *ru* вектор *uk* вектор *be* вектар
bg вектор *hr* vektor *sr* вектор *mk* вектор;
_f-u:_ *ma* vektor *su* vektori *et* vektor; _bal:_
lt vektorius *lv* vektors; _gal:_ *cy* fector;
_n. g.:_ *sh* vektor, *tr* vektör. *min. 28/591*

vęddé *f* ☒ Wette *f*

<ang>. *ger: de* Wette *en* bet
nl weddenschap *sv* vad *no* veddemål
da væddemål *is* veðmál; *f-u: su* veto.
min. 8/198

vędden *c-* ☒ wetten

<ang>. *ger: de* wetten *en* bet *nl* wedden
sv slå vad *no* vedde *da* vædde *is* veðja;
f-u: su veto. *min. 8/198*

vegétarián *m* ☒ Vegetarier *m*

<prim>. *rom: fr* végétarien *it* vegetariano
es vegetariano *ro* vegetarian *pt* vegetariano
ca vegetarià; *ger: de* Vegetarier
en vegetarian *nl* vegetariër *sv* vegetarian
da vegetarisk; *sla: pl* wegetariański
ce vegetarián *sk* vegetarián
ru вегетарианец *uk* вегетаріанець
be вегетарыянец *bg* вегетарианец
hr vegetarijanac *sr* вегетаријанац
mk вегетаријанец; *f-u: ma* vegetáriánus
et vegetaarlane; *bal: lt* vegetariškas
lv veģetārietis; *n. g.: ek* begetarianoa,
mt veġetarjani, *sh* vegjetarian,
tr vejetaryen. *min. 29/591*

vegétatión *f* ☒ Vegetation *f*

[ts] gen: -one <prim>. *rom: fr* végétation
it vegetazione *es* vegetación *ro* vegetaţie
pt vegetação *ca* vegetació; *ger:*
de Vegetation *en* vegetation *nl* vegetatie
sv vegetation *no* vegetasjon *da* vegetation;
sla: ce vegetace *sk* vegetácie
bg вегатативност *hr* vegetacija
sr вегетација *sl* vegetacija *mk* вегетација;
bal: lv veģetācija; *n. g.: mt* veġetazzjoni.
min. 21/425

véhịcul *m* ☒ Fahrzeug *n*

gen: -ícle <prim>. *rom: fr* véhicule
it veicolo *es* vehículo *ro* vehicul *pt* veículo
ca vehicle; *ger: de* Vehikel *en* vehicle
da vehikel; *sla: ce* vozidlo. *min. 10/357*

vęna *f* ☒ Vene *f*

<prim>. *rom: fr* veine *it* vena *es* vena
ro venă *pt* veia *ca* vena; *ger: de* Vene
en vein; *sla: ru* вена *be* вена *bg* вена
hr vena *sr* вена *sl* vena *mk* вена; *f-u:*
et veen; *bal: lt* vena *lv* vēna; *n. g.:*
mt vina, *sh* venë. *min. 20/466*

vent *m* ☒ Wind *m*

<prim>. *rom: fr* vent *it* vento *es* viento
ro vânt *pt* vento; *ger: de* Wind *en* wind
nl wind *lb* Wand *sv* vind. *min. 10/370*

ventíl *m* ☒ Ventil *n*

<prim>. *ger: de* Ventil *nl* ventiel *sv* ventil
da ventil; *sla: ce* ventil *sk* ventil
bg вентил *hr* ventil *sr* вентил *sl* ventil
mk вентил; *f-u: su* venttiili *et* ventiil.
min. 13/175

ventilatión *f* ☒ Ventilation *f*

[ts] gen: -one <prim>. *rom: fr* ventilation
it ventilazione *es* ventilación *ro* ventilare
pt ventilação *ca* ventilació; *ger:*
de Ventilation *en* ventilation *nl* ventilatie
sv ventilation *no* ventilasjon *da* ventilation;
sla: pl wentylacja *ru* вентиляция
uk вентиляція *be* вентыляцыя
bg вентилация *hr* ventilacija
sr вентилација *mk* вентилација; *f-u:*
et ventilatsioon; *bal: lv* ventilācija; *n. g.:*
mt ventilazzjoni, *sh* ventilim. *min. 24/560*

vér *A* wahr

<prim>. *rom: fr* vrai *it* ver◊ *es* ver◊
ca ver◊; *sla: sk* (věrn◊) *sb* (wěrn◊)
ru верн◊ *bg* вярн◊; *gal: br* gwir; *n. g.:*
mt veru. *min. 10/254*

verb *m* ☒ Verb *n*

<prim>. *rom: fr* verbe *it* verbo *es* verbo
ro verb *pt* verbo *ca* verb; *ger: de* Verb
en verb *sv* verb *no* verb; *f-u: su* verbi;
n. g.: mt verb. *min. 12/364*

verbal [A] verbal

<prim>. _rom:_ _fr_ verbal _it_ verbale _es_ verbal _ro_ verbal _pt_ verbal _ca_ verbal; _ger:_ _de_ verbal _en_ verbal _nl_ verbaal _sv_ verbal _no_ verbal _da_ verbal; _sla:_ _pl_ werbaln◊ _ce_ verbáln◊ _sk_ verbáln◊ _ru_ вербальн◊ _uk_ вербальн◊ _be_ вербальн◊ _bg_ вербалн◊ _sr_ вербалн◊ _sl_ verbaln◊ _mk_ вербалн◊; _f-u:_ _ma_ verbális _et_ verbaalne; _bal:_ _lv_ verbāl◊; _n. g.:_ _mt_ verbali. _min._ 26/584

vérification _f_ [N] Verifizierung _f_

[ts] gen: -one <prim>. _rom:_ _fr_ vérification _it_ verifica _es_ verificación _ro_ verificare _pt_ verificação _ca_ verificació; _ger:_ _de_ Verifizierung _en_ verification _nl_ verificatie _sv_ verifiering _no_ verifisering _da_ verifikation; _sla:_ _pl_ weryfikacja _hr_ verifikacija _sr_ верификација _mk_ верификација; _n. g.:_ _mt_ verifika, _sh_ verifikim. _min._ 18/436

versión _f_ [N] Version _f_

gen: -one <prim>. _rom:_ _fr_ version _it_ versione _es_ versión _ro_ versiune _pt_ versão _ca_ versió; _ger:_ _de_ Version _en_ version _nl_ versie _sv_ version _no_ versjon _da_ version; _sla:_ _pl_ versja _ce_ verze _sk_ verzia _ru_ версия _uk_ версія _be_ версія _bg_ версия _hr_ verzija _sr_ верзија _mk_ верзија; _f-u:_ _ma_ verzió _su_ versio _et_ versioon; _bal:_ _lt_ versija _lv_ versija; _gal:_ _cy_ fersiwn; _n. g.:_ _mt_ verżjoni, _sh_ version, _tr_ versiyon. _min._ 31/600

verten (sé) _c+_ [V] wenden; drehen _nach innen/außen_

<prim>. _rom:_ _fr_ (in)vertir _it_ vertere _es_ vertir _ro_ (în)vârti _ca_ vertir; _ger:_ _de_ (-wärts) _en_ (-ward) _sv_ vrida _no_ vri; _sla:_ _pl_ wiercić (się) _sb_ wjerćeć _ru_ вертеть _bg_ въртя (ce) _sr_ vrteti; _f-u:_ _su_ vuoro; _bal:_ _lt_ (versti) _lv_ vērsties; _gal:_

_gv_ (yn)vaartey; _n. g.:_ _sh_ vërtitem. _min._ 19/497

vesel [A] fröhlich

adv: -elo <cont>. _rom:_ _ro_ vesel; _sla:_ _pl_ wesoł◊ _ce_ vesel◊ _sk_ vesel◊ _ru_ весел◊ _uk_ весел◊ _be_ вясёл◊ _bg_ весел◊ _hr_ vesel◊ _sr_ весел◊ _sl_ vesel◊ _mk_ весел◊. _min._ 12/211

veselín (sé) [V] freuen (sich ~) (2)

<cont>. _rom:_ _ro_ înveseli; _sla:_ _pl_ weselić (się) _ce_ veselit (se) _sk_ veselit' (sa) _sb_ (so) wjeselić _ru_ веселить(ся) _be_ весяліц(ца) _bg_ веселя (ce) _hr_ veseliti (se) _sr_ веселити (ce) _sl_ veseliti (se) _mk_ веселя (ce). _min._ 12/191

vesper _m_ [N] Abend _m_

<prim>. _rom:_ _es_ vesper(tino) _ca_ vesper(tí); _ger:_ _de_ (Vesper); _sla:_ _pl_ wieczór _ce_ večer _sk_ večer _sb_ wječor _ru_ вечер _bg_ вечер _hr_ večer _sl_ večer; _bal:_ _lv_ vakars; _gal:_ _ga_ feascar _gd_ feasgar; _n. g.:_ _el_ εσπέρα. _min._ 15/304

vesté _f_ [N] Weste _f_

<prim>. _rom:_ _ro_ vestă; _ger:_ _de_ Weste _en_ vest _nl_ vest _sv_ väst _no_ vest _da_ vest; _sla:_ _ce_ vesta _sk_ vesta _mk_ вест; _f-u:_ _et_ vest; _bal:_ _lv_ veste; _gal:_ _cy_ fest. _min._ 13/234

vestibuel _m_ [N] Vestibül _n_

<prim>. _rom:_ _fr_ vestibule _it_ vestibolo _es_ vestíbulo _ro_ vestibul _pt_ vestíbulo _ca_ vestíbul; _ger:_ _de_ Vestibül _en_ vestibule _nl_ vestibule _sv_ vestibulen _no_ vestibylen; _sla:_ _ce_ vestibul _sk_ vestibul _ru_ вестибюль _uk_ вестибюль _be_ вестыбюль _bg_ вестибюл; _f-u:_ _et_ vestibüül; _bal:_ _lv_ vestibils. _min._ 19/518

veterán _m_ [N] Veteran _m_

gen: -ane <prim>. _rom:_ _fr_ vétéran _it_ veterano _es_ veterano _ro_ veteran

pt veterano *ca* veterà; *ger:* *de* Veteran
en veteran *nl* veteraan *sv* veteran
no veteran *da* veteran; *sla:* *pl* weteran
ce veterán *sk* veterán *ru* ветеран
uk ветеран *be* ветэран *bg* ветеран
hr veteran *sr* ветеран *sl* veteran
mk ветеран; *f-u:* *ma* veterán *su* veteraani
et veteran; *bal:* *lt* veteranas *lv* veterāns;
n. g.: *el* βετεράνος, *ek* beteranoa,
mt veteran, *sh* veteran. *min. 32/609*

véto *m* Ⓝ Veto *n*

<prim>. *rom:* *fr* veto *it* veto *es* veto
ro veto *pt* veto *ca* veto; *ger:* *de* Veto
en veto *nl* veto *sv* veto *no* veto *da* veto;
sla: *pl* weto *ce* veto *sk* veto *ru* вето
uk вето *be* вета *bg* вето *hr* veto *sr* вето
sl veto *mk* вето; *f-u:* *ma* vétó *su* veto
et veto; *bal:* *lt* veto *lv* veto; *gal:* *cy* feto;
n. g.: *el* βέτο, *ek* beto, *mt* veto, *sh* veto,
tr veto. *min. 34/615*

vi, Vi pPr ihr (1), Sie (3) *siehe Pronomen
und Artikel*

<prim>. *rom:* *fr* vous *es* vos(otros)
ca vos(altres); *ger:* *nl* (U); *sla:* *pl* wy
sb wy *ru* вы *bg* вие *hr* vi; *gal:* *br* c'hwi.
min. 10/263

via *f* Ⓝ Weg *m*

<prim>. *rom:* *fr* voie *it* via *es* vía *ca* via;
ger: *de* Weg *en* way *nl* weg *lb* Wee
sv väg *no* vei *da* vej *is* vegur *fo* vegur.
min. 13/353

viaduct *m* Ⓝ Viadukt *m*

<prim>. *rom:* *fr* viaduc *it* viadotto
es viaducto *ro* viaduct *pt* viaduto
ca viaducte; *ger:* *de* Viadukt *en* viaduct
nl viaduct *sv* viadukt *da* viadukt; *sla:*
pl wiadukt *ce* viadukt *sk* viadukt
ru виадук *uk* віадук *be* віядук
bg виадукт *hr* vijadukt *sr* виjадукт
sl viadukt *mk* виjадукт; *f-u:* *ma* viadukt
su viadukti *et* viadukt; *bal:* *lt* viadukas

lv viadukts; *n. g.:* *ek* biaduktua,
mt vjadott, *sh* viadukt, *tr* viyadük.
min. 31/597

victima *f* Ⓝ Opfer (1) *n (eines Unfalls)*

<prim>. *rom:* *fr* victime *it* vittima
es víctima *ro* victimă *pt* vítima *ca* víctima;
ger: *en* victim; *n. g.:* *ek* biktima,
mt vittma, *sh* viktimë. *min. 10/251*

víd *m* Ⓝ Ansicht *f*; Hinsicht *f*

<cont>. *rom:* *fr* vue *it* veduta *es* vista
ro vedere *pt* vista *ca* vista; *ger:* *en* view;
sla: *pl* widok *ce* vid *sk* vid *sb* wid *ru* вид
uk вид *bg* вид *hr* vid *sr* вид *sl* vid
mk вид; *f-u:* *et* vaade. *min. 19/431*

vidén Ⓥ sehen

<prim>. *rom:* *fr* voir *it* vedere *es* veer
ro vedea *ca* veer; *ger:* *de* (Video)
en (video); *sla:* *pl* widzieć *ce* vidět
sb widźeć *ru* видеть *bg* виждам
hr vidjeti; *n. g.:* *mt* ara. *min. 14/478*

vilicea *f* Ⓝ Gabel *f*

gen: -ce <cont>. *sla:* *pl* widelec
ce vidlice *sk* vidlice *ru* Вилка *uk* Вилка
be Відэлец *bg* вилица *hr* vilica
sr виљушка *sl* vilice *mk* вилушка; *f-u:*
ma villa. *min. 12/203*

visibil Ⓐ sichtbar

comp: -bler; adv: -bilno <ang>. *rom:*
fr visible *it* visibile *es* visible *ro* vizibil;
ger: *en* visible; *sla:* *pl* widoczn◊
ru визуальн◊ *bg* видим◊; *n. g.:*
mt viżibbli. *min. 9/365*

visita *f* Ⓝ Besuch *m*

<ang>. *rom:* *fr* visite *it* visita *es* visitar
ro vizită; *ger:* *de* Visite *en* visit; *sla:*
pl odwiedziny *ru* визит *bg* визита.
min. 9/460

visitán $\boxed{V}$ besuchen

<ang>. _rom:_ _fr_ visiter _it_ visitare _es_ visitar _ro_ vizita _pt_ visitar _ca_ visitar; _sla:_ _pl_ odwiedzić _ru_ нанести визит. _min._ 8/309

vláda _f_ $\boxed{N}$ Herrschaft _f;_ Regierung (2) _f_

<prim>. _ger:_ _de_ (walten) _is_ veldi; _sla:_ _ce_ vláda _sk_ vláda _hr_ vlada _sr_ влада _sl_ vlada _mk_ влада; _f-u:_ _su_ hallitus _et_ valitsus; _bal:_ _lv_ valdība. _min._ 11/134

vocabulár _m_ $\boxed{N}$ Vokabular _n;_ Wortschatz _m_

gen: -are <prim>. _rom:_ _fr_ vocabulaire _it_ vocabolario _es_ vocabulario _ro_ vocabular; _ger:_ _de_ Vokabular _en_ vocabulary _sv_ vokabular; _sla:_ _ru_ вокабулярий; _n. g.:_ _mt_ vokabolarju. _min._ 9/420

vocál _m_ $\boxed{N}$ Vokal _m_

<prim>. _rom:_ _fr_ voyelle _it_ vocale _ro_ vocală; _ger:_ _de_ Vokal _da_ vokal; _sla:_ _ru_ вокальн◊; _f-u:_ _su_ vokaali; _n. g.:_ _mt_ vokali. _min._ 8/318

voce(-) ↑_vox_

vódra _f_ ZOOL $\boxed{N}$ Otter _m_

<prim>. _rom:_ _ro_ vidră; _ger:_ _de_ Otter _en_ otter _nl_ otter _sv_ utter _no_ oter _da_ odder _is_ otur; _sla:_ _pl_ wydra _ce_ vydra _sk_ vydra _ru_ выдра _uk_ выдра _be_ выдра _bg_ видра _hr_ vidra _sr_ видра _sl_ vidra _mk_ видра; _f-u:_ _ma_ vidra; _bal:_ _lt_ ūdra _lv_ ūdrs; _n. g.:_ _el_ βίδρα, _sh_ vidër. _min._ 24/433

volén _c+_ $\boxed{V}$ wollen

<prim>. _rom:_ _fr_ vouloir _it_ volere _es_ voler _ro_ vrea _pt_ voler; _ger:_ _de_ wollen _nl_ wouden; _sla:_ _ru_ (воля); _bal:_ _lv_ vēlēt; _gal:_ _br_ fellout. _min._ 10/382

volja _f_ $\boxed{N}$ Wille _m_

<prim>. _rom:_ _fr_ vouloir _it_ (voglia) _ro_ va; _ger:_ _de_ Wille _da_ vil; _sla:_ _ce_ vůle _ru_ воля _bg_ воля. _min._ 8/333

volúm _m_ $\boxed{N}$ Lautstärke _f_

gen: -ume <prim>. _rom:_ _fr_ volume _it_ volume _es_ volumen _ro_ volum _pt_ volume _ca_ volum; _ger:_ _en_ volume _nl_ volume _sv_ volym _no_ volum; _n. g.:_ _mt_ volum, _sh_ vëllim, _tr_ volüm. _min._ 13/289

volumen _n_ $\boxed{N}$ Volumen _n_

<prim>. _rom:_ _fr_ volume _it_ volume _es_ volumen _ro_ volum _pt_ volume _ca_ volum; _ger:_ _de_ Volumen _en_ volume _nl_ volume _sv_ volym _no_ volum _da_ volumen; _sla:_ _pl_ wolumin _hr_ volumen _sl_ volumen; _n. g.:_ _ek_ bolumen, _mt_ volum, _sh_ vëllim. _min._ 18/429

vosk _m_ $\boxed{N}$ Wachs _n_

<prim>. _ger:_ _de_ Wachs _en_ wax _nl_ was _sv_ vaxet _no_ voks _da_ voks _is_ vax; _sla:_ _pl_ wosk _ce_ vosk _sk_ vosk _ru_ воск _uk_ віск _be_ воск _bg_ восък _hr_ vosak _sr_ восак _sl_ vosek _mk_ восок; _f-u:_ _ma_ viasz _su_ vaha _et_ vaha; _bal:_ _lt_ vaškas _lv_ vasks. _min._ 23/407

vóta _f_ $\boxed{N}$ Stimme (2) _f (Wahl)_

<prim>. _rom:_ _fr_ voix _it_ voto _es_ voto _ro_ vot _pt_ voto; _ger:_ _en_ vote; _sla:_ _bg_ вот; _gal:_ _ga_ vóta. _min._ 8/255

votán $\boxed{V}$ abstimmen ~ _über_ ...; votieren

<prim>. _rom:_ _fr_ voter _it_ votare _es_ votar _ro_ vota _pt_ votar; _ger:_ _de_ votieren _en_ vote _no_ votere; _gal:_ _ga_ vótáil. _min._ 9/345

votatión _f_ $\boxed{N}$ Abstimmung _f_

[ts] gen: -one <ang>. _rom:_ _fr_ vote _it_ votazione _es_ votación _ro_ votatie _pt_ votação; _ger:_ _de_ (votieren) _en_ votation; _n. g.:_ _mt_ votazzjoni. _min._ 8/340

vox _f_ $\boxed{N}$ Stimme (1) _f_

gen: voce ↑-x. <ang>. _rom:_ _fr_ voix _it_ voce _es_ voz _ro_ voteaza _pt_ voz _ca_ vou; _ger:_ _en_ voice; _sla:_ _ru_ (вокал). _min._ 9/329

voyĕr *m* N̄ Voyeur *m*

<prim>. *rom:* *fr* voyeur *es* voyer; *ger:*
de Voyeur *en* voyeur *nl* voyeur; *sla:*
ce voyér *sk* voyer *ru* вуайерист
uk вуайеріст *be* вуайерист *bg* воайор
hr voajer *sr* воајер *sl* voajer *mk* воајер.
min. 15/431

vrạna *f* ZOOL N̄ Krähe (2) *f*

=↑corv. <prim>. *sla:* *pl* wrona *ce* vrána
sk vrana *ru* ворона *uk* ворона *be* варона
bg врана *hr* vrana *sr* врана *sl* vrana
mk врана; *f-u:* *ma* varjú *su* varis *et* vares;
bal: *lt* varna *lv* vārna; *gal:* *cy* frân.
min. 17/214

wạnna *f* N̄ Wanne *f*

<prim>. *ger:* *de* Wanne *nl* wan; *sla:*
pl wanna *ce* vana *sk* vaňa *ru* ванна
uk ванна *be* ванна; *f-u:* *et* vann; *bal:*
lt vonia *lv* vanna. *min. 11/287*

warm A warm

<ang>. *ger:* *de* warm *en* warm *nl* warm
lb waarm *sv* varm *no* varm *da* varme
is varm◊ *fo* (verma). *min. 9/194*

wạssen *c-* V̄ waschen

<ang>. *ger:* *de* waschen *en* wash
nl wassen *lb* wäschen *sv* vaska *no* vaske
da vaske. *min. 7/193*

wẹb-sít" *m* N̄ Website *f* *(gebildet aus*
  "web-" und dem Wort für ‚Ort')

<prim>. *rom:* *fr* site web *it* sito web;
ger: *da* websted; *f-u:* *ma* webhely; *n. g.:*
tr web sitesi. *min. 5/107*

wẹdder *n!* N̄ Wetter *n*

<ang>. *ger:* *de* Wedder {reg} *en* weather
nl weer *sv* väder *no* vær *da* vejret; *sla:*
sb wjedro *ru* (ветер). *min. 8/273*

welkọm A willkommen

<ang>. *ger:* *de* willkommen *en* welcome
nl welkom *sv* vällkommen *da* velkommen.
min. 5/188

wẹnsen *c-* V̄ wünschen

<ang>. *ger:* *de* wüschen *en* wish
nl wensen *lb* wënschen *sv* önska *no* ønske
da ønske *is* óska *fo* ynskja. *min. 9/194*

wer V̄ war: er/sie/es ~

↑bín: imperf: 3sg. <prim>. *rom:* *it* era
es era *pt* era *ca* era; *ger:* *de* war *en* was
nl was *sv* var *no* var *da* var *is* var.
min. 11/297

wẹre V̄ war: ich ~

↑bín: imperf: 1sg. <prim>. *rom:* *it* ero
es era *pt* era *ca* era; *ger:* *de* war *en* was
nl was *sv* var *no* var *da* var *is* var.
min. 11/297

wẹrem V̄ waren: wir ~

↑bín: imperf: 1pl. <prim>. *rom:*
it eravamo *es* éramos *pt* éramos *ca* érem;
ger: *de* waren *en* were *nl* waren *sv* var
no var *da* var *is* vorum. *min. 11/297*

wẹren V̄ waren: sie ~

↑bín: imperf: 3pl. <prim>. *rom:* *it* erano
es eran *pt* eram *ca* eren; *ger:* *de* waren
en were *nl* waren *sv* var *no* var *da* var
is voru. *min. 11/297*

wers V̄ warst: du ~

↑bín: imperf: 2sg. <prim>. *rom:* *es* eras
pt eras *ca* eres; *ger:* *de* warst *en* were
nl was *sv* var *no* var *da* var *is* varst.
min. 10/247

wert V̄ wart: ihr ~

↑bín: imperf: 2pl. <prim>. *rom:*
it eravate; *ger:* *de* wart *en* were *nl* was
sv var *no* var *da* var *is* varst. *min. 8/243*

west *m* $\boxed{N}$ Westen *m*

<prim>. *rom:* *fr* ouest *it* ovest *es* oeste
ro vest; *ger:* *de* Westen *en* west *nl* westen
sv väster *no* vesten *da* vest; *sla:* *ru* вест.
min. 11/448

wéven *c-* $\boxed{V}$ weben

<ang>. *ger:* *de* weben *en* weave *nl* weven
lb wieven *sv* väva *no* veve *da* væve
is vefa *fo* veva. *min. 9/194*

wịnnen *c-* $\boxed{V}$ gewinnen

pret: wonn-, ppp: wọnnen <ang>. *ger:*
de gewinnen *en* win *nl* winnen
lb gewannen *sv* vinna *no* vinne *da* vinde
is vinna *fo* vinna; *f-u:* *su* voitto.
min. 10/198

wọda *f* $\boxed{N}$ Wasser *n*

<prim>. *ger:* *en* water *nl* water *sv* vatt
no vann *da* vand; *sla:* *pl* woda *ce* voda
sk voda *sb* woda *ru* вода *uk* вода *be* вода
bg вода *hr* voda *sr* вода *sl* voda *mk* вода;
f-u: *su* vesi; *bal:* *lt* vanduo *lv* ūdens;
gal: *cy* dŵr *br* dour; *n. g.:* *sh* ujë.
min. 23/298

xer =↑*kter*

xẹrce =↑*kterce*

xerl −↑*klerl*

xylofón *m* $\boxed{N}$ Xylophon *n*

<prim>. *rom:* *fr* xylophone *it* xilofono
es xilófono *ro* xilofon *pt* xilofone
ca xilòfon; *ger:* *de* Xylophon
en xylophone *nl* xylofoon *sv* xylofon
no xylofon *da* xylofon; *sla:* *pl* ksylofon
ce xylofon *sk* xylofón *ru* ксилофон
uk ксилофон *be* ксілафон *bg* ксилофон
hr ksilofon *sr* ксилофон *sl* ksilofon
mk ксилофон; *f-u:* *ma* xilofon
su ksylofoni *et* xylophone; *bal:*
lt ksilofonas *lv* ksilofons; *gal:* *cy* seiloffon
ga xileafón; *n. g.:* *el* ξυλόφωνο,

ek xilofonoa, *sh* ksilofon, *tr* ksilofon.
min. 34/615

zasluzhiván *c+* $\boxed{V}$ verdienen (2) *(wert
sein)*

zasluzhuj-, impf: zasluzhịd-, ppp: zasluzhíd
↑sluzhín, +↑-ován→-uje-. <cont>. *sla:*
pl zasłużywać *ce* zasloužit si *sk* zasluhovať
ru заслуживать *uk* заслуговати
be заслугоўваць *bg* заслужавам
hr zaslužiti *sr* заслужити *sl* zaslužiti
mk заслужи. *min. 11/191*

zdrav $\boxed{A}$ gesund

adv: ~o <cont>. *rom:* *ro* zdravăn; *sla:*
pl zdrow◊ *ce* zdrav◊ *sk* zdrav◊ *sb* strow◊
ru здоров◊ *uk* здоров◊ *be* здароў
bg здрав *hr* zdrav *sr* здрав◊ *sl* zdrav◊
mk здрав◊; *f-u:* *su* terve *et* terve.
min. 15/217

zdrávie *n* $\boxed{N}$ Gesundheit *f*

<cont>. *sla:* *pl* zdrowie *ce* zdraví
sk zdravie *sb* strowota *ru* здоровье
uk здоров'я *be* здароўе *bg* здраве
hr zdravlje *sr* здравље *sl* zdravje
mk здраве; *f-u:* *su* terveys *et* tervis.
min. 14/197

zéro *n* $\boxed{N}$ Null (2) *f*

<prim> *rom:* *fr* zéro *it* zero *es* cero
ro zero *pt* zero *ca* zero; *ger:* *en* zero
no zero; *sla:* *pl* zero *ru* зеро *uk* зеро
be зеро *sl* zero; *n. g.:* *ek* zero, *mt* żero,
sh zero. *min. 16/407*

zhẹna *f* $\boxed{N}$ Frau *f*

<prim>. *sla:* *pl* żona *ce* žena *sk* žena
sb żona *ru* жена *uk* жена *be* жена
bg жена *hr* žena *sr* жена *sl* žena
mk жена; *n. g.:* *el* γυνή, *sh* (zhonjë).
min. 14/208

zhív $\boxed{A}$ lebendig

adv: ~o <cont>. *rom:* *ro* viu; *sla:*
pl żyw◊ *ce* žív◊ *sk* žív◊ *sb* žiw◊ *ru* жив◊

uk жив◊ *be* жив◊ *bg* жив◊ *hr* živ◊
sr жив◊ *sl* živ◊ *mk* жив◊. *min. 13/211*

zigzag *m* N Zickzack *n*
<prim>. *rom:* *fr* zigzag *it* zigzag
es zigzag *ro* zigzag *pt* ziguezague *ca* ziga-
zaga; *ger:* *de* Zickzack *en* zigzag
nl zigzag *sv* sicksack *no* sikksakk
da zigzag *is* sikksakk; *sla:* *pl* zygzak
ru зигзаг *uk* зигзаг *be* зигзаг *bg* зигзаг
hr cik-cak *sr* цик-цак *sl* cik cak
mk зигзаг; *f-u:* *ma* cikcakk *su* siksak
et siksakiline; *bal:* *lt* zigzaginis; *gal:*
cy igam-ogam *ga* zigzag; *n. g.:* *ek* zigzag,
mt žigżag, *sh* zigzag, *tr* zikzak.
min. 32/591

znán *n* V wissen
<cont>. *sla:* *pl* znać *ce* znát *sk* poznať
sb znać *ru* знать *uk* знати *be* знаць
bg знам *hr* znati *sr* знати *sl* znati
mk знае. *min. 12/191*

znánie *n* N Wissen *n*; Kenntnis *f*
<cont>. *sla:* *pl* poznanie *ce* poznání
sk poznanie *sb* znaće *ru* знание *uk* знання
bg знание *hr* znanje *sr* знање *sl* znanje
mk знаење. *min. 11/181*

zóna *f* N Zone *f*
<prim>. *rom:* *fr* zone *es* zona *ro* zonă;
ger: *de* Zone *en* zone; *sla:* *ru* зона
bg зона *hr* zona; *n. g.:* *mt* żona, *sh* zonë.
min. 10/339

zóologia *f* N Zoologie *f*
<prim>. *rom:* *fr* zoologie *it* zoologia
es zoología *ro* zoologie *pt* zoologia
ca zoologia; *ger:* *de* Zoologie *en* zoology
nl zoölogie *sv* zoologi *no* zoologi
da zoologi; *sla:* *pl* zoologia *ce* zoologie
sk zoológia *ru* зоология *uk* зоологія
be заалогія *bg* зоология *hr* zoologija
sr зоологија *sl* zoologija *mk* зоологија;
f-u: *et* zooloogia; *bal:* *lt* zoologija
lv zooloģija; *gal:* *cy* swoleg *ga* zó-

eolaíocht; *n. g.:* *el* ζωολογία, *ek* zoologia,
mt żooloġija, *sh* zoologji, *tr* zooloji.
min. 33/603

zoologic A zoologisch
adv: ~no <prim>. *rom:* *fr* zoologique
it zoologic◊ *es* zoológic◊ *ro* zoologic
pt zoológic◊ *ca* zoològic◊; *ger:*
de zoologisch *en* zoological *nl* zoölogisch
sv zoologisk *no* zoologisk *da* zoologiske;
sla: *pl* zoologiczn◊ *ce* zoologick◊
sk zoologick◊ *ru* зоологическ◊
uk зоологічн◊ *be* заалагічн◊
bg зоологическ◊ *hr* zoološk◊ *sr* зоолошк◊
mk зоолошк◊; *f-u:* *et* zooloogiline; *bal:*
lt zoologin◊ *lv* zoološij◊; *gal:* *cy* swolegol
ga mhíoleolaíoch; *n. g.:* *el* ζωολογικ◊,
ek zoologikoen, *mt* żooloġiċi,
sh zoologjik◊, *tr* zoolojik. *min. 32/602*

zov- ↑*zván*

zván *a/c+* V rufen
zǫvo, zǫves, zǫve, zǫvem, zǫvet, zǫven
<cont>. *sla:* *pl* zwać *ce* zvat *sk* zvať
ru звать *uk* звати *hr* zvati *sr* звати
sl zivati. *min. 8/169*

zvǫnek *m, dim* N Klingel *f*; Glöckchen *n*
gen: -ke <cont>. *sla:* *pl* dzwonec
ce zvonek *sk* zvonček *sb* zwónček
ru звонок *bg* звънец *hr* zvonce *sr* звонце;
bal: *lv* (zvans). *min. 9/159*

zvonín V läuten
<conts>. *sla:* *pl* dzwonić *sk* zvonit
sb zwonić *ru* звонить *uk* дзвонити
bg звънтя *hr* zvoniti *sr* звонити; *bal:*
lv zvanīt; *gal:* *br* seniñ. *min. 10/169*

zygót *m* N Zygote *m*
<prim>. *rom:* *fr* zygote *it* zigote *es* cigoto
ro zigotul *pt* zigoto *ca* zigot; *ger:*
de Zygote *en* zygote *sv* zygot; *sla:*
pl zygoty *ce* zygota *sk* zygota *ru* зигота
uk зигота *be* зигота *bg* зигота *sr* зигот

sl zigota *mk* зигот; *f-u:* *ma* zigóta
su tsygootti *et* sügoot; *bal:* *lt* zigota
lv zigota; *n. g.:* *el* ζυγώτης, *tr* zigot.
min. 26/581

Deutsch-Europäisch

-(a/i)bel / -bar *die Adjektivendung, die die Behandelbarkeit des Substantivs mit dem Verb anzeigt, das mit dieser Endung versehen wird* `sfx` -(a̱/i̱)bil comp: -(a̱)bler; adv: -(a̱)bilno

-en *die Existenz der Konjugationsklassen a, e, i und konsonantisch* `sfx` -án, -én, -ín, -en

-zig *regelmäßige Endung für Zehnerzahlen* `sfx` -ce

-(e)t *regelmäßige Endung des Partizips Perfekt-Passiv von Verben (nach Vokal und stimmhaftem Konsonant -d, nach stimmlosem Konsonant -t)* `sfx` -d / -t

-te- *regelmäßige Endung des Imperfekt/Präteritums (einfache Vergangenheitsform) von Verben* `sfx` -d-

-(d)e *regelmäßige Substantivendung zur Ableitung aus einem Adjektiv* `sfx` -dé gen: -dée, pl: dés, gen-pl: -déen

-e *Genitivendung des Nomens* `sfx` -e

-e *regelmäßige Endung weiblicher Substantive* `sfx` -é

-ieren *regelmäßige Endung internationaler lateinischstämmiger Verben* `sfx` -e̱ren c-

-e / -n / -er / -s *die Endung des Plurals mit einem hellen Vokal; die Endung des Plurals mit -s (nur -s, falls der Singular auf einen Vokal endet)* `sfx` -es, -s

-heit *regelmäßige Substantivendung zur Ableitung aus einem germanischen Adjektiv* `sfx` -héd gen: -héde, pl: -hédes, gen.pl: -héden

-ie *f, regelmäßige Substantivendung* `sfx` -i̱a f

-isch *regelmäßige Adjektivendung* `sfx` -ic comp: -cer [ts], adv: ~no

-iz/-ize *n/m, regelmäßige Substantivendung* `sfx` -ic̣ m/n gen: -ice, pl: -ices, gen.pl: -icen

-ig *regelmäßige germanische Adjektivendung* `sfx` -ig comp: ~er, adv: ~no

-ismus *m, regelmäßige Endung internationaler Substantive lateinischen oder griechischen Ursprungs* `sfx` -i̱sme m

-lich *regelmäßige germanische Adjektivendung* `sfx` -lig comp: ~er, adv: ~no

-n *regelmäßige Endung des Verbs in der 1. Person Plural (deutsch: ‚wir')* `sfx` -m (1)

-m *kennzeichnender Bestandteil der Dativ-Endung beim Pronomina* `sfx` -m (2)

-n *regelmäßige Endung des Verbs in der 3. Person Plural (deutsch: ‚sie')* `sfx` -n

-nis / -heit, -keit *regelmäßige Endung zur Substantivierung eines lateinischen Adjektivs* `sfx` -(n)e̱ssa f gen: -(n)e̱sse, pl: -(n)e̱ssas, gen.pl -(n)e̱ssen

- *einheitliche Endung des Adverbs* `sfx` -no / -o

-nis / -heit, -keit *regelmäßige Endung zur Substantivierung eines slawischen Adjektivs* `sfx` **-(n)ost** *f* gen: -(n)oste, pl: -(n)ostes, gen.pl: -(n)osten

-e *regelmäßige Endung des Verbs in der 1. Person Singular (deutsch: ‚ich')* `sfx` **-o / -e**

- *Konjugationsklassenwechsel von -a- zu konsonantisch im Präsens von Verben, die im Infinitiv auf -ován enden* `sfx` **-ován→-uje-** *a/c+*

vor- / prä- `pfx` **pré-**

w- *systematischer Anlaut von Fragewörtern* `pfx` **qu-**

-st *regelmäßige Endung des Verbs in der 2. Person Singular (deutsch: ‚du')* `sfx` **-s**

-nis / -heit, -keit / -schaft *regelmäßige Endung zur Substantivierung slawischer Adjektive* `sfx` **-stvo** *n* pl: -stves, gen: -stve

-t *regelmäßige Endung des Verbs in der 2. Person Plural (deutsch: ‚ihr')* `sfx` **-t**

-(i)tät *regelmäßige Endung zur Substantivierung eines lateinischen Adjektivs* `sfx` **-(i)té** gen: -(i)téte, pl: -(i)tétes, gen.pl: -(i)téten

-er *regelmäßige Substantivendung nach einem slawischen Verbstamm, um die Person zu bezeichnen, die die Handlung des Verbs ausführt* `sfx` **-tél** gen: -téle, pl: -téles, gen.pl: -télen

-(t)ion *regelmäßige Substantivendung zur Ableitung aus einem lateinischen Verb* `sfx` **-(t)ión** *f* gen: -(t)ione, pl: -(t)iones, gen.pl: -(t)ionen

-tiv *regelmäßige Adjektivendung zu Ableitung aus einem lateinischen Verb* `sfx` **-tív** comp: -tiver, adv: -tívno

-(t)or *regelmäßige Substantivendung nach einem lateinischen Verbstamm, um die Person zu bezeichnen, die die Handlung des Verbs ausführt* `sfx` **-(t)or** *m* gen: -(t)ore, pl: -(t)ores, gen.pl: -(t)oren

-tüde *regelmäßige Endung zur Substantivierung eines lateinischen Adjektivs* `sfx` **-túd** *f* gen: -tude, pl: -tudes, gen.pl: -tuden

-x *regelmäßige Substantivendung* `sfx` **-x** *f* gen: -ce, pl: -ces, gen.pl: -cen

(Dativ-Präposition) + zu (2), `C` **a**, ad (2) +inf

(du) hast `V` has *2sg* < ↑*haven*

(sie) haben `V` han *3pl* < ↑*haven*

ab `P` ab

abändern `V` ezménín

Abänderung *f* `N` ezména *f*

Abend *m* `N` vesper *m*

Abenteuer *n* `N` aventura *f*

aber `C` ma

abhängen ~ *von* `V` dépenden *(ab ...) c+*

abkürzen `V` abbrévián

Abkürzung *f* `N` abbréviatión *f* [ts] gen: -one

ableiten + herleiten, `V` déducen *c+*

Ableitung *f* + Herleitung *f*, `N` déductión *f* [ts] gen: -one

abnorm `A` anormal adv: ~no

absolut [A] absolút adv: ~no

absondern + trennen, [V] séparán

Absonderung f + Trennung f, Separierung f [N] séparatión f [ts] gen: -one

absorbieren [V] absorbéren

abstammen (1) + stammen (~ von), [V] stammen c- (~ ab)

abstammen (2) [V] dériván

abstimmen ~ über ... + votieren [V] votán

Abstimmung f [N] votatión f [ts] gen: -one

Abstinenz f [N] abstinencea f [tsa], gen: -ce

Abstraktion f [N] abstractión f [ts] gen: -one

abweichen [V] dévián

Abweichung f [N] déviatión f [ts] gen: -one

abwesend [A] absent

Abwesenheit f [N] absencea f [tsa], gen: -ce

Accessoire n [N] accessoár m

acht [num] oct (1)

achte [A] oct (2)

achten + respektieren, [V] respectéren c-

Achtung f + Aufmerksamkeit f [N] attentión f [ts] gen: -one

achtzehn [num] octdéz

achtzig [num] octce

adaptieren + anpassen, [V] adaptéren c-

adäquat [A] adequát

Adjektiv n [N] adjectív m

Adjutant [N] adjutant m

Adler m [N] ergil m gen: -gle

Adoption f + Übernahme f [N] adoptión f [ts] gen: -one

Adresse f [N] adréssa f

Advent [N] advent m

Adverb n [N] adverb m

Advokat + Anwalt m, [N] advocát m

Affe (1) m [N] áp (apek) m gen: ape (ápke)

Affe (2) m [N] majmun m

Agent m [N] agent m

Agentur f [N] agencea f [tsa], gen: -ce

Agglomeration [N] agglomeratión f [ts] gen: -one

ähnlich [A] simil

akkreditieren [V] accreditéren c-

Akku(mulator) m [N] accumulator m

Akkusativ m [N] accusatív m

Akquisition f [N] acquisitión f [ts] gen: -one

Akrobat m [N] acrobát m

Aktion f [N] actión f [ts] gen: -one

aktivieren [V] activéren c-

aktuell (1) [A] actual adv: ↑~no

aktuell (2) [adv] actualno

Akustik [N] akustica f gen: -ce [ts]

akut [A] acút

Akzent m [N] accent m

Albaner m + Skipetare m [N] shcjiptár m

Albanerin *f* + Skipetarin *f* N shcjiptárja *f*

Albanien *n* N Shcjiperia *f*

albanisch A shcjiptár

Albanisch *(,~e Sprache)* N Shcjip

Albatros N albatros *m*

Albinismus *m* N albinisme *m*

Album *n* N album *n*

Alge *f* N alga *f*

Alibi *n* N álibi *m*

alimentär + Ernährungs-, Nahrungs- A alimentár

Alimentation *f* N alimentatión *f* [ts] gen: -one

Alimente *n pl* N alimentes *n pl*

alle art all

allein adv allén(no)

alleinig + einzig, A unic adv: ~no

alles pr all(ed)

allgemein + generell A géneral

Alllanz *f* + Bündnis *n*, N alliancea *f* [tsa], gen: -ce

Alligator *m* N alligator *m* gen: -tore

Alliierte, die ~n *m pl* N alliát *m* gen: -ate

Alliteration *f* N alliteratión *f* [ts] gen: -one

Alpaka *n* N alpaka *m*

als + wie, iPr quam

alt A stár

Altar *m* N altár *m* gen: -are

alternativ A alternatív adv: ~no

Alternative *f* N alternativa *f*

Aluminium *n* N alumínium *n* gen: alumínie

Alveole (1) *f* + Zahnfach N alvéol (1) *m*

Alveole (2) *f* + Lungenbläschen N alvéol (2) *m*

am Ende stehend + final, End- *N!* A final

Amateur *m* N amatër *m*

Ambition *f* N ambitión *f* [ts] gen: -one

Ambulanz + Krankenwagen *m*, N ambulancea *f* [tsa], gen: -ce

amortisieren V amortiséren *c-*

Ampel *f (Verkehrs~)* + Verkehrsampel *f* N semafor *m*

Amphib *n* N amfíb(ium) *n*

Amphitheater *n* N amfitheáter *m*

Amplitude *f* N amplitúd *f*

Ampulle *f* N ampulla *f*

Amt *n* + Dienststelle (2) *f, (öffentlich)* N amt *m*

an (1) P a, ad (1)

an (2) + bei (1), P u

analog A analog adv: ~no

Analogie *f* N analogia *f*

Analyse *f* N analysé *f*

Anatomie *f* N anatomia *f*

anbieten V offerín

andere *der/die/das ~* A auter

anderer von zweien + zweiter, A utor

andernfalls [adv] ąuterno

Anekdote f [N] anękdóta f

Anfang m + Beginn m [N] begin m gen ~ne

anfangen + beginnen, [V] beginnen
c- pret: begąnn-, ppp: begǫnnen

anfänglich [A] initiąl (2)

Anfangsbuchstabe m + Initial m [N] initiąl (1) m

Angestellte(r) [N] emplégąt m f: -gąta

Angina f [N] angina f

Angst f [N] angst m

Ängstlichkeit f [N] anxietę f gen: -tęte

Animation f [N] animatiǫn (1) f [ts]
gen: -ǫne

Anmerkung f + Notiz (2) f, [N] notįcea f
[tsa], gen: -ce

Annalen f pl [N] annąles f pl

Annexion f [N] annexiǫn f gen: -xiǫne

Annuität f [N] annuitę f gen: -tęte

Annullierung f [N] annullęring f

Anordnung f [N] ǫrdin m

anpassen + adaptieren [V] adaptęren c-

Ansicht f + Hinsicht f [N] víd m

anstellen (1) + machen (2), [V] chinín

anstellen (2) (Mitarbeiter) + einstellen
(Mitarbeiter), [V] emplégán

Anteil n + Teil (1) n, [N] dél (1) m

Anteilnahme f [N] participatiǫn f [ts]
gen: -ǫne

Antenne f [N] antęnna f

Antibiotikum n [N] antibiǫticum n [k]
gen: -ce [ts]

antik [A] antíc adv: ~no

Antilope f [N] antilǫpé f gen: -ǫpe

Antwort f [N] respǫnsa f

Anwalt m + Advokat [N] advocąt m

anwenden [V] applicęren c-

Anwendung f [N] applicatiǫn f [ts]
gen: -ǫne

anwesend + präsent, Gegenwart [A]
présęnt

Anwesenheit f + Präsenz f [N] présęncea
f [tsa]

Anzahl f [N] numer (2) m

anzeigen [V] indicán

Anzeiger m [N] indicątor m

Apathie f [N] apathia f

apathisch [A] apąthic comp: -cer [ts], adv:
~no

Aperitif m [N] aperitįf m gen: -įve

Apfel m [N] ąbel m gen: ąble

Apoplex m MED [N] apoplexia f

Apostroph n [N] apostrǫf m

Apotheke f [N] apothęké f gen: -ęke

Appartement (1) n [N] apartamęnt /
apartmąñ n gen (apartmąñ): ~te

Appartement (2) n [N] suįté f

Appell m [N] appęll m

applaudieren [V] applaudéren c-

Apposition f GRAM [N] appositiǫn f [ts]
gen: -ǫne

April *m* [N] apríl *m*

Aquädukt *n* [N] aquaedukt *m*

Aquarell *n* [N] aquarel *m* gen: ~le

Aquarium *n* [N] aquárium *n* gen: -árie

Äquator *m* [N] equator *m*

Äquinoktien *pl* [N] equinoctes *!pl*

äquivalent + gleichwertig [A] equivalent

Äquivalenz *f* [N] equivalencea *f* [tsa], gen: -ce

Ära *f* [N] era *f*

Arbeit *f* [N] rabota *f*

Archäologie *f* [N] archeologia *f* [k]

Areal *n* + Bereich [N] áréa *f*

Arena *f* [N] aréna *f*

Argument *n* [N] argument *n*

Arkade *f* [N] arcada *f*

Arm *m* [N] arm *m*

Armada *f* [N] armada *f*

Armee *f* [N] armia *f*

arrogant [A] arrogant adv: ~o

Artikel *m* + Begleiter *m* [N] articul *m* gen: -icle

Arzt *m* [N] lékár *m* gen: -are

Aspekt *m* + Gesichtspunkt *m* [N] aspect *m*

asphaltieren [V] asfaltéren *c-*

Assimilation *f* [N] assimilatión *f* [ts] gen: -one

Assistenz *f* [N] assistencea *f* [tsa], gen: -ce

Assoziation *f* [N] associatión *f* [ts] gen: -one

assoziieren + verbinden [V] associéren *c-*

Ästhetik *f* [N] esthética *f* gen: -ce [ts]

ästhetisch [A] esthétic comp: -cer [ts], adv: ~no

Astronaut *m* [N] astronaut *m*

Astronomie *f* [N] astronomia *f*

Atem *m* [N] dykh *m*

Athlet *m* [N] athlét *m* gen: -éte

atmen [V] dykhán

Atmosphäre *f* [N] atmosfera *f*

Atmung *f* [N] dykhánie *n*

Atom *n* [N] atom *m*

Attraktion *f* [N] attractión *f* [ts] gen: -one

auch [C] í

auch nicht + noch (2) (weder ~), nicht: auch ~ [adv] ní

Audienz *f* [N] audiencea *f* [tsa], gen: -ce

Auditorlum *n* + Hörsaal *m* [N] auditórium *n* gen: -órie

auf [P] na

aufladen ELTR + beladen, [V] cargán

Aufmerksamkeit *f* + Achtung *f,* [N] attentión *f* [ts] gen: -one

aufzählen [V] énumerán

Auge *n* [N] oc *m* [k], gen: ~e [ts]

Augenbraue *f* [N] brów, ocbrów *m*

augenscheinlich [adv] ocivídno A: -víden

August *m* $\boxed{N}$ augụst *m*

Auktion *f* $\boxed{N}$ auctiọ́n *f* [ts] gen: -ọne

Aureole *f* $\boxed{N}$ auréọla *f*

aus $\boxed{P}$ ez

Ausdruck *m* $\boxed{N}$ expressiọ́n *f* gen: -ọne

Ausführung *f* $\boxed{N}$ executiọ́n *f* [ts] gen: -ọne

Ausgabe (1) *f* $\boxed{N}$ "ezdạ́nie" *n*

Ausgabe (2) *f (Buch '~)* + Edition *f,* $\boxed{N}$ éditiọ́n *f* [ts] gen: -ọne

ausgiebig $\boxed{A}$ extensív

Ausnahme *f* $\boxed{N}$ exceptiọ́n *f* [ts] gen: -ọne

ausnahmsweise $\boxed{adv}$ exceptionạlno

ausrichten + richten, begradigen $\boxed{V}$ dreghtạ́n [-ɛj-]

außer- $\boxed{A}$ extra-

außerordentlich $\boxed{A}$ extraọ́rdinạ́r

Aussprache *f* $\boxed{N}$ pronunciatiọ́n *f* [ts] gen: -ọne

aussprechen $\boxed{V}$ pronunciạ́n

Ausstoß *m* ECO + Emission *f* ECO $\boxed{N}$ émissiọ́n *f* gen: -ọne

Auster *f* $\boxed{N}$ ọstra *f*

Auswertung *f* + Evaluation *f* $\boxed{N}$ évaluatiọ́n *f* [ts] gen: -ọne

authentisch + echt, $\boxed{A}$ authẹntic comp: -cer [ts], adv: ~no

Autismus *m* $\boxed{N}$ autịsme *m*

autistisch $\boxed{A}$ autịstic adv: ~no

Auto(mobil) *n* $\boxed{N}$ ạuto(mobịl) *m*

Autogramm *n* $\boxed{N}$ autọgráf *m*

automatisch $\boxed{A}$ automạtic comp: -mạ́ticer [ts], adv: -mạ́ticno

avancieren $\boxed{V}$ avañçéren *c-*

Azetat *m* $\boxed{N}$ acetạ́t *m*

Baby *n* $\boxed{N}$ bébẹ́ *n!*

Bach *m* $\boxed{N}$ pọtok *m* gen: ~e, pl: pọtoces, gen-pl: pọtocen

Bachelor (-Abschluss) *m* $\boxed{N}$ baccalauréạ́t *m* gen: -ate

Bachelor *m; es existiert kein deutsches Wort für diesen Begriff* $\boxed{N}$ baccalạur *m*

Bacillus *m* $\boxed{N}$ bacịllus *m* gen: bacille

backen $\boxed{V}$ bạcken *c-*

Bäcker *m* $\boxed{N}$ bạecker *m*

Bad *n* $\boxed{N}$ bạnja *f*

baden $\boxed{V}$ bạden *c-*

Balkon *m* $\boxed{N}$ balcọ́n *m*

Ball *m (Spiel~)* $\boxed{N}$ ball *m*

Ballett *n* $\boxed{N}$ ballẹt *m* gen: ~te

Ballon *m* $\boxed{N}$ ballọ́n *m*

baltisch $\boxed{A}$ bạlti

Band *n* $\boxed{N}$ band *m*

Bande *f* $\boxed{N}$ bạnda *f*

Bank (1) *f (Geld)* $\boxed{N}$ bank *m*

Bank (2) *f (Sitz '~)* $\boxed{N}$ banca *f*

Bankrott *m* $\boxed{N}$ bankrọtt *m*

Bär *m* $\boxed{N}$ mẹdved *m*

Barbier *m* $\boxed{N}$ barbẹ́r *m*

Barometer *n* $\boxed{N}$ barọmẹ́ter *m*

Barracke *f* N barracka *f*

Barriere *f* N barriéra *f*

Barrikade *f* N barricada *f*

Basar *m* + Jahrmarkt (2) *m* N basár *m*

Basilika *f* N basilica *f*

Basilikum *n* N basilka *f*

Basis- + Grund-, A basal adv: ~no

Basis *f* N basé *f*

Baske *m* N euskaldun (m) *m*

Baskenland *n* N Euskadi *m*

Baskin *f* N euskaldun (f) *f*

Baskisch (1) *(,~e Sprache)* N Euskara

baskisch (2) A euskal

Bass *m* N bass *m*

Bassin *n* + Becken (2) *n* N bassęñ *m*

Bataillon *n* N bataljón *m*

Bazillus *m* N bacill *m*

Becher *m* + Pokal *m* SPT, N cupa *m*

Becken (1) *n* N piscina *f*

Becken (2) *n* + Bassin *n*, N bassęñ *m*

Bedeutung *f* N mėning (1) *f*

bedürfen + brauchen, benötigen V potrebován *a/c+* potrebuj-, ppp: potrebíd

Bedürfnis (1) *n* + Verlangen *n (das ~),* N désír *m* gen: -ire

Bedürfnis (2) *n* N potręba *f* po-treb

Bedürfnis: ein ~ sein + nötig sein, müssen (2) *(Die Formulierung erfolgt mit dem Dativ: ‚mí es treba' = es ist mir ein Bedürfnis / Ich muss)* V tręba: bín ~ *f*

Befehl *m* N commanda *f*

befinden: sich ~ V "finden sé" *c-*

Begeisterung *f* + Enthusiasmus *m* enthusiasme *m*

Beginn *m* + Anfang *m,* N begin *m* gen ~ne

beginnen + anfangen V beginnen *c-* pret: begann-, ppp: begonnen

Begleiter *m* + Artikel *m,* N articul *m* gen: -icle

begradigen + richten, ausrichten V dreghtán [-εj-]

behandeln V tractán

Behandlung *f* N tractament *n*

bei (1) + an (2) P u

bei (2) *(~ der Bedingung)* + neben, trotz P pri

beinhalten + enthalten, V conténén

Beispiel *n* + Exempel *n,* N exempel *m* gen: -ple

beißen V biten *c-*

Beitrag *m* N contributión *f* [ts] gen: -one

beitragen V contribuën *c+*

bekommen (1) V reciben *c+*

bekommen (2) + kriegen, erhalten (3) V capen *c+*

beladen + aufladen ELTR V cargán

Belgien (fr) *n* [N] Beljhiqe: La ~ *f*

Belgien (nl) *n* [N] Belghie *m*

Belgier (fr) *m* [N] beljh (1m) *m*

Belgier (nl) *m* [N] belgh *m*

Belgierin (fr) *f* [N] beljh (1f) *f*

Belgierin (nl) *f* [N] belghisse *f*

belgisch (fr) [A] beljh (2)

belgisch (nl) [A] belghis

belohnen [V] nagradín

Belohnung *f* [N] nagrada *f*

benötigen + bedürfen, brauchen [V] potrebován *a/c*+ potrebuj-, ppp: potrebíd

benutzen [V] usán

Berater *m* [N] consultant *m*

Beratschlagung *f* + Konsultation *f*, [N] consultatión *f* [ts] gen: -one

berechnen + kalkulieren, [V] calculéren *c*-

Bereich + Areal *n*, [N] área *f*

bereit + fertig, [A] gotov

bereit stellen [V] providén

bereiten + zubereiten *(Speisen)* [V] gotovín

beschreiben [V] déscriben *c*+

Beschreibung *f* [N] déscriptión *f* [ts] gen: -one

Besitz *m* + Eigentum *n* [N] propriété *f* gen: -téte

besonder (1) + speziell, [A] spécial adv: ~no

besonder (2) [A] particulár

besonders [adv] particulárno

besser [A] better

Beständigkeit *f* + Kontinuität *f*, [N] continuité *f* gen: -téte

Bestandteil *m* + Komponente *f*, [N] componenta *f*

bestätigen [V] confirmán

Bestätigung *f* [N] confirmatión *f* [ts] gen: -one

bestehen (aus) [V] consisten *c*+

Bestie *f* [N] bestia *f*

bestimmt [A] cert

bestmöglich + optimal, [A] optimal adv: ~no

Besuch *m* [N] visita *f*

besuchen [V] visitán

beten [V] molín (2)

betonen [V] accentuéren *c*-

betreffen [V] concernán

Betrug *m* [N] fraud(é) *m(f)*

beugen + neigen [V] klonín

Bevölkerung *f* [N] populatión *f* [ts] gen: -one

bewahren + erhalten (2) [V] conserván

bewegen [V] movén

Bewegung *f* [N] movément *n*

bewegungslos + still (1), [A] still

beziehungsweise [adv] respectívno

Bezirk *m* [N] district *m*

Bezug *m* [N] referęncea *f* [tsa], gen: -ce

Biathlon *n* [N] bịathlon *n*

Bibel *f* [N] bịblia *f*

Biber *m* [N] bęber *m*

Bibliothek *f* [N] bibliothęké *f*

Biene *f* [N] bịté *f*

Bier *n* [N] bịer *m*

bieten [V] bịden *c-*

bilateral [A] bilaterạl adv: ~no

Bildschirm *m* [N] ékrạn *m*

Bilingualismus *m* [N] bilinguịsme *m*

bin: ich ~ [V] sam *1sg* < ↑*bín*

binär [A] binạr adv: ~no

Biografie *f* [N] biografịa *f*

biografisch [A] biogrạfic adv: ~no

Biologie *f* [N] biologịa *f*

biologisch [A] biolǫgic comp: -cer [ts], adv: ~no

Biometrie *f* [N] biometrịa *f*

Biorhythmus *m* [N] bịorythme *m*

Biotop *n* [N] biotǫp *m*

bis [C] do

Bischof *m* [N] bịskop *m*

Bison *m* [N] bịson *n*

Biss *m* [N] bit *m* gen: ~te

bist: du ~ [V] sis *2sg* < ↑*bín*

bitten [V] prosịn (1)

bitter [A] bịtter

Bitterkeit *f* [N] acrimǫnia *f*

Bitumen *n* [N] bitụmen *n*

blanchieren [V] blanchęren *c-*

Blase *f* [N] blạsé *f*

blass [A] blád

Blatt *n* BOT lef *m*

blau [A] blạu

blind [A] blind adv: ~o

Block *m* [N] bloc *m* gen: ~ke

blockieren [V] blockęren *c-*

Blume *f* [N] flǫra *f*

Blumenbank *f* [N] jhardinjęra *f*

Blut *n* [N] blód *m*

Blutegel *m* [N] pijạvca *f* [k], gen: -ce [ts]

Boa [N] bǫa *f*

Boden *m* + Fußboden *m*, [N] pod *m*

Bogen *m* [N] bóg *m*

Bombardement *n* [N] bombardëmęnt *m*

Bonbon *n* [N] bonbǫn *n*

Bonus *m* [N] bǫnus *m*

Bosnien *n* [N] Bǫsna *f*

Bosnier *m* [N] bosạnac̓ *m*

Bosnierin *f* [N] bǫs̓anka *f*

bosnisch [A] bǫs̓ansk

brauchen + bedürfen, benötigen [V] potrebovạn *a/c* + potrebuj-, ppp: potrebịd

braun [A] brún

breit [A] larg

Bretonisch *(,~e Sprache)* Ⓝ Brezọneg *m*

Brevier *n* Ⓝ breviạr *m*

brillant Ⓐ briljạnt *m* adv: ~o

bringen Ⓥ brịngen *c-* pret: braght-, ppp: braght

Brite *m* Ⓝ brit (m) *m*

Britin *f* Ⓝ brit (f) *f*

britisch Ⓐ brịtish

Brot (1) *n* Ⓝ khléb *m*

Brot (2) *n* Ⓝ bród *m*

Bruder *m* Ⓝ brọder *m*

Brust *f* Ⓝ broest *m*

brutal Ⓐ brutạl comp: -ạler, adv: -ạlno

Brutto *n* Ⓝ brụtto *n*

Buch *n* Ⓝ búk *m*

Buche *f* Ⓝ buk *m*

Buchstabe *m* Ⓝ lẹttra *f*

Bulgare *m* Ⓝ bọlgarín *m*

Bulgarien *n* Ⓝ Bolgạrija *f*

Bulgarin *f* Ⓝ bọlgarka *f*

bulgarisch Ⓐ bolgạrsk

Bulgarisch *(,~e Sprache)* Ⓝ Bolgạrski *m*

Bündnis *n* + Allianz *f* Ⓝ alliạncea *f* [tsa], gen: -ce

Bürger *m* Ⓝ citédạn *m*

Büro (1) *n (Zimmer)* Ⓝ buerọ́ *n*

Büro (2) *n (Bearbeitungsstelle)* + Dienststelle (1) *f (allgemein)* Ⓝ offịc *m* gen: offịce

Bürokratie *f* Ⓝ buerokratịa *f*

Bürste *f* Ⓝ bụrsté *f*

Bus (1) *m* + Omnibus *m*, Ⓝ ạutobus, bus *m*

Buße *f* Ⓝ pénitẹncea *f* [tsa], gen: -ce

Butter *f* Ⓝ bụtter *m*

Café *n* Ⓝ cafẹ́ (2) *m!*

cafeteria *f* Ⓝ cafeterịa *f*

Camouflage *f* Ⓝ camouflạjh *m*

Camping *n* Ⓝ cạmping *f*

Chamäleon *n* Ⓝ chamạ́eleon *n* [k]

Chance *f* Ⓝ chạ̈ñçé *f*

Chaos *n* Ⓝ chạos *m* [k]

chaotisch Ⓐ chaọtic [k-k] comp: -cer [k-ts], adv: ~no

charakterisieren + kennzeichnen, Ⓥ charactérisẹ́ren *c-*

charakteristisch + kennzeichnend, Ⓐ charactérịstic [k-k] comp: -er [k-ts]

Charme *m* Ⓝ çharm *m* m

Chauffeur *m* Ⓝ shofẹ̈r *m*

Chef *m* Ⓝ shef *m*

Chemie *f* Ⓝ chémịa *f* [k]

chiffrieren Ⓥ çhiffrẹ́ren *c-*

Chinchilla *m/n* Ⓝ chinchịlla *f*

Chirurg *m* Ⓝ chirụrg *m* [k]

Chirurgie *f* Ⓝ chirurgịa *f* [k]

Chlor *n* Ⓝ chlór *m* [k]

Chor *m* Ⓝ chór *m* [k]

choreografisch $\boxed{A}$ choréografic [k] adv: ~no

Choreographie *f* $\boxed{N}$ choréografia *f* [k]

Chrom *m/n* $\boxed{N}$ chróm *m* [k]

chronisch $\boxed{A}$ chronic [k] adv: ~no

Chronologie *f* $\boxed{N}$ chronologia *f* [k]

Chrysantheme *f* $\boxed{N}$ chrysanthémé *f* [k]

Claqueur *m* $\boxed{N}$ clakër *m*

Clown *m* $\boxed{N}$ cloun *m*

Code *m* $\boxed{N}$ cód *m*

Coiffeur *m* $\boxed{N}$ frisër *m*

Collage *f* $\boxed{N}$ collájh *m* gen: -ajhe

Creme *f* $\boxed{N}$ crema *f*

Croissant *m* $\boxed{N}$ croassañ *m*

da + dort $\boxed{adv}$ tár

Dach *n* $\boxed{N}$ tet *m* gen: ~te

Dachs *m* $\boxed{N}$ borsuk *m*

danach $\boxed{adv}$ pós

Däne *m* $\boxed{N}$ dansker (m) *m*

Dänemark *n* $\boxed{N}$ Danmark *m*

Dänin *f* $\boxed{N}$ dansker (f) *f*

dänisch $\boxed{A}$ dansk (2)

Dänisch *(,~e Sprache)* $\boxed{N}$ Dansk (1) *m*

Dank *m* $\boxed{N}$ dank *m* x

danken $\boxed{V}$ danken *c-*

das (1) *n* + der (1) *m*, die (1) *f* $\boxed{art}$ de

dass $\boxed{C}$ que

Datei *f* $\boxed{N}$ fail *m*

Daten *pl* $\boxed{N}$ dates *n pl*

Dativ *m* GRAM $\boxed{N}$ datív *m*

Datum *n* $\boxed{N}$ data *f*

Debatte *f* $\boxed{N}$ débatté *f*

dechiffrieren $\boxed{V}$ déchiffréren *c-*

Defensive *f* $\boxed{N}$ défensiva *f*

definieren $\boxed{V}$ définéren *c-*

Definition *f* $\boxed{N}$ définitión *f* [ts] gen: -one

Deflation *f* $\boxed{N}$ déflatión *f* [ts] gen: -one

Deich *m* $\boxed{N}$ dík *m*

dein(e(n)) *siehe Pronomen und Artikel* $\boxed{possArt}$ tú

dein(ig)e(n): der /die /das /den *siehe Pronomen und Artikel* $\boxed{possPrn}$ túë: de ~

deiner *gen; siehe Pronomen und Artikel* $\boxed{pPr}$ tébe

Dekadenz *f* $\boxed{N}$ décadencea *f* [tsa], gen: -ce

Deklination *f* GRAM $\boxed{N}$ déclinatión *f* [ts] gen: -one

deklinieren GRAM $\boxed{V}$ déclinéren *c-*

Dekoration (1) *f* $\boxed{N}$ décoratión *f* [ts] gen: -one

Dekoration (2) *f* $\boxed{N}$ décor *f*

dekorieren $\boxed{V}$ décoréren *c-*

Delegation *f* $\boxed{N}$ délégatión *f* [ts] gen: -one

Delirium *n* $\boxed{N}$ delírium *n* gen: -ie

Delphin *f* $\boxed{N}$ delfín *m* gen: -ine

Demenz *f* $\boxed{N}$ démencea *f* [tsa], gen: -ce

demografisch $\boxed{A}$ démografic adv: ~no

Demokratie *f* [N] démokratịa *f*

demolieren [V] démolẹren *c-*

Demonstration *f* [N] démonstratịon *f* [ts]
gen: -ọne

demonstrativ [A] démonstratịv

Demonstrativpronomen *n* [N] "démonstratịv pronọm" *m*

demonstrieren [V] démonstrẹren *c-*

Demontage *f* [N] démontájh *m* gen: -ajhe

dental- [A] dentạl

Dentist *m* [N] dentịst *m*

Denunziation *f* [N] dénunciatịon *f* [ts]
gen: -ọne

Deodorant *n* [N] déodorạnt *m*

Deportation *f* [N] déportatịon *f* [ts]
gen: -ọne

deportieren [V] déportẹren *c-*

Depot *n* [N] dépọ *n* gen: ~ë

der (1) *m* + die (1) *f,* das (1) *n* [art] de

der (2) *f* + des *m/n gen,* [art] den (sg.)

der (3) *gen pl* [art] den (pl.)

des *m/n gen* + der (2) *f* [art] den (sg.)

Deserteur *m* [N] désertẹr *m*

Desertion *f* [N] désertịon / désertẹrstvo
f/n [ts] gen: -ọne

dessen *m/n gen; siehe Pronomen und
Artikel* [demPrn] dẹnne *m/n gen.*

Destillation *f* [N] déstillatịon *f* [ts]
gen: -ọne

Detail *n* [N] détạil *m*

Detektor *m* [N] détẹctor *m* gen: -ọre

determinieren [V] déterminẹren *c-*

deutsch [A] dọétsh

Deutsch *(,~e Sprache)* [N] Dọétsh

Deutsche *f* [N] dọétshe *f*

Deutscher *m* [N] dọétsher *m* pl -tshes

Deutschland *n* [N] Dọétshland *n!*

Dextrin *n* [N] dextrịn *m* gen: -ịne

Dextrose *f* [N] dextrọsa *f*

Dezember *m* [N] décẹmber *m*

dezimal- [A] décimạl

Dezimeter *m* [N] décimẹter *m*

dezimieren [V] décimẹren *c-*

Diabetes *m* [N] diabẹt(és) *m* gen: -te (-
tesse)

Diabetiker /~in *m /f* [N] diabẹtic /~a *m /f*

Diagnose *f* [N] diagnọsé *f*

diagnostisch [A] diagnọstic adv: ~no

Dialekt *m* LING [N] dialẹkt *m*

Dialyse *f* [N] dialỵsé *f*

Diät *f* [N] diẹta *f*

diätetisch [A] dietẹtic adv: ~no

dich *siehe auch Pronomen und Artikel* [pPr]
tẹ

die (1) *f* + der (1) *m,* das (1) *n* [art] de

dienen [V] sluzhịn

Dienst *m* [N] slụzhba *f*

Dienst(betrieb) *m* + Kundendienst *m* [N]
servíc *m* gen: -ịce

Dienstag *m* [N] "ụtrek" *m*

Dienststelle (1) *f (allgemein)* + Büro (2) *n* *(Bearbeitungsstelle),* N offíc' *m* gen: office

Dienststelle (2) *f, (öffentlich)* + Amt *n,* N amt *m*

dies demPr| ęd (1)

diese (1) *f* + dieser (1) *m,* dieses (1) *n* demArt e, ęde, ed'

diese (2), die (2) *f. nom/akk; siehe Pronomen und Artikel* demPrn| dié *f. nom/akk*

diese (3), die (3) *pl. nom/akk; siehe Pronomen und Artikel* demPrn| dí *pl. nom/akk*

diesem, dem *m/n siehe Pronomen und Artikel* demPrn| demm *m/n*

diesen, denen *pl. nom/akk; siehe Pronomen und Artikel* demPrn| dím

dieser (1) *m* + diese (1) *f,* dieses (1) *n* demArt e, ęde, ed'

dieser (2) *f. gen; siehe Pronomen und Artikel* demPrn| dine

dieser (3) *pl. gen; siehe Pronomen und Artikel* demPrn| dinen

dieser (4), der (4) *f. dat; siehe Pronomen und Artikel* demPrn| dier *f. dat*

dieser (5), der (5); diesen, den *m nom/akk; siehe Pronomen und Artikel* demPrn| dęnn *m*

dieses (1) *n* + dieser (1) *m,* diese (1) *f* demArt e, ęde, ed'

dieses (2); das (2) *siehe auch Pronomen und Artikel* demPrn| dęd *n*

Differenz *f* N differęncea (2) *f* [tsa], gen: -ce

digital A digitąl

Diktat *n* N dictąt *m* gen: -ąte

diktieren V dictéren *c-*

Dilatation *f* N dilatatiǫn *f* [ts] gen: -ǫne

Dilettant *m* N dilettąnt *m*

Dimension *f* N dimensiǫn *f*

Dinosaurier *m* N dinosąur *m*

Diözesan- *N* A diocésąn

Diözese *f* N diocésé *f*

Diplomatie *f* N diplomatįa *f*

dir *siehe auch Pronomen und Artikel* pPr| ti

direkt A diręct

dirigieren V dirigéren *c-*

Diskrepanz *f* N discrepąncea *f* [tsa], gen: -ce

diskriminieren V discriminéren *c-*

Diskriminierung *f* N discriminatiǫn *f* [ts] gen: -ǫne

Distanz *f* N distąncea *f* [tsa], gen: -ce

Diva *f* N dįva *f*

Divergenz *f* N divergęncea *f* [tsa], gen: -ce

divers A divęrs

Diverstität *f* + Vielfalt *f,* N diversité *f* gen: -téte

dividieren V dividéren *c-*

Dogma *n* N dǫgma *n*

dogmatisch A dogmątic comp: -cer [ts], adv: ~no

Doktrin *f* N doctrįna *f*

Dom *m* N dóm *m*

Dominanz *f* N dominancea *f* [tsa], gen: -ce

dominieren V dominéren *c-*

Domizil *n* N domicíl *m* gen: -ile

Donator *m* N donator *m* gen: -ore

Donnerstag *m* N quartek *m*

doppelt A dubel

dorsal A dorsal

Dorsch *m* + Kabeljau *m,* N torsk *m*

dort + da, adv tár

Dosis *f* N dósé *f*

Drainage *f* N draenájh *m* gen: -ajhe

Drama *n* N drama *n*

dramatisch A dramatic comp: -cer [ts], adv: ~no

drastisch A drastic comp: -cer [ts], adv: ~no

drehen *nach innen/außen* + wenden, V verten (sé) *c+*

drei num tri

dreißig num trice

dritte(r/s) A trét *de ~*

Dromedar *n* N dromedár *m*

Drucker *m* N printer *m*

du *siehe auch Pronomen und Artikel* pPr tu

Duett *n* N duett *m*

Duo *n* N duo *n*

durch (1) pr kroéz (2)

durch (2) P tré

Durchgang *m* + Passage *f,* N passájh *m* gen: -ajhe

durchgehen + vorbeigehen, passieren *(hindurchgehen)* V passán

Dusche *f* N dush *m*

duschen V dushen *c+*

duschen: sich ~ V dushen sé *c+*

dynamisch A dynamic comp: -cer [ts], adv: ~no

Ebene *f* + Niveau *m,* N nivëó *n* gen: -vóë

echt + authentisch A authentic comp: -cer [ts], adv: ~no

Edition *f* + Ausgabe (2) *f (Buch'~)* N éditión *f* [ts] gen: -one

Effekt *m* + Wirkung *f* N effect *m*

effektiv A effectív

Effektivität *f* N efficiencea *f* [tsa], gen: -ce

Egoismus *m* N égoisme *m*

Egozentrik *f* N égocentrisme *m*

Ehre *f* N honor *m*

Ei *n* N ójc *m* [k] gen: ~e [ts]

Eichelhäher *m* N sojka *f*

eigen A égen

Eigentum *n* + Besitz *m,* N propriété *f* gen: -téte

ein, eine art en

einander pPr "én-auter"

Eindruck *m* N impressión *f* gen: -one

Einfluss *m* N influencea *f* [tsa], gen: -ce

einige + manche (2), [pron] manges *pl*

einiges + manche (1), manch [A] mang

einmalig + einzeln, [A] singulár (2)

eins [num] én

einstellen *(Mitarbeiter)* + anstellen (2) *(Mitarbeiter)* [V] emplégán

Einstellung *f* [N] attitúd *f* gen: -tude

Einteilung *f* + Klassifizierung *f*, [N] classificatión *f* [ts] gen: -one

einzeln + einmalig [A] singulár (2)

einzig + alleinig [A] unic adv: ~no

Eis *n* [N] ís *m* gen: ise

Elch [N] alc *m* gen: alce [ts]

Elefant *m* [N] elefant *m*

Elektriker /~in *m* /*f* [N] elektricár /~ia *m* /*f*

elektrisch [A] elektric adv: ~no

Elektrizität *f* [N] elektricité *f* gen: -téte

Elektronik *f* [N] elektronica *f* gen: -ce [ts]

elektronisch [A] elektronic adv: ~no

Element *n* [N] element *n*

Elimination *f* [N] élimination *f* [ts] gen: -one

eliminieren [V] éliminéren *c-*

eloquent [A] éloquent adv: -ento

Eloquenz *f* [N] éloquencea *f* [tsa], gen: -ce

Elster *f* [N] sraka *f*

Eltern *pl.* [N] rodítéles *m pl*

Emigrant *m* [N] émigrant *m*

Emigration *f* [N] émigratión *f*

emigrieren [V] émigréren

Eminenz *f* [N] eminencea *f* [tsa], gen: -ce

Emission *f* ECO + Ausstoß *m* ECO, [N] émissión *f* gen: -one

empirisch [A] empiric adv: ~no

emulgieren [V] émulgéren *c-*

End- *N!* + final, am Ende stehend [A] final

Ende *n* [N] ende *m* gen: -dée

enden [V] enden *c-*

Energie *f* [N] energia *f*

engagieren [V] eñgajhéren *c-*

Englisch *(,~e Sprache)* [N] English

Enkel /~in *m* /*f* [N] unuk /~a *m* /*f*

Enklave *f* [N] enclavé *f*

Entdeckung *f* [N] déscoberta *f*

Ente (1) *f* [N] anet *m* gen: ánte

Ente (2) *f* [N] pát / pata *m/f*

enthalten + beinhalten [V] conténén

Enthusiasmus *m* + Begeisterung *f*, enthusiasme *m*

Entscheidung *f* [N] décisión *f* gen: -one

entschuldigen + verzeihen [V] excusán

entsprechen [V] corresponden *c+*

Enzym *n* [N] enzým *m* gen: -yme

Epoche *f* + Zeitalter *n* [N] epocha *f* [k-h]

er *siehe auch Pronomen und Artikel* [pPr] on

Erdöl *n* [N] nafta *f*

Erfahrung *f* [N] experiencea *f* [tsa], gen: -ce

Erfolg *m* $\boxed{\text{N}}$ succ̦ess *m* [kts]

erfordern $\boxed{\text{V}}$ requ̦éren *c+*

Ergebnis *n* + Resultat *n* $\boxed{\text{N}}$ resultạ́t *m*

erhalten (2) + bewahren, $\boxed{\text{V}}$ conservạ́n

erhalten (2) + erlangen $\boxed{\text{V}}$ obten̦én

erhalten (3) + kriegen, bekommen (2) $\boxed{\text{V}}$ cạpen *c+*

erheischen + ersuchen, $\boxed{\text{V}}$ iskạ́n

Erklärung *f* $\boxed{\text{N}}$ explicatiọn (2) *f* [ts] gen: -ọne

erlangen + erhalten (2), $\boxed{\text{V}}$ obten̦én

Erlernung *f* + Lehre *f,* $\boxed{\text{N}}$ uch̦énie *n*

Ernährungs- + alimentär, Nahrungs- $\boxed{\text{A}}$ alimentạ́r

erneut + neuem: von ~ $\boxed{\text{adv}}$ "abn̦ọu"

erogen $\boxed{\text{A}}$ erog̦én

Erotik *f* $\boxed{\text{N}}$ erọ́tica *f*

Erpressung *f* $\boxed{\text{N}}$ çhantạ́jh *m* gen: -ajhe

erratisch $\boxed{\text{A}}$ errạtic comp: -cer [ts], adv: ~no

erschaffen (1) $\boxed{\text{V}}$ créán

Erschaffung *f* $\boxed{\text{N}}$ créatiọn *f* [ts] gen: -ọne

erscheinen ~ *als, so* $\boxed{\text{V}}$ appạren *c+*

erste(r/s) $\boxed{\text{A}}$ perv *de ~*

erstrangig + primär $\boxed{\text{A}}$ primạ́r

ersuchen + erheischen $\boxed{\text{V}}$ iskạ́n

erzählen $\boxed{\text{V}}$ forțellen *c-*

es $\boxed{\text{pPr}}$ ed (2)

Esel *m* $\boxed{\text{N}}$ ạsél *m*

Espresso *m* $\boxed{\text{N}}$ espr̦ẹsso *m!* gen: -ạjhe

essen $\boxed{\text{V}}$ ẹssen

Esstisch *m* + Tisch (2) *f,* Tafel (2) *f* $\boxed{\text{N}}$ tạ́bla (2) *f*

Este *m* $\boxed{\text{N}}$ ẹ́stlane *m*

Estin *f* $\boxed{\text{N}}$ ẹ́stlanna *f*

estisch + estnisch, $\boxed{\text{A}}$ ẹ́sti (3)

Estland *n* $\boxed{\text{N}}$ Ẹ́sti (1) *m*

estnisch + estisch $\boxed{\text{A}}$ ẹ́sti (3)

Estnisch *(,~e Sprache)* $\boxed{\text{N}}$ Ẹ́sti (2)

Etage *f* $\boxed{\text{N}}$ étạ́jh *m*

euch (1); Ihnen *dat; siehe auch Pronomen und Artikel* $\boxed{\text{pPr}}$ vám, Vám

euch (2); Sie (4) *akk; siehe auch Pronomen und Artikel* $\boxed{\text{pPr}}$ vás, Vás

euer, eure; Ihr, Ihre *siehe auch Pronomen und Artikel* $\boxed{\text{possArt}}$ vásh, Vásh

eur(ig)e(n), Ihr(ig)e(n): der /die /das /den ~ *siehe Pronomen und Artikel* $\boxed{\text{possPrn}}$ vásh, Vásh: de ~

Eurolinguistik *f* $\boxed{\text{N}}$ eurolinguịstica *f* gen: -ce [ts]

Europa *n* $\boxed{\text{N}}$ Eurọpa *f*

Europäer *m; f: ~in* $\boxed{\text{N}}$ europ̦é (1) *m* pl: ~es, f: ~a

europäisch $\boxed{\text{A}}$ europ̦é (2)

Europäisch *(,~e Sprache)* $\boxed{\text{N}}$ Europ̦é (3) *m*

Europäismus *m* LING $\boxed{\text{N}}$ européisme *m*

Evakuierung *f* $\boxed{\text{N}}$ évacuatiọn *f* [ts] gen: -ọne

Evaluation *f* + Auswertung *f*, N évaluatión *f* [ts] gen: -one

evident *(nur Fachsprache)* A évidént

exakt + genau A exąct

Examen *n* N exąmen *n* gen: -ámine

Exempel *n* + Beispiel *n* N exęmpel *m* gen: -ple

Exhalation *f* N exhalatión *f* [ts] gen: -one

Exil *n* N exíl *m* gen: -ile

Existenz *f* N existęncea *f* [tsa], gen: -ce

existieren V existéren *c-*

exklusiv A exclusív

exotisch A exotic

Experiment *n* N experimęnt *n*

Explikation *f* N explicatión (1) *f* [ts] gen: -one

Explosion *f* N explosión *f* gen: -sione

Export *m* N expǫrt *m*

extern A extęrn

Extra *n* N ęxtra *m*

Extravaganz *f* N extravagąncea *f* [tsa], gen: -ce

extrem A extrém

Extremität *f* N extrémité *f* gen: -téte

exzellent A excellęnt

Exzellenz *f* N excellęncea *f* [tsa], gen: -ce

Fabel *f* N fábula *f*

Fabrik *f* N fąbrica *f*

fabrizieren V fabricéren *c-*

Facette *f* N façętta *f*

Fachbegriff *m* + Terminus *m* N term *m*

fahren + gehen, V iden *c+*

Fahrkarte *f* + Fahrschein *m*, Ticket *n* N biljęt *m* gen: ~te

Fahrschein *m* + Fahrkarte *f*, Ticket *n* N biljęt *m* gen: ~te

Fahrzeug *n* N véhįcul *m* gen: -icle

Fakt *n* N fact *m*

faktisch A fąctic adv: ~no

Faktor *m* N fąctor *m*

Fakultät *f* N facultę *f* gen: -téte

Falke *m* N falcón *m*

Fall (1) *m* N cás *m* gen: case

Fall (2) *m* N éventualitę *f* gen: -téte

fallen V padąn

falsch A fals

Familie *f* N família *f*

Fanatiker *m* N fanątic (2) *m* adv: ~no, comp: -cer [ts]

fanatisch A fanątic (1)

Fanatismus *m* N fanatįsme *m*

Fantasie *f* N fantasįa *f*

Farbe (1) *f* N cǫlor *m*

Farbe (2) *f* N fąrbé *f*

Fasan *m* N fasąn *m* gen: -ane

Faschismus *m* N fashįsme *m*

Fassade *f* N façąda *f*

fatal A fatąl

Fatalismus *m* N fatalísme *m*

Faust *f* N pjest *m*

favorisieren V favoriséren *c-*

Favorit *m* N favorít *m*

Februar *m* N február *m*

Feder (1) *f (Vogel'~)* N pér *m*

Feder (2) *f (Schreib'~)* + Füllfederhalter *m* N pen (1) *f* gen: ~ne

Federung *f* N suspensión *f* gen: -one

feminin + weiblich, A feminín

Femininum *n* GRAM N femininum *n* gen: -ine

Fenster *n* N fenęstra *f*

fermentieren V fermentéren *c-*

Fernsehen *n* N télevisión *f* gen: -one

fertig + bereit A gotov

Fertilisation *f* N fertilisatión *f* [ts] gen: -one

Fertilität *f* N fertilitę *f* gen: -téte

Festland *n* + Kontinent *m,* N continęnt *m*

Festlands- + kontinental, A continental

Feuer *n* N fúer *m*

Fiberglas *n* N fíberglás *m*

Fieber *n* N féber *m*

Fiktion *f* N fictión *f* [ts] gen: -one

fiktiv A fictív

Filiale *f* N filial *m*

Film *m* N film *m*

Filter *m* N filter *m* gen: filtre

filtern V filtréren *c-*

Filz *m* MAT N felt *m*

final + End- *N!,* am Ende stehend A final

finden V finden *c-* pret: fand-, ppp: ↑fund

Finger *m* N finger *m*

Fink *m* N pinc *m* [k], gen: ~e [ts]

Finne *m* N suomalainen (m) *m*

Finnin *f* N suomalainen (f) *f*

finnisch A suomalainen (1)

Finnisch *(,~e Sprache)* N Suomi (2)

Finnland *n* N Suomi (1) *m*

finno-ugrisch *(Linguistik)* A finn-ugor

Firmament *n* N firmamęnt *n*

Fisch *m* N pesk *m*

Fiskus *m* N tresoreria *f*

Fistel *f* N fistula *f*

fixieren V fixéren *c-*

Fixierung *f* N fixatión *f* [ts] gen: -one

Fixum *n* N "fix plata" *f*

flach A plat comp: ~ter, adv: ~no

Fläche *f* N plokha *f*

Flagellaten *f pl* BIO N flagellates *n pl*

Flagge *f* N flag *m* gen: ~ge

Flasche *f* N buteljé *f* gen: -lje

flechten V plęghten *c+* [j]

Flexibilität *f* N flexibilitę *f* gen: -téte

Flexion *f* GRAM N flexión, inflexión *f*

Fliege *f* N musca *f* gen: -ce [ts]

fliegen $\boxed{V}$ letén *c-*

fließen (1) $\boxed{V}$ flujen *c+*

fließen (2) + laufen, rinnen $\boxed{V}$ rennen
c- pret: rann-, ppp: ronnen

Flocke *f* $\boxed{N}$ floc *m* gen: flocke

Floh *m* $\boxed{N}$ blókha *f*

Fluid *n* $\boxed{N}$ flúid *m*

Fluktuation *f* $\boxed{N}$ fluctuatión *f* [ts]
gen: -one

Fluss (1) *m (Gewässer)* $\boxed{N}$ rív *m*

Fluss (2) *m (das Fließen)* $\boxed{N}$ fluss *m*

Föderalismus *m* $\boxed{N}$ féderalisme *m*

folgen $\boxed{V}$ folgen *c-*

Folie *n* $\boxed{N}$ fólia *f*

Fontäne *f* $\boxed{N}$ fontana *f*

Form *f* $\boxed{N}$ forma *f*

Format *n* $\boxed{N}$ formát *m*

Formation (1) *f (Darstellung)* $\boxed{N}$ formatión (1) *f* [ts] gen: -one

Formation (2) *f* GEOL $\boxed{N}$ formatión (2) *f*
[ts] gen: -one

formen $\boxed{V}$ forméren *c-*

formulieren $\boxed{V}$ formuléren *c-*

Forschung *f (allgemein)* + Nachforschung
f (konkret), Recherche *f* $\boxed{N}$ recerca *f*
gen: -ce [ts]

Fort *n* MIL + Fortifikation *f* MIL, $\boxed{N}$ fortificatión *f* [ts] gen: -one

fortfahren + fortsetzen $\boxed{V}$ continuán

Fortifikation *f* MIL + Fort *n* MIL $\boxed{N}$ fortificatión *f* [ts] gen: -one

fortsetzen + fortfahren, $\boxed{V}$ continuán

Forum *n* IT $\boxed{N}$ fórum *n*

Fossil *n* $\boxed{N}$ fossíl *m*

Fotografie *f* $\boxed{N}$ fotografia *f*

Frage- + interrogativ *(Linguistik)*, fragend
$\boxed{A}$ interrogatív

Frage *f* $\boxed{N}$ questión *f* gen: -one

fragen $\boxed{V}$ prosín (2)

fragend + interrogativ *(Linguistik)*,
Frage- $\boxed{A}$ interrogatív

Fragewort *n* + Interrogativpronomen *n*
GRAM, $\boxed{N}$ interrogatív pronóm *m*

Fragment *n* $\boxed{N}$ fragment *n*

Fraktur *f* MED $\boxed{N}$ fractura *f*

Frankreich *n* $\boxed{N}$ Frañçe, La ~ *f*

Franzose *m* $\boxed{N}$ frañçae (1) *m*

Französin *f* $\boxed{N}$ frañçaese *f*

französisch $\boxed{A}$ frañçae (2)

Französisch *(,~e Sprache)* $\boxed{N}$ Frañçae

fraternisieren $\boxed{V}$ fraternisán sé

Frau *f* $\boxed{N}$ zhena *f*

frei $\boxed{A}$ svobod

Freiheit *f* $\boxed{N}$ svoboda *f*

Freitag *m* $\boxed{N}$ pentek *m*

Frequenz *f* $\boxed{N}$ frequencea *f* [tsa], gen: -ce

Frettchen *n* $\boxed{N}$ frett(ek) *m* pl. frett(k)es

Freude *f* $\boxed{N}$ radost *f*

freuen (sich ~) (1) $\boxed{V}$ radován (sé) *a/c+*
raduj-

freuen (sich ~) (2) $\boxed{V}$ veselín (sé)

Frieden *m* $\boxed{N}$ pax (pac-) *f* gen: pace

froh $\boxed{A}$ rád (2)

fröhlich $\boxed{A}$ vesel adv: -elo

Front *f* $\boxed{N}$ front *m*

Frucht *f* $\boxed{N}$ fruct *m*

Fruktose *f* $\boxed{N}$ fructosa *f*

Frustration *f* $\boxed{N}$ frustratión *f* [ts] gen: -one

fühlen $\boxed{V}$ foelen *c-*

führen + leiten $\boxed{V}$ léden *c-*

Füllfederhalter *m* + Feder (2) *f*
  (Schreib'~), $\boxed{N}$ pen (1) *f* gen: ~ne

fünf $\boxed{num}$ pent (1)

fünfte(r/s) $\boxed{A}$ pent (2) *de ~*

fünfzig $\boxed{num}$ pentce

Funktion *f* $\boxed{N}$ functión *f* [ts] gen: -one

für $\boxed{P}$ por (1)

Furie *f* $\boxed{N}$ fúria *f*

Furnier *n* $\boxed{N}$ furnír *m*

Fürwort *n* + Pronomen *n,* $\boxed{N}$ pronóm *m*

Fuß *m* $\boxed{N}$ péd *m*

Fußboden *m* + Boden *m* $\boxed{N}$ pod *m*

Futur *n* GRAM + Zukunft *f,* $\boxed{N}$ futur *m*

Gabe *f* + Geschenk *n,* $\boxed{N}$ dar *m*

Gabel *f* $\boxed{N}$ vilicea *f* gen: -ce

Gälisch $\boxed{N}$ Gaélec

Gälisch (1) *(,~e Sprache)* + Irisch (1) *(,~e Sprache),* $\boxed{N}$ Gaeljge *m*

Gälisch: Schottisch-~ *(,~e Sprache)* $\boxed{N}$ Gádligh

Gämse *f* ZOOL $\boxed{N}$ gemzé *f*

Gans *f* $\boxed{N}$ gáos *m*

ganz $\boxed{A}$ cel

Garage *f* $\boxed{N}$ garájh *m*

Garantie *f* $\boxed{N}$ garantia *f*

Garderobe *f* $\boxed{N}$ garderóbé *f*

Garten *m* $\boxed{N}$ garden *n*

Gasse *f* + Zwischenraum *m (lang und schmal)* $\boxed{N}$ gaté *f*

Gast *m* $\boxed{N}$ gost *m*

Gastronomie *f* $\boxed{N}$ gastronomia *f*

Gazelle *f* $\boxed{N}$ gazella *f*

geben $\boxed{V}$ dán

Gebiet *n* + Territorium *n* $\boxed{N}$ territór *m* gen: -tore

geboren werden $\boxed{V}$ rodín sé

Gebühr *f* $\boxed{N}$ taxa *f*

Geburt *f* $\boxed{N}$ rodjénie *n*

gebürtig $\boxed{A}$ natív adv: ~no

gedacht + vorgestellt, imaginär $\boxed{A}$ imaginár

Gedicht *n* $\boxed{N}$ poéma *n*

Gefahr *f* $\boxed{N}$ pericul *m* gen: -ícle

gefunden *ppp* < ^*finden* $\boxed{A}$ fund *ppp*
  <↑*finden:*

Gegebenheit *f* + Kondition *f,* $\boxed{N}$ conditión *f* [ts] gen: -one

gegen $\boxed{P}$ protiv

Gegenstand *m (einer Verhandlung)* N̄ dél (2) *m*

Gegenwart + anwesend, präsent Ā présent

geheimnisvoll + mysteriös, Ā mysteriós comp: ~er, adv: -ózno

gehen + fahren V̄ iden *c*+

Geist *m (Verstand)* N̄ um *m*

Gelatine *f* N̄ gjelatina *f*

Gelatine *f* N̄ jhelatina *f*

gelb Ā gél

Geld *n* N̄ pénz *m*

Geld- *pref.* + Währungs- *pref.*, monetär Ā monétár adv: ~no

Gelee *n* N̄ jhelé *f*

gemeinsam Ā commún

Gemeinschaft *f* N̄ communité *f* gen: -téte

Gen *n* N̄ gén *m*

genau + exakt, Ā exact

Generation *f* N̄ géneratión *f* [ts] gen: -one

Generator *m* N̄ génerator *m* gen: -tore

generell + allgemein, Ā géneral

generieren V̄ généréren *c*-

genial adv génialno

Genie *n* N̄ génius *m* gen: -nie

Genitiv *m* GRAM N̄ génitív *m*

Genus *n* GRAM N̄ génus *m* gen: -nere

geografisch Ā géografic adv: -áficno

Geographie *f* N̄ geografia *f*

Geologie *f* N̄ geologia *f*

Geometrie *f* N̄ geometria *f*

Gepäck *n* N̄ baggájh *m* gen: -ajhe

Gepard *m* N̄ gépard *m*

gerade Ā dreght

germanisch Ā germanic

Geschäftsmann *m* N̄ biznessmaen *m*

Geschenk *n* + Gabe *f* N̄ dar *m*

Gesichtspunkt *m* + Aspekt *m*, N̄ aspect *m*

Geste *f* + Gestus *m* N̄ gést *m*

gestern adv vchera

Gestus *m* + Geste *f*, N̄ gést *m*

gesund Ā zdrav adv: ~o

Gesundheit *f* N̄ zdrávie *n*

gewinnen V̄ winnen *c*- pret: wonn-, ppp: wonnen

Gewohnheit *f* N̄ habitúd *f* gen: -tude

gibt: es ~ (1) V̄ "ha: ed ha"

gibt: es ~ (2) V̄ "es; tár es" *sg*

gibt: es ~ (3) V̄ "son; tár son" *pl*

Giraffe *f* N̄ gjiraffa *f*

Gladiator *m* N̄ gladiator *m* gen: -tore

Gladiole *f* N̄ gladiol *m*

Glas *n* MAT N̄ glás *m*

Glasur *f* N̄ glasura *f*

glauben V̄ créden *c*+

gleichwertig + äquivalent, Ā equivalent

Gletscher *m* $\boxed{N}$ glaciár *m*

global $\boxed{A}$ globạl

Globalisierung *f* $\boxed{N}$ globalisatiọn *f* [ts]
   gen: -ọne

Globus *m* $\boxed{N}$ glọbus *m* gen: -be

Glöckchen *n* + Klingel *f,* $\boxed{N}$ zvọnek *m,*
   dim gen: -ke

Glocke *f* $\boxed{N}$ klọcké *f*

Glück (1) *n* *(~lichsein)* $\boxed{N}$ lạimé *f*

Glück (2) *n* *(gutes Gelingen)* $\boxed{N}$ lueck *m*

glücklich (1) $\boxed{A}$ lạimíg

glücklich (2) $\boxed{A}$ lụeckligh adv: ~no

Glukose *f* $\boxed{N}$ glukọsa *f*

Glyzerin *n* $\boxed{N}$ glyceri̱né *f*

Gold *n* $\boxed{N}$ gold *m*

Gorilla *m* $\boxed{N}$ gori̱lla *f*

Gouverneur *m* $\boxed{N}$ gouvernȩr *m*

Grad *n* FYS $\boxed{N}$ grád *m*

Gramm *n* $\boxed{N}$ gram *m* gen: ~me

Grammatik *f* $\boxed{N}$ grammạtica *f* gen: -ce
   [ts]

grandios $\boxed{A}$ grandiọs comp: ~er,
   adv: -ọzno

Granit *n* $\boxed{N}$ grani̱t *m*

gratis $\boxed{adv}$ besplạtno

gratis $\boxed{adv}$ grạtis

Gratulation *f* $\boxed{N}$ gratulatiọn *f* [ts]
   gen: -ọne

Gravitation *f* $\boxed{N}$ gravitatiọn *f* [ts]
   gen: -ọne

Grenze *f* $\boxed{N}$ grȩncé *f*

Grieche *f* $\boxed{N}$ ellénas *m*

Griechenland *n* $\boxed{N}$ Ellạda *f*

Griechin *f* $\boxed{N}$ elléni̱da *f*

griechisch $\boxed{A}$ ellénik

Griechisch *(,~e Sprache)* $\boxed{N}$ Ellénikạ

Grill *m* $\boxed{N}$ grill *m*

grillen $\boxed{V}$ grilljạn

groß (1) *2-dimensional* $\boxed{A}$ mạr

groß (2) *3-dimensional* $\boxed{A}$ gróss

Groß Britannien *N* $\boxed{N}$ Bri̱tën: Grȩit ~

Grund- + Basis- $\boxed{A}$ basạl adv: ~no

Gründer *m* $\boxed{N}$ fundạtor *m* gen: -tọre

Gruppe *f* $\boxed{N}$ grụppa *f*

gültig $\boxed{A}$ vạlid

gut (1) $\boxed{A}$ gód comp: ↑better

gut (2) $\boxed{adv}$ dọbro

Haar *n* $\boxed{N}$ hár *m*

habe *ich* ~ $\boxed{V}$ ho *1sg* < ↑*haven*

haben $\boxed{V}$ hạven !conj: ho, has, ha, hạvem,
   hávt, han

haben: Ich habe (1) *(Ausdruck des
   Besitzens)* $\boxed{Form}$ "jeg họ" +↑*"u mí es"*

haben: Ich habe (2) *(Ausdruck des
   Besitzens)* $\boxed{Form}$ "u mi ȩs"

Hahn *m (Wasser'~)* + Kran *m (Wasser'~)*
   $\boxed{N}$ krán *m*

Haken *m* $\boxed{N}$ hák *m* gen: hạke, pl: hạkes,
   dim: hạchek, dim.gen: háchke

halb $\boxed{A}$ mẹd(i-) (2)

Hälfte *f* Ⓝ métẹ́ *f* gen: -tẹ́te

Halle *f* Ⓝ hạllé *f* gen: ~e

Hallo? Ⓘ hallọ?

Halluzination *f* Ⓝ hallucinatiọ́n *f* [ts] gen: -ọne

Halogen *n* Ⓝ halogẹ́n *m*

halten Ⓥ họlden *c-*

Hamster (1) *m* ZOOL Ⓝ hạmster *m*

Hamster (2) *m* ZOOL Ⓝ krịchek *m* gen: -chke

Hand *f* Ⓝ hand *m*

hängen Ⓥ hạengen *c-*

harmonisch Ⓐ harmọnic comp: -cer [ts], adv: ~no

hat Ⓥ ha *3sg* < ↑*haven*

häufig + oft Ⓐ fréquẹnto

Haupt(-) + Kopf *m*, Ⓝ cap *m*

Haus *n* Ⓝ hús *n!*

Haut *f* Ⓝ kụté *f*

Heizkörper *m* Ⓝ radiạtor *m*

helfen Ⓥ hẹlpen *c-*

Helfer *m* Ⓝ hẹlper *m*

Helikopter *m* Ⓝ helikọpter *m* -ko-pter

Herbarium *n* Ⓝ herbạ́r *m*

Herd *m* Ⓝ stụfa *f*

Hering (1) *m* ZOOL Ⓝ hẹring *m*

Hering (2) *m* ZOOL Ⓝ síld *m*

Herkunft *f* Ⓝ provéniẹncea *f* [tsa], gen: -ce

herleiten + ableiten Ⓥ dédụcen *c+*

Herleitung *f* + Ableitung *f* Ⓝ déductiọ́n *f* [ts] gen: -ọne

herrschen + regieren, Ⓥ régịn

herstellen + produzieren Ⓥ producẹ́ren *c-*

Herstellung *f* + Produktion *f* Ⓝ productiọ́n *f* [ts] gen: -ọne

Herz *n* Ⓝ hẹrtze *n*

herzlich Ⓐ hẹrtzlig

Heterosexualität *f* Ⓝ heterosexualitẹ́ *f* gen: -tẹ́te

heute Ⓐdv "ẹdan"

hier Ⓐdv hér

Hilfe *f* Ⓝ help *m*

Hilfsverb *n* Ⓝ auxiliạ́r vẹrb *m*

Himmel *m* Ⓝ néb *m*

Hinsicht *f* + Ansicht *f*, Ⓝ víd *m*

Hirsch *f* Ⓝ cerv *m*

historisch Ⓐ histọric adv: ~no

hoch Ⓐ hógh

höchstens + maximal Ⓐdv maximạlno

höchstmöglich + maximal, Ⓐ maximạl

Hocker *m* Ⓝ stọlek *m* gen: stọlke

Hof (1) *m* *(Innen'~, Hinter'~)* Ⓝ dvor *m*

Hof (2) *m* *(Königs'~, ~staat)* Ⓝ cọ́rté *f* gen: ~e

Höflichkeit *f* Ⓝ cọ́rtésịa *f*

Holunder *m* Ⓝ bạ́za *f*

Holz *n* Ⓝ drẹu (drẹ́v-) *m* gen: drẹ́ve

Homöopathie *f* Ⓝ homéopathịa *f*

329

Homosexualität *f* N homosexualité *f* gen: -téte

Honig *m* N mel *m*

hören V hoeren *c-*

Horoskop *m* N horoskop *m*

Horror *m* N horror *m*

Hörsaal *m* + Auditorium *n,* N auditórium *n* gen: -órie

Hospital *n* + Spital *n* N hospital *m*

Hospiz *n* N hospíc' *m* gen: -ice

Hotel *n* N hotel *m* gen: ~le

Hüfte *f* N hoeft *m*

Huhn *n* N kurka *f*

Humanität *f* N humanité *f* gen: -téte

humid A humíd

Hummer *m* N homar *m*

Hund *m* N hund *m*

hundert num sád

Hure *f* N kurva *f*

husten V kashlán

Husten *m* N kashel *m* gen: kashle

Hybride *m* N hybrid *m*

Hydraulik *f* N hydraulica *f* gen: -ce [ts]

Hypnose *f* N hypnósé *f* gen: ~e

Hypothek *f* N hypothéké *f* gen: ~e

Hypothese *f* N hypothesé *f* gen: ~e

ich *siehe auch Pronomen und Artikel* pPr jeg

Ideal A ideal

Idealismus *m* N idealisme *m*

Idealist *m* N idealist *m*

idealistisch A idealistic comp: -cer [ts], adv: ~no

Idealität *f* N idealité *f* gen: -téte

Idee *f* N idea *f*

identifizieren V identificéren *c-*

identisch A indentic

Identität *f* N identité *f* gen: -téte

Ideogramm *n* N ideogramma *n* gen: ~me

ideographisch A ideografic adv: ~no

Ideologie *f* N ideologia *f*

Idiot *m* N idiót *m*

Ignoranz *f* N ignorancea *f* [tsa], gen: -ce

ignorieren + missachten, übergehen V ignoréren *c-*

ihm *siehe Pronomen und Artikel* pPr jem

ihn *siehe Pronomen und Artikel* pPr jen

Ihnen *siehe Pronomen und Artikel* pPr

ihnen *siehe Pronomen und Artikel* pPr jim

ihr (1), Sie (3) *siehe Pronomen und Artikel* pPr vi, Vi

ihr (2), ihre, ihren (1) *3.Sg; siehe Pronomen und Artikel* possArt jer

ihr (3), ihre, ihren (2) *3.Pl; siehe Pronomen und Artikel* possArt ír

ihr(ig)e(n): der /die /das /den ~ (1) *3.Sg; siehe Pronomen und Artikel* possPrn jere(s): de ~

ihr(ig)e(n): der /die /das /den ~ (2) *3.Pl;*
siehe Pronomen und Artikel possPrn
ire(s): de ~

Ihr(ig)e(n): der /die /das /den ~ *siehe*
Pronomen und Artikel possPrn

Ihr, Ihre *siehe Pronomen und Artikel*
possArt

ihrer *Gen Pl; siehe Pronomen und Artikel*
pPr jikh

ihrer *gen; siehe Pronomen und Artikel* pPr
jej

illegal adv illégalno

Illumination *f* N illuminatión *f* [ts]
gen: -one

Illustration *f* N illustratión *f* [ts] gen: -one

illustrieren V illustréren *c-*

imaginär + vorgestellt, gedacht A imaginár

Imitation *f* N imitatión *f* [ts] gen: -one

imitieren V imitéren *c-*

immer adv daima

Immigrant N immigrant *m*

Immigration *f* N immigratión *f* [ts]
gen: -one

immigrieren V immigréren *c-*

Impedanz *f* N impedancea *f* [tsa],
gen: -ce

Imperativ *m* GRAM N imperatív *m*

imperfekt *m* GRAM N imperfect *m*

imperial A imperial adv: ~no

Imperialismus *m* N imperialisme *m*

Imperium *n* N impér *m*

Implosion *f* N implosión *f* gen: -one

Import *m* N import *m*

in P in

in erster Linie adv primárno

Index *m* N index *m* gen: -dice

individuell (1) A individual

individuell (2) adv individualno

Industrie *f* N industria *f*

industriell A industrial

Infarkt *m* N infarct *m*

Infinitiv *m* N infinitív *m*

Inflation *f* N inflatión *f* [ts] gen: -one

Information *f* N informatión *f* [ts]
gen: -one

informieren V informéren *c-*

Infrarot- A "infraród"

Infrastruktur *f* N infrastructura *f*

Infusion *f* N infusión *f* gen: -one

Ingenieur *m* N ingjéniër *m*

Ingwer *m* N gjengvér *m*

inhalieren V inhaléren *c-*

Inhaltsstoff *f* N ingrédient *m*

Initial *m* + Anfangsbuchstabe *m*, N initial
(1) *m*

Initiative *f* N initiatíva *f*

Inkarnation *f* N incarnatión *f* [ts]
gen: -one

inklusiv A inclusív

Inkubation *f* N incubatión *f* [ts] gen: -one

Innovation _f_ N innovatiọn _f_ [ts] gen: -ọne

innovativ A innovatív

Insolvenz _f_ N insolvẹncea _f_ [tsa], gen: -ce

Inspektor _m_ N inspẹctor _m_ gen: inspectòre

Inspiration _f_ N inspiratiọn _f_ [ts] gen: -ọne

instabil + unstabil A instạbil
!comp: -bler; adv: -bilno

Installation _f_ N installatiọn _f_ [ts] gen: -ọne

Instruktion _f_ N instructiọn _f_ [ts] gen: -ọne

Insulin _n_ N insulịné _f_

Intelligenz _f_ N intelligẹncea _f_ [tsa], gen: -ce

interessant A interessạnt

Interesse _n_ N interẹss _m_

interessieren V interesséren _c-_

interessieren: sich ~ _für etwas_ V interesséren sé _c-_

Interieur _n_ N interiẹr _m_

international A internationạl

Internet _n_ N ịnternet _m_

Internist _m_ N internịst _m_

Interpretation _f_ N interprétatiọn _f_ [ts] gen: -ọne

interpretieren V interprétéren _c-_

interrogativ _(Linguistik)_ + fragend, Frage- A interrogatív

Interrogativpronomen _n_ GRAM + Fragewort _n_ N interrogatív pronọm _m_

Intervall _n_ N intervạll _m_

Intervention _f_ N interventiọn _f_ [ts] gen: -ọne

intim A intím

Intimität _f_ N intimitẹ́ _f_ gen: -tẹ́te

Intrigant _m_ N intrigạnt _m_

Intrige _f_ N intrịga _f_

invalide A invạlid

Invasion _f_ N invasiọn _f_ gen: -ọne

Ire (en) N ạérishmen _m_

Ire (ga) _m_ N ẹ́irënnakh (1m) _m_

Irin (en) N ạérishwhómen _f_

Irin (ga) _f_ N ẹ́irënnakh (1f) _f_

Irisch (1) _(,~e Sprache)_ + Gälisch (1) _(,~e Sprache)_ N Gaeljge _m_

irisch (2) A ẹ́irënnakh (2)

irisch (3) A ạérish

Irland (en) N Ạérlaend _m_

Irland (ga) _n_ N Ẹ́ire _n_

Ironie _f_ N ironịa _f_

Island _n_ N Ísland _m_

Isländer _m_ N íslendingur _m_

Isländerin _f_ N íslensk (zhena) _f_

isländisch A íslensk

Isländisch _(,~e Sprache)_ N Íslenska _m_

ist V es _3sg_ < ↑_bín_

Italien _n_ N Itạ́lia _f_

Italiener _m_ N italiạno (1) _m!_

Italienerin _f_ N italiạna _f_

italienisch $\boxed{A}$ italián

italienisch *(,~e Sprache)* $\boxed{N}$ Italiano (2) *n*

Ja. $\boxed{itj}$ Ja.

Jacke *f* $\boxed{N}$ jhakęt *m* gen: ~te

Jahr *n* $\boxed{N}$ jár *m*

Jahrmarkt (1) *m* $\boxed{N}$ jármercát *m* gen: -cáte

Jahrmarkt (2) *m* + Basar *m,* $\boxed{N}$ basár *m*

Jänner *m* + Januar *m,* $\boxed{N}$ január *m*

Januar *m* + Jänner *m* $\boxed{N}$ január *m*

Japan *n* $\boxed{N}$ Japán *m*

japanisch $\boxed{A}$ japanęs

Jargon *m* $\boxed{N}$ jhargón *m*

Jasmin *m* $\boxed{N}$ jasmín *m* gen: -ine

jede(-r/-s) $\boxed{A}$ cád

jetzt $\boxed{adv}$ nu

Jongleur *m* $\boxed{N}$ jhonglër *m*

jonglieren $\boxed{V}$ jhonglęren *c-*

Journalismus *m* $\boxed{N}$ jhurnalisme *m*

Journalistik *f* $\boxed{N}$ jhurnalistica *f* gen: -ce [ts]

jugendlich $\boxed{A}$ juveníl

Juli *m* $\boxed{N}$ juli *m* gen: júnie

jung $\boxed{A}$ jún

Junge *m* $\boxed{N}$ poég *m*

Juni *m* $\boxed{N}$ juni *m* gen: júlie

Jura *f* $\boxed{N}$ légé *f*

Jury *f* $\boxed{N}$ jhuria *f*

Justierung $\boxed{N}$ adjustamęnt *n*

Kabel *n* $\boxed{N}$ kabel *m* gen: káble

Kabeljau *m* + Dorsch *m* $\boxed{N}$ torsk *m*

Kabine *f* $\boxed{N}$ cabina *f*

Kaffee *m* $\boxed{N}$ café (1) *m*

Kalender *m* $\boxed{N}$ calendár *m*

Kalkulation *f* $\boxed{N}$ calculatión *f* [ts] gen: -one

kalkulieren + berechnen $\boxed{V}$ calculęren *c-*

Kalorie *f* $\boxed{N}$ caloria *f*

kalt $\boxed{A}$ cold

Kamel *n* $\boxed{N}$ camęl *m*

Kamera *f* $\boxed{N}$ camera (2) *f*

Kammer *f* $\boxed{N}$ camera (1) *f*

Kampagne *f* $\boxed{N}$ campanja *f* [n-j]

Kandidat *m* $\boxed{N}$ candidát *m*

Känguru *n* $\boxed{N}$ kaenguru *n* gen: ~ë

Kaninchen *n* $\boxed{N}$ kanín *m* gen: -ine

Kanzlei *f* + Kanzlerin *f* $\boxed{N}$ cancellária *f*

Kanzlerin *f* + Kanzlei *f,* $\boxed{N}$ cancellária *f*

kapern $\boxed{V}$ requisęren *c-*

Kapital *n* $\boxed{N}$ capital *m*

Kapitalismus *m* $\boxed{N}$ capitalisme *m*

Kapitalist *m* $\boxed{N}$ capitalist *m*

Kapitän *m* $\boxed{N}$ capitán *m*

Kapitel *n* $\boxed{N}$ capitul *m* gen: -tle

Kappe *f* $\boxed{N}$ kapka *f*

Kapsel *f* $\boxed{N}$ capsula *f*

Kapuze *f* $\boxed{N}$ capuccea *f* [ttsa], gen: -ce

Karbid *n* $\boxed{\text{N}}$ karbíd *m* gen: -ide

Kardinal *m* $\boxed{\text{N}}$ cardinal *m*

Kardiologie *f* $\boxed{\text{N}}$ kardiologia *f*

Karies *f* $\boxed{\text{N}}$ cáriés *m* gen: ~e

Karneol *m* $\boxed{\text{N}}$ carnéól *m*

Karneval *m* $\boxed{\text{N}}$ carneval *m*

Karosse *f* $\boxed{\text{N}}$ limusiné *f* pl: -inés,
   gen: -ínée

Karpfen *m* $\boxed{\text{N}}$ karp *m*

Karte *f* $\boxed{\text{N}}$ carta *f*

Kartell *n* $\boxed{\text{N}}$ cartel *m* gen: ~le

Kasein *n* $\boxed{\text{N}}$ caséín *m*

Kasino *n* $\boxed{\text{N}}$ casino *n*

Kasse *f* $\boxed{\text{N}}$ kassa *f*

Kassenbon *m* + Rezept *n*, $\boxed{\text{N}}$ recíbt *m*

Kassette *f* $\boxed{\text{N}}$ cassetta *f*

Kastagnetten *f pl* $\boxed{\text{N}}$ castanjettas *f pl*

Kaste *f* $\boxed{\text{N}}$ casta *f*

Kastilisch *(,~e Sprache)* + Spanisch (2)
   (,~e Sprache) $\boxed{\text{N}}$ Casteljano *m*

Kasuistik *f* $\boxed{\text{N}}$ casuistica *f* gen: -ce [ts]

Katalane *m* $\boxed{\text{N}}$ catalá (1) *m*

Katalanin *f* $\boxed{\text{N}}$ catalana *f*

Katalanisch *(,~e Sprache)* $\boxed{\text{N}}$ Catalá (2)

Katalonien *n* $\boxed{\text{N}}$ Catalunja *f*

katalonisch $\boxed{\text{A}}$ catalán

katastrophal (1) $\boxed{\text{A}}$ katastrofal

katastrophal (2) $\boxed{\text{A}}$ katastrofic
   comp: -cer [ts], adv: ~no

Katastrophe *f* $\boxed{\text{N}}$ katastrofé *f*

Kategorie *f* $\boxed{\text{N}}$ kategoria *f*

Kater *m* $\boxed{\text{N}}$ kator *m* gen: kátre

Kathedrale *f* $\boxed{\text{N}}$ kathedralé *f*

Kätzchen *n* $\boxed{\text{N}}$ kattek *m/n* gen: katke

Katze (1) *f (Tierart)* $\boxed{\text{N}}$ kat *m* gen: ~te

Katze (2) *f (weibliche ~)* $\boxed{\text{N}}$ katta *f* dim:
   katka

kaufen $\boxed{\text{V}}$ kópen *c-*

kausal $\boxed{\text{A}}$ causal adv: ~no

Kaution *f* $\boxed{\text{N}}$ cautión *f* [ts] gen: -one

Kavalier *m* $\boxed{\text{N}}$ cavaljér *m*

Kavallerie *f* $\boxed{\text{N}}$ cavaleria *f*

Kehle *f* $\boxed{\text{N}}$ gorel *m* gen: gorle

Kelch *m* $\boxed{\text{N}}$ kalic *m* [k], gen: ~e [ts]

Keller *m* $\boxed{\text{N}}$ keller *m*

Kenntnis *f* + Wissen *n*, $\boxed{\text{N}}$ znánie *n*

kennzeichnen + charakterisieren $\boxed{\text{V}}$ cha-
   ractériséren *c-*

kennzeichnend + charakteristisch $\boxed{\text{A}}$
   charactéristic [k-k] gen: -ce [k-ts]

Kessel *m* $\boxed{\text{N}}$ kettel *m* gen: -ttle

Ketchup *n* $\boxed{\text{N}}$ ketchup *m*

Ketzer *m* $\boxed{\text{N}}$ herétic (1) *m*

Ketzerei *f* $\boxed{\text{N}}$ heresia *f*

ketzerisch $\boxed{\text{A}}$ herétic (2) comp: -cer [ts],
   adv: ~no

Kiebitz *m* $\boxed{\text{N}}$ kibic' *m*

Kind *n* $\boxed{\text{N}}$ djeti *m* gen: djetje

Kino (1) *n* N̲ cinema *f*

Kino (2) *n* N̲ kino *n*

Kiste *f* N̲ lada *f*

Kiwi *m* ZOOL N̲ kiwi *m*

Klang + Laut *m,* N̲ són *m*

Klasse *f* N̲ classé *f*

Klassifizierung *f* + Einteilung *f* N̲ classificatión *f* [ts] gen: -one

Klausel *f* N̲ clausula *f*

klein A̲ pic [k], comp: ~er [ts]

Klementine *f* N̲ clémentiné *f*

Klick *m* IT N̲ click *m*

klicken IT V̲ clicken *c-*

Klingel *f* + Glöckchen *n* N̲ zvonek *m, dim*
gen: -ke

Klinik *f* N̲ klínica *f* gen: -ce [ts]

klinisch A̲ klinic adv: ~no

Kloake *f* N̲ cloaca *f* gen: -ce [ts]

Kloster (1) *n* N̲ klóster *m* gen: -stre

Kloster (2) *n* + Münster *n,* N̲ monastér *m*

Knie *n* N̲ kné *n!*

Knoblauch *m* N̲ chesnek *m*

Koalition *f* N̲ coalitión *f* [ts] gen: -one

Kobra *f* N̲ kóbra *f*

kochen V̲ kokhen *c-*

Kodifikation *f* + Kodifizierung *f* N̲ codifi-
catión *f* [ts] gen: -one

Kodifizierung *f* + Kodifikation *f,* N̲ codi-
ficatión *f* [ts] gen: -one

Koexistenz *f* + Zusammenleben *n* N̲
coéxistencea *f* [tsa], gen: -ce

Koffer *m* N̲ koffer *m* gen: kofre

Kohärenz *f* N̲ coherencea *f* [tsa],
gen: -ce

Kohl *m* + Weißkohl *m* N̲ kapusta *f*

Kohorte *f* N̲ cohorta *f*

Kollaboration *f* N̲ collaboratión *f* [ts]
gen: -one

kollaborieren V̲ collaboréren *c-*

Kollaps *m* N̲ collaps *m*

Kollekte *f* N̲ collectión *f* [ts] gen: -one

Kollision *f* N̲ collisión *f* gen: -one

Kolloquium *n* N̲ colloquium *n* gen: -quie

Kolonne *f (Fahrzeug '~)* + Säule *f* ARCH,
Spalte *f (Tabellen '~)* N̲ colonna (1) *f*

Kolumne *f* N̲ colonna (2) *f*

Kombination *f* N̲ combinatión *f* [ts]
gen: -one

Komfort *m* N̲ comfort *m*

Komitat *n* N̲ comtát *m* gen: -ate

Kommandeur *m* N̲ commandant / com-
mandër *m*

kommen V̲ kommen *c-* pret: kám-

Kommentar *m* N̲ commentár *m* gen: -are

Kommission *f* N̲ commissión *f* gen: -one

Kommune *f* N̲ comuna *f*

Kommunikation *f* N̲ communicatión *f*
[ts] gen: -one

kommunizieren + mitteilen, V̲ communicéren *c-*

kommutativ $\boxed{\text{A}}$ commutatív

Komödie *f* $\boxed{\text{N}}$ komédia *f*

Kompanie *f* $\boxed{\text{N}}$ companía *f*

Komparativ *m* GRAM + Steigerungsform *f* $\boxed{\text{N}}$ comparatív (1) *m*

Kompass *m* $\boxed{\text{N}}$ compass *m*

komplementär $\boxed{\text{A}}$ complémentár

komplett $\boxed{\text{A}}$ complét

Komplexität *f* $\boxed{\text{N}}$ complexité *f* gen: -téte

Komplikation *f* $\boxed{\text{N}}$ complicatión *f* [ts] gen: -one

Komplize *m* $\boxed{\text{N}}$ complíc' *m* gen: -ice

Komponente *f* + Bestandteil *m* $\boxed{\text{N}}$ componénta *f*

komponieren $\boxed{\text{V}}$ componéren *c*-

Kompromiss *m* $\boxed{\text{N}}$ compromís *m* gen: -ísse

Kondensat *n* $\boxed{\text{N}}$ condensát *m* gen: -áte

kondensieren $\boxed{\text{V}}$ condenséren *c*-

Kondition *f* + Gegebenheit *f* $\boxed{\text{N}}$ conditión *f* [ts] gen: -one

Konditor *m* $\boxed{\text{N}}$ kondítor *m*

Kondolenz *f* $\boxed{\text{N}}$ condoléncea *f* [tsa], gen: -ce

Kondor *m* $\boxed{\text{N}}$ condor *m*

Konferenz *f* $\boxed{\text{N}}$ conferéncea *f* [tsa], gen: -ce

konfiszieren $\boxed{\text{V}}$ confiscéren *c*-

Konflikt *m* $\boxed{\text{N}}$ conflíct *m*

Konglomerat *n* $\boxed{\text{N}}$ conglomerát *m* gen: -áte

Kongruenz *f* $\boxed{\text{N}}$ congruéncea *f* [tsa], gen: -ce

König *m* $\boxed{\text{N}}$ králj *m* gen: kralje

Königreich *n* $\boxed{\text{N}}$ králjevstvo *n* gen: -stve

Konjugation *f* $\boxed{\text{N}}$ conjugatión *f* [ts] gen: -one

konjugieren $\boxed{\text{V}}$ conjugéren *c*-

Konklave *n* $\boxed{\text{N}}$ conclív *m* gen: -ave

können $\boxed{\text{V}}$ mozhen *c*+ 1sg: jeg mogo

konsequent *(Adverb)* $\boxed{\text{adv}}$ conséquénto

konservieren $\boxed{\text{V}}$ conservéren *c*-

Konsistenz *f* $\boxed{\text{N}}$ consisténcea *f* [tsa], gen: -ce

konsolidieren $\boxed{\text{V}}$ consolidéren *c*-

Konsonant *m* $\boxed{\text{N}}$ consonánt *m*

Konspiration *f* $\boxed{\text{N}}$ conspiratión *f* [ts] gen: -one

Konstante *f* $\boxed{\text{A}}$ constánt adv: ~o

Konstellation *f* $\boxed{\text{N}}$ constellatión *f* [ts] gen: -one

Konstrukteur *m* $\boxed{\text{N}}$ disáiner *m*

Konstruktion (1) *f* $\boxed{\text{N}}$ constructión *f* [ts] gen: -one

Konsul *m* $\boxed{\text{N}}$ consul *m*

Konsultation *f* + Beratschlagung *f* $\boxed{\text{N}}$ consultatión *f* [ts] gen: -one

konsumieren $\boxed{\text{V}}$ consuméren *c*-

Kontakt *m* $\boxed{\text{N}}$ contáct *m*

kontaktieren $\boxed{\text{V}}$ contactéren *c*-

Kontinent *m* + Festland *n* $\boxed{\text{N}}$ continént *m*

kontinental + Festlands- $\boxed{\text{A}}$ continentál

Kontinuität *f* + Beständigkeit *f* N continuité *f* gen: -téte

Kontra- pfx contra-

Kontraktion *f* N contractión *f* [ts] gen: -one

Kontrast *m* N contrast *m*

Konus *m* N konus *m* gen: -ne

Konvention *f* N conventión *f* [ts] gen: -one

Konvergenz *f* N convergencea *f* [tsa], gen: -ce

Konversation *f* N conversatión *f* [ts] gen: -one

Konverter *m* N converter *m*

konvertieren V convertéren *c-*

konvex A convex

Konzentration *f* N concentratión *f* [ts] gen: -one

konzentrieren V concentréren *c-*

Konzept *n* N concept *m*

Konzil *n* N consíl *m* gen: -ile

Kopf *m* + Haupt(-) N cap *m*

kopieren V copiéren *c-*

Koralle *f* N koral *m* gen: ~le

Kordel *f* N corda *f*

Kormoran *m* N kormorán *m*

Korn *n* + Krümel *m*, Splitter *m* N grán *m*

Körper *m* N corpor *m*

Körperschaft *f* N corporatión *f* [ts] gen: -one

korrekt A correct +↑*rect* +↑*direct* +↑*djas*

Korrektur *f* N correctión *f* [ts] gen: -one

Korrespondenz *f* + Schriftkontakt *m* N correspondencea *f* [tsa], gen: -ce

korrespondieren V correspondéren *c-*

korrigieren V corrigéren *c-*

Korsage *f* N corsájh *m*

Kosmetik *f* N kosmetica *f* gen: -ce [ts]

kosten *(Preis)* V costán

Kostüm *n* N kostúem *m*

Krabbe *f* N krab *m* gen: ~be

Kraft (1) *f* + Stärke *f*, N sila *f*

Kraft (2) *f (Streit'~)* N forcea *f* gen: -ce

kräftig + stark, A silen comp: -lner, adv: -lno

Krähe (1) *f* N corv *m*

Krähe (2) *f* N vrana *f*

Krake *m* N octopód *m*

Kran *m (Wasser'~)* + Hahn *m (Wasser'~)*, N krán *m*

Kranich *m* N gjeru *n* gen: gjerve

Krankenwagen *m* + Ambulanz N ambulancea *f* [tsa], gen: -ce

krass A crass

Kreativität *f* N créativité *f* gen: -téte

Kreatur *f* N créatura *f*

Krebs (1) *m* ZOOL N rak *m*

Krebs (2) *m* MED N cancer *m*

Kreide *f* N kréta *f*

kreieren V crééren *c-*

337

Kreis *m* [N] cerc *m*

kreischen [V] krichán

Krematorium *f* [N] crematórium *n*
pl: -tóries

Kreta (GR) *Insel* ~ [N] Krété *f*

Kreuz *n* [N] kroéz (1) *m*

kreuzen + überqueren [V] kroézen *c-*

Krieg *m* [N] guerra *f*

kriegen + bekommen (2), erhalten (3) [V]
capen *c+*

Kristall *n* [N] kristal *m* gen: ~le

Kriterium *n* [N] kritér *m*

Kroate *m* [N] hrvat *m*

Kroatien *n* [N] Hrvatska *f*

Kroatin *f* [N] hrvaticea *f*

kroatisch [A] hrvatsk

Kroatisch *(,~e Sprache)* [N] Hrvatski *m*

Krokodil *n* [N] krokodíl *m* gen: -íle

Krümel *m* + Korn *n*, Splitter *m* [N] grán *m*

Kruste *f* [N] crusta *f*

Kruzifix *n* [N] crucifix *m* gen: -fice

Küche *f* [N] kukhina *f*

Kuckuck *m* [N] kuckuc *m* [k] gen: ~e [ts]

Kuh *f* [N] kova *f*

Kulmination *f* [N] culminatión *f* [ts]
gen: -one

Kult *m* [N] cult *m*

Kultur *f* [N] cultura *f*

Kultusministerium *n* [N] ministér culture
m

Kumulation *f* [N] accumulatión *f* [ts]
gen: -one

Kundendienst *m* + Dienst(betrieb) *m*, [N]
servíc' *m* gen: -ice

Kunst *f* [N] arté *f*

Kurier *m* [N] currier *m*

kurieren [V] curán

Kurs *m* [N] curs *m*

Kurve *f* [N] corva *f*

kurz [A] kórt

Kürze *f* [N] kórthéd *f*

Küste *f* [N] costa *f*

Kutikula *f* MED [N] cuticula *f*

Kutsche *f* + Wagen *m* [N] kochi *m* pl: ~s,
gen: ~e

Labor *n* [N] laboratór *m*

Lachs *m* [N] lazac' *m* gen: lázce

Lactose *f* [N] lactosa *f*

laden [V] laden *c-*

Ladung *f* [N] carga *f*

Lager *n* [N] tabor *m*

Lagune *f* [N] laguna *f*

Lama *n* [N] lama *n*

Lamelle *f* [N] lamella *f*

Lampe *f* [N] lampa *f*

Land *n* [N] land *n!*

Landwirtschaft *f* [N] agricultura *f*

lang $\boxed{\text{A}}$ long

Länge *f* $\boxed{\text{N}}$ lẹngdé *f*

langsam $\boxed{\text{A}}$ lent adv: ~o

Lanze *f* $\boxed{\text{N}}$ lạncea *f* [tsa], gen: -ce

Lanzette *f* $\boxed{\text{N}}$ lancẹtta *f*

Lappe *m* + Same *m*, $\boxed{\text{N}}$ sạmi (1) *m*

Lappin *f* + Samin *f*, $\boxed{\text{N}}$ sápmelash *f*

Lappisch + Samisch *(,~e Sprache)*, $\boxed{\text{N}}$ Sámegiella

lappisch + samisch, $\boxed{\text{A}}$ sạmi (2)

Lappland *n* $\boxed{\text{N}}$ Sápmi *m*

Larve *f* $\boxed{\text{N}}$ lạrva *f*

Läsion *f* $\boxed{\text{N}}$ lesiọn *f* gen: -one

lassen $\boxed{\text{V}}$ lạssen *c-*

Latein(isch) *(,~e Sprache)* $\boxed{\text{N}}$ Latịn *m* gen: -ine

lateinisch $\boxed{\text{A}}$ latịn

latent $\boxed{\text{A}}$ latẹnt

Latrine *f* $\boxed{\text{N}}$ latrịna *f*

laufen + fließen (2), rinnen $\boxed{\text{V}}$ rennen *c-* pret: rann-, ppp: ronnen

Laus *f* $\boxed{\text{N}}$ lús *m*

Laut *m* + Klang $\boxed{\text{N}}$ són *m*

läuten $\boxed{\text{V}}$ zvonịn

lautlos + still (2), $\boxed{\text{A}}$ tikh adv: ~o, N: ↑tishina

Lautstärke *f* $\boxed{\text{N}}$ volụm *m* gen: -ume

Lavendel $\boxed{\text{N}}$ lavẹnda *f*

Lavendelöl *n* $\boxed{\text{N}}$ "lavẹnda-ólj" *m, /ólj lavẹnde*

Lawine *f* $\boxed{\text{N}}$ lavịna *f*

lax $\boxed{\text{A}}$ lax

Laxans *n* $\boxed{\text{N}}$ laxatịv *m* gen: -tive

leben $\boxed{\text{V}}$ lẹven *c-*

Leben *n* $\boxed{\text{N}}$ lév *m*

lebendig $\boxed{\text{A}}$ zhív adv: ~o

legal $\boxed{\text{A}}$ légál adv: ~no

Legasthenie *f* $\boxed{\text{N}}$ dyslexịa *f*

legen $\boxed{\text{V}}$ lezhẹn

Legende *f* $\boxed{\text{N}}$ légẹnda *f*

Legion *f* $\boxed{\text{N}}$ légiọn *f* gen: -one

Legislative *f* $\boxed{\text{N}}$ législatụra *f*

Legitimation *f* $\boxed{\text{N}}$ légitimatiọn *f* [ts] gen: -one

Lehre *f* + Erlernung *f* $\boxed{\text{N}}$ uchẹnie *n*

lehren *(Formulierung in den Herkunftssprachen: "Jemanden (Akkusativ) zu etwas (Dativ) lehren"* $\boxed{\text{V}}$ uchịn ~ qqn a qqd

Lehrer *m* $\boxed{\text{N}}$ uchịtél /~ka *m /f*

leicht *(Gewicht)* $\boxed{\text{A}}$ leghk [jk]

Leidenschaft *f* + Passion *f*, $\boxed{\text{N}}$ passiọn *f* gen: -one

leiten + führen, $\boxed{\text{V}}$ lẹden *c-*

Leiter *m (!)* $\boxed{\text{N}}$ lẹder *m*

Lektion *f* $\boxed{\text{N}}$ lectiọn *f* [ts] gen: -one

Leopard *m* $\boxed{\text{N}}$ léopạrd *m*

Lerche *f* $\boxed{\text{N}}$ lẹrké *f*

lernen $\boxed{\text{V}}$ lạeren *c-*

lesen $\boxed{\text{V}}$ lésen *c-*

Lette *m* N lątvis *m*

Lettin *f* N lątviete *f*

lettisch A lątvju

Lettisch *(,~e Sprache)* N Lątvieshu

Lettland *n* N Lątvija *f*

Leukämie *f* N leukemia *f*

Leute *pl* N ljúdj *!pl* gen: ludje

Lexikon *n* N lexikon *n* gen: -ke

liberal A liberąl

lieb (1) A ljúb comp: ljuber

lieb (2) + teuer (2), lieb und teuer A kaer

lieb (3) + liebenswürdig, nett A míl adv: milo

lieb und teuer + lieb (2), teuer (2) A kaer

Liebe *f* N ljubé *f*

lieben V ljubín

liebenswürdig + lieb (3), nett A míl adv: milo

Liga *f* N liga *f*

Likör *m* N likęr *m*

limitieren V limitęren *c-*

linear adv linéąrno

Linguist *m* N linguist *m*

Linguistik *f* N linguistica *f* gen: -ce [ts]

linguistisch A linguistic adv: ~no

Linie *f* N linia *f*

Link *m* IT N link *m*

links adv clé

Linoleum *n* N linọléum *n* gen: -ọlée

Lippe *f* N laep *m*

Liquidität *f* N liquiditę *f* gen: -tęte

Litauen *n* N Lietuva *f*

Litauer *m* N lietuvis *m*

Litauerin *f* N lietuvé *f*

litauisch A lietuvi

Litauisch *(,~e Sprache)* N Lietuviú

literarisch A literąr

Literatur *f* N literatura *f*

Lithium *n* N líthium *n* gen: -thie

Lithografie *f* N lithografia *f*

Lizenz *f* N licęncea *f* [tsa], gen: -ce

Löffel *m* N lọzhka *f*

Logik *f* N logica *f* gen: -ce [ts]

Logistik *f* N logistica *f* gen: -ce [ts]

lokal A locąl

Lokalität *f* N localitę *f* gen: -tęte

Lösung *f* N solutiọn *f* [ts] gen: -ọne

Löwe *m* N lęón *m*

Luchs *m* N lynx *f* gen: -nce

Luft N aęr *m*

lukrativ A lucratív

Lumen *n* N lumen *n*

Lunge *f* N lọnge *n*

Lungenbläschen + Alveole (2) *f,* N alvéọl (2) *m*

Luxemburg *n* N Lętzëbuęrjh *m*

Luxemburger *m* N lẹtzëbuërjer *m*

Luxemburgerin *f* N lẹtzëbuërjerin *f*

luxemburgisch A lẹtzëbuërjesh

Luxemburgisch *(,~e Sprache)* N Lẹtzëbuërjesh *m*

luxuriös A luxuọ́s comp: ~er, adv: -ọ́zno

Luxus *m* N lụxus *m* gen: lụxe

Lymphe *f* N lymfé *f*

machen (1) + tun (2) V délạ́n

machen (2) + anstellen (1) V chinín

Mädchen *n* N djẹvca *f* [k] gen: -vce [ts], dim: -vchina, -vochka

Magen *m* N stọmach *m* [k]

Magnitude *f* N magnitụ́d *f* gen: -tụde

mahlen V mạlen *c-*

Mai *m* N mai *m*

Makel *m* N stigma *n*

Makrele (1) *f* N makrẹla *f*

Makrele (2) *f* N skụmbré *f*

Mal N kẹra *f*

maliziös A maliciọ́s comp: ~er, adv: -ọ́zno

Malta N Malta *f*

Malteser *m* N malti (1) *m*

Malteserin *f* N maltija *f*

maltesisch A malti (3)

Maltesisch *(,~e Sprache)* N Malti (2)

malträtieren V maltraetẹ́ren *c-*

Mammografie *f* N mammografịa *f*

man *unpersönliche Form und Passiv* pPr sé (2)

Man: Insel ~ N Maen *m*

manch + manche (1), einiges A mang

manche (1) + manch, einiges A mang

manche (2) + einige pron mạnges *pl*

Mandat *n* POLIT N mandạ́t *m*

Manifest *n* N manifẹst *m*

Maniküre *f* N manikụeré *f*

Manipulation *f* N manipulatịọ́n *f* [ts] gen: -ọne

manipulieren V manipulẹ́ren *c-*

Mann *m* N man *m* gen: ~ne

männlich A masculín

Mantel *m* N mantẹl *m* gen: ~le

Manual *n* N manuạl *m* gen: -ạle

manuell adv manuạlno

Mappe *f* N mạppa *f*

Marder *m* N kụna *f*

Marinade *f* N marinạda *f*

Marine *f* N marịna *f*

marinieren V marinẹ́ren *c-*

markieren + signieren V signạ́n

Markt *m* N mercạ́t *m* gen: -ạte

Marodeur *m* N marodẹ̈r *m*

März *m* N mars *m*

Maschine *f* N mashịna *f*

Maskulinum *n* GRAM N mạsculinum *n* gen: -ine

Massage *f* Ⓝ massájh *m* gen: -ajhe

Masseur (1) *m* Ⓝ massёr *m*

Masseur (2) *m* Ⓝ massajhíst *m*

Material *n* Ⓝ materiál (1) *m* gen: -ale

Materialismus *m* Ⓝ materialísme *m*

Materie *f* Ⓝ matéria *f*

Mathematik *f* Ⓝ mathemática *f*

Matraze *f* Ⓝ matráć *m* gen: -acce

Matrix *f* Ⓝ mátrix *f* gen: -ice

Maultier *n* Ⓝ múl *m* gen: mule

Maus *f* ZOOL Ⓝ múes *m* gen: muese

maximal + höchstens, Ⓐdv maximálno

maximal + höchstmöglich Ⓐ maximál

Maxime *f* Ⓝ maxíma *f*

maximieren Ⓥ maximiséren *c-*

Mazedonien *n* Ⓝ Makedonija *f*

Mazedonier *m* Ⓝ makedonjec' *m*

Mazedonierin *f* Ⓝ makedonka *f*

mazedonisch Ⓐ makedonsk

Mazedonisch *(~e Sprache)* Ⓝ Makedonski

medial Ⓐ médial

Medikament *n* Ⓝ drogé / droga *f*

mediterran Ⓐ méditerrané

Medium *n* Ⓝ médium *n* gen: -die

Medizin *f* Ⓝ médicina *f*

Meer *n* Ⓝ mar *m*

Megafon *n* Ⓝ megafón *m*

Mehrheit *f* Ⓝ majorité *f* gen: -téte

Meile *f* Ⓝ milja *f*

mein(ig)e(n): der /die /das /den ~ *siehe Pronomen und Artikel* possPrn mie(s): de ~

mein, meine, meinen *siehe Pronomen und Artikel* possArt mí

meinen Ⓥ ménen *c-*

meiner *gen; siehe Pronomen und Artikel* pPr mine

Meinung *f* Ⓝ méning (2) *f*

meist Ⓐ mést adv: ~o

Meister *m* SPT Ⓝ champión *m*

Melancholie *f* Ⓝ melancholia *f* [k]

Melodie *f* Ⓝ melodia *f*

Membran *f* Ⓝ membrana *f*

Memoiren *f pl* Ⓝ mémoares *f pl*

memorieren Ⓥ memoréren *c-*

Menagerie *f* Ⓝ ménajheria *f*

Mensch *m* Ⓝ hóm *m*

menschlich Ⓐ humán

Menstruation *f* Ⓝ mensturatión *f* [ts] gen: -one

mental Ⓐ mental

Mentalität *f* Ⓝ mentalité *f* gen: -téte

Menü *n* Ⓝ menue *m*

Messer *n* Ⓝ nózh *m* gen: nozhe

-messgerät *n* + -meter *n*, Ⓝ -méter *m* gen: -tre

Metapher *f* Ⓝ metafora *f*

Metastase *f* MED $\boxed{\text{N}}$ metastasé *f*

Meteorit *m* $\boxed{\text{N}}$ meteórit *m*

Meteorologie *f* $\boxed{\text{N}}$ meteórologia *f*

Meter *m* $\boxed{\text{N}}$ méter *m* gen: -tre

-meter *n* + -messgerät *n* $\boxed{\text{N}}$ -méter *m* gen: -tre

Methode *f* $\boxed{\text{N}}$ method *m*

Metronom *m* $\boxed{\text{N}}$ metronóm *m*

Metropole *f* $\boxed{\text{N}}$ metropolé *f*

mich *siehe auch Pronomen und Artikel* $\boxed{\text{pPr}}$ mé (1)

Migräne *f* $\boxed{\text{N}}$ migraené *f*

Migration *f* $\boxed{\text{N}}$ migratión *f* [ts] gen: -one

mikro- + Mikro- $\boxed{\text{pfx}}$ mikro-

Mikro- + mikro-, $\boxed{\text{pfx}}$ mikro-

Mikrochip *m* $\boxed{\text{N}}$ mikrochip *m*

Mikroelektronik *f* $\boxed{\text{N}}$ mikroelektronica *f* [o-e]; gen: -ce [ts]

Mikrofon *n* $\boxed{\text{N}}$ mikrofón *m*

Mikroskop *n* $\boxed{\text{N}}$ mikroskop *m*

Milch *f* $\boxed{\text{N}}$ melk *m*

militant $\boxed{\text{A}}$ militant

militärisch $\boxed{\text{A}}$ militár

Milligramm *n* $\boxed{\text{N}}$ milligram *m* gen: ~me

Millimeter *m* $\boxed{\text{N}}$ milliméter *m* gen: -tre

Million *f* $\boxed{\text{num}}$ millión

Millionär */~in* *m* */f* $\boxed{\text{N}}$ millionár */~ia* *m* */f* gen: -nare /-nárie

minder + weniger, $\boxed{\text{A}}$ ménder

mindestens $\boxed{\text{adv}}$ minimalno

Mineral- + mineralisch, $\boxed{\text{A}}$ mineral (2) adv: ~no

Mineral *n* $\boxed{\text{N}}$ mineral (1) *m*

mineralisch + Mineral- $\boxed{\text{A}}$ mineral (2) adv: ~no

minimal $\boxed{\text{A}}$ minimal

Minimum *n* $\boxed{\text{N}}$ minimum *n* gen: -me

Minister *m* $\boxed{\text{N}}$ minister *m* gen: -tre

Ministerium *n* $\boxed{\text{N}}$ ministér *m*

Minus *n* MATH $\boxed{\text{N}}$ minus *m* gen: ~è

Minute *f* $\boxed{\text{N}}$ minút *m* gen: -ute

mir *siehe auch Pronomen und Artikel* $\boxed{\text{pPr}}$ mi (2)

Mirakel *n* $\boxed{\text{N}}$ miracul *m* gen: -cle

mischen $\boxed{\text{V}}$ méshán

miserabel $\boxed{\text{A}}$ miserabil comp: -ábler; adv: -ábilno

Misere *f* $\boxed{\text{N}}$ miséria *f*

missachten + ignorieren, übergehen $\boxed{\text{V}}$ ignoréren *c-*

Mission *f* $\boxed{\text{N}}$ missión *f* gen: -one

Missionar *m* $\boxed{\text{N}}$ missionár *m* gen: -are

mit $\boxed{\text{pr}}$ mé (2), méd (2)

Mitglied *n* $\boxed{\text{N}}$ member *m* gen: -bre

Mitte *f* $\boxed{\text{N}}$ médé *f*

mitteilen + kommunizieren $\boxed{\text{V}}$ communicéren *c-*

mittel *(~mäßig)* $\boxed{\text{adv}}$ méd(i-) (1)

Mittel *n* *(Hilfs~)* $\boxed{\text{N}}$ méd (1) *m*

Mittwoch *m* $\boxed{\text{N}}$ "méddan" *m*

Mixer *m* $\boxed{N}$ mixer *m*

Möbel *n pl* $\boxed{N}$ mëbles *n pl*

mobil $\boxed{A}$ mobil comp: -biler, adv: -bilno

Modalität *f* $\boxed{N}$ modalité *f* gen: -téte

Modalverb *n* GRAM $\boxed{N}$ "modal verb" *m*

Mode *f* $\boxed{N}$ moda *f*

Modus *m* $\boxed{N}$ mód *m*

möglich $\boxed{A}$ possibil

molar $\boxed{A}$ molár adv: ~no

Moldau + Moldawien *n*, $\boxed{N}$ Moldova *f*

moldauisch + moldawisch, $\boxed{A}$ moldovenesc

Moldawien *n* + Moldau $\boxed{N}$ Moldova *f*

Moldawier *m* $\boxed{N}$ moldoveán *m*

Moldawierin *f* $\boxed{N}$ moldoveána *f*

moldawisch + moldauisch $\boxed{A}$ moldovenesc

Mole *f* $\boxed{N}$ mól *m*

Molekül *n* $\boxed{N}$ molecula *f*

Mollusken *f pl* + Weichtiere *n pl* $\boxed{N}$ molluskes *pl*

Monarchie *f* $\boxed{N}$ monarchia *f*

Monat *m* $\boxed{N}$ mes *m*

Mond *m* $\boxed{N}$ luna *f*

monetär + Währungs- *pref.*, Geld- *pref.* $\boxed{A}$ monétár adv: ~no

Monitor *m* $\boxed{N}$ monitor *m* pl: -tores

Monokel *n* $\boxed{N}$ monocul *m* pl. -cles

Monopol *n* $\boxed{N}$ monopól *m*

Monster *n* $\boxed{N}$ monster *m* pl. -tres

Montag *m* $\boxed{N}$ lúndan *m*

Montage *f* $\boxed{N}$ montájh *m* gen: -tajhe

Monument *n* $\boxed{N}$ monument *n*

Moral *f* $\boxed{N}$ moral(ité) *f* (gen: -téte)

Moratorium *n* $\boxed{N}$ moratór(ium) *m (n)* gen: -tóre (-tórie)

Mortalität *f* $\boxed{N}$ mortalité *f* gen: -téte

Mörtel *m* $\boxed{N}$ morter *m* gen: -tre

Motiv *n* $\boxed{N}$ motív *m* gen: -tive

Motivation *f* $\boxed{N}$ motivatión *f* [ts] gen: -one

motivieren $\boxed{V}$ motivéren *c-*

Motor *m* $\boxed{N}$ mótor *m* pl: -tores

Motte *f* $\boxed{N}$ mólj(ek) *m*

Mühle *f* $\boxed{N}$ molín (1) *m* gen: -line

multi- + vielfach, vielfach- $\boxed{pfx}$ multi-

Multiplikation *f* $\boxed{N}$ multiplicatión *f* [ts] gen: -one

multiplizieren $\boxed{V}$ multiplicéren *c-*

Mund *m* $\boxed{N}$ mund *m*

Mungo *m* $\boxed{N}$ mangusta *f*

Munition *f* $\boxed{N}$ munitión *f* [ts] gen: -one

Münster *n* + Kloster (2) *n* $\boxed{N}$ monastér *m*

Münze *f (Geldstück)* $\boxed{N}$ monéta *f*

Murmeltier *n* $\boxed{N}$ marmota *f*

Muskel *m* $\boxed{N}$ muscul *m* gen: -cle

müssen (1) $\boxed{V}$ mussen *c-*

müssen (2) *(Die Formulierung erfolgt mit dem Dativ: ‚mí es treba' = es ist mir ein Bedürfnis / Ich muss)* + nötig sein, Bedürfnis: ein ~ sein $\boxed{V}$ tręba: bín ~ *f*

Mut *m* $\boxed{N}$ curájh *m* gen: -ajhe

Mutation *f* $\boxed{N}$ mutatiǫ́n *f* [ts] gen: -ǫne

Mutter *f* $\boxed{N}$ mǫder *f* gen: mǫdre

mütterlich $\boxed{A}$ maternąl

Muttersprache *f* $\boxed{N}$ "maternąl lįngua" *f*

mysteriös + geheimnisvoll $\boxed{A}$ mysteriǫ́s comp: ~er, adv: -ǫ́zno

Mysterium *n* $\boxed{N}$ mystę́r *m*

nach $\boxed{P}$ pas

Nachbar *m* $\boxed{N}$ sǫmséd *m*

nachdenken + überlegen $\boxed{V}$ reflectę́ren *c-*

Nachdenken *n* + Überlegung *f*, $\boxed{N}$ reflexiǫ́n *f* gen: -ǫne

Nachforschung *f (konkret)* + Forschung *f (allgemein)*, Recherche *f* $\boxed{N}$ recęrca *f* gen: -ce [ts]

Nächst (1) $\boxed{A}$ náest adv: ~o

Nacht *f* $\boxed{N}$ nott *f*

Nagel (1) *m* TECH $\boxed{N}$ nągel *m* gen: nágle

Nagel (2) *m* ANAT $\boxed{N}$ nąget *m* gen: nágte

Nahrungs- + alimentär, Ernährungs- $\boxed{A}$ alimentą́r

naiv $\boxed{A}$ naív comp: -įver, adv: ~no

Name *m* $\boxed{N}$ nóm *m*

nasal *(Linguistik)* + Nasen- $\boxed{A}$ nasąl (1)

Nasal *m (~'laut)* LING $\boxed{N}$ nasąl (2) *m*

Nase *f* $\boxed{N}$ nás (2) *m*

Nasen- + nasal *(Linguistik)*, $\boxed{A}$ nasąl (1)

Nation *f* $\boxed{N}$ natiǫ́n *f* [ts] f, gen: -tįne

national $\boxed{A}$ natiǫnąl

Natter *f* $\boxed{N}$ aspįda *f*

Natur *f* $\boxed{N}$ natųra *f*

natürlich $\boxed{A}$ naturąl

Navigation *f* $\boxed{N}$ navigatiǫ́n *f* [ts] gen: -ǫne

Nebel *m* $\boxed{N}$ nębla *f*

neben + bei (2) *(~ der Bedingung)*, trotz $\boxed{P}$ pri

Neffe *m* $\boxed{N}$ nępot *m*

negativ $\boxed{A}$ negatív comp: -tįver, adv: -tívno

negieren $\boxed{V}$ negę́ren *c-*

nehmen $\boxed{V}$ brán

neigen + beugen, $\boxed{V}$ klonín

nein. $\boxed{itj}$ né. (1)

Nennung *f* $\boxed{N}$ nominatiǫ́n *f* [ts] gen: -ǫne

Nepotismus *m* $\boxed{N}$ nepotįsme *m*

Nerv *m* $\boxed{N}$ nerv *m*

Nervosität *f* $\boxed{N}$ nervositę́ *f* gen: -tę́te

Nerz *m* ZOOL $\boxed{N}$ nǫrca *f* [k], gen: -ce [ts]

nett + lieb (3), liebenswürdig $\boxed{A}$ míl adv: mįlo

Netto *n* $\boxed{N}$ nętto *n* gen: ~ë

Netzwerk *n* $\boxed{N}$ nętwerk *n!*

neu $\boxed{A}$ nou

neuem: von ~ + erneut, $\boxed{adv}$ "abnǫu"

Neuheit *f* $\boxed{N}$ nouté *f*

neun $\boxed{\text{num}}$ nën

neunte(r/s) $\boxed{A}$ nënt *de ~*

neunzig $\boxed{\text{num}}$ nónce

Neurose *f* $\boxed{N}$ neurosé *f*

neutral $\boxed{A}$ neuter

neutral $\boxed{A}$ neutral adv: ~no

Neutrum *n* GRAM $\boxed{N}$ neutrum *n* gen: -tre

nicht $\boxed{\text{adv}}$ né (2)

nicht: auch ~ + noch (2) *(weder ~),* auch nicht $\boxed{\text{adv}}$ ní

Niederlande *pl* $\boxed{N}$ Nédërland *m*

Niederländer *m* $\boxed{N}$ nédërlander *m*

Niederländerin *f* $\boxed{N}$ nédërlandse *f*

niederländisch $\boxed{A}$ nédërlands

Niederländisch *(,~e Sprache)* $\boxed{N}$ Nédërlands *m*

niemand $\boxed{\text{pPr}}$ "néqui"

Nihilismus *m* $\boxed{N}$ nihilisme *m*

Nimbus *m* $\boxed{N}$ nimbus *m* gen: -be

Niveau *m* + Ebene *f* $\boxed{N}$ nivëó *n* gen: -vóë

noch (1) $\boxed{\text{adv}}$ jet

noch (2) *(weder ~)* + nicht: auch ~, auch nicht $\boxed{\text{adv}}$ ní

Nominativ *m* $\boxed{N}$ nominatív *m* gen: -tive

nominell $\boxed{A}$ nominal adv: ~no

nominieren $\boxed{V}$ nominéren *c-*

Norden *m* $\boxed{N}$ nord *m*

Norwegen *n* $\boxed{N}$ Nórge *n*

Norweger *m* $\boxed{N}$ nórdmann *m*

Norwegerin *f* $\boxed{N}$ nórdmann (zhena) *f*

norwegisch $\boxed{A}$ nórsk (2)

Norwegisch *(,~e Sprache)* $\boxed{N}$ Nórsk (1)

Nostalgie *f* $\boxed{N}$ nostalgia *f*

nötig + notwendig (1), $\boxed{A}$ nécessár comp: -arer, adv: ~no

nötig sein + Bedürfnis: ein ~ sein, müssen (2) *(Die Formulierung erfolgt mit dem Dativ: ‚mí es treba' = es ist mir ein Bedürfnis / Ich muss)* $\boxed{V}$ treba: bín ~ *f*

Notiz (1) *f* $\boxed{N}$ nota *f*

Notiz (2) *f* + Anmerkung *f* $\boxed{N}$ noticea *f* [tsa], gen: -ce

Notizblock *m* $\boxed{N}$ nota-block *m*

notwendig (1) + nötig $\boxed{A}$ nécessár comp: -arer, adv: ~no

notwendig (2) $\boxed{A}$ potreben comp: -ebner, adv: -ebno, po-treb

Notwendigkeit *f* $\boxed{N}$ potrebnost *f* po-treb

November *m* $\boxed{N}$ november *m* gen: -bre

Novize *m* $\boxed{N}$ novíc' *m* gen: -ice

Nukleus *m* SCI $\boxed{N}$ núclé *m!*

Null (1) $\boxed{\text{num}}$ null

Null (2) *f* $\boxed{N}$ zéro *n*

numerieren $\boxed{V}$ numeréren *c-*

Nummer *f* $\boxed{N}$ numer (3) *m*

Nuss *f* $\boxed{N}$ nóx *f* gen: nóce

Objektivität *f* $\boxed{N}$ objectivité *f* gen: -téte

obligatorisch $\boxed{A}$ obligatór adv: ~no

obskur $\boxed{A}$ obscúr

Ode *f* $\boxed{\text{N}}$ ódé *f*

oder $\boxed{\text{C}}$ ór

Ofen *m* $\boxed{\text{N}}$ forn *m*

offen $\boxed{\text{A}}$ ópen

Offensive *f* $\boxed{\text{N}}$ offensiva *f*

Öffentlichkeit *f* + Publikum *n* $\boxed{\text{N}}$ public *m*

Öffentlichkeitsarbeit *f* $\boxed{\text{N}}$ publicité *f* gen: -téte

offiziell (1) $\boxed{\text{A}}$ official comp: ~aler, adv: ~no

offiziell (2) $\boxed{\text{adv}}$ officialno

oft + häufig, $\boxed{\text{adv}}$ fréquento

ohne $\boxed{\text{pr}}$ bez +gen.

Okkultismus *m* $\boxed{\text{N}}$ occultisme *m*

Ökologie *f* $\boxed{\text{N}}$ ékologia *f*

Ökonomie *f* $\boxed{\text{N}}$ ékonomia *f*

Ökosystem *n* $\boxed{\text{N}}$ ékosystéma *n*

Oktave *f* $\boxed{\text{N}}$ octava *f*

Oktober *m* $\boxed{\text{N}}$ october *m* gen: -bre

Okular *n* TECH $\boxed{\text{N}}$ ocular *m* gen: -are

Öl *n* $\boxed{\text{N}}$ ólj *m*

Omnibus *m* + Bus (1) *m* $\boxed{\text{N}}$ autobus, bus *m*

Oper *f* $\boxed{\text{N}}$ opera *f*

Opfer (1) *n* *(eines Unfalls)* $\boxed{\text{N}}$ victima *f*

Opfer (2) *n* *(rituelles ~)* $\boxed{\text{N}}$ offer *m*

Optativ *m* GRAM $\boxed{\text{N}}$ optatív *m*

Optik *f* $\boxed{\text{N}}$ optica *f* gen: -ce [ts]

optimal + bestmöglich $\boxed{\text{A}}$ optimal adv: ~no

Optimum *n* $\boxed{\text{N}}$ optimum *n* gen: -me

Option *f* $\boxed{\text{N}}$ optión *f* [ts] gen: -one

Orakel *n* $\boxed{\text{N}}$ oracul *m* gen: -cle

oral $\boxed{\text{A}}$ oralno

Oratorium *n* $\boxed{\text{N}}$ orator *m*

Orbit *m* $\boxed{\text{N}}$ orbita *f*

orbital $\boxed{\text{A}}$ orbital adv: ~no

Orchester *n* $\boxed{\text{N}}$ orchester *m* gen: -tre

Ordinalzahl *f* $\boxed{\text{N}}$ "ordinal numer" *m*

Ordnung *f* + Reihe *f* $\boxed{\text{N}}$ rjad *m*

Organismus *m* $\boxed{\text{N}}$ organisme *m*

Orient *m* $\boxed{\text{N}}$ orient *m*

Orientierung *f* $\boxed{\text{N}}$ orientatión *f* [ts] gen: -one

original $\boxed{\text{A}}$ original comp: -aler, adv: ~no

Ornament *n* + Schmuck *m*, $\boxed{\text{N}}$ ornament *n*

Ort *m* $\boxed{\text{N}}$ sít (1) *m*

orthodox $\boxed{\text{A}}$ orthodox

Orthopädie *f* $\boxed{\text{N}}$ orthopedia *f*

Osten *m* $\boxed{\text{N}}$ est *m*

Ostern *pl* $\boxed{\text{N}}$ pasca *f*

Österreich *n* $\boxed{\text{N}}$ Óestërraéhj *m*

Österreicher *m* $\boxed{\text{N}}$ Óestërraéhjer *m*

Österreicherin *f* $\boxed{\text{N}}$ Óestërraéhjerin *f*

österreichisch $\boxed{\text{A}}$ óestërraéhjish

Oszillation *f* $\boxed{\text{N}}$ oscillatión *f* [ts] gen: -one

Otter *m* $\boxed{\text{N}}$ vodra *f*

oval $\boxed{\text{A}}$ oval

Ozean *m* N oceán *m* gen: -ane

Paar *n* N pár *m*

Pakt *m* N pakt *m*

Palast *m* N palac *m* gen: -cce

palatal LING A palatal adv: ~no

Palette *f* N paletta *f*

Palisade *f* N palisada *f*

Palme *f* N palma *f*

Panorama *n* N panorama *n*

Pantomime *f* N pantomimé *f*

Papier *n* N papíer *m*

Parade *f* N parada *f*

paradox A paradoxal adv: ~no

Paranoia *f* N paranoia *f*

Parfüm *n* N parfuem *m*

Parität *f* N parité *f* gen: -téte

Parlament *n* N parlament *n*

Parodie *f* N parodia *f*

Parodontose *f* N parodontósé *f*

Partei *f* N partí *m*

Partikel *f* N particula *f*

Partizip *n* GRAM N particíp *m* gen: -cipe

partizipieren V participéren *c-*

Partner *m* N partner *m*

Passage *f* + Durchgang *m* N passájh *m* gen: -ajhe

passieren *(hindurchgehen)* + durchgehen, vorbeigehen V passán

Passion *f* + Leidenschaft *f* N passión *f* gen: -one

passiv A passív comp: -iver, adv: ívno

Pasta *f* + Paste *f*. N pasta *f*

Paste *f* + Pasta *f* N pasta *f*

Pastell *n* N pastel *m* gen: ~le

pasteurisieren V pastëriséren *c-*

Pastille *f* N pastillja *f*

Pastor *m* N pastor *m*

Patent *n* N patent *m*

Pathologie *f* N pathologia *f*

Patient *m* N patient *m*

Patriarch *m* N patriarch *m* [k]

Patriarchat *n* N patriarchát *m* [k]

Pavian *m* N bavían *m*

Pavillon *m* N paviljón *m*

Pazifik *m* N Pacific *m* (oceán)

Pazifist *m* N pacifist *m*

Pedal *n* N pédal *m*

pejorativ A péjoratív comp: -iver, adv: ~no

Pelikan *m* N pelikán *m*

Pendel *n* N pendul *m* gen: -dle

Penizillin *n* N peniciliné *f*

perfekt A perfect adv: ~o

perfide A perfíd comp: -ider, adv: ídno

perforieren V perforéren *c-*

Periode *f (Zeitspanne)* N period *m*

permanent adv permanento

perniziös $\boxed{A}$ perniciós comp: ~er, adv: -ózno

Person f $\boxed{N}$ persóna f

Personal- + persönlich, $\boxed{A}$ personál (1) adv: ~no

Personal n $\boxed{N}$ personál (2) m gen: -ale

Personifikation f $\boxed{N}$ personificatión f [ts] gen: -óne

persönlich + Personal- $\boxed{A}$ personál (1) adv: ~no

Persönlichkeit f $\boxed{N}$ personalité f gen: -téte

Perücke f $\boxed{N}$ peruecké f

Pessimismus m $\boxed{N}$ pessimísme m

Petersilie f $\boxed{N}$ petrezhel m

Petition f $\boxed{N}$ petitión f [ts] gen: -óne

Petroleum n $\boxed{N}$ petróleum n gen: -lee

Pfad m $\boxed{N}$ pád m gen: pade

Pfahl m $\boxed{N}$ pila f

Pfau m $\boxed{N}$ páv m gen: pave

Pfeife f $\boxed{N}$ pipa f

Pfeil m $\boxed{N}$ strela f

Pferd n $\boxed{N}$ caval m

Pfingsten pl $\boxed{N}$ penkost f

Pfirsich m $\boxed{N}$ persik m

Pflanze f $\boxed{N}$ planta f

Pforte (!) f $\boxed{N}$ porta f

Phänomen n $\boxed{N}$ fenomen n

phänomenal $\boxed{A}$ fenoménal

Phase f $\boxed{N}$ fasé f

Philosophie f $\boxed{N}$ filosofia f

-phobie f $\boxed{N}$ -fobia f

phonetisch *(Linguistik)* $\boxed{A}$ fonétic adv: ~no

Phonologie f $\boxed{N}$ fonologia f

phonologisch LING $\boxed{A}$ fonológic adv: ~no

Phosphor n $\boxed{N}$ fosfór m

Physik f $\boxed{N}$ fysica f gen: -ce [ts]

Physiologie f $\boxed{N}$ fysiologia f

Physiotherapie f $\boxed{N}$ fysiotherapia f

physisch $\boxed{A}$ fysic adv: ~no

Piano n $\boxed{N}$ piano n

Pietät f *(Ehrfurcht)* $\boxed{N}$ piété f gen: -téte

Pilaster m $\boxed{N}$ pilaster m gen: -tre

Pille f MED $\boxed{N}$ pillula f

Pilot m $\boxed{N}$ pilót m

Pinguin m $\boxed{N}$ pinguín m

Pinsel m $\boxed{N}$ pinsel m

Pipette f $\boxed{N}$ pipetta f

Piste f $\boxed{N}$ pista f

Pizza f $\boxed{N}$ pizza f

Plantage (1) f $\boxed{N}$ plantájh m gen: -ajhe

Plantage (2) f $\boxed{N}$ plantatión f [ts] gen: -óne

Plastik n $\boxed{N}$ plastic m [k] gen: ~e [ts]

Platz m $\boxed{N}$ placea f [tsa], gen: place

plausibel $\boxed{A}$ plausibil comp: -íbler

Plektron n MUS $\boxed{N}$ plekter m gen: -tre

Plombe f $\boxed{N}$ plomba f

Plural *m* $\boxed{N}$ plurạl *m*

Plus *n* $\boxed{N}$ plus *m*

Plüsch *n* $\boxed{N}$ pluesh *m*

Pneumatik *f* $\boxed{N}$ pneumạtica *f* gen: -ce [ts]

Pogatsche *f* $\boxed{N}$ pogạcha *f*

Pokal *m* SPT + Becher *m* $\boxed{N}$ cụpa *m*

Pole *m* $\boxed{N}$ pọlak *m*

Polen *n* $\boxed{N}$ Pọlska *f*

Poliklinik *f* $\boxed{N}$ polyklínica *f* gen: -ce [ts]

Polin *f* $\boxed{N}$ pọlka *f*

Politik *f* $\boxed{N}$ polịtica *f* gen: -ce [ts]

Polizei *f* $\boxed{N}$ polícia *f*

polnisch $\boxed{A}$ polsk

Polnisch *(,~e Sprache)* $\boxed{N}$ Pọlski

Polygamie *f* $\boxed{N}$ polygamịa *f*

Polyp *m* $\boxed{N}$ polýp *m*

Pomade *f* $\boxed{N}$ pomạda *f*

Ponton *m* $\boxed{N}$ pontọn *m*

Pony *n* $\boxed{N}$ pọny *m*

populär + Volks- *N!* $\boxed{A}$ populạr

Popularität *f* $\boxed{N}$ popularitẹ *f* gen: -tẹte

Portal *n* $\boxed{N}$ portạl *m*

Portion *f* $\boxed{N}$ portiọn *f* [ts] gen: -ọne

Portugal *n* $\boxed{N}$ Portugạl *m*

Portugiese *m* $\boxed{N}$ portugẹs (1) *f*

Portugiesin *f* $\boxed{N}$ portugẹssa *f*

Portugiesisch *(,~e Sprache)* $\boxed{N}$ Portugẹs (2) *m*

Position *f* + Stellung *f* $\boxed{N}$ positiọn *f* [ts] gen: -ọne

Postulat *n* $\boxed{N}$ postulát *m*

Potenzial *n* $\boxed{N}$ potentiạl *m* [ts]

Pottasche *f* $\boxed{N}$ pọttashé *f*

potugiesisch $\boxed{A}$ portugẹs (3)

poussieren $\boxed{V}$ flẹrten *c-*

praktisch $\boxed{A}$ prạktic comp: -icer [ts], adv: ~no

präparieren $\boxed{V}$ préparẹren *c-*

Präposition *f* $\boxed{N}$ prépositiọn *f*

präsent + anwesend, Gegenwart $\boxed{A}$ présẹnt

Präsentation *f* $\boxed{N}$ présentatiọn *f* [ts] gen: -ọne

präsentieren $\boxed{V}$ présentẹren *c-*

Präsenz *f* + Anwesenheit *f*, $\boxed{N}$ présẹncea *f* [tsa]

Präteritum *n* $\boxed{N}$ prétẹrit *m*

Praxis *f* $\boxed{N}$ prạktica / prạxis *f* gen: -ce [ts]

präzise $\boxed{A}$ précís

Presse *f* $\boxed{N}$ prẹssé *f*

primär + erstrangig, $\boxed{A}$ primạr

Prinzip *n* $\boxed{N}$ princíp *m* gen: -ipe

probieren + versuchen, $\boxed{V}$ probạn

Problem *n* $\boxed{N}$ problẹma *n*

problematisch $\boxed{A}$ problẹmạtic comp: -ạticer [ts], adv: ạticno

Produkt *n* $\boxed{N}$ prodụct *m*

Produktion *f* + Herstellung *f*, $\boxed{N}$ productiọn *f* [ts] gen: -ọne

produktiv $\boxed{A}$ productív

Produktivität f $\boxed{N}$ productivité f gen: -téte

produzieren + herstellen, $\boxed{V}$ producéren c-

profan $\boxed{A}$ profán

Professor m $\boxed{N}$ proféssor m

Prognose f $\boxed{N}$ prognósé f

Programm n $\boxed{N}$ prográmma n gen: ~me

Projekt n $\boxed{N}$ project m

Proklamation f $\boxed{N}$ proclamatión f [ts] gen: -one

Promenade f $\boxed{N}$ promenáda f

Pronomen n + Fürwort n $\boxed{N}$ pronóm m

Prophet m $\boxed{N}$ profét m

Proportion f $\boxed{N}$ proportión f [ts] gen: -one

Prothese f $\boxed{N}$ prothésé f gen: ~e

Prozedur f + Verfahren n, $\boxed{N}$ procédura f

Prozent n $\boxed{N}$ procent m

Prozess m $\boxed{N}$ process m

Pseudonym n $\boxed{N}$ pseudoným m gen: -nyme

Psyche f $\boxed{N}$ psyché f [k], gen: ~e

Psychiater m $\boxed{N}$ psychiater m [k], gen: -átre

Psychologe m $\boxed{N}$ psychológ m [k]

Publikum n + Öffentlichkeit f, $\boxed{N}$ public m

Puls m $\boxed{N}$ puls m

pur + rein (1), $\boxed{A}$ púr comp: purer, adv: púrno

Pyjama m + Schlafanzug m, $\boxed{N}$ pijhama n

quantifizieren *(in Zahlen ausdrücken)* $\boxed{V}$ quantificéren c-

Quarz m $\boxed{N}$ quartz m

Quittung f $\boxed{N}$ quittéring f

Rabe m $\boxed{N}$ raván m gen: -ane

Rahmen m rám n gen: rame

Rang m $\boxed{N}$ rang m

Rasierapparat n $\boxed{N}$ britva f

Rat m + Ratschlag m $\boxed{N}$ rád (1) m

Ratschlag m + Rat m, $\boxed{N}$ rád (1) m

Ratte f $\boxed{N}$ rat m gen: ~te

rauben $\boxed{V}$ robán

Raum m *(ermessbarer Platz)* $\boxed{N}$ rúm m

Realisierug f + Verwirklichung f, $\boxed{N}$ réalisatión f [ts] gen: -one

Rebhuhn (1) n $\boxed{N}$ jerebicea f gen: -ce

Rebhuhn (2) n $\boxed{N}$ perdíz m gen: -ize

Recherche f + Forschung f *(allgemein)*, Nachforschung f *(konkret)* $\boxed{N}$ recerca f gen: -ce [ts]

recht ı richtig, rechtens $\boxed{A}$ rect adv: ~o

Recht n $\boxed{N}$ reght m

rechtens + richtig, recht $\boxed{A}$ rect adv: ~o

rechts $\boxed{adv}$ djas

Rechtschreibung f $\boxed{N}$ orthografia f

redigieren $\boxed{V}$ redigéren c-

Redundanz f $\boxed{N}$ redundancea f [tsa], gen: -ce

Referenz-, Bezugs- $\boxed{A}$ referential [ts], adv: ~no

Reflektor *m* [N] reflęctor *m*

Reflexiv- LING [A] reflexív

Regel *f* [N] régla *f*

regelmäßig [A] régulár

Regen *m* [N] reghn *m*

regieren + herrschen [V] régín

Regierung (1) *f* [N] govęrn *m*

Regierung (2) *f* + Verwaltung *f,* [N] vląda *f*

Region *n* [N] régióṇ *f* gen: -oṇe

Regisseur *m* [N] diręctor *m* gen: -oṛe

Register *n* [N] regịster *m* gen: -tre

Registrierung *f* [N] registratióṇ *f* [ts] gen: -oṇe

reglementieren [V] régulęren *c-*

reich [A] ríc [k], comp: ~er [ts], adv: ~no [k]

Reihe *f* + Ordnung *f,* [N] rjad *m*

rein (1) + pur [A] púr comp: pụrer, adv: púrno

rein (2) + sauber, [A] chist adv: ~o

reinigen + säubern [V] chistíṇ

Reinigung *f* + Säuberung *f* [N] chistjęnie *n*

Reis *m* [N] rís *m*

Relation *f* + Verhältnis *n,* [N] relatióṇ *f* [ts] gen: -oṇe

relativ (1) [A] relatív

relativ (2) [adv] relatívno

relevant [A] relevạnt

Remanenz *f* [N] remanęncea *f* [tsa], gen: -ce

renommiert [A] renomád *ppp*

Reparation *f* + Wiederinstandsetzung *f,* [N] reparatióṇ *f* [ts] gen: -oṇe

Repertoire *n* [N] répertoáṛ *m*

Replikation *f* [N] replicatióṇ *f* [ts] gen: -oṇe

Reporter *m* [N] repọrter *m*

Repräsentanz *f* [N] représentạncea *f* [tsa], gen: -ce

repräsentativ [A] représentatív

Repräsentativität *f* [N] représentativitę́ *f* gen: -tę́te

repräsentieren [V] représentęren *c-*

Republik *f* [N] répụblica *f* gen: -ce [ts]

Resolution *f* [N] resolutióṇ *f*

Resonanz *f* [N] resonạncea *f* [tsa], gen: -ce

Respekt *m* [N] respęct *m*

respektieren + achten [V] respectęren *c-*

Rest *m* [N] rest *m*

Resultat *n* + Ergebnis *n,* [N] resultạ́t *m*

resultieren [V] resultęren *c-*

retten [V] salvạ́n

retuschieren [V] retushęren *c-*

Rezept *n* + Kassenbon *m* [N] recíbt *m*

Rhein *m* [N] Rhęin *m*

Rhetorik *f* [N] rhetọ́rica *f* gen: -ce [ts]

rhetorisch [A] rhetọ́ric adv: ~no

Rheuma *n* [N] rhęuma(tịsme) *n (m)*

Rhythmus *m* [N] rhỵthme *m*

richten + ausrichten, begradigen $\boxed{V}$ dreghtän [-ɛj-]

richtig + recht, rechtens $\boxed{A}$ rect adv: ~o

Rinde *f* $\boxed{N}$ kora *f*

rinnen + fließen (2), laufen $\boxed{V}$ rennen *c-* pret: rann-, ppp: ronnen

Rippe *f* $\boxed{N}$ rib *m* gen: ~be

romanisch LING $\boxed{A}$ romanic

rot $\boxed{A}$ ród

Rote Bete *f* $\boxed{N}$ ródbété *f*

Route *f* $\boxed{N}$ routé *f*

Rübe *f* $\boxed{N}$ répa *f*

rufen $\boxed{V}$ zván *a/c*+ zovo, zoves, zove, zovem, zovet, zoven

Ruhm *m* $\boxed{N}$ slava *f*

Ruine *f* $\boxed{N}$ ruina *f*

Rumäne *m* $\boxed{N}$ romën (1) *m*

Rumänien *n* $\boxed{N}$ Romënia *f*

Rumänin *f* $\boxed{N}$ romëncae *f*

rumänisch $\boxed{A}$ romën (2)

Rumänisch *(,~e Sprache)* $\boxed{N}$ Romënae *m*

rund $\boxed{A}$ rond

Russe *m* $\boxed{N}$ russkij (1) *m*

Russin *f* $\boxed{N}$ russkaja *f*

russisch $\boxed{A}$ rossijsk

Russisch *(,~e Sprache)* $\boxed{N}$ Russkij (2)

Russland *n* $\boxed{N}$ Rossija *f*

Saal *m* $\boxed{N}$ sala *f*

Sabotage $\boxed{N}$ sabotájh *m*

Saft *m* $\boxed{N}$ suc *m* gen: ~ke

sagen $\boxed{V}$ dighen *c-*

Salamander *m* $\boxed{N}$ salamander *m*

Salat *m* $\boxed{N}$ salát(a) *m/f*

Salon *m* $\boxed{N}$ salón *m*

Salz *n* $\boxed{N}$ sal *m*

Same *m* + Lappe *m* $\boxed{N}$ sami (1) *m*

Samin *f* + Lappin *f* $\boxed{N}$ sápmelash *f*

samisch + lappisch $\boxed{A}$ sami (2)

Samisch *(,~e Sprache)* + Lappisch $\boxed{N}$ Sámegiella

Samstag *m* $\boxed{N}$ sabbat *m*

Sanktion *f* $\boxed{N}$ sanctión *f* [ts] gen: -one

Sardine *f* $\boxed{N}$ sardina *f*

Sarkophag *m* $\boxed{N}$ sarkofág *m*

Sattel *m* $\boxed{N}$ sédel *m* gen: -dle

sauber + rein (2) $\boxed{A}$ chist adv: ~o

säubern + reinigen, $\boxed{V}$ chistín

Säuberung *f* + Reinigung *f,* $\boxed{N}$ chistjénie *n*

Säule *f* ARCH + Spalte *f (Tabellen'~),* Kolonne *f (Fahrzeug'~)* $\boxed{N}$ colonna (1) *f*

Säulengalerie *f* $\boxed{N}$ colonnada *f*

Sauna *f* $\boxed{N}$ sauna *f*

Saxophon *n* $\boxed{N}$ saxofón *m*

Schädel *m* $\boxed{N}$ skal *m* gen: ~le

Schaf *n* $\boxed{N}$ ovec *m* gen: ovce

Schaufel *f* $\boxed{N}$ lopata *f*

Schauspieler *m* $\boxed{N}$ actor *m* gen: -ore

Scheibe (rund) *f* $\boxed{N}$ disk *m*

Schema *n* $\boxed{N}$ schéma *n* [sk]

Schemel *m* $\boxed{N}$ shạmel *m* gen: shámle

schießen $\boxed{V}$ shéten *c-* pret: shott-, ppp: shóten

Schimpanse *m* $\boxed{N}$ shimpạnzé *m!*

Schlafanzug *m* + Pyjama *m* $\boxed{N}$ pijhạma *n*

schlafen $\boxed{V}$ slọfen *c-*

Schleuse *f* $\boxed{N}$ slújsé *f*

Schlüssel *m* $\boxed{N}$ kljúch *m* gen: -ụche

Schlussfolgerung *f* $\boxed{N}$ conclusiọn *f* gen: -ọne

Schmerz *m* $\boxed{N}$ pẹna *f*

Schmuck *m* + Ornament *n* $\boxed{N}$ ornamẹnt *n*

Schnee *m* $\boxed{N}$ snegh *m*

schnell $\boxed{A}$ bỵster adv: -stro

Schnur *f* $\boxed{N}$ shnúr *m* gen: shnụre

Schock *m* $\boxed{N}$ shock *m*

schon $\boxed{adv}$ jhá

Schrank *m* $\boxed{N}$ armạ́r *m* gen: -ạre

Schrank *m* $\boxed{N}$ skáp *m*

schreiben $\boxed{V}$ scrịben *c+* ppp: scríbt

Schreibtisch *m* $\boxed{N}$ "scríb-tábla" *f*

Schreiner /~in + Tischler /~in *m /f,* $\boxed{N}$ stọlár /~ia *m /f*

Schrift (1) *f (Geschriebenes)* $\boxed{N}$ scriptụra *f*

Schrift (2) *f (Schriftsück)* $\boxed{N}$ script *m*

Schriftkontakt *m* + Korrespondenz *f,* $\boxed{N}$ correspondẹncea *f* [tsa], gen: -ce

Schule *f* $\boxed{N}$ scọla *f*

schwach $\boxed{A}$ slab

schwarz $\boxed{A}$ chern

Schwede *m* $\boxed{N}$ svensk (1) *m*

Schweden *n* $\boxed{N}$ Svérige *n*

Schwedin *f* $\boxed{N}$ svenska (1) *f*

schwedisch $\boxed{A}$ svensk (2)

Schwedisch *(,~e Sprache)* $\boxed{N}$ Svenska (2)

Schwein *n* $\boxed{N}$ svín *m*

Schweiß *m* $\boxed{N}$ svẹtt *m*

Schweiz (de) *f* $\boxed{N}$ Shwạétz: die ~ *f*

Schweiz (fr) *f* $\boxed{N}$ Sueịsse (1): La ~ *f*

Schweiz (it) *f* $\boxed{N}$ Svịttzera (1) *f*

Schweiz (rr) *f* $\boxed{N}$ Svịtzra (1) *f*

Schweizer (de) *m* $\boxed{N}$ shwạétzer *m*

Schweizer (fr) *m* $\boxed{N}$ sueịsse (2m) *m*

Schweizer (it) *m* $\boxed{N}$ svịttzero *m*

Schweizer (rr) *m* $\boxed{N}$ svịttzer (1) *m*

Schweizerin (de) *f* $\boxed{N}$ shwạétzerin *f*

Schweizerin (fr) *f* $\boxed{N}$ sueịsse (2f) *f*

Schweizerin (it) *f* $\boxed{N}$ svịttzera (2) *f*

Schweizerin (rr) *f* $\boxed{N}$ svịtzra (2) *f*

schweizerisch (de) $\boxed{A}$ shwạétzerish

schweizerisch (fr) $\boxed{A}$ sueịsse (3)

schweizerisch (it) $\boxed{A}$ svịttzer (2it)

schweizerisch (rr) $\boxed{A}$ svịttzer (2rr)

Schwester *f* $\boxed{N}$ sẹster *f*

schwimmen $\boxed{V}$ svịmmen *c-* pret: svamm-, ppp: svọmmen

schwitzen $\boxed{V}$ svẹtten *c-*

sechs $\boxed{\text{num}}$ ses

sechste(r/s) $\boxed{A}$ sest *de ~*

sechzig $\boxed{\text{num}}$ sẹsce

See *m* $\boxed{N}$ lác *m* gen: -lạge

Seekuh *f* $\boxed{N}$ lamantịn *m* gen: -ịne

Seele *f* $\boxed{N}$ sél *m*

Seelöwe *m* $\boxed{N}$ "marịn lẹón" *m*

sehen $\boxed{V}$ vidẹn

sehr (1) *(vor einem Adjektiv)* $\boxed{\text{adv}}$ mat

sehr (2) *(vor einem Verb)* $\boxed{\text{adv}}$ "mnógo"

seid: ihr ~ $\boxed{V}$ sít (2) *2pl* < ↑*bín*

Seide (1) *f* $\boxed{N}$ séda *f*

Seide (2) *f* $\boxed{N}$ shilk *m*

sein $\boxed{V}$ bín conj: sam, sis, es, som, sít, son

sein(e(n)) *siehe Pronomen und Artikel* $\boxed{\text{possArt}}$ sú

sein(ig)e(n), eigene(n): der /die /das /den ~ *siehe Pronomen und Artikel* $\boxed{\text{possPrn}}$ súë: de ~

seiner *gen; siehe Pronomen und Artikel* $\boxed{\text{pPr}}$ jego

seiner *gen; siehe Pronomen und Artikel* $\boxed{\text{pPr}}$ sébe

seit $\boxed{P}$ od +gen.

Seite (1) *f* $\boxed{N}$ sịdé *f*

Seite (2) *f (Buch '~)* $\boxed{N}$ página *f*

selten $\boxed{A}$ rẹdek adv: -dko

Seltenheit *f* $\boxed{N}$ rẹdkost *f*

seltsam $\boxed{A}$ strạn adv: ~no

semantisch $\boxed{A}$ sémạntic adv: ~no

Semester *n* $\boxed{N}$ semẹster *m*

senden $\boxed{V}$ sẹnden *c-*

Senf *m* $\boxed{N}$ mostạrda *f*

Sensation *f* $\boxed{N}$ sensatịọn *f* [ts] gen: -ọne

separieren $\boxed{V}$ séparẹren *c-*

Separierung *f* + Trennung *f,* Absonderung *f* $\boxed{N}$ séparatịọn *f* [ts] gen: -ọne

September *m* $\boxed{N}$ septẹmber *m* gen: -bre

Serbe *m* $\boxed{N}$ sṛbin *m*

Serbien *n* $\boxed{N}$ Sṛbia *f*

Serbin *f* $\boxed{N}$ sṛpkinja *f*

serbisch $\boxed{A}$ sṛpsk

Serbisch *(,~e Sprache)* $\boxed{N}$ Sṛpski *m*

Serie *f* $\boxed{N}$ sẹrié *f* gen: -ie

servieren $\boxed{V}$ servẹren *c-*

Set *n (Zusammenstellung)* $\boxed{N}$ set *m*

setzen (sich ~) $\boxed{V}$ sẹtten (sé)

sich; man *siehe auch Pronomen und Artikel* $\boxed{\text{pPr}}$ sé

sicher $\boxed{A}$ sịcur

Sicherheit *f* $\boxed{N}$ sicuritẹ *f* gen: -tẹte

sichtbar $\boxed{A}$ visịbil comp: -bler; adv: -bilno

sie (1) *siehe auch Pronomen und Artikel* $\boxed{\text{pPr}}$ ọna

sie (2) *siehe auch Pronomen und Artikel* $\boxed{\text{pPr}}$ ọnes / ọnas *m/f pl*

sie (3) *Akk Sg; siehe Pronomen und Artikel* pPr jan

sie (4) *Akk Pl; siehe Pronomen und Artikel* pPr ji

Sie (4) *siehe Pronomen und Artikel* pPr

sieben num sém

siebte(r/s) A sémt *de ~*

siebzig num sę́mce

signieren + markieren, V signán

Silbe *f* N syllaba *f*

Silikat *n* N silicát *m* gen: -ate

simpel A simpel adv: -plo

Simulation *f* N simulatión *f* [ts] gen: -one

sind: sie ~ V son *3pl* < ↑*bín*

sind: wir ~ V som *1pl* < ↑*bín*

singen V singen *c-* pret: sang-, ppp: sungen

Singular *m* N singulár (1) *m* gen: -are

Sinus *m* MATH N sinus *m* gen: -ne

Sirup *m* N sirup *m*

Situation *f* N situatión *f* [ts] gen: -one

sitzen V sitten *c-*

Sitzung *f* N sessión *f* gen: -one

Skelett *N* N skelet *m* gen: ~te

skeptisch A skeptic comp: -icer [ts], adv: ~no

Skipetare *m* + Albaner *m*, N shcjiptár *m*

Skipetarin *f* + Albanerin *f*, N shcjiptárja *f*

Skorpion *m* ZOOL N skorpión *m!* gen: -one

slawisch A slavjan(ic)

Slowake *m* N slovák *m*

Slowakei *f* N Slovákia *f*

Slowakin *f* N slovenka (SK) *f*

slowakisch A slovensk (SK)

Slowakisch *(,~e Sprache)* N Slovenchina

Slowene *m* N slovenec' *m*

Slowenien *n* N Slovenija *f*

Slowenin *f* N slovenka (SLO) *f*

slowenisch A slovensk (SLO)

Slowenisch *(,~e Sprache)* N Slovenshchina

so adv só

Sohle *f* N sólé *f*

Sohn *m* N sóen *m*

Solarium *n* N solárium *n* gen: -rie

Soldat *m* N soldát *m* gen: -ate

solide A solíd adv: ~no

Solist *m* N solist *m*

Sonate *f* N sonata *f*

Sonett *n* N sonet *m* gen: ~te

Sonne *f* N sólen *m* gen: -lne

Sonntag *m (gebildet aus den Wörtern für ,Sonne' und ,Tag')* N "sólndan" *m*

sonst adv ináche

Sorbisch *(,~e Sprache)* N Serbenski *m*

Souffleur *m* N suffler *m*

souverän A soúveráen

Spalte *f (Tabellen'~)* + Säule *f* ARCH, Kolonne *f (Fahrzeug'~)* N colǫnna (1) *f*

Spanien *n* N Espǎnja *f* [n-j]

Spanier *m* N espanjǫl (1) *m, f:* ~*a*

Spanierin *f* N espanjǫla *f*

spanisch A espanjǫl (2)

Spanisch (1) *(,~e Sprache)* N Espanjǫl

Spanisch (2) *(,~e Sprache)* + Kastilisch *(,~e Sprache),* N Casteljǎno *m*

spannen V tęnden *c*+

Spannung *f* N tensiǫn *f* gen: -ǫne

Spektakel *n* N spectǎcul *m* gen: -tǎcle

Spektrum *n* N spęctrum *n* gen: -tre

Spekulation *f* N speculatiǫn *f* [ts] gen: -ǫne

speziell + besonder (1) A spéciǎl adv: ~no

Spinne *f* N pǎuk *m*

Spiritus *m* N spįrit *m*

Spital *n* + Hospital *n,* N hospitǎl *m*

Splitter *m* + Korn *n,* Krümel *m* N grán *m*

spontan adv spontǎnéno

sporadisch A sporǎdic comp: -ǎdicer [ts], adv: ǎdicno

Sprache *f* N lįngua *f* gen: -uë

sprechen V govorín

Spülmittel *n* + Waschmittel *n,* N détergęnt *m*

Staat *m* N stát *m*

stabil A stǎbil

Stabilität *f* N stabilitę *f* gen: -tęte

Stadt *f* N citę *f*

Stagnation *f* N stagnatiǫn *f* [ts] gen: -ǫne

Stamm *m* N stam *m* gen: ~me

stammen *(~ von)* + abstammen (1) V stǎmmen *c-* (~ ab)

Standardisierung *f* N standardisatiǫn *f* [ts] gen: -ǫne

stark + kräftig A sįlen comp: -lner, adv: -lno

Stärke *f* + Kraft (1) *f* N sįla *f*

Station *n* N statiǫn *f*

Statistik *f* N statįstica *f* gen: -ce [ts]

statistisch A statįstic adv: ~no

Statur *f* N statųra *f*

Status *m* N stǎtus *m* gen: stǎtusse/stǎte

Statut *n* N statųt *m* gen: -tųte

Staub *m* N por (2) *m*

stehen V stán (2)

stehen bleiben + stillstehen V stojǎn

Steigerungsform *f* + Komparativ *m* GRAM, N comparatív (1) *m*

Stein *m* N káj *m* gen: kǎje

Stellung *f* + Position *f,* N positiǫn *f* [ts] gen: -ǫne

Stempel *m* N stęmpel *m* gen: -ple

sterben V mërín

steril A stéríl

Sterilisation *f* N stérilisatiǫn *f* [ts] gen: -ǫne

Stern *m* $\boxed{N}$ stéren *n* gen: -rne

Stethoskop *n* $\boxed{N}$ stéthoskop *m*

Stieglitz *m* ZOOL $\boxed{N}$ shtégil(ek) *m*

Stift (2) *m (Schreib'~)* $\boxed{N}$ pen (2) *f* gen: ~ne

Stil *m* $\boxed{N}$ stíl *m* gen: stile

Stilistik *f* $\boxed{N}$ stilistica *f* gen: -ce [ts]

still (1) + bewegungslos $\boxed{A}$ still

still (2) + lautlos $\boxed{A}$ tikh adv: ~o, N: ↑tishina

Stille (1) *f* $\boxed{N}$ tishina *f* A: ↑tikh

Stille (2) *f* $\boxed{N}$ silenc *m* gen: -ce

stillstehen + stehen bleiben, $\boxed{V}$ stoján

Stimme (1) *f* $\boxed{N}$ vox *f* gen: voce

Stimme (2) *f (Wahl)* $\boxed{N}$ vota *f*

stinken $\boxed{V}$ smérden *c*+

Straße (1) *f (allgemein)* $\boxed{N}$ strada *f*

Straße (2) *f (mit Häusern)* $\boxed{N}$ ulicea *f* gen: -ce

Stratosphäre *f* $\boxed{N}$ stratosfera *f*

Strauß *m* $\boxed{N}$ strús *m* gen: ~è

streben $\boxed{V}$ strében *c*-

streng + strikt, $\boxed{A}$ strict adv: ~o

strikt + streng $\boxed{A}$ strict adv: ~o

Struktur *f* $\boxed{N}$ structura *f*

Stube *f* $\boxed{N}$ soba *f*

Studium *n* $\boxed{N}$ stúdium *n* gen: -die

Stuhl *m* $\boxed{N}$ stúl *m* gen: stule

stumm $\boxed{A}$ ném

Stunde *f* $\boxed{N}$ hora *f*

stupide $\boxed{A}$ stupid

Subjekt *n* GRAM $\boxed{N}$ subject *m*

Subjektivität *f* $\boxed{N}$ subjectivité *f* gen: -téte

Subtraktion *f* $\boxed{N}$ subtraction *f* [ts] gen: -one

Süden *m* $\boxed{N}$ súed *m* gen: suede

Sudoku *n* $\boxed{N}$ sudoku *n*

Suffix *n* GRAM $\boxed{N}$ suffix *m* gen: -fice

Summe *f* $\boxed{N}$ summa *f*

Superlativ *m* $\boxed{N}$ superlatív *m* gen: -ive

symbolisch $\boxed{A}$ symbolic comp: -icer [ts], adv: ~no

Sympathie *f* $\boxed{N}$ sympathia *f*

sympathisch $\boxed{A}$ sympathic comp: -icer [ts], adv: ~no

Symphonie *f* $\boxed{N}$ symfónia *f*

Synagoge *f* $\boxed{N}$ synagóga *f*

synchron $\boxed{A}$ synchrón [k], adv: ~no

Syndrom *n* $\boxed{N}$ syndróm *m*

syntaktisch LING $\boxed{A}$ syntactic adv: ~no

Synthese *f* $\boxed{N}$ synthesé *f* gen: ~e

synthetisch $\boxed{A}$ synthetic adv: ~no

System *n* $\boxed{N}$ systéma *n*

Systematik *f* $\boxed{N}$ systématica *f* gen: -ce [ts]

systematisch $\boxed{A}$ systématic adv: ~no, comp: -cer [ts]

Tabelle *f* $\boxed{N}$ tabella *f*

Tafel (1) *f* $\boxed{N}$ tábla (1) *f*

Tafel (2) *f* + Tisch (2) *f,* Esstisch *m* N
tábla (2) *f*

Tafel (3) *f (Schokolade)* N tablęt *m* gen:
~te

Tag *m* N dan *m*

Tagebuch *n* N diár *m* gen: -ąre

Taille *f* N tąllja *f*

Taktik *f* N tąktica *f* gen: -ce [ts]

taktisch A tąktic adv: ~no

Tal (1) *n* N dál *m*

Tal (2) *n* N val *m*

Tanz *m* N dąncea *f* [tsa], gen: -ce

tanzen V danceąn [tsa]

Tapete *f* N tapęta *f*

Tasche (1) *f* N tąska *f*

Tasche (2) *f* N gjep *m*

Tasse *f* N tąssa *f*

taub A doef

Taube *f* N golǫmba *f*

tausend num tųsand

Taxi *n* N tąxi *m*

Teil (1) *n* + Anteil *n* N dél (1) *m*

Teil (2) *m* N part *m*

teilen V dęlen *c*+

teilnehmen V participán

Telefax *n* N fax *m*

Telefon *n* N télefǫn *m*

telefonisch A telefǫnic adv: ~no

Telepathie *f* N télepąthia *f*

Tempel *m* N tęmpel *m* gen: -ple

Temperament *n* N temperamęnt *n*

Tempo *n* N tęmpo *n*

temporär A temporąl

Tendenz- + tendenziell, A tendencią l

Tendenz *f* N tendęncea *f* [tsa]

tendenziell + Tendenz- A tendencią l

Tenor *m* N tęnor *m*

Terminus *m* + Fachbegriff *m,* N term *m*

Terrain *n* N terrąeñ *m* pl: terrąeñs, gen:
terrąene

Terrarium *n* N terrárium *n* gen: -ą rie

Terrasse *f* N terrąssa *f*

Terrier *m* N tęrrier *m*

Territorium *n* + Gebiet *n,* N territǫr *m*
gen: -tǫre

Terror *m* N tęrror *m*

terrorisieren V terrorisęren *c*-

Terrorismus *m* N terrorįsme *m*

tertiär A terciąr

Test *m* N test *m*

Tetanus *m* MED N tętanus *m*

teuer (1) + wertvoll, wert A drą g

teuer (2) + lieb (2), lieb und teuer A kaer

Teufel *m* N diąbol *m* gen: -ąble

Text *m* N text *m*

Textil *n* N textį l *m* gen: -tįle

Theater *n* N theąter *m* gen: theą tre

Thema *n* N thęma *n*

Theologie *f* N̄ theologia *f*

Thermometer *n* N̄ thermométer *m*
  gen: -tre

These *f* N̄ thesé *f*

Thymian *m* N̄ thýmian *m*

Ticket *n* + Fahrschein *m*, Fahrkarte *f* N̄
  biljet *m* gen: ~te

tief Ā díup

Tinktur *f* N̄ tinctura *f*

Tinte *f* N̄ tinta *f*

Tisch (1) *m* N̄ stol *m*

Tisch (2) *f* + Esstisch *m*, Tafel (2) *f* N̄
  tábla (2) *f*

Tischler /~in *m* /*f* + Schreiner /~in N̄
  stolár /~ia *m* /*f*

Titel *m* N̄ titul *m* gen: title

titrieren V̄ titréren *c-*

Tochter *f* N̄ doghter *f*

Tod *m* N̄ mërté *f*

Toga *f* N̄ tóga *f*

Toilette *f* N̄ toëletté *f*

tolerieren V̄ toleréren *c-*

Tonnage *f* N̄ tonnájh *m*

Torpedo *m* N̄ torpédo *n*

Torsion *f* N̄ torsión *f*

Torte *f* N̄ torta *f*

Tortur *f* N̄ tortura *f*

tot Ā mërt

total Ā total

Tradition *f* N̄ traditión *f* [ts] gen: -one

tragisch Ā tragic comp: -icer [ts], adv:
  ~no

Tragödie *f* N̄ tragédia *f*

Trakt *m* N̄ tract *m*

Traktat *n* N̄ tractát *m*

Traktor *m* N̄ tractor *m*

Tränen *f pl* N̄ tares *pl*

Transfer *m* + Übertragung *f* N̄ transfer *m*

Transistor *m* N̄ transistor *m*

transkribieren + umschreiben V̄
  transcribéren *c-*

Transkription *f* + Umschreibung *f* N̄
  transcriptión *f* [ts] gen: -one

Transmitter *m* N̄ transmitter *m*

Transpiration *f* N̄ transpiratión *f* [ts]
  gen: -one

Transplantation *f* N̄ transplantatión *f*
  [ts] gen: -one

Transport *m* N̄ transport *m*

Trapez *n* N̄ trapéz *m*

Trauer *f* N̄ dól *m*

Traum *m* N̄ san *m*

träumen V̄ sanján

traurig Ā trist adv: ~o

Traurigkeit *f* tristecea *f* gen: -ce

trennen + absondern V̄ séparán

Trennung *f* + Absonderung *f*, Separierung
  f N̄ séparatión *f* [ts] gen: -one

Triangel *f/m* N̄ triangul *m* gen: -gle

Tribunal *n* N tribunạl *m*

Trimester *n* N trimẹster *m*

trinken V pịen *c+*

Trio *n* N trịo *n*

trocken A sec comp: ~ker

Trophäe *f* N trọfeon *n* pl: -phẹes, gen: -phẹe

trotz + bei (2) *(~ der Bedingung)*, neben P pri

Tscheche *m* N chekh *m*

Tschechien *n* N Chẹsko *n*

Tschechin *f* N chẹshka *f*

tschechisch A chesk

Tschechisch *(,~e Sprache)* N Chẹshtina

Tuba *f* N tụba *f*

Tumor *m* N tụmor *m*

Tumult *m* N tumụlt *m*

tun (1) V dẹen *c-*

tun (2) + machen (1), V délạn

Tür *f* N dọeré *f*

Turbine *f* N turbịna *f*

Turbulenz *f* N turbulẹncea *f* [ts] gen: -ce

Turk- *(ethnologische Vorsilbe)* A turk

Türke *m* N tuerk (1) *m*

Türkei *f* N Tụerkije *n*

Türkin *f* N tuerk (zhena) *f*

türkisch A tuerk (2)

Türkisch *(,~e Sprache)* N Tụerkche *m*

Turm *m* N tọren *n* gen: -rne

Typ *m* N týp *m*

typisch A typic comp: -icer [ts], adv: ~no

über (1) pr ọever

über (2) *(z.B. sprechen, nachdenken ~)* P o, ob

Übergang *m* N transitiọn *f* [ts] gen: -ọne

übergehen + ignorieren, missachten V ignorẹren *c-*

überlegen + nachdenken, V reflectẹren *c-*

Überlegung *f* + Nachdenken *n* N reflexiọn *f* gen: -ọne

Übernahme *f* + Adoption *f*, N adoptiọn *f* [ts] gen: -ọne

überqueren + kreuzen, V krọézen *c-*

Überraschung *f* N surprịsa *f*

Übersetzung *f* N traductiọn *f* [ts] gen: -ọne

Übertragung *f* + Transfer *m*, N transfẹr *m*

überzeugen V convịncen *c+*

Überzeugung *f* N convictiọn *f* [ts] gen: -ọne

Ufer *n* N brjeg *m*

Ukraine *f* N Ukrajịna *f*

Ukrainer *m* N ukrajínéc' *m* gen: -nce

Ukrainerin *f* N ukrajínka *f*

ukrainisch A ukrajínsk

Ukrainisch *(,~e Sprache)* N Ukrajínska

umformen V transformẹren *c-*

umschreiben + transkribieren, $\boxed{\text{V}}$ transcribéren c-

Umschreibung f + Transkription f, $\boxed{\text{N}}$ transcriptión f [ts] gen: -one

und $\boxed{\text{C}}$ é

Ungar m $\boxed{\text{N}}$ mądjar (1m) m

Ungarin f $\boxed{\text{N}}$ mądjar (1f) f

ungarisch $\boxed{\text{A}}$ mądjar (2)

Ungarisch (,~e Sprache) $\boxed{\text{N}}$ Mądjar m

Ungarn n $\boxed{\text{N}}$ Mądjarország m

unglaublich $\boxed{\text{A}}$ incrédibil comp: -bler; adv: -díbilno

unglücklich $\boxed{\text{A}}$ nélaimíg

universell $\boxed{\text{A}}$ universąl

Universität f $\boxed{\text{N}}$ université f gen: -téte

unregelmäßig $\boxed{\text{A}}$ irréguląr

uns Dat; siehe Pronomen und Artikel $\boxed{\text{pPr}}$ nám

unser(e), unsere(n) siehe auch Pronomen und Artikel $\boxed{\text{possArt}}$ násh

unser, uns siehe Pronomen und Artikel $\boxed{\text{pPr}}$ nás (1)

unsere(n), unsrige(n): der, die, das, den ~ siehe Pronomen und Artikel $\boxed{\text{possPrn}}$ násh(es): de ~

unstabil + instabil, $\boxed{\text{A}}$ instąbil !comp: -bler; adv: -bilno

unter $\boxed{\text{P}}$ ųnder

Unterschied m $\boxed{\text{N}}$ differęncea (1) f [tsa], gen: -ce

unterschiedlich $\boxed{\text{A}}$ differęnt

Unterschrift f $\boxed{\text{N}}$ signatųra f

Unterstützung f $\boxed{\text{N}}$ suppọrt m

urban $\boxed{\text{A}}$ urbán

Urbanisierung f $\boxed{\text{N}}$ urbanisatión f [ts] gen: -one

Urne f $\boxed{\text{N}}$ ųrna f

Ursprung m $\boxed{\text{N}}$ oriǵín m

Utopie f $\boxed{\text{N}}$ utopįa f

utopisch $\boxed{\text{A}}$ utọpic comp: -icer [ts], adv: ~no

ermutigen $\boxed{\text{V}}$ incurahján

Vagabund m $\boxed{\text{N}}$ vagabųnd m

vage $\boxed{\text{A}}$ vág

Vakanz f $\boxed{\text{N}}$ vacąncea f [tsa], gen: -ce

Vakuum n $\boxed{\text{N}}$ vącuum n gen: vácuë

Valenz f $\boxed{\text{N}}$ valęncea f [tsa], gen: -ce

Vanille f $\boxed{\text{N}}$ vanįlja f

Variable f $\boxed{\text{N}}$ variąbilé f

Variante f $\boxed{\text{N}}$ variąnt(a) m (f)

Varietät f $\boxed{\text{N}}$ variété f gen: -téte

variieren + verändern: sich ~ $\boxed{\text{V}}$ variéren

Vase f $\boxed{\text{N}}$ vąsa f

Vater m $\boxed{\text{N}}$ fąder m gen: fądre

Vegetarier m $\boxed{\text{N}}$ vegétariąn m

Vegetation f $\boxed{\text{N}}$ vegétatión f [ts] gen: -one

Vektor m $\boxed{\text{N}}$ vęctor m

Vene f $\boxed{\text{N}}$ vęna f

Ventil n $\boxed{\text{N}}$ ventíl m

Ventilation f $\boxed{\text{N}}$ ventilatión f [ts] gen: -one

verändern: sich ~ + variieren, $\boxed{V}$ variéren

Veränderung *f* $\boxed{N}$ variatión *f* [ts]
gen: -one

Verb *n* $\boxed{N}$ verb *m*

verbal $\boxed{A}$ verbal

verbinden + assoziieren, $\boxed{V}$ associéren
c-

verdienen (1) *(durch Leistung)* $\boxed{V}$ meritán

verdienen (2) *(wert sein)* $\boxed{V}$ zasluzhيván
c+ zasluzhuj-, impf: zasluzhid-, ppp:
zasluzhíd

Verdienst *n* $\boxed{N}$ merit *m*

vereinfachen $\boxed{V}$ simplificéren *c-*

Vereinfachung *f* $\boxed{N}$ simplificatión *f* [ts]
gen: -one

Verfahren *n* + Prozedur *f* $\boxed{N}$ procédura *f*

verführen $\boxed{V}$ séducen *c+*

vergleichend $\boxed{A}$ comparatív (2)

Verhältnis *n* + Relation *f* $\boxed{N}$ relatión *f* [ts]
gen: -one

verheeren $\boxed{V}$ pustoshín, ez~

Verifizierung *f* $\boxed{N}$ vérificatión *f* [ts]
gen: -one

verkaufen $\boxed{V}$ prodán

Verkehrsampel *f* + Ampel *f (Verkehrs~)*,
$\boxed{N}$ semafor *m*

Verlangen *n (das ~)* + Bedürfnis (1) *n* $\boxed{N}$
désír *m* gen: -ire

vermeiden $\boxed{V}$ évitán

Vernunft *f* + Verstand *m*, $\boxed{N}$ razum *m!*

verplichten + zwingen, $\boxed{V}$ obligán

verschwinden $\boxed{V}$ disparen *c+*

Version *f* $\boxed{N}$ versión *f* gen: -one

Verstand *m* + Vernunft *f* $\boxed{N}$ razum *m!*

Verständnis *n* + Verstehen *n* $\boxed{N}$
razuménie *n*

verstehen $\boxed{V}$ razumén

Verstehen *n* + Verständnis *n*, $\boxed{N}$
razuménie *n*

versuchen + probieren $\boxed{V}$ probán

vertraulich $\boxed{A}$ confidential

vervollständigen $\boxed{V}$ complétéren *c-*

Verwaltung *f* + Regierung (2) *f* $\boxed{N}$ vlada *f*

verwirklichen $\boxed{V}$ réaliséren *c-*

Verwirklichung *f* + Realisierug *f* $\boxed{N}$ réalisatión *f* [ts] gen: -one

verwüsten $\boxed{V}$ dévastán

verzeihen + entschuldigen, $\boxed{V}$ excusán

Vestibül *n* $\boxed{N}$ vestibuel *m*

Veteran *m* $\boxed{N}$ veterán *m* gen: -ane

Veto *n* $\boxed{N}$ véto *m*

viel $\boxed{A}$ mnóg adv: ~o

Viele *pl* $\boxed{N}$ mnóges *pl*

vielfach + vielfach-, multi- $\boxed{\text{pfx}}$ multi-

vielfach- + vielfach, multi- $\boxed{\text{pfx}}$ multi-

Vielfalt *f* + Diverstität *f* $\boxed{N}$ diversité *f*
gen: -téte

vielleicht $\boxed{\text{adv}}$ "mozhe-bín"

vier $\boxed{\text{num}}$ kter

vierte(r/s) $\boxed{\text{A}}$ ktert *de* ~

vierzig $\boxed{\text{num}}$ ktęrce

Vokabular *n* + Wortschatz *m* $\boxed{\text{N}}$ vocabulár *m* gen: -ạre

Vokal *m* $\boxed{\text{N}}$ vocạl *m*

Volk *n* $\boxed{\text{N}}$ pọpul *m* gen: póple

Volks- *N!* + populär, $\boxed{\text{A}}$ populár

voll $\boxed{\text{A}}$ plén adv: ~no

Volumen *n* $\boxed{\text{N}}$ volụmen *n*

von $\boxed{\text{P}}$ af

vor $\boxed{\text{P}}$ pré(d)

vorbeigehen + durchgehen, passieren *(hindurchgehen)* $\boxed{\text{V}}$ passán

vorbereiten (sich ~) $\boxed{\text{V}}$ préparán (sé)

Vorbereitung *f* $\boxed{\text{N}}$ préparatiọn *f* [ts] gen: -ọne

vorgestellt + imaginär, gedacht $\boxed{\text{A}}$ imaginár

vorstellen $\boxed{\text{V}}$ imaginán

Vorteil *m* $\boxed{\text{N}}$ avantájh *m* gen: -ạjhe

votieren + abstimmen ~ *über* ..., $\boxed{\text{V}}$ votán

Voyeur *m* $\boxed{\text{N}}$ voyẹr *m*

Wachs *n* $\boxed{\text{N}}$ vosk *m*

Wagen *m* + Kutsche *f,* $\boxed{\text{N}}$ kọchi *m* pl: ~s, gen: ~e

wahr $\boxed{\text{A}}$ vér

Währungs- *pref.* + Geld- *pref.,* monetär $\boxed{\text{A}}$ monétár adv: ~no

Wal *m* $\boxed{\text{N}}$ bálna *f*

Wales $\boxed{\text{N}}$ Kymrue

Waliser *m* $\boxed{\text{N}}$ kymro *m*

Waliserin *f* $\boxed{\text{N}}$ kymrạés *f*

walisisch $\boxed{\text{A}}$ kymrạég

Walisisch *(,~e Sprache)* $\boxed{\text{N}}$ Kymrạég

wann + wenn (2) *(zeitlich),* $\boxed{\text{iPr}}$ quand

Wanne *f* $\boxed{\text{N}}$ wạnna *f*

war: er/sie/es ~ $\boxed{\text{V}}$ wer

war: ich ~ $\boxed{\text{V}}$ wẹre

waren: sie ~ $\boxed{\text{V}}$ wẹren

waren: wir ~ $\boxed{\text{V}}$ wẹrem

warm $\boxed{\text{A}}$ warm

warst: du ~ $\boxed{\text{V}}$ wers

wart: ihr ~ $\boxed{\text{V}}$ wert

warum $\boxed{\text{iPr}}$ "por quod"

Warze *f* $\boxed{\text{N}}$ varté *f*

was $\boxed{\text{iPr}}$ quod

Waschbär *m* $\boxed{\text{N}}$ rakún *m* gen: -kụne

waschen $\boxed{\text{V}}$ wạssen *c-*

Waschmittel *n* + Spülmittel *n* $\boxed{\text{N}}$ détergẹnt *m*

Wasser *n* $\boxed{\text{N}}$ wọda *f*

weben $\boxed{\text{V}}$ wẹven *c-*

Website *f (gebildet aus "web-" und dem Wort für ‚Ort‘)* $\boxed{\text{N}}$ wẹb-sít" *m*

Wechsel *m* $\boxed{\text{N}}$ cạmbje *m*

Weg *m* $\boxed{\text{N}}$ vịa *f*

weiblich + feminin $\boxed{\text{A}}$ feminín

Weichtiere *n pl* + Mollusken *f pl,* $\boxed{\text{N}}$ mollụskes *pl*

weiß $\boxed{A}$ bél

Weißkohl *m* + Kohl *m*, $\boxed{N}$ kapusta *f*

Weißrusse *m* $\boxed{N}$ belarus *m*

Weißrussin *f* $\boxed{N}$ belaruska *f*

weißrussisch $\boxed{A}$ belarusk

Weißrussisch *(,~e Sprache)* $\boxed{N}$ Belaruski

Weißrussland *n* $\boxed{N}$ Belarus *f*

weit $\boxed{A}$ dalek adv: ~o,comp: dalsher

welche(r, ~s) $\boxed{iPr}$ quel

wenden + drehen *nach innen/außen* $\boxed{V}$ verten (sé) *c*+

weniger + minder $\boxed{A}$ ménder

wenn (1) *(ursächlich)* $\boxed{C}$ si

wenn (2) *(zeitlich)* + wann $\boxed{iPr}$ quand

wer $\boxed{iPr}$ qui

werden (1) *(zu) etwas* $\boxed{V}$ stán (1)

werden (2) *(Futur-Hilfsberb)* GRAM $\boxed{V}$ buden *c*+

wert + teuer (1), wertvoll $\boxed{A}$ drág

Wert *m* $\boxed{N}$ valóré *m*

wertvoll + teuer (1), wert $\boxed{A}$ drág

Weste *f* $\boxed{N}$ vesté *f*

Westen *m* $\boxed{N}$ west *m*

Wette *f* $\boxed{N}$ veddé *f*

wetten $\boxed{V}$ vedden *c*-

Wetter *n* $\boxed{N}$ wedder *n!*

wichtig $\boxed{A}$ important comp: ~er, adv: ~o

Widerstand *m* $\boxed{N}$ resistencea *f* [tsa], gen: -ce

wie + als $\boxed{iPr}$ quam

Wiederholung *f* $\boxed{N}$ repétitión *f* [ts] gen: -one

Wiederinstandsetzung *f* + Reparation *f* $\boxed{N}$ reparatión *f* [ts] gen: -one

wieviel $\boxed{iPr}$ quolik +gen

Wille *m* $\boxed{N}$ volja *f*

willkommen $\boxed{A}$ welkom

Wind *m* $\boxed{N}$ vent *m*

wir *siehe auch Pronomen und Artikel* $\boxed{pPr}$ mi (1)

Wirbelsäule *f* $\boxed{N}$ spina *f*

Wirkung *f* + Effekt *m*, $\boxed{N}$ effect *m*

wissen $\boxed{V}$ znán *n*

Wissen *n* + Kenntnis *f* $\boxed{N}$ znánie *n*

wissenschaftlich $\boxed{A}$ scientific comp: -icer [ts], adv: ~no

wo $\boxed{iPr}$ quór

Woche *f (abgeleitet aus de, Wort für ,sieben')* $\boxed{N}$ sémana *f*

wollen $\boxed{V}$ volén *c*+

Wort *n* $\boxed{N}$ slóv *m* gen: -ove

Wörterbuch *n* $\boxed{N}$ dictionár *m* gen: -nare

Wortschatz *m* + Vokabular *n* $\boxed{N}$ vocabulár *m* gen: -are

wünschen $\boxed{V}$ wensen *c*-

Würfel *m* $\boxed{N}$ cúb *m*

Wurzel (1) *f* BOT $\boxed{N}$ radiz (1) *f*

Wurzel (2) *f (auch symbolisch)* $\boxed{N}$ radiz (2) *f*

Wut *f* $\boxed{N}$ rabia *f*

Xylophon *n* N̄ xylofón *m*

Zahl *f* N̄ nụmer (1) *m*

zählen V̄ contạ́n

Zahn *m* N̄ dent *m*

Zahnfach + Alveole (1) *f,* N̄ alvéọl (1) *m*

zart *(Berührung)* + zärtlich Ā tẹnder
    adv: -dro

zärtlich + zart *(Berührung),* Ā tẹnder
    adv: -dro

Zeh(e) *m (f)* N̄ tọé *f*

zehn num̄ déz

zehnte(r/s) Ā dézt *(de ~)*

Zeichen *n* N̄ sign *m* [sijn]

zeigen V̄ pokazạ́n *a/c*+ pokạzho,
    pokạzhes, …

Zeisig *m* N̄ cíz (cịzek) *m (dim)* gen: cịze
    (cízke)

Zeitalter *n* + Epoche *f,* N̄ epọcha *f* [k-h]

Zentimeter *m* N̄ centimẹter *m*

Zentner *m* N̄ cẹntner *m*

Zentrum *n* N̄ cẹnter *m* gen: -tre

Zeremonie *f* N̄ ceremọnia *f*

Zettel *m* N̄ cẹdula *f*

Zickzack *n* N̄ zịgzag *m*

Ziege *f* N̄ kọza *f*

Ziegel *m* N̄ tẹgla *f*

Ziel *n* N̄ cél *m*

Ziffer *f* N̄ cịfra *f*

Zirkel *m* N̄ cịrcul *m* pl: circles

Zirkulation *f* N̄ circulatiọ́n *f* [ts] gen: -ọne

Zirkus *m* N̄ cịrcus *m* [ts-k] gen: -ce [ts-ts]

zitieren V̄ citẹ́ren *c-*

Zitrone *f* N̄ citrọ́n *m*

zivil Ā civịl adv: ~no

Zivilisation *f* N̄ civilisatiọ́n *f* [ts] gen: -ọne

Zone *f* N̄ zọ́na *f*

Zoologie *f* N̄ zóologịa *f*

zoologisch Ā zoolọgic adv: ~no

zu (1) *(wohin?)* P̄ to

zu (2) + (Dativ-Präposition) C̄ a, ad (2)
    +inf

zubereiten *(Speisen)* + bereiten, V̄
    gotovín

Zucker *m* N̄ sụkar *m* gen: sụkre

Zugang *m* N̄ accẹss *m*

Zukunft *f* + Futur *n* GRAM N̄ futụr *m*

Zunge *f* N̄ tụngé *f*

zurück adv̄ nazạd

Zusammenhang *m* N̄ cọntext *m*

Zusammenleben *n* + Koexistenz *f,* N̄
    coéxistẹncea *f* [tsa], gen: -ce

Zusammensetzung *f* N̄ compositiọ́n *f*
    [ts] gen: -ọne

zusätzlich Ā additionạl adv: ~no

zwanzig num̄ dvạce

zwei num̄ duọ́, duẹ́

zweite *2.* num̄ ạnde de ~

zweite(r/s) Ā duọ́t, duẹ́t de ~

zweitens adv̄ "duọ́tno"

zweiter + anderer von zweien $\boxed{\text{A}}$ ųtor

Zwiebel f $\boxed{\text{N}}$ cębula f

zwingen + verplichten $\boxed{\text{V}}$ obligán

zwischen $\boxed{\text{P}}$ mędzi

Zwischenraum m *(lang und schmal)* + Gasse f, $\boxed{\text{N}}$ gaté f

Zygote m $\boxed{\text{N}}$ zygót m

Zypern (el) n $\boxed{\text{N}}$ Kypros m m.Art (de ~)

Zypern (tr) n $\boxed{\text{N}}$ Këbrës

Zyprer (el) m + Zypriot (el) m $\boxed{\text{N}}$ kyprios m

Zyprer (tr) m + Zypriot (tr) m $\boxed{\text{N}}$ këbrëslë (1m) m

Zyprerin (el) f + Zypriotin (el) f $\boxed{\text{N}}$ kypria f

Zyprerin (tr) f + Zypriotin (tr) f $\boxed{\text{N}}$ këbrëslë (1f) f

Zypriot (el) m + Zyprer (el) m $\boxed{\text{N}}$ kyprios m

Zypriot (tr) m + Zyprer (tr) m $\boxed{\text{N}}$ këbrëslë (1m) m

Zypriotin (el) f + Zyprerin (el) f $\boxed{\text{N}}$ kypria f

Zypriotin (tr) f + Zyprerin (tr) f $\boxed{\text{N}}$ këbrëslë (1f) f

zypriotisch (el) + zyprisch (el) $\boxed{\text{A}}$ kypriąk

zypriotisch (tr) + zyprisch (tr) $\boxed{\text{A}}$ këbrëslë (2)

zyprisch (el) + zypriotisch (el) $\boxed{\text{A}}$ kypriąk

zyprisch (tr) + zypriotisch (tr) $\boxed{\text{A}}$ këbrëslë (2)

Zahlen

Kardinalzahlen (Grundform)

0	**nul**
1	**én**
2	**duó**
3	**tri**
4	**kter**
5	**pent**
6	**ses**
7	**sém**
8	**oct**
9	**nën**
10	**déz**
11	ẹndéz
12	**du̲**déz
13	tri̱déz
14	ktẹrdéz
15	pẹntdéz
16	sẹsdéz
17	sẹ́mdéz
18	ọctdéz
19	nẹ̈ndéz
20	**dv̲ace**
21	**dvace-ẹ́n**
22	dvace-du̲ọ́
23	...

Ordnungszahlen

0.	**nult**
1.	**perv**
2.	**duót**
3.	trit
4.	ktert
5.	**pent**
6.	sest
7.	sémt
8.	**oct**
9.	nënt
10.	dézt
11.	ẹndézt
12.	du̲dézt
13.	tri̱dézt
14.	ktẹrdézt
15.	pẹntdézt
16.	sẹsdézt
17.	sẹ́mdézt
18.	ọctdézt
19.	nẹ̈ndézt
20.	dv̲acet
21.	dvace-ẹ́nt
22.	dvace-du̲ọ́t
23.	...

Kardinalzahlen (Grundform)	Ordnungszahlen
30 trįce	30. trįcet
40 ktęrce	40. ktęrcet
50 pęntce	50. pęntcet
60 sęsce	60. sęscet
70 sęmce	70. sęmcet
80 ǫctce	80. ǫctcet
90 nĕnce	90. nĕncet
100 **sád**	100. sądet
101 sád-ęn	101. sád-ęnt
102 sád-duǫ	102. sád-duǫt
103 ...	103. ...
110 sád-dęz	110. sád-dęzt
111 sád-ęndéz	111. sád-ęndézt
112 ...	112. ...
120 sád-dvące	120. sád-dvącet
121 sád-dvace-ęn	121. sád-dvace-ęnt
122 ...	122. ...
130 sád-trįce	130. sád-trįcet
140 ...	140. ...
200 duǫsád	200. duǫsádet
300 ...	300. ...
1000 (én)**tųsand**	1000. (én)tųsandet
2000 duǫtusand	2000. duǫtusandet
3000 ...	3000. ...
6324 sestusand-trisád-dvace-ktęr	6324. sestusand-trisád-dvace-ktęrt

Kardinalzahlen (Grundform)	Ordnungszahlen
1.000.000 én millіọn	1.000.000. én-milliọnt
2.000.000 duó milliọn	2.000.000. duó-milliọnt

Pronomina und Artikel

Bei Pronomina und Artikeln steht die Systematik im Vordergrund: sie tragen in Europa regelhaft Fallendungen und zeigen damit ihren Objektbezug an, auch in Sprachen, in denen Nomen keine Fallendungen mehr haben.

Interrogativ-Pronomina – Fragewörter

qui?   wer?

+↑qu-. *fr* qui *it* qui *es* quién *ro* cine *pt* quem *ca* qui *nl* wie *bg* кой *ma* ki *su* ken *et* kes *lv* kas *tr* kim.

quod?   was?

+↑qu-. *fr* quoi *de* was *en* what *nl* wat *sv* vad *no* hvad *da* hvad *is* hvað *fo* hvat *sk* čo *bg* какво *lt* kas *lv* kas.

quam?   wie?

+↑qu-. *fr* comme *it* come *es* cómo *ro* cum *pt* como *ca* com *lv* kā *cy* cindas *br* penaos *ga* ciamar.

quand?   wann?

+↑qu-. *fr* quand *it* quando *es* cuando *ro* când *pt* quando *ca* quan *de* wann *en* when *nl* wan(neer) *pl* kiedy *ru* когда *hr* kad *sr* кад *sl* kdaj *lt* kada *lv* kad *cy* cuin *ga* cathain.

quór?   wo?

+↑qu-. *en* where *nl* waar *sv* var *no* hvor *da* hvor *is* hvar *fo* hvar *lt* kur *lv* kur *sh* ku.

quọlik?   wieviel?

+↑qu-. *sk* koľko *ru* (с)колько *bg* колко *hr* koliko *sr* колико *sl* koliko.

por quọd?   warum?

+↑por, +↑quod. *fr* pourquoi *it* perche *es* porqué *pt* por que *pl* "dlaczego" *sk* prečo *ru* "зачем" *bg* "защо" *hr* "zašto" *sl* "zakaj" *ma* "miért" *tr* "niçin".

quel?   welch◊?

+↑qu-. *fr* quel(l/e/s) *it* quale *es* cual *ro* care *pt* qual *ca* qual *de* welche(-) *nl* welk *sv* vilk- *da* hvilke *is* hvílíkur.

Frage nach Person (wer)

Nom :   **qui?**   wer?

+↑qu-. *fr* qui *it* chi *es* quién *ro* cine *pt* quem *ca* qui *nl* wie *bg* кой, кои *ma* ki *su* ken *et* kes *lv* kas *tr* kim.

Gen :   **quịe?**   wessen?   *(dt. Bsp: ~ gedenken wir? / ~ ist es würdig?)*

+↑qu-, ↑-e. *fr* de qui *it* di chi *es* cuyo *ro* cui *ce* čí *pl* czyj *ru* чый *bg* чий, чии *hr* čiji *sr* чији *ma* kié *et* kelle *tr* kimin.

Dat : **a quị? quem?** wem?

+↑qu-, ↑-m (2). *fr* a qui *it* a chi *es* a quién *de* wem *en* whome *sk* komu *hr* kome *ma* kinek *su* kenet *lv* kam *tr* kime.

Akk : **quin?** wen?

+↑qu-. *fr* que *it* chi *es* quién *de* wen *en* whome *ma* kit *su* kenet *tr* kimi.

Frage nach Sache (was)

Nom : **quod?** was?

+↑qu-. *fr* quoi (/qui) *it* chè *es* qué *pt* que *ca* què *de* was (wat {reg}) *en* what *da* hvad *bg* какво.

Gen : **quọne?** wessen? *(dt. Bsp: ~ gedenken wir? / ~ ist es würdig?)*

+↑qu-, ↑-e. *fr* de quoi *it* di chè *es* de qué *pt* de que *ca* de què.

Dat : **a quọd? quom?** wem? / für was?

+↑a, ad (2), ↑qu-, ↑-m (2). *fr* a quoi *it* a chè *es* a qué *pt* a que *ca* a què.

Akk : **quod?** was?

+↑qu-. *fr* que *it* chè *es* qué *pt* que *ca* què *de* was (wat {reg}) *en* what.

Personal-Pronomina – persönliche Fürwörter

Personalpronomina 1. Person Singular (ich)

Nom : **jeg** ich

fr je *it* io *es* yo *ro* eu *pt* eo *ca* jo *de* ich *en* I *nl* ik *sv* jag *no* jeg *da* jeg *ce* já *pl* ja *sk* ja *ru* я *hr* ja *sr* ja *sl* ja *ma* én.

Gen : **mịne** meiner *(dt. Bsp: Sie gedenken ~. Das ist ~ würdig.)*

fr de moi *es* de me *en* of mine *ce* mne *pl* mnie *hr* mene *sl* mene *lv* manęs.

Dat : **mi** mir *(dt. Bsp: Sie gibt ~ eine Antwort.)*

fr me / -moi *es* mi *pt* me *en* to me *nl* mij *sv* mig *da* mig *ce* mi *pl* mnie *bg* на мене (ми) *hr* mi *sl* mi *lv* man *sh* më.

Akk : **mé** mich *(dt. Bsp: Sie spricht ~ an.)*

fr me *it* mi *es* me *ro* mă *pt* mim *de* mich *en* me *nl* mij *sv* mig *da* mig *pl* mnie *ru* меня *bg* мен *ce* mě *hr* me *sl* me *ma* engem *lv* mani *br* me *sh* më.

Personalpronomina 2. Person Singular (du)

Nom : **tu** du

fr tu *es* tú *ro* tu *pt* tu *sv* du *no* du *da* du *ce* ty *pl* ty *bg* ти *hr* ti *sl* ti *ma* te *lv* tu *sh* ti.

Gen : **tẹbe** deiner *(dt. Bsp: Sie gedenken ~. Das ist ~ würdig.)*

fr de toi *es* de te *ce* tebe *pl* ciebie *hr* tebe *sl* tebe *lv* tavęs.

Dat :   **ti**   dir *(dt. Bsp: Sie gibt ~ eine Antwort.)*
fr te / -toi *es* ti *pt* te *sv* dig *da* dig *bg* на тебе *ce* ti *hr* ti *sl* ti *lv* tev *sh* ty.

Akk :   **té**   dich *(dt. Bsp: Sie spricht ~ an.)*
fr te *es* te *pt* ti *sv* dig *da* dig *bg* тебе *ce* tě *hr* te *sl* te *ma* téged *lv* tevi *sh* të.

Personalpronomina 2. Person Singular förmlich (Sie)

Nom :   **Vi**   Sie
fr Vous *pt* você *bg* Вие *ce* (vy) *hr* Vi *sl* Vi *lv* Jūs.

Gen :   **Vás**   Ihrer *(dt. Bsp: Sie gedenken ~. Das ist ~ würdig.)*
fr de Vous *bg* на Вас *ce* (vás) *hr* Vas *sl* Vas *lv* Jūsu.

Dat :   **Vám**   Ihnen *(dt. Bsp: Sie gibt ~ eine Antwort.)*
fr a Vous *ce* (vám) *hr* Vam *sl* Vam *lv* Jums.

Akk :   **Vás**   Sie *(dt. Bsp: Sie spricht ~ an.)*
fr Vous *ce* (vás) *bg* Вие *hr* Vas *sl* Vas *lv* Jūs.

Personalpronomina 3. Person Singular männlich (er)

Nom :   **on**   er
sv han *no* han *da* han *pl* on *ru* он *ce* on *hr* on *sl* on *ma* ő *su* hän *lv* viņš *tr* o.

Gen :   **jego**   seiner *(dt. Bsp: Sie gedenken ~. Das ist ~ würdig.)*
pl jego *sk* jeho *ru* его *ce* jeho *hr* njega *sl* njega.

Dat :   **jem**   ihm *(dt. Bsp: Sie gibt ~ eine Antwort.)*
+↑-m (2). *pt* lhe *de* ihm *en* him *nl* hem *sv* honom *da* ham *pl* jemu *ru* ему *ce* jemu *hr* njemu *sl* njemu.

Akk :   **jen**   ihn *(dt. Bsp: Sie spricht ~ an.)*
de ihn *sv* han *no* han *ce* je.

Personalpronomina 3. Person Singular weiblich (sie)

Nom :   **ọna**   sie
sv hon *no* hun *da* hun *pl* ona *ru* она *ce* ona *hr* ona *sl* ona *ma* ő *lv* viņa *tr* o.

Gen :   **jej**   ihrer *(dt. Bsp: Sie gedenken ~.)*
de ihrer *en* (of) her *pl* jej *ru* ей *ce* jej *hr* je *sl* nje.

Dat :   **jer**   ihr *(dt. Bsp: Sie gibt ~ eine Antwort.)*
pt lhe *de* ihr *en* her *nl* haar *pl* jej *ru* ей *sl* njej.

Akk :   **jan**   sie *(dt. Bsp: Sie spricht ~ an.)*
sv henne *da* hende *pl* ją *hr* je.

Personalpronomina 3. Person Singular sächlich (es)

Nom :   **ed**   es
es eso *de* es *en* it *nl* het *sv* det *no* det *da* det *ma* ez.

Gen :   **jego**   seiner   *(dt. Bsp: Sie gedenken ~.)*
pl jego *ru* его *ce* jeho *hr* njega *sl* njega.

Dat :   **jem**   ihm   *(dt. Bsp: Sie gibt ~ eine Antwort.)*
+↑-m (2). *pt* lhe *de* ihm *sv* henom *pl* jemu *ru* ему *ce* jemu *hr* njemu *sl* njemu.

Akk :   **ed**   es   *(dt. Bsp: Sie spricht ~ an.)*
es eso *de* es *en* it *nl* het *sv* det *no* det *da* det.

Personalpronomina 1. Person Plural (wir)

Nom :   **mi**   wir
pl my *ru* мы *ce* my *bg* ние *hr* mi *sl* mi *ma* mi *su* me *lv* mes *br* ni *ga* muid *tr* biz.

Gen :   **nás**   unser   *(dt. Bsp: Sie gedenken ~. Das ist ~ würdig.)*
ru нас *ce* nás *bg* наш *hr* nas *sl* nas *lv* mūsu.

Dat :   **nám**   uns   *(dt. Bsp: Sie gibt ~ eine Antwort.)*
+↑-m (2). *pt* nos *ru* нам *ce* nám *bg* на нас *hr* nam *sl* nam *lv* mums *sh* na.

Akk :   **nás**   uns   *(dt. Bsp: Sie spricht ~ an.)*
es -nos *pt* -nos *sv* oss *ru* нас *ce* nás *bg* нас *hr* nas *sl* nas *lv* mūs *sh* na.

Personalpronomina 2. Person Plural (ihr)

Nom :   **vi**   ihr
fr vous *ro* voi *pt* vos *pl* wy *ru* вы *ce* vy *bg* Вие *hr* vi *sl* vi *lv* jūs.

Gen :   **vás**   euer   *(dt. Bsp: Sie gedenken ~. Das ist ~ würdig.)*
fr de vous *ru* вас *ce* vás *bg* ваш *hr* vas *sl* vas *lv* jūsu.

Dat :   **vám**   euch   *(dt. Bsp: Sie gibt ~ eine Antwort.)*
fr a vous *pt* vos *ru* вам *ce* vám *bg* на Вас *hr* vam *sl* vam *lv* jums.

Akk :   **vás**   euch   *(dt. Bsp: Sie spricht ~ an.)*
fr vous *pt* -vos *ru* вас *ce* vás *bg* ваш *hr* vas *sl* vas *lv* jūs.

Personalpronomina 2. Person Plural, förmlich (Sie)

Nom :   **Vi**   Sie
fr Vous *pt* vocês *ru* Вы *ce* Vy *bg* Вие *hr* Vi *sl* Vi *lv* Jūs.

Gen :   **Vás**   Ihrer   *(dt. Bsp: Sie gedenken ~. Das ist ~ würdig.)*
fr de Vous *ru* Вас *ce* Vás *bg* на Вас *hr* Vas *sl* Vas *lv* Jūsu.

Dat :   **Vám**   Ihnen   *(dt. Bsp: Sie gibt ~ eine Antwort.)*
fr a Vous *ru* Вам *ce* Vám *bg* Ваш *hr* Vam *sl* Vam *lv* Jums.

Akk : **Vás** Sie *(dt. Bsp: Sie spricht ~ an.)*
fr Vous *ru* Вас *ce* Vás *bg* Ваш *hr* Vas *sl* Vas *lv* Jūs.

Personalpronomina 3. Person Plural (sie)

Nom : **ǫnes/ǫnas** sie
+↑-es, -s. *pl* oni /one *ru* они *ce* oni /ony /ona *hr* oni /one /ona *sl* oni /one /ona *ma* ők
lv viņi/viņas *tr* onlar.

Gen : **jikh** ihrer *(dt. Bsp: Sie gedenken ~. Das ist ~ würdig.)*
de ihrer *pl* ich *ru* их *ce* jich *hr* ih *sl* jih.

Dat : **jim** ihnen *(dt. Bsp: Sie gibt ~ eine Antwort.)*
+↑-m (2). *pt* lhes *sv* dem *pl* im *ru* им *ce* jim *bg* им *hr* im *sl* jim *lv* viņiem/viņām.

Akk : **ji** sie *(dt. Bsp: Sie spricht ~ an.)*
pl je *ce* je *bg* ги *hr* ih *sl* jih *lv* juos/jas *ga* iad.

Personalpronomina unpersönlich / reflexiv / Passiv (man, sich)

Nom : **sé** man
it si *es* se *pt* se *ca* se *sv* -s *pl* się *ru* -ся *ce* se.

Gen : **sębe** seiner *(dt. Bsp: Sie gedenken ~. Das ist ~ würdig.)*
fr de soi *de* seiner *pl* siebie *ru* себя *ce* sebe *lv* saveş.

Dat : **a sé** sich *(dt. Bsp: Sie gibt ~ eine Antwort.)*
fr à soi *it* se *es* si *pt* se *de* sich *sv* sig *pl* sobie *ru* себе *ce* si *lv* sau.

Akk : **sé** sich *(dt. Bsp: Sie spricht ~ an.)*
fr se *it* si *es* se *pt* se *ca* se *de* sich *sv* sig *pl* się *ru* -ся *ce* se *lv* save.

Demonstrativartikel und -pronomina:

Demonstrativ-Artikel (dies-):

Demonstrativ-Artikel (dies-), Nominativ:

Nom sg m: **e, ęde, ed'** dieser *(dt. Bsp: ~ Hund)*
es eso *pt* este *ca* est(e) *ru* этот *ma* e / ez a *ga* anseo *sh* ai.

Nom sg f: **e, ęde, ed'** diese *(dt. Bsp: ~ Katze)*
es esa *pt* esta *ca* esta *ru* эта *ma* e / ez a *sh* ajo.

Nom sg n: **e, ęde, ed'** dieses *(dt. Bsp: ~ Pferd)*
es eso *pt* este *ca* est(e) *ru* это *ma* e / ez a.

Nom pl: **e, ęde, ed'** diese *(dt. Bsp: ~ Hunde /Katzen /Pferde)*
es esos/esas *pt* estes/as *ca* estos/estas *ru* эти *ma* e / ezek a *sh* ato/ata.

375

Demonstrativ-Artikel (dies-), Genitiv

Gen sg m: **ẹden**   dieses   *(dt. Bsp: ~ Hundes)*
+↑den. *es* de eso *pt* deste *ca* de est(e) *ru* этого *ma* - *sh* i atij.

Gen sg f: **ẹden**   dieser   *(dt. Bsp: ~ Katze)*
+↑den. *es* de esa *pt* desta *ca* de esta *ru* этой *ma* - *sh* i asaj.

Gen sg n: **ẹden**   dieses   *(dt. Bsp: ~ Pferdes)*
+↑den. *es* de eso *pt* deste *ca* de est(e) *ru* этого *ma* -.

Gen pl: **ẹden**   dieser   *(dt. Bsp: ~ Hunde /Katzen /Pferde)*
+↑den. *es* de esos/esas *pt* destes/as *ca* de estos/etsas *ru* этих *ma* - *sh* i atyre.

Demonstrativ-Artikel (dies-), Dativ

Dat sg m: **ad e**   diesem   *(dt. Bsp: ~ Hund(e))*
+↑a, ad (2). *es* a eso *pt* a este *ca* a est(e) *ru* этому *ma* ennek a / e *sh* atij.

Dat sg f: **ad e**   dieser   *(dt. Bsp: ~ Katze)*
+↑a, ad (2). *es* a esa *pt* a esta *ca* a esta *ru* этой *ma* ennek a / e *sh* asaj.

Dat sg n: **ad e**   diesem   *(dt. Bsp: ~ Pferd(e))*
+↑a, ad (2). *es* a eso *pt* a este *ca* a est(e) *ru* этому *ma* ennek a / e.

Dat pl: **ad e**   diesen   *(dt. Bsp: ~ Hunden /Katzen /Pferden)*
+↑a, ad (2). *es* a esos/esas *pt* a estas/es *ca* a estos/etsas *ru* этам *ma* ezeknek a / e *sh* atyre.

Demonstrativ-Artikel (dies-), Akkusativ

Akk sg m: **e, ẹde, ed'**   diesen   *(dt. Bsp: ~ Hund)*
es eso *pt* este *ca* est(e) *ru* это(го) *ma* ezt a / e *sh* atë.

Akk sg f: **e, ẹde, ed'**   diese   *(dt. Bsp: ~ Katze)*
es esa *pt* esta *ca* esta *ru* эту *ma* ezt a / e *sh* atë.

Akk sg n: **e, ẹde, ed'**   dieses   *(dt. Bsp: ~ Pferd)*
es eso *pt* este *ca* est(e) *ru* это *ma* ezt a / e.

Akk pl: **e, ẹde, ed'**   diese   *(dt. Bsp: ~ Hunde /Katzen /Pferde)*
es esos/esas *pt* estas/es *ca* estos/estas *ru* эти(х) *ma* ezeket a /e *sh* ato/ata.

Demonstrativ-Pronomina (dies-)

Demonstrativ-Pronomina (dies-), Nominativ

Nom sg m: **denn**   dieser / der   *(dt. Bsp: Kein Hund ist so wie ~.)*
de d(ies)er *sv* denna *da* denne *pl* ten *ce* ten *sk* ten *hr* taj.

Nom sg f: **dịé**   diese / die   *(dt. Bsp: Keine Katze ist so wie ~.)*
de d(ies)e *sv* denna *da* denne *lt* ši.

Nom sg n: **ded** dies(es) / das *(dt. Bsp: Kein Pferd ist so wie ~.)*
de dies(es) *nl* dit *sv* detta *no* det *da* dette.

Nom pl: **dí** diese / die *(dt. Bsp: Keine Hunde /Katzen /Pferde sind so wie ~)* | *de* die(se) *sv* dessa *pl* te/ci *ce* ti /ty /ta *sk* tí/tie *ru* (э)ти.

Demonstrativ-Pronomina (dies-), Genitiv

Gen sg m: **dẹnne** dessen *(dt. Bsp: Keines Hundes ist dies so würdig wie ~.)*
+↑-e. *pt* deste *de* dessen *pl* tego *ce* toho *sk* toho *ru* (э)того *ma* -.

Gen sg f: **dịne** dieser *(dt. Bsp: Keiner Katze ist dies so würdig wie ~.)*
+↑-e.. *pt* de|sta *de* dieser *pl* tej *ce* té *sk* tej *ru* (э)той *ma* -.

Gen sg n: **dẹnne** dessen *(dt. Bsp: Keines Pferdes ist die so würdig wie ~.)*
+↑-e.. *pt* deste *de* dessen *pl* tego *ce* toho *sk* toho *ru* (э)того *ma* -.

Gen pl: **dịnen** dieser *(dt. Bsp: Keiner Hunde /Katzen /Pferde ist dies so würdig wie ~.)* | *pt* destas/destes *de* dieser *pl* tych *ce* tech *sk* tých *ru* (э)тих *ma* -.

Demonstrativ-Pronomina (dies-), Dativ

Dat sg m: **demm** diesem / dem *(dt. Bsp: Keinem Hund gaben sie mehr Futter als ~.)* | +↑jem, ↑-m (2). *de* d(ies)em *pl* temu *ce* tomu *sk* tomu *ru* (э)тому *ma* ennek.

Dat sg f: **dịer** dieser / der *(dt. Bsp: Keiner Katze gaben sie mehr Futter als ~.)* | +↑jer. *de* d(ies)er *pl* tej *ce* té *sk* tej *ru* (э)той *ma* ennek.

Dat sg n: **demm** diesem / dem *(dt. Bsp: Keinem Pferd gaben sie mehr Futter als ~.)* | +↑jem, ↑-m (2. *de* d(ies)em *pl* temu *ce* tomu *sk* tomu *ru* (э)тому *ma* ennek.

Dat pl: **dím** diesen / denen *(dt. Bsp: Keinen Hunden /Katzen /Pferden gaben sie mehr Futter als ~.)* | +↑jim. *pl* tym *ce* těm *sk* tým *ru* (э)там *ma* ezeknek.

Demonstrativ-Pronomina (dies-), Akkusativ

Akk sg m: **denn** diesen / den *(dt. Bsp: Keinen Hund liebten sie so wie ~.)*
de d(ies)en *sv* denna *da* denne *pl* ten/tego *ce* ten/toho *sk* ten (toho)

Akk sg f: **dịe** diese / die *(dt. Bsp: Keine Katze liebten sie so wie ~.)*
de d(ies)e *sv* denna *da* denne *pl* tạ/tę *ce* tu.

Akk sg n: **ded** dies(es) / das *(dt. Bsp: Kein Pferd liebten sie so wie ~.)*
de dies(es) *nl* dit *sv* detta *no* det *da* dette *pl* to *ru* это..

Akk pl: **dí** diese / die *(dt. Bsp: Keine Hunde /Katzen /Pferde liebten sie so wie ~.)* | *de* die(se) *sv* dessa *pl* te/tych *ce* ty/ta *sk* tie/tých *ru* (э)ти(х).

Possessiv (Besitz anzeigende) -artikel und -pronomina:

Possessiv-Artikel (Besitz anzeigende Artikel):

Possessiv-Artikel 1. Person Singular (mein-):

Possessiv-Artikel 1. Person Singular (mein-), Nominativ:

Nom sg m: **mí** mein *(dt. Bsp: ~ Hund)*
fr mon *it* il mio *es* mi *pt* o meu *de* mein *en* my *nl* mijn *sv* min *no* min *pl* mój *ce* můj
ru мой *bg* мой *hr* moj *ma* -m *lv* mans *sh* im.

Nom sg f: **mí** meine *(dt. Bsp: ~ Katze)*
fr ma *it* la mia *es* mi *pt* a minha *de* meine *en* my *nl* mijn *sv* min *no* mi *pl* moja *ru* моя
ce má *bg* моя *hr* moja *ma* -m *lv* mana *sh* ime.

Nom sg n: **mí** mein *(dt. Bsp: ~ Pferd)*
fr (mon) *it* (il mio) *es* mi *pt* o meu *de* mein *en* my *nl* mijn *sv* mitt *no* mitt *pl* moje *ru* моё
ce mé *bg* мое *hr* moje *ma* -m.

Nom pl: **mí** meine *(dt. Bsp: ~ Hunde /Katzen /Pferde)*
fr mes *it* i mei *es* mis *pt* os meus / as minhas *de* meine *en* my *nl* mijn *sv* mina *no* mine
pl moje *ru* мои *bg* мои *hr* moj-i/e/a *ma* -im *sh* e mi(a).

Possessiv-Artikel 1. Person Singular (mein-), Genitiv

Gen sg m: **mįen** meines *(dt. Bsp: das Fell ~ Hundes)*
+↑den. *fr* de mon *it* del mio *es* de mi *pt* do meu *de* meines *nl* van mijn *pl* mojego *ru* моего
ce mého *hr* mojeg(a) *lv* mana.

Gen sg f: **mįen** meiner *(dt. Bsp: das Fell ~ Katze)*
+↑den. *fr* de ma *it* della mia *es* de mi *pt* da minha *de* meiner *nl* van mijn *pl* mojej *ru* моей
ce mé *hr* moje *lv* manas.

Gen sg n: **mįen** meines *(dt. Bsp: das Fell ~ Pferdes)*
+↑den. *fr* (de mon) *it* (del mio) *es* de mi *pt* do meu *de* meines *nl* van mijn *pl* mojego
ru моего *ce* mého *hr* mojeg(a).

Gen pl: **mįen** meiner *(dt. Bsp: das Fell ~ Hunde /Katzen /Pferde)*
+↑den. *fr* de mes *it* die mei *es* de mis *pt* dos meus / das minhas *de* meiner *nl* van mijn
pl mojich *ru* моих *ce* mých *hr* mojih *sh* të mi(a).

<u>Possessiv-Artikel 1. Person Singular (mein-), Dativ</u>

Dat sg m: **a mí** meinem *(dt. Bsp: Ich gebe ~ Hund Futter.)*
+↑a, ad (2). *fr* à mon *it* al mio *es* a mi *pt* ao meu *de* meinem *en* "to my" *nl* aan mijn
pl mojemu *ru* моему *bg* на моят *ma* -mn(a/e)k.

Dat sg f: **a mí** meiner *(dt. Bsp: Ich gebe ~ Katze Futter)*
+↑a, ad (2). *fr* à ma *it* alla mia *es* a mi *pt* à minha *de* meiner *en* "to my" *nl* aan mijn
pl mojej *ru* моей *bg* на моята *ma* -mn(a/e)k.

Dat sg n: **a mí** meinem *(dt. Bsp: Ich gebe ~ Pferd Futter)*
+↑a, ad (2). *fr* (à mon) *it* (al mio) *es* a mi *pt* ao meu *de* meinem *en* "to my" *nl* aan mijn
pl mojemu *ru* моему *bg* на моето *ma* -mn(a/e)k.

Dat pl: **a mí** meinen *(dt. Bsp: Ich gebe ~ Hunden /Katzen /Pferden*
Futter.) | +↑a, ad (2). *fr* à mes *it* ai mei *es* a mis *pt* aos meus / às minhas *de* meinen *en* "to
my" *nl* aan mijn *pl* mojim *ru* моим *bg* на моите *ma* -imn(a/e)k *sh* të mi(a).

<u>Possessiv-Artikel 1. Person Singular (mein-), Akkusativ</u>

Akk sg m: **mí** meinen *(dt. Bsp: Ich füttere ~ Hund.)*
fr mon *it* il mio *es* mi *pt* o meu *de* meinen *en* my *nl* mijn *sv* min *pl* moj(ego) *ru* мо-й/его
bg мой *hr* moj(eg(a)) *ma* -m(a/e/ö/′)t *lv* mana.

Akk sg f: **mí** meine *(dt. Bsp: Ich füttere ~ Katze.)*
fr ma *it* la mia *es* mi *pt* a minha *de* meine *en* my *nl* mijn *sv* min *pl* moją *ru* моя *bg* моя
hr moju *ma* -m(a/e/ö/′)t *lv* manas.

Akk sg n: **mí** mein *(dt. Bsp: Ich füttere ~ Pferd.)*
fr (mon) *it* (il mio) *es* mi *pt* o meu *de* mein *en* my *nl* mijn *sv* mitt *pl* moje *ru* моё *bg* мое
hr moje *ma* -m(a/e/ö/′)t.

Akk pl: **mí** meine *(dt. Bsp: Ich füttere ~ Hunde /Katzen /Pferde.)*
fr mes *it* i mei *es* mis *pt* os meus / as minhas *de* meine *en* my *nl* mijn *sv* mina *pl* moje
ru мои(х) *bg* мои *hr* moj-c/a *ma* -im(a/c/ö/′)t *sh* c mi(a).

Possessiv-Artikel 2. Person Singular (dein-):

<u>Possessiv-Artikel 2. Person Singular (dein-), Nominativ</u>

Nom sg m: **tú** dein *(dt. Bsp: ~ Hund)*
fr ton *it* il tuo *es* tu *pt* o tuo *de* dein *no* din *pl* twój *ru* твой *ce* tvůj *bg* твой *hr* tvoj *ma* -d.

Nom sg f: **tú** deine *(dt. Bsp: ~ Katze)*
fr ta *it* la tua *es* tu *pt* a tua *de* deine *no* di *pl* twoja *ru* твоя *ce* tvá *bg* твоя *hr* tvoja *ma* -d.

Nom sg n: **tú** dein *(dt. Bsp: ~ Pferd)*
fr (ton) *it* (il tuo) *es* tu *pt* o tuo *de* dein *no* ditt *pl* twoje *ru* твоё *ce* tvé *bg* твое *hr* tvoje
ma -d.

Nom pl: **tú** deine *(dt. Bsp: ~ Hunde /Katzen /Pferde)*
fr tes *it* i tui *es* tus *pt* os tuos / as tuas *de* deine *no* dine *pl* twoje *ru* твои *ce* tví /tvé /tvá
bg твои *hr* tvoj-i/e/a *ma* -id *sh* të tu(a).

Possessiv-Artikel 2. Person Singular (dein-), Genitiv

Gen sg m: **túën** deines *(dt. Bsp: das Fell ~ Hundes)*
+↑den. *fr* de ton *it* del tuo *es* de tu *pt* do tuo *de* deines *pl* twojego *ru* твоего *ce* tvého
hr tvojeg(a) *sh* tënd.

Gen sg f: **túën** deiner *(dt. Bsp: das Fell ~ Katze)*
+↑den. *fr* de ta *it* della tua *es* de tu *pt* da tua *de* deiner *pl* twojej *ru* твоей *ce* tvé *hr* tvoje.

Gen sg n: **túën** deines *(dt. Bsp: das Fell ~ Pferdes)*
+↑den. *fr* (de ton) *it* (del tuo) *es* de tu *pt* do tuo *de* deines *pl* twojego *ru* твоего *ce* tvého
hr tvojeg(a).

Gen pl: **túën** deiner *(dt. Bsp: das Fell ~ Hunde /Katzen /Pferde)*
+↑den. *fr* de tes *it* dei tui *es* de tus *pt* dos tuos / das tuas *de* deiner *pl* twojich *ru* твоих
ce tvých *hr* tvojih.

Possessiv-Artikel 2. Person Singular (dein-), Dativ

Dat sg m: **a tú** deinem *(dt. Bsp: Ich gebe ~ Hund Futter.)*
+↑a, ad (2). *fr* à ton *it* al tuo *es* a tu *pt* ao tuo *de* deinem *pl* twojemu *ru* твоему *ce* tvému
bg на твоят *ma* -dn(a/e)k *sh* tënd.

Dat sg f: **a tú** deiner *(dt. Bsp: Ich gebe ~ Katze Futter)*
+↑a, ad (2). *fr* à ta *it* alla tua *es* a tu *pt* à tua *de* deiner *pl* twojej *ru* твоей *ce* tvé *bg* на
твоята *ma* -dn(a/e)k.

Dat sg n: **a tú** deinem *(dt. Bsp: Ich gebe ~ Pferd Futter)*
+↑a, ad (2). *fr* (à ton) *it* (al tuo) *es* a tu *pt* ao tuo *de* deinem *pl* twojemu *ru* твоему
ce tvému *bg* на твоето *ma* -dn(a/e)k.

Dat pl: **a tú** deinen *(dt. Bsp: Ich gebe ~ Hunden /Katzen /Pferden
Futter.)* | +↑a, ad (2). *fr* à tes *it* ai tui *es* a tus *pt* aos tuos / às tuas *de* deinen *pl* twojim
ru твоим *ce* tvým *bg* на твоите *ma* -idn(a/e)k.

Possessiv-Artikel 2. Person Singular (dein-), Akkusativ

Akk sg m: **tú** deinen *(dt. Bsp: Ich füttere ~ Hund.)*
fr ton *it* il tuo *es* tu *pt* o tuo *de* deinen *pl* twoj(ego) *ru* тво-й/его *ce* tvůj/tvého *bg* твой
hr tvoj(eg(a)) *ma* -d(a/e/ö/´)t *sh* tënd.

Akk sg f: **tú** deine *(dt. Bsp: Ich füttere ~ Katze.)*
fr ta *it* la tua *es* tu *pt* a tua *de* deine *pl* twoją *ru* твоя *ce* tvou *bg* твоя *hr* tvoju
ma -d(a/e/ö/´)t *sh* tënde.

Akk sg n: **tú** dein *(dt. Bsp: Ich füttere ~ Pferd.)*
fr (ton) *it* (il tuo) *es* tu *pt* o tuo *de* dein *pl* twoje *ru* твоё *ce* tvé *bg* твое *hr* tvoje
ma -d(a/e/ö/´)t.

Akk pl: **tú** deine *(dt. Bsp: Ich füttere ~ Hunde /Katzen /Pferde.)*
fr tes *it* i tui *es* tus *pt* os tuos / as tuas *de* deine *pl* twoje *ru* твои(x) *ce* tvé/tvá *bg* твои
hr tvoj-e/a *ma* -id(a/e/ö/´)t *sh* të tu(a).

Possessiv-Artikel 2. Person Singular förmlich (Ihr-)

Possessiv-Artikel 2. Person Singular förmlich (Ihr-), Nominativ

Nom sg m: **Vásh** Ihr *(dt. Bsp: ~ Hund)*
pt o vosso *sk* Váš *ru* Ваш *ce* Váš *bg* Ваш *hr* Vaš *sl* Vaš.

Nom sg f: **Vásh** Ihre *(dt. Bsp: ~ Katze)*
pt a vossa *sk* Váša *ru* Ваша *ce* Váše *bg*Ваша *hr* Vaša *sl* Vaša.

Nom sg n: **Vásh** Ihr *(dt. Bsp: ~ Pferd)*
pt (o vosso) *sk* Váše *ru* Ваше *ce* Váše *bg* Ваше *hr* Vaše *sl* Vaše.

Nom pl: **Vásh** Ihre *(dt. Bsp: ~ Hunde /Katzen /Pferde)*
fr Vos *pt* os vossos / as vossas *sk* Vášji/Váše *ru* Ваши *ce* Váše/Váši *bg* Ваши *hr* Vaš-i/e/a.

Possessiv-Artikel 2. Person Singular förmlich (Ihr-), Genitiv

Gen sg m: **Vạshen** Ihres *(dt. Bsp: das Fell ~ Hundes)*
+↑den. *pt* do vosso *sk* Vášho *ru* Вашего *ce* Vášeho *hr* Vašeg(a) *sl* Vašega.

Gen sg f: **Vạshen** Ihrer *(dt. Bsp: das Fell ~ Katze)*
+↑den. *pt* da vossa *sk* Vášej *ru* Вашей *ce* Vášej *hr* Vaše *sl* Vaše.

Gen sg n: **Vạshen** Ihres *(dt. Bsp: das Fell ~ Pferdes)*
+↑den. *pt* (do vosso) *sk* Vášho *ru* Вашего *ce* Vášeho *hr* Vašeg(a) *sl* Vašega.

Gen pl: **Vạshen** Ihrer *(dt. Bsp: das Fell ~ Hunde /Katzen /Pferde)*
+↑den. *fr* de Vos *pt* dos vossos / das vossas *sk* Vášich *ru* Ваших *ce* Vášich *hr* Vaših
sl Vaših.

Possessiv-Artikel 2. Person Singular förmlich (Ihr-), Dativ

Dat sg m: **a Vásh** Ihrem *(dt. Bsp: Ich gebe ~ Hund Futter.)*
+↑a, ad (2). *pt* ao vosso *sk* Vášmu *ru* Вашему *ce* Vášemu *bg* Вашият *sl* Vašemu.

Dat sg f: **a Vásh** Ihrer *(dt. Bsp: Ich gebe ~ Katze Futter)*
+↑a, ad (2). *pt* à vossa *sk* Vášej *ru* Вашей *ce* Váši *bg* Вашата *sl* Vaši.

Dat sg n: **a Vásh** Ihrem *(dt. Bsp: Ich gebe ~ Pferd Futter)*
+↑a, ad (2). *pt* (ao vosso) *sk* Vášmu *ru* Вашему *ce* Vášemu *bg* Вашото *sl* Vašemu.

Dat pl: **a Vásh** Ihren *(dt. Bsp: Ich gebe ~ Hunden /Katzen /Pferden Futter.)* | +↑a, ad (2). *fr* à Vos *pt* aos vossos / às vossas *sk* Vášim *ru* Вашим *ce* Vášim *bg* Вашите.

Possessiv-Artikel 2. Person Singular förmlich (Ihr-), Akkusativ

Akk sg m: **Vásh** Ihren *(dt. Bsp: Ich füttere ~ Hund.)*
pt o vosso *sk* Váš(ho) *ru* Ваш(его) *ce* Váš(eho) *bg* Ваш *hr* Vaš(eg(a)) *sl* Vaš.

Akk sg f: **Vásh** Ihre *(dt. Bsp: Ich füttere ~ Katze.)*
pt a vossa *sk* Vášu *ru* Вашу *ce* Váše *bg* Ваша *hr* Vašu *sl* Vaša.

Akk sg n: **Vásh** Ihr *(dt. Bsp: Ich füttere ~ Pferd.)*
pt (o vosso) *sk* Váše *ru* Ваше *ce* Váše *bg* Ваш *hr* Vaše *sl* Vaše.

Akk pl: **Vásh** Ihre *(dt. Bsp: Ich füttere ~ Hunde /Katzen /Pferde.)*
fr Vos *pt* os vossos / as vossas *sk* Váše/Vášich *ru* Ваши(х) *ce* Váš(e/i) *bg* Ваши *hr* Vaš-e/a.

Possessiv-Artikel 3. Person Singular männlich (sein-):

Possessiv-Artikel 3. Person Singular männlich (sein-), Nominativ

Nom sg m: **sú** sein *(dt. Bsp: ~ Hund)*
fr son *it* il suo *es* su *pt* o seu *de* sein *nl* zijn.

Nom sg f: **sú** seine *(dt. Bsp: ~ Katze)*
fr sa *it* la sua *es* su *pt* a sua *de* seine *nl* zijn.

Nom sg n: **sú** sein *(dt. Bsp: ~ Pferd)*
fr (son) *it* (il suo) *es* su *pt* o seu *de* sein *nl* zijn.

Nom pl: **sú** seine *(dt. Bsp: ~ Hunde /Katzen /Pferde)*
fr ses *it* i sui / le sue *es* sus *pt* os seus / as suas *de* seine *nl* zijn.

Possessiv-Artikel 3. Person Singular männlich (sein-), Genitiv

Gen sg m: **súën** seines *(dt. Bsp: das Fell ~ Hundes)*
+↑den. *fr* de son *it* del suo *es* de su *pt* do seu *de* seines *nl* van zijn.

Gen sg f: **súën** seiner *(dt. Bsp: das Fell ~ Katze)*
+↑den. *fr* de sa *it* della sua *es* de su *pt* da sua *de* seiner *nl* van zijn.

Gen sg n: **súën** seines *(dt. Bsp: das Fell ~ Pferdes)*
+↑den. *fr* (de son) *it* del suo *es* de su *pt* do seu *de* seines *nl* van zijn.

Gen pl: **súën** seiner *(dt. Bsp: das Fell ~ Hunde /Katzen /Pferde)*
+↑den. *fr* de ses *it* dei sui *es* de sus *pt* dos seus / das suas *de* seiner *nl* van zijn.

Possessiv-Artikel 3. Person Singular männlich (sein-), Dativ

Dat sg m: **a sú** seinem *(dt. Bsp: Ich gebe ~ Hund Futter.)*
+↑a, ad (2). *fr* à son *it* al suo *es* a su *pt* ao seu *de* seinem *nl* aan zijn.

Dat sg f: **a sú** seiner *(dt. Bsp: Ich gebe ~ Katze Futter)*
+↑a, ad (2). *fr* à sa *it* alla sua *es* a su *pt* à sua *de* seiner *nl* aan zijn.

Dat sg n: **a sú** seinem *(dt. Bsp: Ich gebe ~ Pferd Futter)*
+↑a, ad (2). *fr* (à son) *it* al suo *es* a su *pt* ao seu *de* seinem *nl* aan zijn.

Dat pl: **a sú** seinen *(dt. Bsp: Ich gebe ~ Hunden /Katzen /Pferden
Futter.)* | +↑a, ad (2). *fr* à ses *it* ai sui *es* a sus *pt* aos seus / às suas *de* seinen *nl* aan zijn.

Possessiv-Artikel 3. Person Singular männlich (sein-), Akkusativ

Akk sg m: **sú** seinen *(dt. Bsp: Ich füttere ~ Hund.)*
fr son *it* il suo *es* su *pt* o seu *de* seinen *nl* zijn.

Akk sg f: **sú** seine *(dt. Bsp: Ich füttere ~ Katze.)*
fr sa *it* la sua *es* su *pt* a sua *de* seine *nl* zijn.

Akk sg n: **sú** sein *(dt. Bsp: Ich füttere ~ Pferd.)*
fr (son) *it* (il suo) *es* su *pt* o seu *de* sein *nl* zijn.

Akk pl: **sú** seine *(dt. Bsp: Ich füttere ~ Hunde /Katzen /Pferde.)*
fr ses *it* i sui / le sue *es* sus *pt* os seus / as suas *de* seine *nl* zijn.

Possessiv-Artikel 3. Person Singular weiblich (ihr-)

Possessiv-Artikel 3. Person Singular weiblich (ihr-), Nominativ

Nom sg m: **jer** ihr *(dt. Bsp: ~ Hund)*
de ihr *en* her *nl* haar *pl* jej *ce* její *sk* jej *ru* eë *hr* njenov.

Nom sg f: **jer** ihre *(dt. Bsp: ~ Katze)*
de ihre *en* her *nl* haar *pl* jej *ce* její *sk* jej *ru* eë *hr* njenova.

Nom sg n: **jer** ihr *(dt. Bsp: ~ Pferd)*
de ihr *en* her *nl* haar *pl* jej *ce* její *sk* jej *ru* eë *hr* njenovo.

Nom pl: **jer** ihre *(dt. Bsp: ~ Hunde /Katzen /Pferde)*
de ihre *en* her *nl* haar *pl* jej *ce* její *sk* jej *ru* eë *hr* njenov-i/e/a.

Possessiv-Artikel 3. Person Singular weiblich (ihr-), Genitiv

Gen sg m: **jeren** ihres *(dt. Bsp: das Fell ~ Hundes)*
+↑den. *de* ihres *en* of her *nl* van haar *pl* jej *ce* jejího *sk* jej *ru* eë *hr* njenovog(a).

Gen sg f: **jeren** ihrer *(dt. Bsp: das Fell ~ Katze)*
+↑den. *de* ihrer *en* of her *nl* van haar *pl* jej *ce* její *sk* jej *ru* eë *hr* njenove.

Gen sg n: **jęren**   ihres   *(dt. Bsp: das Fell ~ Pferdes)*
+↑den. *de* ihres *en* of her *nl* van haar *pl* jej *ce* jejího *sk* jej *ru* eë *hr* njenovog(a).

Gen pl: **jęren**   ihrer   *(dt. Bsp: das Fell ~ Hunde /Katzen /Pferde)*
+↑den. *de* ihrer *en* of her *nl* van haar *pl* jej *ce* jejích *sk* jej *ru* eë *hr* njenovih.

Possessiv-Artikel 3. Person Singular weiblich (ihr-), Dativ

Dat sg m: **a jer**   ihrem   *(dt. Bsp: Ich gebe ~ Hund Futter.)*
+↑a, ad (2). *de* ihrem *en* to her *nl* aan haar *pl* jej *ce* jejímu *sk* jej *ru* eë.

Dat sg f: **a jer**   ihrer   *(dt. Bsp: Ich gebe ~ Katze Futter)*
+↑a, ad (2). *de* ihrer *en* to her *nl* aan haar *pl* jej *ce* její *sk* jej *ru* eë.

Dat sg n: **a jer**   ihrem   *(dt. Bsp: Ich gebe ~ Pferd Futter)*
+↑a, ad (2). *de* ihrem *en* to her *nl* aan haar *pl* jej *ce* jejímu *sk* jej *ru* eë.

Dat pl: **a jer**   ihren   *(dt. Bsp: Ich gebe ~ Hunden /Katzen /Pferden Futter.)* | +↑a, ad (2). *de* ihren *en* to her *nl* aan haar *pl* jej *ce* jejím *sk* jej *ru* eë.

Possessiv-Artikel 3. Person Singular weiblich (ihr-), Akkusativ

Akk sg m: **jer**   ihren   *(dt. Bsp: Ich füttere ~ Hund.)*
de ihren *en* her *nl* haar *pl* jej *ce* její(ho) *sk* jej *ru* eë.

Akk sg f: **jer**   ihre   *(dt. Bsp: Ich füttere ~ Katze.)*
de ihre *en* her *nl* haar *pl* jej *ce* její *sk* jej *ru* eë.

Akk sg n: **jer**   ihr   *(dt. Bsp: Ich füttere ~ Pferd.)*
de ihr *en* her *nl* haar *pl* jej *ce* její *sk* jej *ru* eë.

Akk pl: **jer**   ihre   *(dt. Bsp: Ich füttere ~ Hunde /Katzen /Pferde.)*
de ihre *en* her *nl* haar *pl* jej *ce* její *sk* jej *ru* eë.

Possessiv-Artikel 3. Person Singular sächlich (sein-):

Possessiv-Artikel 3. Person Singular sächlich (sein-), Nominativ

Nom sg m: **sú**   sein   *(dt. Bsp: ~ Hund)*
fr son *it* il suo *es* su *pt* o seu *de* sein *nl* zijn.

Nom sg f: **sú**   seine   *(dt. Bsp: ~ Katze)*
fr sa *it* la sua *es* su *pt* a sua *de* seine *nl* zijn.

Nom sg n: **sú**   sein   *(dt. Bsp: ~ Pferd)*
fr (son) *it* (il suo) *es* su *pt* o seu *de* sein *nl* zijn.

Nom pl: **sú**   seine   *(dt. Bsp: ~ Hunde /Katzen /Pferde)*
fr ses *it* i sui / le sue *es* sus *pt* os seus / as suas *de* seine *nl* zijn.

Possessiv-Artikel 3. Person Singular sächlich (sein-), Genitiv

Gen sg m: **súën**   seines *(dt. Bsp: das Fell ~ Hundes)*
+↑den. *fr* de son *it* del suo *es* de su *pt* do seu *de* seines *nl* van zijn.

Gen sg f: **súën**   seiner *(dt. Bsp: das Fell ~ Katze)*
+↑den. *fr* de sa *it* della sua *es* de su *pt* da sua *de* seiner *nl* van zijn.

Gen sg n: **súën**   seines *(dt. Bsp: das Fell ~ Pferdes)*
+↑den. *fr* (de son) *it* del suo *es* de su *pt* do seu *de* seines *nl* van zijn.

Gen pl: **súën**   seiner *(dt. Bsp: das Fell ~ Hunde /Katzen /Pferde)*
+↑den. *fr* de ses *it* dei sui *es* de sus *pt* dos seus / das suas *de* seiner *nl* van zijn.

Possessiv-Artikel 3. Person Singular sächlich (sein-), Dativ

Dat sg m: **a sú**   seinem *(dt. Bsp: Ich gebe ~ Hund Futter.)*
+↑a, ad (2). *fr* à son *it* al suo *es* a su *pt* ao seu *de* seinem *nl* aan zijn.

Dat sg f: **a sú**   seiner *(dt. Bsp: Ich gebe ~ Katze Futter)*
+↑a, ad (2). *fr* à sa *it* alla sua *es* a su *pt* à sua *de* seiner *nl* aan zijn.

Dat sg n: **a sú**   seinem *(dt. Bsp: Ich gebe ~ Pferd Futter)*
+↑a, ad (2). *fr* (à son) *it* al suo *es* a su *pt* ao seu *de* seinem *nl* aan zijn.

Dat pl: **a sú**   seinen *(dt. Bsp: Ich gebe ~ Hunden /Katzen /Pferden*
Futter.) | +↑a, ad (2). *fr* à ses *it* ai sui *es* a sus *pt* aos seus / às suas *de* seinen *nl* aan zijn.

Possessiv-Artikel 3. Person Singular sächlich (sein-), Akkusativ

Akk sg m: **sú**   seinen *(dt. Bsp: Ich füttere ~ Hund.)*
fr son *it* il suo *es* su *pt* o seu *de* seinen *nl* zijn.

Akk sg f: **sú**   seine *(dt. Bsp: Ich füttere ~ Katze.)*
fr sa *it* la sua *es* su *pt* a sua *de* seine *nl* zijn.

Akk sg n: **sú**   sein *(dt. Bsp: Ich füttere ~ Pferd.)*
fr (son) *it* (il suo) *es* su *pt* o seu *de* sein *nl* zijn.

Akk pl: **sú**   seine *(dt. Bsp: Ich füttere ~ Hunde /Katzen /Pferde.)*
fr ses *it* i sui / le sue *es* sus *pt* os seus / as suas *de* seine *nl* zijn.

Possessiv-Artikel 1. Person Plural (unser-):

Possessiv-Artikel 1. Person Plural (unser-), Nominativ

Nom sg m: **násh**   unser *(dt. Bsp: ~ Hund)*
pt o nosso *pl* nasz *ce* náš *sk* náš *ru* наш *bg* наш *hr* naš *sl* naš *ma* -nk.

Nom sg f: **násh**   unsere *(dt. Bsp: ~ Katze)*
pt a nossa *pl* nasza *ce* náše *sk* náša *ru* наша *bg* наша *hr* naša *sl* naša *ma* -nk.

Nom sg n: **násh**   unser   *(dt. Bsp: ~ Pferd)*
pt o nosso *pl* nasze *ce* náše *sk* náše *ru* наше *bg* наше *hr* naše *sl* naše *ma* -nk.

Nom pl: **násh**   unsere   *(dt. Bsp: ~ Hunde /Katzen /Pferde)*
pt os nossos / as nossas *pl* nasze *ce* náše/náši *sk* nášji/náše *ru* наши *bg* наши *hr* naš-i/e/a
ma -ink.

Possessiv-Artikel 1. Person Plural (unser-), Genitiv

Gen sg m: **nąshen**   unseres   *(dt. Bsp: das Fell ~ Hundes)*
+↑den. *pt* do nosso *pl* naszego *ce* nášeho *sk* nášho *ru* нашего *hr* našeg(a) *sl* našega.

Gen sg f: **nąshen**   unserer   *(dt. Bsp: das Fell ~ Katze)*
+↑den. *pt* da nossa *pl* naszej *ce* nášej *sk* nášej *ru* нашей *hr* naše *sl* naše.

Gen sg n: **nąshen**   unseres   *(dt. Bsp: das Fell ~ Pferdes)*
+↑den. *pt* do nosso *pl* naszego *ce* nášeho *sk* nášho *ru* нашего *hr* našeg(a) *sl* našega.

Gen pl: **nąshen**   unserer   *(dt. Bsp: das Fell ~ Hunde /Katzen /Pferde)*
+↑den. *pt* dos nossos / das nossas *pl* naszich *ce* nášich *sk* nášich *ru* наших *hr* naših
sl naših.

Possessiv-Artikel 1. Person Plural (unser-), Dativ

Dat sg m: **a násh**   unserem   *(dt. Bsp: Ich gebe ~ Hund Futter.)*
+↑a, ad (2). *pt* ao nosso *pl* naszemu *ce* nášemu *sk* nášmu *ru* нашему *sl* našemu
ma -nkn(a/e)k.

Dat sg f: **a násh**   unserer   *(dt. Bsp: Ich gebe ~ Katze Futter)*
+↑a, ad (2). *pt* à nossa *pl* naszej *ce* náši *sk* nášej *ru* нашей *sl* naši *ma* -nkn(a/e)k.

Dat sg n: **a násh**   unserem   *(dt. Bsp: Ich gebe ~ Pferd Futter)*
+↑a, ad (2). *pt* ao nosso *pl* naszemu *ce* nášemu *sk* nášmu *ru* нашему *sl* našemu
ma -nkn(a/e)k.

Dat pl: **a násh**   unseren   *(dt. Bsp: Ich gebe ~ Hunden /Katzen /Pferden*
Futter.) | +↑a, ad (2). *pt* aos nossos / às nossas *pl* naszim *ce* nášim *sk* nášim *ru* нашим
ma -inkn(a/e)k.

Possessiv-Artikel 1. Person Plural (unser-), Akkusativ

Akk sg m: **násh**   unseren   *(dt. Bsp: Ich füttere ~ Hund.)*
pt o nosso *pl* nasz(ego) *ce* náš(eho) *sk* náš(ho) *ru* наш(его) *hr* naš(eg(a)) *sl* naš
ma -nk(a/e)t.

Akk sg f: **násh**   unsere   *(dt. Bsp: Ich füttere ~ Katze.)*
pt a nossa *pl* naszą *ce* náše *sk* nášu *ru* нашу *hr* našu *sl* naša *ma* -nk(a/e)t.

Akk sg n: **násh**   unser   *(dt. Bsp: Ich füttere ~ Pferd.)*
pt o nosso *pl* nasze *ce* náše *sk* náše *ru* наше *hr* naše *sl* naše *ma* -nk(a/e)t.

Akk pl: **násh** unsere *(dt. Bsp: Ich füttere ~ Hunde /Katzen /Pferde.)*
pt os nossos / as nossas *pl* nasze *ce* náš(ich) *sk* náše/nášich *ru* наши(х) *hr* naše/naša
ma -inket.

Possessiv-Artikel 2. Person Plural (euer-):

Possessiv-Artikel 2. Person Plural (euer-), Nominativ

Nom sg m: **vásh** euer *(dt. Bsp: ~ Hund)*
pt o vosso *pl* wasz *ce* váš *sk* váš *ru* ваш *bg* ваш *hr* vaš *sl* vaš.

Nom sg f: **vásh** eure *(dt. Bsp: ~ Katze)*
pt a vossa *pl* wasza *ce* váše *sk* váša *ru* ваша *bg* ваша *hr* vaša *sl* vaša.

Nom sg n: **vásh** euer *(dt. Bsp: ~ Pferd)*
pt (o vosso) *pl* wasze *ce* váše *sk* váše *ru* ваше *bg* ваше *hr* vaše *sl* vaše.

Nom pl: **vásh** eure *(dt. Bsp: ~ Hunde /Katzen /Pferde)*
fr vos *pt* os vossos / as vossas *pl* wasze *ce* váši/váše *sk* vášji/váše *ru* ваши *bg* ваши
hr vaši/vaše/vaša.

Possessiv-Artikel 2. Person Plural (euer-), Genitiv

Gen sg m: **vạshen** eures *(dt. Bsp: das Fell ~ Hundes)*
+↑den. *pt* do vosso *pl* waszego *ce* vášeho *sk* vášho *ru* вашего *hr* vašeg(a) *sl* vašega.

Gen sg f: **vạshen** eurer *(dt. Bsp: das Fell ~ Katze)*
+↑den. *pt* da vossa *pl* waszej *ce* vášej *sk* vášej *ru* вашей *hr* vaše *sl* vaše.

Gen sg n: **vạshen** eures *(dt. Bsp: das Fell ~ Pferdes)*
+↑den. *pt* (do vosso) *pl* waszego *ce* vášeho *sk* vášho *ru* вашего *hr* vašeg(a) *sl* vašega.

Gen pl: **vạshen** eurer *(dt. Bsp: das Fell ~ Hunde /Katzen /Pferde)*
+↑den. *fr* de vos *pt* dos vossos / das vossas *pl* waszich *ce* vášich *sk* vášich *ru* ваших
hr vaših *sl* vaših.

Possessiv-Artikel 2. Person Plural (euer-), Dativ

Dat sg m: **a vásh** eurem *(dt. Bsp: Ich gebe ~ Hund Futter.)*
+↑a, ad (2). *pt* ao vosso *pl* waszemu *ce* vášemu *sk* vášmu *ru* вашему *hr/sl* vašemu.

Dat sg f: **a vásh** eurer *(dt. Bsp: Ich gebe ~ Katze Futter)*
+↑a, ad (2). *pt* à vossa *pl* waszej *ce* váši *sk* vášej *ru* вашей *hr* vašej *sl* vaši.

Dat sg n: **a vásh** eurem *(dt. Bsp: Ich gebe ~ Pferd Futter)*
+↑a, ad (2). *pt* (ao vosso) *pl* waszemu *ce* vášemu *sk* vášmu *ru* вашему *hr/sl* vašemu.

Dat pl: **a vásh** euren *(dt. Bsp: Ich gebe ~ Hunden /Katzen /Pferden Futter.)*
+↑a, ad (2). *fr* à vos *pt* aos vossos / às vossas *pl* waszim *ce* vášim *sk* vášim *ru* вашим
hr vašim(a).

Possessiv-Artikel 2. Person Plural (euer-), Akkusativ

Akk sg m: **vásh**   euren   *(dt. Bsp: Ich füttere ~ Hund.)*
pt o vosso *pl* wasz(ego) *ce* váše(ho) *sk* váš(ho) *ru* ваш(его) *bg* ваш *hr* vaš(eg(a)) *sl* vaš.

Akk sg f: **vásh**   eure   *(dt. Bsp: Ich füttere ~ Katze.)*
pt a vossa *pl* waszą *ce* váše *sk* vášu *ru* вашу *bg* ваша *hr* vašu *sl* vaša.

Akk sg n: **vásh**   euer   *(dt. Bsp: Ich füttere ~ Pferd.)*
pt (o vosso) *pl* wasze *ce* váše *sk* váše *ru* ваше *bg* ваше *hr* vaše *sl* vaše.

Akk pl: **vásh**   eure   *(dt. Bsp: Ich füttere ~ Hunde /Katzen /Pferde.)*
fr vos *pt* os vossos / as vossas *pl* wasze *ce/sk* váše/vášich *ru* ваши(x) *bg* ваши
hr vaše/vasa.

Possessiv-Artikel 2. Person Plural, förmlich (Ihr-):

Possessiv-Artikel 2. Person Plural, förmlich (Ihr-), Nominativ

Nom sg m: **Vásh**   Ihr   *(dt. Bsp: ~ Hund)*
pt o vosso *ce* Váš *sk* Váš *ru* Ваш *bg* Ваш *hr* Vaš *sl* Vaš.

Nom sg f: **Vásh**   Ihre   *(dt. Bsp: ~ Katze)*
pt a vossa *ce* Váše *sk* Váša *ru* Ваша *bg* Ваша *hr* Vaša *sl* Vaša.

Nom sg n: **Vásh**   Ihr   *(dt. Bsp: ~ Pferd)*
pt o vosso *ce* Váše *sk* Váše *ru* Ваше *bg* Ваше *hr* Vaše *sl* Vaše.

Nom pl: **Vásh**   Ihre   *(dt. Bsp: ~ Hunde /Katzen /Pferde)*
fr Vos *pt* os vossos / as vossas *ce* Váše/Váši *sk* Vášji/Váše *ru* Ваши *bg* Ваши
hr Vaši/Vaše/Vaša.

Possessiv-Artikel 2. Person Plural, förmlich (Ihr-), Genitiv

Gen sg m: **Vąshen**   Ihres   *(dt. Bsp: das Fell ~ Hundes)*
+↑den. *pt* do vosso *ce* Vášeho *sk* Vášho *ru* Вашего *hr* Vašeg(a) *sl* Vašega.

Gen sg f: **Vąshen**   Ihrer   *(dt. Bsp: das Fell ~ Katze)*
+↑den. *pt* da vossa *ce* Vášej *sk* Vášej *ru* Вашей *hr* Vaše *sl* Vaše.

Gen sg n: **Vąshen**   Ihres   *(dt. Bsp: das Fell ~ Pferdes)*
+↑den. *pt* do vosso *ce* Vášeho *sk* Vášho *ru* Вашего *hr* Vašeg(a) *sl* Vašega.

Gen pl: **Vąshen**   Ihrer   *(dt. Bsp: das Fell ~ Hunde /Katzen /Pferde)*
+↑den. *fr* de Vos *pt* dos vossos / das vossas *ce* Vášich *sk* Vášich *ru* Ваших *hr* Vaših
sl Vaših.

<u>Possessiv-Artikel 2. Person Plural, förmlich (Ihr-), Dativ</u>

Dat sg m: **a Vásh**   Ihrem   *(dt. Bsp: Ich gebe ~ Hund Futter.)*
+↑a, ad (2). *pt* ao vosso *ce* Vášemu *sk* Vášmu *ru* Вашему *bg* на Вашия *hr/sl* Vašemu.

Dat sg f: **a Vásh**   Ihrer   *(dt. Bsp: Ich gebe ~ Katze Futter)*
+↑a, ad (2). *pt* à vossa *ce* Váši *sk* Vášej *ru* Вашей *bg* на Вашата *hr* Vašej *sl* Vaši.

Dat sg n: **a Vásh**   Ihrem   *(dt. Bsp: Ich gebe ~ Pferd Futter)*
+↑a, ad (2). *pt* ao vosso *ce* Vášemu *sk* Vášmu *ru* Вашему *bg* на Вашето *hr/sl* Vašemu.

Dat pl: **a Vásh**   Ihren   *(dt. Bsp: Ich gebe ~ Hunden /Katzen /Pferden Futter.)* +↑a, ad (2). *fr* à Vos *pt* aos vossos / às vossas *ce* Vášim *sk* Vášim *ru* Вашим *bg* на Вашите *hr* Vašim(a).

<u>Possessiv-Artikel 2. Person Plural, förmlich (Ihr-), Akkusativ</u>

Akk sg m: **Vásh**   Ihren   *(dt. Bsp: Ich füttere ~ Hund.)*
pt o vosso *ce* Váš(eho) *sk* Váš(ho) *ru* Ваш(его) *bg* Ваш *hr* Vaš(eg(a)) *sl* Vaš.

Akk sg f: **Vásh**   Ihre   *(dt. Bsp: Ich füttere ~ Katze.)*
pt a vossa *ce* Váše *sk* Vášu *ru* Вашу *bg* Ваша *hr* Vašu *sl* Vaša.

Akk sg n: **Vásh**   Ihr   *(dt. Bsp: Ich füttere ~ Pferd.)*
pt o vosso *ce* Váše *sk* Váše *ru* Ваше *bg* Ваше *hr* Vaše *sl* Vaše.

Akk pl: **Vásh**   Ihre   *(dt. Bsp: Ich füttere ~ Hunde /Katzen /Pferde.)*
fr Vos *pt* os vossos / as vossas *ce* Váše/Vášich *sk* Váše/Vášich *ru* Ваши(х) *bg* Ваши *hr* Vaše/Vasa.

Possessiv-Artikel 3. Person Plural (ihr-):

<u>Possessiv-Artikel 3. Person Plural (ihr-), Nominativ</u>

Nom sg m: **ir**   ihr   *(dt. Bsp: ~ Hund)*
fr leur *de* ihr *en* their *pl* ich *ce* jejich *sk* ich *ru* их.

Nom sg f: **ir**   ihre   *(dt. Bsp: ~ Katze)*
fr leure *de* ihre *en* their *pl* ich *ce* jejich *sk* ich *ru* их.

Nom sg n: **ir**   ihr   *(dt. Bsp: ~ Pferd)*
fr (leur) *de* ihr *en* their *pl* ich *ce* jejich *sk* ich *ru* их.

Nom pl: **ir**   ihre   *(dt. Bsp: ~ Hunde /Katzen /Pferde)*
fr leur(e)s *de* ihre *en* their *pl* ich *ce* jejich *sk* ich *ru* их.

<u>Possessiv-Artikel 3. Person Plural (ihr-), Genitiv</u>

Gen sg m: **iren**   ihres   *(dt. Bsp: das Fell ~ Hundes)*
+↑den. *fr* de leur *de* ihres *en* of their *pl* ich *ce* jejich *sk* ich *ru* их.

Gen sg f: **i̱ren** ihrer *(dt. Bsp: das Fell ~ Katze)*
+↑den. *fr* de leure *de* ihrer *en* of their *pl* ich *ce* jejich *sk* ich *ru* их.

Gen sg n: **i̱ren** ihres *(dt. Bsp: das Fell ~ Pferdes)*
+↑den. *fr* (de leur) *de* ihres *en* of their *pl* ich *ce* jejich *sk* ich *ru* их.

Gen pl: **i̱ren** ihrer *(dt. Bsp: das Fell ~ Hunde /Katzen /Pferde)*
+↑den. *fr* de leur(e)s *de* ihrer *en* of their *pl* ich *ce* jejich *sk* ich *ru* их.

Possessiv-Artikel 3. Person Plural (ihr-), Dativ

Dat sg m: **a ir** ihrem *(dt. Bsp: Ich gebe ~ Hund Futter.)*
+↑a, ad (2). *fr* à leur *de* ihrem *en* to their *pl* ich *ce* jejich *sk* ich *ru* их.

Dat sg f: **a ir** ihrer *(dt. Bsp: Ich gebe ~ Katze Futter)*
+↑a, ad (2). *fr* à leure *de* ihrer *en* to their *pl* ich *ce* jejich *sk* ich *ru* их.

Dat sg n: **a ir** ihrem *(dt. Bsp: Ich gebe ~ Pferd Futter)*
+↑a, ad (2). *fr* (à leur) *de* ihrem *en* to their *pl* ich *ce* jejich *sk* ich *ru* их.

Dat pl: **a ir** ihren *(dt. Bsp: Ich gebe ~ Hunden /Katzen /Pferden Futter.)*
+↑a, ad (2). *fr* à leur(e)s *de* ihren *en* to their *pl* ich *ce* jejich *sk* ich *ru* их.

Possessiv-Artikel 3. Person Plural (ihr-), Akkusativ

Akk sg m: **ir** ihren *(dt. Bsp: Ich füttere ~ Hund.)*
fr leur *de* ihren *en* their *pl* ich *ce* jejich *sk* ich *ru* их.

Akk sg f: **ir** ihre *(dt. Bsp: Ich füttere ~ Katze.)*
fr leure *de* ihre *en* their *pl* ich *ce* jejich *sk* ich *ru* их.

Akk sg n: **ir** ihr *(dt. Bsp: Ich füttere ~ Pferd.)*
fr (leur) *de* ihr *en* their *pl* ich *ce* jejich *sk* ich *ru* их.

Akk pl: **ir** ihre *(dt. Bsp: Ich füttere ~ Hunde /Katzen /Pferde.)*
fr leur(e)s *de* ihre *en* their *pl* ich *ce* jejich *sk* ich *ru* их.

Possessiv-Artikel unpersönlich / reflexiv / Passiv (man, sich: sein-):

Possessiv-Artikel unpersönlich / reflexiv / Passiv (man, sich: sein-), Nominativ

Nom sg m: **sú** der eigene / sein / ihr *(dt. Bsp: ~ Hund ist einem/ihm/ihr das Liebste.)* | *fr* son *de* sein *nl* zijn *sv* sin *pl* swój *ce* svůj *ru* свой.

Nom sg f: **sú** die eigene / seine / ihre *(dt. Bsp: ~ Katze ist einem/ihm/ihr das Liebste.)* | *fr* sa *de* seine *nl* zijn *sv* sin *pl* swoja *ce* svá *ru* своя.

Nom sg n: **sú** das eigene / sein / ihr *(dt. Bsp: ~ Pferd ist einem/ihm/ihr das Liebste.)* | *fr* (son) *de* sein *nl* zijn *sv* sitt *pl* swoje *ce* své *ru* своё.

Nom pl: **sú**   die eigenen / seine / ihre   *(dt. Bsp: ~ Tiere sind*
einem/ihm/ihr das Liebste.) | *fr* ses *de* seine *nl* zijn *sv* sina *pl* swoje *ce* sví/své/svá *ru* свои.

Possessiv-Artikel unpersönlich / reflexiv / Passiv (man, sich: sein-), Genitiv

Gen sg m: **súën**   des eigenen / seines / ihres   *(dt. Bsp: Man/Er/Sie pflegt*
das Fell ~ Hundes.) | +↑den. *fr* de son *de* seines *nl* van zijn *pl* swojego *ce* svého *ru* своего.

Gen sg f: **súën**   der eigenen / seiner / ihrer   *(dt. Bsp: Man/Er/Sie pflegt*
das Fell ~ Katze.) | +↑den. *fr* de sa *de* seiner *nl* van zijn *pl* swojej *ce* své *ru* своей.

Gen sg n: **súën**   des eigenen / seines / ihres   *(dt. Bsp: Man/Er/Sie pflegt*
das Fell ~ Pferdes.) | +↑den. *fr* (de son) *de* seines *nl* van zijn *pl* swojego *ce* svého
ru своего.

Gen pl: **súën**   der eigenen / seiner / ihrer   *(dt. Bsp: Man/Er/Sie pflegt*
das Fell ~ Tiere.) | +↑den. *fr* de ses *de* seiner *nl* van zijn *pl* swojich *ce* svých *ru* своих.

Possessiv-Artikel unpersönlich / reflexiv / Passiv (man, sich: sein-), Dativ

Dat sg m: **a sú**   dem eigenen / seinem / ihrem   *(dt. Bsp: Man/Er/Sie*
gibt ~ Hund Futter.) | +↑a, ad (2). *fr* à son *de* seinem *nl* aan zijn *pl* swojemu *ce* své
ru своему.

Dat sg f: **a sú**   der eigenen / seiner / ihrer   *(dt. Bsp: Man/Er/Sie gibt ~*
Katze Futter.) | +↑a, ad (2). *fr* à sa *de* seiner *nl* aan zijn *pl* swojej *ce* své *ru* своей.

Dat sg n: **a sú**   dem eigenen / seinem / ihrem   *(dt. Bsp: Man/Er/Sie*
gibt ~ Pferd Futter.) | +↑a, ad (2). *fr* (à son) *de* seinem *nl* aan zijn *pl* swojemu *ce* svému
ru своему.

Dat pl: **a sú**   den eigenen / seinen / ihren   *(dt. Bsp: Man/Er/Sie gibt*
~ Tieren Futter.) | +↑a, ad (2). *fr* à ses *de* seinen *nl* aan zijn *pl* swojim *ce* svým *ru* своим.

Possessiv-Artikel unpersönlich / reflexiv / Passiv (man, sich: sein-), Akkusativ

Akk sg m: **sú**   den eigenen / seinen / ihren   *(dt. Bsp: Man/Er/Sie*
füttert ~ Hund.) | *fr* son *de* seinen *nl* zijn *sv* sin *pl* swoj(ego) *ce* svůj/svého *ru* сво-й/его.

Akk sg f: **sú**   die eigene / seine / ihre   *(dt. Bsp: Man/Er/Sie füttert ~*
Katze.) | *fr* sa *de* seine *nl* zijn *sv* sin *pl* swoją *ce* svou *ru* свою.

Akk sg n: **sú**   das eigene / sein / ihr   *(dt. Bsp: Man/Er/Sie füttert ~*
Pferd.) | *fr* (son) *de* sein *nl* zijn *sv* sitt *pl* swoje *ce* své *ru* свой.

Akk pl: **sú**   die eigenen / seine / ihre   *(dt. Bsp: Man/Er/Sie füttert ~*
Tiere.) | *fr* ses *de* seine *nl* zijn *sv* sina *pl* swoje *ce* své/svá *ru* свои(х).

Possessiv-Pronomina - Besitz anzeigende Fürwörter (mein-, dein-, sein-, ihr-, unser-, euer-):

Possessiv-Pronomina 1. Person Singular (mein-):

Possessiv-Pronomina 1. Person Singular (mein-), Nominativ

Nom sg m: **de mí**   der meinige / meiner   *(dt. Bsp: Dein Hund ist kleiner als ~.)* | *fr* le mien *it* il mio *es* el mío *pt* o meu *de* der meine *en* mine *nl* de mijne *da* min *is* minn *pl* mój *ce* můj *sk* môj *ru* мой *bg* моят *hr* moj *ma* az enyém *el* ο (δικός) μου *sh* imi.

Nom sg f: **de mía**   die meinige / meine   *(dt. Bsp: Deine Katze ist kleiner als ~)* | *fr* la mienne *it* la mia *es* la mía *pt* a minha *de* die meine *en* mine *nl* de mijne *da* min *is* minn *pl* moja *ce* má *sk* moja *ru* моя *bg* моята *hr* moja *ma* az enyém *el* η (δική) μου *sh* imja.

Nom sg n: **de míe**   das meinige / meins   *(dt. Bsp: Dein Pferd ist kleiner als ~.)* | *fr* le mien *it* il mio *es* lo mío *pt* o meu *de* das meine *en* mine *nl* het mijne *da* mit *is* mitt *pl* moje *ce* mé *sk* moje *ru* моё *bg* моето *hr* moje *ma* az enyém *el* το (δικό) μου.

Nom pl m: **de míes**   die meinigen / meine   *(dt. Bsp: Deine Hunde sind kleiner als ~.)* | *fr* les miens *it* i miei *es* los míos *ro* ai mei *pt* os meus *de* die meinen *en* mine *nl* de mijnen *da* mine *is* mínir *pl* moje *ce* mí/mé *sk* moji/moje *ru* мои *bg* моите *hr* moji *ma* az enyéim *el* οι (δικές) μου *sh* të miat.

Nom pl f: **de mías**   die meinigen / meine   *(dt. Bsp: Deine Katzen sind kleiner als ~.)* | *fr* les miennes *it* le mie *es* las mías *ro* ai mei *pt* as minhas *de* die meinen *en* mine *nl* de mijnen *da* mine *is* mínir *pl* moje *ce* mé *sk* moje *ru* мои *bg* моите *hr* moje *ma* az enyéim *el* οι (δικές) μου *sh* të mitë.

Nom pl n: **de míes**   die meinigen / meine   *(dt. Bsp: Deine Pferde sind kleiner als ~.)* | *fr* les miens *it* i miei *es* los míos *ro* ai mei *pt* os meus *de* die meinen *en* mine *nl* de mijnen *da* mine *is* mín *pl* moje *ce* má *sk* moje *ru* мои *bg* моите *hr* moja *ma* az enyéim *el* τα (δικά) μου.

Possessiv-Pronomina 1. Person Singular (mein-), Genitiv

Gen sg m: **den míe**   des meinigen / meinem   *(dt. Bsp: Das Fell deines Hundes ist heller als das ~.)* | *fr* du mien *it* del mio *es* del mío *pt* do meu *de* des meinen *en* of mine *nl* van de mijne *da* af min *pl* mojego *ce* mého *sk* mojho *ru* моего *hr* mo(je)ga *ma* az enyémé *el* του (δικού) μου *sh* i timit.

Gen sg f: **den míe**   der meinigen / meiner   *(dt. Bsp: Das Fell deiner Katze ist heller als das ~.)* | *fr* de la mienne   *it* della mia   *es* de la mía   *pt* da minha   *de* der meinen   *en* of mine   *nl* van de mijne   *da* af min   *pl* mojej   *ce* mé   *sk* mojej   *ru* моей   *hr* moje   *ma* az enyémé   *el* της (δικής) μου   *sh* i simes.

Gen sg n: **den míe**   des meinigen / meinem   *(dt. Bsp: Das Fell deines Pferdes ist heller als das ~.)* | *fr* du mien   *it* del mio   *es* del mío   *pt* do meu   *de* des meinen   *en* of mine   *nl* van het mijne   *da* af mit   *pl* mojego   *ce* mého   *sk* mojho   *ru* моего   *hr* mo(je)ga   *ma* az enyémé   *el* του (δikoú) μου.

Gen pl m: **den míen**   der meinigen / meiner   *(dt. Bsp: Das Fell deiner Hunde ist heller als das ~.)* | *fr* des miens   *it* dei miei   *es* de los míos   *pt* dos meus   *de* der meinen   *en* of mine   *nl* van de mijne   *da* af mine   *pl* mojich   *ce* mých   *sk* mojich   *ru* моих   *hr* mojih   *ma* az enyéimé   *el* των (δικών) μου   *sh* i të miavet.

Gen pl f: **den míen**   der meinigen / meiner   *(dt. Bsp: Das Fell deiner Katzen ist heller als das ~.)* | *fr* des miennes   *it* delle mie   *es* de las mías   *pt* das minhas   *de* der meinen   *en* of mine   *nl* van de mijne   *da* af mine   *pl* mojich   *ce* mých   *sk* mojich   *ru* моих   *hr* mojih   *ma* az enyéimé   *el* των (δικών) μου   *sh* i të mivet.

Gen pl n: **den míen**   der meinigen / meiner   *(dt. Bsp: Das Fell deiner Pferde ist heller als das ~.)* | *fr* des miens   *it* dei miei   *es* de los míos   *pt* dos meus   *de* der meinen   *en* of mine   *nl* van de mijne   *da* af mine   *pl* mojich   *ce* mých   *sk* mojich   *ru* моих   *hr* mojih   *ma* az enyéimé   *el* των (δικών) μου.

Possessiv-Pronomina 1. Person Singular (mein-), Dativ

Dat sg m: **a de mí**   dem meinigen / meinem   *(dt. Bsp: Deinem Hund gebe ich mehr Futter als ~.)* | +↑a, ad (2). *fr* au mien   *it* al mio   *es* al mío   *pt* ao meu   *de* dem meinen   *en* to mine   *nl* aan de mijne   *da* til min   *pl* mojemu   *ce* mému   *sk* môjmu   *ru* моему   *hr* mojemu   *ma* az enyémnek   *el* στον (δικό) μου   *sh* timit.

Dat sg f: **a de mía**   der meinigen / meiner   *(dt. Bsp: Deiner Katze gebe ich mehr Futter als ~.)* | +↑a, ad (2). *fr* à la mienne   *it* alla mia   *es* a la mía   *pt* à minha   *de* der meinen   *en* to mine   *nl* aan de mijne   *da* til min   *pl* mojej   *ce* mé   *sk* mojej   *ru* моей   *hr* mojoj   *ma* az enyémnek   *el* στην (δική) μου   *sh* simes.

Dat sg n: **a de míe**   dem meinigen / meinem   *(dt. Bsp: Deinem Pferd gebe ich mehr Futter als ~.)* | +↑a, ad (2). *fr* au mien   *it* al mio   *es* al mío   *pt* ao meu   *de* dem meinen   *en* to mine   *nl* aan het mijne   *da* til mit   *pl* mojemu   *ce* mému   *sk* môjmu   *ru* моему   *hr* mojemu   *ma* az enyémnek   *el* στο (δικό) μου.

Dat pl m: **a de míes**   den meinigen / meinen *(dt. Bsp: Deinen Hunden gebe ich mehr Futter als ~.)* | +↑a, ad (2). *fr* aux miens *it* ai miei *es* a los míos *pt* aos meus *de* den meinen *en* to mine *nl* aan de mijne *da* til mine *pl* mojim *ce* mým *sk* mojim *ru* моим *hr* mojim *ma* az enyéimnek *el* στους (δικούς) μου *sh* të miavet.

Dat pl f: **a de mías**   den meinigen / meinen *(dt. Bsp: Deinen Katzen gebe ich mehr Futter als ~.)* | +↑a, ad (2). *fr* aux miennes *it* alle mie *es* a las mías *pt* às minhas *de* den meinen *en* to mine *nl* aan de mijne *da* til mine *pl* mojim *ce* mým *sk* mojim *ru* моим *hr* mojim *ma* az enyéimnek *el* στις (δικές) μου *sh* të mivet.

Dat pl n: **a de míes**   den meinigen / meinen *(dt. Bsp: Deinen Pferden gebe ich mehr Futter als ~.)* | +↑a, ad (2). *fr* aux miens *it* ai miei *es* a los míos *pt* aos meus *de* den meinen *en* to mine *nl* aan de mijne *da* til mine *pl* mojim *ce* mým *sk* mojim *ru* моим *hr* mojim *ma* az enyéimnek *el* στα (δικά) μου.

Possessiv-Pronomina 1. Person Singular (mein-), Akkusativ

Akk sg m: **de mí**   den meinigen / meinen *(dt. Bsp: Deinen Hund füttere ich mehr als ~.)* | *fr* le mien *it* il mio *es* el mío *pt* o meu *de* den meinen *en* mine *nl* de mijne *da* min *pl* moj(ego) *ce* mého/můj *sk* môjho/môj *ru* мой (-его) *hr* moj(ega) *ma* az enyemet *el* τον (δικό) μου *sh* timin.

Akk sg f: **de mía**   die meinige / meine *(dt. Bsp: Deine Katze füttere ich mehr als ~.)* | *fr* la mienne *it* la mia *es* la mía *pt* a minha *de* die meine *en* mine *nl* de mijne *da* min *pl* moją *ce* mou *sk* moju *ru* моей *hr* moju *ma* az enyemet *el* την (δική) μου *sh* simes.

Akk sg n: **de míe**   das meinige / meins *(dt. Bsp: Dein Pferd füttere ich mehr als ~.)* | *fr* le mien *it* il mio *es* lo mío *pt* o meu *de* das meine *en* mine *nl* het mijne *da* mit *pl* moje *ce* mé *sk* moje *ru* мой *hr* moje *ma* az enyemet *el* το (δικό) μου.

Akk pl m: **de míes**   die meinigen / meine *(dt. Bsp: Deine Hunde füttere ich mehr als ~.)* | *fr* les miens *it* i miei *es* los míos *pt* os meus *de* die meinen *en* mine *nl* de mijnen *da* mine *pl* moje *ce* mé *sk* mojich/moje *ru* мои(х) *hr* moje *ma* az enyeimet *el* τους (δικούς) μου *sh* të miat.

Akk pl f: **de mías**   die meinigen / meine *(dt. Bsp: Deine Katzen sind kleiner als ~.)* | *fr* les miennes *it* le mie *es* las mías *ro* ai mei *pt* as minhas *de* die meinen *en* mine *nl* de mijnen *da* mine *pl* moje *ce* mé *sk* moje *ru* мои *hr* moje *ma* az enyéim *el* τις (δικές) μου *sh* të mitë.

Akk pl n: **de míes** die meinigen / meine *(dt. Bsp: Deine Pferde sind kleiner als ~.)* | *fr* les miens *it* i miei *es* los míos *ro* ai mei *pt* os meus *de* die meinen *en* mine *nl* de mijnen *da* mine *pl* moje *ce* má *sk* moje *ru* мои *hr* moja *ma* az enyéim *el* τα (δικά) μου.

Possessiv-Pronomina 2. Person Singular (dein-), Nominativ

Nom sg m: **de tú** der deinige / deiner *(dt. Bsp: Mein Hund ist kleiner als ~.)* | *fr* le tien *it* il tuo *es* el tuyo *ro* tău *pt* o tuo *de* der deine *pl* twój *ce* tvůj *sk* tvoj *ru* твой *bg* твоят *hr* tvoj *ma* a tiéd *el* ο (δικός) σου *sh* yti.

Nom sg f: **de túa** die deinige / deine *(dt. Bsp: Meine Katze ist kleiner als ~)* | *fr* la tienne *it* la tua *es* la tuya *ro* ta *pt* a tua *de* die deine *pl* twoja *ce* tvá *sk* tvoja *ru* твоя *bg* твоята *hr* tvoja *ma* a tiéd *el* η (δική) σου *sh* jotja.

Nom sg n: **de túë** das deinige / deins *(dt. Bsp: Mein Pferd ist kleiner als ~.)* | *fr* le tien *it* il tuo *es* lo tuyo *ro* tău *pt* o tuo *de* das deine *pl* twoje *ce* tvé *sk* tvoje *ru* твоё *bg* твоето *hr* tvoje *ma* a tiéd *el* το (δικό) σου.

Nom pl m: **de túës** die deinigen / deine *(dt. Bsp: Meine Hunde sind kleiner als ~.)* | *fr* les tiens *it* i tui *es* los tuyos *ro* tăi *pt* os tuos *de* die deinen *pl* twoje *ce* tví *sk* tvoji/tvoje *ru* твои *bg* твоите *hr* tvoji *ma* a tieid *el* οι (δικές) σου *sh* të tutë.

Nom pl f: **de túas** die deinigen / deine *(dt. Bsp: Meine Hunde Katzen sind kleiner als ~.)* | *fr* les tiennes *it* le tue *es* las tuyas *ro* tale *pt* as tuas *de* die deinen *pl* twoje *ce* tvé *sk* tvoje *ru* твои *bg* твоите *hr* tvoje *ma* a tieid *el* οι (δικές) σου *sh* të tuat.

Nom pl n: **de túës** die deinigen / deine *(dt. Bsp: Meine Pferde sind kleiner als ~.)* | *fr* les tiens *it* i tui *es* los tuyos *ro* tăi *pt* os tuos *de* die deinen *pl* twoje *ce* tvá *sk* tvoje *ru* твои *bg* твоите *hr* tvoja *ma* a tieid *el* τα (δικά) σου.

Possessiv-Pronomina 2. Person Singular (dein-), Genitiv

Gen sg m: **den túë** des deinigen / deinem *(dt. Bsp: Das Fell meines Hundes ist heller als das ~.)* | *fr* du tien *it* del tuo *es* del tuyo *pt* do tuo *de* des deinen *pl* twojego *ce* tvého *sk* tvojho *ru* твоего *hr* tvo(je)ga *ma* a tiédé *el* του (δικού) σου *sh* i tëndit.

Gen sg f: **den túë** der deinigen / deiner *(dt. Bsp: Das Fell meiner Katze ist heller als das ~.)* | *fr* de la tienne *it* della tua *es* de la tuya *pt* da tua *de* der deinen *pl* twojej *ce* tvé *sk* tvojej *ru* твоей *hr* tvoje *ma* a tiédé *el* της (δικής) σου *sh* i sates.

Gen sg n: **den túë** des deinigen / deinem *(dt. Bsp: Das Fell meines Pferdes ist heller als das ~.)* | *fr* du tien *it* del tuo *es* del tuyo *pt* do tuo *de* des deinen *pl* twojego *ce* tvého *sk* tvojho *ru* твоего *hr* tvo(je)ga *ma* a tiédé *el* του (δικού) σου.

Gen pl m: **den tújën** der deinigen / deiner *(dt. Bsp: Das Fell meiner Hunde ist heller als das ~.)* | *fr* des tiens *it* dei tui *es* de los tuyos *pt* dos tuos *de* der deinen *pl* twojich *ce* tvých *sk* tvojich *ru* твоих *hr* tvojih *ma* a tieidé *el* των (δικών) σου *sh* i të tuvet.

Gen pl f: **den tújën** der deinigen / deiner *(dt. Bsp: Das Fell meiner Katzen ist heller als das ~.)* | *fr* des tiennes *it* delle tue *es* de las tuyas *pt* das tuas *de* der deinen *pl* twojich *ce* tvých *sk* tvojich *ru* твоих *hr* tvojih *ma* a tieidé *el* των (δικών) σου *sh* i të tuavet.

Gen pl n: **den tújën** der deinigen / deiner *(dt. Bsp: Das Fell meiner Pferde ist heller als das ~.)* | *fr* des tiens *it* dei tui *es* de los tuyos *pt* dos tuos *de* der deinen *pl* twojich *ce* tvých *sk* tvojich *ru* твоих *hr* tvojih *ma* a tieidé *el* των (δικών) σου.

<u>Possessiv-Pronomina 2. Person Singular (dein-), Dativ</u>

Dat sg m: **a de tú** dem deinigen / deinem *(dt. Bsp: Meinem Hund gebe ich mehr Futter als ~.)* | +↑a, ad (2). *fr* au tien *it* al tuo *es* al tuyo *pt* ao tuo *de* dem deinen *pl* twojemu *ce* tvému *sk* tvojmu *ru* твоему *hr* tvojemu *ma* a tiédnek *el* στον (δικό) σου *sh* tëndit.

Dat sg f: **a de túa** der deinigen / deiner *(dt. Bsp: Meiner Katze gebe ich mehr Futter als ~.)* | +↑a, ad (2). *fr* à la tienne *it* alla tua *es* a la tuya *pt* à tua *de* der deinen *pl* twojej *ce* tvé *sk* tvojej *ru* твоей *hr* tvojoj *ma* a tiédnek *el* στην (δική) σου *sh* sates.

Dat sg n: **a de tújë** dem deinigen / deinem *(dt. Bsp: Meinem Pferd gebe ich mehr Futter als ~.)* | +↑a, ad (2). *fr* au tien *it* al tuo *es* al tuyo *pt* ao tuo *de* dem deinen *pl* twojemu *ce* tvému *sk* tvojmu *ru* твоему *hr* tvojemu *ma* a tiédnek *el* στο (δικό) σου.

Dat pl m: **a de tújës** den deinigen / deinen *(dt. Bsp: Meinen Hunden gebe ich mehr Futter als ~.)* | +↑a, ad (2). *fr* aux tiens *it* ai tui *es* a los tuyos *pt* aos tuos *de* den deinen *pl* twojim *ce* tvým *sk* tvojim *ru* твоим *hr* tvojim *ma* a tieidnek *el* στους (δικούς) σου *sh* të tuvet.

Dat pl f: **a de tújas** den deinigen / deinen *(dt. Bsp: Meinen Katzen gebe ich mehr Futter als ~.)* | +↑a, ad (2). *fr* aux tiennes *it* alle tue *es* a las tuyas *pt* às tuas *de* den deinen *pl* twojim *ce* tvým *sk* tvojim *ru* твоим *hr* tvojim *ma* a tieidnek *el* στις (δικές) σου *sh* të tuavet.

Dat pl n: **a de tújës** den deinigen / deinen *(dt. Bsp: Meinen Pferden gebe ich mehr Futter als ~.)* | +↑a, ad (2). *fr* aux tiens *it* ai tui *es* a los tuyos *pt* aos tuos *de* den deinen *pl* twojim *ce* tvým *sk* tvojim *ru* твоим *hr* tvojim *ma* a tieidnek *el* στα (δικά) σου.

<u>Possessiv-Pronomina 2. Person Singular (dein-), Akkusativ</u>

Akk sg m: **de tú** den deinigen / deinen *(dt. Bsp: Meinen Hund füttere ich mehr als ~.)* | *fr* le tien *it* il tuo *es* el tuyo *pt* o tuo *de* den deinen *pl* twoj(ego) *ce* tvůj/tvého *sk* tvojho/tvoj *ru* твой (-его) *hr* tvoj(ega) *ma* a tiédet *el* τον (δικό) σου *sh* tëndin.

Akk sg f: **de túa** die deinige / deine *(dt. Bsp: Meine Katze füttere ich mehr als ~.)* | *fr* la tienne *it* la tua *es* la tuya *pt* a tua *de* die deine *pl* twoją *ce* tvou *sk* tvoju *ru* твоей *hr* tvoju *ma* a tiédet *el* την (δική) σου *sh* sates.

Akk sg n: **de túë** das deinige / deins *(dt. Bsp: Mein Pferd füttere ich mehr als ~.)* | *fr* le tien *it* il tuo *es* lo tuyo *pt* o tuo *de* das deine *pl* twoje *ce* tvé *sk* tvoje *ru* твой *hr* tvoje *ma* a tiédet *el* το (δικό) σου.

Akk pl m: **de túës** die deinigen / deine *(dt. Bsp: Meine Hunde füttere ich mehr als ~.)* | *fr* les tiens *it* i tui *es* los tuyos *pt* os tuos *de* die deinen *pl* twoje *ce* tvé *sk* tvojich/tvoje *ru* твои(x) *hr* tvoje *ma* a tieidet *el* τους (δικούς) σου.

Akk pl f: **de túas** die deinigen / deine *(dt. Bsp: Meine Katzen füttere ich mehr als ~.)* | *fr* les tiennes *it* le tue *es* las tuyas *pt* as tuas *de* die deinen *pl* twoje *ce* tvé *sk* tvoje *ru* твои(x) *hr* tvoje *ma* a tieidet *el* τις (δικές) σου *sh* të tute.

Akk pl n: **de túës** die deinigen / deine *(dt. Bsp: Meine Pferde füttere ich mehr als ~.)* | *fr* les tiens *it* i tui *es* los tuyos *pt* os tuos *de* die deinen *pl* twoje *ce* tvá *sk* tvoje *ru* твои(x) *hr* tvoja *ma* a tieidet *el* τα (δικά) σου *sh* të tuat.

<u>Possessiv-Pronomina 2. Person Singular förmlich (Ihr-), Nominativ</u>

Nom sg m: **de Vásh** der Ihrige / Ihrer *(dt. Bsp: Mein Hund ist kleiner als ~.)* | *pt* o Vosso *ce* Váš *sk* Váš *ru* Ваш *bg* Вашият *hr* vaš *sl* Vaš.

Nom sg f: **de Vasha** die Ihrige / Ihre *(dt. Bsp: Meine Katze ist kleiner als ~)* | *pt* a Vossa *ce* Vaše *sk* Váša *ru* Ваша *bg* Вашата *hr* vaša *sl* Vaša.

Nom sg n: **de Vashe** das Ihrige / Ihrs *(dt. Bsp: Mein Pferd ist kleiner als ~.)* | *pt* (o Vosso) *ce* Vaše *sk* Váše *ru* Ваше *bg* Вашето *hr* vaše *sl* Vaše.

Nom pl m: **de Vashes** die Ihrigen / Ihre *(dt. Bsp: Meine Hunde sind kleiner als ~.)* | *pt* os Vossos *ce* Vaši/Vaši *sk* Vášji/Váše *ru* Ваши *bg* Вашите *hr* vaši.

Nom pl f: **de Vashas** die Ihrigen / Ihre *(dt. Bsp: Meine Hunde Katzen sind kleiner als ~.)* | *pt* as Vossas *ce* Vaše *sk* Vášji/Váše *ru* Ваши *bg* Вашите *hr* vaše.

Nom pl n: **de Vashes** die Ihrigen / Ihre *(dt. Bsp: Meine Pferde sind kleiner als ~.)* | *pt* os Vossos *ce* Vaše *sk* Vášji/Váše *ru* Ваши *bg* Вашите *hr* vaša.

Possessiv-Pronomina 2. Person Singular förmlich (Ihr-), Genitiv

Gen sg m: **den Va̦she** des Ihrigen / Ihrem *(dt. Bsp: Das Fell meines Hundes ist heller als das ~.)* | *pt* do Vosso *ce* Vašeho *sk* Vášho *ru* Вашего *hr* vašega *sl* Vašega.

Gen sg f: **den Va̦she** der Ihrigen / Ihrer *(dt. Bsp: Das Fell meiner Katze ist heller als das ~.)* | *pt* da Vossa *ce* Vaší *sk* Vášej *ru* Вашей *hr* vaše *sl* Vaše.

Gen sg n: **den Va̦she** des Ihrigen / Ihrem *(dt. Bsp: Das Fell meines Pferdes ist heller als das ~.)* | *pt* (do Vosso) *ce* Vašeho *sk* Vášho *ru* Вашего *hr* vašega *sl* Vašega.

Gen pl m: **den Va̦shen** der Ihrigen / Ihrer *(dt. Bsp: Das Fell meiner Hunde ist heller als das ~.)* | *pt* dos Vossos *ce* Vašich *sk* Vášich *ru* Ваших *hr* vaših *sl* Vaših.

Gen pl f: **den Va̦shen** der Ihrigen / Ihrer *(dt. Bsp: Das Fell meiner Katzen ist heller als das ~.)* | *pt* das Vossas *ce* Vašich *sk* Vášich *ru* Ваших *hr* vaših *sl* Vaših.

Gen pl n: **den Va̦shen** der Ihrigen / Ihrer *(dt. Bsp: Das Fell meiner Pferde ist heller als das ~.)* | *pt* dos Vossos *ce* Vašich *sk* Vášich *ru* Ваших *hr* vaših *sl* Vaših.

Possessiv-Pronomina 2. Person Singular förmlich (Ihr-), Dativ

Dat sg m: **a de Vásh** dem Ihrigen / Ihrem *(dt. Bsp: Meinem Hund gebe ich mehr Futter als ~.)* | +↑a, ad (2). *pt* ao Vosso *ce* Vašemu *sk* Vášmu *ru* Вашему *hr* vašemu *sl* Vašemu.

Dat sg f: **a de Va̦sha** der Ihrigen / Ihrer *(dt. Bsp: Meiner Katze gebe ich mehr Futter als ~.)* | +↑a, ad (2). *pt* à Vossa *ce* Vaší *sk* Vášej *ru* Вашей *hr* vašoj *sl* Vaši.

Dat sg n: **a de Va̦she** dem Ihrigen / Ihrem *(dt. Bsp: Meinem Pferd gebe ich mehr Futter als ~.)* | +↑a, ad (2). *pt* (ao Vosso) *ce* Vašemu *sk* Vášmu *ru* Вашему *hr* vašemu *sl* Vašemu.

Dat pl m: **a de Va̦shes** den Ihrigen / Ihren *(dt. Bsp: Meinen Hunden gebe ich mehr Futter als ~.)* | +↑a, ad (2). *pt* aos Vossos *ce* Vašim *sk* Vášim *ru* Вашим *hr* vašim.

Dat pl f: **a de Va̦shas** den Ihrigen / Ihren *(dt. Bsp: Meinen Katzen gebe ich mehr Futter als ~.)* | +↑a, ad (2). *pt* às Vossas *ce* Vašim *sk* Vášim *ru* Вашим *hr* vašim.

Dat pl n: **a de Va̦shes** den Ihrigen / Ihren *(dt. Bsp: Meinen Pferden gebe ich mehr Futter als ~.)* | +↑a, ad (2). *pt* aos Vossos *ce* Vašim *sk* Vášim *ru* Вашим *hr* vašim.

Possessiv-Pronomina 2. Person Singular förmlich (Ihr-), Akkusativ

Akk sg m: **de Vásh** den Ihrigen / Ihren *(dt. Bsp: Meinen Hund füttere ich mehr als ~.)* | *pt* o Vosso *ce* Vaš(eho) *sk* Váš(ho) *ru* Ваш(его) *hr* vaš(ega) *sl* Vaš.

Akk sg f: **de Vạsha** die Ihrige / Ihre *(dt. Bsp: Meine Katze füttere ich mehr als ~.)* | *pt* a Vossa *ce* Vaši *sk* Vášu *ru* Вашу *hr* vašu *sl* Vaša.

Akk sg n: **de Vạshe** das Ihrige / Ihrs *(dt. Bsp: Mein Pferd füttere ich mehr als ~.)* | *pt* (o Vosso) *ce* Vaše *sk* Váše *ru* Ваше *hr* vaše *sl* Vaše.

Akk pl m: **de Vạshes** die Ihrigen / Ihre *(dt. Bsp: Meine Hunde füttere ich mehr als ~.)* | *pt* os Vossos *ce* Vaše *sk* Vášji/Váše *ru* Ваши(х) *hr* vaše.

Akk pl f: **de Vạshas** die Ihrigen / Ihre *(dt. Bsp: Meine Katzen füttere ich mehr als ~.)* | *pt* as Vossas *ce* Vaše *sk* Váše *ru* Ваши *bg* Ваши *hr* vaše.

Akk pl n: **de Vạshes** die Ihrigen / Ihre *(dt. Bsp: Meine Pferde füttere ich mehr als ~.)* | *pt* os Vossos *ce* Vaše *sk* Váše *ru* Ваши *bg* Ваши *hr* vaša.
: 3. Person Singular mask. (sein-) *(dt. Bsp:)* |.

Possessiv-Pronomina 3. Person Singular männlich (sein-), Nominativ

Nom sg m: **de sú** der seinige / seiner *(dt. Bsp: Das ist Max. Mein Hund ist kleiner als ~.)* | *fr* le sien *it* il suo *es* el suyo *ro* său *pt* o seu *de* der seine *nl* de zijne *el* o (δικός) του.

Nom sg f: **de súa** die seinige / seine *(dt. Bsp: Das ist Max. Meine Katze ist kleiner als ~)* | *fr* la sienne *it* la sua *es* la suya *ro* sa *pt* a sua *de* die seine *nl* de zijne *el* η (δική) του.

Nom sg n: **de súë** das seinige / seins *(dt. Bsp: Das ist Max. Mein Pferd ist kleiner als ~.)* | *fr* le sien *it* il suo *es* lo suyo *ro* său *pt* (o seu) *de* das seine *nl* het zijne *el* το (δικό) του.

Nom pl m: **de súës** die seinigen / seine *(dt. Bsp: Das ist Max. Meine Hunde sind kleiner als ~.)* | *fr* les siens *it* i sui *es* los suyos *ro* săi *pt* os seus *de* die seinen *nl* de zijne *el* οι (δικές) του.

Nom pl f: **de súas** die seinigen / seine *(dt. Bsp: Das ist Max. Meine Katzen sind kleiner als ~.)* | *fr* les siennes *it* le sue *es* las suyas *ro* sale *pt* as suas *de* die seinen *nl* de zijne *el* οι (δικές) του.

Nom pl n: **de súës** die seinigen / seine *(dt. Bsp: Das ist Max. Meine Pferde sind kleiner als ~.)* | *fr* les siens *it* i sui *es* los suyos *ro* săi *pt* os seus *de* die seinen *nl* de zijne *el* τα (δικά) του.

Possessiv-Pronomina 3. Person Singular männlich (sein-), Genitiv

Gen sg m: **den súë** des seinigen / seinem *(dt. Bsp: Das ist Max. Das Fell meines Hundes ist heller als das ~.)* | *fr* du sien *it* del suo *es* del suyo *ro* său *pt* do seu *de* des seinen *nl* van de zijne *el* του (δικού) του.

Gen sg f: **den súë** der seinigen / seiner *(dt. Bsp: Das ist Max. Das Fell meiner Katze ist heller als das ~.)* | *fr* de la sienne *it* della sua *es* de la suya *ro* sale *pt* da sua *de* der seinen *nl* van de zijne *el* της (δικής) του.

Gen sg n: **den súë** des seinigen / seinem *(dt. Bsp: Das ist Max. Das Fell meines Pferdes ist heller als das ~.)* | *fr* du sien *it* del suo *es* del suyo *ro* său *pt* (do seu) *de* des seinen *nl* van het zijne *el* του (δικού) του.

Gen pl m: **den súën** der seinigen / seiner *(dt. Bsp: Das ist Max. Das Fell meiner Hunde ist heller als das ~.)* | *fr* des siens *it* die sui *es* de los suyos *ro* săi *pt* dos seus *de* der seinen *nl* van de zijne *el* των (δικών) του.

Gen pl f: **den súën** der seinigen / seiner *(dt. Bsp: Das ist Max. Das Fell meiner Katzen ist heller als das ~.)* | *fr* des siennes *it* delle sue *es* de las suyas *ro* sale *pt* dos seus *de* der seinen *nl* van de zijne *el* των (δικών) του.

Gen pl n: **den súën** der seinigen / seiner *(dt. Bsp: Das ist Max. Das Fell meiner Hunde ist heller als das ~.)* | *fr* des siens *it* die sui *es* de los suyos *ro* săi *pt* dos seus *de* der seinen *nl* van de zijne *el* των (δικών) του.

Possessiv-Pronomina 3. Person Singular männlich (sein-), Dativ

Dat sg m: **a de súë** dem seinigen / seinem *(dt. Bsp: Das ist Max. Meinem Hund gebe ich mehr Futter als ~.)* | +↑a, ad (2). *fr* au sien *it* al suo *es* al suyo *ro* său *pt* ao seu *de* dem seinen *nl* aan de zijne *el* στον (δικό) του.

Dat sg f: **a de súa** der seinigen / seiner *(dt. Bsp: Das ist Max. Meiner Katze gebe ich mehr Futter als ~.)* | +↑a, ad (2). *fr* à la sienne *it* alla sua *es* a la suya *ro* sale *pt* à sua *de* der seinen *nl* aan de zijne *el* στην (δική) του.

Dat sg n: **a de súë** dem seinigen / seinem *(dt. Bsp: Das ist Max. Meinem Pferd gebe ich mehr Futter als ~.)* | +↑a, ad (2). *fr* au sien *it* al suo *es* a lo suyo *ro* său *pt* (ao seu) *de* dem seinen *nl* aan het zijne *el* στο (δικό) του.

Dat pl m: **a de súes** den seinigen / seinen *(dt. Bsp: Das ist Max. Meinen Hunden gebe ich mehr Futter als ~.)* | +↑a, ad (2). *fr* aux siens *it* ai sui *es* a los suyos *ro* săi *pt* aos seus *de* den seinen *nl* aan de zijne *el* στους (δικούς) του.

Dat pl f: **a de súas** den seinigen / seinen *(dt. Bsp: Das ist Max. Meinen Katzen gebe ich mehr Futter als ~.)* | +↑a, ad (2). *fr* aux siennes *it* alle sue *es* a las suyas *ro* sale *pt* às suas *de* den seinen *nl* aan de zijne *el* στις (δικές) του.

Dat pl n: **a de súës** den seinigen / seinen *(dt. Bsp: Das ist Max. Meinen Pferden gebe ich mehr Futter als ~.)* | +↑a, ad (2). *fr* aux siens *it* ai sui *es* a los suyos *ro* săi *pt* aos seus *de* den seinen *nl* aan de zijne *el* στα (δικά) του.

Possessiv-Pronomina 3. Person Singular männlich (sein-), Akkusativ

Akk sg m: **de sú** den seinigen / seinen *(dt. Bsp: Das ist Max. Meinen Hund füttere ich mehr als ~.)* | *fr* le sien *it* il suo *es* el suyo *ro* său *pt* o seu *de* den seinen *nl* de zijne *el* τον (δικό) του.

Akk sg f: **de súa** die seinige / seine *(dt. Bsp: Das ist Max. Meine Katze füttere ich mehr als ~.)* | *fr* la sienne *it* la sua *es* la suya *ro* sa *pt* a sua *de* die seine *nl* de zijne *el* την (δική) του.

Akk sg n: **de súë** das seinige / seins *(dt. Bsp: Das ist Max. Mein Pferd füttere ich mehr als ~.)* | *fr* le sien *it* il suo *es* lo suyo *ro* său *pt* (o seu) *de* das seine *nl* het zijne *el* το (δικό) του.

Akk pl m: **de súës** die seinigen / seine *(dt. Bsp: Das ist Max. Meine Hunde sind kleiner als ~.)* | *fr* les siens *it* i sui *es* los suyos *ro* săi *pt* os seus *de* die seinen *nl* de zijne *el* τους (δικούς) του.

Akk pl f: **de súas** die seinigen / seine *(dt. Bsp: Das ist Max. Meine Katzen sind kleiner als ~.)* | *fr* les siennes *it* le sue *es* las suyas *ro* sale *pt* as suas *de* die seinen *nl* de zijne *el* τις (δικές) του.

Akk pl n: **de súës** die seinigen / seine *(dt. Bsp: Das ist Max. Meine Pferde sind kleiner als ~.)* | *fr* les siens *it* i sui *es* los suyos *ro* săi *pt* os seus *de* die seinen *nl* de zijne *el* τα (δικά) του.

Possessiv-Pronomina 3. Person Singular weiblich (ihr-), Nominativ

Nom sg m: **de jer** der ihrige / ihrer *(dt. Bsp: Das ist Lena. Mein Hund ist kleiner als ~.)* | *de* der ihre *en* hers *nl* de hare *pl* jej *ce* její *sk* jej *ru* eë *hr* njen.

Nom sg f: **de jẹra** die ihrige / ihre *(dt. Bsp: Das ist Lena. Meine Katze ist kleiner als ~)* | *de* die ihre *en* hers *nl* de hare *pl* jej *ce* její *sk* jej *ru* eë *hr* njena.

Nom sg n: **de jẹre**   das ihrige / ihrs *(dt. Bsp: Das ist Lena. Mein Pferd ist kleiner als ~.)* | *de* das ihre *en* hers *nl* het hare *pl* jej *ce* její *sk* jej *ru* eë *hr* njeno.

Nom pl m: **de jẹres**   die ihrigen / ihre *(dt. Bsp: Das ist Lena. Meine Hunde sind kleiner als ~.)* | *de* die ihren *en* hers *nl* de hare *pl* jej *ce* její *sk* jej *ru* eë *hr* njeni.

Nom pl f: **de jẹras**   die ihrigen / ihre *(dt. Bsp: Das ist Lena. Meine Katzen sind kleiner als ~.)* | *de* die ihren *en* hers *nl* de hare *pl* jej *ce* její *sk* jej *ru* eë *hr* njene.

Nom pl n: **de jẹres**   die ihrigen / ihre *(dt. Bsp: Das ist Lena. Meine Pferde sind kleiner als ~.)* | *de* die ihren *en* hers *nl* de hare *pl* jej *ce* její *sk* jej *ru* eë *hr* njena.

Possessiv-Pronomina 3. Person Singular weiblich (ihr-), Genitiv

Gen sg m: **den jẹre**   des ihrigen / ihrem *(dt. Bsp: Das ist Lena. Das Fell meines Hundes ist heller als das ~.)* | *de* des ihren *en* of hers *nl* van de hare *pl* jej *ce* jejího *sk* jej *ru* eë *hr* njenoga.

Gen sg f: **den jẹre**   der ihrigen / ihrer *(dt. Bsp: Das ist Lena. Das Fell meiner Katze ist heller als das ~.)* | *de* der ihren *en* of hers *nl* van de hare *pl* jej *ce* její *sk* jej *ru* eë *hr* njene.

Gen sg n: **den jẹre**   des ihrigen / ihrem *(dt. Bsp: Das ist Lena. Das Fell meines Pferdes ist heller als das ~.)* | *de* des ihren *en* of hers *nl* van het hare *pl* jej *ce* jejího *sk* jej *ru* eë *hr* njenoga.

Gen pl m: **den jẹren**   der ihrigen / ihrer *(dt. Bsp: Das ist Lena. Das Fell meiner Hunde ist heller als das ~.)* | *de* der ihren *en* of hers *nl* van de hare *pl* jej *ce* jejích *sk* jej *ru* eë *hr* njenih.

Gen pl f: **den jẹren**   der ihrigen / ihrer *(dt. Bsp: Das ist Lena. Das Fell meiner Katzen ist heller als das ~.)* | *de* der ihren *en* of hers *nl* van de hare *pl* jej *ce* jejích *sk* jej *ru* eë *hr* njenih.

Gen pl n: **den jẹren**   der ihrigen / ihrer *(dt. Bsp: Das ist Lena. Das Fell meiner Pferde ist heller als das ~.)* | *de* der ihren *en* of hers *nl* van de hare *pl* jej *ce* jejích *sk* jej *ru* eë *hr* njenih.

Possessiv-Pronomina 3. Person Singular weiblich (ihr-), Dativ

Dat sg m: **a de jẹr**   dem ihrigen / ihrem *(dt. Bsp: Das ist Lena. Meinem Hund gebe ich mehr Futter als ~.)* | +↑a, ad (2). *de* dem ihren *en* to hers *nl* aan de hare *pl* jej *ce* jejímu *sk* jej *ru* eë *hr* njenom.

Dat sg f: **a de jẹra** der ihrigen / ihrer *(dt. Bsp: Das ist Lena. Meiner Katze gebe ich mehr Futter als ~.)* | +↑a, ad (2). *de* der ihren *en* to hers *nl* aan de hare *pl* jej *ce* její *sk* jej *ru* eë *hr* njenoj.

Dat sg n: **a de jẹre** dem ihrigen / ihrem *(dt. Bsp: Das ist Lena. Meinem Pferd gebe ich mehr Futter als ~.)* | +↑a, ad (2). *de* dem ihren *en* to hers *nl* aan het hare *pl* jej *ce* jejímu *sk* jej *ru* eë *hr* njenom.

Dat pl m: **a de jẹres** den ihrigen / ihren *(dt. Bsp: Das ist Lena. Meinen Hunden gebe ich mehr Futter als ~.)* | +↑a, ad (2). *de* den ihren *en* to hers *nl* aan de hare *pl* jej *ce* jejím *sk* jej *ru* eë *hr* njenim.

Dat pl f: **a de jẹras** den ihrigen / ihren *(dt. Bsp: Das ist Lena. Meinen Katzen gebe ich mehr Futter als ~.)* | +↑a, ad (2). *de* den ihren *en* to hers *nl* aan de hare *pl* jej *ce* jejím *sk* jej *ru* eë *hr* njenim.

Dat pl n: **a de jẹres** den ihrigen / ihren *(dt. Bsp: Das ist Lena. Meinen Pferden gebe ich mehr Futter als ~.)* | +↑a, ad (2). *de* den ihren *en* to hers *nl* aan de hare *pl* jej *ce* jejím *sk* jej *ru* eë *hr* njenim.

Possessiv-Pronomina 3. Person Singular weiblich (ihr-), Akkusativ

Akk sg m: **de jer** den ihrigen / ihren *(dt. Bsp: Das ist Lena. Meinen Hund füttere ich mehr als ~.)* | *de* den ihren *en* hers *nl* de hare *pl* jej *ce* její(ho) *sk* jej *ru* eë *hr* njenoga.

Akk sg f: **de jẹra** die ihrige / ihre *(dt. Bsp: Das ist Lena. Meine Katze füttere ich mehr als ~.)* | *de* die ihre *en* hers *nl* de hare *pl* jej *ce* její *sk* jej *ru* eë *hr* njenu.

Akk sg n: **de jẹre** das ihrige / ihrs *(dt. Bsp: Das ist Lena. Mein Pferd füttere ich mehr als ~.)* | *de* das ihre *en* hers *nl* het hare *pl* jej *ce* její *sk* jej *ru* eë *hr* njeno.

Akk pl m: **de jẹres** die ihrigen / ihre *(dt. Bsp: Das ist Lena. Meine Hunde füttere ich mehr als ~.)* | *de* die ihren *en* hers *nl* de hare *pl* jej *ce* její *sk* jej *ru* eë *hr* njene.

Akk pl f: **de jẹras** die ihrigen / ihre *(dt. Bsp: Das ist Lena. Meine Katzen füttere ich mehr als ~.)* | *de* die ihren *en* hers *nl* de hare *pl* jej *ce* její *sk* jej *ru* eë *hr* njene.

Akk pl n: **de jẹres** die ihrigen / ihre *(dt. Bsp: Das ist Lena. Meine Pferde füttere ich mehr als ~.)* | *de* die ihren *en* hers *nl* de hare *pl* jej *ce* její *sk* jej *ru* eë *hr* njena.

Nom sg m: **de sú** der seinige / seiner *(dt. Bsp: Das ist das Kind. Es hat einen Hund. Aber mein Hund ist kleiner als ~.)* | *fr* le sien *it* il suo *es* el suyo *ro* său *pt* o seu *de* der seine *nl* de zijne *el* ο (δικός) του.

Nom sg f: **de súa** die seinige / seine *(dt. Bsp: Das ist das Kind. Es hat eine Katze. Aber meine Katze ist kleiner als ~)* | *fr* la sienne *it* la sua *es* la suya *ro* sale *pt* a sua *de* die seine *nl* de zijne *el* η (δική) του.

Nom sg n: **de súë** das seinige / seins *(dt. Bsp: Das ist das Kind. Es hat ein Pferd. Aber mein Pferd ist kleiner als ~.)* | *fr* le sien *it* il suo *es* lo suyo *ro* său *pt* (o seu) *de* das seine *nl* het zijne *el* το (δικό) του.

Nom pl m: **de súës** die seinigen / seine *(dt. Bsp: Das ist das Kind. Es hat Hunde /Katzen /Pferde. Aber meine Hunde sind kleiner als ~.)* | *fr* les siens *it* i sui *es* los suyos *ro* săi *pt* os seus *de* die seinen *nl* de zijne *el* οι (δικές) του.

Nom pl f: **de súas** die seinigen / seine *(dt. Bsp: Das ist das Kind. Es hat Hunde /Katzen /Pferde. Aber meine Katzen sind kleiner als ~.)* | *fr* les siennes *it* le sue *es* las suyas *ro* sale *pt* as suas *de* die seinen *nl* de zijne *el* οι (δικές) του.

Nom pl n: **de súës** die seinigen / seine *(dt. Bsp: Das ist das Kind. Es hat Hunde /Katzen /Pferde. Aber meine Pferde sind kleiner als ~.)* | *fr* les siens *it* i sui *es* los suyos *ro* săi *pt* os seus *de* die seinen *nl* de zijne *el* τα (δικά) του.

Gen sg m: **den súë** des seinigen / seinem *(dt. Bsp: Das ist das Kind. Es hat einen Hund. Aber das Fell meines Hundes ist heller als das ~.)* | *fr* du sien *it* del suo *es* del suyo *ro* său *pt* do seu *de* des seinen *nl* van de zijne *el* του (δικού) του.

Gen sg f: **den súë** der seinigen / seiner *(dt. Bsp: Das ist das Kind. Es hat eine Katze. Aber das Fell meiner Katze ist heller als das ~.)* | *fr* de la sienne *it* della sua *es* de la suya *ro* sale *pt* da sua *de* der seinen *nl* van de zijne *el* της (δικής) του.

Gen sg n: **den súë** des seinigen / seinem *(dt. Bsp: Das ist das Kind. Es hat ein Pferd. Aber das Fell meines Pferdes ist heller als das ~.)* | *fr* du sien *it* del suo *es* del suyo *ro* său *pt* (do seu) *de* des seinen *nl* van het zijne *el* του (δικού) του.

Gen pl m: **den súën** der seinigen / seiner *(dt. Bsp: Das ist das Kind. Es hat Hunde /Katzen /Pferde. Aber das Fell meiner Hunde ist heller als das ~.)* | *fr* des siens *it* die sui *es* de los suyos *ro* săi *pt* dos seus *de* der seinen *nl* van de zijne *el* των (δικών) του.

Gen pl f: **den sú̈ën**   der seinigen / seiner   *(dt. Bsp: Das ist das Kind. Es hat*
Hunde /Katzen /Pferde. Aber das Fell meiner Katzen ist heller als das ~.) | *fr* des siennes
it delle sue *es* de las suyas *ro* sale *pt* dos seus *de* der seinen *nl* van de zijne *el* των (δικών)
του.

Gen pl n: **den sú̈ën**   der seinigen / seiner   *(dt. Bsp: Das ist das Kind. Es hat*
Hunde /Katzen /Pferde. Aber das Fell meiner Pferde ist heller als das ~.) | *fr* des siens *it* die
sui *es* de los suyos *ro* săi *pt* dos seus *de* der seinen *nl* van de zijne *el* των (δικών) του.

<u>Possessiv-Pronomina 3. Person Singular sächlich (sein-), Dativ</u>

Dat sg m: **a de sú̈ë**   dem seinigen / seinem   *(dt. Bsp: Das ist das Kind. Es*
hat einen Hund. Aber meinem Hund gebe ich mehr Futter als ~.) | +↑a, ad (2).   *fr* au sien *it* al
suo *es* al suyo *ro* său *pt* ao seu *de* dem seinen *nl* aan de zijne *el* στον (δικό) του.

Dat sg f: **a de sú̈a**   der seinigen / seiner   *(dt. Bsp: Das ist das Kind. Es hat*
eine Katze. Aber meiner Katze gebe ich mehr Futter als ~.) | +↑a, ad (2).   *fr* à la sienne *it* alla
sua *es* a la suya *ro* sa *pt* à sua *de* der seinen *nl* aan de zijne *el* στην (δική) του.

Dat sg n: **a de sú̈ë**   dem seinigen / seinem   *(dt. Bsp: Das ist das Kind. Es*
hat ein Pferd. Aber meinem Pferd gebe ich mehr Futter als ~.) | +↑a, ad (2).   *fr* au sien *it* al
suo *es* a lo suyo *ro* său *pt* (ao seu) *de* dem seinen *nl* aan het zijne *el* στο (δικό) του.

Dat pl m: **a de sú̈ës**   den seinigen / seinen   *(dt. Bsp: Das ist das Kind. Es hat*
Hunde /Katzen /Pferde. Aber meinen Hunden gebe ich mehr Futter als ~.) | +↑a, ad (2).
fr aux siens *it* ai sui *es* a los suyos *ro* săi *pt* aos seus *de* den seinen *nl* aan de zijne *el* στους
(δικούς) του.

Dat pl f: **a de sú̈as**   den seinigen / seinen   *(dt. Bsp: Das ist das Kind. Es hat*
Hunde /Katzen /Pferde. Aber meinen Katzen gebe ich mehr Futter als ~.) | +↑a, ad (2).   *fr* aux
siennes *it* alle sue *es* a las suyas *ro* sale *pt* às suas *de* den seinen *nl* aan de zijne *el* στις
(δικές) του.

Dat pl n: **a de sú̈ës**   den seinigen / seinen   *(dt. Bsp: Das ist das Kind. Es hat*
Hunde /Katzen /Pferde. Aber meinen Pferden gebe ich mehr Futter als ~.) | +↑a, ad (2).
fr aux siens *it* ai sui *es* a los suyos *ro* săi *pt* aos seus *de* den seinen *nl* aan de zijne *el* στα
(δικά) του.

<u>Possessiv-Pronomina 3. Person Singular sächlich (sein-), Akkusativ</u>

Akk sg m: **de sú̈**   den seinigen / seinen   *(dt. Bsp: Das ist das Kind. Es hat*
einen Hund. Aber meinen Hund füttere ich mehr als ~.) | *fr* le sien *it* il suo *es* el suyo *ro* său
pt o seu *de* den seinen *nl* de zijne *el* τον (δικό) του.

Akk sg f: **de súa**   die seinige / seine   *(dt. Bsp: Das ist das Kind. Es hat eine Katze. Aber meine Katze füttere ich mehr als ~.)* | *fr* la sienne *it* la sua *es* la suya *ro* sa *pt* a sua *de* die seine *nl* de zijne *el* την (δική) του.

Akk sg n: **de súë**   das seinige / seins   *(dt. Bsp: Das ist das Kind. Es hat ein Pferd. Aber mein Pferd füttere ich mehr als ~.)* | *fr* le sien *it* il suo *es* lo suyo *ro* său *pt* (o seu) *de* das seine *nl* het zijne *el* το (δικό) του.

Akk pl m: **de súës**   die seinigen / seine   *(dt. Bsp: Das ist das Kind. Es hat Hunde /Katzen /Pferde. Aber meine Hunde füttere ich mehr als ~.)* | *fr* les siens *it* i sui *es* los suyos *ro* săi *pt* os seus *de* die seinen *nl* de zijne *el* τους (δικούς) του.

Akk pl f: **de súas**   die seinigen / seine   *(dt. Bsp: Das ist das Kind. Es hat Hunde /Katzen /Pferde. Aber meine Katzen füttere ich mehr als ~.)* | *fr* les siennes *it* le sue *es* las suyas *ro* sale *pt* as suas *de* die seinen *nl* de zijne *el* τις (δικές) του.

Akk pl n: **de súës**   die seinigen / seine   *(dt. Bsp: Das ist das Kind. Es hat Hunde /Katzen /Pferde. Aber meine Pferde füttere ich mehr als ~.)* | *fr* les siens *it* i sui *es* los suyos *ro* săi *pt* os seus *de* die seinen *nl* de zijne *el* τα (δικά) του.

Possessiv-Pronomina 1. Person Plural (unser-), Nominativ

Nom sg m: **de násh**   der unsrige / unserer   *(dt. Bsp: Euer Hund ist kleiner als ~.)* | *it* il nostro *es* el nuestro *pt* o nosso *pl* nasz *ce* náš *sk* náš *ru* наш *bg* нашият *hr* naš *sl* naš *el* o (δικός) μας.

Nom sg f: **de nasha**   die unsrige / unsere   *(dt. Bsp: Eure Katze ist kleiner als ~)* | *it* la nostra *es* la nuestra *pt* a nossa *pl* nasza *ce* naše *sk* náša *ru* наша *bg* нашата *hr* naša *sl* naša *el* η (δική) μας.

Nom sg n: **de nashes**   das unsrige / unsers   *(dt. Bsp: Euer Pferd ist kleiner als ~.)* | *it* il nostro *es* lo nuestro *pt* (o nosso) *pl* nasze *ce* naše *sk* náše *ru* наше *bg* нашето *hr* naše *sl* naše *el* το (δικό) μας.

Nom pl m: **de nashes**   die unsrigen / unsere   *(dt. Bsp: Eure Hunde sind kleiner als ~.)* | *it* i nostri *es* los nuestros *pt* os nossos *pl* nasze *ce* naši/naši *sk* nášji/náše *ru* наши *bg* наши те *hr* naši *el* οι (δικές) μας.

Nom pl f: **de nashas**   die unsrigen / unsere   *(dt. Bsp: Eure Hunde Katzen sind kleiner als ~.)* | *it* le nostre *es* las nuestras *pt* as nossas *pl* nasze *ce* naše *sk* náše *ru* наши *bg* наши те *hr* naše *el* οι (δικές) μας.

Nom pl n: **de nąshes**   die unsrigen / unsere   *(dt. Bsp: Eure Pferde sind kleiner als ~.)* | *it* i nostri *es* los nuestros *pt* os nossos *pl* nasze *ce* naše *sk* náše *ru* наши *bg* нашите *hr* naša *el* τα (δικά) μας.

Possessiv-Pronomina 1. Person Plural (unser-), Genitiv

Gen sg m: **den nąshe**   des unsrigen / unserem   *(dt. Bsp: Das Fell Eures Hundes ist heller als das ~.)* | *it* del nostro *es* del nuestro *pt* do nosso *pl* naszego *ce* našeho *sk* nášho *ru* нашего *hr* našega *sl* našega *el* του (δικού) μας.

Gen sg f: **den nąshe**   der unsrigen / unserer   *(dt. Bsp: Das Fell Eurer Katze ist heller als das ~.)* | *it* della nostra *es* de la nuestra *pt* da nossa *pl* naszej *ce* naší *sk* nášej *ru* нашей *hr* naše *sl* naše *el* της (δικής) μας.

Gen sg n: **den nąshe**   des unsrigen / unserem   *(dt. Bsp: Das Fell Eures Pferdes ist heller als das ~.)* | *it* del nostro *es* del nuestro *pt* (do nosso) *pl* naszego *ce* našeho *sk* nášho *ru* нашего *hr* našega *sl* našega *el* του (δικού) μας.

Gen pl m: **den nąshen**   der unsrigen / unserer   *(dt. Bsp: Das Fell Eurer Hunde ist heller als das ~.)* | *it* dei nostri *es* de los nuestros *pt* dos nossos *pl* naszich *ce* naších *sk* nášich *ru* наших *hr* naših *sl* naših *el* των (δικών) μας.

Gen pl f: **den nąshen**   der unsrigen / unserer   *(dt. Bsp: Das Fell Eurer Katzen ist heller als das ~.)* | *it* delle nostre *es* de las nuestras *pt* das nossas *pl* naszich *ce* naších *sk* nášich *ru* наших *hr* naših *sl* naših *el* των (δικών) μας.

Gen pl n: **den nąshen**   der unsrigen / unserer   *(dt. Bsp: Das Fell Eurer Pferde ist heller als das ~.)* | *it* dei nostri *es* de los nuestros *pt* dos nossos *pl* naszich *ce* naších *sk* nášich *ru* наших *hr* naših *sl* naših *el* των (δικών) μας.

Possessiv-Pronomina 1. Person Plural (unser-), Dativ

Dat sg m: **a de násh**   dem unsrigen / unserem   *(dt. Bsp: Eurem Hund gebe ich mehr Futter als ~.)* | +↑a, ad (2). *it* al nostro *es* al nuestro *pt* ao nosso *pl* naszemu *ce* našemu *sk* nášmu *ru* нашему *bg* на нашия *hr* našemu *sl* našemu *el* στον (δικό) μας.

Dat sg f: **a de nąsha**   der unsrigen / unserer   *(dt. Bsp: Eurer Katze gebe ich mehr Futter als ~.)* | +↑a, ad (2). *it* alla nostra *es* a la nuestra *pt* à nossa *pl* naszej *ce* naší *sk* nášej *ru* нашей *bg* на нашата *hr* našoj *sl* naši *el* στην (δική) μας.

Dat sg n: **a de nąshes**   dem unsrigen / unserem   *(dt. Bsp: Eurem Pferd gebe ich mehr Futter als ~.)* | +↑a, ad (2). *it* al nostro *es* al nuestro *pt* (ao nosso) *pl* naszemu *ce* našemu *sk* nášmu *ru* нашему *bg* на нашето *hr* našemu *sl* našemu *el* στο (δικό) μας.

Dat pl m: **a de nashes** den unsrigen / unseren *(dt. Bsp: Euren Hunden gebe ich mehr Futter als ~.)* | +↑a, ad (2). *it* ai nostri *es* a los nuestros *pt* aos nossos *pl* naszim *ce* našim *sk* nášim *ru* нашим *bg* на нашите *hr* našim *el* στους (δικούς) μας.

Dat pl f: **a de nashas** den unsrigen / unseren *(dt. Bsp: Euren Katzen gebe ich mehr Futter als ~.)* | +↑a, ad (2). *it* alle nostre *es* a las nuestras *pt* às nossas *pl* naszim *ce* našim *sk* nášim *ru* нашим *bg* на нашите *hr* našim *el* στις (δικές) μας.

Dat pl n: **a de nashes** den unsrigen / unseren *(dt. Bsp: Euren Pferden gebe ich mehr Futter als ~.)* | +↑a, ad (2). *it* ai nostri *es* a los nuestros *pt* aos nossos *pl* naszim *ce* našim *sk* nášim *ru* нашим *bg* на нашите *hr* našim *el* στα (δικά) μας.

Possessiv-Pronomina 1. Person Plural (unser-), Akkusativ

Akk sg m: **de násh** den unsrigen / unseren *(dt. Bsp: Euren Hund füttere ich mehr als ~.)* | *it* il nostro *es* el nuestro *pt* o nosso *pl* nasz(ego) *ce* naš(eho) *sk* náš(ho) *ru* наш(его) *bg* наш *hr* naš(ega) *sl* naš *el* τον (δικό) μας.

Akk sg f: **de nasha** die unsrige / unsere *(dt. Bsp: Eure Katze füttere ich mehr als ~.)* | *it* la nostra *es* la nuestra *pt* a nossa *pl* naszą *ce* naši *sk* nášu *ru* нашу *bg* наша *hr* našu *sl* naša *el* την (δική) μας.

Akk sg n: **de nashes** das unsrige / unsers *(dt. Bsp: Euer Pferd füttere ich mehr als ~.)* | *it* il nostro *es* lo nuestro *pt* (o nosso) *pl* nasze *ce* naše *sk* náše *ru* наше *bg* наше *hr* naše *sl* naše *el* το (δικό) μας.

Akk pl m: **de nashes** die unsrigen / unsere *(dt. Bsp: Eure Hunde füttere ich mehr als ~.)* | *it* i nostri *es* los nuestros *pt* os nossos *pl* nasze *ce* naše *sk* náše/nášich *ru* шаши(х) *bg* наши *hr* naše *el* τους (δικούς) μας.

Akk pl f: **de nashas** die unsrigen / unsere *(dt. Bsp: Eure Katzen füttere ich mehr als ~.)* | *it* le nostre *es* las nuestras *pt* as nossas *pl* nasze *ce* naše *sk* náše *ru* шаши(х) *bg* наши *hr* naše *el* τις (δικές) μας.

Akk pl n: **de nashes** die unsrigen / unsere *(dt. Bsp: Eure Pferde füttere ich mehr als ~.)* | *it* i nostri *es* los nuestros *pt* os nossos *pl* nasze *ce* naše *sk* náše *ru* шаши(х) *bg* наши *hr* naša *el* τα (δικά) μας.

:   2. Person Plural (euer-) *(dt. Bsp:)* |.

Possessiv-Pronomina 2. Person Plural (euer/eur-), Nominativ

Nom sg m: **de vásh** der eurige / eurer *(dt. Bsp: Mein Hund ist kleiner als ~.)* | *it* il vostro *es* el vuestro *pt* o vosso *pl* wasz *ce* váš *sk* váš *ru* ваш *bg* вашият *hr* vaš *sl* vaš.

Nom sg f: **de vạsha** die eurige / eure *(dt. Bsp: Meine Katze ist kleiner als ~)* | *it* la vostra *es* la vuestra *pt* a vossa *pl* wasza *ce* vaše *sk* váša *ru* ваша *bg* вашата *hr* vaša *sl* vaša.

Nom sg n: **de vạshe** das eurige / eurs *(dt. Bsp: Mein Pferd ist kleiner als ~.)* | *it* il vostro *es* lo vuestro *pt* (o vosso) *pl* wasze *ce* vaše *sk* váše *ru* ваше *bg* вашето *hr* vaše *sl* vaše.

Nom pl m: **de vạshes** die eurigen / eure *(dt. Bsp: Meine Hunde sind kleiner als ~.)* | *it* i vostri *es* los vuestros *pt* os vossos *pl* wasze *ce* vaši/vaši *sk* vášji/váše *ru* ваши *bg* вашите *hr* vaši.

Nom pl f: **de vạshas** die eurigen / eure *(dt. Bsp: Meine Hunde Katzen sind kleiner als ~.)* | *it* le vostre *es* las vuestras *pt* as vossas *pl* wasze *ce* vaše *sk* váše *ru* ваши *bg* вашите *hr* vaše.

Nom pl n: **de vạshes** die eurigen / eure *(dt. Bsp: Meine Pferde sind kleiner als ~.)* | *it* i vostri *es* los vuestros *pt* os vossos *pl* wasze *ce* vaše *sk* váše *ru* ваши *bg* вашите *hr* vaša.

Possessiv-Pronomina 2. Person Plural (euer/eur-), Genitiv

Gen sg m: **den vạshe** des eurigen / eurem *(dt. Bsp: Das Fell meines Hundes ist heller als das ~.)* | *it* del vostro *es* del vuestro *pt* do vosso *pl* waszego *ce* vašeho *sk* vášho *ru* вашего *hr* vašega *sl* vašega.

Gen sg f: **den vạshe** der eurigen / eurer *(dt. Bsp: Das Fell meiner Katze ist heller als das ~.)* | *it* della vostra *es* de la vuestra *pt* da vossa *pl* waszej *ce* vaší *sk* vášej *ru* вашей *hr* vaše *sl* vaše.

Gen sg n: **den vạshe** des eurigen / eurem *(dt. Bsp: Das Fell meines Pferdes ist heller als das ~.)* | *it* del vostro *es* del vuestro *pt* (do vosso) *pl* waszego *ce* vašeho *sk* vášho *ru* вашего *hr* vašega *sl* vašega.

Gen pl m: **den vạshen** der eurigen / eurer *(dt. Bsp: Das Fell meiner Hunde ist heller als das ~.)* | *it* dei vostri *es* de los vuestros *pt* dos vossos *pl* waszich *ce* vašich *sk* vášich *ru* ваших *hr* vaših *sl* vaših.

Gen pl f: **den vạshen** der eurigen / eurer *(dt. Bsp: Das Fell meiner Katzen ist heller als das ~.)* | *it* delle vostre *es* de las vuestras *pt* das vossas *pl* waszich *ce* vašich *sk* vášich *ru* ваших *hr* vaših *sl* vaših.

Gen pl n: **den vashen**   der eurigen / eurer   *(dt. Bsp: Das Fell meiner Pferde ist heller als das ~.)* | *it* dei vostri *es* de los vuestros *pt* dos vossos *pl* waszich *ce* vašich *sk* vášich *ru* ваших *hr* vаših *sl* vаših.

Possessiv-Pronomina 2. Person Plural (euer/eur-), Dativ

Dat sg m: **a de vásh**   dem eurigen / eurem   *(dt. Bsp: Meinem Hund gebe ich mehr Futter als ~.)* | +↑a, ad (2). *it* al vostro *es* al vuestro *pt* ao vosso *pl* waszemu *ce* vašemu *sk* vášmu *ru* вашему *bg* на Вашия *hr* vašemu *sl* vašemu.

Dat sg f: **a de vasha**   der eurigen / eurer   *(dt. Bsp: Meiner Katze gebe ich mehr Futter als ~.)* | +↑a, ad (2). *it* alla vostra *es* a la vuestra *pt* à vossa *pl* waszej *ce* vaší *sk* vášej *ru* вашей *bg* на Вашата *hr* vašoj *sl* vaši.

Dat sg n: **a de vashes**   dem eurigen / eurem   *(dt. Bsp: Meinem Pferd gebe ich mehr Futter als ~.)* | +↑a, ad (2). *it* al vostro *es* al vuestro *pt* (ao vosso) *pl* waszemu *ce* vašemu *sk* vášmu *ru* вашему *bg* на Вашето *hr* vašemu *sl* vašemu.

Dat pl m: **a de vashes**   den eurigen / euren   *(dt. Bsp: Meinen Hunden gebe ich mehr Futter als ~.)* | +↑a, ad (2). *it* ai vostri *es* a los vuestros *pt* aos vossos *pl* waszim *ce* vašim *sk* vášim *ru* вашим *bg* на Вашите *hr* vašim.

Dat pl f: **a de vashas**   den eurigen / euren   *(dt. Bsp: Meinen Katzen gebe ich mehr Futter als ~.)* | +↑a, ad (2). *it* alle vostre *es* a las vuestras *pt* às vossas *pl* waszim *ce* vašim *sk* vášim *ru* вашим *bg* на Вашите *hr* vašim.

Dat pl n: **a de vashes**   den eurigen / euren   *(dt. Bsp: Meinen Pferden gebe ich mehr Futter als ~.)* | +↑a, ad (2). *it* ai vostri *es* a los vuestros *pt* aos vossos *pl* waszim *ce* vašim *sk* vášim *ru* вашим *bg* на Вашите *hr* vašim.

Possessiv-Pronomina 2. Person Plural (euer/eur-), Akkusativ

Akk sg m: **de vásh**   den eurigen / euren   *(dt. Bsp: Meinen Hund füttere ich mehr als ~.)* | *it* il vostro *es* el vuestro *pt* o vosso *pl* wasz(ego) *ce* vaš(eho) *sk* váš(ho) *ru* ваш(его) *hr* vaš(ega) *sl* vaš.

Akk sg f: **de vasha**   die eurige / eure   *(dt. Bsp: Meine Katze füttere ich mehr als ~.)* | *it* la vostra *es* la vuestra *pt* a vossa *pl* waszą *ce* vaši *sk* vášu *ru* вашу *hr* vašu *sl* vaša.

Akk sg n: **de vashes**   das eurige / eurs   *(dt. Bsp: Mein Pferd füttere ich mehr als ~.)* | *it* il vostro *es* lo vuestro *pt* (o vosso) *pl* wasze *ce* vaše *sk* váše *ru* ваше *hr* vaše *sl* vaše.

Akk pl m: **de vashes** die eurigen / eure *(dt. Bsp: Meine Hunde füttere ich mehr als ~.)* | *it* i vostri *es* los vuestros *pt* os vossos *pl* wasze *ce* vaše *sk* váše/vášich *ru* ваши(x) *hr* vaše.

Akk pl f: **de vashas** die eurigen / eure *(dt. Bsp: Meine Katzen füttere ich mehr als ~.)* | *it* le vostre *es* las vuestras *pt* as vossas *pl* wasze *ce* vaše *sk* váše *ru* ваши(x) *hr* vaše.

Akk pl n: **de vashes** die eurigen / eure *(dt. Bsp: Meine Pferde füttere ich mehr als ~.)* | *it* i vostri *es* los vuestros *pt* os vossos *pl* wasze *ce* vaše *sk* váše *ru* ваши(x) *hr* vaša.

Possessiv-Pronomina 2. Person Plural förmlich (Ihr-), Nominativ

Nom sg m: **de Vásh** der Ihrige / Ihrer *(dt. Bsp: Mein Hund ist kleiner als ~.)* | *pt* o Vosso *ce* Váš *sk* Váš *ru* Ваш *bg* Вашият *hr* Vaš *sl* Vaš.

Nom sg f: **de Vasha** die Ihrige / Ihre *(dt. Bsp: Meine Katze ist kleiner als ~)* | *pt* a Vossa *ce* Vaše *sk* Váša *ru* Ваша *bg* Вашата *hr* Vaša *sl* Vaša.

Nom sg n: **de Vashe** das Ihrige / Ihrs *(dt. Bsp: Mein Pferd ist kleiner als ~.)* | *pt* (o Vosso) *ce* Vaše *sk* Váše *ru* Ваше *bg* Вашето *hr* Vaše *sl* Vaše.

Nom pl m: **de Vashes** die Ihrigen / Ihre *(dt. Bsp: Meine Hunde sind kleiner als ~.)* | *pt* os Vossos *ce* Vaši/Vaši *sk* Vášji/Váše *ru* Ваши *bg* Вашите *hr* Vaši.

Nom pl f: **de Vashas** die Ihrigen / Ihre *(dt. Bsp: Meine Katzen sind kleiner als ~.)* | *pt* as Vossas *ce* Vaše *sk* Váše *ru* Ваши *bg* Вашите *hr* Vaše.

Nom pl n: **de Vashes** die Ihrigen / Ihre *(dt. Bsp: Meine Pferde sind kleiner als ~.)* | *pt* os Vossos *ce* Vaše *sk* Váše *ru* Ваши *bg* Вашите *hr* Vaša.

Possessiv-Pronomina 2. Person Plural förmlich (Ihr-), Genitiv

Gen sg m: **den Vashe** des Ihrigen / Ihrem *(dt. Bsp: Das Fell meines Hundes ist heller als das ~.)* | *pt* do Vosso *ce* Vašeho *sk* Vášho *ru* Вашего *hr* Vašega *sl* Vašega.

Gen sg f: **den Vashe** der Ihrigen / Ihrer *(dt. Bsp: Das Fell meiner Katze ist heller als das ~.)* | *pt* da Vossa *ce* Vaší *sk* Vášej *ru* Вашей *hr* Vaše *sl* Vaše.

Gen sg n: **den Vashe** des Ihrigen / Ihrem *(dt. Bsp: Das Fell meines Pferdes ist heller als das ~.)* | *pt* (do Vosso) *ce* Vašeho *sk* Vášho *ru* Вашего *hr* Vašega *sl* Vašega.

Gen pl m: **den Vashen** der Ihrigen / Ihrer *(dt. Bsp: Das Fell meiner Hunde ist heller als das ~.)* | *pt* dos Vossos *ce* Vašich *sk* Vášich *ru* Ваших *hr* Vaših *sl* Vaših.

Gen pl f: **den Vạshen**   der Ihrigen / Ihrer   *(dt. Bsp: Das Fell meiner Katzen ist heller als das ~.)* | *pt* das Vossas *ce* Vašich *sk* Vášich *ru* Ваших *hr* Vaših *sl* Vaših.

Gen pl n: **den Vạshen**   der Ihrigen / Ihrer   *(dt. Bsp: Das Fell meiner Pferde ist heller als das ~.)* | *pt* dos Vossos *ce* Vašich *sk* Vášich *ru* Ваших *hr* Vaših *sl* Vaših.

<u>Possessiv-Pronomina 2. Person Plural förmlich (Ihr-), Dativ</u>

Dat sg m: **a de Vásh**   dem Ihrigen / Ihrem   *(dt. Bsp: Meinem Hund gebe ich mehr Futter als ~.)* | +↑a, ad (2). *pt* ao Vosso *ce* Vašemu *sk* Vášmu *ru* Вашему *hr* Vašemu *sl* Vašemu.

Dat sg f: **a de Vạsha**   der Ihrigen / Ihrer   *(dt. Bsp: Meiner Katze gebe ich mehr Futter als ~.)* | +↑a, ad (2). *pt* à Vossa *ce* Vaší *sk* Vášej *ru* Вашей *hr* Vašoj *sl* Vaši.

Dat sg n: **a de Vạshe**   dem Ihrigen / Ihrem   *(dt. Bsp: Meinem Pferd gebe ich mehr Futter als ~.)* | +↑a, ad (2). *pt* (ao Vosso) *ce* Vašemu *sk* Vášmu *ru* Вашему *hr* Vašemu *sl* Vašemu.

Dat pl m: **a de Vạshes**   den Ihrigen / Ihren   *(dt. Bsp: Meinen Hunden gebe ich mehr Futter als ~.)* | +↑a, ad (2). *pt* aos Vossos *ce* Vašim *sk* Vášim *ru* Вашим *hr* Vašim.

Dat pl f: **a de Vạshas**   den Ihrigen / Ihren   *(dt. Bsp: Meinen Katzen gebe ich mehr Futter als ~.)* | +↑a, ad (2). *pt* às Vossas *ce* Vašim *sk* Vášim *ru* Вашим *hr* Vašim.

Dat pl n: **a de Vạshes**   den Ihrigen / Ihren   *(dt. Bsp: Meinen Pferden gebe ich mehr Futter als ~.)* | +↑a, ad (2). *pt* aos Vossos *ce* Vašim *sk* Vášim *ru* Вашим *hr* Vašim.

<u>Possessiv-Pronomina 2. Person Plural förmlich (Ihr-), Akkusativ</u>

Akk sg m: **de Vásh**   den Ihrigen / Ihren   *(dt. Bsp: Meinen Hund füttere ich mehr als ~.)* | *pt* o Vosso *ce* Vaš(eho) *sk* Váš(ho) *ru* Ваш(его) *hr* Vaš(Ega) *sl* Vaš.

Akk sg f: **de Vạsha**   die Ihrige / Ihre   *(dt. Bsp: Meine Katze füttere ich mehr als ~.)* | *pt* a Vossa *ce* Vaši *sk* Vášu *ru* Вашу *hr* Vašu *sl* Vaša.

Akk sg n: **de Vạshe**   das Ihrige / Ihrs   *(dt. Bsp: Mein Pferd füttere ich mehr als ~.)* | *pt* (o Vosso) *ce* Vaše *sk* Váše *ru* Ваше *hr* Vaše *sl* Vaše.

Akk pl m: **de Vạshes**   die Ihrigen / Ihre   *(dt. Bsp: Meine Hunde füttere ich mehr als ~.)* | *pt* os Vossos *ce* Vaše *sk* Váše/Vášich *ru* Ваши(х) *hr* Vaše.

Akk pl f: **de Vạshas**   die Ihrigen / Ihre   *(dt. Bsp: Meine Katzen füttere ich mehr als ~.)* | *pt* as Vossas *ce* Vaše *sk* Váše *ru* Ваши(х) *hr* Vaše.

Akk pl n: **de Vashes** die Ihrigen / Ihre *(dt. Bsp: Meine Pferde füttere ich mehr als ~.)* | *pt* os Vossos *ce* Vaše *sk* Váše *ru* Ваши(х) *hr* Vaša.

Possessiv-Pronomina 3. Person Plural (ihr-), Nominativ

Nom sg m: **de ír** der ihrige / ihrer *(dt. Bsp: Mein Hund ist kleiner als ~.)* | *fr* le leur *it* il loro *de* der ihre *nl* de hare *sv* deras *da* deres *pl* ich *ce* jejich *sk* ich *ru* их *hr* njihov.

Nom sg f: **de ira** die ihrige / ihre *(dt. Bsp: Meine Katze ist kleiner als ~)* | *fr* la leure *it* la loro *de* die ihre *nl* de hare *sv* deras *da* deres *pl* ich *ce* jejich *sk* ich *ru* их *hr* njihova.

Nom sg n: **de ire** das ihrige / ihrs *(dt. Bsp: Mein Pferd ist kleiner als ~.)* | *fr* le leur *it* il loro *de* das ihre *nl* het hare *sv* deras *da* deres *pl* ich *ce* jejich *sk* ich *ru* их *hr* njihovo.

Nom pl m: **de ires** die ihrigen / ihre *(dt. Bsp: Meine Hunde sind kleiner als ~.)* | *fr* les leurs *it* i loro *de* die ihren *nl* de hare *sv* deras *da* deres *pl* ich *ce* jejich *sk* ich *ru* их *hr* njihovi.

Nom pl f: **de iras** die ihrigen / ihre *(dt. Bsp: Meine Hunde Katzen sind kleiner als ~.)* | *fr* les leures *it* le loro *de* die ihren *nl* de hare *sv* deras *da* deres *pl* ich *ce* jejich *sk* ich *ru* их *hr* njihove.

Nom pl n: **de ires** die ihrigen / ihre *(dt. Bsp: Meine Pferde sind kleiner als ~.)* | *fr* les leurs *it* i loro *de* die ihren *nl* de hare *sv* deras *da* deres *pl* ich *ce* jejich *sk* ich *ru* их *hr* njihova.

Possessiv-Pronomina 3. Person Plural (ihr-), Genitiv

Gen sg m: **den ire** des ihrigen / ihrem *(dt. Bsp: Das Fell meines Hundes ist heller als das ~.)* | *fr* du leur *it* del loro *de* des ihren *nl* van de hare *sv* av deras *da* af deres *pl* ich *ce* jejich *sk* ich *ru* их *hr* njihovoga.

Gen sg f: **den ire** der ihrigen / ihrer *(dt. Bsp: Das Fell meiner Katze ist heller als das ~.)* | *fr* de la leure *it* delle loro *de* der ihren *nl* van de hare *sv* av deras *da* af deres *pl* ich *ce* jejich *sk* ich *ru* их *hr* njihove.

Gen sg n: **den ire** des ihrigen / ihrem *(dt. Bsp: Das Fell meines Pferdes ist heller als das ~.)* | *fr* du leur *it* del loro *de* des ihren *nl* van het hare *sv* av deras *da* af deres *pl* ich *ce* jejich *sk* ich *ru* их *hr* njihovoga.

Gen pl m: **den iren** der ihrigen / ihrer *(dt. Bsp: Das Fell meiner Hunde ist heller als das ~.)* | *fr* des leurs *it* dei loro *de* der ihren *nl* van de hare *sv* av deras *da* af deres *pl* ich *ce* jejich *sk* ich *ru* их *hr* njihovih.

Gen pl f: **den iren** der ihrigen / ihrer *(dt. Bsp: Das Fell meiner Katzen ist heller als das ~.)* | *fr* des leures *it* delle loro *de* der ihren *nl* van de hare *sv* av deras *da* af deres *pl* ich *ce* jejich *sk* ich *ru* их *hr* njihovih.

Gen pl n: **den iren** der ihrigen / ihrer *(dt. Bsp: Das Fell meiner Pferde ist heller als das ~.)* | *fr* des leurs *it* dei loro *de* der ihren *nl* van de hare *sv* av deras *da* af deres *pl* ich *ce* jejich *sk* ich *ru* их *hr* njihovih.

Possessiv-Pronomina 3. Person Plural (ihr-), Dativ

Dat sg m: **a de ír** dem ihrigen / ihrem *(dt. Bsp: Meinem Hund gebe ich mehr Futter als ~.)* | +↑a, ad (2). *fr* au leur *it* al loro *de* dem ihren *nl* aan de hare *sv* på deras *da* på deres *pl* ich *ce* jejich *sk* ich *ru* их *hr* njihovom.

Dat sg f: **a de ira** der ihrigen / ihrer *(dt. Bsp: Meiner Katze gebe ich mehr Futter als ~.)* | +↑a, ad (2). *fr* à la leure *it* alla loro *de* der ihren *nl* aan de hare *sv* på deras *da* på deres *pl* ich *ce* jejich *sk* ich *ru* их *hr* njihovoj.

Dat sg n: **a de ire** dem ihrigen / ihrem *(dt. Bsp: Meinem Pferd gebe ich mehr Futter als ~.)* | +↑a, ad (2). *fr* au leur *it* al loro *de* dem ihren *nl* aan het hare *sv* på deras *da* på deres *pl* ich *ce* jejich *sk* ich *ru* их *hr* njihovom.

Dat pl m: **a de ires** den ihrigen / ihren *(dt. Bsp: Meinen Hunden gebe ich mehr Futter als ~.)* | +↑a, ad (2). *fr* aux leurs *it* ai loro *de* den ihren *nl* aan de hare *sv* på deras *da* på deres *pl* ich *ce* jejich *sk* ich *ru* их *hr* njihovim.

Dat pl f: **a de iras** den ihrigen / ihren *(dt. Bsp: Meinen Katzen gebe ich mehr Futter als ~.)* | +↑a, ad (2). *fr* aux leures *it* alle loro *de* den ihren *nl* aan de hare *sv* på deras *da* på deres *pl* ich *ce* jejich *sk* ich *ru* их *hr* njihovim.

Dat pl n: **a de ires** den ihrigen / ihren *(dt. Bsp: Meinen Pferden gebe ich mehr Futter als ~.)* | +↑a, ad (2). *fr* aux leurs *it* ai loro *de* den ihren *nl* aan de hare *sv* på deras *da* på deres *pl* ich *ce* jejich *sk* ich *ru* их *hr* njihovim.

Possessiv-Pronomina 3. Person Plural (ihr-), Akkusativ

Akk sg m: **de ír** den ihrigen / ihren *(dt. Bsp: Meinen Hund füttere ich mehr als ~.)* | *fr* le leur *it* il loro *de* den ihren *nl* de hare *sv* deras *da* deres *pl* ich *ce* jejich *sk* ich *ru* их *hr* njihovoga.

Akk sg f: **de ịra**   die ihrige / ihre   *(dt. Bsp: Meine Katze füttere ich mehr als ~.)* | *fr* la leure *it* la loro *de* die ihre *nl* de hare *sv* deras *da* deres *pl* ich *ce* jejich *sk* ich *ru* их *hr* njihovu.

Akk sg n: **de ịre**   das ihrige / ihrs   *(dt. Bsp: Mein Pferd füttere ich mehr als ~.)* | *fr* le leur *it* il loro *de* das ihre *nl* het hare *sv* deras *da* deres *pl* ich *ce* jejich *sk* ich *ru* их *hr* njihovo.

Akk pl m: **de ịres**   die ihrigen / ihre   *(dt. Bsp: Meine Hunde füttere ich mehr als ~.)* | *fr* les leurs *it* i loro *de* die ihren *nl* de hare *sv* deras *da* deres *pl* ich *ce* jejich *sk* ich *ru* их *hr* njihove.

Akk pl f: **de ịras**   die ihrigen / ihre   *(dt. Bsp: Meine Katzen füttere ich mehr als ~.)* | *fr* les leures *it* le loro *de* die ihren *nl* de hare *sv* deras *da* deres *pl* ich *ce* jejich *sk* ich *ru* их *hr* njihove.

Akk pl n: **de ịres**   die ihrigen / ihre   *(dt. Bsp: Meine Pferde füttere ich mehr als ~.)* | *fr* les leurs *it* i loro *de* die ihren *nl* de hare *sv* deras *da* deres *pl* ich *ce* jejich *sk* ich *ru* их *hr* njihova.

<u>Possessiv-Pronomina unpersönlich / reflexiv / Passiv (man/sich), Nominativ</u>

Nom sg m: **de sụ́**   der eigene / seine / ihre   *(dt. Bsp: Man/Er/Sie sieht, dass der Hund des Nachbarn größer ist als ~.)* | *fr* le sien *it* il suo *es* el suyo *ro* său *pt* o seu *de* der seine *nl* de zijne *pl* swój *ce* svůj *sk* svoj *ru* свой *bg* своят *hr* svoj *el* o (δικός) του.

Nom sg f: **de sụ́a**   die eigene / seine / ihre   *(dt. Bsp: Man/Er/Sie sieht, dass die Katze des Nachbarn größer ist als ~.)* | *fr* la sienne *it* la sua *es* la suya *ro* sale *pt* a sua *de* die seine *nl* de zijne *pl* swoja *ce* svá *sk* svoja *ru* своя *bg* своята *hr* svoja *el* η (δική) του.

Nom sg n: **de sụ́ë**   das eigene / seine / ihre   *(dt. Bsp: Man/Er/Sie sieht, dass das Pferd des Nachbarn größer ist als ~.)* | *fr* le sien *it* il suo *es* lo suyo *ro* său *pt* (o seu) *de* das seine *nl* het zijne *pl* swoje *ce* své *sk* svoje *ru* своë *bg* своето *hr* svoje *el* το (δικό) του.

Nom pl m: **de sụ́ës**   die eigenen / seinen / ihren   *(dt. Bsp: Man/Er/Sie sieht, dass die Hunde des Nachbarn größer ist als ~.)* | *fr* les siens *it* i sui *es* los suyos *ro* săi *pt* os seus *de* die seinen *nl* de zijne *pl* swoje *ce* sví *sk* svoji/svoje *ru* свои *bg* своите *hr* svoji *el* οι (δικές) του.

Nom pl f: **de súas** die eigenen / seinen / ihren *(dt. Bsp: Man/Er/Sie sieht, dass die Katzen des Nachbarn größer ist als ~.)* | *fr* les siennes *it* le sue *es* las suyas *ro* sale *pt* as suas *de* die seinen *nl* de zijne *pl* swoje *ce* své *sk* svoje *ru* свои *bg* своите *hr* svoje *el* οι (δικές) του.

Nom pl n: **de súës** die eigenen / seinen / ihren *(dt. Bsp: Man/Er/Sie sieht, dass die Pferde des Nachbarn größer ist als ~.)* | *fr* les siens *it* i sui *es* los suyos *ro* săi *pt* os seus *de* die seinen *nl* de zijne *pl* swoje *ce* svá *sk* svoje *ru* свои *bg* своите *hr* svoja *el* τα (δικά) του.

Possessiv-Pronomina unpersönlich / reflexiv / Passiv (man/sich), Genitiv

Gen sg m: **den súë** des eigenen / seinen / ihren *(dt. Bsp: Man/Er/Sie sieht, dass das Fell des fremden Hundes heller ist als das ~.)* | +↑den. *fr* du sien *it* del suo *es* del suyo *ro* său *pt* do seu *de* des seinen *nl* van de zijne *pl* swojego *ce* svého *sk* svojho *ru* своего *hr* svo(je)ga *el* του (δικού) του.

Gen sg f: **den súë** der eigenen / seinen / ihren *(dt. Bsp: Man/Er/Sie sieht, dass das Fell der fremden Katze heller ist als das ~.)* | +↑den. *fr* de la sienne *it* della sua *es* de la suya *ro* sale *pt* da sua *de* der seinen *nl* van de zijne *pl* swojej *ce* své *sk* svojej *ru* своей *hr* svoje *el* της (δικής) του.

Gen sg n: **den súë** des eigenen / seinen / ihren *(dt. Bsp: Man/Er/Sie sieht, dass das Fell des fremden Pferdes heller ist als das ~.)* | +↑den. *fr* du sien *it* del suo *es* del suyo *ro* său *pt* (do seu) *de* des seinen *nl* van het zijne *pl* swojego *ce* svého *sk* svojho *ru* своего *hr* svo(je)ga *el* του (δικού) του.

Gen pl m: **den súën** der eigenen / seinen / ihren *(dt. Bsp: Man/Er/Sie sieht, dass das Fell der fremden Hunde heller ist als das ~.)* | +↑den. *fr* des siens *it* die sui *es* de los suyos *ro* săi *pt* dos seus *de* der seinen *nl* van de zijne *pl* swojich *ce* svých *sk* svojich *ru* своих *hr* svojih *el* των (δικών) του.

Gen pl f: **den súën** der eigenen / seinen / ihren *(dt. Bsp: Man/Er/Sie sieht, dass das Fell der fremden Katzen heller ist als das ~.)* | +↑den. *fr* des siennes *it* delle sue *es* de las suyas *ro* sale *pt* dos seus *de* der seinen *nl* van de zijne *pl* swojich *ce* svých *sk* svojich *ru* своих *hr* svojih *el* των (δικών) του.

Gen pl n: **den súën** der eigenen / seinen / ihren *(dt. Bsp: Man/Er/Sie sieht, dass das Fell der fremden Pferde heller ist als das ~.)* | +↑den. *fr* des siens *it* die sui *es* de los suyos *ro* săi *pt* dos seus *de* der seinen *nl* van de zijne *pl* swojich *ce* svých *sk* svojich *ru* своих *hr* svojih *el* των (δικών) του.

<u>Possessiv-Pronomina unpersönlich / reflexiv / Passiv (man/sich), Dativ</u>

Dat sg m: **a de sú** dem eigenen / seinen / ihren *(dt. Bsp: Dem Hund des Nachbarn gibt man/er/sie mehr Futter als ~)* | +↑a, ad (2). *fr* au sien *it* al suo *es* al suyo *ro* său *pt* ao seu *de* dem seinen *nl* aan de zijne *pl* swojemu *ce* svému *sk* svojmu *ru* своему *hr* svojemu *el* στον (δικό) του.

Dat sg f: **a de súa** der eigenen / seinen / ihren *(dt. Bsp: Der Katze des Nachbarn gibt man/er/sie mehr Futter als ~)* | +↑a, ad (2). *fr* à la sienne *it* alla sua *es* a la suya *ro* sa *pt* à sua *de* der seinen *nl* aan de zijne *pl* swojej *ce* své *sk* svojej *ru* своей *hr* svojoj *el* στην (δική) του.

Dat sg n: **a de súë** dem eigenen / seinen / ihren *(dt. Bsp: Dem Pferd des Nachbarn gibt man/er/sie mehr Futter als ~)* | +↑a, ad (2). *fr* au sien *it* al suo *es* a lo suyo *ro* său *pt* (ao seu) *de* dem seinen *nl* aan het zijne *pl* swojemu *ce* svému *sk* svojmu *ru* своему *hr* svojemu *el* στο (δικό) του.

Dat pl m: **a de súës** der eigenen / seinen / ihren *(dt. Bsp: Den Hunden des Nachbarn gibt man/er/sie mehr Futter als #~)* | +↑a, ad (2). *fr* aux siens *it* ai sui *es* a los suyos *ro* săi *pt* aos seus *de* den seinen *nl* aan de zijne *pl* swojim *ce* svým *sk* svojim *ru* своим *hr* svojim *el* στους (δικούς) του.

Dat pl f: **a de súas** der eigenen / seinen / ihren *(dt. Bsp: Den Katzen des Nachbarn gibt man/er/sie mehr Futter als ~)* | +↑a, ad (2). *fr* aux siennes *it* alle sue *es* a las suyas *ro* sale *pt* às suas *de* den seinen *nl* aan de zijne *pl* swojim *ce* svým *sk* svojim *ru* своим *hr* svojim *el* στις (δικές) του.

Dat pl n: **a de súës** der eigenen / seinen / ihren *(dt. Bsp: Den Pferden des Nachbarn gibt man/er/sie mehr Futter als ~)* | +↑a, ad (2). *fr* aux siens *it* ai sui *es* a los suyos *ro* săi *pt* aos seus *de* den seinen *nl* aan de zijne *pl* swojim *ce* svým *sk* svojim *ru* своим *hr* svojim *el* στα (δικά) του.

<u>Possessiv-Pronomina unpersönlich / reflexiv / Passiv (man/sich), Akkusativ</u>

Akk sg m: **de sú** den eigenen / seinen / ihren *(dt. Bsp: Den fremden Hund will man/er/sie so füttern wie ~.)* | *fr* le sien *it* il suo *es* el suyo *ro* său *pt* o seu *de* den seinen *nl* de zijne *pl* swoj(ego) *ce* svůj/svého *sk* svojho/svoj *ru* сво-й/его *hr* svoj(ega) *el* τον (δικό) του.

Akk sg f: **de súa** die eigene / seine / ihre *(dt. Bsp: Die fremde Katze will man/er/sie so füttern wie ~.)* | *fr* la sienne *it* la sua *es* la suya *ro* sa *pt* a sua *de* die seine *nl* de zijne *pl* swoją *ce* svou *sk* svoju *ru* свою *hr* svoju *el* την (дική) του.

Akk sg n: **de súë**   das eigene / sein / ihr   *(dt. Bsp: Das fremde Pferd will man/er/sie so füttern wie ~.)* | *fr* le sien *it* il suo *es* lo suyo *ro* său *pt* (o seu) *de* das seine *nl* het zijne *pl* swoje *ce* své *sk* svoje *ru* свой *hr* svoje *el* το (δικό) του.

Akk pl m: **de súës**   die eigenen / seine / ihre   *(dt. Bsp: Die fremden Tiere will man/er/sie so füttern wie ~.)* | *fr* les siens *it* i sui *es* los suyos *ro* săi *pt* os seus *de* die seinen *nl* de zijne *pl* swoje *ce* své *sk* svojich/svoje *ru* свои(х) *hr* svoje *el* τους (δικούς) του.

Akk pl f: **de súas**   die eigenen / seine / ihre   *(dt. Bsp: Die fremden Tiere will man/er/sie so füttern wie ~.)* | *fr* les siennes *it* le sue *es* las suyas *ro* sale *pt* as suas *de* die seinen *nl* de zijne *pl* swoje *ce* své *sk* svoje *ru* свои(х) *hr* svoje *el* τις (δικές) του.

Akk pl n: **de súës**   die eigenen / seine / ihre   *(dt. Bsp: Die fremden Tiere will man/er/sie so füttern wie ~.)* | *fr* les siens *it* i sui *es* los suyos *ro* săi *pt* os seus *de* die seinen *nl* de zijne *pl* swoje *ce* svá *sk* svoje *ru* свои(х) *hr* svoja *el* τα (δικά) του.

Ortsnamen

Aus jedem Staat wurde pro 2 Millionen Einwohner eine Stadt ausgewählt, mindestens jedoch drei. Für Russland und die Türkei wurde jeweils die Einwohnerzahl des europäischen Teils zugrunde gelegt. Für jedes Land wurde die so errechnete Zahl der Städte ab der größten abwärts ausgewählt (was im Fall von Russland und der Türkei auch Städte im asiatischen Teil sein können)

Weitere Erklärungen in den Abschnitten *Außer Konkurrenz: Ethno-Europäismen <ethno>* auf Seite 16 und *Formales Analog und mundartliche Abweichung (freie Allophone)* auf Seite 24.

Europäische Schreibweise – nationale Schreibweise

Adạna -TR- *tr* Adana

Ạebërdín -GB- *en* Aberdeen

Aex-eñ-Provëñçe -F- *fr* Aix-en-Provence

Aguạlva-Caçeñ -P- *pt* Agualva-Cacém

Ạkhen -D- *de* Aachen

Algeirạño-Meñ-Martiñsh -P- *pt* Algueirão-Mem Martins

Alicạnte -E- *es* Alicante

Ạlmere -NL- *nl* Almere

Amadọra -P- *pt* Amadora

Amiạeñ' (s-) -F- *fr* Amiens

Ạmstërdam -NL- *nl* Amsterdam

Ạndërlekht -B- *nl* Anderlecht

Añjhẹ -F- *fr* Angers

Ạnkara -TR- *tr* Ankara

Annëçy -F- *fr* Annecy

Antạlja -TR- *tr* Antalya

Antwẹrpen -B- *fr* Antwerpen

Ạolborgh -DK- *da* Aalborg (Ålborg)

Ạorhúes -DK- *da* Aarhus (Århus)

Ạpëldórn -NL- *nl* Apeldoorn

Arạd / Ạrȧd -RO- *ro / ro* Arad / Arad

Ạrnhem -NL- *nl* Arnhem (*de* Arnheim)

Athẹna -GR- *el* Αθήνα (*de* Athen)

Ạugsburg -D- *de* Augsburg

Babrụjsk -BY- *be* Бабруйск (*de* Babrujsk)

Badhëlọne -E- *ca* Badalona

Banja-Lụka -BIH- *hr/sr* Banja Luka / Бања Лука

Bạnská-Bystricea -SK- *sk* Banská Bystrica (*de* Neusohl)

Baranavichy -BY- *be* Баранавічы (*de* Baranowitschi)

Barçelọna / Barçëlọne -E- *es / ca* Barcelona / Barcelona

Bạri -I- *it* Bari

Bạsel -CH- *de* Basel

Bạutzen / Budyshin -D- *de / sb* Bautzen / Budyšin

Béle-Aoha-Clįah / Dąblin -IRL- *ga* / *en* Baile Átha Cliath / Dublin

Bęlfást -GB- *en* Belfast

Béljcy / Bëlcj̦ -MD- *ru* / *ro* Бельцы / Bălţi/Бэлць (*de* Belz)

Béndéry / Bendęr / Béndéry -MD- *ru* / *ro* / *uk* Бендеры / Bender/Бендер / Бендери

Bęograd -SR- *sr* Београд / Beograd (*de* Belgrad)

Bęrgen -N- *no* Bergen

Berlín -D- *de* Berlin

Bęrminghaem -GB- *en* Birmingham

Bern / Bęrne -CH- *de* / *fr* Bern / Berne

Bësañçoñ -F- *fr* Besançon+

Bijelo-Pǫlje -CGO- *sr* Бијело Поље / Bijelo Polje

Bilbą́o / Bįlbo -E- *es* / *ek* Bilbao / Bilbo

Bį́lëfeld -D- *de* Bielefeld

Birkirkąra -MT- *mt* Birkirkara

Bjalhystok -PL- *pl* Białystok

Bjelsko-Bjąlha -PL- *pl* Bielsko-Biała

Bǫ́khum -D- *de* Bochum

Bolǫ́nja -I- *it* Bologna

Bonn -D- *de* Bonn

Bordë́ǫ -F- *fr* Bordeaux

Brącislava -SK- *sk* Bratislava (*de* Pressburg)

Brąedfërd -GB- *en* Bradford

Brąga -P- *pt* Braga

Brashǫv / Brąsshó -RO- *ro* / *ma* Braşov / Brassó (*de* Kronstadt)

Brąunshwaég -D- *de* Braunschweig

Bréda -NL- *nl* Breda

Brëįla -RO- *ro* Brăila

Brémen -D- *de* Bremen

Bręʼsja -I- *it* Brescia

Brest -BY- *be* Брэст (*de* Brest)

Brest -F- *fr* Brest

Brįstel -GB- *en* Bristol

Brno -CZ- *ce* Brno (*de* Brünn)

Bruessęll / Bruęssel -B- *fr* / *nl* Bruxelles / Brussel (*de* Brüssel)

Brųgge -B- *nl* Brugge (*de* Brügge)

Bucureshtj -RO- *ro* Bucureşti (*de* Bukarest)

Bųdapesht -H- *ma* Budapest

Bulǫnje-Biljañcoúrʼ (t-) -F- *fr* Boulonge-Billancourt

Burgąs -BG- *bg* Бургас (*de* Burgas)

Bųrsa -TR- *tr* Bursa

Bydgoshch -PL- *pl* Bydgoszcz (*de* Bromberg)

Bytom -PL- *pl* Bytom (*de* Beuthen)

Caljiąri -I- *it* Cagliari

Çaragǫça -E- *es* Zaragoza (*de* Saragossa)

Cą́rdiff -GB- *en* Cardiff

Cartaghęna -E- *es* Cartagena

Catą́nia -I- *it* Catania

Çharlëroą -B- *fr* Charleroi

Cheñstokhǫwa -PL- *pl* Częstochowa (*de* Tschenstochau)

Cherkạ́sy / Cherkạssy -UA- *uk / ru* Черкаси / Черкассы (*de* Tscherkassy)

Chernịvci -UA- *uk* Чернівці (*de* Tscherniwzi (Czernowitz))

Cheské-Bụdjejovice -CZ- *ce* České Budějovice (*de* Budweis)

Chishinẹu [k-] -MD- *ro* Chișinău

Cjéljạbinsk -RUS- *ru* Челябинск (*de* Tscheljabinsk)

Cjernihịv -UA- *uk* Чернігів (*de* Tschernihiw)

Cjittạ-del-Vatticạno -VAT- *it* Città del Vatticano (*de* Vatikanstadt)

Clermọñ-Ferrạñ' (d-) -F- *fr* Clermont-Ferrand

Clújh-Napọca / Kọlozhvár -RO- *ro / ma* Cluj-Napoca / Kolozsvár (*de* Klausenburg)

Coịñbra -P- *pt* Coimbra

Constạntza -RO- *ro* Constanța (*de* Konstanza)

Cọrdoba -E- *es* Córdoba

Cọrkégh / Cork -IRL- *ga / en* Corcaigh / Cork

Cọvëntry -GB- *en* Coventry

Crajọva -RO- *ro* Craiova (*de* Krajowa)

Dạdléy -GB- *en* Dudley

Dạugaupils -LV- *lv* Daugavpils (*de* Dünaburg)

Dẹbrecen -H- *ma* Debrecen

Dën Hágh / 's-Gravënhạghe -NL- *nl* Den Haag / 's-Gravenhage

Dẹrby -GB- *en* Derby

Dịdëleng / Duedëlạ̈ñjhe / Dúedëlingen -L- *lb / fr / de* Diddeleng / Dudelange / Düdelingen

Dijhọñ -F- *fr* Dijon

Djóer -H- *ma* Győr (*de* Raab)

Dnịpro(pétrọ́wjsk) / Dnépropétrọ́wsk -UA- *uk / ru* Днипро(петровськ) / Днепропетровск (*de* Dnipro(petrowsk))

Donẹ́ćk -UA- *uk / ru* Донецьк / Донецк (*de* Donezk)

Dọrtmund -D- *de* Dortmund

Drạmmen -N- *no* Drammen

Drésden -D- *de* Dresden

Dúesburg -D- *de* Duisburg

Dụessëldorf -D- *de* Düsseldorf

Dụrres -AL- *sq* Durrës

Ẹdinbërg -GB- *en* Edinburgh

Ẹindhóven -NL- *nl* Eindhoven

Elbasạ́n -AL- *sq* Elbasan

Ẹlche -E- *es* Elche

Ëncạm(p-) -AND- *ca* Encamp

Ëndọre-le-Vẹllje -AND- *ca* Andorra la Vella

Ẹnskhede -NL- *nl* Enschede

Ẹntep -TR- *kd* Entep

Érạklio -GR- *el* Ηράκλειο (*de* Iraklion)

Ẹrfurt -D- *de* Erfurt

Ẹscạldes-Ëngórdhạnj -AND- *ca* Escaldes-Engordany

Esh-Ueltzẹsh / Esh-súer-Alzẹttë / Esh-an-dér-Altzẹtte -L- *lb / fr / de* Esch-Uelzech / Esch-Sur-Alzette / Esch an der Alzette

Ẹspó / Ẹsbo -FIN- *su / sv* Espoo / Esbo

Ẹssen -D- *de* Essen

Fadụtz -FL- *de* Vaduz

Ferrạra -I- *it* Ferrara

Firẹnce -I- *it* Firenze (*de* Florenz)

Fọggja -I- *it* Foggia

Fraéburg-im-Brạésgau -D- *de* Freiburg im Breisgau

Frankfurt-am-Mạin -D- *de* Frankfurt am Main

Fredhëriksbẹrgh -DK- *da* Frederiksberg

Frẹdrikstad/Sạrpsbórg -N- *no* Fredrikstad/Sarpsborg

Fuñçhạlh -P- *pt* Funchal

Galạtzj -RO- *ro* Galați (*de* Galatz)

Gạlljiv / Gạelwhaey -IRL- *ga / en* Gaillimh / Galway

Gazịantep -TR- *tr* Gaziantep

Gdanjsk -PL- *pl* Gdańsk (*de* Danzig)

Gdynja -PL- *pl* Gdynia (*de* Gdingen)

Gelzënkịrhjen -D- *de* Gelsenkirchen

Gẹntofte -DK- *da* Gentofte

Ghent -B- *nl* Gent

Ghomel -BY- *be* Гомель (*de* Gomel / Homel)

Ghrọdna -BY- *be* Гродна (*de* Grodno / Hrodna)

Ghrọningen -NL- *nl* Groningen

Gikhọn -E- *es* Gijón

Gjẹnova -I- *it* Genova (*de* Genua)

Glạsgowh -GB- *en* Glasgow

Gliwịce -PL- *pl* Gliwice (*de* Gleiwitz)

Granạda -E- *es* Granada

Grátz -A- *de* Graz

Grënọbel -F- *fr* Grenoble

Hạgen -D- *de* Hagen

Hạlle -D- *de* Halle (Saale)

Hạmburg -D- *de* Hamburg

Hamm -D- *de* Hamm

Hannọfer -D- *de* Hannover

Hạpnarfjoerdhuer -IS- *is* Hafnarfjörður

Hạrlem -NL- *nl* Haarlem

Hẹlsingborj -S- *sv* Helsingborg

Hẹlsinki / Hẹlsingfórs -FIN- *su / sv* Helsinki / Helsingfors

Họrlivka / Gọrlovka -UA- *uk / ru* Горлівка / Горловка (*de* Horliwka / Gorlowka)

Ịnnsbruck -A- *de* Innsbruck

Istạnbul -TR- *tr* İstanbul

Ịzmir -TR- *tr* İzmir

Jạshj -RO- *ro* Iași

Jekatérinbụrg -RUS- *ru* Екатеринбург (*de* Jekaterinburg)

Jẹlgava -LV- *lv* Jelgava (*de* Mitau)

Jhénẹve -CH- *fr* Génève (*de* Genf)

Jóetëbọrj -S- *sv* Göteborg

Jụevaeskuelae -FIN- *su* Jyväskylä

Kallithẹa -GR- *el* Καλλιθέα
(*de* Kallithea)

Kạmjanjske / Kamẹ́nskoje -UA- *uk /*
ru Кам'янське / Каменское
(*de* Kamjanske / Kamenskoje)

Kạrlsruhe -D- *de* Karlsruhe

Kạssel -D- *de* Kassel

Katowịce -PL- *pl* Katowice
(*de* Kattowitz)

Kạunas -LT- *lt* Kaunas

Kazạ́nj -RUS- *ru* Казань (*de* Kasan)

Kẹchkemét -H- *ma* Kecskemét
(*de* Ketschkemet)

Kẹmnitz -D- *de* Chemnitz

Khạrkiv / Khạrkow -UA- *uk / ru*
Харків / Харьков (*de* Charkiw /
Charkow)

Khẹreç-de-la-Frontẹra -E- *es* Jerez de
la Frontera

Khersọn -UA- *uk / ru* Херсон
(*de* Cherson)

Khmẹljnyc̈kyj -UA- *uk* Хмельницький
(*de* Chmelnyzkyj)

Kịel -D- *de* Kiel

Kịngsten-ëpọn-Hạll -GB- *en* Kingston
upon Hull

Kjẹlce -PL- *pl* Kielce

Klág̈ënfurt -A- *de* Klagenfurt

Klạipéda -LT- *lt* Klaipėda (*de* Memel)

Kóebënhavn -DK- *da* København
(*de* Kopenhagen)

Koeln -D- *de* Köln

Kọhtla-Jạerve / Kọkhtla-Jạrve -EST- *et / ru* Kohtla-Järve /
Кохтла-Ярве (*de* Kochtel-Türpsal)

Kọnja -TR- *tr* Konya

Kópavoghuer -IS- *is* Kópavogur

Kóper / Cápodịstria -SLO- *sl / it*
Koper / Capodistria (*de* Gafers)

Kọshice / Kạssha -SK- *sk / ma* Košice
/ Kassa (*de* Kaschau)

Krạgujevac̈ -SR- *sr* Крагујевац /
Kragujevac (*de* Kraggorewatz)

Krạ́ków -PL- *pl* Kraków (*de* Krakau)

Kránj -SLO- *sl* Kranj

Krasnojạrsk -RUS- *ru* Красноярск
(*de* Krasnojarsk)

Krẹfeld -D- *de* Krefeld

Kryvyj Rỵh / Krivój Róg -UA- *uk / ru*
Кривий Риг / Кривой Рог (*de* Krywyj
Rih / Krivoj Rog)

Kụopio -FIN- *su* Kuopio

Kyjiv -UA- *uk* Київ (*de* Kiew)

La-Corụnja -E- *es* La Coruña

Lạéptzig -D- *de* Leipzig

Lạhti -FIN- *su* Lahti

Lạrisà -GR- *el* Λάρισα (*de* Larissa)

Las-Pạlmas-de-Gran-Canária -E- *es*
Las Palmas de Gran Canaria

Le-Ạ́vre -F- *fr* Le Havre

Lẹcster -GB- *en* Leicester

Le-Mañ' (s-) -F- *fr* Le Mans

**Lẹtzëbúërjh / Luexëñbụ́rgh /
Lụxëmburg** -L- *lb / fr / de* Lëtzëbuerg
/ Luxembourg / Luxemburg

423

Lhódzj -PL- *pl* Łódź

Lı̦berec -CZ- *ce* Liberec
(*de* Reichenberg)

Lı̦ds -GB- *en* Leeds

Lie̦jhe -B- *fr* Liège (*de* Lüttich)

Lı̦epája -LV- *lv* Liepāja (*de* Liebau)

Lilje -F- *fr* Lille

Lı̦minjëkh / Lı̦merick -IRL- *ga / en*
Luimnach / Limerick

Limójhe' (s-) -F- *fr* Limoges

Lı̦nsjóeping -S- *sv* Linköping

Lintz -A- *de* Linz

Lı̦vërpúl -GB- *en* Liverpool

Livo̦rno -I- *it* Livorno

Lı̦zboa -P- *pt* Lisboa (*de* Lissabon)

Ljublja̦na -SLO- *sl* Ljubljana
(*de* Laibach)

Lju̦ten -GB- *en* Luton

Ljviv -UA- *uk* Львів (*de* Lemberg)

Lo̦nden -GB- *en* London

Lósa̦nne -CH- *fr* Lausanne

Lublı̦n -PL- *pl* Lublin

Lu̦ebeck -D- *de* Lübeck

Luha̦njsk / Luga̦nsk -UA- *uk / ru*
Луганськ / Луганск (*de* Luhansk /
Lugansk)

Lutze̦rn -CH- *de* Luzern

Lyo̦ñ -F- *fr* Lyon

Madrı̦d -E- *es* Madrid

Ma̦enchester -GB- *en* Manchester

Má̦gdëburg -D- *de* Magdeburg

Maghiljo̦u -BY- *be* Магілёў
(*de* Mogilew)

Ma̦intz -D- *de* Mainz

Makijivka / Makéjévka -UA- *uk / ru*
Макіївка / Макеевка (*de* Makijiwka /
Makejewka)

Ma̦laga -E- *es* Málaga

Ma̦lmoe -S- *sv* Malmö

Ma̦nnhaém -D- *de* Mannheim

Má̦ribor -SLO- *sl* Maribor (*de* Marburg)

Mariu̦polj -UA- *uk / ru* Маріуполь \
Мариуполь (*de* Mariupol)

Marse̦ilje -F- *fr* Marseille

Messı̦na -I- *it* Messina

Metz -F- *fr* Metz

Mila̦no -I- *it* Milano (*de* Mailand)

Minsk -BY- *be* Мінск (*de* Minsk)

Mı̦shkolc -H- *ma* Miskolc

Mo̦dena -I- *it* Modena

Moenhjëngla̦dbakh -D- *de*
Mönchengladbach

Moñpeljé̦ -F- *fr* Montpellier

Moñtë-Carló̦ -MC- *fr* Monte Carlo

Moskva̦ -RUS- *ru* Москва (*de* Moskau)

Mo̦sta -MT- *mt* Mosta

Mo̦star -BIH- *hr/sr* Mostar / Мостар

Muelo̦úse -F- *fr* Mulhouse

Mu̦enhjen -D- *de* München

Mu̦enster -D- *de* Münster

Mu̦rçia -E- *es* Murcia

Mykolạjiv / Nikolạjév -UA- *uk / ru* Миколаїв / Николаев (*de* Mykolajiw / Nikolajew)

Namúer -B- *fr* Namur

Nạñte' (s-) -F- *fr* Nantes

Nápoli -I- *it* Napoli (*de* Neapel)

Nạrva -EST- *et / ru* Narva / Нарва (*de* Narwa)

Nẹiméghen -NL- *nl* Nijmegen (*de* Nimwegen)

Nịçe -F- *fr* Nice (*de* Nizza)

Nịkaea -GR- *el* Νίκαια (*de* Nikäa)

Nịkshicj -CGO- *sr* Никшић / Nikšić

Nịme' (s-) -F- *fr* Nîmes

Nish -SR- *sr* Ниш / Niš (*de* Nisch)

Nítra -SK- *sk* Nitra (*de* Neutra)

Nizhnij Nóvgoród -RUS- *ru* Нижний Новгород (*de* Nishnyj Nowgorod)

Njíredjháza -H- *ma* Nyíregyháza (*de* Birkenkirchen)

Njúcás'el-ëpọn-Táyn -GB- *en* Newcastle upon Tyne

Nọrich -GB- *en* Norwich

Northạempten -GB- *en* Northampton

Nọttinghaem -GB- *en* Nottingham

Noví Sạd / Újvidék -SR- *sr / ma* Нови Сад / Novi Sad / Újvidék (*de* Neusatz)

Nóvosibịrsk -RUS- *ru* Новосибирск (*de* Nowosibirsk)

Nụernberg -D- *de* Nürnberg

Ọ́bërhausen -D- *de* Oberhausen

Odés'a / Odéssa -UA- *uk / ru* Одеса / Одесса (*de* Odessa)

Ọ́dhënse -DK- *da* Odense (*de* Ottensee)

Oerëbrọ́ -S- *sv* Örebro

Ọlomouc' -CZ- *ce* Olomouc (*de* Olmütz)

Ọlshtyn -PL- *pl* Olsztyn (*de* Allenstein)

Ómsk -RUS- *ru* Омск (*de* Omsk)

Orádea / Nạdjvárad -RO- *ro / ma* Oradea / Nagyvárad (*de* Großwardein)

Orléạñ' (s-) -F- *fr* Orléans

Ọs'ijek -HR- *hr* Osijek (*de* Essek)

Ọ́sló -N- *no* Oslo

Óspitëlẹt-de-Ljóbrëgạt -E- *ca* Hospitalet de Llobregat

Ọstrava -CZ- *ce* Ostrava (*de* Ostrau)

Ọulu -FIN- *su* Oulu

Ovịẹdo -E- *es* Oviedo

Pạ́dova -I- *it* Padova

Palẹrmo -I- *it* Palermo

Pạlma-de-Maljọrca -E- *es* Palma de Mallorca

Pạnchevo / Pạnchova -SR- *sr / ma* Панчево/Pančevo / Pancsova

Par|' (s-) -F- *fr* Paris

Pạrma -I- *it* Parma

Pạtra -GR- *el* Πάτρα (*de* Patra)

Péch / Fụenfkirhjen -H- *ma / de* Pécs / Fünfkirchen

Peristẹri -GR- *el* Περιστέρι (*de* Peristeri)

Perm' -RUS- *ru* Пермь (*de* Perm)

Perpinjạñ -F- *fr* Perpignan

Perụgja -I- *it* Perugia

Pescạra -I- *it* Pescara

Piraeas -GR- *el* Πειραιάς (*de* Piräus)

Piteshtj -RO- *ro* Pitești

Pleven -BG- *bg* Плевен (*de* Pleven)

Plojeshtj -RO- *ro* Ploiești

Plovdiv -BG- *bg* Пловдив (*de* Plovdiv)

Plymëth -GB- *en* Plymouth

Plzenj -CZ- *ce* Plzeň (*de* Pilsen)

Podgoricea -CGO- *sr* Подгорица / Podgorica

Poltava -UA- *uk / ru* Полтава (*de* Poltawa)

Pori -FIN- *su* Pori

Port-Lárige / Whaotërford -IRL- *ga / en* Port Láirge / Waterford

Portó (o-~) -P- *pt* Porto (o ~)

Portsmëth -GB- *en* Portsmouth

Poznanj -PL- *pl* Poznań (*de* Posen)

Praha -CZ- *ce* Praha (*de* Prag)

Prato -I- *it* Prato

Preshov -SK- *sk* Prešov (*de* Eperies)

Presten -GB- *en* Preston

Prishtina -KS- *sr* Приштина/Priština (*de* Pristina)

Prishtine -KS- *sq* Prishtinë (*de* Pristina)

Qeluz -P- *pt* Queluz

Radom -PL- *pl* Radom

Ravenna -I- *it* Ravenna

Reggjo Calábria -I- *it* Reggio Calabria

Reggjo Emília -I- *it* Reggio Emilia

Reicjavík -IS- *is* Reykjavík

Renne' (s-) -F- *fr* Rennes

Reñs -F- *fr* Reims

Riding -GB- *en* Reading

Riga -LV- *lv* Rīga (*de* Riga)

Rijeka -HR- *hr* Rijeka

Rimini -I- *it* Rimini

Rivne -UA- *uk* Рівне (*de* Riwne)

Rjeshów -PL- *pl* Rzeszów (*de* Reichshof)

Roma -I- *it* Roma (*de* Rom)

Rostock -D- *de* Rostock

Rostóv-na-Dónu -RUS- *ru* Ростов-на-Дону (*de* Rostow am Don)

Rottërdam -NL- *nl* Rotterdam

Roúeñ -F- *fr* Rouen

Ruda Sjlañska -PL- *pl* Ruda Śląska (*de* Ruda)

Ruse -BG- *bg* Русе (*de* Russe)

Rybnik -PL- *pl* Rybnik

Rybnitza / Rybnicea -MD- *ro / ru* Rîbnița / Рыбница

Sabëdhelj -E- *ca* Sabadell

Saeñ-Dëni' (s-) -F- *fr* Saint-Denis (*de* Mülhausen)

Saeñt-Étienne -F- *fr* Saint-Étienne

Salerno -I- *it* Salerno

Saltzburg -A- *de* Salzburg

Samara -RUS- *ru* Самара (*de* Samara)

San Marino -RSM- *it* San Marino

Sankt-Pétérburg -RUS- *ru* Санкт-Петербург (*de* Sankt Petersburg)

Sarajevo -BIH- *hr/sr* Sarajevo / Сарајево

Sárbrụecken -D- *de* Saarbrücken

Sạssari -I- *it* Sassari

Sauthạempten -GB- *en* Southampton

Setụbal -P- *pt* Setúbal

Sevastọpolj / Sévastọ́polj -UA- *uk / ru* Севастополь (*de* Sewastopol)

Sevịlja -E- *es* Sevilla

Shchẹcjin -PL- *pl* Szczecin (*de* Stettin)

Shẹffield -GB- *en* Sheffield

Sheuljẹi -LT- *lt* Šiauliai (*de* Schaulen)

Shkọder -AL- *sq* Shkodër

Shtụttgart -D- *de* Stuttgart

Sibịu / Nạdjszeben / Hẹrrmannshtadt -RO- *ro / ma / de* Sibiu / Nagyszeben / Herrmannstadt

Simferọpolj / Simférọ́polj -UA- *uk / ru* Сімферополь / Симферополь (*de* Simferopol)

Siracụsa -I- *it* Siracusa (*de* Syrakus)

Skhạ́rbék -B- *nl* Schaerbeek

Sọfija -BG- *bg* София (*de* Sofia)

Sosnọwiec' -PL- *pl* Sosnowiec (*de* Sosnowitz)

Split -HR- *hr* Split

Stara-Zagọra -BG- *bg* Стара Загора (*de* Stara Sagora)

Stạvanger/Sạndnes -N- *no* Stavanger/Sandnes

Stọckholm [k-h] -S- *sv* Stockholm

Stók-on-Trẹnt -GB- *en* Stoke-on-Trent

Strasboụ́rgh / Shtrạ́ssburg -F- *fr / de* Strasbourg / Straßburg

Sụboticea / Szạbadka -SR- *sr / ma* Суботица/Subotica / Szabadka (*de* Maria-Theresiopel)

Sụmy -UA- *uk / ru* Суми / Сумы (*de* Sumy)

Szẹged -H- *ma* Szeged

Székeshfehérvár -H- *ma* Székesfehérvár (*de* Stuhlweißenburg)

Szọmbathelj [t-h] -H- *ma* Szombathely (*de* Steinamanger)

Tạllinn -EST- *et* Tallinn (*de* Reval)

Tạmpere -FIN- *su* Tampere

Tạranto -I- *it* Taranto

Tarrạssa -E- *ca* Tarrassa

Tạrtu -EST- *et* Tartu (*de* Dorpat)

Thessalonịké -GR- *el* Θεσσαλονίκη (*de* Thessaloniki)

Tịlbuergh -NL- *nl* Tilburg

Timishoạra / Tẹmeshvár -RO- *ro / ma* Timişoara / Temesvár (*de* Temeschwar/Temeschburg)

Tirạne -AL- *sq* Tiranë (*de* Tirana)

Tirạspolj / Tyrạspilj / Tirạspol -MD- *ru / uk / ro* Тирасполь / Тираспіль / Tiraspol/Тираспол (*de* Tiraspol)

Torịno -I- *it* Torino (*de* Turin)

Tọrunj -PL- *pl* Toruń (*de* Thorn)

Toúlọñ -F- *fr* Toulon

Toúlọụsë -F- *fr* Toulouse

Toúr' (s-) -F- *fr* Tours

Triẹste -I- *it* Trieste (*de* Triest)

Trọ́ndheim -N- *no* Trondheim

Tu̯rku / Áobó -FIN- *su / sv* Turku / Åbo

Tu̯zla -BIH- *hr/sr* Tuzla / Тузла

Tzu̯erihj -CH- *de* Zürich

U̯eppsálá -S- *sv* Uppsala

U̯etrekht -NL- *nl* Utrecht

Ufa̦ -RUS- *ru* Уфа (*de* Ufa)

Ústí-nad-Lạbem -CZ- *ce* Ústí nad Labem (*de* Aussig)

Vaestërą̊os -S- *sv* Västerås

Valẹnçia -E- *es / ca* Valencia / València

Valẹtta -MT- *mt* Valetta

Valjadoli̦d -E- *es* Valladolid

Vạntá / Vạnda -FIN- *su / sv* Vantaa / Vanda

Vạrna -BG- *bg* Варна (*de* Warna)

Venẹcia -I- *it* Venezia (*de* Venedig)

Verọna -I- *it* Verona

Vicẹbsk -BY- *be* Віцебск (*de* Witebsk)

Vi̦go -E- *es* Vigo

Viljoerbạnne -F- *fr* Villeurbanne

Vi̦llakh -A- *de* Villach

Vi̦lnjus -LT- *lt* Vilnius (*de* Wilna)

Vi̦nnycJ̧a / Vi̦nnicea -UA- *uk / ru* Вінниця / Винница (*de* Winnyzja / Winniza)

Vitọria-Gastẹiz -E- *es* Vitoria-Gasteiz

Vlọre -AL- *sq* Vlorë

Volgográd -RUS- *ru* Волгоград (*de* Wolgograd)

Warshạwa -PL- *pl* Warszawa (*de* Warschau)

Wholvërhạempten -GB- *en* Wolverhampton

Wi̦en -A- *de* Wien

Wi̦nterthur -CH- *de* Winterthur

Wi̦sbáden -D- *de* Wiesbaden

Wrọcĺhaw -PL- *pl* Wrocław (*de* Breslau)

Wu̦ppërtal -D- *de* Wuppertal

Zạbrje -PL- *pl* Zabrze

Zạdár -HR- *hr* Zadar

Zạgreb -HR- *hr* Zagreb (*de* Agram)

Zạnstad -NL- *nl* Zaanstad

Zapory̓zzhja / Zaporóžhje [zh-j] -UA- *uk / ru* Запорижжя / Запорожье (*de* Saporishshja / Saporoshje)

Zẹnicea -BIH- *hr/sr* Zenica / Зеница

Zhi̦lina -SK- *sk* Žilina (*de* Sillein)

Zhytọmyr -UA- *uk* Житомир (*de* Shytomyr)

Zrẹnjanin / Nạdjbechkerek -SR- *sr / ma* Зрењанин/Zrenjanin / Nagybecskerek (*de* Großbetschkerek)

Nationale Schreibweise – europäische Schreibweise

Aachen (*de*) -D- A̲khen

Aalborg (Ålborg) (*da*) -DK- Å̲olborgh

Aarhus (Århus) (*da*) -DK- Å̲orhúes

Aberdeen (*en*) -GB- A̲ebërdín

Adana (*tr*) -TR- Ad̲ana

Agualva-Cacém (*pt*) -P- Agua̲lva-Caçẽn

Aix-en-Provence (*fr*) -F- Aex-eñ-Provẽñçe

Algueirão-Mem Martins (*pt*) -P- Algeira̲ño-Meñ-Martĩñsh

Alicante (*es*) -E- Alica̲nte

Almere (*nl*) -NL- A̲lmere

Amadora (*pt*) -P- Amado̲ra

Amiens (*fr*) -F- Amia̲eñ' (s-)

Amsterdam (*nl*) -NL- A̲mstërdam

Anderlecht (*nl*) -B- A̲ndërlekht

Andorra la Vella (*ca*) -AND- Ëndo̲re-le-Ve̲llje

Angers (*fr*) -F- Añjhẹ́

Ankara (*tr*) -TR- A̲nkara

Annecy (*fr*) -F- Annëçy̲

Antalya (*tr*) -TR- Anta̲lja

Antwerpen (*fr*) -B- Antwe̲rpen

Apeldoorn (*nl*) -NL- A̲pëldórn

Arad / Arad (*ro / ro*) -RO- Ara̲d / A̲ràd

Arnhem (*nl; de* Arnheim) -NL- A̲rnhem

Αθήνα (*el; de* Athen) -GR- Athḗna

Augsburg (*de*) -D- A̲ugsburg

Бабруйск (*be; de* Babrujsk) -BY- Babru̲jsk

Badalona (*ca*) -E- Badhëlo̲ne

Baile Átha Cliath / Dublin (*ga / en*) -IRL- Bẹ́le-Aoha-Clia̲h / Da̲blin

Banja Luka / Бања Лука (*hr/sr*) -BIH- Banja-Lu̲ka

Banská Bystrica (*sk; de* Neusohl) -SK- Ba̲nská-By̲stricea

Баранавічы (*be; de* Baranowitschi) -BY- Baranavichy

Barcelona / Barcelona (*es / ca*) -E- Barçelo̲na / Barçëlo̲ne

Bari (*it*) -I- Ba̲ri

Basel (*de*) -CH- Ba̲sel

Bautzen / Budyšin (*de / sb*) -D- Ba̲utzen / Budy̲shin

Belfast (*en*) -GB- Be̲lfást

Бельцы / Bălţi/Бэлць (*ru / ro; de* Belz) -MD- Bẹ́ljcy / Bëlcj

Бендеры / Bender/Бендер / Бендери (*ru / ro / uk*) -MD- Béndẹ́ry / Bende̲r / Béndẹ́ry

Београд / Beograd (*sr; de* Belgrad) -SR- Be̲ograd

Bergen (*no*) -N- Be̲rgen

Berlin (*de*) -D- Berlín̲

Bern / Berne (*de / fr*) -CH- Bern / Be̲rne

Besançon (*fr*) -F- Bësançọñ

Białystok (*pl*) -PL- Bjalhy̲stok

Bielefeld (*de*) -D- Bí/ëfeld

Bielsko-Biała (*pl*) -PL- Bjelsko-Bjạlha

Бијело Поље / Bijelo Polje (*sr*) -CGO- Bijelo-Pọlje

Bilbao / Bilbo (*es / ek*) -E- Bilbạ́o / Bịlbo

Birkirkara (*mt*) -MT- Birkirkạra

Birmingham (*en*) -GB- Bë̀rminghaem

Bochum (*de*) -D- Bọ́khum

Bologna (*it*) -I- Bolọ̀nja

Bonn (*de*) -D- Bonn

Bordeaux (*fr*) -F- Bordë́ọ̀

Boulonge-Billancourt (*fr*) -F- Bulọnje-Biljañcoụ́r' (t-)

Bradford (*en*) -GB- Brạedfërd

Braga (*pt*) -P- Brạga

Brăila (*ro*) -RO- Brëi̯la

Brașov / Brassó (*ro / ma*; *de* Kronstadt) -RO- Brashọv / Brạsshó

Bratislava (*sk*; *de* Pressburg) -SK- Brạcislava

Braunschweig (*de*) -D- Brạunshwaég

Breda (*nl*) -NL- Bréda

Bremen (*de*) -D- Brémen

Brescia (*it*) -I- Brẹ̀sja

Brest (*fr*) -F- Brest

Брэст (*be*; *de* Brest) -BY- Brest

Bristol (*en*) -GB- Brịstel

Brno (*ce*; *de* Brünn) -CZ- Bṛno

Brugge (*nl*; *de* Brügge) -B- Brụgge

Bruxelles / Brussel (*fr / nl*; *de* Brüssel) -B- Bruessẹll / Brụessel

București (*ro*; *de* Bukarest) -RO- Bucurẹshtị

Budapest (*ma*) -H- Bụdapesht

Бургас (*bg*; *de* Burgas) -BG- Burgạs

Bursa (*tr*) -TR- Bụrsa

Bydgoszcz (*pl*; *de* Bromberg) -PL- Bỵdgoshch

Bytom (*pl*; *de* Beuthen) -PL- Bỵtom

Cagliari (*it*) -I- Caljiạri

Cardiff (*en*) -GB- Cạ́rdiff

Cartagena (*es*) -E- Cartaghẹna

Catania (*it*) -I- Catánia

České Budějovice (*ce*; *de* Budweis) -CZ- Cheské-Bụdjejovice

Charleroi (*fr*) -B- Çharlëroạ̀

Челябинск (*ru*; *de* Tscheljabinsk) -RUS- Cjéljạbinsk

Chemnitz (*de*) -D- Kẹmnitz

Черкаси / Черкассы (*uk / ru*; *de* Tscherkassy) -UA- Cherkạ̀sy / Cherkạssy

Чернівці (*uk*; *de* Tscherniwzi (Czernowitz)) -UA- Chernịvci

Чернігів (*uk*; *de* Tscherrnihiw) -UA- Cjernihị̀w

Chișinău (*ro*) -MD- Chishinẹ̈u [k-]

Città del Vatticano (*it*; *de* Vatikanstadt) -VAT- Cjittạ-del-Vatticạno

Clermont-Ferrand (*fr*) -F- Clermọ̃ñ-Ferrạ̃ñ' (d-)

Cluj-Napoca / Kolozsvár (*ro / ma*; *de* Klausenburg) -RO- Clújh-Napọca / Kọlozhvár

Coimbra (*pt*) -P- Coïñbra

Constanţa (*ro;*
de Konstanza) -RO- Constạntza

Corcaigh / Cork (*ga /*
en) -IRL- Cọrkégh / Cork

Córdoba (*es*) -E- Cọrdoba

Coventry (*en*) -GB- Cọvëntry

Craiova (*ro; de* Krajowa) -RO- Crajọva

Częstochowa (*pl;*
de Tschenstochau) -PL- Cheñstokhọwa

Daugavpils (*lv;*
de Dünaburg) -LV- Dạugaupils

Debrecen (*ma*) -H- Dẹbrecen

Den Haag / 's-Gravenhage
(*nl*) -NL- Dën Hágh / 's-Ghravënhạghe

Derby (*en*) -GB- Dẹrby

Diddeleng / Dudelange /
Düdelingen (*lb / fr / de*) -L- Dịdëleng
/ Duedëlạñjhe / Dúedëlingen

Dijon (*fr*) -F- Dijhọñ

Днипро(петровськ) /
Днепропетровск (*uk / ru;*
de Dnịpro(pẹtrọwsk)) -UA- Dnịpro(pétr
ọwjsk) / Dnépropétrọwsk

Донецьк / Донецк (*uk / ru;*
de Donezk) -UA- Donẹck

Dortmund (*de*) -D- Dọrtmund

Drammen (*no*) -N- Drạmmen

Dresden (*de*) -D- Drésden

Dudley (*en*) -GB- Dạdléy

Duisburg (*de*) -D- Dúesburg

Durrës (*sq*) -AL- Dụrres

Düsseldorf (*de*) -D- Dụessëldorf

Edinburgh (*en*) -GB- Ẹdinbërg

Eindhoven (*nl*) -NL- Ẹindhóven

Екатеринбург (*ru;*
de Jekaterinburg) -RUS- Jekatérinbụrg

Elbasan (*sq*) -AL- Elbasạn

Elche (*es*) -E- Ẹlche

Encamp (*ca*) -AND- Ëncạm(p-)

Enschede (*nl*) -NL- Ẹnskhede

Entep (*kd*) -TR- Ẹntep

Ηράκλειο (*el; de* Iraklion) -GR- Érạklio

Erfurt (*de*) -D- Ẹrfurt

Escaldes-Engordany
(*ca*) -AND- Ëscạldes-Ëngórdhạnj

Esch-Uelzech / Esch-Sur-Alzette /
Esch an der Alzette (*lb / fr /*
de) -L- Esh-Ueltzẹsh / Esh-súer-Alzẹttë
/ Esh-an-dér-Altzẹtte

Espoo / Esbo (*su / sv*) -FIN- Ẹspó /
Ẹsbo

Essen (*de*) -D- Ẹssen

Ferrara (*it*) -I- Ferrạra

Firenze (*it; de* Florenz) -I- Firẹnce

Foggia (*it*) -I- Fọggja

Frankfurt am Main (*de*) -D- Frankfurt-
am-Mạin

Frederiksberg
(*da*) -DK- Fredhëriksbẹrgh

Fredrikstad/Sarpsborg
(*no*) -N- Frẹdrikstad/Sạrpsbórg

Freiburg im Breisgau
(*de*) -D- Fraéburg-im-Brạésgau

Funchal (*pt*) -P- Fuñchạlh

Gaillimh / Galway (*ga / en*) -IRL- Gạlljiv / Gạelwhaey

Galați (*ro; de* Galatz) -RO- Galạtzj

Gaziantep (*tr*) -TR- Gazịantep

Gdańsk (*pl; de* Danzig) -PL- Gdanjsk

Gdynia (*pl; de* Gdingen) -PL- Gdỵnja

Gelsenkirchen (*de*) -D- Gelzënkịrhjen

Génève (*fr; de* Genf) -CH- Jhénẹve

Genova (*it; de* Genua) -I- Gjẹnova

Gent (*nl*) -B- Ghent

Gentofte (*da*) -DK- Gẹntofte

Gijón (*es*) -E- Gikhọn

Glasgow (*en*) -GB- Glạsgowh

Gliwice (*pl; de* Gleiwitz) -PL- Gliwịce

Гомель (*be; de* Gomel / Homel) -BY- Ghomel

Горлівка / Горловка (*uk / ru; de* Horliwka / Gorlowka) -UA- Họrlivka / Gọrlovka

Göteborg (*sv*) -S- Jóetëbọrj

Granada (*es*) -E- Granạda

Graz (*de*) -A- Grátz

Grenoble (*fr*) -F- Grënọbel

Гродна (*be; de* Grodno / Hrodna) -BY- Ghrọdna

Groningen (*nl*) -NL- Ghrọningen

Győr (*ma; de* Raab) -H- Djóer

Haarlem (*nl*) -NL- Hạrlem

Hafnarfjörður (*is*) -IS- Hạpnarfjoerdhuer

Hagen (*de*) -D- Hạgen

Halle (Saale) (*de*) -D- Hạlle

Hamburg (*de*) -D- Hạmburg

Hamm (*de*) -D- Hamm

Hannover (*de*) -D- Hannófer

Helsingborg (*sv*) -S- Hẹlsingborj

Helsinki / Helsingfors (*su / sv*) -FIN- Hẹlsinki / Hẹlsingfórs

Hospitalet de Llobregat (*ca*) -E- Óspitëlẹt-de-Ljóbrëgạt

Iași (*ro*) -RO- Jạshj

Innsbruck (*de*) -A- Ịnnsbruck

İstanbul (*tr*) -TR- Istạnbul

İzmir (*tr*) -TR- Ịzmir

Jelgava (*lv; de* Mitau) -LV- Jẹlgava

Jerez de la Frontera (*es*) -E- Khẹreç-de-la-Frontẹra

Jyväskylä (*su*) -FIN- Jụevaeskuelae

Καλλιθέα (*el; de* Kallithea) -GR- Kallithẹa

Кам'янське / Каменское (*uk / ru; de* Kamjanske / Kamenskoje) -UA- Kạmjanjske / Kaménskoje

Karlsruhe (*de*) -D- Kạrlsruhe

Kassel (*de*) -D- Kạssel

Katowice (*pl; de* Kattowitz) -PL- Katowịce

Kaunas (*lt*) -LT- Kạunas

Казань (*ru; de* Kasan) -RUS- Kazạnj

Kecskemét (*ma; de* Ketschkemet) -H- Kẹchkemét

Харків / Харьков (*uk / ru; de* Charkiw / Charkow) -UA- Khạrkiv / Khạrkow

Херсон (*uk* / *ru;*
de Cherson) -UA- Khersọn

Хмельницький (*uk;*
de Chmelnyzkyj) -UA- Khmẹljnyckyj

Kiel (*de*) -D- Kịel

Kielce (*pl*) -PL- Kjẹlce

Київ (*uk; de* Kiew) -UA- Kyjiv

Kingston upon Hull
(*en*) -GB- Kịngsten-ëpọn-Hạll

Klagenfurt (*de*) -A- Klágënfurt

Klaipėda (*lt; de* Memel) -LT- Klạipéda

København (*da;*
de Kopenhagen) -DK- Kóebënhavn

Kohtla-Järve / Кохтла-Ярве (*et* / *ru;*
de Kochtel-Türpsal) -EST- Kọhtla-
Jạerve / Kọkhtla-Jạrve

Köln (*de*) -D- Koeln

Konya (*tr*) -TR- Kọnja

Kópavogur (*is*) -IS- Kópavoghuer

Koper / Capodistria (*sl* / *it;*
de Gafers) -SLO- Kóper / Cápodịstria

Košice / Kassa (*sk* / *ma;*
de Kaschau) -SK- Kọshicc / Kạssha

Крагујевац / Kragujevac (*sr;*
de Kraggorewatz) -SR- Krạgujevac'

Kraków (*pl; de* Krakau) -PL- Krạków

Kranj (*sl*) -SLO- Kránj

Красноярск (*ru;*
de Krasnojarsk) -RUS- Krasnojạrsk

Krefeld (*de*) -D- Krẹfeld

Кривий Риг / Кривой Рог (*uk* / *ru;*
de Krywyj Rih / Krivoj
Rog) -UA- Kryvyj Rỵh / Krivój Róg

Kuopio (*su*) -FIN- Kụopio

La Coruña (*es*) -E- La-Corụnja

Lahti (*su*) -FIN- Lạhti

Λάρισα (*el; de* Larissa) -GR- Lạris̀a

Las Palmas de Gran Canaria
(*es*) -E- Las-Pạlmas-de-Gran-Canária

Lausanne (*fr*) -CH- Lósạnne

Le Havre (*fr*) -F- Le-Ạ́vre

Le Mans (*fr*) -F- Le-Mañ' (s-)

Leeds (*en*) -GB- Lịds

Leicester (*en*) -GB- Lẹçster

Leipzig (*de*) -D- Lạéptzig

**Lëtzebuerg / Luxembourg /
Luxemburg** (*lb* / *fr* /
de) -L- Lẹtzëbúẹ̈rjh / Luexëñbụ́rgh /
Lụxëmburg

Liberec (*ce;*
de Reichenberg) -CZ- Lịberec'

Liège (*fr; de* Lüttich) -B- Liẹjhe

Liepāja (*lv; de* Liebau) -LV- Lịepája

Lille (*fr*) -F- Lilje

Limoges (*fr*) -F- Limójhe' (s-)

Linköping (*sv*) -S- Lịnsjóeping

Linz (*de*) -A- Lintz

Lisboa (*pt; de* Lissabon) -P- Lịzboa

Liverpool (*en*) -GB- Lịvërpúl

Livorno (*it*) -I- Livọrno

Ljubljana (*sl;*
de Laibach) -SLO- Ljubljạna

Львів (*uk; de* Lemberg) -UA- Ljviv

Łódź (*pl*) -PL- Lhódzj

London (*en*) -GB- Lọnden

Lübeck (*de*) -D- Lụebeck

Lublin (*pl*) -PL- Lublín

Луганськ / Луганск (*uk / ru;* de Luhansk / Lugansk) -UA- Luhanjsk / Lugansk

Luimnach / Limerick (*ga / en*) -IRL- Liminjëkh / Limerick

Luton (*en*) -GB- Ljuten

Luzern (*de*) -CH- Lutzern

Lyon (*fr*) -F- Lyoñ

Madrid (*es*) -E- Madrid

Magdeburg (*de*) -D- Mágdëburg

Магілёў (*be;* de Mogilew) -BY- Maghiljou

Mainz (*de*) -D- Maintz

Макіївка / Макеевка (*uk / ru;* de Makijiwka / Makejewka) -UA- Makijivka / Makéjévka

Málaga (*es*) -E- Malaga

Malmö (*sv*) -S- Malmoe

Manchester (*en*) -GB- Maenchester

Mannheim (*de*) -D- Mannhaém

Maribor (*sl;* de Marburg) -SLO- Máribor

Маріуполь \ Мариуполь (*uk / ru;* de Mariupol) -UA- Mariupolj

Marseille (*fr*) -F- Marseilje

Messina (*it*) -I- Messina

Metz (*fr*) -F- Metz

Миколаїв / Николаев (*uk / ru;* de Mykolajiw / Nikolajew) -UA- Mykolajiv / Nikolajév

Milano (*it;* de Mailand) -I- Milano

Мінск (*be;* de Minsk) -BY- Minsk

Miskolc (*ma*) -H- Mishkolc'

Modena (*it*) -I- Modena

Mönchengladbach (*de*) -D- Moenhjëngladbakh

Monte Carlo (*fr*) -MC- Moñtë-Carló

Montpellier (*fr*) -F- Moñpeljé

Москва (*ru;* de Moskau) -RUS- Moskva

Mosta (*mt*) -MT- Mosta

Mostar / Мостар (*hr/sr*) -BIH- Mostar

Mulhouse (*fr*) -F- Mueloúse

München (*de*) -D- Muenhjen

Münster (*de*) -D- Muenster

Murcia (*es*) -E- Murçia

Namur (*fr*) -B- Namúer

Nantes (*fr*) -F- Nañte' (s-)

Napoli (*it;* de Neapel) -I- Nápoli

Narva / Нарва (*et / ru;* de Narwa) -EST- Narva

Newcastle upon Tyne (*en*) -GB- Njúcás'el-ëpon-Táyn

Nice (*fr;* de Nizza) -F- Niçe

Nijmegen (*nl;* de Nimwegen) -NL- Neiméghen

Νίκαια (*el;* de Nikäa) -GR- Nikaea

Никшић / Nikšić (*sr*) -CGO- Nikshicj

Nîmes (*fr*) -F- Nime' (s-)

Ниш / Niš (*sr;* de Nisch) -SR- Nish

Nitra (*sk;* de Neutra) -SK- Nítra

Нижний Новгород (*ru;* de Nishnyj Nowgorod) -RUS- Nizhnij Nóvgoród

Northampton (*en*) -GB- Northaempten

Norwich (*en*) -GB- Nǫrich

Nottingham (*en*) -GB- Nǫttinghaem

Нови Сад / Novi Sad / Újvidék (*sr / ma; de* Neusatz) -SR- Noví Sȧd / Újvidék

Новосибирск (*ru; de* Nowosibirsk) -RUS- Nóvosibịrsk

Nürnberg (*de*) -D- Nụernberg

Nyíregyháza (*ma; de* Birkenkirchen) -H- Njíredjháza

Oberhausen (*de*) -D- Ọbërhausen

Odense (*da; de* Ottensee) -DK- Ọ́dhënse

Одеса / Одесса (*uk / ru; de* Odessa) -UA- Odẹ́sȧ / Odẹ́ssa

Olomouc (*ce; de* Olmütz) -CZ- Ọlomouc̓

Olsztyn (*pl; de* Allenstein) -PL- Ọlshtyn

Омск (*ru; de* Omsk) -RUS- Ómsk

Oradea / Nagyvárad (*ro / ma; de* Großwardein) -RO- Orȧ́dea / Nạdjvárad

Örebro (*sv*) -S- Oerëbrọ́

Orléans (*fr*) -F- Orléaň' (s-)

Osijek (*hr; de* Essek) -HR- Ọsȉjek

Oslo (*no*) -N- Ọ́sló

Ostrava (*ce; de* Ostrau) -CZ- Ọstrava

Oulu (*su*) -FIN- Ọulu

Oviedo (*es*) -E- Ovịẹdo

Padova (*it*) -I- Pȧ́dova

Palermo (*it*) -I- Palẹrmo

Palma de Mallorca (*es*) -E- Pạlma-de-Maljọrca

Панчево/Pančevo / Pancsova (*sr / ma*) -SR- Pạnchevo / Pạnchova

Paris (*fr*) -F- Parị' (s-)

Parma (*it*) -I- Pạrma

Πάτρα (*el; de* Patra) -GR- Pạtra

Pécs / Fünfkirchen (*ma / de*) -H- Péch / Fụenfkirhjen

Πειραιάς (*el; de* Piräus) -GR- Piraeạs

Περιστέρι (*el; de* Peristeri) -GR- Peristẹri

Пермь (*ru; de* Perm) -RUS- Perm̓

Perpignan (*fr*) -F- Perpinjạ̌ñ

Perugia (*it*) -I- Perụgja

Pescara (*it*) -I- Pescạra

Piteşti (*ro*) -RO- Pitẹshtj

Плевен (*bg; de* Pleven) -BG- Plẹven

Ploieşti (*ro*) -RO- Plojẹshtj

Пловдив (*bg; de* Plovdiv) -BG- Plọvdiv

Plymouth (*en*) -GB- Plỵmëth

Plzeň (*ce; de* Pilsen) -CZ- Plzenj

Подгорица / Podgorica (*sr*) -CGO- Pọdgoricea

Полтава (*uk / ru; de* Poltawa) -UA- Poltạva

Pori (*su*) -FIN- Pọri

Port Láirge / Waterford (*ga / en*) -IRL- Port-Lạ́rige / Whạ́otërford

Porto (o ~) (*pt*) -P- Pọrtó (o-~)

Portsmouth (*en*) -GB- Pọrtsmëth

Poznań (*pl; de* Posen) -PL- Poznạnj

Praha (*ce; de* Prag) -CZ- Prạha

Prato (*it*) -I- Prạto

Prešov (*sk; de* Eperies) -SK- Pręshov

Preston (*en*) -GB- Pręsten

Prishtinë / Приштина/Priština (*sq / sr; de* Pristina) -KS- Prįshtina / Prįshtine

Queluz (*pt*) -P- Qelųz

Radom (*pl*) -PL- Rądom

Ravenna (*it*) -I- Ravęnna

Reading (*en*) -GB- Rįding

Reggio Calabria (*it*) -I- Reggjo Calábria

Reggio Emilia (*it*) -I- Reggjo Emília

Reims (*fr*) -F- Reñs

Rennes (*fr*) -F- Ręnne' (s-)

Reykjavík (*is*) -IS- Ręicjavík

Rîbniţa / Рыбница (*ro / ru*) -MD- Rybnitza / Rybnicea

Rīga (*lv; de* Riga) -LV- Rįga

Rijeka (*hr*) -HR- Rijęka

Rimini (*it*) -I- Rįmini

Рівне (*uk; de* Riwne) -UA- Rįvne

Roma (*it; de* Rom) -I- Rǫma

Rostock (*de*) -D- Rǫstock

Ростов-на-Дону (*ru; de* Rostow am Don) -RUS- Rostóv-na-Dónu

Rotterdam (*nl*) -NL- Rǫttërdam

Rouen (*fr*) -F- Roúęñ

Ruda Śląska (*pl; de* Ruda) -PL- Ruda Sjlạñska

Русе (*bg; de* Russe) -BG- Rụsè

Rybnik (*pl*) -PL- Rybnik

Rzeszów (*pl; de* Reichshof) -PL- Rjęshów

Saarbrücken (*de*) -D- Sárbrųecken

Sabadell (*ca*) -E- Sabëdhęlj

Saint-Denis (*fr; de* Mülhausen) -F- Saeñ-Dënį' (s-)

Saint-Étienne (*fr*) -F- Saeñt-Étięnne

Salerno (*it*) -I- Salęrno

Salzburg (*de*) -A- Sạltzburg

Самара (*ru; de* Samara) -RUS- Samạra

San Marino (*it*) -RSM- San Marįno

Санкт-Петербург (*ru; de* Sankt Petersburg) -RUS- Sankt-Pétérbųrg

Sarajevo / Сарајево (*hr/sr*) -BIH- Sạrajevo

Sassari (*it*) -I- Sạssari

Schaerbeek (*nl*) -B- Skhạrbék

Setúbal (*pt*) -P- Setụbal

Севастополь (*uk / ru; de* Sewastopol) -UA- Sevastǫpolj / Sévastópolj

Sevilla (*es*) -E- Sevįlja

Sheffield (*en*) -GB- Shęffield

Shkodër (*sq*) -AL- Shkǫder

Šiauliai (*lt; de* Schaulen) -LT- Sheuljęi

Sibiu / Nagyszeben / Herrmannstadt (*ro / ma / de*) -RO- Sibįu / Nạdjszeben / Hęrrmannshtadt

Сімферополь / Симферополь (*uk / ru; de* Simferopol) -UA- Simferopolj / Simférópolj

Siracusa (*it; de* Syrakus) -I- Siracụsa

София (*bg; de* Sofia) -BG- Sǫfija

Sosnowiec (*pl; de* Sosnowitz) -PL- Sosnǫwiec'

Southampton (*en*) -GB- Sauthạempten

Split (*hr*) -HR- Split

Стара Загора (*bg; de* Stara Sagora) -BG- Stara-Zagǫra

Stavanger/Sandnes (*no*) -N- Stạvanger/Sạndnes

Stockholm (*sv*) -S- Stǫckholm [k-h]

Stoke-on-Trent (*en*) -GB- Stók-on-Trẹnt

Strasbourg / Straßburg (*fr / de*) -F- Strasboúrgh / Shtrássburg

Stuttgart (*de*) -D- Shtụttgart

Суботица/Subotica / Szabadka (*sr / ma; de* Maria-Theresiopel) -SR- Sụboticea / Szạbadka

Суми / Сумы (*uk / ru; de* Sumy) -UA- Sụmy

Szczecin (*pl; de* Stettin) -PL- Shchẹcjin

Szeged (*ma*) -H- Szẹged

Székesfehérvár (*ma; de* Stuhlweißenburg) -H- Szẹkeshfehérvár

Szombathely (*ma; de* Steinamanger) -H- Szǫmbathelj

Tallinn (*et; de* Reval) -EST- Tạllinn

Tampere (*su*) -FIN- Tạmpere

Taranto (*it*) -I- Tạranto

Tarrassa (*ca*) -E- Tarrạssa

Tartu (*et; de* Dorpat) -EST- Tạrtu

Θεσσαλονίκη (*el; de* Thessaloniki) -GR- Thessaloniḳé

Tilburg (*nl*) -NL- Tịlbuergh

Timişoara / Temesvár (*ro / ma; de* Temeschwar/Temeschburg) -RO- Ti mishoạra / Tẹmeshvár

Tiranë (*sq; de* Tirana) -AL- Tirạne

Тирасполь / Тираспіль / Tiraspol/Тираспол (*ru / uk / ro; de* Tiraspol) -MD- Tirạspolj / Tyrạspilj / Tirạspol

Torino (*it; de* Turin) -I- Torịno

Toruń (*pl; de* Thorn) -PL- Tǫrunj

Toulon (*fr*) -F- Toúlǫñ

Toulouse (*fr*) -F- Toúloụsë

Tours (*fr*) -F- Toúr' (s-)

Trieste (*it; de* Triest) -I- Triẹste

Trondheim (*no*) -N- Trǫndheim

Turku / Åbo (*su / sv*) -FIN- Tụrku / Ạobó

Tuzla / Тузла (*hr/sr*) -BIH- Tụzla

Уфа (*ru; de* Ufa) -RUS- Ufạ

Uppsala (*sv*) -S- Ụeppsálá

Ústí nad Labem (*ce; de* Aussıg) -CZ- Ústí-nad-Lạbem

Utrecht (*nl*) -NL- Ụetrekht

Vaduz (*de*) -FL- Fadụtz

Valencia / València (*es / ca*) -E- Valẹnçia

Valetta (*mt*) -MT- Valẹtta

Valladolid (*es*) -E- Valjadolịd

Vantaa / Vanda (*su / sv*) -FIN- Vạntá / Vạnda

Варна (*bg; de* Warna) -BG- Vạrna

Västerås (*sv*) -S- Vaestёrạos

Venezia (*it; de* Venedig) -I- Venęcia

Verona (*it*) -I- Verǫna

Віцебск (*be; de* Witebsk) -BY- Vicębsk

Vigo (*es*) -E- Vig̣o

Villach (*de*) -A- Vịllakh

Villeurbanne (*fr*) -F- Viljoerbạnne

Vilnius (*lt; de* Wilna) -LT- Vịlnjus

Вінниця / Винница (*uk / ru; de* Winnyzja / Winniza) -UA- Vịnnycja / Vịnnicea

Vitoria-Gasteiz (*es*) -E- Vitǫria-Gastẹiz

Vlorë (*sq*) -AL- Vlǫre

Волгоград (*ru; de* Wolgograd) -RUS- Volgográd

Warszawa (*pl; de* Warschau) -PL- Warshạwa

Wien (*de*) -A- Wịen

Wiesbaden (*de*) -D- Wịsbáden

Winterthur (*de*) -CH- Wịntërthur

Wolverhampton (*en*) -GB- Wholvërhạempten

Wrocław (*pl; de* Breslau) -PL- Wrǫclhaw

Wuppertal (*de*) -D- Wụppẹrtal

Zaanstad (*nl*) -NL- Zạnstad

Zabrze (*pl*) -PL- Zạbrje

Zadar (*hr*) -HR- Zạdár

Zagreb (*hr; de* Agram) -HR- Zágreb

Запорижжя / Запорожье (*uk / ru; de* Saporishshja / Saporoshje) -UA- Zaporẏzzhja / Zaporǫzhje

Zaragoza (*es; de* Saragossa) -E- Çaragǫça

Zenica / Зеница (*hr/sr*) -BIH- Zęnica

Житомир (*uk; de* Shytomyr) -UA- Zhytǫmyr

Žilina (*sk; de* Sillein) -SK- Zhịlina

Зрењанин/Zrenjanin / Nagybecskerek (*sr / ma; de* Großbetschkerek) -SR- Zręnjanin / Nạdjbechkerek

Zürich (*de*) -CH- Tzụerihj

Gemeinsame Grammatik

0) Grundsätzliches

In Europa kommt es vor, das Vokale als lang oder als kurz festgelegt sind, außerdem kann ein unbetonter letzter Vokal des Wortes instabil sein.

Genau diese drei Phänomene können dazu führen, dass sich die Schreibweise des Wortstammes ändert, wenn ein Wort im Rahmen der unten stehenden grammatischen Regeln um eine oder mehrere Silben verlängert wird.

Beispiel 1: *de koffer*, Genitiv: *den kofre*:

das o ist als kurz festgelegt, deshalb muss die Grundform zwei f haben. Sonst würde die Regel zur Länge des vorletzten Vokals zu einer langen Aussprache des o führen. Bei der Verlängerung zum Genitiv ist das Doppel-f nicht mehr nötig. Es gibt auch keine europäische Haupttendenz zu einem Doppel-f (siehe Einzelsprachen unter ↑koffer). Außerdem ist das Auslaut-e in der Grundform (zwischen f und r) instabil und entfällt bei Verlängerung, daher ‚kofre'.

Beispiel 2: *de stat*, Genitiv: *den state*:

das betonte, lange a gerät bei Verlängerung des Wortes durch die Genitivendung in die vorletzte Position und ist damit ohne Ékezet lang.

Beispiel 3: *de flag*, Genitiv: *den flagge*

Das a ist als kurz festgelegt. Damit es auch mit Genitivendung kurz bleibt, muss das g verdoppelt werden.

Beispiel 4: *de kabel*, Genitiv: *den káble*:

Das a muss lang sein. In der Grundform ‚kabel' kommt die Regel zur Länge des vorletzten Vokals zum Tragen, daher ist kein Ékezet nötig. Bei Verlängerung gilt die Regel nicht mehr, deshalb muss das a durch das Ékezet als lang markiert werden. Außerdem entfällt das e der Grundform, es ist also instabil, daher ‚káble'.

Beispiel 5: *de artícul*, Genitiv: *den artícle*:

Wie das e bei ‚koffer' und ‚kábel' ist hier das u instabil. Das i ist jedoch nicht auf Länge oder Kürze festgelegt, so dass es einfach im Rahmen der Regeln ausgesprochen wird, also in der Grundform lang, bei Verlängerung kurz.

1) Satzbau

Europäische Sätze werden nach dem Schema Subjekt-Prädikat-Objekt gebildet:

Subjekt			Prädikat			Objekt		
Artikel	Adjektiv	Nomen	Modalverb	Pronomen, Verb	Adverb	Artikel	Adjektiv	Nomen
	De jún man		mozhe vidén dobro			de stár cité.		

(Zu Deutsch: der junge Mann kann die alte Stadt gut sehen.)

2) das NOMEN

2a) Die grammatischen Geschlechter

Grundsätzlich gibt es in den Sprachen Europas drei grammatische Geschlechter: männlich (Maskulinum), weiblich (Femininum) und sächlich (Neutrum). Es gibt auch Sprachen, die kein grammatisches Geschlecht kennen: die finno-ugrischen Sprachen sowie Türkisch, Maltesisch und Baskisch. Sie sind in dieser Sprachaufzeichnung in Adjektiven und Artikeln repräsentiert: diese haben keinerlei Differenzierung nach Geschlecht.

Die meisten europäischen Sprachen haben in unterschiedlichen Kombinationen und mit unterschiedlichen Kennzeichnungsformen zwei bis drei grammatische Geschlechter.

Innerhalb jeder einzelnen Sprache ist das Geschlecht für jedes Hauptwort (Nomen) strikt festgelegt und wird immer eingehalten; es zu verwechseln (z. B. auf Deutsch „der Wasser", „die Garten" oder „das Luft" zu sagen) wird als gravierendes Manko der Sprachkompetenz empfunden. Zwischen den Sprachen kann das Geschlecht desselben europäischen Wortes jedoch variieren, schon alleine, weil z. B. die romanischen Sprachen heute kein Neutrum mehr kennen, die nordgermanischen Sprachen und Niederländisch dagegen nicht zwischen männlich und weiblich unterscheiden, dafür aber zwischen männlich-weiblich und sächlich. Die slawischen Sprachen sowie Englisch,

440

Deutsch und Griechisch haben dagegen alle drei Geschlechter, wobei zu deren Zuordnung in den slawischen und auch den baltischen Sprachen die Wortendung dient, im Deutschen der Artikel und im Griechischen beides, Wortendung und Artikel. Im Englischen zeigen weder Wortendung noch Artikel das Geschlecht an, sondern ausschließlich die Pronomina „he/she/it", weshalb sich dort die Zuordnung verändert hat: alle Gegenstände sind „it", also sächlich, Lebewesen gemäß ihrem biologischen Geschlecht zugeordnet.

Die europäische Sprachaufzeichnung mit dem EuroLSJ-Verfahren stand nun vor der Herausforderung, die bis hierher beschriebene Realität in einem einheitlichen System zu repräsentieren. Es ergibt sich zwangsläufig, dass zwischen der einzelnen Nationalsprache und Europäisch das gleiche gilt wie zwischen den Nationalsprachen: das Geschlecht kann variieren. Weder in die eine noch in die andere Richtung sind verbindliche Rückschlüsse möglich. Der Artikel ist unveränderlich, wie auch das Adjektiv, die Zuordnung muss daher über die Wortendung erfolgen.

Die Endungen des Hauptworts (Nomens) und ihre Zuordnung

Zunächst haben sich bei der Durchsicht der Sprachen Europas bestimmte Endungen als in der Haupttendenz **weiblich** erwiesen. Es sind dies:

> **-a** (außer -ma), **-é, -héd, -ing, -(n)ost, -sis, -(t)ión, -túd** und
> **-x,** wenn der Genitiv -ce lautet

Ferner hat sich herauskristallisiert, dass alle Hauptwörter **mit nicht zugeordneten Endungen männlich** sind.

Dem Neutrum, also als **sächlich** zugeordnet sind die Endungen:

> **-e** (außer -me), **-en, -i, -ma, -ment, -o, -on, -u** und **-um.**

Unabhängig von diesen Zuordnungen sind Bezeichnungen **weiblicher Personen immer weiblich** und Bezeichnungen **männlicher Personen immer männlich**. Es ergeben sich also auch bei Wörtern wie *Astrid, Kolja, shwaétzerin* oder *italiano* weder Ausnahmen noch Widersprüche.

2b) Artikel

Der bestimmte Artikel ist für alle Geschlechter, im Singular wie im Plural: **de**, und für den Genitiv: **den** [dən]. Der unbestimmte Artikel ist **en**, im Genitiv entsprechend **nen**. Weitere Arten von Artikeln finden Sie im Abschnitt

Pronomina und Artikel ab Seite 371.

2c) Fälle (Deklination)

Die Fälle (*lat* casūs) markieren Arten des Verhältnisses zwischen zwei Nomen. Eines davon erscheint dabei in der Grundform, dem Nominativ, und steht in den meisten europäischen Sprachen am Anfang des Satzes, noch vor dem Verb. Dieses Nomen wird, zusammen mit einem eventuellen Adjektiv (Eigenschaftswort) und/oder einem Artikel als *Subjekt* bezeichnet. Nach dem Verb folgt das zweite Nomen mitsamt möglichem Adjektiv und Artikel, das *Objekt*. Der Fall, in dem das Objekt steht, regelt dann, in welchem Verhältnis das Subjekt zu ihm steht. Die Zahl offiziell ausgewiesener Fälle variiert zwischen den Sprachen Europas erheblich, aber im Wesentlichen gibt es drei Arten von Subjekt-Objekt-Verhältnis: besitzend, gebend und behandelnd. Stellt man noch den Nominativ als ersten Fall voran, so ergeben sich vier Fälle:

- Nominativ

- Genitiv

- Dativ

- Akkusativ

Gebildet werden die Fälle in Europa auf zwei verschiedene Arten: mit der Endung oder mit der Konstellation. Bei der Fallbildung über die Endung wird dem Objekt eine Endung hinzugefügt (Agglutination) oder die Endung der Grundform verändert (Flexion). Bei der Fallbildung über die Konstellation ist die Position im Satz entscheidend oder eine vorangestellte Präposition.

Am häufigsten über die Endung gebildet wird in Europa der Genitiv. Der Akkusativ wird in der Haupttendenz durch die Position nach dem Verb angezeigt, bleibt aber von der Gestalt her in der Grundform. Der Dativ entspricht in den meisten Einzelsprachen der Formulierung „an (jemanden/etwas)" bzw. „zu (jemandem/etwas)", die hier mit **a**, bzw. vor Vokalen mit **ad** gebildet wird. Durch Flexion oder eigene, unregelmäßige Formen gebildet werden Dativ und Akkusativ in der gesamteuropäischen Haupttendenz nur bei Pronomina (siehe dort, ab Seite 371).

Achtung: Wo in Europa Fälle über die Konstellation gebildet werden, existiert teilweise bei den Sprechern kein Bewusstsein dafür, dass es sich um Fälle handelt, obwohl sie sie täglich verwenden. Auf jeden Fall sind Sie am besten informiert, wenn Sie wissen: es gibt diese vier Fälle in ganz Europa.

Dativ und Akkusativ werden also per Konstellation gebildet, somit müssen wir uns die Endung des Genitivs (Gen), sowie die der Mehrzahl von Nominativ (Nom) und Genitiv in Bezug auf die verschiedenen Wortendungen noch ansehen. Auf Beispiele wird hier verzichtet, da im Wörterverzeichnis bei den meisten Nomen der Genitiv angegeben ist.

	männlich (*m*)		weiblich (*f*) ...				
Nom sg	-me	(andere)	-a	-cea	-é	-héd	-ing
Nom pl	-mes	-es	-as	-ceas	-és	-hédes	-inges
Gen sg	-me	-e	-e	-ce	-ée	-héde	-inge
Gen pl	-men	-en	-en	-cen	-éen	-héden	-ingen

	... weiblich (*f*)					
Nom sg	-(n)ost	-sis	-t̨é	-(t)ión	-t̨úd	-x
Nom pl	-(n)ostes	-ses	-t̨étes	-(t)io̧nes	-t̨udes	-ces
Gen sg	-(n)oste	-se	-t̨éte	-(t)io̧ne	-t̨ude	-ce
Gen pl	-(n)osten	-sen	-t̨éten	-(t)io̧nen	-t̨uden	-cen

	sächlich (*n*)						
Nom sg	-e	-en	-i	-ma	-męnt	-o(n), -um	-u
Nom pl	-es	-nes	-jes	-mates	-męntes	-es	-ves
Gen sg	-e	-ne	-je	-mate	-męnte	-e	-ve
Gen pl	-en	-nen	-jen	-maten	-męnten	-en	-ven

2d) Pronomina

Siehe *Pronomina und Artikel* auf Seite 371.

3) Das ADJEKTIV

In den meisten Sprachen Europas wird das Adjektiv flektiert, d. h. je nach Geschlecht (Genus), Zahl (Numerus) und Fall (Casus) hat es veränderliche Endungen. Diese Gegebenheit lässt sich eigentlich als formaler Europäismus feststellen. Die europäische Sprachaufzeichnung in diesem Wörterbuch will jedoch nicht nur feststellen, dass in Europa etwas üblich ist, sondern auch zeigen, wie es aussieht. Dies ist für die Adjektivflexion nicht möglich: es gibt kein Schema, auf das hin sich die in Europa vorkommenden Gepflogenheiten zur Handhabung des Adjektivs konkretisieren lassen. Selbst die noch relativ deutliche Tendenz, das weibliche Adjektiv in der Einzahl auf -a enden zu lassen, gilt nur bedingt und teilweise und würde in der Anwendung sehr viele Artefakte hervorbringen, also Kunstgebilde, die in der Wirklichkeit nicht vorkommen.

Daher wurde für diese Aufzeichnung der kleinere formale Europäismus bevorzugt: die mindestens in den Sprachen Englisch, Türkisch, Ungarisch, Finnisch und Estnisch vorkommende Gepflogenheit, das Adjektiv nicht anzupassen.

Das Adjektiv steht in ca. zwei Dritteln der europäischen Einzelsprachen vor dem Nomen. Anders ist es jedoch, wenn das Adjektiv durch eine adverbiale Bestimmung erweitert wird:

de ịdend zhẹna – die gehende Frau

de zhẹna ịdend oever de strạt – die über die Straße gehende Frau.

de obligatọr documẹntes – die obligatorischen Dokumente

de documẹntes obligatọr por de passạjh –
die für die Durchfahrt obligatorischen Dokumente

de blạu jhakẹt – die blaue Jacke

de jhakẹt blạu quam de mạr –
die Jacke, blau wie das Meer / die Jacke, die so blau ist wie das Meer

3a) Komparativ und Superlativ (Steigerung)

Unter den in Europa gebräuchlichen Regelungen zur Bildung des Komparativs dominieren Endsilben, die ein e enthalten und die ein r enthalten, und auch deren direkte Kombination -er gibt es, nämlich in den germanischen Sprachen. Der Superlativ wird dort mit -st gebildet, also:

Positiv (Normalform)	**gróss** groß, dick	**jún** jung	**lucratív** lukrativ	**bẙster** schnell
Komparativ	**grǫ́sser** größer	**juner** jünger	**lucrativer** lukrativer	**bẙstrer** schneller
Superlativ	de **grǫ́ssest** größt-	de **junest** jüngst-	de **lucrativest** lukrativst-	de **bẙstrest** schnellst-

4) Das ADVERB

Bei der Bildung des Adverbs ist die in Europa am relativ häufigsten vorkommende Form zugleich die kompatibelste: das Adjektiv wird regulär um die Endung **-no** erweitert, bzw. wenn dadruch mehr als zwei Konsonanten verkettet würden, nur **-o**:

actua*l* → actua**lno**

stri*ct* → stri̩c**to**

Sollten die Herkunftssprachen eine Abweichung von dieser Regel verlangen, so ist dies im Wörterverzeichnis ausgewiesen. Dies kann besonders dann passieren, wenn die Verbreitungsbasis eines Adjektivs die slawischen Sprachen sind: sie bilden das Adverb mit -o, aber ohne das Gebot, die Verkettung von mehr als zwei Konsonanten zu vermeiden.

5) Das VERB

Das europäische Verb wird durch drei Personen konjugiert, jeweils im Singular und Plural. Es gibt Unregelmäßigkeiten, besonders bei der Bildung des Imperfekts und des Perfekts. Ferner ist die Konjugation von **haven** (haben) und **bín** (sein) unregelmäßig. Ein Sonderfall sind die slawischen **-ován**-Verben: Der Infinitiv und die Vergangenheitsformen halten sich an die a-Konjugation, im Präsens schaltet -ová- jedoch zu -uje-um und folgt der erweiterten konsonantischen Konjugation. Ein Beispiel ist **radován** ((er)freuen). Deshalb haben diese Verben eigene Spalten in den folgenden Tabellen.

5a) Konjugationsklassen

Das europäische Verb lässt sich auf fünf Konjugationsklassen verteilen:

Klasse:	typische Endung des Infivitivs:
a-Konjugation	**-án**
e-Konjugation	**-én**
i-Konjugation	**-ín**
reduzierte konsonantische Konjugation (c-)	**-en**
erweiterte konsonantische Konjugation (c+)	**-en**

5b) das Präsens

Die Konjugation des Verbs im Präsens folgt in Europa den Endungen ↑-o/-e, ↑-s, ↑-m(1), ↑-t, ↑-n. In der 3. Person Singular wird in der Haupttendenz nur der Verbstamm verwendet:

		a	e	i	c-	c+		haven	bín	a/c+
		tractán behandeln	**volén** wollen	**ljubín** lieben	**danken** danken	**créden** glauben		**haven** haben	**bín** sein	**radován** (er)freuen
1.sg	jeg ich	**tracto** behandele	**voléo** will	**ljubio** liebe	**danke** danke	**crédo** glaube		**ho** habe	**sam** bin	**rádujo** (er)freue
2.sg	tu du	**tractas** behandelst	**voles** willst	**ljubis** liebst	**danks** dankst	**crédes** glaubst		**has** hast	**sis** bist	**rádujes** (er)freust
3.sg	①	**tracta** behandelt	**vole** will	**ljube** liebt	**dank** dankt	**créde** glaubt		**ha** hat	**es** ist	**ráduje** (er)freut
1.pl	mi wir	**tractám** behandeln	**volém** wollen	**ljubím** lieben	**dankem** danken	**crédem** glauben		**havem** haben	**som** sind	**rádujem** (er)freuen
2.pl	vi ihr	**tractát** behandelt	**volét** wollt	**ljubít** liebt	**dankt** dankt	**crédet** glaubt		**hávt** habt	**sít** seid	**rádujet** (er)freut
3.pl	②	**tractan** behandeln	**volen** wollen	**ljuben** lieben	**danken** danken	**créden** glauben		**haven** haben	**son** sind	**rádujen** (er)freuen

① on, ona, ed er, sie, es ② ones, onas sie

5c) der Imperfekt

Im Imperfekt wird das Verb mit dem Suffix ↑-d-/-t- gebildet, gefolgt von der Pesonal-
endung, wobei -d- verendet wird, wenn der Wortstamm auf einen Vokal endet und -t-,
wenn er auf einen Konsonanten endet.

		a	**e**	**i**	**c-**	**c+**
		tractán behandeln	volén wollen	ljubín lieben	danken danken	créden glauben
1.sg	jeg ich	tractade behandelte	voléde wollte	ljubide liebte	dankte dankte	crédte glaubte
2.sg	tu du	tractades behandeltest	volédes wolltest	ljubides liebtest	danktes danktest	crédtes glaubtest
3.sg	①	tractád behandelte	voléd wollte	ljubíd liebte	dankt dankte	crédt glaubte
1.pl	mi wir	tractadem behandelten	volédem wollten	ljubidem liebten	danktem danken	crédtem glaubten
2.pl	vi ihr	tractadet behandeltet	volédet wolltet	ljubidet liebtet	danktet danktet	crédtet glaubtet
3.pl	② sie	tractaden behandelten	voléden wollten	ljubiden liebten	dankten dankten	crédten glaubten

① on, ona, ed er, sie, es ② ones, onas sie

448

		haven haben	**bín** sein	**a/c+** radován (er)freuen
1.sg	jeg ich	havte hatte	were war	radovade (er)freute
2.sg	tu du	havtes hattest	wers warst	radovades (er)freutest
3.sg	① 	havt hatte	wer war	radovád (er)freute
1.pl	mi wir	havtem hatten	werem waren	radovadem (er)freuten
2.pl	vi ihr	havtet hattet	wert wart	radovadet (er)freutet
3.pl	② sie	havten hatten	weren sind	radovaden (er)freuten

① on, ona, ed er, sie, es ② ones, onas sie

Wenn die Herkunftssprachen von Verben für das Imperfekt Ausnahmen verlangen, werden diese im Wörterverzeichnis genannt, z. B. ↑finden: pret: **fand-**. Die -ován-Verben folgen im Imperfekt der a-Konjugation, z. B.: radov**ád**/radov**ad-**.

449

5d) Partizipien

Partizipien sind Verbaladjektive, d. h. aus dem Verb gebildete Adjektive, die die Tätigkeit als Zustand beschreiben, entweder die laufende Tätigkeit als Partizip Präsens-Aktiv (ppa) mit dem Suffix ↑-nd oder die vollendete Tätigkeit als Partizip Perfekt-Passiv (ppp) mit der Endung ↑-d/-t. Angewendet auf die verschiedenen Konjugantionsklassen ergeben sich daraus folgende Formen:

	a	e	i	c-	c+		haven	bín	a/c+
	tractán	volén	ljubín	danken	créden		haven	bín	radován
	behandeln	wollen	lieben	danken	glauben		haben	sein	(er)freuen
ppa	tractánd	volénd	ljubínd	dankend	crédend		havend	bínd	radujend
	behandelnd	wollend	liebend	dankend	glaubend		habend	seiend	(er)freuend
ppp	tractád	voléd	ljubíd	dankt	crédt		havt	wén	radovád
	behandelt	gewollt	geliebt	gedankt	geglaubt		gehabt	gewesen	gefreut/erfreut

Wenn die Herkunftssprachen von Verben für die Partizipien Ausnahmen verlangen, werden diese im Wörterverzeichnis genannt, z. B. ↑finden: ppp: **fund**. Bei den -ován-Verben wird das ppa mit **-ujend** gebildet, das ppp mit **-ovád**.

5e) das Perfekt

Das Perfekt wird in Europa in der Haupttendenz mit ,haben' oder ,sein' gebildet. Einige Sprachen wie z. B. Kroatisch bilden die Vergangenheit immer mit ,sein', andere wie z. B. Spanisch immer mit ,haben'. Aber ein romanisch-germanischer Primäreuropäismus und außerdem logisch ist es, die vollendete eigene Zustandsveränderung mit ,sein' auszudrücken und die vollendete Behandlung von etwas oder jemand anderem mit ,haben'. Als Standardfall der eigenen Zustandsveränderung gilt die Bewegung jeglicher Art von einem Punkt zum anderen. Fazit:

Für alle Verben der Bewegung von einem Punkt zum anderen wird das Perfekt mit der konjugierten Präsensform von ,**bín**' und dem Partizip Perfekt-Passiv gebildet, für alle anderen verben mit der konjugierten Präsensform von ,**haven**' und dem Partizip Perfekt-Passiv. Die Präsens-Konjugation von bín und haven befindet sich unter 5b) in den beiden rechten Spalten der Tabelle.

5f) das Futur

Das Futur (die Zukunftsform) wird gebildet aus der konjugierten Form des Modalverbs **buden** + dem Infinitiv des Vollverbs. ‚Buden' folgt der erweiterten konsonantischen Konjugation:

		c+ buden werden	tractán behandeln	volén wollen	ljubín lieben	danken danken	créden glauben	haven haben	bín sein	radován (er)freuen
1.sg	jeg ich	budo werde	"	"	"	"	"	"	"	"
2.sg	tu du	budes wirst	"	"	"	"	"	"	"	"
3.sg	① 	bude wird	"	"	"	"	"	"	"	"
1. pl	mi wir	budem werden	"	"	"	"	"	"	"	"
2. pl	vi ihr	budet werdet	"	"	"	"	"	"	"	"
3. pl	② sie	buden werden	"	"	"	"	"	"	"	"

① on, ona, ed er, sie, es ② ones, onas sie

5g) der Konjunktiv (Bedingungsform)

Morphologisch ist die Bedingungsform (in der deutschen Grammatik Konjunktiv II) in den meisten Sprachen Europas eine Ableitung aus der Vergangenheitsform. Am relativ häufigsten ist dabei außerdem die Partikel *bi* beteiligt, die in den dortigen (vor allem slawischen und keltischen) Sprachen zugleich den Wortstamm des Verbs für ‚sein' darstellt – sowie auch hier.

Es gibt zwei Zeiten: Präsens (ich würde …) und Perfekt (ich hätte ge…)

Konjunktiv Präsens

der Konjunktiv Präsens wird mit dem Imperfekt bei vorangestelltem *bi* gebildet:

			a tractán behandeln	**e** volén wollen	**i** ljubín lieben	**c-** dạnken danken	**c+** créden glauben
1.sg	jeg ich	**bi** würde…	tractạde …behandeln	voléde …wollen	ljubịde …lieben	dạnkte …danken	crédte …glauben
2.sg	tu du	**bi** würdest…	tractạdes …behandeln	volédes …wollen	ljubịdes …lieben	dạnktes …danken	crédtes …glauben
3.sg	① 	**bi** würde…	tractád …behandeln	voléd …wollen	ljubíd …lieben	dạnkt …danken	crédt …glauben
1.pl	mi wir	**bi** würden…	tractạdem …behandeln	volédem …wollen	ljubịdem …lieben	dạnktem …danken	crédtem …glauben
2.pl	vi ihr	**bi** würdet…	tractạdet …behandeln	volédet …wollen	ljubịdet …lieben	dạnktet …danken	crédtet …glauben
3.pl	② sie	**bi** würden…	tractạden …behandeln	voléden …wollen	ljubịden …lieben	dạnkten …danken	crédten …glauben

① on, ona, ed er, sie, es ② ones, onas sie

452

			a/c+		
		h**a**ven haben	b**í**n sein		radov**á**n (er)freuen
1.sg	jeg ich	**bi** würde…	h**a**vte …haben / hätte	w**e**re …sein / wäre	radov**a**de …(er)freuen
2.sg	tu du	**bi** würdest…	h**a**vtes …haben / hättest	wers …sein / wärest	radov**a**des …(er)freuen
3.sg	①	**bi** würde…	h**a**vt …haben / hätte	wer …sein / wäre	radov**á**d …(er)freuen
1.pl	mi wir	**bi** würden…	h**a**vtem …haben / hätten	w**e**rem …sein / wären	radov**a**dem …(er)freuen
2.pl	vi ihr	**bi** würdet…	h**a**vtet …haben / hättet	wert …sein / wäret	radov**a**det …(er)freuen
3.pl	②	**bi** würden…	h**a**vten …haben / hätten	w**e**ren …sein / wären	radov**a**den …(er)freuen

① on, ona, ed er, sie, es ② ones, onas sie

Konjunktiv Perfekt

Um den Konjunktiv Perfekt zu bilden, wird der Konjunktiv Präsens von ‚**haven**' bzw. ‚**bín**' (siehe oben) verwendet und mit dem Partizip Perfekt-Passiv (ppp) ergänzt (siehe 5d).

5h) der Imperativ

„Ich will, dass du gehst." – das Wort für ‚gehst' steht in dieser Konstellation in den meisten Teilen Europas in einem anderen als dem normalen Modus (den man *Indikativ* nennt). Nachdem sich keine Haupttendenz über die konkrete Schreibweise dieses Modus abzeichnet, ist die zu allen europäischen Verben kompatibelste Form aus dem regelmäßigen Imperativ des Ungarischen abgeleitet, der indirekt auch von der Befehlsform aller slawischen Sprachen unterstützt wird und auch in den westeuropäischen Sprachen hier und da einen Wiederhall auslöst: die Erweiterung des Verbstamms mit -j- zuzüglich der Personalendung gemäß der reduzierten konsonantischen Konjugation, mit Ausnahme der 3. Person Singular, wo der Imperativ nicht auf -j, sondern auf -je endet.

Mit dem durch alle Personen konjugierten Imperativ werden in Europa im weitesten Sinne Dinge geäußert, die *sein sollen*. Beispiele:

Jeg voléo, **que tractajes** de kat dobro.

Ich will, dass du die Katze gut behandelst.

Desweiteren heißen:

que **tractajes**:   *dass* du behandeln mögest

por que **tractajes**:   *damit* du behandelst

Jeg denke **que tractajem**.   Ich denke, dass wir behandeln *sollten*.

Gesamtübersicht über die Konjugation im Imperativ:

		a	**e**	**i**	**c-**	**c+**
		tract**á**n _{behandeln}	vol**é**n _{wollen}	ljub**í**n _{lieben}	d**a**nken _{danken}	cr**é**den _{glauben}
1.sg	jeg _{ich}	tract**a**je _{±möge behandeln}	vol**é**je _{±möge wollen}	ljub**i**je _{±möge lieben}	d**a**nkje _{±möge danken}	cr**é**dje _{±möge glauben}
2.sg	tu _{du}	tract**a**jes _{±mögest behandeln}	vol**é**jes _{±mögest wollen}	ljub**i**jes _{±mögest lieben}	d**a**nkjes _{±mögest danken}	cr**é**djes _{±mögest glauben}
3.sg	①	tract**á**je _{±möge behandeln}	vol**é**je _{±möge wollen}	ljub**i**je _{±möge lieben}	d**a**nkje _{±möge danken}	cr**é**dje _{±möge glauben}
1.pl	mi _{wir}	tract**a**jem _{±mögen behandeln}	vol**é**jem _{±mögen wollen}	ljub**i**jem _{±mögen lieben}	d**a**nkjem _{±mögen danken}	cr**é**djem _{±mögen glauben}
2.pl	vi _{ihr}	tract**a**jet _{±möget behandeln}	vol**é**jet _{±möget wollen}	ljub**i**jet _{±möget lieben}	d**a**nkjet _{±möget danken}	cr**é**djet _{±möget glauben}
3.pl	② _{sie}	tract**a**jen _{±mögen behandeln}	vol**é**jen _{±mögen wollen}	ljub**i**jen _{±mögesn lieben}	d**a**nkjen _{±mögen danken}	cr**é**djen _{±mögen glauben}

① on, ona, ed _{er, sie, es} ② ones, onas _{sie}

		a/c+
	ha̯ven haben	**bín** sein	**radová̯n** (er)freuen

		ha̯ven haben	**bín** sein		**radová̯n** (er)freuen
1.sg	jeg ich	**ha̯vje** ±möge haben	**bi̯je** ±möge sein		**radova̯je** ±möge (er)freuen
2.sg	tu du	**ha̯vjes** ±mögest haben	**bi̯jes** ±mögest sein		**radova̯jes** ±mögest (er)freuen
3.sg	①	**ha̯vje** ±möge haben	**bi̯je** ±möge sein		**radova̯je** ±möge (er)freuen
1.pl	mi wir	**ha̯vjem** ±mögen haben	**bi̯jem** ±mögen sein		**radova̯jem** ±mögen (er)freuen
2.pl	vi ihr	**ha̯vjet** ±möget haben	**bi̯jet** ±möget sein		**radova̯jet** ±möget (er)freuen
3.pl	② sie	**ha̯vjen** ±mögen haben	**bi̯jen** ±mögen sein		**radova̯jen** ±mögen (er)freuen

① on, ona, ed er, sie, es ② ones, onas sie

Die -ován-Verben werden gemäß der a-Konjugation wie ‚tractán' in den Imperativ versetzt, also am Beispiel ‚radován': jeg rad**ova̯je** usw. – anders als bei der Befehlform:

Spezialfall des Imperativs: die direkte Befehlsform:

	a	e	i	c-	c+		a/c+		
	tractá̯n behandeln	volé̯n wollen	ljubí̯n lieben	da̯nken danken	cré̯den glauben	**ha̯ven** haben	**bín** sein		**radová̯n** (er)freuen
sg	tra̯cta! behandele!	vo̯le! wolle!	lju̯bi! liebe!	da̯nk! danke!	cré̯de! glaube!	**ha̯!** habe!	**sí!** sei!		**ra̯du̯j!** (er)freue!
pl	tractá̯t! behandelt!	volé̯t! wollt!	ljubí̯t! liebt!	da̯nkt! dankt!	cré̯det! glaubt!	hávt! habt!	**sít!** seid!		**rá̯dujet!** (er)freut!

455

5i) Reflexiv und Passiv

Passivsätze wie auch das unpersönliche Aktiv (auf Deutsch ‚man') werden in der europäischen Haupttendenz mit dem Reflexivpronomen ‚sé' (sich) gebildet.

Beispiel:	**stoján**	stehen bleiben
	Sé stoja.	Man bleibt stehen – aber auch:
		Es wird stehen geblieben.

Nun gibt es reflexive Verben, z. B. zu **radován** (erfreuen): **radován sé** (sich freuen).

Um dieses Verb in seiner reflexiven Bedeutung ‚sich freuen' durchzukonjugieren, sind in Europa zwei Formulierungen üblich, die beide allgemein praktikabel sind: mit vorangestelltem, veränderlichem Reflexivpronomen, oder mit nachgestelltem, unveränderlichem ‚**sé**':

	radován sé		heißt beides:
1.sg	Jeg **mé** radujo. /	Jeg radujo **sé**.	Ich freue mich.
2.sg	Tu **té** radujes. /	Tu radujes **sé**.	Du freust dich.
3.sg	On/Ona/Ed **sé** raduje. /	On/Ona/Ed raduje **sé**.	Er/sie/es freut sich.
1. pl	Mi **nás** radujem. /	Mi radujem **sé**.	Wir freuen uns.
2. pl	Vi **vás** radujet. /	Vi radujet **sé**.	Ihr freut euch.
3. pl	Ones/Onas **sé** radujen. /	Ones/Onas radujen **sé**.	Sie freuen sich.

Die unpersönliche Form und somit auch das Passiv lautet:

3.sg	**Sé sé** raduje. /	**Sé** raduje **sé**.	Man freut sich. / Es wird sich gefreut. (beides gilt für beide Formulierungen)

Wenn man **radován** jetzt nicht mehr reflexiv gebraucht, sondern transitiv (also auf ein Objekt bezogen) und das Objekt nicht wie in der ersten Formulierung durch ein Pronomen ersetzt sondern benennt, dann gehört das Objekt, wie unter 1) und 2c) beschrieben, hinter das Verb, somit gilt die zweite der beiden Formulierungen. Z. B.:

3.sg	**Sé** raduje **de public**.	Man erfreut das Publikum. / Das Publikum wird erfreut.

Zu einem längeren Satz erweitert:

Sé raduje de public tré de qualité den programme.	Das Publikum wird durch die Qualität des Programms erfreut. / Man erfreut das Publikum durch die Qualität des Programms.

Anhänge

Lauttabelle

LSJscript	a	ae	ao	b	bh	ci	co	c'	c	ch	cj	d	dh	dj	e	o	·e	·e:	f	g	gh	gj	h	hj	-	.	j	jh	k	kh	-	lh
Schott.-Gäl.	a	e		b	bh		c					d			e				f	g			h						c			
Walisisch	a	(e)	'	b			c					d	dd		e	(y)	e	y	ff	g			j	h	'	'	(i)		c	ch		j
Bretonisch	a	e		b	>		c					d			e				f	g			h						k			
Irisch	a	e	·a	b	bh		c		'	'		d		de·ä	e	an	·e	an	f	g	gh	'	h	ich			ia	'	c	ch		
Malti	a	e		b	>	z		z	s	c		d	'	'	e	'	'	'		g	(gh)	g	'	'		—						—
Baskisch	a	e		b	>	k		s				d			e				f	g			h						k			
Albanisch	a	e		b	>	c	k		s	ç	'	d	dh	gj	e	ë		ë	f	g	'	xh	h	'	'	—	j	zh	k	kh		=
Türkisch	a	e	'	b	>	'	k		s	ç	'	d	'	dy	e	—	'	—	f	g	(ğ)	c	h	'	'	—	y	j	k	(k)		'
Lettisch	a	e		b	>	c	k		s	č	ķ	d	'	g	e	'	(ē)	'	f	g	'	dž	h	'	—	—	j	ž	k	h		'
Litauisch	a	e	'	b	>	c	k		s	č	'	d	'	dj	e	'	·e	'	f	h	h	dž	h	'	'	—	j	ž	k	(h)		(l)
Griechisch	o	ō	'	μπ	ß	'	'	'	'	d	'	'	vt	δ	'	ε	'	'	φ	γκ	γ	'	'	'	χ	—	γι	'	κ	χ	<	'
Finnisch	a	·a		b	>				s			d	'		e				f	g			h		—		'		k			
Ungarisch	'	e		b	>	c	k	c	sz	cs	(ty)	d	'		e		·e		f	g		dzs	h	—		'	j	zs	k	—		'
Estnisch	a	·a		b	>				s			d	'		e				f	g			h	—	—		'		k			
Serbisch	a	e	6	в	j	k	j	c	j	ћ	д	'	6	e				'	ф	л		џ		—		s	j	ж	к	x	c	л
Slowakisch	ä	·a		b	>	c	k	c	s	č	ľ	d	'	ď'	e				f	g		dž	h	—		—	j	ž	k	ch		'
Slowenisch	a	e		b	>	c	k	c	s	č	č	d	'	dj	e				f	g		dž	h	—		—	j	ž	k	h		'
Russisch	a	э	6	в	j	k	j	c	j	ч	д	'	дь	э	(e)			'	ф	л		дж		—		s	и	ж	к	x	c	л
Polnisch	a	e		b	w	c	k	c	cz	ć	'	d	'	'	e				f	g		dż	h	—		—	j	ż	k	ch		ł
Makedonisch	a	e	6	в	j	k	j	c	j	ќ	'	д	'	ľ	e				ф	л		џ		—		s	j	ж	к	x	c	л
Kroatisch	a	e		b	>	c	k	c	s	č	č	d	'	đ	e	·e		·e	f	g		dž		—		—	j	ž	k	h		'
Tschechisch	a	e		b	>	c	k	c	s	č	ľ	d	'	ď'	e				f	g		dž	h	—		—	j	ž	k	ch		'
Bulgarisch	a	э	6	в	j	k	j	c	j		д	'		e	ь	'	ь	θ	л			дж		—		s	и	ж	к	x	c	л
Schwedisch	a	ä (ä)	b	>	c	c	c	s				e	ç	·e	·e	g			h	hj	—	j		k			
Norwegisch	a	æ (å)	b	>	c	c	c	s				e	ç	·e	·e	g			h	hj	—	j		k			
Niederländ.			b	>	(c)	c	c	g			d	'		e	ç	e	·e	f	(g)	'	h		—	j	'	k	g	(l)
Isländisch	a		b	>						d	ð		e				f			h		—	j		k			
Färöisch	a	æ		b	>								e							h					k			
Englisch	'	a	aw	b	>	(c)	c	c	ch	'	d	the	e	an	an	f	gu		j	h	'	y-	Asia	k	'		all
Deutsch	a	·a	b	w	c	c	c	ss	tsch	'	d	'	e	·e	eh	f	g	л	h	ch	—	j		k	ach	'	v
Dänisch	a	æ (å)	b	>	c	c	c	s				e	e	·e	f			h	hj	—	j		k			
Rumänisch	a	e		b	>		c		s	ci		d	'		e	(e)			f	g		gi		—	·i	—	j	k	'	—	
Portugiesisch	a	e		b	>		c		s	tch		d	'		(e)	·e		·e	f	gu		gi		—		—	y-	j	k	'	—	
Italien.	a	e		b	>		c		s	ci		d	'		(e)				f	gu		gi		—	·i	'	j	k	'	—	
Französisch	a	ai	o	b	>		c		ç	tch		d	'		e	e	·e	e	f	gu	л	gi		—		—	y-	j	k	'	—	
Spanisch	a	e		'	(b)		c		(c)	ch	'	'	d		e	(e)			f	gu		go		—		—	y-	'	k	gi	—	
Katalanisch	a	e		b	>		c		ç	tx		d	'		e	(e)			f			g		—		'		k	'	—	
IPA	[a]	[ɛ]	[ɔ]	[b]	[v]	[ts]	[k]	[ts]	[s]	[tʃ]	[tɕ]	[d]	[ð]	[dj]	[ɛ]	[e/e:]	[a/œ:]	[f]	[g]	[j/ʁ]	[dʒ]	[h]	[ç]	[ɪ]	[ʒ]	[k]	[x]	[l]	[v/w]
LSJscript	a	ae	ao	b	bh	ci	co	c'	c	ch	cj	d	dh	dj	e	o	·e	·e:	f	g	gh	gj	h	hj	-	.	j	jh	k	kh	-	lh

460

LSJscript	ij	m	n	ñ	nj	o	ó	oe	öe	p	ph	q	r	rj	s	sh	sj	t	th	tj	u	ue	v	w	wh	x	y	z	zh	zj
Schott.-Gäl.		m	n	·						p		c	r		s			t		·	u		·	bh	bh					
Walisisch		m	n	·		o	o			p	ph		r		s	si	·	th		·	w	(u)	f	f	w					
Bretonisch		m	n	'ñ						p		k	r		s			t		·	u		v	v						
Irisch	leat	m	n	·			·ó	·	·	p	ph	c	r	riá	is	seo	·	·	tio	u	·	bh	bh	mha	cs		·	·	·
Malti	·	m	n	·	·	o	·	·	·	p	·	k	r		s	x	·	t			u		v	v	w		—	z		
Baskisch		m	n	·						p	·	k	r		s			t			u		v	v				z		
Albanisch		m	n	·ñ	nj					p	·	k	rr		s	sh	·	th	tj	u	y	v	v	·	ks	—	z	zh	·
Türkisch	y	m	n	ny	nj	o	o	·o	·ö	p	·	k	r	·	s	ş	·	t	·	ty	u	ü	v	v	·	ks	ks	—	z	·
Lettisch	—	m	n	ņ	o	·	·	·	p	·	k	r	·	s	š	·	t		k	u	·	v	v	·	ks	ks	—	z	ž	·
Litauisch	ij	m	n	·	·	·	o	·	·	p	·	k	r	·	s	š	·	t	·	u	·	v	v	·	ks	(y)	z	ž	·
Griechisch	·	m	v	·	·	o	3	·	·	n	θ	κ	ρ	·	σ	·	·	τ	θ	ou	·	β	β	·	ξ	·	ζ	~	·
Finnisch		m	n	·		o				p	·	k	r		s			t			u	y	v	v					—	
Ungarisch	(iy)	m	n	ny	o	·o	·o	·ö	p	·	gy	r	·	sz	s	·	ty	u	ü	v	v	·	x		z	zs	·
Estnisch		m	n	·		o				p	·	k	r		s			t			u	ü	v	v	·				
Serbisch	љ	м	н	·	њ	o		·	·	п	θ	к	р	·	c	ш	·	т	·	ħ	у	·	в	в	·	кс	ш	з	ж	
Slowakisch	ľ	m	n	·ň	o	·	·	p	·	k	r	ŕ	s	š	·	t	·	ť	u	·	v	v	·	x	y	z	ž	·
Slowenisch	lj	m	n	·nj	o	·	·	p	·	k	r	·	s	š	·	t	·	č	u	·	v	v	·	ks	—	z	ž	·
Russisch	ль	м	н	нь	o	(о)	·	·	п	пь	к	р	рь	c	сь	·	ть	у	·	в	в	·	кс	ы	з	ж	зь
Polnisch	—	m	n	·ń	o	(ó)	·	·	p	·	k	r	rz	s	sz	ś	·	t	·	ć	u	·	w	w	—	ks	y	z	·ń	ż
Makedonisch	љ	м	н	·	њ	o	·	·	п	θ	к	р	·	c	ш	·	т	·	ќ	у	·	в	в	·	кс	ш	з	ж	
Kroatisch	lj	m	n	·nj	o	·	·	p	·	k	r	rj	s	š	·	t	·	ć	u	·	v	v	·	ks	—	z	ž	·
Tschechisch	ľ	m	n	·ň	o	·	·	p	·	k	r	ř	s	š	·	t	·	ť	u	·	v	v	·	x	y	z	ž	·
Bulgarisch	ль	м	н	нь	o	·	·	п	θ	к	р	·	c	ш	·	т	·	ть	у	·	в	в	·	кс	ш	з	ж	
Schwedisch	·	m	n	·		oa	·o	p	·	g	r	·	s	·	sj	t	·	·	u	y	·	x	—		
Norwegisch	·	m	n	·		oa	o	p	·	g	r	·	s	·	sj	t	·	u	y	·	x	—	
Niederländ.	·	m	n	·nj	o	oo	eu	p	·	k	r	·	s	·	sj	t	·	tj	(oe)	u	v	v	w	x	n	zj
Isländisch	·	m	n	·	o	·	·	p	·																
Isländisch	·	m	n	·						p	·		r		s			t	þ		u					x	—			
Färöisch	·	m	n	·						p	·		r		s			t	·		u					x	—			
Englisch	·	m	n	·	new	o	·	·	p	ph	g	r	·	s	sh	·	t	th	tune	book	·	v	v	w	x	y	z	Asia
Deutsch	·	m	n	·nj	o	öh	·o	öh	p	ph	g	r	·	s	sch	·	t	·	tj	u	ü	w	w	Aue	x	i/y	so	
Dänisch	·	m	n	·		oa	ø	p	·	g	r	·	s	·	sj	t	·	·	y	·	v	x	—	
Rumänisch	·	m	n	·	o	·	·	p	·	ch	r	·	s	ș	·	t	·	(î)	v	v	·	x	—	j
Portugiesisch	lh	m	n	·lh	nh	o	·ó	·	p	·	k	r	·	s	·s	·	t	·	u	·	v	v	·	cs	—	z	j	·
Italien.	gl	m	n	·	gn	o	·	·	p	·	g	r	·	s	sci	·	t	·	u	·	v	v	au	x	·	·	·	·
Französisch	(il)	m	n	·ñ	gn	o	au	eu	p	ph	g	r	·	s	ch	·	t	·	ou	eu	v	v	ou	x	z	j	·
Spanisch	=	m	n	·ñ	o	·	·	p	·	g	r	·	s	·	t	z	·	u	·	(y)	(v)	cue	cs	·	·	·	·
Katalanisch	=	m	n	ny	o	·	·	p	·		r	·	s	·	·	t	·	·	u	·	v	v	—	
IPA	[ʎ]	[m]	[n]	[ɲ]	[ŋ]	[o]	[ɔ/oː]	[œ]	[ø/øː]	[p]	[f]	[k]	[r/ʁ/ɹ]	[ʀ/ʁ]	[s/z]	[ʃ]	[ɕ]	[t]	[θ]	[ɟ]	[u]	[y]	[v]	[w]	[ks]	[i]	[z]	[ʒ]	[ʒ]
LSJscript	ij	m	n	ñ	nj	o	ó	oe	öe	p	ph	q	r	rj	s	sh	sj	t	th	tj	u	ue	v	w	wh	x	y	z	zh	zj

461

Sachwortverzeichnis

Literatur und Datenquellen

Artemisia (ed.): Dizionario etimologico, edizione aggiornata. Gruppo editoriale RL, Santarcangelo di Romagna 2011.

Bárcsi, Géza: Magyar szófejtő szótár. Trezor Kiadó, Budapest 1994.

Bodmer, Frederick / Keller, Rudolf: Die Sprachen der Welt. Kiepenheuer & Witsch Verlag, Köln 2004.

Caldas, Thomas Feito: Wörterbuch Irisch-Deutsch, mit einem deutsch-irischen Wortindex. Helmut Buske Verlag, Hamburg 1999.

dict.cc *siehe* Hemetsberger

Drosdowski, Günter et al. (Hg.): Duden „Etymologie" – Herkunftswörterbuch der deutschen Sprache. Dudenverlag Mannheim, Wien, Zürich 1989.

Duden *siehe* Drosdowski

Ectaco: www.ectaco.de/english-multilanguage-dictionary. Ectaco inc., Long Island City, NY, 1990-2013.

etymonline *siehe* Harper

Glosbe Online-Wörterbuch: www.glosbe.com.

Gollub, Udo: grammatiken.de – Grammatik online lernen. Sprachen24.de, München.

Google *siehe* pichai

Halász, Előd: Magyar-Német Szótár / Német Magyar Szótár. Akadémiai Kiadó, Budapest 1986.

Harper, Douglas: www.etymonline.com - Online Etymology Dictionary, 2001-2018.

Hemetsberger, Paul: www.dict.cc. Dict.cc GmbH, Wien 2002-2018.

Hoad, T. F. (Hg.): The concise Oxford Dictionary of English Etymology. Oxford University Press, Oxford 1996.

Kausen, Ernst: Die Sprachenfamilien der Welt, Teil 1: Europa und Asien. Helmut Buske Verlag, Hamburg 2013.

Langenscheidts Universalwörterbuch, jeweils für: Finnisch (1999), Griechisch (Neu-; 1972), Isländisch (1993), Italienisch (1974, 2010), Kroatisch (2002), Niederländisch (1975), Polnisch (2002), Portugiesisch (2002), Rumänisch (1998), Russisch (1983, 2014), Schwedisch (1990), Spanisch (1976, 2014), Tschechisch (2001), Türkisch (1999), Ungarisch (1974). Langenscheidt Verlag Berlin und München.

Le Robert *siehe* Picoche

Oxford Dictionary *siehe* Hoad

Pawlikowska-Asendrych, Elżbieta: Untersuchungen zum Modell eines didaktisch orientierten Valenzwörterbuchs der deutschen und polnischen Verben. Wydawnictwo Akademii im. Jana Długosza w Częstochowie, Częstochowa 2010.

Pfeifer; Wolfgang (Hg.): Etymologisches Wörterbuch des Deutschen. Akademie-Verlag, Berlin 1993, In Grötschel, Martin; Geyken, Alexander: www.dwds.de - Das Wortauskunftssystem zur deutschen Sprache in Geschichte und Gegenwart. Berlin-Brandenburgische Akademie der Wissenschaften, Berlin (Stand) 2010-2018.

Pichai, Sundar: translate.google.com. Google LLC, Mountain View (CA).

Picoche, Jacqueline; Rolland, Jean-Claude: Dictionnaire étymologique du français. Dictionnaires Le Robert, Paris 2008.

Pons Kompaktwörterbuch Norwegisch-Deutsch/Deutsch Norwegisch (Norsk-tysk/tysk-norsk ordbok). Universitetsforlaget Oslo 1998

Pons Praxiswörterbuch Dänisch. Ernst Klett Sprachen GmbH Stuttgart 2002.

Pons Schülerwörterbuch Französisch-Deutsch/Deutsch-Französisch. Ernst Klett Sprachen GmbH Stuttgart 2003.

Störig, Hans-Joachim: Abenteuer Sprache – Ein Streifzug durch die Sprachen der Erde. Langenscheidt Verlag Berlin und München 1987.

Szókincsháló siehe Tótfalusi

Tótfalusi, István: Magyar etimológiai nagyszótár. Auf: Demeter Éva; Makara, Ágnes; Varga, Kornél: www.szókincsháló.hu. Magyar Pedagógiai Társaság, Budapest.

Ureland, Sture (ed.): Studies in Eurolinguistics, Vol. 7: From the Russian Rivers to the North Atlantic – Migration, Contact and linguistic Areas. Logos Verlag Berlin 2010.

Ureland, Sture (ed.): Studies in Eurolinguistics, Vol. 8: From Contact Linguistics to Eurolinguistics – a linguistic odyssey across Europe and Beyond. Logos Verlag Berlin 2013.

Ureland, Sture; Lodge, Anthony; Pugh, Stefan (eds.): Studies in Eurolinguistics, Vol. 5: Language Contact and Minority Languages on the Littorals of Europe. Logos Verlag Berlin 2007.

Ureland, Sture; Sočanac, Lelija (eds.): Studies in Eurolinguistics, Vol. 10: Glottogenesis and Language Conflicts in Europe. Logos Verlag Berlin 2017.

Ureland, Sture; Stewart, John (eds.): Studies in Eurolinguistics, Vol. 9: Minority Languages in Europe and Beyond – Results and Prospects. Logos Verlag Berlin 2015.

Ureland, Sture; Stewart, John (eds.): Studies in Eurolinguistics, Vol. 9: Minority Languages in Europe and Beyond – Results and Prospects. Logos Verlag Berlin 2015.

Vasmer, Max: Russisches etymologisches Wörterbuch (этимологический словарь русского языка). Universitätsverlag Winter, Heidelberg 2012 (Original 1958).

Wikimedia: www.wikipedia.org. Wikimedia Foundation, San Francisco.

Wikipedia *siehe* Wikimedia

Der Autor

Erhard Steller, geboren 1970 in Köln, ist Diplom-Psychologe und arbeitet in der interkulturellen Sozialtherapie. Er lebt mit seiner Familie im deutsch-französischen Grenzgebiet und in Köln. Das EuroLSJ-Projekt ist seit 2007 Bestandteil der Arbeit des Eurolinguistischen Arbeitskreises Mannheim (ELAMA).